# 晋 武 帝 传

朱子彦 著

人民出版社

晋武帝司马炎像

（选自唐代阎立本《历代帝王图》）

谨将此书
献给我的爱人姚莒华

# 目　　录

1

# 第一章　由世子、晋王而登九五大位

## 一、家　　世

本书传主晋武帝司马炎,字安世,生于魏明帝青龙四年(236),原籍河内郡温县孝敬里。① 其祖父乃魏太傅司马懿,伯父魏大将军司马师,父亲魏相国晋王司马昭。司马炎为司马懿之孙,司马昭嫡长子,故他们的家世同宗同源,系出一脉。②

《晋书·宣帝纪》追溯司马氏先世甚详,并以秦末殷王司马卬为其先祖,但由于司马卬之后八世的世系阙失,故也未必足以凭信。司马炎确切可考的家世始于司马懿高祖司马钧。③ 虽然司马钧的先

---

① 孝敬里即今河南焦作市温县招贤乡安乐寨村一带,此地尚有古晋城遗址。司马昭封晋王后,以其家乡为中心,按照帝都规模筑城,时称晋城。司马炎定都洛阳后,此城作为温县县治,至隋代迁徙至今温县城而逐渐废弃,沦为一个小村安乐寨。明清两代曾对安乐寨进行修葺,现尚存西北角一段城墙。安乐寨村周围的村名大多与古晋城有关,如上苑村、招贤村、禅房村、梨园村、护驾庄、校尉营等。附近出土的司马氏墓志也多有记载孝敬里。这些历史记载、城墙遗址、村名传说和出土墓志,都证明安乐寨一带确实是司马氏故里——温县孝敬里。
② 参见朱子彦:《司马懿传》第一章"姓氏、家世、交游圈与门风",著者已对司马氏先世作了稽考,人民出版社2020年版,第24—28页。
③ 《晋书》卷1《宣帝纪》云:"自卬八世,生征西将军钧,字叔平。"

祖不一定是司马印，但司马钧出身于行伍或将门大致是可信的。①

晋武帝嫔妃胡芳与司马炎有一段对话，可以作为司马氏本是"将种"的有力证明："芳最蒙爱幸，殆有专房之宠焉，侍御服饰亚于皇后。帝尝与之樗蒲，争道，遂伤上指。帝怒曰：'此固将种也！'对曰：'北伐公孙，西拒诸葛，非将种而何！'帝甚有惭色。"②胡芳是晋武帝所宠幸的贵嫔，其父胡奋少以白衣随司马懿出征辽东，甚见器重，西晋王朝建立后，被封为镇军大将军。胡奋兄胡广、弟胡烈皆当时名将，兄弟三人都是西晋朝开国武臣。胡芳与司马炎玩"樗蒲"的游戏，不小心碰伤了武帝的手指，武帝发怒说胡家是"将种"，胡贵嫔不服，反唇相讥司马家亦是"将种"，并以司马懿"北伐公孙，西拒诸葛"的战功为例。这里值得注意的是，司马炎听了胡贵嫔一番话之后，"甚有惭色"。武帝对司马氏世代为将的家世为何会感到羞愧呢？这一问题如不放在魏晋时代门阀士族兴起的大背景下考量审读，就颇令人费解。

汉代社会浸淫儒术儒风，人们普遍崇尚敬仰经学世家和阀阅门第出身的士人。反之，武人的地位逐渐下降，将门与将种出身则为时人所轻。而兵卒身份则更为低下，"兵卒"③"老

---

① 《后汉书》并未给司马钧单独立传，其事迹仅零星地散见于《后汉书》帝纪及《西羌传》、《邓骘传》中。东汉一代，羌乱贯穿始终，成为朝廷大患。司马钧的主要事功都与平定羌乱有关。东汉安帝时，邓骘先后担任车骑将军和大将军之职，权倾朝野，司马钧在其手下供职，凭借军功，得以快速升迁，由车骑将军从事中郎晋升为征西将军，后因与西羌作战失败丧师而被朝廷征召问罪，他效仿西汉飞将军李广，因不愿受文法吏羞辱，下狱后即自杀。

② 《晋书》卷31《后妃传上》。

③ 零陵名士刘巴因张飞是武人而瞧不起他，诸葛亮劝刘巴说："张飞虽实武人，敬慕足下。主公今方收合文武，以定大事，足下虽天素高亮，宜少降意也。"但刘巴却回答道："大丈夫处世，当交四海英雄，如何与兵子共语乎？"《三国志》卷39《刘巴传》注引《零陵先贤传》，中华书局点校本1982年版；刘备称汉中王时，欲重用黄忠为后将军。遂遣益州前部司马"（费）诗拜关羽为前将军，羽闻黄忠为后将军，羽怒曰：大丈夫终不与老兵同列。不肯受拜"。《三国志》卷41《费诗传》。

革"①已成为侮辱人的称呼,此风浸淫至东晋,依然如故。如《世说新语·简傲》记载:谢安之弟谢万有一次"召集诸将,都无所说,直以如意指四坐,云:'诸君皆是劲卒。'诸将甚愤恨之"。为何诸将会"愤恨"呢?胡三省案:"凡奋身行伍者,以兵与卒为讳。既为将矣,而称之为卒,所以益恨也。"②

司马炎贵为天子,为西晋朝开国之君,司马氏家族也是累世二千石,跻身于汉魏士族行列。然而,河内司马氏虽是汉末儒学大族,却非第一流高门,且先世乃武将出身,故与当时第一流的世家大族,如弘农杨氏、汝南袁氏、颍川荀氏相比,仍然有不小的差距,故晋武帝被受其"专房之宠"的胡贵嫔重提"将种"家族的往事,仍然会羞愧,而"甚有惭色"。③

司马氏家族到司马防时,已完成了由武入文的家族转型,其已从武将家族转为儒学大族,以儒术为业已是司马氏家族重要的文化特征。④ 对于家族的儒学渊源,晋武帝司马炎曾自我表白:"吾本诸生家,传礼来久。"⑤司马氏同当时的世族高门弘农杨氏、汝南袁氏等相比,既缺乏世传的经学,如杨氏世传《欧阳尚书》、袁氏世传《孟氏易》,也无累世三公的显赫家族背景。故晋武帝自述"吾本诸生家",并无夸饰的成分,用它来说明司马氏的家世特征,是

---

① 蜀中名士彭羕得不到刘备重用,竟然当着马超的面,斥骂刘备为"老革荒悖,可复道邪!"裴松之解释道:"皮去毛曰革。古者以革为兵,故语称兵革,革犹兵也。(彭)羕骂(刘)备为老革,犹言老兵也。"《三国志》卷40《彭羕传》注引裴松之语。

② 《资治通鉴》卷100晋穆帝"升平三年"条胡三省注,中华书局点校本1956年版。

③ 魏末晋初,玄学盛行,在其风浸淫下,将门、将种已被时人诟病,成为门第低下的主要标志。

④ 参见朱子彦:《司马懿传》,人民出版社2020年版,第30—33页。

⑤ 《晋书》卷20《礼志中》。

十分贴切的。

"诸生"这一身份,是指经考试录取而进入中央、郡县等各级学校的学生,包括在太学学习的太学生、博士弟子等。诸生并不能执经教授,故经学素养并不深厚,属于儒学推广普及后的基层成员。因此司马家族的儒学造诣也不是很高。虽然诸生的地位并不尊贵,但却有着孔门弟子的身份,以诸生自诩是司马氏家族文化转向的结果。"传礼来久"是指诸生之家皆崇尚孝道,以倡导儒家纲常伦理、传承诗礼门风为圭臬。

晋武帝祖父司马懿、伯父司马师、父司马昭之事功,笔者曾在前著《司马懿传》中作了翔实论述,故本书不再赘述。这里我们简要介绍一下晋武帝的母族,即其外曾祖父王朗、外祖父王肃与其母王元姬的事状。

王朗出自东海高门士族,本贯为东海郡郯县(今山东省临沂市郯城县)。早年师从太尉杨赐,因通晓经学而被拜为郎中。后因杨赐去世而弃官服丧,不应孝廉之命。徐州刺史陶谦举其为茂才,拜徐州治中从事。后升任会稽太守。建安元年(196),孙策南攻会稽,王朗率军抵御,为策所擒,孙策以朗儒雅而礼遇之。之后王朗应曹操征辟,抵达许都,被拜为谏议大夫、参司空曹操军事。朗主张宽法省刑,以明于律法与钟繇并称。魏国建立后,以军祭酒兼领魏郡太守,又任少府、奉常、大理等职。曹魏代汉后,改任司空,进封乐平乡侯。魏明帝时,代华歆为司徒,进封兰陵侯。朗为经学大家,博学多才,"著《易》《春秋》《孝经》《周官》传、奏议论记,咸传于世"。① 正始六年(245),朝廷以王朗所作的《易传》作为学《易》者必须考核的内容。

---

① 《三国志》卷13《王朗传》。

4

王肃为王朗嗣子,曾助司马师平毌丘俭之乱,迁中领军,加散骑常侍,袭封兰陵侯。王肃师从荆州学派的宋忠,学问渊博。他广注群经,对今古文经加以综合。又以其深厚的文化底蕴,借鉴《礼记》《左传》《国语》等,编撰《孔子家语》,以宣传儒学道德,将其精神理念纳入官学。王肃撰《圣证论》,其所注各经有《尚书》、《诗》、《论语》、三礼、《春秋左氏传》,并撰定其父王朗所作《易传》,其所著经学在晋代都列为官学,世称"王学",立有博士。因王肃是司马昭岳父,司马炎的外祖父,故借朝廷支持而推行"王学",一度压倒传自东汉郑玄的"郑学"。

司马炎生母王元姬,是曹魏司徒王朗的孙女、中领军王肃之女,司马昭的元配正妻。王元姬生于东汉建安二十二年(217),她八岁时,就能诵读《诗经》《论语》,尤其精通丧礼。九岁时,母亲羊氏①生病,她不离左右地侍奉,甚至长时间衣不解带。父母让她管理家事,总是处理得井井有条。祖父王朗常说:"兴吾家者,必此女也,惜不为男矣!"②太和五年(231),王元姬时年十五岁,适司马懿次子司马昭。与昭育有五男一女,即晋武帝司马炎、辽东悼王司马定国、齐献王司马攸、城阳哀王司马兆、广汉殇王司马广德及京兆公主。其中的定国、兆、广德皆夭亡。王元姬出嫁后,侍奉翁姑,竭尽妇道,教子有方。其性格温柔,以礼

---

① 泰山羊氏是两汉名族,世为二千石,门第显赫。羊徽瑜的高祖父羊侵,在汉安帝时官至司隶校尉、京兆尹;曾祖父羊儒,在汉桓帝时官至太常;祖父羊续官至南阳太守;父羊衜官至上党太守。羊衜发妻为孔融之女,续弦为东汉名士蔡邕之女、蔡文姬之妹。联姻的对象都是汉魏之际最有声望的名士。羊氏与司马懿相交当始于羊续之子羊秘,羊秘任侍御史时,曾与司马懿联名上书劝曹丕代汉。司马炎即位后,对外祖母羊氏、外曾祖母故司徒王朗夫人杨氏及继祖母夏侯氏皆追赠谥号。
② 《晋书》卷31《文明王皇后传》。

5

相待夫君的妾室,妻妾之间颇为和睦。甘露元年(256),王肃去世,王元姬在为父守丧期间,茶饭不思,瘦不胜衣,一说话就"言与泪俱"。

王元姬虽不出闺门,但颇具见识。司马昭执政时,钟会以才能显名于当世,很受司马昭器重与信任,公元263年,他将十余万大军交与钟会统率,委以伐蜀重任。王元姬对此心存顾虑,她告诫司马昭:"(钟)会见利忘义,好为事端,宠过必乱,不可大任。"①不出王元姬所料,钟会平蜀之后,野心毕露,欲与司马昭争夺天下,或在蜀地割据称帝,险些酿成大祸。

咸熙二年(265)八月,司马昭去世,司马炎继位,为魏相国、晋王,王元姬为晋王太妃。同年十二月,司马炎迫使魏元帝曹奂禅让,建立西晋。司马炎即位后,尊其母王元姬为皇太后,所住宫殿称为崇化宫。开始设置崇化宫官员,晋武帝任命太常诸葛绪为崇化宫卫尉、太仆刘原为崇化宫太仆、宗正曹楷为崇化宫少府。

西晋建国初期提倡节俭,王元姬虽贵为太后,却不喜奢靡,她亲自在宫中带头纺纱织布,为宫中的后妃们做出表率。崇化宫无豪华的摆设、器物,宫人服饰朴素,衣不重彩。王元姬提倡节俭,身体力行。史载她"躬执纺绩,器服无文,御浣濯之衣,食不参味。而敦睦九族,垂心万物,言必典礼,浸润不行"。② 在其治理下,后宫井井有条,众人和睦相处。《太平广记》对王元姬有这样的评价:"自即尊位,眷恋素业,忽弃华丽。"泰始四年(268),王元姬去世,享年五十二岁,与司马昭合葬在崇阳陵。合葬之时,司马炎亲

---

① 《晋书》卷31《文明王皇后传》。
② 《晋书》卷31《文明王皇后传》。

自手书母亲的美德，又命史官为其作哀策一篇。①

## 二、品为高第

司马炎家世十分显贵。早在司马炎出生前，其祖父司马懿已累官至三公之首的太尉。司马炎出生不久，即曹魏景初年间（237—239），伯父司马师已担任位居三品、秩比二千石的散骑常侍，景初二年（238），父司马昭被封为新城乡侯。正始初，司马昭为洛阳典农中郎将，旋转散骑常侍。由于有父祖的门荫和九品中正制对世家大族子弟的优渥待遇，司马炎的仕途十分畅通，可谓是平步青云。

司马炎入仕时，曹魏已实行了九品中正制。九品中正制的实行解决了选拔官吏无标准的问题，同时，士人入仕的途径基本上被世家大族所垄断。中正官一般都出自世家大族，自然也会偏袒世家大族的利益。正如王伊同所云："大抵中正州都，操之大族，寒

① 策文曰："明明先后，兴我晋道。晖章淑问，以翼皇考。迈德宣猷，大业有造，贻庆孤曚，堂构是保。庶资复顾，永享难老。奄然登遐，弃我何早！沈哀罔诉，如何穹昊。呜呼哀哉！厥初生民，树之惠康。帝迁明德，顾予先皇。天立厥配，我皇是光。作邦作对，德音无疆。愍予不吊，天笃降殃。日没《明夷》，中年阴丧。茕茕在疚，永怀摧伤。寻惟景行，于穆不已。海岱降灵，世荷繁祉。永锡祚胤，笃生文母。诞膺纯和，淑慎容止。质直不渝，体兹孝友。《诗》《书》是悦，礼籍是纪。三从无违，中馈允理。追惟先后，劳谦是尚。爰初在室，竭力致养。嫔于大邦，皇基是相。谧静隆化，帝业以创。内叙嫔御，外协时望。履信居顺，德行洽畅。密勿无荒，劬劳克让。崇俭抑华，冲素是放。虽享崇高，欢嘉未飨。胡宁弃之，我将曷仰？咨余不造，大罚荐臻。皇考背世，始逾三年。仰奉慈亲，冀无后艰。凶灾仍集，何辜于天。呜呼哀哉！灵辅凤驾，设祖中闱。辒辌动轸，既往不追。哀哀皇胤，永潜灵晖。进攀梓宫，顾援素旗。屏营穷痛，谁告谁依？诉情赠策，以舒伤悲。尚或有闻，顾予孤遗。呜呼哀哉！"《晋书》卷31《文明王皇后传》。

门子弟，鲜得高官。岁月迁流，斯风弥笃。凡厥衣冠，莫非二品，自此以还，遂成卑寒，遂为高门操政之利器矣。"[1]司马炎出自家世二千石的名门望族，祖父司马懿、伯父司马师、父司马昭皆为魏末当轴执政，权势煊赫，尊贵无比。炎出身显贵，其乡里河内郡无人可以与司马家族颉颃，所以物色品第司马炎的中正官遂成了一大难事。于是只能扩大范围，在河内郡的上级行政机构司隶州内寻觅人选，结果州内十二郡中正不约而同地举荐荥阳高门郑袤之子郑默为中正官。史载："初，帝(司马炎)以贵公子当品，乡里莫敢与为辈，求之州内，于是十二郡中正佥共举(郑)默。"[2]荥阳郑氏为魏晋时期的名门望族。其先祖可追溯到周宣王分封的郑国，韩哀侯灭郑后，子孙相继以国为氏。荥阳郑氏起自西汉大司农郑当时。郑兴、郑众父子是东汉名儒，郑众官居汉大司农，郑浑历任魏郡、上党太守，是曹魏名臣。默祖郑泰是扬州刺史，汉末名臣。父郑袤，入魏后历官尚书左丞，散骑常侍，嘉平中迁任侍中、少府等要职。因而司州认为郑默与司马炎"相辈"，可作州中正。

周一良在解释"相辈"一词时说："辈是动词，所谓辈、相辈，指列为同品。"[3]郑默作中正官，品评司马炎，自然将司马炎品为高第。为此，司马昭十分感激，他亲自写信给郑袤，信中言道："小儿得厕贤子之流，愧有窃贤之累。"[4]司马氏家族虽然承胤久远，累世不衰，但与当时第一流的高门大族荥阳郑氏相比，似乎还稍逊一筹，故司马昭对高门旧族出身的郑默为其子品评而深感荣幸。司

---

① 王伊同：《五朝门第》，中华书局2006年版，第30—31页。案，全书径称学者姓名，一概不加敬称，敬请谅解。

② 《晋书》卷44《郑袤传附子郑默传》。

③ 周一良：《魏晋南北朝史札记》之"相辈与清谈"条，中华书局1985年版，第51页。

④ 《晋书》卷44《郑袤传附子郑默传》。

马炎登基称帝之后,也不忘郑默当年提携之恩,居然在举行郊祀的典礼活动时,让散骑常侍郑默与自己同坐在皇帝的舆辇上。"武帝出祀南郊,诏使郑默骖乘,因谓默曰:'卿知何以得骖乘乎?昔州里举卿相辈,常愧有累清谈。'"①

司马炎入仕后,迁升速度飞快。魏嘉平年间(249—254),只有十几岁的司马炎未立寸功就被封为北平亭侯。其封侯的原因很可能是其祖父司马懿的功勋。司马懿在嘉平元年(249)发动了高平陵之变,诛夷曹爽、何晏等人三族。嘉平三年(251),又平淮南王凌之叛,诛曹氏宗室楚王曹彪,自此朝廷大权尽归司马懿。《晋书·宣帝纪》云:"太仆庾嶷持节,策命帝(司马懿)为相国,封安平郡公,孙及兄子各一人为列侯,前后食邑五万户,侯者十九人。"司马炎就是在此时,因藉祖父资荫而被封为亭侯的。其后司马炎历任给事中、奉车都尉、中垒将军,加散骑常侍,累迁中护军、假节,都是朝廷要职。

甘露五年(260),司马炎迎来了更大的升迁机遇。这一年,司马炎之父司马昭手下死党贾充指使太子舍人成济,冒天下之大不韪,当街弑杀了年轻的魏主高贵乡公曹髦,遂改立魏武帝之孙常道乡公曹奂(原名璜)为帝。史载:"与公卿议,立燕王宇之子常道乡公璜为帝。"②而前往迎接曹奂入朝的官方使者就是司马炎,毫无疑问,这是一份美差,司马炎因"迎常道乡公于东武阳"③有功,迁中抚军,进封新昌乡侯。

① 《晋书》卷44《郑袤传附子郑默传》。
② 《晋书》卷2《文帝纪》。
③ 《晋书》卷3《武帝纪》。案,西汉置东武阳县,治所在今山东莘县莘城镇南段屯村一带,属东郡,兖州刺史部。

## 三、立为晋世子

司马昭弑高贵乡公曹髦、立陈留王曹奂之后,加快了代魏的步伐,但要代魏,必须效仿曹操故事,封藩建国。曹奂即位后,连续数次下诏,进大将军司马昭为相国,封晋公,加九锡之礼。但司马昭慑于之前弑君事件曾遭到朝野舆论的强烈谴责,故不敢接受晋公之爵。为了摆脱弑君所带来的道德危机,司马昭决定大举伐蜀,以建立灭蜀的不世之功,来提高自己的声望。

魏景元四年(263)五月魏国大举伐蜀。是年十月,因征蜀诸将的捷报频频传来,魏帝遂下诏敕,大肆表彰司马氏三世辅魏的功绩。特别是褒奖司马昭功高盖世,虽西周太公望、周公旦不及也。于是封司马昭为晋公、相国、加九锡,以太原、上党、西河、乐平、新兴、雁门(以上诸郡属并州)、河东、平阳、弘农(以上诸郡属司州)、冯翊(属雍州)共十郡,亦即春秋时期晋国的故地分封给司马昭。对魏帝的封赏,司马昭仍然惺惺作态地固辞,但司空郑冲带领群臣劝进,并云:"今大魏之德,光于唐虞,明公盛勋,超于桓文。然后临沧海而谢文伯,登箕山而揖许由,岂不盛乎!至公至平,谁与为邻,何必勤勤小让也哉。"[1]司马昭这才接受了晋公之爵。

司马昭被封为晋公之后,离代魏的目标更近了。他就必须像当年曹操被封为魏公之后一样,建宗庙,立世子。建宗庙不难,但立世子却让司马昭陷于左右为难的尴尬境地。从宗法制度而言,司马师是司马懿嫡长子,又是乃父政治上最得力的助手,自然成了司马家族事业继承人的不二人选。司马懿去世后,司马氏面临的

---

① 《晋书》卷2《文帝纪》。

政治和军事问题,基本上都是在司马师和司马昭这两代完成的。特别是司马师面临的政治局面比后来司马昭主政时的形势更为复杂。司马懿在世时,仅仅铲除了曹爽集团,初步确立了司马氏主持朝政的局面,朝廷中还存在不少拥戴曹氏的魏臣,时刻准备发动政变。都督四方的方镇大将亦骑墙观望,戍守淮南的将领更是心怀反侧,成为反对司马氏的主要军事力量。

其实司马代魏并不容易,自司马懿与曹爽为敌后,司马氏与曹氏进行了长达十余年的对抗与较量,从中央到地方,双方的斗争在各个层面展开。① 可以毫不夸张地说,这些斗争对司马氏而言,都是血与火的较量,生与死的考验,只要司马氏应对失误,失败其中的一次,就将万劫不复,诛灭九族。司马师执政时间虽短,但处于魏晋鼎革的历史转型时期,所以面对的形势更为复杂。他继承了司马懿的未竟事业,又十分及时地将权力平稳地移交给司马昭,在魏晋禅代的历史进程中起到了承前启后的关键作用,有大功于晋室。

司马懿的"晋业"开创地位固然毋庸置疑,但司马师却是决定司马家族在司马懿死后命运与奠定魏晋禅代政治基础的最关键人物。正元二年(255)司马师"崩于许昌,时年四十八"。因司马师病逝较为突然,故其并未考虑继承人。更为严重的是由于司马师无子,故司马昭只得将己之次子司马攸过继给司马师,而司马攸尚在冲年。此时,司马氏虽已掌控曹魏政权,但根基尚不稳固,若司马攸继位,幼冲之年的司马攸根本无法应对当时复杂的政治局面,这对准备代魏的司马家族大为不利,行将就木的曹魏政权仍有可

---

① 司马代魏时,在朝廷中相继爆发了高平陵之变,李丰、张缉政变和曹髦亲自率众讨伐司马昭;在地方上有王凌发动的淮南初叛,毌丘俭发动的淮南二叛,诸葛诞发动的淮南三叛。

能死灰复燃,对司马氏进行反扑。为顾全大局计,司马师"闰月疾笃,使文帝总统诸军"。[①] 这说明司马师临终前安排后事,将中外兵权交付司马昭。

司马师安排其弟司马昭继位,在《晋书·文帝纪》中也得到了印证:"及景帝病笃,帝自京都省疾,拜卫将军。""卫将军"位比三公,是司马师曾经担任过的职务,司马师以弟为卫将军,是为司马昭即将执政作准备。[②]

师、昭兄弟在特殊的历史条件下,采取"兄终弟及"的继承方式,严重悖离了西周以来确立的嫡长子继承制。服膺儒教的司马昭,对此自然心知肚明。故而,司马昭屡欲传位于司马师嗣子司马攸。《晋书·武帝纪》曰:"初,文帝(司马昭)以景帝(司马师)既宣帝(司马懿)之嫡,早世无后,以帝弟攸为嗣,特加爱异,自谓摄居相位,百年之后,大业宜归攸。"晋将代魏时,司马昭又言:"此景王之天下也,吾何与也。"其意是天下是我兄长司马师打下来的,同我没有什么关系。因此立司马炎还是立司马攸为世子就成了司马昭晚年的一大难题。史载,司马昭"将议立世子,属意于攸"。[③]类似的表述,在《晋书》裴秀、贾充、山涛等人的传记中,皆有详略不等的记载。司马昭是否真的要舍弃自己的嫡长子司马炎,而立司马攸为嗣? 这是他内心的真实想法,还是仅仅作姿态,欲将"景王之天下"转为"文王之天下"? 这个问题后人已很难揣测。对司马昭而言,估计其内心也很纠结。否则,他也不会就此问题,屡屡

---

① 《晋书》卷 2《景帝纪》。
② 《晋书》卷 2《文帝纪》载:"景帝崩,天子命帝镇许昌,尚书傅嘏帅六军还京师。帝用嘏及钟会策,自帅军而还。至洛阳,进位大将军,加侍中,都督中外诸军、录尚书事,辅政,剑履上殿。"
③ 《晋书》卷 3《武帝纪》。

征求贾充、裴秀、山涛等心腹的意见了。

司马攸既是司马师的宗嗣，又是司马昭的亲子，司马昭对他特别宠爱，"几为太子者数也"。① 但司马昭在作出最终决定之前，还是极为慎重地向其心腹贾充、裴秀、山涛、何曾、羊琇等人征询意见。贾充极力主张立司马炎为嗣。史载："(贾)充有刀笔才，能观察上旨。初，文帝以景帝恢赞大业，方传位于舞阳侯攸。充称武帝宽仁，且又居长，有人君之德，宜奉社稷。"②《晋书·山涛传》载："帝(司马昭)以齐王攸继景帝后，素又重攸，尝问裴秀曰：'大将军(司马师)开建未遂，吾但承奉后事耳。故立攸，将归功于兄，何如？'秀以为不可，又以问(山)涛。涛对曰：'废长立少，违礼不祥。国之安危，恒必由之。'太子位于是乃定。太子亲拜谢涛。"

贾充、山涛从嫡长继承制度、不能废长立幼的儒家伦理来劝说司马昭应立司马炎为嗣。

而裴秀、何曾等人却从司马炎的外貌特征来论证他有"非人臣之相"。史载：

> 初，文帝未定嗣，而属意舞阳侯攸。武帝惧不得立，问(裴)秀曰："人有相否？"因以奇表示之。秀后言于文帝曰："中抚军(司马炎)人望既茂，天表如此，固非人臣之相也。"由是世子乃定。③

> 何曾等固争曰："中抚军聪明神武，有超世之才，发委地，手过膝，此非人臣之相也。"由是遂定。咸熙二年五月，立为晋王太子。④

---

① 《晋书》卷38《齐王攸传》。
② 《晋书》卷40《贾充传》。
③ 《晋书》卷35《裴秀传》。
④ 《晋书》卷3《武帝纪》。

何曾、裴秀则盛赞司马炎"聪明神武,有超世之才",还搬出相面之术,从他"发委地,手过膝"的外貌得出结论,说他有"非人臣之相"。为何司马炎"发委地,手过膝"的外貌特征属"非人臣之相"?因为根据史书记载,汉高祖刘邦、光武帝刘秀等,皆有"日角龙颜"。而"手过膝"亦"非人臣之相",如蜀汉先主刘备"垂手下膝,顾自见其耳"。① 后世陈武帝陈霸先也是"日角龙颜,垂手过膝"。② 十六国时期的君主刘曜、苻坚、姚苌等人,据说手皆过膝。虽然改朝易代的君主大都以"马上得天下",但是单凭武力还不足以平天下,在天命论盛行的中古社会,皇位与皇权的获得还必须有"天命"的论证。在时人看来,"发委地,手过膝,此非人臣之相",而是一种天命的象征。

除了司马炎具有"发委地,手过膝"的外貌特征外,当时的社会上还流行着一种谶语,其意是司马炎的名字中有"天意",该当天子。东汉以降,谶纬学颇为盛行,谶语、谣言、相术充斥朝野,在民间广为流布。而且谶语在所谓的"受命之君"身上表现得尤为突出。③ 魏晋之际,有关司马炎有"天命"、该得天下的谶纬是这样记载的:

> 魏咸熙元年六月,镇西将军卫瓘至于成都,得璧玉印各一枚,文似"成信"字,魏人宣示百官,藏于相国府。(向)充闻之曰:"吾闻谯周之言,先帝讳'备',其训'具'也,后主讳'禅',其训'授'也,如言刘已具矣,当授与人也。今中抚军名炎,而汉年极于炎兴,瑞出成都,而藏之于相国府,此殆天意也。"是

---

① 《三国志》卷32《先主传》。
② 《陈书》卷1《高祖本纪上》,中华书局点校本2021年版。
③ 如刘邦骨相"隆准而龙颜,美须髯,左股有七十二黑子"。《史记》卷8《高祖本纪》,中华书局点校本2013年版。

岁,拜充为梓潼太守,明年十二月而晋武帝即尊位,炎兴于是乎征焉。①

这段记载比较晦涩,需要解读。早在刘备欲称帝时,谯周曾与杜琼一起劝进,大肆宣扬刘备的名字见于河图、洛书和五经谶纬,以此作为刘备当受命称帝的依据。但在蜀汉后期,他们却又从刘备父子的名字中得出了蜀汉将亡的结论:即刘备的“备”字乃具有、用尽之意,而刘禅的“禅”字就是“授予”“禅让”。其意就是季汉到刘禅已是尽头,应当禅让给他姓了。景耀五年(262),谯周见蜀汉宫中一棵大树突然无故自折,以为不祥,竟然在宫中的柱子上题字:“众而大,期之会;具而授,若何复?”陈寿解释道:“言曹者众也,魏者大也,众而大,天下其当会也。具而授,如何复有立者乎?”②“众而大”,就是期待曹魏统一。“具而授”,即蜀汉政权当授与他姓。“若何复”,即天命早已不在汉室。

蜀汉尚书向充在蜀亡后,效仿杜琼、谯周故技,说蜀汉最后一个年号“炎兴,瑞出成都,而藏之于相国府,此殆天意也。”恰巧魏相国晋王司马昭的长子就是司马炎,这说明司马炎要“炎兴”。司马昭听到此谶当然极为高兴,认为这是天意。他最后下决心立司马炎为晋世子,代魏建晋,极有可能与谯周、杜琼、向充等人所作的谶语有关。历史就是如此的巧合,结果向充所言一语成谶,“明年十二月而晋武帝即尊位,炎兴于是乎征焉”。毫无疑问,谶语的出现,表面上是所谓的“天命”,实际上都是人为制造的,这些所谓的谶语都是事后的附会之辞。

---

① 《三国志》卷41《向朗传附向充传》注引《襄阳记》。《三国志》卷4《陈留王纪》也有类似记载:“(咸熙元年)六月,镇西将军卫瓘上雍州兵于成都县获璧玉印各一,印文似‘成信’字,依周成王归禾之义,宣示百官,藏于相国府。”
② 《三国志》卷42《杜琼传》。

虽然贾充、何曾、裴秀等人坚持立司马炎为太子，但当时是否还存在支持司马攸为太子的政治势力，由于史料的不足，我们无从得知详情。从咸宁二年（276）司马炎病危及齐王攸之藩事件中可知，朝中支持司马攸的朝臣并不在少数。由此可以推测，司马昭立世子时，必然有人支持司马攸，只是不敢公开而已。《晋书·外戚·羊琇传》披露了这一内幕：

> 初，（武）帝未立为太子，而声论不及弟攸，文帝素意重攸，恒有代宗之议。（羊）琇密为武帝画策，甚有匡救。又观察文帝为政损益，揆度应所顾问之事，皆令武帝默而识之。其后文帝与武帝论当世之务及人间可否，武帝答无不允，由是储位遂定。

由此可见，炎、攸兄弟间的储位之争也颇为激烈。外戚羊琇因"少与武帝通门，甚为亲狎"。他是司马炎少年时代的密友，足智多谋，对司马昭治国理政的特点十分了解，故暗中为司马炎密谋画策。为了帮助司马炎争夺嗣子，羊琇充当了当年曹植身边杨修的角色。①

羊琇揣度司马昭将要询问之事，让司马炎默默地记住。羊琇用的是杨修的故伎，但他比杨修高明，并未被司马昭识破，司马昭就"当世之务及人间可否"询问司马炎，司马炎居然对答如流。于此可见，司马昭立世子时，围绕立嗣问题而展开的政治博弈，虽然不如曹丕、曹植兄弟争夺嗣子那么激烈，但也为日后司马炎立太子及齐王攸之藩酿成的政治风波种下了因果。

---

① 曹操常以军国大事来考察曹丕、曹植，杨修预先写下了十余条曹操可能会问到的问题和答案，"修忖度太祖意，预作答教十余条，敕门下，教出以次答。"（《三国志》卷19《陈思王植传》注引《世语》）让曹植事先记住、背熟，结果曹操向曹植提问时，曹植对答如流。

晋国建立后，司马昭经过慎重考虑，终于将司马炎"立为世子，拜抚军大将军，开府，副贰相国"。① 抚军大将军是司马懿担任过的职务，有孙继祖业之意。但魏晋时期的官职中并无"副贰相国"，显然是特设之位，即相国的副职。魏文帝曹丕为太子时，以五官中郎将副贰相国，准备接替曹操。而司马炎以抚军大将军副贰相国，即是司马昭的接班人。咸熙二年（265），司马昭由晋公进为晋王，司马炎亦由世子改"立为晋王太子"，离登基只剩一步之遥了。

## 四、登上九五之位

司马师去世，司马昭继任辅政大臣之后，就开始着手准备改朝易代，实施魏晋更祚。大将军右长史贾充建议司马昭派遣幕僚去慰劳四征将军，趁机观察这些手握重兵将领的政治态度。贾充的建议正合司马昭之心，司马昭遂派其到淮南诣诸葛诞。一起谈论时事时，贾充说："洛中诸贤，皆愿禅代，君所知也。君以为云何？"诸葛诞厉声说："卿非贾豫州子？世受魏恩，如何负国，欲以魏室输人乎？若洛中有难，吾当死之。"②贾充默然无语。

贾充从寿春回来后，立即建议司马昭征召诸葛诞入朝任司空。贾充认为这样做可能会激反诸葛诞，但却能提前清除隐患。司马昭反复考虑后，决定采纳贾充的建议。正在为母守孝的钟会得知此事后，劝司马昭不要冒险。司马昭主意已定，认为"事已施行，不复追改"。③ 不出贾充、钟会所料，诸葛诞果真不肯接受任命，他

---

① 《晋书》卷 3《武帝纪》。
② 《三国志》卷 28《诸葛诞传》注引《魏末传》。
③ 《三国志》卷 28《钟会传》。

杀死扬州刺史乐綝,起兵反抗司马昭。司马昭亲自率领大军26万,经过半年多的苦战,终于攻克寿春,平定了高平陵之变以来淮南第三次叛乱。

诸葛诞叛乱被平后,魏主曹髦不甘心充当司马氏的傀儡,遂孤注一掷,率领殿中宿卫和奴仆数百人攻打司马昭,结果被成济所弑。曹髦被弑,震惊朝野,司马昭弑君行为触及了儒家的道德伦理底线,饱受士人诟病,遂不得不放慢魏晋禅代的步伐。司马昭秉政以来,未建重大功业,欲行禅代,恐人心不服,难孚天下之望,故他图谋借伐蜀来建立功业,以摆脱弑君所带来的道德危机,获取代魏的政治资本。

魏景元四年(263)五月,魏军十八万,兵分三路,对蜀汉发动了全面进攻。邓艾在魏蜀两军主力对峙于剑阁之时,自率精锐部队绕道阴平(今甘肃文县西北),越过700余里荒无人烟的地区,凿山开路,奇袭江由(今四川江油北)。又在蜀汉腹地绵竹大破诸葛瞻,攻占涪城(今四川绵阳),进逼成都。后主刘禅因邓艾兵临城下,被逼无奈只得向魏军投降。

司马昭平蜀后,魏帝曹奂不得不下诏,封司马昭为晋王,"命帝冕十有二旒,建天子旌旗,出警入跸,乘金根车,驾六马,备五时副车,置旄头云罕,乐舞八佾,设钟虡宫悬,位在燕王上。进王妃为王后,世子为太子,王女王孙爵命之号皆如帝者之仪"。① 又"追命舞阳宣文侯(司马懿)为晋宣王,舞阳忠武侯(司马师)为晋景王"。② 此时,曹魏大臣觐见司马昭如同朝见天子一般。《汉晋春秋》记载了这样一件事:

---

① 《晋书》卷2《文帝纪》。
② 《三国志》卷4《陈留王纪》。

晋公既进爵为王,太尉王祥、司徒何曾、司空荀顗并诣王。顗曰:"相王尊重,何侯与一朝之臣皆已尽敬(案,何侯即何曾。一朝之臣,谓魏朝之臣也),今日便当相率而拜,无所疑也。"祥曰:"相国位势,诚为尊贵,然要是魏之宰相,吾等魏之三公;公、王相去,一阶而已,班列大同,安有天子三公可辄拜人者!损魏朝之望,亏晋王之德,君子爱人以礼,吾不为也。"及入,顗遂拜,而祥独长揖。①

可见,除了拘泥于礼法的王祥外,整个魏朝大臣都将司马昭当作天子看待。

司马氏在代魏之前,军事上也预作周密的布置。司马昭分派子弟出任几个重要地区的都督。咸熙元年(264),司马骏以安东大将军镇许昌,都督豫州;同年,司马亮以镇西将军都督雍凉诸军事;司马伷以右将军监兖州诸军事(此三人皆为司马懿子);司马遂(司马懿弟司马恂之子)自景元二年(261)以北中郎将督邺城守诸军事。这些地区虽未处于边防前线,但都是核心要害之处。许昌、邺城、长安是天下重要的屯兵、武库、粮仓之所在,是控制边州、拱卫洛阳的枢纽。魏文帝以洛阳、长安、许昌、邺、谯为曹魏五都,除了谯因是曹氏家乡才予以破格提升之外,其他三个陪都均是军事重镇。自曹魏开国以来,这三个陪都在政治、军事方面一直发挥着重要作用。为了顺利地完成代魏成晋,司马昭不仅将中军牢牢地控制在自己手中(中领军为司马望、羊祜,中护军为贾充),还以子弟出镇地方,以确保万无一失。

司马昭还完成了施行五等爵制、废除民屯、建晋国百官②等

---

① 《三国志》卷4《陈留王纪》注引《汉晋春秋》。
② 《晋书》卷2《文帝纪》云:"晋国置御史大夫、侍中、常侍、尚书、中领军、卫将军官。"

一系列禅代的准备工作,来逐步取代曹魏。随着各种新制的确立,新王朝的规模和形态已经初步显现,魏晋鼎革的条件已经具备。

与之呼应,各地也不断上报各种"祥瑞",魏咸熙元年(264)"安弥、福禄县各言嘉禾生"。① 翌年二月,胸腮县得到灵龟,进献给朝廷,灵龟收归于司马昭相国府。四月,南深泽县降下甘露。诸如此类,各地不断出现歌颂天下太平、风调雨顺、国泰民安的吉兆、灵兽。同时,又有革故鼎新、易代更祚天象的示警:"魏元帝咸熙二年二月,太行山崩。此魏亡之征也。其冬,晋有天下。"②"咸熙二年五月,彗星见王良,长丈余,色白,东南指,积十二日灭。占曰:王良,天子御驷。彗星扫之,禅代之表,除旧布新之象也。"③

种种迹象,无论是天意还是人事,都预示亡魏成晋的条件已经成熟,鼎革就在眼前。然而,就在此时此刻,司马昭突然暴病不起,④于咸熙二年八月辛卯(265年9月6日),病死于露寝,⑤享年五十五岁。

司马昭去世,以何礼仪进行安葬? 贾充、荀勖等人商议葬礼未

---

① 《三国志》卷4《陈留王纪》。

② 《宋书》卷34《五行志五·山崩地陷裂》,中华书局点校本2018年版。

③ 《晋书》卷13《天文志下》。

④ 《三国志》卷42《谯周传》曰:"咸熙二年夏,巴郡文立从洛阳还蜀,过见(谯)周。周语次,因书版示立曰:'典午忽兮,月酉没兮。'典午者谓司马也,月酉者谓八月也,至八月而文王果崩。"

⑤ "露寝"即路寝,其名始见于《诗·鲁颂·閟宫》:"路寝孔硕。"《毛传》:"路寝,正寝也。"《礼记·玉藻》说祭祀:"君日出而视之,退适路寝以听政。"可见路寝是帝王正殿或诸侯的正厅所在。日本学者福原启朗解释"露寝"为野营地,显然是望文生义。参见[日]福原启郎:《晋武帝司马炎》,江苏人民出版社2020年版,第83页。

定,骠骑将军石苞奔丧赶来。其时,石苞都督扬州,镇守淮南,是地方军事实力派,对朝政国事有相当大的发言权。高贵乡公曹髦在位时,石苞因事入朝,与曹髦相谈一整天。出来后,石苞提醒司马昭,说曹髦乃是"非常主也",要司马昭严加提防。不出石苞所料,数日后曹髦发难,亲自讨伐司马昭,司马昭早有准备,命贾充、成济将曹髦弑杀。

司马昭去世,石苞前来奔丧,大哭道:"(晋王)基业如此,而以人臣终乎!"①为司马昭生前未能登基称帝而深感惋惜。石苞的这一表态,不仅决定了司马昭必须按帝王规格安葬,而且还启动了魏晋禅代的进程。② 其后,石苞又联络都督荆州诸军事、征南大将军陈骞一起向魏帝曹奂施压,"讽魏帝以历数已终,天命有在",③劝司马炎受禅称帝。《晋书·石苞传》说:"及禅位,苞有力焉。"这说明石苞在魏晋禅代中发挥了重要作用。自司马师诛李丰、张缉,废曹芳,司马昭弑曹髦后,曹魏的中央朝政已完全掌控在司马氏手中。但地方方镇,特别是都督淮南地区的方镇,一直是司马氏的心腹之患,从司马懿开始,淮南地区先后爆发了三次叛乱:即王凌、毌丘俭与诸葛诞之乱。"自诸葛诞破灭,石苞便镇抚淮南,士马强盛"。④ 作为专制一方的骠骑将军,石苞拥有一定的军事力量,他主张以天子之礼安葬晋王司马昭,并联合陈骞,逼迫魏帝退位,可见魏晋禅代已经水到渠成了。

---

① 《晋书》卷33《石苞传》。
② 卢弼:《三国志集解》卷4《陈留王纪》引赵一清曰:"观此,则未禅位之前,居然行天子之礼,又与孟德不可同年而语矣。"司马昭生前并未称帝,而以帝王之礼安葬,无疑是打破常规,通过葬仪向世人宣告晋已代魏。
③ 《晋书》33《石苞传》。
④ 《晋书》33《石苞传》。

九月癸酉(265年10月18日)，司马昭葬于洛阳偃师的崇阳陵，①谥曰文王。武帝受禅后，追加尊号为文皇帝，庙号称太祖。司马昭去世后的第二天，司马炎以副贰相国、晋太子的身份继承乃父魏相国、晋王之职。为了安抚天下，稳定人心，司马炎下令放宽刑罚，赦免罪人，安抚百姓，减轻徭役，国内服丧三日。为了笼络尚未进入仕途的士人，司马炎又下令让诸郡中正官按六条标准荐拔淹没于民间的人才。这六条是："一曰忠恪匡躬，二曰孝敬尽礼，三曰友于兄弟，四曰洁身劳谦，五曰信义可复，六曰学以为己。"②为了健全并强化晋国的官僚制度。司马炎下令以魏司徒何曾为晋国丞相，镇南将军王沈为晋国御史大夫，中护军贾充为晋国卫将军。议朗裴秀为晋国尚书令、光禄大夫，皆开府。此举是迅速将曹魏的重臣中，司马氏的心腹转为晋国大臣，为即将到来的禅代作准备。

曹魏最后一位皇帝曹奂本名曹璜，字景明，沛国谯县人，魏武帝曹操之孙，燕王曹宇之子，正始七年(246)，生于燕王宫，甘露三年(258)，封常道乡公，甘露五年(260)五月，高贵乡公曹髦为成济所弑，司马昭立曹奂为皇帝，奉魏明帝曹叡之祀。曹奂虽为天子，但实为司马氏的傀儡。司马昭弑君，虽然在一定程度上延缓了魏

---

① 崇阳陵,位于河南省洛阳偃师市城关镇前杜楼村以北的枕头山,是晋文帝司马昭的陵墓。该墓地在杜楼村北1.5公里一座无名山丘的南坡,山丘后跨过一带洼地即拔地而起的枕头山,由枕头山俯瞰墓地,恰似在簸箕中心横身而卧的灵龟。墓地原为自北而南倾斜的缓坡,现已辟为梯田。20世纪80年代共探出墓葬5座。其中,东部一座2号墓是枕头山墓地中规模最大,规格最高的一座,墓道长46米,宽11米,墓室长4.5米,宽3.7米,高2.5米。它位于墓地的东部,居于尊位,估计就是文帝的崇阳陵。太兴二年(319)正月刘曜盗掘崇阳陵,晋元帝穿素服号哭三日,使冠军将军梁堪、太常马龟等修复陵墓。

② 《晋书》卷3《武帝纪》。

晋鼎革的进程,但经过此次事件之后,曹魏宗室势力进一步遭到削弱,从而更加稳固了司马氏在曹魏的地位。

司马炎继位晋王之后,曹奂面对司马炎,就如同汉献帝刘协面对曹丕一样,俯首听命,完全失去了反抗的能力,为了保全自己的性命,他只得默默接受亡国之君的命运。咸熙二年(265)十二月壬戌,曹奂在司马炎的逼迫下,于洛阳南郊筑受禅台,命朝臣准备禅代仪式,并遣太保郑冲、司隶校尉行司徒事李憙奉上皇帝玺绶和《禅位晋王策》,将帝位禅让给司马炎。策曰:

> 告知晋王,我皇祖有虞氏,应天之命,受陶唐之禅而得位,亦以天下授与有夏。惟夏禹、商汤、周文上能配天,都因为他们圣德如日月普照。此后天又将大命倾注于汉,汉之火德既衰,皇天眷顾我高祖,授以天下,我朝仿效虞、夏、商、周四代之明德显绩,我不尽知。只有你和尔祖尔父,心性明哲,辅助我皇家,勋德光照四海,及于上下鬼神,无不和顺,水土平治,天行有序,万邦以安。尔应受上帝之命,协和帝王中正之道。我谨奉天命,将天子之位敬授于你,新朝重任在于尔身,允当行中正之道,国运得以长久。于戏!王应钦顺天命。一切遵循先圣训典,安抚四方之国,维护天之美意,不要废弃我二皇大业。①

按照惯例,司马炎表面上礼让一番,但礼让的次数要比昔日曹丕少得多。在晋国丞相何曾和御史大夫王沈等人的固请下,司马炎终于同意代魏登极。十二月丙寅,在文武百官、南匈奴单于及周边少数民族使者等数万人的注目下,司马炎登上受禅台,并燔柴祭告上天:

---

① 为使读者阅读方便,故对原文略作疏释。参见《晋书》卷3《武帝纪》。

皇帝臣司马炎敢用玄牡告于皇天后土,魏帝考皇运之所归,承天之明命以命炎。昔日唐尧兴隆大道,禅让于虞舜,舜又禅让于禹,高德垂于后世,经久不衰。及汉德既衰,太祖武皇帝拨乱反正,拯救时局,扶助刘氏,因而汉禅让于魏。魏室连年多故,几乎败亡,实赖晋匡扶拯救之德,因而得保宗祀,渡过艰难。可见晋有大功于魏。四方之人无不顺服,廓清梁岷,安抚扬越,八方同轨,祥瑞屡呈,天人应和,无不归服。我效法三后,天命因集于此。炎之德不足嗣位,辞让而不获准。于是群公卿士,诸侯臣僚,诸贤陪臣,百蛮君长,都说:"皇天鉴于下土,求民间之疾苦,天命既成,本非谦让所能拒违。帝王世系不可无继,人神不可以无主。"炎敬奉皇运,敬畏天威,敬选吉日,升坛受禅,告于上帝,以不负众望。①

从《三国志·文帝纪》与《晋书·武帝纪》的记载来看,魏晋两个王朝的禅代范式毫无二致。司马炎完全照搬前朝,甚至连即位诏书的用词也十分相似。公元220年,司马懿亲身经历和参与了盛况空前的汉魏禅代,②给他留下了极其深刻的印象。司马懿素有"肃清万里,总齐八荒"③之志,梦想有朝一日司马氏亦能如此。司马懿去世十四年后,其孙司马炎即位,受魏禅,成帝业,完成了司马懿的夙愿。

晋武帝即位时,还有一段小插曲,颇为有趣。史家悉知,自先秦以来,占卜就十分盛行,人们常以占卜来预测吉凶祸福或未来之事。史载,晋武帝司马炎刚登基时,曾用蓍草占卜,推断帝位能传

---

① 为使读者阅读方便,故对原文略作疏释。参见《晋书》卷3《武帝纪》。
② 《三国志》卷2《文帝纪》注引《献帝传》有司马懿等人向曹丕所上的《劝进表》。曹丕亦作《答司马懿等再陈符命令》。
③ 《晋书》卷1《宣帝纪》。

多少代,结果得到"一"字,武帝大为不悦,群臣也十分惊慌,皆默然不言。散骑侍郎裴楷却依照王弼的《老子注》,从容解释道:"臣闻天得一以清,地得一以宁,王侯得一以为天下贞。"①武帝听后大悦,群臣皆呼万岁,无不赞叹佩服裴楷的机敏。

## 五、"禅代"考辨与范粲的佯狂

魏晋禅代后,司马炎继续实施二王三恪制度。② 除曹奂降为陈留王外,曹魏宗室也依次降位,如曹植之子曹志由济北王降为鄄城县公,后出任乐平太守,入为国子祭酒。汉献帝长孙刘康袭祖父爵,仍为山阳公。泰始三年(267),太常上奏博士刘宪等人的商议,称卫公姬署在晋朝的地位为三恪,应降为侯爵。孔子的第21世孙,宗圣侯孔羡之子孔震,被封为奉圣亭侯,拜太常卿黄门侍郎,赐食邑200户。

从"曹魏代汉"到"司马代魏",新朝天子对于前朝皇帝都以虞宾相待,按上古故事,禅让双方是尧、舜之君,所以新君对禅位者以

---

① 《晋书》卷35《裴秀传附裴楷传》云:"武帝初登祚,探策以卜世数多少,而得一,帝不悦。群臣失色,莫有言者。(裴)楷正容仪,和其声气,从容进曰:'臣闻天得一以清,地得一以宁,王侯得一以为天下贞。'武帝大悦,群臣皆称万岁。"

② 二王三恪,又称二宾三恪、二代三恪。此乃古代政治礼制,属宾礼之一。禹封尧子丹朱后于唐,封舜子商均于虞,皆不用臣礼,而用宾礼。而周武王于牧野之战后,分封黄帝后裔于蓟,尧之后于祝,舜之后于陈,用以表示"兴灭国,继绝世"之意。颜师古认为:"周以舜后并夏后、宋为三恪也。"即以虞舜后裔封陈国,夏朝后裔封杞国,商代后裔封宋国,是为三恪。历代王朝因袭故事,皆封前代王室后裔爵位,称为二王后、三恪,给予王侯名号,赠予封邑,祭祀宗庙,以示尊敬。显示本朝所继承统绪,标明正统地位。所谓"恪",即表尊敬之意。杜佑《通典》考证"三恪二王后",以为封前二代后裔为二王后,封前三代后裔则称为三恪。

国宾的礼遇来对待:禅君上书不称臣,受诏不拜,备五时副车,郊天祀祖可行天子之礼,在封国里仍可使用自己的年号等。禅君虽有人监视,但最终都能寿终正寝。①

　　由于魏晋二朝都是以禅代的方式完成易代鼎革,故我们有必要对禅代政治作一简单的梳理与辨析。上古时期有关于尧、舜禅让的记载,但在很大程度上属于传说性质。尧舜之时国家还未形成,仍是原始公有制下的部落联盟,实行军事民主制。即使尧舜之间真的存在"禅让"制,也是部落酋长之间的更替。顾颉刚认为:"自从墨家倡导了尚贤之说,主张君位应为禅让制,托之于尧、舜,这学说一时很风行,连主张贵族政治的儒家也接受了。"②至汉代,经过汉儒的大力弘扬,尧舜禅让说大为盛行,成了儒学推崇服膺的故事。然而,文献中关于尧舜的记载存在诸多问题。比如《史记·五帝本纪》所载,尧舜作为上古圣君的在位时间漫长到令人怀疑。而且据《竹书纪年》《韩非子》等文献记载,上古时期并无禅让制,舜、禹即位也是采用暴力手段。舜囚尧而夺其位,晚年又被禹流放,最后死于苍梧(今广西梧州市北部)。自顾颉刚"疑古说"提出后,连尧舜禹是否真有其人都成了问题。总之,由于年代久远及史料匮乏,上古社会究竟有无禅让已无从考证。然而,后世的汉儒对上古时期的禅让制度心向往之,将"禅让制"推崇为王朝更替的最佳方式。实际上,是因为儒家希望政权更迭的形式更符合公天下、道德化的准则,故致力于将尧舜禅让模式神圣化。

　　自从《尚书·尧典》记载了尧舜禅让的传说之后,以"尚贤"理论为基础的禅让制就成了中国古代政权转移的可选方式之一,且

---

　　① 禅代政治到了刘宋时,发生变化,刘裕即位不久,就将禅位于他的晋恭帝司马德文杀害。

　　② 顾颉刚:《秦汉的方士与儒生》,上海古籍出版社1998年版,第72页。

在历史上不乏实践者。在汉魏禅代之前，就已经有过燕王哙禅位于其相子之与王莽受汉禅称帝的先例。春秋战国时期，私有制早已产生，"国家"作为政权形式已成熟，如果此时想"尊礼复古"，复行禅让制，很难行得通。燕王哙将王位禅让给其相子之，但在齐国的武力干涉下很快失败。商鞅变法之后，秦孝公也曾想禅位于商鞅，但商鞅大概有自知之明，没有接受。秦孝公虽然出于"公"心，但他的这个举动实质上害了商鞅，加上商鞅变法的过程中，太子驷的两位老师都受到了极其严厉的惩罚，故太子即位成为秦惠王后，就将商鞅车裂。可见商鞅之死，并不完全是变法所致，恐怕和之前秦孝公所表现的"禅让"意愿有很大关系。[①]

西汉末年，不断有人制造舆论，声言汉朝火德已衰，应由土德取代。王莽即利用禅让与五德相生、谶纬说践位称帝，建立新朝。王莽代汉是一次在大一统的西汉王朝内的尝试，是一次对上古社会禅让制全方位的实践。权臣受九锡与禅让的全套礼数、流程在王莽代汉时基本成型。[②]应该看到，王莽代汉的出现绝非偶然，而有其历史的必然性。它不仅与远古以来的禅让传说和理想有关，而且是西汉中后期社会上"天下不私一姓"的禅让思潮长期弥漫的结果。而这一思潮恰恰是被当时占统治地位的社会意识形态——董仲舒的新儒学所激活。西汉大儒董仲舒的天谴说、阴阳五行说与西汉后期向周礼复古的儒学，都对禅让这一思潮的兴起及其实践起了催生作用。从西汉社会儒学的发展以及社会思潮的

---

① 《战国策·秦一》载："秦孝公行之（商鞅法）八年，疾且不起，欲传商君，辞不受。孝公已死，惠王代后。"
② 王莽时期，禅代制度还未真正的确立起来。禅代制始作俑者为曹操。操加九锡，封公建国，曹丕因之而终于完成代汉。因此可以把禅代制的最终确立定在曹操封公建国及曹丕受禅时期。

变化来看禅让制,就可把对王莽禅汉问题从简单的斥责与不屑提升到新的高度,将其导入理性的认识领域。

禅让制度后来愈发公式化,礼数周全之后再行禅让,受过九锡的人就成了准皇帝,九锡赏赐的器物都大大超越了人臣的范畴,基本上都是皇帝专有专用。[①] 然而,王莽虽受九锡、行禅代、建新朝,但当时西汉刘姓皇族复辟势力十分强大,刘玄、刘秀等人都打出中兴汉室旗号。加之王莽推行的改制失败,导致百姓流离失所,生活困苦,经济凋敝,民怨沸腾,政治危机愈演愈烈,王莽最终身死名裂,为天下后人所诟病、所耻笑。新莽政权也就被后世史家定义为"僭伪",认为王莽是伪君子、独夫民贼,僭窃天号。可见,虽然以天下为公的尚贤理论——禅让说在战国、汉代社会流行甚广,但实践的结果却是屡屡失败。

清代史学家赵翼说:"其权臣夺国则名篡弑,常相戒而不敢犯。王莽不得已,托于周公辅成王,以摄政践祚,然周公未尝有天下也。"[②]赵翼这段话的意思是王莽搞的这一套并非禅让,而是禅代。赵翼认为中古时代的易代只有两种形式:"古来只有征诛、禅让二局。"虽然上古有尧舜禅让的传说以及西汉末年的王莽代汉,但历史上真正成功的"禅让"直到"曹魏代汉"才出现。探讨中国古代的"禅代"问题,还需考虑阶段性划分。"曹魏代汉"虽是始作俑者,但真正将"禅代"作为王朝更迭的形式继承并固定下来的是"司马代魏",之后中国进入了南北朝时期,王朝的更迭虽然仍

---

① 九锡礼是一种君主专制制度下权臣逾越人臣名分,向准君主迈进的一种非常手段,因为它从礼仪的角度把人臣与君主放在一个大致相同的位置上。九锡礼的授予是新旧王朝即将鼎革的昭示,读者可参阅朱子彦:《九锡制度与易代鼎革》,《文史哲》2005 年第 6 期。

② (清)赵翼:《廿二史札记》卷 7"禅代"条,上海古籍出版社 2011 年版。

有武力作后盾,但概莫能外地都采用"禅代"的形式,"甚至唐高祖本以征诛起,而亦假代王之禅,朱温更以盗贼起,而亦假哀帝之禅"。①魏晋以降的统治者不仅完全继承了这种权力交接的范式,而且使其成为必须遵循的易代故事。

其实,原始禅让制与帝制时代的禅代制具有不同的性质。前者是部落联盟时代的原始民主选举制度,后者是皇权专制体制下的易代更祚,其采用的是权臣逼宫、君主让贤的形式,使政权在易姓之间和平过渡,平稳交接,故赵翼名之曰"禅代"。日本学者冈崎文夫引用东晋史学家干宝的看法,认为:"干宝作《晋纪》,论晋武帝革命时,将中国古代传说的尧舜禅让与魏晋禅让区别开来,有内禅外禅之说,其意可能在于:尧舜禅让在文德上是完全的,而魏晋禅让只是名义上、形式上的称号而已。不仅如此,干宝在《晋纪总论》中进一步委婉指出:晋宣、景二帝显然抱有篡夺魏室的目的,未能退而养其德。"②冈崎氏的这一看法颇有见地,可以让我们进一步明晰魏晋禅代与尧舜禅让二者之间的重大区别。

为何古往今来,人们大多对魏晋禅代颇有诟病,关键的问题在于司马氏的"篡魏"。由于"篡魏",人们往往忽视了司马氏统一天下的功业,反之,"司马代魏"却呈现污名化的趋势。曹操长久以来被视为"汉贼",也是因其"篡汉"。公元220年,曹魏代汉是中古历史上第一次成功的"禅代",具有里程碑式及划时代的意义。赵翼评论曰:"至曹魏创此一局,而奉为成式者,且十数代,历七八百年,真所谓奸人之雄,能建非常之原者也。"③曹魏代汉后,两晋

---

① (清)赵翼:《廿二史札记》卷7"禅代"条,上海古籍出版社2011年版。
② [日]冈崎文夫:《魏晋南北朝通史·外编》,尚承清译,中西书局2020年版,第231页。
③ (清)赵翼:《廿二史札记》卷7"禅代"条。

南北朝至隋唐五代北宋十数个政权,皆以禅代方式完成易代更祚。然而,传统的儒学纲常伦理将中古禅代视为"假禅让为攘夺"。所谓的"攘夺",在世俗观念看来即是篡位的代名词。而"篡位"名称的本身即带有严重的贬义。《尔雅·释古》对"篡"的解释是"盗位曰篡","盗位"即是对帝位的非法据有。史家对于权臣禅代旧朝所用的都是奸雄、篡逆、窃权、窃国、挟天子以售其奸之类带有强烈道德判断的用词。传统的伦理道德导致人们将"禅代"与"篡位"等同,但却认同通过武力夺取的政权,即"征诛"才是合法、合理、正义的。

其实,"禅代"并非严格意义上的禅让,而是"禅让"和"征诛"的混合体。这是因为,历朝受禅者或其祖、父辈(如司马氏是三代经营)在稳定本政权内部秩序的同时,还需建立赫赫武功,以制造"解民倒悬""天下归心"的政治声势,来推动禅代的前进。故而"征诛"也是必不可少的,只是征诛的对象是其他的割据势力,而不是旧王朝罢了。①

所以从本质上看,"征诛"和"禅代"并无严格意义上的差别。但是它以和平方式实现了政权在异姓之间的转移,在一定程度上,既避免了宫廷政变的刀光剑影,也避免了战场征诛的尸横遍野。与大规模的农民战争、少数民族入侵的不同之处是,禅代比较契合中国古代的仁政精神和礼治原则,且社会付出的代价较少。至少,它将杀戮及战争导致的天下黎民死伤大大降低了。禅代通常以前朝帝王一姓一族的权力终结这种最低社会成本,来换取政权的平稳交接,而且还能在很大程度上避免造成大规模的生灵涂炭。这些都是值得肯定的。由于禅代是以和平过渡的方式来更迭政权,故社会的元气和民众的正常生活就不会受到太大的影响,而且容

---

① 如司马氏的"征诛"对象是吴蜀二国和辽东公孙渊,而非曹魏。

易复苏。如曹魏代汉后,中原地区的经济得到了迅速的恢复和发展,人口也有了显著的增长,这为西晋统一奠定了基础。西晋代魏后,不久即出现了"太康之治"。西晋初年的社会经济得到了较快的恢复和发展,出现了民生富庶、天下康宁的升平景象。

抑或有人会质疑是否因禅代而导致西晋国祚短暂。晋武帝去世后不久就发生"永嘉之乱",五胡入华,衣冠南渡。然而笔者认为这是因武帝晚年昏聩、立嗣不当及贾后乱政的结果,与禅代并无关系。若因禅代导致社会动乱,王朝短暂,那么后周禅宋后,两宋国祚何以长达三百余年,其经济发展水平在当时的世界范围内都处于领先地位。正如邓广铭所云:"宋代是我国封建社会发展的最高阶段。两宋时期的物质文明和精神文明所达到的高度,在中国封建社会历史时期之内,可以说是空前绝后的。"①

王夫之认为魏晋禅代虽为篡逆,但对于黎民苍生却甚为有利,可使民众免于刀兵,社会免于动乱。他说:"天下者,非一姓之私也,兴亡之修短有恒数,苟易姓而无原野流血之惨,则轻授他人而民不病。魏之授晋,上虽逆而下固安,无乃不可乎!""嗣是而掇天位者如拾坠叶,臣不以易主为惭,民不以改姓为异。垂及唐、宋,虽权臣不作,而盗贼夷狄进矣。"②清代史学家赵翼、钱大昕曾不约而同地关注"禅代"这个重要历史命题。赵翼的贡献在于,跳出易代非"禅让"即"征诛"的旧识,首次把"禅代"作为中古时期的重要鼎革类型来审视;钱大昕的卓识在于,以仁爱民本之心考察"禅让"与"征诛"两种更迭方式的社会成本。钱大昕云:

易姓改物,变态非一端,圣人故不能预知,要亦不外此两

①　邓广铭:《邓广铭学术论著自选集》,首都师范大学出版社1994年版。
②　(清)王夫之:《读通鉴论》卷11之一,中华书局2004年版。

种窠臼。圣人虽恶曹马之妄学舜禹,断不喜张献忠、李自成之妄学汤武也。儒者立言,当为万世生民虑,吾恐征诛之惨,更甚于禅让,故不可以不辨⋯⋯其起于编户者,则托"征诛"之名,其为权臣者,则托"禅让"之名,要其初皆因利乘便,尚诈力而远仁义,非有除暴安民之心也。其传世短促者姑置勿论,若汉唐宋明,开国以后,规模整肃,粲然可观,虽无浚哲钦明之德,实有安民和众之功,则推之为三代之下之贤君可也,奚必较量其起事之正否而上下其手乎?①

钱大昕认为"易姓改物,变态非一端",采用何种方式易朝换代,是很难让世人做出选择的。所谓"曹马"称帝不正,实乃纲常伦纪之言。圣人虽然厌恶曹丕、司马炎打着舜禹的招牌,施行禅让,但亦"断不喜张献忠、李自成之妄学汤武也"。钱大昕所云的"张献忠、李自成妄学汤武",是指张、李的军队在明清易代之际与明军、清军之间的长时期、大规模的战争,对亿兆生灵和社会经济造成极大摧残,以致"征诛之惨,更甚于禅让"。钱氏抨击张、李妄学汤武革命,在一定程度上则是对汉魏、魏晋禅代给予肯定。

钱氏认为得天下者无论是起于底层的"编户"庶民,采用"征诛"的方式,还是权臣"托禅让之名",攘夺政权,只要统治者在"开国以后","规模整肃,粲然可观",有"安民和众之功",便是"贤君",何必要斤斤计较"量其起事之正否而上下其手乎?"自曹操被后人视为"汉贼",又将"司马昭之心"作为阴谋家、野心家的代名词后,禅代即被世人视为篡位。宋代出现的程朱理学将忠君观念提到了前所未有的高度。理学家鼓吹"忠君"才是"天下之定理"。在忠君观念衍化为"天理"的明清社会,人臣觊觎神器,欲图大位,已被视

---

① (清)钱大昕:《潜研堂集》卷36《与邱草心书》,上海古籍出版社2009年版。

作天理难容。钱大昕能为"禅代"和"曹马"正名，是颇为不易的。

必须看到的是，虽然在西晋建立之前，曹氏已开创了禅代方式，但禅代观念并未深入人心，特别是深受儒学伦理思想浸淫的士人，对司马代魏颇有抵制。司马炎代魏之时，虽然魏朝诸臣已经认可这是天命所归，曹魏气数已尽，从而俯首帖耳地由魏臣自动转为晋臣，但仍然有人用自己的行动对司马代魏表示不满与无声的反抗。高贵乡公曹髦被弑后，"朝臣举哀，（王）祥号哭曰：'老臣无状。'涕泪交流，众有愧色。"①司马昭封晋王后，王祥长揖不拜。曹奂禅位后，王祥面有恨色，有送故主之情。② 武帝即位后，"祥以年老疲耄，累乞逊位"。③

太宰从事中郎范粲对司马代魏更是不满。嘉平六年（254），魏帝曹芳被大将军司马师废去帝号，贬为齐王，迁徙金墉城，另立曹髦为帝。曹芳出城之时，范粲以当时居丧所穿的素服送别曹芳，并痛哭流涕，以表其对魏之忠心，其行为感动了很多人。司马师辅政，每次召开会议，范粲都不出席，但司马氏因为范粲的名望只能加以容忍。魏晋易代后，范粲以踏上晋朝的土地为耻，故住在车上而足不落地，而且至死都不说话，时间竟长达三十六年，"子孙恒侍左右，至有婚宦大事，辄密谘焉。合者则色无变，不合则眠寝不安，妻子以此知其旨"。④ 其后司马炎下诏要求郡县给予范粲医药，加赐二千石禄养病和布百匹。其长子范乔以父患病为借口婉拒，但"诏不许"。太康六年（285），范粲去世，享年八十四岁，死在平时寝食的车上。王夫之对范粲不屈于晋的节操作出了很高的评

---

① 《晋书》卷33《王祥传》。

② 《太平御览》卷496引《王祥别传》，中华书局1960年版。

③ 《晋书》卷33《王祥传》。

④ 《晋书》卷94《隐逸·范粲传》。

价,认为他胜过管宁与陶潜,船山云:

> 魏、晋之际,有贞士曰范粲,较管宁、陶潜而尤烈,而称道绝于后世。士之湮没而志不章者,古今不知凡几也!宁以行谊著,潜以文采传,粲无他表见,而孤心隐矣。乃其亢志坚忍,则二子者未之逮焉。送魏主芳而哀动左右,三十六年佯狂不言,卒于车中。子乔侍疾,足不出邑里,父子之志行,诚末世之砥柱矣。文采行谊无所表见,志不存焉耳。宁之不若此也,宁未仕汉,而粲已受禄于魏也。潜之不若此也,知晋之将亡而去之,不亲见篡夺之惨也。故二子无妨以文行表见,而粲独不可。难哉其子之贤也!晋赐禄以养疾,赐帛以治丧,而不受。嵇绍闻之,尚为仇雠之子孙捐父母之身,人之贤愚相去有若此哉!粲之所为,难能也;非但难能也,其仁矣乎!①

司马懿之弟司马孚,去世时已经93岁,他历经汉魏晋三朝,至死仍以魏臣自命。甘露五年(260),魏帝曹髦不满司马昭专权,亲自率领殿中宿卫和奴仆数百人讨伐司马昭,结果被弑于宫门。事发之后,百官避祸远离,司马孚觉得其侄司马昭弑君有悖君臣之道,他抱着曹髦的尸体枕在自己的大腿上痛哭道:“杀陛下者臣之罪”,要求追查弑君的幕后主使者。《晋书·安平献王孚传》载:

> 后逢废立之际,未尝预谋。景文二帝以孚属尊,不敢逼。及武帝受禅,陈留王就金墉城,孚拜辞,执王手,流涕歔欷,不能自胜。曰:“臣死之日,固大魏之纯臣也。”……临终,遗令曰:“有魏贞士河内温县司马孚,字叔达,不伊不周,不夷不惠,立身行道,终始若一,当以素棺单椁,敛以时服。”

“不伊不周”出自《汉书》,原文是“孝平不造,新都作宰,不周不伊,

---

① (清)王夫之:《读通鉴论》卷11之8。

34

丧我四海。"①说的是王莽掌握汉室权柄,却无伊尹、周公之忠,最终篡汉。这是司马孚对自己的自责,作为魏臣,自己没有尽责护主护国,以致司马氏篡权夺位,此处也有把司马氏代魏看作王莽篡位之意。"不夷不惠"出自《孟子》,原文是"伯夷隘,柳下惠不恭。隘与不恭,君子不由也。"②扬雄《法言》一文认为"狭隘"与"不恭"皆不可取,倡导"不夷不惠"的君子风度。司马孚此时用"不夷不惠"的典故,有为自己辩护之意。当新旧王朝更祚之时,自己只能采取折中而不偏激的立场,也就是儒家的中庸之道。这是魏晋时期名士推崇的一种处世哲学:"立身行道,终始若一"。正所谓,人之将死,其言也善,司马代魏在当时是大势所趋,并非他司马孚个人能阻止,但人臣之操守他还是要坚守下去。

## 六、开国之后的封赏与晋朝的"限断"

司马炎受禅之后,回到洛阳宫太极殿,颁布了即位之后的第一道诏书:

> 昔朕皇祖宣王,圣哲钦明,顺应天运,兴隆帝业,开创洪基。伯考景王,行大道而遍谋于众,光照诸夏。至于皇考文王,明哲光远,协和人神,应天顺时,受此明命,仁德匡济宇宙,功勋及于上下,魏氏鉴于古训,仿效尧舜,咨询于群臣,委大命于朕身。我畏天命,不敢违抗。朕德微薄,肩负大任,托身于王公之上而君临四海,惴惴恐惧,不知所为。尔等为股肱爪牙之佐,文武忠贞之臣,尔祖尔父,实为我先王左右辅臣,光大兴

---

① 《汉书》卷100下《叙传》。
② 程树德:《论语集释》卷37《微子下》,中华书局1990年版。

隆我皇晋大业。欲与万国臣民共享天下。①

接着,司马炎宣布天下实行大赦,将曹魏年号"咸熙"改为西晋"泰始",并普赐天下民吏爵位,每人五级,鳏寡孤独不能自养者,每人给谷五斛,免征天下租赋及关市之税一年,过去的旧债不再追还,旧的禁锢都解除,失去官爵者都予以恢复。

晋武帝司马炎登基伊始,即尊谥祖父司马懿为高祖宣皇帝、伯父司马师为世宗景皇帝、父亲司马昭为太祖文皇帝,是为"西晋三祖"。②并追谥祖母张春华为宣穆皇后,尊生母王元姬为皇太后。泰始二年(266),又尊奉司马师夫人羊徽瑜为景皇后,因景皇后居弘训宫,故称弘训太后。司马炎妻杨艳也于泰始二年被册封为皇后。同时武帝还下诏遍封宗室司马孚等27人为王:封皇叔祖父司马孚为安平王,皇叔父司马干为平原王,司马亮为扶风王,司马伷为东莞王,司马骏为汝阴王,司马肜为梁王,司马伦为琅邪王,皇弟司马

---

① 参见《晋书》卷3《武帝纪》。

② 在中国古代诸多王朝中,皇帝的先祖有太祖与高祖之分。高祖与太祖的区别在哪里呢?"太祖"是庙号,一般来说"太祖"就是开国皇帝。《史记》《汉书》都记载了给刘邦确定庙号、尊号的过程:"群臣曰:'帝起细微,拨乱世反之正,平定天下,为汉太祖,功最高。'上尊号曰高皇帝。"可见刘邦实际的庙号是"太祖"。"高祖"最初并不是庙号,司马迁在《史记》中尊称刘邦为"高皇帝",后人遂将"高祖"之称沿袭下来,也作为庙号的一种。显然,"高祖"与"太祖"仍是有区别的,"高祖"并非一定是开国之君,其地位明显不如"太祖"。武帝建晋之后,碰到一个棘手难题是懿、师、昭三祖地位该如何平衡?司马懿是晋室的奠基人,晋朝建立后,应该正位太祖,成为百世不祧之君。但司马懿的传承发生了变化,司马师是懿之嫡长子,又是司马氏承上启下的关键人物。但他无嗣,懿在世之时,将昭子司马攸过继给师,攸遂承袭舞阳侯之爵位,成了司马氏的嫡嗣。然司马昭最终确立司马炎为嗣子,取代其弟成为司马氏宗嗣。司马炎称帝后,为了平衡祖父司马懿、伯父司马师、父司马昭三人的尊号,故上司马懿庙号为高祖,司马师庙号为世宗,司马昭庙号为太祖,可见三祖庙号的确立其中大有深意。从此以司马炎为代表的太祖后裔才是正统的帝系,而被封为齐王的司马攸,已经被排除了继位的可能。

攸为齐王,司马鉴为乐安王,司马机为燕王,皇从伯父司马望为义阳王,皇从叔父司马辅为渤海王,司马晃为下邳王,司马环为太原王,司马珪为高阳王,司马衡为常山王,司马子文为沛王,司马泰为陇西王,司马权为彭城王,司马绥为范阳王,司马遂为济南王,司马逊为谯王,司马睦为中山王,司马陵为北海王,司马斌为陈王,皇从父兄司马洪为河间王,皇从父弟司马楙为东平王。

历朝历代,皇子封王乃是定制,但是在泰始元年这次封王中,获封者却无一人是皇子,因为此时的武帝之子仅有司马衷与司马柬二人,且都在冲幼之龄。这次受封最年长者是司马炎的叔祖父、司马懿之弟司马孚,司马孚一支是此次封王的最大受益者,算上司马孚本人,其七子二孙共十人封王。其次是司马懿一支,其六子三孙共九人封王。其余为各房的叔伯长辈。

晋武帝大封司马宗室为王,导致了惠帝时的八王之乱,五胡入华,历来为后世所诟病。但其初衷除殷鉴曹魏因苛禁宗室,孤立而亡的教训外,还有敦亲睦族,广树藩屏,宗子维城,封建亲贤的用意。这和司马氏家族一贯遵循的"以孝治家"的门风是一脉相承的。有关晋武帝封王制度的具体内容及其利弊得失,笔者还将在后文中展开进一步分析。

新朝建立,论功行赏,晋武帝对于从龙之重臣授予公爵。这在当时,显然是破格之举。公地位崇高,非县侯可比,国公可建自己的宗庙社稷,可设官职,有独立的公国。自汉高祖刘邦剪除韩信、彭越、英布等异姓王,为防止汉室江山被异姓功臣所篡夺,刘邦与功臣订立"白马之盟":"非刘氏而王,天下共击之。"①故异姓功臣既不封王也不封公,最高只能封县侯。汉晋之际,曹操以击灭北方

---

① 《史记》卷9《吕太后本纪》。

各路诸侯的莫大战功而拟封魏公，司马昭因平诸葛诞之乱，立陈留王曹奂而拟封晋公，但在当时都遭到极大的阻力，直至汉魏、魏晋即将鼎革之际，曹操与司马昭才得以封公建国。

司马炎却打破秦汉以来异姓功臣不封公爵的常规。开国之时，共封十一名异姓功臣为郡公（比国公低一级）或县公。这十一人是：骠骑将军石苞为大司马，封乐陵公；车骑将军陈骞为高平公；卫将军贾充为鲁公；尚书令裴秀为巨鹿公；侍中荀勖为济北公；太保郑冲为太傅、寿光公；太尉王祥为太保、睢陵公；丞相何曾为太尉、朗陵公；御史大夫王沈为骠骑将军、博陵公；司空荀𫖮为临淮公；镇北大将军卫瓘为菑阳公。需要指出的是，中军将军，加散骑常侍羊祜，最初也拟进爵为郡公，食邑三千户。但他怕引起贾充等权臣的妒忌，固让封公，只受侯爵。

除十一位在魏晋禅代的关键时刻谋谟帷幄、居功厥伟的耆宿老臣晋封为郡公、县公外，其余官员也增封晋爵不等，文武官员普遍晋位二等。司马炎又改《景初历》为《泰始历》，腊祭在酉，社日在丑，并设置中军将军以统领宿卫七军。

最后，我们再检讨一下晋朝的"限断"问题，即晋代开国从何时算起。按常理而论，应该从武帝代魏称帝的泰始元年（265）算起，但西晋朝臣也有不同的看法。

《三国志·三少帝纪》《三国志·曹爽传》《晋书·宣帝纪》中都记载了从正始元年（240）起司马懿受遗诏辅政和嘉平元年（249）司马懿发动高平陵之变两件大事。这两件大事对于建立有晋帝业具有决定性意义。在司马懿身后，司马师和司马昭又在内部镇压了李丰、张缉、夏侯玄、毌丘俭、诸葛诞等人反对司马氏篡魏的起事；外部一举扫灭蜀汉，使统一大业成为必然之势。其后，为了彻底剪除忠于曹魏势力的反扑，司马昭更不惜背千古骂名而有弑君之举。因此，在懿、师、昭父子三人的长期经营下，当时之曹魏实质上已经名存实亡多年了，西晋的禅代建国也只是在武帝时期完成一种形式上的更替而已。《晋书·宣帝纪》制曰：

> 虽复道格区宇，德被苍生，而天未启时，宝位犹阻，非可以智竞，不可以力争，虽则庆流后昆，而身终于北面矣。

唐太宗的制书虽然认为司马懿因时机尚未成熟而未获得帝位，但是却不得不承认懿之功业确实"庆流后昆"，为子孙后代的帝业打下了坚实的基础。《晋书·帝纪第二》史臣曰：

> 世宗以睿略创基，太祖以雄才成务。事殷之迹空存，翦商之志弥远，三分天下，功业在焉。

史臣认为司马师和司马昭在魏的势力如同周文王在殷商，但是他们不像文王那样敬事殷商，而是灭魏建晋之志非常"弥远"。世宗司马师，创立巩固基业；而太祖司马昭，以其雄才大略完成亡魏成晋之务，形成了天下三分有其二的政治格局，西晋的建立至此已成大势所趋。

由此可见，西晋一朝的建立具有自己的历史特殊性，懿、师、昭父子三人虽为魏臣，实为晋君。而武帝虽名为晋朝开国之君，但实际上他更像是一个守成之主。这一看法在当时应该是相当普遍的，仅是未达成共识而已。从武帝、惠帝两朝对编纂"《晋书》限断"的廷议中，我们可以看出朝臣们的争议是颇为激烈：

> 先是，朝廷议立晋书限断，中书监荀勖谓宜以魏正始起年，著作郎王瓒欲引嘉平已下朝臣尽入晋史，于时依违未有所决。惠帝立，更使议之。(贾)谧上议，请从泰始为断。于是事下三府，司徒王戎、司空张华、领军将军王衍、侍中乐广、黄门侍郎嵇绍、国子博士谢衡皆从谧议。骑都尉济北侯荀畯、侍中荀藩、黄门侍郎华混以为宜用正始开元。博士荀熙、刁协谓

宜嘉平起年。谧重执奏戎、华之议，事遂施行。①

可见，在武帝朝，对于编撰《晋书》的起始年限一直存在争议。中书监荀勖的"正始说"和著作郎王瓒的"嘉平说"都是着眼于司马懿功业而言，而"泰始说"则无人提及，更毋庸说讨论了，这就说明晋代由宣帝司马懿开国的观点在西晋初期是得到普遍认同的。武帝"依违未有所决"，显然有其不得已的苦衷。作为一个亡魏建晋、正式称帝的君主，他当然不愿湮没在祖先的光辉中，但他却没有提出或暗示臣下提出"泰始说"，这也足以说明他自己在开国之君还是守成之主的定位上也踌躇难决。到了惠帝朝，经贾谧、王戎、张华等人的一再坚持，才确定以泰始开元，而此时距西晋建国已经二十余年了。

---

① 《晋书》卷40《贾充传附贾谧传》。

# 第二章　晋武开国:其命维新

"周虽旧邦,其命维新"。① 旧邦能创新,新邦更应如此。在中国历史上,大凡开国之君都能除旧布新,创开国之新政,晋武帝自然也不例外。武帝开国伊始,就与朝中大臣一起创立晋朝的政治体制。有晋一代虽然历史评价不高,但其所创建和实施的各项政治与经济制度却不容忽视,其既继承了汉魏时期的各项制度,也根据时代的变化予以增损因革或除旧布新,其中不少制度为东晋南北朝所奉行,甚至深刻地影响了隋唐以降直至明清的政治体制。例如三省六部制虽始于隋唐,却滥觞于汉魏,而西晋则是三省六部制从萌芽到成形之间不可或缺的一个重要环节。《泰始律》是中国古代社会第一部儒家化法典,在中国法律发展史上有着很重要的地位,南北朝乃至隋唐的法律无不打上它的烙印。户调式也是西晋制定的重要经济制度。正如梁方仲所言:"以户作为剥削对象的户调制,至东晋时仍而不改,南北朝以迄隋唐大体上皆然。它构成封建主义政权的最主要财源,几达五百年之久。虽自唐建中元年(780)租庸调改为两税法后,户税之地位已慢慢地相形降低,然此后一千余年直至清代中叶,户税还占有相当重要的位置。"② 九品中正制是整个两晋南北朝时期门阀制度的基础,在中

---

① 《诗经·大雅·文王》。
② 梁方仲:《中国历代户口、土地、田赋统计》,中华书局 2008 年版。

世纪产生了极其深远的影响。

晋武帝又将传统的中枢权力机构的三公制改为八公制,虽有优遇功臣元老之意,但八公却是地位尊崇,坐而论道之官,并无实权,这种体制上重床叠架的八公制度,实是西晋王朝的独创,其深层之因乃是西晋加强中央集权,特别是加强皇权之需,对于晋武帝这位名为开国之君,而又似受成之主而言尤为必要。

西晋虽然废除了曹魏的士家制度,但在很长时间内仍然承袭了士兵的错役制度,特别是在东南六州地区完全实施"人役户居各在一方"的错役法,为后世兵户制的雏形之一。而这些制度几乎都是在晋武帝泰始至太康年间完成的,故在本书中自然也是不可或缺的篇章,笔者将分别予以论述。

## 一、八公并立

秦汉实行三公九卿制,西汉三公为丞相、太尉、御史大夫。丞相掌政,太尉掌军,御史大夫掌监察。汉初丞相的地位极其尊崇,拜相者皆封侯,其职务在御史大夫之上。西汉前期,太尉为最高军事长官。刘邦死后,太尉一职时设时缺。武帝建元二年(前139)撤去此官。"元狩四年,初置大司马,以冠将军之号。"大司马大将军或大司马骠骑将军成为全国最高军事统帅。武帝死后,霍光以大司马大将军领尚书事主持朝政,其职掌远不限于武事,权位逐渐越居丞相之上。不过在大多数情况下,丞相仍为百官之首。西汉中期,太尉易名大司马,独掌中朝,西汉后期,大司马专权,三公制日臻完备。东汉三公为太尉、司徒、司空。三公之间互不统属,直接对皇帝负责。东汉皇帝多幼年嗣位,于是常以太傅录尚书事作辅弼来主持朝政。这样,太傅便位在三公之上,称为上公。有时加上三公,合称"四府"。皇帝成年后,为集权于己身,常越过三公,通过尚书台来发号施令。于是三公的权位进一步削弱。三公只有加上领、录尚书事或参录尚书事的头衔才能参与国家大政,否则只能处理一些例行公务。

西晋的政治制度既承袭汉魏,但又有损益。为了笼络开国元勋及门阀大族,西晋将前朝的三公、三司、上公、保傅等职几乎全部继承下来。司马炎称帝后,设置太宰、太傅、太保、太尉、司徒、司空、大司马、大将军等名号,号称八公,以宠待勋臣贵戚。"世所谓八公同存,攀云附翼者也。"①其中太尉、司徒、司空虽沿汉魏旧制,但除了司徒还掌中正品第,督察农桑等职权外,太尉、司空与其他五公一样,几乎都是尊荣之虚衔。

公元265年,司马炎代魏称帝,建立西晋。随即对官制进行了改革,首先废除了丞相与相国制度。"丞相、相国,并秦官也。晋受魏禅,并不置。"②相国,起源于春秋,是战国、秦及西汉最高官职。战国时代称为"相邦",秦国第一个相邦是樛斿,最后一个相邦是吕不韦。吕不韦被免职后,秦王嬴政认为相邦权力过大,故废除了相邦职务。刘邦即汉王位后,又重新设立相邦之职,后代为避刘邦讳改称相邦为相国。相国与"丞相"并不完全相同,已出土的秦国东陵器物上刻有金文:"八年相邦薛君、丞相殳"。这证明相国与丞相是同时并存的,而且相国地位高于丞相。秦武王二年(前309)设左、右丞相,作为相邦的副手。《史记》中也记载了西汉相国地位高于丞相。如韩信曾为汉相国,而"曹参以右丞相属韩信"。③ 西晋之所以不置丞相与相国,是因为汉魏之际,曹操担

---

① 《晋书》卷24《职官志》。
② 《晋书》卷24《职官志》。
③ 《史记》卷54《曹相国世家》。

任过是职，东汉末年，曹操专权，撤去三公，设置丞相，曹操自任丞相，总领百官，主持朝政。最后其子曹丕凭藉丞相之位而篡夺大位，所以丞相与相国被历史证明"皆非复寻常人臣之职"。①

司马炎即位之初，同时任命八位重臣为公。这八公虽然地位尊崇，却是论道之官，并无实权。八公如要参与朝政，需要兼领其他职事官方可。《晋纪总论》六臣注曰："皆萧然自放，机尔无为，名称摽著、上议以正朝廷者，则蒙虚谈之名。"兹将晋初所封八公之元老重臣简介如下。

太宰司马孚，字叔达，是东汉京兆尹司马防第三子、司马懿弟。自曹操时代起，司马孚就任文学掾，而后历仕魏国五代君主，累迁至太傅。"高平陵之变"时，司马孚协助司马懿控制京师，诛杀曹爽一党。后又督军成功防御吴、蜀的进攻，巩固了司马氏的统治。但他性格稳重谨慎，自司马懿执掌大权起，便逐渐引退，未参与司马氏废立魏帝之事。西晋代魏后，司马孚进拜太宰，封安平王。晋武帝司马炎对他十分尊崇，但他并不以此为荣，至死仍以魏臣自称。

太傅郑冲出身寒微，父祖无闻，醉心于研究经史，是当时有名的经学家，曾与孙邕、曹羲、荀顗、何晏编撰《论语集解》，郑冲另撰有《甲乙问议》一篇，见于《晋书·礼志中》。以清贫为世所重。先是担任魏文帝曹丕的文学掾，后又任大将军曹爽的从事中郎。高平陵之变后，曹爽被诛，亲信故旧多有牵连，而郑冲却安然无恙。曹奂即位后，郑冲被拜为太保。司马昭辅政时，令贾充、羊祜等人分别制定礼仪、法律条令，都先向郑冲询问，然后再施行。魏帝曹奂禅位于司马炎，令郑冲奉禅位策书。西晋建立后，被拜为太傅。

---

① 《晋书》卷24《职官志》。

郑冲之所以能以经师而登保傅,主要缘于司马炎欲借其声望,以收揽人心。

太保王祥家世显赫,出自琅邪王氏。琅邪王氏自两汉以来即是世家大族。祥先世为西汉谏议大夫王吉,祖父王仁官至青州刺史。王祥事母至孝,以道德闻名于世。王祥"卧冰求鲤"被列为二十四孝之一,千古传诵。魏文帝在位时,泰山太守吕虔升任徐州刺史。吕虔就任后不久,便辟召王祥任州别驾,他坚辞不就,经王览劝说,并为他准备了牛车,王祥这才应召。王祥到任后,吕虔就把州政都委托于他。当时盗寇四处横行,王祥率领并鼓励士兵,讨伐盗寇,将其一一击破,州内因而清静无事,政令教化也推行无阻。时人编歌唱道:"海沂之康,实赖王祥。邦国不空,别驾之功。"①后被举为秀才,任温县令,累迁至大司农。正元元年(254),高贵乡公曹髦即位,王祥因参与定策有功,被封为关内侯。又拜光禄勋,转任司隶校尉。正元二年,王祥因随司马昭讨伐毌丘俭,而增加食邑四百户。此后,王祥迁任太常,封爵万岁亭侯。曹髦到太学巡查时,任命王祥为三老。王祥以师长的身份面向南坐,凭着几案,扶着手杖。曹髦面向北坐,向王祥询问治国之道,"(王)祥陈明王圣帝君臣政化之要以训之,闻者莫不砥砺"。② 西晋建立后,王祥被封为太保、睢陵公。

太尉司马望字子初,为司马孚次子,年幼时被过继给伯父司马朗。司马望有文武才,初出仕时为郡上计吏,举孝廉,辟司徒掾,历任平阳太守、洛阳典农中郎将等职。嘉平三年(251),司马望随司马懿征讨王凌,因功被封为永安亭侯,迁护军将军。"时魏高贵乡

---

① 《晋书》卷33《王祥传》。
② 《晋书》卷33《王祥传》。

公(曹髦)好才爱士,望与裴秀、王沈、钟会并见亲待,数侍宴筵。公性急,秀等居内职,急有召便至。以望外官,特给追锋车一乘,武贲五人。"①当时司马师、司马昭相继辅政,执掌大权,司马望被曹髦宠待,心中颇为不安,于是请求外出任职。遂任征西将军,持节,都督雍凉二州诸军事,在任八年,清正严肃,多次抵御姜维的进攻。咸熙元年(264),司马望升任骠骑将军,开府。八月,又接替何曾任司徒。西晋建立后,被封为太尉、义阳王。

司徒何曾出身陈郡何氏,好学博闻,事亲至孝,是曹魏重臣何夔之子,袭封阳武亭侯。初为平原侯(曹叡)文学掾。魏明帝即位后,擢散骑侍郎,迁典农中郎将,主张"为政之本,在于得人",颇为时人称颂。嘉平年间,何曾担任司隶校尉。抚军校事尹模,倚仗权势,作威作福,巧取豪夺,朝野人士都惧怕他,无人敢言。何曾上奏朝廷,弹劾尹模,受到朝中大臣的称赞。当时曹爽专权,司马懿以病为由不涉朝政,何曾也称病引退。曹爽被杀,他才起来履行公事。魏帝被废黜,何曾也参与了谋划。正元二年(255),毌丘俭发动淮南二叛失败被杀,其子毌丘甸、妻荀氏皆应株连处死。荀氏所生女毌丘芝也被株连判死刑,因怀孕囚于狱中。荀顗去信向何曾求情:"(毌丘)芝系在廷尉,顾影知命,计日备法。乞没为官婢,以赎芝命。"②何曾上书请求复议,廷议以为何曾的意见正确,于是修改了法律条文。高平陵之变之后,何曾投靠司马氏集团,颇受重用。齐王曹芳继位,历任司隶校尉、尚书、征北将军,封爵朗陵县侯。司马炎为晋王后,"以曾为晋丞相,加侍中,与裴秀、王沈等劝进"。③晋朝建立后,拜太尉兼司徒,迁太保、太宰,封朗陵县公。

① 《晋书》卷37《义阳王望传》。
② 《晋书》卷33《何曾传》。
③ 《晋书》卷33《何曾传》。

朝会之时,剑履上朝,如汉相国萧何故事。

司空荀顗,字景倩,颍川颍阴人,是魏太尉荀彧第六子。幼为陈群所赏识。性至孝,总角知名。荀顗学识广博,思维周密,擅长论辩。因其父的功勋被任命为中郎。荀氏与司马氏有通家之谊。曹操执政时,荀彧曾将司马懿推荐给曹操。司马懿成为曹魏重臣之后,十分感激荀彧昔时的举荐之恩,遂大力拔擢荀氏子弟。司马懿辅佐朝政,"见荀顗奇之,曰:'荀令君之子也。'擢拜散骑侍郎,累迁侍中"。[①] 荀顗精通经学,曾为魏少帝讲授经典,同钟会辩《易》,与司马懿第七子司马骏辩论"仁孝孰为先",被世人称道。正始年间,曹爽独揽大权,何晏等人想加害太常傅嘏,荀顗设法营救。高贵乡公曹髦即位,荀顗对司马师说:"今上践阼,权道非常,宜速遣使宣德四方,且察外志。"[②]毌丘俭、文钦果然对司马师擅自废立不服,发兵声讨司马氏。荀顗参与讨伐毌丘俭等人有功,进爵为万岁亭侯。司马昭辅政时,升任吏部尚书。司马昭征讨诸葛诞,以他留守京师。陈泰(荀顗外甥)病死,荀顗代替陈泰任尚书仆射,兼管吏部,他严格而慎重地考核官员的政绩,整肃风纪。咸熙年间,升任司空。西晋建立后,进爵为临淮郡公,加侍中,迁太尉,后又代理太子太傅。荀顗又与羊祜、任恺、庾峻、应贞、孔颢等人共同制定晋礼。荀顗为司马懿所拔擢,历懿、师、昭、炎三世四主,为司马氏腹心谋臣,西晋开国元勋。

大司马石苞,字仲容,渤海南皮(今河北南皮)人。石苞儒雅豁达,明智有器量,仪容很美,不计小节,时人说:"石仲容,姣无双。"早年石苞在南皮县担任给农司马。青龙年间,石苞在长安卖

---

② 《晋书》卷 39《荀顗传》。

铁,遇到司马懿,得到司马懿赏识,让他出任中护军司马师的司马。司马懿曾因为石苞"好色薄行"而感到不满。司马师为石苞辩解。他说:"石苞虽细行不足,而有经国才略。夫贞廉之士,未必能经济世务。是以齐桓忘管仲之奢僭,而录其匡合之大谋;汉高舍陈平之污行,而取其六奇之妙算。苞虽未可以上俦二子,亦今日之选也。"①意思是说,石苞虽然小节方面有所不足,然做大事者不拘小节,并且将石苞与管仲和陈平相提并论,以此显示石苞的才能。司马懿感到司马师言之有理,遂继续重用石苞。不久,石苞迁任邺城典农中郎将。尚书丁谧因受曹爽重用而权倾一时,但石苞却敢于上奏丁谧的不法行为,因而受到很多人的赞许。

嘉平四年(252),司马昭统领胡遵、诸葛诞等领兵攻打东吴,石苞亦随同出战。东吴太傅诸葛恪在东兴迎击,大败魏军,曹魏各部队都溃败,不少人因践踏和遇溺而死,但石苞所率领的部队却能全身而退。司马昭于是指着所持的符节说:"恨不以此授卿,以究大事。"后"代王基都督扬州诸军事"。② 石苞继淮南三叛之后镇守东南,为抗击孙吴,稳定东南大局作出卓越贡献。在西晋建国初,被封为大司马、乐陵郡公,加侍中,羽葆鼓吹。

大将军陈骞,字休渊,临淮东阳(今安徽天长)人,曹魏司徒陈矫之子。自幼为人朴实稳重,颇有智谋。陈矫任尚书令时,侍中刘晔深受魏明帝宠幸,向魏明帝进谗言说陈矫专权,陈矫由此而感到忧虑。便告知陈骞,骞对其父说:"主上明圣,大人大臣。今日不合意,不过不作公耳。"③结果魏明帝果然没有因刘晔谗言而为难陈矫。陈骞在年幼时曾受到夏侯玄的轻视和侮辱,但陈骞一点都

---

① 《晋书》卷33《石苞传》。
② 《晋书》卷33《石苞传》。
③ 《晋书》卷35《陈骞传》。

不以为意,令夏侯玄颇感奇异。可见陈骞自幼已经见事甚明,而且深知处世之道。陈骞起家尚书郎,历任中山、安平太守,任内均以良好治绩闻名。后被征为相国司马、再迁尚书。又以尚书行征蜀将军,击破蜀汉军。诸葛诞叛乱时,率军助司马昭讨灭诸葛诞。拜持节、都督淮北诸军事,迁安东将军,进爵广陵侯,再转都督豫州诸军事、豫州刺史。咸熙二年(265),司马昭去世,司马炎继晋王位。陈骞与骠骑将军石苞多次对曹奂称曹魏历数已尽,劝其顺应天命,行禅让之举。史载:"(陈)骞少有度量,含垢匿瑕,所在有绩。与贾充、石苞、裴秀等俱为心膂,充等亦自以为不及也。"①西晋建立后,被封为大将军、高平郡公。

　　八公之中,太宰、太傅、太保是周朝的三公官,后作为上公。东汉至魏,以太尉、司徒、司空为三公。大司马、大将军因与太尉职能相近,所以不常并立,常位在三司上。司马炎杂糅古制,同时封了八公,这是之前的历代都不曾有的,成为历史上鲜见的因人设官的典型。这是因为西晋朝廷官员是由原来的曹魏与新建立的晋国二套政府班子组成的,因此显得比较臃肿与庞大。司马炎为笼络人心,优容耆宿老臣,故将传统的三公制度扩充为八公制度。西晋的八公还细化为文官公与武官公两类。"太宰、太傅、太保、司徒、司空、左右光禄大夫、光禄大夫,开府位从公者为文官公,冠进贤三梁,黑介帻。大司马、大将军、太尉、骠骑、车骑、卫将军、诸大将军,开府位从公者为武官公,皆著武冠,平上黑帻。……文武官公,皆假金章紫绶,著五时服。"②八公除了可以开府及配置一整套公府的幕僚掾属之外,还有加兵公制度。《晋书》卷24《职官制》对此

---

① 《晋书》卷35《陈骞传》。
② 《晋书》卷24《职官志》。

有所论及：

> 诸公及开府位从公加兵者，增置司马一人，秩千石，从事
> 中郎二人，秩比千石，主簿、记室督各一人；舍人四人；兵、铠、
> 士曹，营军、刺奸、帐下都督，外都督，令史各一人。主簿已下，
> 令史已上，皆绛服。……诸公及开府位从公为持节都督，增参
> 军为六人，长史、司马、从事中郎、主簿、记室督、祭酒、掾属、舍
> 人如常加兵公制。

在八公中，有宗室，有名门，有寒族，也有修饰新朝的道德之士，可谓是兼顾各方，面面俱到。必须说明的是，"八公"并非全都是晋武帝司马炎的心腹重臣。[①] 当时真正构成司马炎时代决策核心的人物并不在"八公"之内，而是司马炎自己的心腹贾充、裴秀、荀勖、王沈、羊祜等人。[②]

## 二、三省制度

西晋虽置八公，但八公并不管具体事务。掌管中央政事的是三省官员，即中书、门下、尚书三省。汉武帝时期就出现了中书谒者令，到东汉之时，"虽置三公，事归台阁"，中书、门下称省，然后又与尚书省并列并置，这是在魏晋时期形成的，从此开始了这三个最高决策机构之间相互牵制和协调来决定国家大事的体制。

---

① 咸宁元年(275)八月配飨于晋室宗庙的功臣共有十二人，即故太傅郑冲、太尉荀颛、司徒石苞、司空裴秀、骠骑将军王沈、安平献王司马孚、太保何曾、司空贾充、太尉陈骞、中书监荀勖、平南将军羊祜、齐王司攸。这十二人都是司马氏集团的核心成员，将他们配飨宗庙，主要是为了褒奖他们为司马氏代魏所作的贡献以及政治平衡的需要。
② 《晋书》卷40《贾充传》云："帝甚信重贾充，与裴秀、王沈、羊祜、荀勖同受腹心之任。"

中书省的滥觞与形成有一个很长的历史过程。汉武帝为进一步强化皇权,以主管文书的尚书掌握机要。为便于其出入内廷,以宦者担任,称为中尚书,简称中书,又因兼谒者之职,故又名中书谒者。其长官有令、仆射。负责为皇帝起草诏令,掌管机要文书,颇有实权,司马迁受腐刑后,也由太史令改任中书令。汉宣帝末弘恭为中书令,石显为仆射;元帝时石显为中书令,牢梁为仆射,均专权用事,为朝臣所恶。"成帝改中书谒者令曰中谒者令,罢仆射。"①并废除由宦官担任中谒者令之职。

曹操时期的魏王府设置秘书令。"魏武帝为魏王,置秘书令,典尚书奏事。"②下隶秘书左丞和秘书右丞两副职。秘书令统领魏王府整个秘书工作,掌管王命的撰拟、传达等事务,兼管图书秘籍。黄初元年(220),曹丕代汉称帝,"文帝受禅,改秘书为中书,有令有监,而亦不废尚书,然中书亲近,而尚书疏外矣"。③ 魏文帝置中书监、令,职掌机要文书之草拟收发,因与皇帝"亲近",处于权力核心,故而有"凤凰池"之美称。魏明帝时,中书省正式确立,典掌机要,草拟诏命,"号为专任"。其时,由刘放、孙资分别担任中书监、令。《三国志·魏书·刘放传》记载:"刘放善为书檄,三祖(曹操、曹丕、曹叡)诏命有所招喻,多放所为。"《孙资别传》说:"是时……帝总摄群下,内图御寇之计,外规庙胜之划,孙资皆管之。然自以受腹心,常让事于帝曰:'动大众,举大事,宜与群下共之;既以示明,且于探求为广。'既朝臣会议,资奏当其是非,择其善者推成之,终不显己之德也。"④刘放文笔出众,孙资智计过人,两人

---

① 《晋书》卷 24《职官志》。
② 《晋书》卷 24《职官志》。
③ (宋)马端临:《文献通考·职官考四》,中华书局 2006 年版。
④ 《三国志》卷 14《刘放传》注引《资别传》。

都是曹魏中枢机构的笔杆子,皇帝的左膀右臂,出谋划策,多负辛劳,是曹魏事实上的宰相。

自黄初元年(220)至景初二年(238),孙资与刘放掌权几近二十年,尤其是曹叡在位的十余年间,处理日常政务、出师用兵等大小事,都由他们二人掌管。《资治通鉴》卷74曰:"是时,帝亲览万机,数兴军旅,腹心之任,皆二人管之;每有大事,朝臣会议,常令决其是非,择而行之。"可见,曹魏朝廷诏令密命,多由其所为,参决大政,权倾一时。官员们一听"中书"之名,都奉行不敢违背。中护军蒋济曾上书,认为二人的权力太重,且每日侍奉皇帝左右,应该加以提防,以避免出现"大臣太重者国危,左右太亲者身蔽,古之至戒也"①的弊端,但曹叡不听。

晋中书省置中书监、令各一人,中书监居中书令前,但中书监、令地位相埒,两人共掌朝政,开中书省长官为宰相之先河。中书监、令均为第三品,秩千石,"掌赞诏命,记会时事,典作文书"②。因此,居此职者,不仅要求门第显贵,而且还要长于撰文。晋初,监、令共车入朝。和峤为中书令,鄙视中书监荀勖之为人,不愿与荀勖同车,晋武帝作和事佬,各使专车,"监、令异车,自峤始也"③。西晋沿袭曹魏制度,中书监、令的权力不减于曹魏而威望超过之。西晋伐吴之役为当时朝中头等大事,荀勖为中书监,伐吴之诏命皆由荀勖起草。荀勖久任中书监,后迁转尚书令,属于"微迁",有人前往祝贺,荀勖十分生气地说:"夺我凤凰池,诸君贺我耶。"④把中

---

① 《三国志》卷14《蒋济传》。
② (唐)杜佑:《通典》卷21《职官·中书令》,中华书局2016年版。
③ 《晋书》卷45《和峤传》。
④ 《晋书》卷39《荀勖传》。

书省看作是"凤凰池",是因为它"总掌禁中书记",[1]又"铨管诏命",[2]比总理政务的尚书令更为重要。

中书省除了设置中书监、令之外,又有中书侍郎一职,以为监、令的助手。中书侍郎也是在魏晋时期设置的。史载:"魏黄初中,中书既置监、令,又置通事郎,次黄门郎。黄门郎已署,事过通事乃署名。已署,奏以入,为帝省读,书可。及晋,改曰中书侍郎,员四人。中书侍郎盖此始也。"[3]

《旧唐书·职官志二》云:"秦汉初,置侍中,曾无台省之名。至晋,始置门下省。南北朝皆因之。"侍中之名起于秦。在秦代是由丞相派赴殿中往来奏事的府史,因其在宫殿内供职,故称侍中。汉代成为加官,凡加此官号者,便可出入宫禁,为皇帝左右侍从,备顾问,并分管皇帝服用起居之物,下至虎子(便器)、唾壶之类也包括在内。但士人皆认为能为君王执虎子、唾壶是一种荣誉。侍中并无员额限制,多至数十人。

由于侍中在皇帝左右,有代皇帝"省尚书事"[4]的责任,因此能参预决策。东汉时侍中秩比二千石,是少府的属官,职掌为侍从皇帝左右、赞导众事、顾问应对,皇帝外出,则侍从参乘。东汉后期宦官专权,中常侍、小黄门等掌握了"受尚书事"的权力,侍中在政治上的作用受到限制。三国时,侍中的地位十分重要。如诸葛亮出师北伐时,上表嘱咐后主刘禅要信任"侍中、侍郎郭攸之、费祎、董允等,……愚以为宫中之事,事无大小,悉以咨之,然后施行,必能

---

① 《初学记》卷11《职官·中书令》引谢灵运《晋书》,中华书局1962年版。
② 《艺文类聚》卷48《职官·中书令》引《晋中兴书》,上海古籍出版社1999年版。
③ 《晋书》卷24《职官志》。
④ 《唐六典》卷8《门下省·侍中》注引《献帝起居注》,中华书局1992年版。

裨补阙漏,有所广益".①

西晋改侍中寺为门下省。侍中定员四人(用作加官的侍中不在此数内)。侍中的作用更为重要。武帝用任恺为侍中,委任他综管朝廷大小事务,当时连最有权势的开国元勋贾充也十分惧怕他。史载:"任恺有经国之干,万机大小多管综之。性忠正,以社稷为己任,帝器而昵之,政事多谘焉。……恺恶贾充之为人也,不欲令久执朝政,每裁抑焉。"②东晋以降,凡皇帝颁发诏书,一定要先通过门下省,从而形成了门下省的封驳权。

秦及汉初,尚书属于少府,原是在皇帝身边任事的小臣,与尚冠、尚衣、尚食、尚浴、尚席合称六尚,因其在殿中主管收发文书并保管图籍,故称尚书。汉武帝时,进一步强化君权,政事不专任二府(丞相府、御史大夫府)。尚书因主管文书,省阅奏章,传达皇帝的命令,地位逐渐重要。武帝游宴后庭,为便于出入宫禁,用宦者主管尚书事务,称为中尚书令,简称中书令,又兼谒者之职,因称中书谒者令。但在宦官为中书时,也有士人任尚书之职。由于尚书在西汉已成为政府机要部门,所以凡是掌握实权的大臣都领录尚书事。

汉光武帝刘秀鉴于西汉晚期的权臣专政,遂削弱相权,太尉、司徒、司空居三公高位,名为宰相,而实际权力则逐渐移于尚书。当时,尚书机构称台,有令、仆射各一人,尚书六人,分主六曹。尚书之下有侍郎三十六人,分属六曹,主起草文书;又有令史十八人(每曹三人),主抄誊文书。此时的尚书台已成为政府

---

① 《三国志》卷35《诸葛亮传》。
② 《晋书》卷45《任恺传》。

的中枢,它"出纳王命,敷奏万机","总领纲纪,无所不统",①实际上取代了丞相、御史大夫的权力。所以汉章帝时韦彪说:"天下枢要,在于尚书。"但是东汉的尚书台仍是少府的下属机构。尚书令、仆射、尚书等官的禄秩都较低,尚书令秩千石,仆射、尚书秩均六百石。

三国时,尚书台已正式脱离少府,成为处理全国政务的枢要。尚书台处理国家日常行政事务,事权颇重。设尚书令一人,左、右仆射各一人,与九卿同级。汉献帝时,曹操执政,荀彧为尚书令,"主赞奏事,总典纲纪,无所不统"。②曹操征伐在外,荀彧常居中持重,可见此官地位之重要。魏明帝时,中书监、令号为专任。于是在尚书台之外复有中书省,而原来作为皇帝侍从的侍中也逐渐成为参预机密的要职,尚书台不再有独占机枢的地位。虽然如此,由于全国政务首先集中到尚书台,因此它作为全国行政总机构的趋势仍在继续发展。凡朝廷执政重臣都要加上录尚书事的头衔,才能过问机密。

录尚书事并不是独立的官职,常以他官兼领。是朝廷权臣或重臣对尚书台事务的干涉。汉昭帝初立,大将军霍光柄政,与金日磾、上官桀共领尚书事,是为此官之始。东汉永平十八年(75),汉章帝初即位,以太傅赵憙、太尉牟融并录尚书事,"尚书有录名,盖自憙、融始,亦西京领尚书之任,犹唐虞大麓之职"。③录为总领之意。录、领职事相近,而"录"权位更重。东汉诸帝即位,常以三公、大将军、太傅录尚书事。魏晋时期,掌大权之大臣每带录尚书

① 《通典》卷21《中书省·中书令》。
② 《唐六典》卷1《尚书都省·尚书令》注。
③ 《晋书》卷24《职官志》。

事名号,职无不总。民国学者刘体仁说:"盖英主之意,不难以一手揽天下之大权,及其将死,为身后之计,欲授诸卑贱者,以防后患。孰知事权所在,则卑者仍尊,而贱者立贵,然尚书其名而丞相其实也。"①可见,录尚书事即类似宰相也。

黄初五年(224),魏文帝以司马懿为抚军大将军,录尚书事;次年,又以陈群为镇军大将军,录尚书事。此时的尚书令是陈群,司马懿任右仆射,是陈群的助手。然而,魏文帝伐吴之时,司马懿职权反居陈群之上。《三国志·魏书·文帝纪》注引《魏略》载文帝诏曰:"今吾当击贼,欲守之积年。……若吾临江授诸将方略,则抚军当留许昌,督后诸军,录后台文书事;镇军随车驾,当董督众军,录行尚书事。"这次伐吴,曹丕命镇军大将军陈群跟随自己,总督大军,录行尚书事。为何不称"录尚书事",而改为"录行尚书事"呢? 这是因为皇帝出巡所在地称之为"行在"或"行宫",所以负责处理皇帝行在之所尚书省事务的官员就加上"行"字。曹丕令司马懿留守许昌,"录后台文书事",即总领后方的尚书台,其任务是"内镇百姓,外供军资"。实际上,后台的政务大大重于前台,与未分之前的尚书台相比差不了多少,因此也置有尚书令、仆射。而录后台文书事,则是在令、仆之上总领后台政务,无所不统,就是尚书令、仆射,也要受其指挥。

西晋沿袭曹魏,以尚书台总揽政务,而别置中书、门下二省以分其权。然尚书令、仆射仍是全国行政部门的首脑,称为端右、端副,地位在中书监、令和侍中之上。西晋初,尚书台下置吏部、三公、客曹、驾部、度支、屯田六位尚书,后又改置为吏部、殿中、五兵、

---

① (清)刘体仁:《通鉴札记》卷3"不任三公事归台阁非始于光武"条,北京图书馆出版社2004年版。

田曹、度支、左民六尚书,六尚书分掌三十五曹,各曹以郎中负具体职责。尚书台长官尚书令、尚书仆射无论在名义上还是在职权上,都成为协助皇帝处理政事的真宰相。太常等九卿及地方官员,均奉尚书台命令行事。重臣当国仍必须加"录尚书事",全权处理尚书台事。如"何劭、王戎、张华、裴楷、杨济、和峤为愍怀太傅,通省尚书事"。[1] 司马越以太傅、贾充以太尉、王浑以司徒、司马彤以卫将军、陈準以太尉、司马颖以大将军均录尚书事。这些都是沿用汉魏故事。但在晋惠帝时,"太保卫瓘、太宰河间王颙、太傅东海王越,皆录三省尚书秘书事"。[2] 此职不仅属于"异制",而且权力比"录尚书事"还要大。

西晋时期,士族崇尚清淡,不屑过问琐碎的日常事务,如王衍为尚书仆射及尚书令时,常不理政事,史载他"妙善玄言,唯谈老庄为事。每捉玉柄麈尾,与手同色。义理有所不安,随即改更,世号'口中雌黄'。朝野翕然,谓之'一世龙门'矣。累居显职,后进之士,莫不景慕放效"。[3] 高门子弟都以出身作尚书郎为耻。高门既不屑就,就者也多不办事,故自东晋时期,尚书令、仆射及郎中多不理事,于是,尚书台的日常事务都交给令史去处理。这样,令史就渐揽事权,尚书省内部有权力下移的趋势。

## 三、泰 始 律

早在西晋建立前,司马昭就决定修改律令。凡是"诸禁网烦

---

① 《太平御览》卷210《职官·录尚书》引傅畅《晋故事》。
② 《太平御览》卷210《职官·录尚书》引傅畅《晋故事》。
③ 《晋书》卷43《王戎传附王衍传》。

苛及法式不便于时者",司马昭"皆奏除之"。① 他感到"前代律令本注烦杂,陈群、刘邵虽经改革,而科网本密,又叔孙、郭、马、杜诸儒章句,但取郑氏,又为偏党,未可承用"。② 因贾充是司马氏的心腹,又有"刀笔才",司马昭遂以贾充任修订律令的总裁,郑冲为顾问。因修订律令工程较大,故"司空荀𫖮、中书监荀勖、中军将军羊祜、中护军王业,及廷尉杜友、守河南尹杜预、散骑侍郎裴楷、颍川太守周雄、齐相郭颀、骑都尉成公绥荀辉、尚书郎柳轨等"③一起参与。本着"蠲其苛秽,存其清约,事从中典,归于益时"④的原则,正式制定律令。从曹魏咸熙元年(264)五月开始,历经大约三年半的时间,到晋武帝泰始四年(268)正月,《晋律》全部完成,颁布于全国。因颁行于泰始年间,故又称《泰始律》。

西晋将作为刑法的"律"与行政命令的"令"作了清楚的区分。《泰始律》在汉《九章律》的基础上增加十一篇,共二十篇,六百二十条,二万七千六百五十七字。二十篇的篇目为:刑名、法例、盗律、贼律、诈伪、请赇、告劾、捕律、系讯、断狱、杂律、户律、擅兴律、毁亡、卫宫、水火、厩律、关市、违制、诸侯。《晋令》有四十卷之多。律、令合计共"二千九百二十六条,十二万六千三百言,六十卷。"⑤

《泰始律》篇目较汉《九章律》增加了十一篇,但《泰始律》内容比《汉律》大为精简,原先的《汉律》和说解有七百七十三万字,现省减到只有十二万六千三百字,仅《汉律》的十分之一。《泰始

---

① 《晋书》卷 2《文帝纪》。
② 《晋书》卷 30《刑法志》。
③ 《晋书》卷 40《贾充传》。
④ 《晋书》卷 30《刑法志》。
⑤ 《晋书》卷 30《刑法志》。

律》的制定在法律编纂史上是一个很大的进步，与前代律法相较，具有一系列的特点，在此，我们不妨作一些分析。

《泰始律》在继续保留第一篇《刑名》的基础上，新增第二篇《法例》，充实了刑法适用制度方面的规定，进一步丰富和扩大了"总则"的内容，使中国古代法典的篇章体例结构更加规范化。

《泰始律》继续精简律令章句，再度扩充法典篇目。自从董仲舒首开春秋决狱之风以来，一些经学世家纷纷引经注律，形成了一门律令章句之学。但是到东汉时期，律令章句过于繁杂，诸位大儒的注疏多达数十万字，法律条文臃肿不堪，不利于司法审判。制定《泰始律》时，对律令章句进行大幅度精简删削，将法典以外的"未宜除者"之类的内容，采取"不入律，悉以为令"的方式，编成了《晋令》四十卷。

《泰始律》又进一步改革了刑罚体系。首先，西晋《泰始律》将曹魏《新律》所规定的新五刑的七种三十七等简化为五种二十余等。其次，《泰始律》进一步缩小了亲属株连的范围。除了谋反大罪之外，凡养子、养女以及出嫁妇女，一律不再受到亲生父母弃市罪的连坐。并开创了对法律条文进行注解诠释的立法形式。由于《泰始律》律文过于简约，在司法实践中常常发生理解上的歧义。为了解决这一问题，西晋律法学家张斐、杜预分别为《泰始律》作注本《律解》（张著）及《律本》（杜著）。经晋武帝批准后，该注与律文具有同等的法律效力，故《晋律》亦称"张杜律"。这种以注辅文的立法方式影响到后世，如唐代的《永徽律疏》就吸收了"张杜律"的方法。

另外《泰始律》还有"纳礼入律"与"礼律并重"的特点。经西汉的春秋经义，到东汉的引经注律，儒家的礼日益受到重视，《晋律》则直接"纳礼入律"，将儒家的"服制"礼入律典，"准五服以制罪"，第一次将"五服制"引入法典。"五服"制度是中国礼治中为死去的亲属服丧的制度。它规定,血缘关系亲疏不同的亲属间,服丧的服制不同,据此把亲属丧服分为五等,由亲至疏依次是:斩衰、齐衰、大功、小功、缌麻。

西晋定律第一次把"五服"制度纳入法典之中,作为判断是否构成犯罪及衡量罪行轻重的标准,这就是"准五服以制罪"的原则,它不仅适用于亲属间相互侵犯、伤害的情形,也用于确定赡养、继承等民事权利义务关系。

"五服制罪"实质上是"同罪异罚"的原则在家族范围内的体现,它在刑法方面的适用原则是:亲属相犯,以卑犯尊者,处罚重于常人,关系越亲,处罚越重;若以尊犯卑,则处罚轻于常人,关系越亲,处罚越轻。亲属相奸,处罚重于常人,关系越亲,处罚越重;亲属相盗,处罚轻于常人,关系越亲,处罚越轻。在民事方面,如财产转让时犯法,则关系越亲,处罚越轻。

"五服制罪"原则的确立,使得儒家的礼仪制度与法律的适用完全结合在一起,是自汉代开"礼律融合"之先河以来法律儒家化的又一次重大发展,它不仅体现了《晋律》"礼律并重"的特点,也是中国古代法律伦理法特征的集中表现。自西晋定律直至明清,"五服制罪"一直是古代法律的重要组成部分,并在实践中不断地充实与完善。

《泰始律》是中国历史上第一部儒家化的法典。它制定了维护贵族特权的"杂抵罪"。所谓杂抵罪,即是指以夺爵、除名、免官来抵罪。此制为"官当"的雏形。《晋律》中有"免官者比三岁刑",这是正式的以官抵刑的开始。以后,南朝的《陈律》规定得更细,如果官员应定五年或四年徒刑,可以以官抵二年刑,其余服刑;若为三年刑,官当二年,余一年如为私罪可赎,若为公罪可交罚金;

二年以下刑,可全以官当。官当时,每一爵级一般允许抵刑两年。

《泰始律》中的法律概念更加明确,它严格区分律、令界限,提高正律地位。《泰始律》第一次正确区别了律和令两个重要的法律概念,将律解释为定罪量刑为主的法典,令则是规定国家制度的法典。律是固定性的规范,令是暂时性的制度,违令有罪者,依律定罪。从此以后,令便成为和律并立的法典。

杜预在《律序》中指出:"律以正罪名,令以存事制。"①这是我国法律史上对律(刑法制度)、令(规章制度)所作的最早的定义,《泰始律》的制定正是依据这一原则,与汉魏旧律相比,界限更加分明,体系更加完备。《泰始律》还注意到犯罪与违法行为的界限,对加减刑、累犯加重和数罪并罚等制度也十分重视。

《泰始律》又从令中选出品式章程,称为"故事",共三十卷,归各主管官府执掌。但现今都已散佚,只能看到一些佚文。《晋故事》实为律令以外的制书、诏诰等法律文书的汇编。《泰始律》还广泛采用"式"的法规形式,主要是有关户调、占田、课田以及荫族、荫客等方面的规定。由于有律法学家张斐、杜预的注解,从整体上看,《泰始律》比以往的法典更加规范和科学。特别是对于刑法理论中某些概念的论述,如罪与非罪,此罪与彼罪的区别界限,它都作了比较科学的划分。《泰始律》在中国法律发展史上有着很重要的地位,南北朝乃至隋唐的法律无不打上它的烙印。

《泰始律》的刑名有死刑,分枭、斩、弃市三种;有髡刑,分髡钳五岁刑加笞二百,四岁刑、三岁刑、二岁刑四种。有赎刑,分赎死刑、赎五岁刑、赎四岁刑、赎三岁刑、赎二岁刑五种,赎用钱,可兼用绢;还有杂抵罪、罚金、徙边、禁锢、除名、夺爵、没为奚奴等。与前

---

① 《太平御览》卷638。

朝律法相比,《晋律》的刑法比《魏律》要轻。《魏律》中的死刑包括"枭首、腰斩、弃市"等,汉代原有的"夷三族"之法虽然不在《魏律》之中,但在死刑的实施中,皆有夷三族之罪。如魏讽、公孙渊、邓艾、毌丘俭、诸葛诞、王凌等人谋反后,皆被夷三族。而且在同时期的蜀汉、孙吴也有夷三族之法。如魏延被杨仪诬以谋反,结果被马岱所斩,蜀汉朝廷"遂夷魏延三族"。① 诸葛恪被杀后,除诸葛氏被族灭外,"恪外甥都乡侯张震及常侍朱恩等,皆夷三族"。② 三国时,族诛除了加于谋反罪外,也用于严肃法律纲纪。比如魏文帝黄初四年下诏:"丧乱以来,兵革未戢,天下之人,互相残杀。今海内初定,敢有私复仇者皆族之。"③司马懿发动高平陵之变后,将"夷三族"的范畴扩大到了极致。《宣帝纪》记载:"诛曹爽之际,支党皆夷及三族,男女无少长,姑姐妹女子之适人者皆杀之。"④凡曹爽兄弟、心腹及曹爽支党中的男女老少、包括已出嫁的姊妹和女儿全被诛杀。

《泰始律》中虽然仍有族诛之法,但进行了适当的调整与减轻。律文规定:"减枭斩族诛从坐之条,除谋反适养母出女嫁皆不复还坐父母弃市,省禁固相告之条,去捕亡、亡没为官奴婢之制。轻过误老少女人当罚金杖罚者,皆令半之。"⑤可见,《晋律》中的死刑、族诛与株连范畴已有所缩小,另外,还废除了腰斩之刑。可见,《晋律》相对减轻了官民人等动辄触犯刑律的弊端。

总之,《泰始律》是中国古代立法史上由繁入简的里程碑。可

① 《三国志》卷40《魏延传》。
② 《三国志》卷64《诸葛恪传》。
③ 《三国志》卷2《文帝纪》。
④ 《晋书》卷1《宣帝纪》。
⑤ 《晋书》卷30《刑法志》。

以说是"刑宽禁简",①颇得民心。《泰始律》也是魏晋南北朝时期通行于全国的法律,即使在易代之后,《泰始律》仍然存而不废。东晋灭亡后,无论是北方的元魏还是南朝的宋齐梁陈在制定律法时都参照,甚至照搬了《泰始律》的法典条文,可见其有强大的生命力。

除了制定《泰始律》之外,西晋泰始三年十二月又"禁星气谶纬之学"。② 所谓"星气",即指占星望气之术。《世本·作篇》云:"黄帝使羲和占日,常仪占月,臾区占星气。"《史记》卷125《佞幸列传》云:"孝文时中宠臣,士人则邓通,宦者则赵同,……赵同以星气幸,常为文帝参乘。"春秋战国时代的思想家,将星气的概念抽象化,认为"星气"是天地一切事物组成的基本元素。当时专门有望星气家观察星气的各种变化,时人借以占卜凶吉,预测祸福。

谶纬是一种经学和神学的混合物。谶是用诡秘的隐语、预言作为神的启示,向人们昭告吉凶祸福、治乱兴衰的图书符箓。这类宣扬神学的作品,往往有图有文,所以也叫图书或图谶。为了显示它的神秘性,又往往作一些特殊的装饰(如王莽的《金匮图策》和刘秀的《赤伏符》),或染成一种特殊的颜色(如《河图》《洛书》被染成绿色),所以又称符命或符箓。纬是用宗教神学的观点对儒家经典所作的解释。因为经文是不能随意改动的,为了把儒学神学化,纬书就假托神意来解释经典,把它们说成是神的启示。谶纬说中虽然也包括一些天文、历法和地理知识,但大部分充斥着神学的内容。由于曹魏代汉与司马代魏都利用谶纬来作为易代更祚的工具,故司马炎即位之后,就禁止星气谶纬之术在民间继续流行。

---

① 《晋书》卷40《贾充传》。
② 《晋书》卷3《武帝纪》。

## 四、占田制与户调式

东汉末年受战争、瘟疫的影响,人口大幅度减少,"十室九空"。"旧土人民,死丧略尽,国中终日行,不见所识。"①"丧乱之后,人民至少,比汉文、景之时,不过一大郡。"②诸如此类的记载甚多。据《通典》等史料统计:三国时期人口总数不到770万人,仅汉朝巅峰时期的七分之一(东汉桓帝时期人口超过5600万)。在此情况下,土地抛荒,农业严重减产。曹操为了解决军队粮食问题,开始在境内大规模推广屯田制。建安元年(196),曹操击败了汝南的黄巾军,缴获了一大批耕牛和农具。枣祗建议曹操利用这些农具、耕牛和投降的黄巾军,在许昌附近开垦荒田,兴修水利,以解决军粮问题。曹操欣然接受,任命枣祗为屯田都尉,全权负责此事。枣祗把流散的农民组织起来,以管理军队的方式组织生产,屯田当年就大见成效,"得谷百万斛"。于是曹操下令,郡国都置田官,招募流亡百姓屯田。枣祗首倡的屯田制的实施,使长期遭受战争破坏的北方农业生产,在短期内得以恢复。许多失去土地的农民又重新回到土地上来,许多荒芜的农田被开垦,政府也积存了大量的粮食。"数年中所在积粟,仓廪皆满",③使曹操"征伐四方,无运粮之劳"。但枣祗所倡导的是民屯。建安末年,战争减少,司马懿向曹操提出既养兵、又增粮,利用军队屯田的建议。他说:"昔箕子陈谋,以食为首。今天下不耕者盖二十余万(指曹魏的军

---

① 《三国志》卷1《武帝纪》。
② 《三国志》卷22《陈群传》。
③ 《三国志》卷16《任峻传》。

队），非经国远筹也。虽戎甲未卷，自宜且耕且守。"①

建议实行军屯是司马懿对曹魏政权的一大贡献，它限制了豪强地主夺取土地和对无地流民的控制权，减轻了政府的负担。军屯的发展与推广以及与之配套的水利建设的兴建，提高了粮食产量，既保障了战争所需，有利于富国强兵，也减轻了民众的负担。曹操对司马懿的建议非常重视，于是决定在发展民屯的同时推广军屯。曹操命令军队不打仗时种地，从事生产，"于是务农积谷，国用丰赡"。② 这为以后魏灭蜀、晋平吴奠定了坚实的物质基础。

必须指出的是，屯田制度是在建安初年特定的历史阶段下发展起来的，它对经济的恢复和发展起过一定的作用，但屯田制的剥削较重，屯田农民被束缚在土地上，身份不自由，屯田士兵则更加艰苦。军屯的特点首先是运用在较为偏远的、运输条件差、后勤保障困难以及土地荒芜的地区。军屯以士兵屯田，基层组织为营，以六十人为一营，一边戍守，一边屯田。军屯要求士兵能够自耕自足，且生产行军所需的粮食。士卒还需向国家缴纳分成地租。

民屯每五十人为一屯，屯置司马，其上置典农都尉、校尉、中郎将，不隶郡县。收成与国家分成：使用官牛者，官六民四；使用私牛者，官民对分。屯田农民不得随便离开屯田。曹魏后期，由于三国之间干戈不止，天下无一日之宁，出现了"自丧乱以来，四五十载，马不舍鞍，士不释甲，边寇在疆，图危魏室"③的局面，故曹魏的统治者只能进一步加重对屯田农民的剥削。到魏末租率提高到"持官牛者，官得八分，士得二分，持私牛及无牛者，官得七分，士得三

---

① 《晋书》卷1《宣帝纪》。
② 《晋书》卷1《宣帝纪》。
③ 《资治通鉴》卷73魏明帝"景初元年十月"条。

分,人失其所"。① 因此屯田客生活十分困苦,生产情绪日益低落。屯田客的身份地位又很低,是被用军事编制强制在土地上的劳动者,而且屯田土地还不断地被门阀豪族所侵占,如何晏和其他几个世家大族"共分割洛阳、野王典农部桑田数百顷,乃坏汤沐地以为产业"。② 而且能上史书的个例往往只是冰山一角,真实情况可能比史书记载的还要严重。

　　早在屯田初期,就有屯田客逃亡之事,曹魏后期,屯田客逃亡的速度愈演愈烈。有的屯田客甚至组织武装,反抗曹魏政府。如"屯田客吕并自称将军,聚党据陈仓";③"襄贲校尉杜松部民炅母等作乱,与昌豨通"。④ 此处所指的"校尉"是"典农校尉","部民"是典农校尉部屯田民。为了缓和屯田客的反抗和逃亡,整齐划一编户,便于国家的统治和管理,至咸熙元年(264),曹魏已灭蜀汉,此时曹魏政权已为司马氏所掌握,司马昭决定废除民屯制度。他"罢屯田官,以均政役,诸典农皆为太守,都尉皆为令长"。⑤ 他下令将典农中郎将与典农校尉改任太守;典农都尉则改任县令或县长。不言而喻,他们治下的典农部民、屯田客等,也就成为属于州县的编户了。所谓"均政役",不过是一个借口,实际上是屯田制对统治者已经无利可图,所以就下令废除了。随着形势的变化,司马昭适时地罢废民屯,将屯田客改为国家的编户齐民,使他们的经济负担有所减轻,身份地位有所提高,这对生产力的发展还是有利的。

　　① 《晋书》卷47《傅玄传》。
　　② 《三国志》卷9《曹爽传》。
　　③ 《三国志》卷23《赵俨传》。
　　④ 《三国志》卷18《吕虔传》。
　　⑤ 《三国志》卷4《陈留王纪》。

当然,这样的变革也不是一次就能完成的。到泰始二年(266)十二月,即司马炎登基之后的第二年,晋武帝下诏:"罢农官为郡县。"①这就意味着彻底废除民屯制度。但军屯还保留着。咸宁元年(275)十二月,晋武帝下诏曰:"出战入耕,虽自古之常,然事力未息,未尝不以战士为念也。今以邺奚官奴婢著新城,代田兵种稻。奴婢各五十人为一屯,屯置司马,使皆如屯田法。"②诏令以属于国家的奴婢代替士兵进行屯田,让战士免于农业劳动,增强战斗力。可见,泰始之后,军屯还存在,只不过在新城用奴婢代替士兵罢了。至于新城之外,肯定还是以军士继续屯田。如《晋书·食货志》记载晋初在豫州境内就有军屯。

三国时,蜀汉仅在汉中设有军屯,但蜀亡后西晋在益州内地设置军屯。晋武帝咸宁三年(277)诏令益州刺史"罢屯田兵,大作舟船,为伐吴计"。③ 当晋军进兵长江下游时,奉命出屯牛渚的吴将沈莹说:"晋治水军于蜀久矣,今倾国大举,万里齐力,必悉益州之众浮江而下。"④足见此时西晋经营蜀地已历多时,益州军屯为晋所设无疑。又据《晋书·王浑传》载:"吴人大佃皖城,图为边害,王浑遣扬州刺史应绰督淮南诸军攻破之,并破诸别屯,焚其积谷百八十余万斛,稻苗四千余顷,船六百余艘。"可见晋、吴国境两方均有军屯。《北史·崔挺传附崔昂传》云:"屯田之设,其来尚矣。曹魏破蜀,业以兴师;马晋平吴,兵因取给。"这说明了曹魏破蜀、西晋灭吴是仰仗了军屯的成功。西晋太康元年(280),晋武帝司马

---

① 《晋书》卷3《武帝纪》。

② 《晋书》卷26《食货志》。

③ (晋)常璩:《华阳国志》卷8《大同志》,刘琳校注:《华阳国志校注》,巴蜀书社1984年版。

④ 《三国志》卷48《孙皓传》注引《襄阳记》。

炎灭吴后,吴地会稽、无锡、丹徒、武进及延陵等县均废除了典农官,而只设郡县长官,亦即废除了民屯。但军屯即使在西晋统一后,仍有实施。

民屯废止以后,贵族、官僚争相侵占田地,隐匿户口。原来的屯田客或投依豪门,或游食商贩,加上服役为兵者,有近一半人不从事农业生产。因此,农业荒废,国库空虚,百姓穷困。西晋统一中国后,迫切需要恢复经济秩序,发展生产。太康元年(280),西晋采取两项重大措施:罢州郡兵以归农;颁布占田、课田和户调式。灭吴之后,晋武帝即令解除州郡官兵权。兵役是东汉末年以来农民最沉重的负担,晋武帝毅然下诏解散州郡兵,使农民得免地方兵役,这项措施对恢复生产有很大的意义。接着,西晋统治者颁发了农民的占田和课田、品官占田法和荫亲属制,其大致有下列内容:

其一,户调式(亦称户调制)。户调制是当时为普通平民而制定的一种土地制度。田地出产所收的叫"税";"赋"是用作军费的;"租"又不同,另外又有所谓的"贡"。"户调"两字首次见诸《三国志·魏书·赵俨传》。"调"乃"征调""调发"之意,"户调制"是为了军事上的调动而来。其始于袁绍占领河北时期,当时黄河北岸、山东等地布满黄巾军士卒,袁绍在河北一带,因军队需要粮饷,便向每户征收军费。这是东汉政府解体后军阀割据时的临时措施。曹操平袁绍后,仍沿用此法,但征费较轻。当时每亩征收田租4升,每户出绢2匹,绵2斤,即分田租与户调两项征收,这就是户调制的雏形。

晋武帝平吴后,制户调式,但与曹操时期不同的是,曹操时期先讲田租,再讲"户调";西晋则是先讲"户调",再兼及"田租"。其制如下:凡是丁男(男、女16岁以上至60岁为正丁)立户的,每年交纳户调绢3匹,绵3斤;丁女及次丁男(男女15岁以下至13

岁,61 岁以上至 65 岁为次丁)立户的,纳半数。12 岁以下,66 岁以上,为老小,不纳。边郡民户的户调,纳规定数目的三分之二,更远的纳三分之一。夷人输宾布,户 1 匹,远者或 1 丈。西晋的"户调制",其实是王莽的"王田制"和曹操的"屯田制"的综合体。值得注意的是,西晋订出户调制不到 30 年,天下就大乱,故可能并未大规模地全面推行该制。

其二,农民的占田和课田。所谓占田,就是允许农民占有法律上规定的土地。政府规定民户的土地占有数量为:男丁占田 70 亩,女丁 30 亩,每户共占田 100 亩。但这是农民应种土地的限额,而并非政府实际授与的土地数。课田是督课种田之意,也就是政府向农民征收的田租和实物。在农民所占田地之中,丁男有 50 亩、次丁男有 25 亩、丁女有 20 亩要交税,这叫课田。每亩课田谷 8 升,50 亩共交租 4 斛(升、斗、斛都是十进位)。不管农民所占田地是否足额,均按此定额征收。

其三,官员有按品占田、荫客和荫亲属等特权。大小各级官员各依官品等级占田。第一品可占田 50 顷(即 5000 亩),以下逐次递减 5 顷:第二品,45 顷;第三品,40 顷;第四品,35 顷;第五品,30 顷;第六品,25 顷;第七品,20 顷;第八品,15 顷;第九品,10 顷。各品官员凡占有之田超过上述规定者应缴还给政府。品官限田后,官员还可以官品之高低,荫其亲属,"多者及九族,少者三世"。①

---

① 《晋书》卷 26《食货志》云:"又各以品之高卑,荫其亲属多者及九族,少者三世。宗室、国宾、先贤之后及士人子孙亦如之。而又得荫人以为衣食客及佃客,品第六已上者,得衣食客三人。……官品第一、第二者,佃客无过五十户。"《册府元龟·邦计部·田制》作"十五户",中华书局 2003 年版。唐长孺曾指出:"一、二品佃户五十户,可能是十五户倒误,因为三品只有十户,以下至八、九品一户。"说明《册府元龟》记载正确,而《晋书·食货志》可能是传抄致误。

上述各品官所拥有之田可免赋税;即使品秩最低的九品官亦可荫三代,所荫之亲属拥有的土地虽不会太多,但可免赋税。西晋所定第九品官员的范围甚广,可扩及下列官吏:包括举辇、迹禽、前驱、由基强弩司马、羽林郎、殿中冗从武贲、殿中武贲、持椎斧武骑武贲、持钑冗从武贲、命中武贲武骑等。各品官可拥有的佃客数量不等:官品第一、第二者,佃客不超过 15 户;第三品,10 户;第四品,7户;第五品,5 户;第六品,3 户;第七品,2 户;第八、九品,1 户。

从占田制的内容看,它是一种既保证政府收入,又保护士族特权的土地制度。占田制并不是官府授田,更不是将地主的田地授与农民,而是在屯田制被破坏的前提下,允许农民占垦荒地。占田制中对于官僚士族占田、荫客、荫亲属等特权的规定,其主要精神是既对官僚士族的特权加以限制,又确认和保护他们已经占到的土地及户口的既成事实。

与曹魏时期的自耕农相比较,西晋户调增加了二分之一,①田租增加了一倍(曹魏田租是每亩征 4 升)。但实际上还不止于此。因为曹魏的田租是校亩计征,而占田制的田租是按丁征收。丁男、丁女、次丁男不管是否占足规定的课田数额,都必须按法定的课田数交租。一夫一妇之家可以占田 100 亩,这是中国古代农民占田的传统数字。至于农民是否能占足,那就大有问题了。西晋文学家束皙说:"今天下千城,人多游食,废业占空,无课田之实。……又州司十郡,土狭人繁,三魏尤甚,而猪羊马牧,布其境内,宜悉破废,以供无业。业少之人,虽颇割徙,在者犹多,田诸苑牧,不乐旷

---

① 案,曹操平定河北之后,根据当时物价波动剧烈,人民流动频繁,编户较人口容易察知等情况,将算赋、口赋合并为一,改收绢绵实物,同时也将按人征收改为按户征收,规定每户每年出绢二匹、绵二斤。

野,贪在人间。"①农民占田不足,尤其是当时中原一带"无业"或"业少"的情况很严重。占田不足的最主要原因,就是贵族官僚、强宗大族广占田园水泽,乃至设置许多牧场。占田数量远远超出了政府的规定。如司徒王戎,"广收八方园田水碓,周遍天下"。②西州大姓强弩将军庞宗因犯法而被没收的田地就有 200 余顷之多。而农民占田普遍不足,故傅咸上书给武帝时说:"泰始开元以暨于今,十有五年矣。而军国未丰,百姓不赡,一岁不登,便有菜色者。"③

不过,西晋实行占田制之后,仍起到相当积极的作用。实行户调式的诏书发布之后,政府用行政的手段将大量的流动、闲散人口安置到土地上从事生产,另外占田制或多或少限制了官僚贵族的特权,在一定程度上促进了农民对土地的开垦和利用。在国家统一、社会稳定的条件下,对社会经济的发展有积极的推动作用。正如日本学者川胜义雄指出:"当时实际情形是作为官僚的贵族和一般豪族多数都拥有广大的土地,雇佣大量的佃客。户调式规定一品官占地 50 顷,拥有佃客 15 户的基准,从当时的实际情况或与前后时代的标准相比较,都显得过少,这是学者们一致公认的。因而不能否定这一规定的法律精神是限定官僚应有的特权。……户调式所规定的官品特权标准与现实相差甚远,之所以制定这种体现魏晋贵族的自我制约精神的法律,是不是可以解释为渊源于党锢以来清流士大夫或豪族士大夫自我矛盾性格的一种表现呢?这种精神与基于乡论贤德者等级的九品中正制度精神一脉相通。它

① 《晋书》卷 51《束皙传》。
② 《晋书》卷 43《王戎传》。
③ 《晋书》卷 47《傅玄传附傅咸传》。

以追求共同体关系的精神为基础,因而是形成自耕农民的必要条件。尽管与现实相距甚远,但其精神是以一般农民夫妇占地百亩作为不言自明的基准,具体表现则是对一般庶民的占田规定。至少,户调式的精神是魏晋贵族制这种共同观念的反映。"①

与屯田制下的农民相比,占田制下农民的负担显然有所减轻。特别是解除了屯田制下军事管制的强迫劳动。自耕农和屯田客相比,身份地位有了明显的提高,这当然有助于提高农民的生产积极性。另外,农民占田无年龄之分,课田有年龄、性别的区别,占田数又高于课田数。这些规定可以鼓励占地不足的农民去开垦荒地,这就有利于扩大全国的耕地面积。当时丁男的课税标准是 50 亩,那就意味着不管你有多少土地,政府都必须按照 50 亩的标准来收税,而且次丁男及丁女也要征收不等的户调及赋税,因此农民只能极力去占田垦荒,耕种土地,这在一定程度上促进了西晋经济的增长。西晋初年,占田的丁男 70 亩中有 20 亩不上税,丁女 30 亩中有 10 亩不上税,次丁男减半,次丁女不课税。后来租赋降到每亩 3 升、2 升,西晋是中古社会租赋最低的朝代之一。

西晋平吴之初,地广人稀,由于法令规定男女都可以占田,每家农户都按九品相通之法,缴纳较轻的租调。故出现了课督耕种、人安其业的状况,西晋生产遂有了一定的发展,人口也有所增加。正如《晋书·食货志》所云:"是时天下无事,赋税均平,人咸安其业而乐其事。"这虽有夸大之嫌,但多少反映出在占用制、户调式实行后,太康年间的繁荣情况。

不过,占田制的问题也很明显,在政府没有保障措施的条件下

---

① [日]川胜义雄:《六朝贵族制社会研究》,上海古籍出版社 2007 年版,第 77—78 页。

农民占有土地是不平衡的,占田之数有多有少,而课田数字却是固定的,这必然使那些土地较少的农民负担加重。所以,占田制理想化的成分颇多,社会贫富不均的问题未能根本解决。吕思勉对西晋的占田制作了深刻的论述。他说:"纵观三法(晋朝的户调式,北魏的均田令,唐朝的租庸法),立法之意,是不夺其私有之田,无田者则由官给,希冀减少反抗,以渐平均地权,其立法之意诚甚善。然其实行至何程度,则殊可疑。晋法定后,天下旋乱,曾否实行,论者甚至有怀疑的。北魏及唐,曾实行至何程度,历史上亦无明确的记载。即使实行了,而人总是有缓急的,缓急的时候,不能不希望通融,在私产制度之下,谁肯白借给你来?救济的事业,无论如何,是不能普遍的。于是不得不有抵卖之品,而贫民是除田地之外,无物可以抵卖的。如此,地权即使一度平均,亦很难维持永久。何况并一度之平均而不可得呢?所以此等平均地权的方法,不论事实,在理论上已是很难收效的了。中国历代,社会上的思想,都是主张均贫富的,然其宗旨虽善,而其所主张的方法,则有未善。"①

　　总之,在西晋政权短暂的统治时期里,太康年间是西晋社会得以恢复和发展的时期。这一时期,西晋政权制定了一系列的土地制度和赋役政策,尽管这些制度推行的时间很短,也不够彻底,但它们对后世影响深远。钱穆对晋朝评价甚低,却肯定了占田制和户调式。他说:"晋朝在中国历史上可以说是最坏的朝代,但在制度上仍是有它的一套。它定出了两个制度:品官占田制和户调制。"可见这两个制度还是有其可取之处的。

---

　　① 吕思勉:《吕著中国通史》上册,华东师范大学出版社2005年版,第96、97、101页。

# 五、九品中正制

西晋时代,中古社会的门阀制度正式形成,并且左右了长达几个世纪的政治局面,直至北宋以降才逐渐式微。日本学者矢野主税认为西晋门阀贵族渊源于汉末至三国年间,出自与三国政权关系密切的士人,其权力来自于国家,对于国家具有寄生性。[①] 川胜义雄则提出了不同的见解。他指出:"如果把三个军阀政权比拟为相互排斥的三个圆圈的话,那么士大夫集团则在政权的根底之处,结成了彼此相连结的第四个圆圈,……产生魏晋贵族的母胎即是汉末清流势力。"[②]对于矢野主税氏与川胜义雄氏的不同见解这里不作评判。笔者认为,不管门阀士族对于国家具有寄生性还是独立的汉末清流势力,他们赖以生存的社会基础就是九品中正制。晋武帝司马炎本人就是九品中正制的受益者,他靠着家族势力,凭藉九品中正制,迅速进入士林上层和曹魏的最高统治层。西晋王朝之所以能取代曹魏,也是靠着门阀士族的全力支持。所以晋武帝即位后,当然要维护门阀士族的既得利益,也当然要进一步加强和巩固九品中正制。

九品中正制最核心的要旨,是将已出仕之官与未出仕之人,都以品第划等,高官子弟入仕起家官职,又与父辈在朝廷官职直接相关,中正划定的"乡品"又与入仕者起家的具体官职直接挂钩。九品中正制主要选拔标准是家世及才能,而前者尤为重要。这是中央政权向地方世族势力的妥协,也就是由地方推选的郡中正为人

---

① [日]矢野主税:《门阀社会成立史》,国书刊行会 1976 年版。

② [日]川胜义雄:《六朝贵族制社会研究》,上海古籍出版社 2007 年版,第 15 页。

才定级。这不仅使世家大族的利益能得到充分的保障,而且也为曹魏代汉、司马代魏扫除了障碍。

九品中正制是在汉代察举制度被破坏后建立起来的一种新的选官制度。为何设立这一制度?日本学者冈崎文夫认为:"汉末至魏初,伴随着地方秩序的紊乱,人物流移的状况严重,汉代实行的乡举里选之法行不通了。于是,地方有力者被授以中正之职,以选拔其管内之人物。这里所谓管内,其意义并不限于地域上的管内,户籍系于管内者,虽其后流移他郡,仍算作管内之人。因此,九品中正本来的意义在于在乱离之际继承昔日乡举里选的法意。从社会性的角度来看,这无疑是地方有名者欲保全地位而采取的措施。"①东汉一朝,地方上的乡举里选实际上就是清议。东汉末年,清议盛行,汝南郡曾出现名噪一时的月旦评。② 但月旦评只是民间的清议,是"私评"。陈群的建议是让"私评"转为"官评",③即由朝廷任命中正官来品评士人。中正将士人分为九品,然后朝廷

① [日]冈崎文夫:《魏晋南北朝通史·外编》,肖承清译,中西书局 2020 年版,第237 页。

② "月旦评"对九品中正制的形成有着重大的影响。魏晋时期选举的主导形式已演变为九品官人法,这是一种将乡评与官吏举荐相结合的制度。中正评议实施伊始虽有"家世""状""品"三项内容,但评议的重点更多地在于"人才优劣",而不完全是"世族高卑"。《晋书》卷 36《卫瓘传》载:"九品中正制始造也,乡邑清议,不拘爵位,褒贬所加,足为劝勉,犹有乡论余风。"王鸣盛亦云:"州郡中正据乡党评议。"(《十七史商榷》卷 40《州郡中正》,上海古籍出版社 2013 年版)可见,中正评议渊源于东汉末年的乡里评论。参见朱子彦:《论东汉末年汝南郡的月旦评》,《学术月刊》2002 年第 9 期。

③ 《晋书》卷 106《石季龙载记上》云:"魏始建九品之制,三年一清定之,虽未尽弘美,亦缙绅之清律,人伦之明镜,从尔以来,遵用无改。"可见,汝南月旦评在东汉时闻名遐迩,为世人所重,并由此发展成九品中正评议"三年一清定之"的"官法"。虽然月旦评每月一评的"私法"在东晋初颇遭人非议,但"官法"由"私法"发展而来却是毋庸置疑的。正如胡三省在《资治通鉴》卷 58 注中所言:"后置州郡中正本于此(指月旦评)。"可谓一语中的。

按品第高低授官。这就使世家大族的利益得到了充分的保障。

曹操祖父曹腾,虽被封为费亭侯,历官至大长秋,但终究是阉宦出身。不少以清流自居的名士都瞧不起曹操,斥其为"赘阉遗丑"。因此曹操必须压抑以清议名士为代表的地方豪族势力,如破除朋党交游、整齐风俗便是举措之一。但在战乱时期,曹氏政权还必须依靠地方名士,因为他们在乡里有较高的声望,完全废除乡里评议是不可能的。曹氏政权所能做到的,只是把清议纳入政权轨道,使名士与曹氏政权合作。这样以设立中正官专门执掌品第人物以备仕进的方式便应运而生,代表"国家利益"的政权便对地方名士取得一定程度的控制。正如鲁肃对孙权所说:"今肃迎操,操当以肃还付乡党,品其名位,犹不失下曹从事。乘犊车,从吏卒,交游士林,累官故不失州郡也。将军迎操,欲安所归。"①这一段话,即可看出汉魏之际地方的清议已经完全合法化,并被官方所认同。川胜义雄认为:"所谓九品中正制,是汉末大乱之后,因为士人流移,散居无定,所以任命各郡国出身者担任各自家乡'中正'。中正参考乡论,对当地人物品定乡品。中央政府在采用这些人物为官吏之际,根据乡品授予官职。而宫崎市定氏研究的一大成果,是明确了乡品与官品的对应关系。"②

魏文帝曹丕时期,九品中正制还是具有明显的进步意义。它比起东汉末年外戚、宦官卖官鬻爵,察举制只凭借"孝廉"来选拔官员,无疑给了人才更多的机会。但是任何制度执行一段时间后,必然会发生变化。魏明帝时,采纳行司徒董昭的建议,立郎吏课试法:"郎吏学通一经,才任牧民;博士课试,擢其高第者,亟用;其浮

---

① 《三国志》卷54《鲁肃传》。

② [日]川胜义雄:《六朝贵族制社会研究》,第72页。

华不务道本者,皆罢退之。"①明帝又诏令散骑常侍刘劭作都官考课法七十二条,交百官议,议久不决,未能实行。曹爽执政期间,九品中正制的改革不再围绕才能品行之争,主要矛盾已经指向了中正的权力大小问题。

正始初年,仅在郡内设置中正官。中正官有审核、举荐当地人才的职权。他们往往由在朝内为官的本地望族充任。中正官的设立剥夺了在野士人私自评议的行为,②这就在一定程度上阻止了地方豪族势力的扩张。然而,仅在郡一级设置中正,对盘踞中央的门阀士族的受益还是很有限。如果在州级行政机构设立中正官,经由士族大官僚所垄断,掌握郡中正的推举权,就可以一举将地方政权用人之权纳入中央和门阀士族手中。司马懿是州置大中正的创议者。司马懿在陈群的基础上,对九品中正制进一步完善,原先只是设立郡中正,司马懿辅政时,提议加设州中正。州设大中正是在曹魏正始年间,即在司马懿与曹爽辅政之时。

《太平御览》卷265引《晋宣帝集》中有司马懿除九品、州置大中正议:"案九品之状,诸中正即未能料究人才,以为可除九制,州置大中正。"但是,司马懿欲置州中正的建议却遭到时任大将军曹爽弟中领军曹羲的反对。同卷又引《曹羲集》记载曹羲九品议曰:"伏见明论,欲除九品,而置州中正,欲以检虚实,一州阔远,略不相识,访不得知,会复转访本郡先达者,此为问州中正,而实决于郡人。"高平陵之变时,曹爽、曹羲兄弟皆为司马懿所杀,故大中正之职得以最终确立。

---

① 《三国志》卷3《明帝纪》。
② 如汝南郡以许劭、许靖为代表的"月旦评"即是乡邑之中典型的私评,详况可参见朱子彦:《论东汉末年汝南郡的月旦评》,《学术月刊》2002年第9期。

司马懿设立州大中正有何意义呢？冈崎文夫认为："中正势力急剧膨胀,恐在司马懿执政之后。司马懿在中正之上设置了大中正。而据司马氏政敌夏侯玄上表,中正写定的品状直接作为中央任用官吏的标准。夏侯玄认为应改正这一弊害,将中正的职能严格限制在次第乡评的原意上。而中正的权力其后仍一味增长。由此看来,对于中正制度的发达,司马氏政策的政治性影响不容忽视。也就是说,中正制度的发达是司马氏宽政的结果。"①所谓"司马氏宽政"就是设置大中正,以进一步提升中正官的权力。

州大中正与郡中正的区别在于州大中正更进一步代表士族门阀的利益。所谓士族应有中央与地方之分,中央的士族与地方不同。魏晋时期,势力只能达到郡一级的世家大族,称之为"豪右",而势力能渗透到中央的,则可以称之为"士族"或"门阀"。州、郡虽然同为地方行政单位,但性质并不完全相同:郡更多地体现地方乡邑色彩,而州则是中央的派出机构。因此,司马懿设立州大中正之后,整个九品中正制度的枢纽就从地方转到中央手里了。有了州大中正制度的保障,以陈群、司马懿为代表的汝颍集团,甚至整个士族集团的仕途就畅通无阻了。不仅如此,按照川胜义雄的看法,司马懿设置大中正,还"通过控制乡品授予实权,轻易地操纵基层的乡论,扩大了上层同基层乡论之间的游离程度,加速形成了仅限于上层的贵族社交界"。②

中正官最初由各郡长官推举产生,西晋开始,改由朝廷三公中的司徒选授。其中郡的小中正官可由州的大中正官推举,但仍须由司徒任命。在一般情况下,州郡的大小中正官是由司徒举荐的

①　[日]冈崎文夫:《魏晋南北朝通史·外编》,肖承清译,第237页。
②　[日]川胜义雄:《六朝贵族制社会研究》,第76页。

现任中央官员兼任，有时，司徒或吏部尚书还直接兼任州的大中正官。这是为了保证中央对选举的直接控制，避免他人对中正事务的干扰。大小中正官还都有名为"访问"的属员。

中正品评人物，主要有三项内容：其一，家世，即家庭出身和背景。指父祖辈的资历、仕宦经历和爵位高低等。这些材料被称为"簿世"或"簿阀"，是中正官必须详细掌握的。其二，行状，即个人品行才能的总评，相当于品德评语。魏晋时的总评一般都很简括，如"天材英博、亮拔不群"[①]"德优能少"等。其三，定品，品是根据家世和行状综合而作出的评定。品分九等，而一品是虚位（一品从未有人，形同虚设），二品实已为最，初期二、三品皆属上品。而之后只有二品才是上品，又称之为"灼然"或"灼然二品"。所以中正品第虽有九等，然其类别却只有二等，即上品与下品。魏晋以来，特别是两晋时期，由于门阀制度的形成以及士庶等级界限的严格区分，上品与下品同社会等级制度结合得愈来愈紧密，其间的差别日益明显。上品的含义也随之发生变化，即由过去作为单纯评定人才的较高等级称谓嬗变为代表承胤久远的最高等级的世家大族，甚至是当权门户，[②]并成为辨别士族等级高低的标识。

必须注意的是，"中正品"与官品是不同的。魏初，中正定品尚重乡论。[③] 曹魏初期中正以郡为基层，郡中正是真正发挥品第

---

① 《晋书》卷56《孙楚传》。

② 参见田余庆：《论东晋门阀政治》，《秦汉魏晋史探微》，中华书局1993年版，第351页。

③ 川胜义雄十分重视乡论的作用，认为乡论具有重层结构，可分为县、郡、全国三个等级，《六朝贵族制社会研究》，第752—754页。笔者以为，由于史料的阙失，我们很难厘定县、郡、全国乡论之间的界限。但汉末乡论至少有"天下"与"州郡"两级，若要从"乡邑士"上升为"天下士"，则须得到在士林中享有极高声望的领袖人物，如李膺、郭泰、范滂、许劭、许靖等人的赞许赏识，才能名重海内。

士人的关键人物,他们为地方士族所控制,而州只不过总其议罢了。所以位居中央的世家大族尚未能很好地控制中正制为其服务。定品原则上依据的是行状,家世只作参考。但西晋开始完全以家世来定品级。出身寒门者行状评语再高也只能定在下品;出身豪门者行状不佳亦能位列上品。

《太平御览》卷214引《晋阳秋》:"陈群为吏部尚书,制九格登用,皆由于中正。考之簿世,然后授任。"表明魏时已重家世,但还不是唯一的标准。曹操由于政治军事上的需要,多次颁布"唯才是举"令。所以在品第人物上,虽然家世是不能忽略的,但在初期,恐怕更看重才学。正如《宋书·恩幸传序》曰:"魏武始基,军中仓卒,权立九品,盖以论人才优劣,非为世族高卑。"自州中正的设立以至两晋,九品中正制逐渐完成门阀化的转变,而最终成为门阀士族的选举工具。与先前由地方官推选郡中正不同,晋代的郡中正由州中正荐举。《晋书·傅玄传附傅咸传》曰:"豫州大中正夏侯骏上言,鲁国小中正、司空司马孔毓,四移病所,不能接宾,求以尚书郎曹馥代毓。旬日复上毓为中正。司徒三却,骏固据正。咸以骏与夺惟意,乃奏免骏大中正。司徒魏舒,骏之姻属,屡却不署,咸据正甚苦,舒终不从。"可见,小中正由大中正推荐,大中正则由司徒选任。

中正评议结果要上交司徒府复核批准,然后送吏部作为选官的根据。中正评定的品第又称"乡品",和被评者的仕途密切相关。任官者其官品必须与其乡品相适应,乡品高者做官的起点就高(又称"起家官"),往往为"清官",升迁也较快,受人尊重,乡品卑者做官的起点就低,往往为"浊官",升迁也慢,受人轻视。

中正评议人物照例三年调整一次,但中正对所评议人物也可随时予以升品或降品。士人的乡品升降后,官品及居官之清浊也往往随之变动。为了提高中正的权威,政府还禁止被评者诉讼枉曲。但中正如定品违法,政府要追查其责任。

魏晋之际,品第偏重门第已成事实。除了上文所述晋武帝司马炎靠门第获上品外,晋武帝即位之后,选举专重家世的现象更是层出不穷。

高门士族子弟往往弱冠便由吏部直接从家里铨选入仕,而不必经过察举,均凭借门第而得中正高品。如傅畅,"年未弱冠,甚有重名,以选入侍讲东宫,为秘书丞"。[①]谢琰,"弱冠以贞幹称,美风姿,……拜著作郎,转秘书丞,累迁散骑常侍、侍中"。[②]"(王)洽字敬和,(王)导诸子中最知名,与荀羡俱有美称。弱冠,历散骑、中书郎、中军长史、建武将军、吴郡内史。"[③]在可考的西晋入仕的192人中,不经察举,直接入仕者就占56人,至东晋则更有发展,在入仕的209人中直接入仕者达118人,几乎占一半以上。帝室茂亲和三公子弟起家即可为五品官。

而州辟佐史和举秀才则是中级士族与吴蜀士族的主要仕途。他们是地位稍次的所谓地方"名族""乡豪"子弟。郡辟佐史和察孝廉这个在东汉和魏初颇受重视的入仕之路,在西晋却降为低级士族与寒庶士人的仕途了。这种变化充分表明了九品中正制此时已成为高门大族的工具,只重门第而轻德才。当然这种变化是随着门阀士族势力的发展而变化的。

门阀制度的确立,已使九品中正制成为一个政治上的装饰品。中正品第唯以血统为准,门第高即获高品,此时只需分别士庶高下便已足矣,中正品第只不过是例行公事。所谓"上品无寒门,下品

① 《晋书》卷47《傅玄传附傅畅传》。
② 《晋书》卷79《谢安传附谢琰传》。
③ 《晋书》卷65《王导传附王洽传》。

无士族","公门有公,卿门有卿"者也。从曹魏时代的夏侯玄,到西晋时代的刘毅、卫瓘、潘岳、段灼,不断有人对九品中正制提出批评。夏侯玄在《时事议》中指出:"自州郡中正品度官才之来,有年载矣,缅缅纷纷,未闻整齐,岂非分叙参错,各失其要之所由哉!若令中正但考行伦辈,伦辈当行均,斯可官矣。"[①]因此,他主张抑制中正的权限,将中正的职能严格限制在乡评里选的原意上,同时要加强吏部的作用,由吏部委托州郡官长查询下属的能力,并排出高低等级。中正、州郡两方的考核报告全部汇总到台阁,在台阁、吏部这里进行综合分析和品评工作,最终决定人物的高下品第和官职任命。[②]

冈崎文夫指出:"不属任何官僚系统而于中央政府任用人物之际发挥着有力作用的中正,不久也由要官担任,这一系统另立会署,分享中央的权力。然而,晋的统一建立后,汉以来的一统制所养成的大臣对这一中正制度展开了激烈的非难。"[③]尚书左仆射刘毅曾上疏晋武帝论九品中正之弊,胪列其中八条弊病,因疏文过长,兹节录部分如下:

> 臣闻:立政者,以官才为本,官才有三难,而兴替之所由也。人物难知,一也;爱憎难防,二也;情伪难明,三也。今立中正,定九品,高下任意,荣辱在手。操人主之威福,夺天朝之权势。爱憎决于心,情伪由于己。公无考校之负,私无告讦之忌。用心百态,求者万端。廉让之风灭,苟且之欲成。天下讻讻,但争品位,不闻推让,窃为圣朝耻之。

---

① 《三国志》卷9《夏侯玄传》。

② 有关夏侯玄《时事议》中对九品官人法批评的详况,可参见朱子彦:《司马懿传》,人民出版社2020年版,第432—433页。

③ [日]冈崎文夫:《魏晋南北朝通史·外编》,肖承清译,第237—238页。

夫名状以当才为清,品辈以得实为平,安危之要,不可不明。清平者,政化之美也;枉滥者,乱败之恶也,不可不察。然人才异能,备体者寡。器有大小,达有早晚。前鄙后修,宜受日新之报;抱正违时,宜有质直之称;度远阙小,宜得殊俗之状;任直不饰,宜得清实之誉;行寡才优,宜获器任之用。是以三仁殊途而同归,四子异行而均义。陈平、韩信笑侮于邑里,而收功于帝王;屈原、伍胥不容于人主,而显名于竹帛,是笃论之所明也。

　　今之中正,不精才实,务依党利,不均称尺,务随爱憎。所欲与者,获虚以成誉;所欲下者,吹毛以求疵。高下逐强弱,是非由爱憎。随世兴衰,不顾才实,衰则削下,兴则扶上,一人之身,旬日异状。或以货赂自通,或以计协登进,附托者必达,守道者困悴。无报于身,必见割夺。有私于己,必得其欲。是以上品无寒门,下品无势族。暨时有之,皆曲有故。慢主罔时,实为乱源。损政之道一也。[①]

然而,刘毅的上书起不到任何作用。晋武帝极力维护九品中正制,对刘毅之奏置若罔闻。"疏奏,优诏答之。后司空卫瓘等亦共表宜省九品,复古乡议里选。帝竟不施行。"[②]

　　与刘毅同时代的议郎段灼也说:"今台阁选举,涂塞耳目,九品访人,唯问中正。故据上品者,非公侯之子孙,则当涂之昆弟也。二者苟然,则荜门蓬户之俊,安得不有陆沈者哉!"[③]得上品的官僚贵族子弟极易步入仕途,而且升迁迅速,他们一入仕,即可担任尚书郎、秘书郎、著作郎、散骑侍郎、黄门侍郎等职闲位重的官职,这

---

①　《晋书》卷45《刘毅传》。
②　《晋书》卷45《刘毅传》。
③　《晋书》卷48《段灼传》。

些官职也由此被称为清官、清职。晋武帝即位之初虽多次下诏征用寒素，试图加强皇权对官员选拔的干预，改变寒门下品升进无路的状况，但终难扭转现实。正如左思在其《咏史》诗第二首中感叹的那样：

　　　郁郁涧底松，离离山上苗，以彼径寸茎，荫此百尺条。世胄蹑高位，英俊沉下僚，地势使之然，由来非一朝。

其实，刘毅、左思所云都是实情，并无夸大之处。例如尚书兼州大中正袁粲先品太宰何劭子何岐为上品，及何劭亡，袁粲前来吊丧，何岐推托自己染疾而不肯与袁粲见面，袁粲发怒，声称"今年决下婢子品"，即要将何岐的上品改为下品，王诠对袁粲说："知死吊死，何必见生！（何）岐前多罪，尔时不下，何公新亡，便下岐品，人谓中正畏强易弱。"①袁粲这才罢休。若非王诠从中劝阻，袁粲就会随意改动何岐的品第。此事既说明中正奉迎高门士族，又会根据自己的好恶而高下任意。可见，中正品第是没有太多原则的。

　　九品中正制的实行虽解决了选拔官吏无标准的问题，但越到后来，朝廷越看重家世和德行，因为这两项指标都对世家大族有利；而中正官一般都出自世家大族，自然也会偏袒世家大族的利益。总之，西晋武帝时，九品中正制已被门阀士族所控制，成为他们独享高官厚禄的最有效途径。

　　必须说明的是，自20世纪30年代以降，学术界有关九品中正制的研究已经取得了十分丰硕的成果。由于本书的主题是论述传主司马炎，故对该制不再过多赘述。

---

　　①　《晋书》卷33《何曾传附何劭传》。

## 六、分封宗室诸王

八王之乱是西晋末年爆发的一次内部大动乱,历时十六年,它是中国历史上一个极具影响力的事件,不仅破坏了社会经济发展,更导致了西晋的灭亡和此后近三百年的动乱分裂,使中国进入了五胡十六国时期。八王之乱爆发的原因,一直以来都是史家研究的热点。后世的史家大都认为西晋宗室封王封国制度带来了极大的弊端,从某种意义上来说,西晋的八王之乱与五胡入华的根子正是肇祸于此。然而,西晋的灭亡难道完全归咎于宗室封国制度吗?笔者认为对这一问题仍不能轻易下结论,而必须依据史料细细分析。

### 1. 恢复五等爵制与开国后的分封

西晋的分封制度并非一蹴而就,而是经历了一个较长时期的发展过程。据《三国志·魏书·陈留王奂纪》载:"咸熙元年五月庚申,相国晋王(司马昭)奏复五等爵。"司马氏的心腹裴秀是这次恢复五等爵的关键人物,在他的建议下,"自骑督已上六百余人皆封"。① 据《晋书·裴秀传》载,裴氏是河东郡的世家大族。裴秀祖父裴茂,任东汉尚书。父亲裴潜,任魏朝尚书令。裴秀主张复五等爵,与他的世族出身,以及其"儒学洽闻,且留心政事"②颇有关联。

这次颁授五等爵,胡三省认为司马昭有借灭蜀战役胜利之机封赏群臣之意。③ 但笔者认为,其深层意义恐怕还不限于此。就

---

① 《晋书》卷35《裴秀传》。
② 《晋书》卷35《裴秀传》。
③ 《资治通鉴》卷78魏元帝"咸熙五年"条,胡注云:"赏平蜀之功也。"

王朝易代更祚前夕的改制而言,曹操曾于建安二十年(215)设置名号侯至五大夫等四等爵,加上旧有的列侯、关内侯共六等,用以奖赏军功。司马昭颁授五等爵,其政治目的与此相似,即进一步深化封爵制的功能,以笼络谋臣诸将,使魏臣转化为晋臣,为即将到来的魏晋禅代作准备。

但如果我们作进一步考察,司马昭恢复五等爵的改制力度恐怕比曹操依旧制增设六等军功爵还要大。董昭曾建议曹操“宜修古建封五等”,但被曹操一口拒绝。他说:“建设五等者,圣人也,又非人臣所制,吾何以堪之?”①曹操之意是五等爵那样的古制,除非是圣人和君主,人臣不得预其事。“五等爵制”,是由西周首创,它规定了公、侯、伯、子、男五种爵位,受封对象是王族、功臣和前代贵族。它有利于维护西周政权的稳定,但与此同时,它也具有很大的弊端,那就是受封者有自己的土地、人民和军队,在其领地内具有较大的独立性。受封者一旦势力强大之后,很容易尾大不掉,更有甚者乃至反叛中央。秦始皇看到了这一点,他统一中国后,就废除分封,改行郡县制了。但是,后世也有不少人认为秦之所以速亡,乃因废五等爵制也。如司马懿兄“(司马)朗以为天下土崩之势,由秦灭五等之制,而郡国无搜狩习战之备故也。今虽五等未可复行,可令州郡并置兵,外备四夷,内威不轨,于策为长”。②在司马朗看来,东汉末年之所以天下呈土崩之势,乃秦灭五等之制所导致,既然目前还不能恢复施行五等之制,就只能让州郡领兵,否则州郡很容易为外寇所侵。

由此看来,司马昭恢复五等爵制,是实现其伯父司马朗生前的

---

① 《三国志》卷14《董昭传》。
② 《三国志》卷15《司马朗传》。

愿望,改革秦汉以来施行已久的爵制,远追古代圣贤明君,其气势和影响超过了曹操。

司马昭所恢复的五等爵制的具体内容,在《晋书·地理志上》中有简略记载:

> 晋文帝为晋王,命裴秀等建立五等之制,惟安平郡公孚邑万户,制度如魏诸王。其余县公邑千八百户,地方七十五里。大国侯邑千六百户,地方七十里;次国侯邑千四百户,地方六十五里;大国伯邑千二百户,地方六十里;次国伯邑千户,地方五十五里;大国子邑八百户,地方五十里;次国子邑六百户,地方四十五里;男邑四百户,地方四十里。

通过这段文字可以看出,邑万户的只有司马孚一人。他虽然爵位是郡公,但是制度同魏朝诸王一样。安平郡的地位,相当于国。而"县公"的封邑就要少得多,县公以下的封邑,有侯邑、伯邑、子邑、男邑。

三国时期,由于战争频繁,土地荒芜以及疫疾流行,人口较之两汉盛时大幅度减少,所以列侯功臣所受的封邑都比较少。以曹氏宗室中的曹操心腹大将为例:曹仁官拜大将军,迁大司马,封邑三千五百户;曹洪为骠骑将军,封野王侯,封邑二千一百户;曹休封大司马,长平侯,封邑二千五百户;大司马曹真封邵陵侯,封邑二千九百户。异姓勋臣张郃封鄚侯,是曹魏五子良将中受封邑最多者,前后所受封邑为四千三百户。

然而与曹魏前期的功臣宿将相比,司马昭设置的五等爵制,公侯所受的封邑较之前更少。除司马氏宗室之外,最高封爵县公也只有一千八百户。出现封邑减少的原因,很可能是所授封爵的人数增加了。汉末魏初,曹操虽设置名号侯至五大夫等四等爵,加上旧有的列侯、关内侯共六等,但封爵中最重要的是侯爵,而侯爵也仅四等:即县侯、乡侯、亭侯、关内侯。司马昭设置了公侯伯子男五等爵制,且每等中又分大国与次国,如此一来,爵位大为增加,但曹魏全国的人户数并未有太多的增加,所谓僧多粥少,故只能以减少封邑来施行五等爵制了。

泰始元年(265)十二月,司马炎代魏称帝,因已将昔日的晋藩国扩大为晋帝国,故必须对司马昭时期的分封制度再次改革。晋武帝将其祖司马懿以下宗室子弟均封为王,以郡为国,建立了一套完备的封建制度。邑二万户为大国,置上、中、下三军;兵五千人;邑万户为次国,置上军、下军,兵三千人;邑五千户为小国,置一军,兵千五百人。司马炎叔父司马幹、司马伦、司马亮分别封为平原王、琅邪王、扶风王,弟司马攸封为齐王,均为大国。司马炎叔祖安平郡王司马孚则超越制度,食邑户数多达四万户。司马炎弟、堂兄弟、伯父、叔父、堂伯父、堂叔父同时封王者达二十七人。

司马炎废除五等爵制,新制封国实际上只有王、公、侯三等,伯、子、男只能在受封者旁支子孙推恩受封时才可见。旧制是"自骑督已上六百余人皆封",新制主要分封同姓王,异姓只能封郡公和郡侯,西晋是"以郡为国",它与汉代的"国"并无区别。凡创业的勋臣贵戚均加封进爵,"公侯邑万户以上为大国,五千户以上为次国,不满五千户为小国"。① 大司马石苞、车骑将军陈骞、尚书令裴秀、卫将军贾充、侍中荀勖、太傅郑冲、太保王祥、太尉何曾、骠骑将军王沈、司空荀顗、镇北大将军卫瓘均封为公。泰始二年又对封侯者次子作了食邑的规定:"五等之封,皆录旧勋。本为县侯者传封次子为亭侯,乡侯为关内侯,亭侯为关中侯,皆食本户十分

---

① 《晋书》卷14《地理志》。

之一。"①

泰始元年,晋武帝虽然分封宗室诸王及公侯元勋,但宗室诸王均留居京师洛阳,未到封国,制度规定的王国军队也未建立。咸宁三年(277),晋武帝再次制定分封食邑制度。此次改封诸国,源于晋武帝忌惮胞弟齐王司马攸在朝中的声望,担心身后将出现皇位继承人之争,将来会威胁太子司马衷的皇位,于是武帝的心腹卫将军杨珧和中书监荀勖建议,让诸王都回到封国,齐王司马攸自然也不能例外,如此则可顺理成章地将齐王攸排挤出权力中心。据《晋书·职官志》记载:

> 咸宁三年,卫将军杨珧与中书监荀勖以齐王攸有时望,惧惠帝有后难,因追故司空裴秀立五等封建之旨,从容共陈时宜于武帝,以为"古者建侯,所以藩卫王室。今吴寇未殄,方岳任大,而诸王为帅,都督封国,既各不臣其统内,于事重非宜。又异姓诸将居边,宜参以亲戚,而诸王公皆在京都,非扞城之义,万世之固"。帝初未之察,于是下诏议其制。有司奏,从诸王公更制户邑,皆中尉领兵。其平原、汝南、琅邪、扶风、齐为大国,梁、赵、乐安、燕、安平、义阳为次国,其余为小国,皆制所近县益满万户。又为郡公制度如小国王,亦中尉领兵。郡侯如不满五千户王,置一军一千一百人,亦中尉领之。

司马宗室诸王封国仍分大国、次国、小国三等。另外,还有县王,县王的封邑最少,如"南宫王承、随王万各于泰始中封为县王"。原来只有邑千户,现在增为三千户。制度如郡侯,亦置一军。而小国亦可在所封的县中享受"益满万户"的待遇。三等王国皆置中尉统领王国军队。大国诸王除嫡长子世代继承王爵外,其他诸子均

① 《晋书》卷3《武帝纪》。

各推恩受封为公;功臣封公者,封国制度如小国王,亦以中尉领兵,郡侯封国内也可以置一千一百人的军队。

咸宁三年(277),西晋王朝又进一步规定非皇子不得为王,以及诸王之支庶如何分封的诸多细则:

> 非皇子不得为王。而诸王之支庶,皆皇家之近属至亲,亦各以土推恩受封。其大国次国始封王之支子为公,承封王之支子为侯,继承封王之支子为伯。小国五千户已上,始封王之支子为子,不满五千户始封王之支子及始封公侯之支子皆为男。非此皆不得封。其公之制度如五千户国,侯之制度如不满五千户国,亦置一军千人,中尉领之。伯、子、男已下各有差,而不置军。大国始封之孙罢下军,曾孙又罢上军;次国始封子孙亦罢下军;其余皆以一军为常。大国中军二千人,上下军各千五百。次国上军二千人,下军千人。其未之国者,大国置守土百人,次国八十人,小国六十人,郡侯县公亦如小国制度。①

晋武帝曾就遣诸王公之国之事询问中书监荀勖的意见,荀勖认为:"诸王公已为都督,而使之国,则废方任。又分割郡县,人心恋本,必用嗷嗷。国皆置军,官兵还当给国,而阙边守。"晋武帝要荀勖拿出具体意见来,荀勖建议道:"如诏准古方伯选才,使军国各随方面为都督,诚如明旨。至于割正封疆,使亲疏不同,诚为佳矣。然分裂旧土,犹惧多所摇动,必使人心忽扰,思维窃宜如前。若于事不得不时有所转封,而不至分割土域,有所损夺者,可随宜节度。其五等体国经远,实不成制度。然但虚名,其于实事,略与旧郡县乡亭无异。若造次改夺,恐不能不以为恨。今方了其大者,以为五

---

① 《晋书》卷24《职官制》。

等可须后裁度。"①晋武帝根据荀勖的意见,对都督制度作了一些调整,使之与分封制更紧密地结合起来。

　　西晋王朝建立后,司马炎为何要对宗室分封制度进行调整?前后二次分封制度在内容上究竟有何不同?这是我们需要认真考察和分析的。司马炎登基伊始就遍封宗室勋臣,虽可解读为这是因循王朝开国时的成规、故事,但其中也有其情非得已的苦衷。司马氏虽然是一个承胤久远,累世二千石至万石的高门望族,但司马炎同其父祖辈截然不同。司马懿、师、昭三人政绩卓著,军功累累,他们在曹魏皇权的高压下,经历过多次腥风血雨的政治搏杀,积累了丰富的政治斗争经验。然而,司马炎出生时,其祖父司马懿已居三公高位,高平陵之变后,司马懿父子完全掌控了朝政。司马昭弑杀曹髦之后,俨然成了生杀大权在握、群臣无不俯首帖耳的无冕之君。在父祖权势的荫庇下,司马炎出生后,锦衣玉食,寸功未立而安享尊荣富贵,成了魏末世家大族中的头号公子,其仕途坦荡,可谓一帆风顺。

　　咸熙二年五月,晋王司马昭立司马炎为晋国太子。此前,司马炎虽然也担任过中护军、中抚军、抚军大将军等职,但多为虚挂其职,并无自己独立的政治基础,更缺乏政治经验与军事上的历练。平蜀之后,司马昭正准备禅代,却不料突然猝死。此时,司马炎被确立为晋世子不过只有一年,而被立为太子则时间更短,仅三个月。在这么短的时间内,司马炎来不及组织自己的东宫班底,因此,他只能全盘接受并依赖"三祖"留下的司马氏集团中的功臣勋贵。在他们的拥戴下,司马炎于当年十二月匆匆代魏称帝,完成了"三祖"的未竟之业。可见,司马炎虽然名为开国之君,但在更大

---

① 以上引文皆见《晋书》卷39《荀勖传》。

程度上却是享受先人余荫的守成之主。当初依靠贾充、何曾、裴秀等人的支持，司马炎才获得太子之位。作为对支持自己成为储君以及完成魏晋禅代的回报，司马炎必须投桃报李，对于诸位从龙功臣报之以高官厚爵。以大司马石苞、卫将军贾充为代表的十一位勋贵旧臣被封为郡公、县公，这是异姓功臣所能有的最高爵位。首批受封的十一位郡公、县公中，后来有九位配飨太庙。

## 2.殷鉴曹魏禁锢宗室教训与强干弱枝

晋武帝之所以大封宗室 27 人为王也是有深刻历史原因的。自西汉吴楚七国之乱后，汉武帝进一步削藩，所封诸侯王都是没有自治权的虚王，其王国由中央派国相等官员治理，所谓诸侯王仅领俸禄而已。而曹魏在限制宗室方面更是登峰造极，曹丕时期，诸王皆不得任官职，在自己的封国内形同布衣匹夫。魏末，宗室王公全部从各自的封国迁徙至邺城(今河北临漳附近)，由朝廷派官员监察管理，诸侯王不得移居他处，更不准擅自往来。对此状况，晋人袁准不胜感叹，他说："魏兴，……封建侯王，皆使寄地，空名而无其实。王国使有老兵百余人，以卫其国。虽有王侯之号，而乃侪为匹夫。县隔千里之外，无朝聘之仪，邻国无会同之制。诸侯游猎不得过三十里，又为设防辅监国之官以伺察之。王侯皆思为布衣而不能得。既违宗国藩屏之义，又亏亲戚骨肉之恩。"[①]此时的邺城实际上已成了监控诸侯王的监狱。可见，曹魏宗室亲藩名为诸侯王，实为囚徒耳。

西晋时期，时人大都认为，曹魏亡国就是因为宗室太弱，才使司马氏乘机夺取大位，故必须加强宗室的力量。如议郎段灼就上

---

① 《三国志》卷 20《武文世王公传》注引袁子曰。

书武帝曰:"昔在汉世,诸吕自疑,内有朱虚、东牟之亲,外有诸侯九国之强,故不敢动摇。于今之宜,诸侯强大,是为太山之固。非我族类,其心必异。而魏法禁锢诸王,亲戚隔绝,不祥莫大焉。"①河内太守刘颂建议晋武帝应"建诸侯而树藩屏,深根固蒂,则祚延无穷,可以比迹三代"。他总结秦汉以来的宗室政策:

> 逮至秦氏,罢侯置守,子弟不分尺土,孤立无辅,二世而亡。汉承周秦之后,杂而用之,前后二代各二百余年。揆其封建不用,虽强弱不适,制度舛错,不尽事中,然迹其衰亡,恒在同姓失职,诸侯微时,不在强盛。昔吕氏作乱,幸赖齐代之援,以宁社稷。七国叛逆,梁王捍之,卒弭其难。自是之后,威权削夺,诸侯止食租奉,甚者至乘牛车。是以王莽得擅本朝,遂其奸谋,倾荡天下,毒流生灵。光武绍起,虽封树子弟,而不建成国之制,祚亦不延,魏氏承之,圈闭亲戚,幽囚子弟,是以神器速倾,天命移在陛下……及陛下圣明之时,开启土宇,使同姓必王,建久安于万载,垂长世于无穷。②

晋初的情况有其特殊性,曹魏禁锢宗室的前车之鉴,成了时人关注的焦点,所以矫枉除弊,加强宗室势力,在西晋初年是大势所趋。殷鉴前朝教训,故司马炎大封宗室,并且赐予诸侯王实权和军队,以拱卫帝室。

如果我们对这一问题进一步考虑的话,还可发现,晋武帝之所以遍封宗室,除了殷鉴曹魏孤立而亡的教训外,可能还有用宗室平衡功臣集团的意图。因为,功臣勋贵大都是"三祖"幕府的僚佐掾吏,司马氏功臣集团中的贾充、裴秀、石苞,羊祜、卫瓘、荀勖、荀颧

---

① 《晋书》卷48《段灼传》。
② 《晋书》卷46《刘颂传》。

等人都是武帝的长辈,司马炎在他们面前的权威性明显不足,故司马炎亟须得到宗室的支持,以拱卫帝室。但是,我们也应该注意到,武帝第一次所封的宗室诸王大都是其家族长辈,这可能也是出于他的无奈。从司马家族而言,司马防之子——"司马八达"及其子孙后来几乎都出仕曹魏。其中,武帝叔祖父司马孚在司马家族中享有崇高的声望,他不仅助司马懿对抗诸葛亮,而且还在高平陵之变中助兄诛灭曹爽,建立殊勋。司马懿死后,司马师主政,东吴权臣诸葛恪认为司马师"幼弱"①可欺,遂趁机发兵攻魏,并取得东关之役的胜利,司马师威望顿挫,一度出现了政治上的危机。司马孚辅佐司马师,率军二十万在新城击败诸葛恪,巩固了司马氏的统治。

司马孚子司马望宽厚有父风,魏末出任征西将军,持节,都督雍凉二州诸军事。他出镇关中八年,威化明肃,多次抵御姜维的进攻,保卫曹魏西陲。后被征入朝为卫将军、中领军,掌禁军,负责控制曹魏宫廷,稳定了司马氏的霸业。魏晋禅代前夕,司马望已累迁至司徒。总之,司马孚、司马望父子有大功于晋室。司马孚作为家族中的元老,利用自己丰富的政治与军事斗争经验,为司马师、昭兄弟执政谋谟帷幄,力挽危局,在亡魏成晋的历史进程中发挥了关键作用。在司马昭猝死的局面下,司马孚若有政治野心,在司马氏族中并非没有取代司马炎成为大宗的实力。所以,武帝不得不极力笼络自己的叔祖父一房。司马孚的安平国突破了分封大国二万户的限制,封邑四万户,这在诸王之中仅此一支。史载:"安平献王孚,世祖受禅为太宰,一门三世,同时十人封王,二人世子,父子位极人臣,子孙咸居大官,出则旌旗节钺,入则貂蝉衮冕,自公族之

---

① 诸葛恪为了出师伐魏,著论谕众,其中有"司马懿先诛王凌,续自陨毙,其子幼弱,而专彼大任,虽有智计之士,未得施用。当今伐之,是其厄会"之语,《三国志》卷64《诸葛恪传》。

宠未始有也。"①

司马昭猝死,司马炎骤然登基,夹身于功臣、宗室两大势力之间,制定大政方针也有很多无奈之处。当然,武帝也绝不甘心大权旁落,他并没有放弃对功臣勋贵和宗室诸王的抑制。只是鉴于即位初期自身威望的不足,只能采取比较委婉和隐晦的措施。比如,武帝虽然大封诸王,但是并没有让诸王之国,而是全部留在京中辅政。诸王虽有军队,但仅供自卫,并不能构成对中央政权的威胁。在武帝统治时期,身在京师的宗室诸王很难利用自己的王国军队掀起风浪。

在晋初所封的诸王中,不仅没有武帝自己的子孙,甚至连司马懿后裔的封王人数都不及司马孚,这当然引起司马炎心中的不平。从常理而言,只有皇帝才是宗室的大宗,皇帝子孙封王才是天经地义。以西晋而言,只有武帝司马炎这一支,才是司马宗室的"主干",而其他宗室则是"旁枝"。当然武帝之所以没有在晋初封己子为王,也有情非得已的苦衷,因为此时武帝诸子或年幼或未出生。但是提升皇子们的地位,封皇子为王势在必行。泰始三年(267),武帝立嫡长子司马衷为太子。武帝同母弟司马兆十岁而夭,司马炎下诏:"亡弟千秋少聪慧,有凤成之质。不幸早亡,先帝先后特所哀愍。先后欲绍立其后,而竟未遂,每追遗意,情怀感伤。其以皇子景度为千秋后,虽非典礼,亦近世之所行,且以述先后本旨也。"②于是追谥司马兆为城阳哀王。并将皇子司马景度过继给司马兆,封为城阳王。司马景度也早夭,司马炎又让皇五子司马宪继为城阳王。司马宪不久又去世,司马炎再以皇六子司马祗继嗣

---

① 《太平御览》卷151《皇亲部》卷17。

② 《晋书》卷38《城阳王兆传》。

司马兆,改封为东海王。咸宁初年,司马祇薨逝,晋武帝又封第十三子司马遐为清河王,以继司马兆后嗣。总之,司马炎一定要让自己的儿子袭承司马兆的王爵,以增强皇子的力量。虽然如此,在西晋最初的泰始十年间,帝室一系还是比较虚弱的,只是到了泰始六年(270),武帝才封皇嫡次子司马柬为汝南王。

前文已述,泰始元年始封的27王,都留驻京师,并未之国。但是,随着西北凉州秃发树机能叛乱,东南对孙吴战事愈演愈烈等因素,宗室诸王尤其是武帝伯叔辈时常出镇地方,如皇叔司马骏,受封为汝阴王,都督豫州诸军事。封国在淮北汝阴郡,但是他挂帅征讨西北秃发树机能叛乱,常年留驻关中。为了让诸王都能回到封国,武帝遂命司马骏都督关中诸军事,改封为扶风王。使他的封国和都督军事驻地一致,变相使他回到封国。

这次改封诸王其实是驱逐齐王司马攸的前兆。连出镇的宗王都得就近回到封国,齐王司马攸自然亦不能幸免。史载,宗室诸王们"皆恋京师",都不想离开繁华的洛阳。但迫于压力,只得"涕泣而去。及吴平后,齐王攸遂之国"。[①] 齐王司马攸一直拖延之藩,不肯回到封国,直至灭吴后,司马攸在之藩前暴病而亡。

武帝改封后的诸王,只有平原、汝南、琅邪、扶风、齐为大国。梁、赵、乐安、燕、安平、义阳为次国,其余皆为小国。此时,宗室最长者安平王司马孚和其子义阳王司马望已去世,司马孚这一人丁最兴旺的一房失去了主心骨,迅速地被碎片化,分化为一个个势单力薄的小分支。武帝乘机将安平国从一个邑四万户的大国变成了邑一万户的次国,让司马孚一支瞬间丧失了在宗室中的巨大影响力。武帝用推恩法成功地分化了晋初兴盛一时的司马孚这一房,

---

① 《晋书》卷24《职官志》。

达到了强干弱枝的目的,从而树立起皇帝的巨大威权。

实际上,武帝并非不知让诸王离开京师后,诸王有在地方做大的可能。所以,武帝特地规定,今后诸侯王的军队均由朝廷任命的中尉率领。更为严苛的是,始封王薨后,继任王的军队要递减。比如大国的始代王有三军五千人,那么继任的二代王就得减去一军,只能有两军三千人。如此一来,诸王的军队数量不断减少,就失去了挑战中央的资本。

由于武帝悉罢州郡兵,诸王国军队就成为地方的主要武装。太康十年(289),淮南相刘颂上书,认为:"古者封国,大者不过土方百里,然后人数殷众,境内必盈其力,足以备充制度。今虽一国周环近将千里,然力实寡,不足以奉国典。所遇不同,故当因时制宜,以尽事适今。宜令诸王国容少而军容多。"①可见,诸王国军队并不多。

同时武帝还在诸王国内部实施类似汉武帝时期颁布的推恩令,即大国、次国的王庶子可封公爵,在封国内部裂土建立公国。小国王的庶子可以封为子爵。这样,本就只有一郡之地的封国,内部就再次割裂。

到了咸宁三年(277),武帝已经登基13年之久。皇位已经稳固,皇子们亦已成年,武帝遂开始大规模调整封王政策,规定今后非皇子不得封王。正式施行"强干弱枝"政策。武帝先后封皇子司马裕、司马玮、司马允、司马该、司马遐为王。这样,泰始初封的宗室旁支27国只会越缩越小,而武帝诸子的王国会越来越强,越来越多。武帝严防宗室旁支凌驾于帝系宗子之上,如此一来,司马家族宗室力量将被彻底逆转。

---

① 《晋书》卷46《刘颂传》。

### 3. 悉罢州郡兵与以皇子都督方镇

咸宁三年的"强干弱枝"政策还只是开始。到了太康元年（280），西晋平定江南。此时，西晋版图扩大，晋帝国共有 19 个州，172 个郡国。武帝司马炎在灭吴后，为了将军权收归中央，尽罢州郡之兵。州郡兵是如何来的？由于东汉末年黄巾起义，天下大乱，所以各州牧、刺史开始在自己辖区招募军队，统管各地的军政大权，冀州袁绍、兖州曹操、荆州刘表、益州刘焉等州牧趁势崛起。刘昭为《后汉书·百官志五》作注时感慨地说："（刘）焉牧益土，造帝服于岷、峨；袁绍取冀，下制书于燕、朔；刘表荆南，郊天祀地；魏祖据兖，遂构皇业：汉之殄灭，祸源乎此。"①

灭吴之后，天下重归一统，武帝认为州郡兵已失去作用，应该让刺史专职监察吏治，太守处理民政。其实就是让太守和刺史回归到东汉初年的状态。罢州郡兵后，除了地处偏远的交、广等州郡由于长期和蛮夷交战，保留了州郡兵外，全国其余各州郡悉罢州郡兵。对于此事，《资治通鉴》卷 81 作了如下记载："（武帝）诏曰：昔自汉末，四海分崩，刺史内亲民事，外领兵马。今天下为一，当韬戢干戈，刺史分职，皆如汉氏故事。悉去州郡兵，大郡置武吏百人，小郡五十人。交州牧陶璜上言：'交、广东西数千里，不宾属者六万余户，至于服从官役，才五千余家。二州唇齿，唯兵是镇。又宁州诸夷，接据上流，水陆并通，州兵未宜约损，以示单虚。'仆射山涛亦言不宜去州郡武备。帝不听。"

司马炎罢州郡兵的主要目的就是要强干弱枝，在加强皇权的同时，必须削弱地方州郡刺史、郡守的权力。东汉末年之所以会群

---

① 《后汉书》志第 28《百官五》臣昭曰，中华书局点校本 1965 年版。

雄并起,政权林立,很大一个原因就是由于地方州刺史或镇将权力过大,以淮南二次叛乱为例,据《三国志·魏书·毌丘俭传》记载,扬州刺史毌丘俭起兵时,"遂矫太后诏,罪状大将军司马景王,移诸郡国,举兵反"。毌丘俭晓畅军事,智谋在王凌之上,加之有猛将文钦的襄助,两人所率之军有六七万。可见,州牧刺史及地方镇将掌握着相当数量的军队。又据《三国志·魏书·诸葛诞传》记载,镇守淮南的征东大将军诸葛诞起兵反对司马昭时,"敛淮南及淮北郡县屯田口十余万官兵,扬州新附胜兵者四五万人,聚谷足一年食"。当时曹魏全国的总兵力不到五十万,作为地方将领的诸葛诞居然能动员十多万军队,其数量之多已超过蜀汉全国的兵力。[①] 司马昭为了迅速平定淮南第三叛,不得不集中曹魏立国以来最大的兵力——二十六万大军,来对付诸葛诞。由此可见,晋武帝罢州郡兵意在削弱地方州牧郡守的权力,加强中央集权。

虽然晋武帝"罢州郡兵"在很长一段时间内达成学术界共识,但是自20世纪80年代开始,陆续有学者对这一政策进行了考证,认为晋武帝罢州郡兵存在疑点。首先,"晋武帝悉去州郡兵"出自《晋书·山涛传》:

> 吴平之后,帝诏天下罢军役,示海内大安,州郡悉去兵,大郡置武吏百人,小郡五十人。帝尝讲武于宣武场,(山)涛时有疾,诏乘步辇从。因与卢钦论用兵之本,以为不宜去州郡武备,其论甚精。于时咸以涛不学孙、吴,而暗与之合。帝称之曰:"天下名言也。"而不能用。及永宁之后,屡有变难,寇贼荔起,郡国皆以无备不能制,天下遂以大乱,如涛言焉。

---

① 蜀亡之时,刘禅遣尚书郎李虎送士女簿于邓艾,蜀"领户二十八万,男女口九十四万,带甲将士十万二千,吏四万人。"《三国志》卷33《后主传》注引王隐《蜀记》。

这段记载可以说是疑点颇多，其一，根据《晋书·卢钦传》，卢钦卒于咸宁四年（278），离平吴还有两年，故卢钦绝不可能在平吴之后与山涛讲武论兵；其二，从《晋书》纪传中所载，太康元年到太康四年十二月，晋武帝都不曾前往宣武场讲武，而山涛卒于太康四年（283）春正月，故山涛随晋武帝讲武一事很难成立；其三，根据《晋书·武帝纪》载，晋武帝分别在咸宁元年（275）及三年前往宣武场讲武。《卢钦传》载卢钦在咸宁初年入朝为尚书仆射，《山涛传》载山涛在咸宁年间为太子少傅。也就是说如果要同时满足晋武帝讲武，山涛、卢钦论武这两个条件，则只有可能发生在咸宁元年或三年，但此时离平吴至少还有三年多的时间，那么这就与"吴平之后，帝诏天下罢军役"完全不符，总之这段史料漏洞百出，以此作为武帝罢州郡兵的证据是不可靠的。

另外，《晋书·忠义·刘沈传》载："及张昌作乱，诏（司马）颙遣（刘）沈将州兵万人并征西府五千人，自蓝田关以讨之，颙不奉诏。沈自领州兵至蓝田，颙又逼夺其众。长沙王（司马）乂命沈将武吏四百人还州。"张昌起兵发生在晋惠帝太安二年（303），此时刘沈为雍州刺史，司马颙为征西大将军镇长安，而雍州刺史所领州兵达到万人，州属武吏有四百人以上，这也与"州郡悉去兵，大郡置武吏百人，小郡五十人。"完全不符。

关于这个问题的研究，不少史家都将"州郡悉去兵"作为定论，如王夫之《读通鉴论》卷 11 曰："秦灭六国而销兵，晋平吴而罢州郡兵，未几而大乱以亡。"王仲荦《魏晋南北朝史》云："把州郡兵全部裁撤了，统治阶级就失去了维护自己权力的重要手段。"[①]何兹全《读史集》曰："晋灭吴后，随着罢州郡兵的实施，吴境内各地

---

① 王仲荦:《魏晋南北朝史》，中华书局 2007 年版。

的兵,大约是首先被罢的对象。"①但黄惠贤在1979年《西晋末罢州郡兵释》②一文中直接指出晋武帝在罢州郡兵一事上纯属"以讹传讹"。晋武帝是否罢州郡兵?史家各持一说,这里我们不再作进一步的探讨,只是把疑点提出来,以待高明者日后进一步发覆。

即使再小的郡,也要统辖5至6个县,而"大郡置武吏百人,小郡五十人",以如此少的兵力,似乎连维持地方治安都不够。但西晋地方州郡也不是没有军队:"有司奏,从诸王公更制户邑,皆中尉领兵。"③由中尉领兵的各诸侯军队在一定程度上替代了以前的州郡兵。但地方的主力部队,实际上是各军事重镇的驻屯军,也称为外军。包括关中的长安,河南的许昌,河北的邺城,淮南的寿春等地都是军事重镇,驻守在这些地方的将军都有"都督某州诸军事"的头衔。这项制度渊源于曹魏,最初都督地方的将军必须是曹氏、夏侯氏这样的皇室宗亲,直到魏明帝曹叡时期,才有所松动。司马氏虽然取代了曹氏,但是对于曹魏的都督制却全盘继承下来,都督地方的必须是宗室藩王,最初则是武帝的叔伯辈。但是西晋真正的精锐部队是驻扎在京师的中军,合计十余万人,形成了对地方驻屯军的绝对优势。

太康十年(289),武帝再次大封诸子为王。武帝册封司马乂为长沙王,颖为成都王,晏为吴王,炽为豫章王,演为代王,皇孙遹(太子司马衷之子)为广陵王。皇子的力量再次加强。不仅如此,这些新封皇子和改封皇子的封国,都突破了咸宁三年(277)的宗王封邑规定。"(秦献王柬)太康十年,徙封于秦,邑八万户。于时

① 何兹全:《读史集》,上海人民出版社1982年版。
② 黄惠贤:《西晋末罢州郡兵释》,《武汉大学哲学社会科学论丛》(史学专辑),1979年。
③ 《晋书》卷24《职官志》。

诸王封中土者皆五万户，以東与太子同产，故特加之。"①秦王司马東封邑八万户，其余皇子五万户，而成都王司马颖更是达到了史无前例的十万户。而且这些皇子的封国也不再是一个郡，比如，吴王司马晏统辖丹杨、吴兴、吴三郡，成都王司马颖统辖蜀郡、广汉、犍为、汶山等四郡。太康十年，武帝精心策划的"强干弱枝"政策终于完全付诸实施。

武帝不仅分封诸子为王，同时让皇子都督方镇，改变了西晋开国后以皇叔伯都督地方的惯例。由此可见，尽罢州郡兵后，武帝立刻让皇子接手地方屯驻军。"罢州郡兵"和让皇子都督方镇，是武帝一脉相承的两个既定方针。从此，军队的精锐中军和大部分外军，都掌握在武帝这一系的手中。宗族之内，再也无人可与帝系相抗衡。司马炎分封皇子典兵，常常被批判为因此导致皇族内战，缺乏远见，殊不知他分封诸王并非纯粹是西周或汉初的实封制。诸王并没有真正裂土封疆，仅是类同异姓臣子封列侯。仅是在虚封制的基础上，和曹魏的军区制相结合，以宗王典兵为军区都督。

综观武帝一生，他时刻都在担心帝系会落到旁支手中。所以，他才加强诸皇子的封国，打压宗室旁支。他以为只有实施这样的政策，其大宗的帝位才能巩固。如果说，皇位继承者是英君明主，那么这种"强干弱枝"的政策或许能发挥一定的作用。但是武帝选立嗣子严重失误，智力有问题的惠帝司马衷明显没有驾驭社稷和宗室的能力，所以武帝所封的诸皇子不仅不能起到屏藩帝室的作用，反而成了皇位强有力的竞争者。

武帝死后，惠帝皇后贾南风掌控朝政，她在杀害惠帝太子司马遹后导致中央失控。武帝诸子虽有强大的封国和一定数量的军

---

① 《晋书》卷64《武十三王》。

队,但一来封国离京师太远,远水难救近火;二来封国军队跟中军、外军相比,强弱悬殊,根本无法抗衡。宗室旁支赵王司马伦利用了禁军将领司马雅与许超等人对贾后杀太子的不满,控制了禁军,从而率先发动政变,杀死了贾后。八王之乱由此全面爆发。之后,武帝诸子如长沙王司马乂、成都王司马颖都不依靠自己的封国势力,而一心谋求掌控中央禁军,来争夺皇位。而旁系宗王的实力则更为孱弱,知道封国军队根本不能同中央禁军相抗衡,所以谋求掌控方镇之军,如河间王司马颙,他的封地在河北,但实际上他在八王之乱中所依仗的军队却是驻守长安的关中驻屯军。①

从以上论述可以充分表明晋武帝的分封宗室确实有情非得已的苦衷,正如王夫之所云:

> 夫晋岂果循周制以追三代之久安长治也乎?惩魏之亏替宗室,而使权臣乘之耳。乃魏之削诸侯者,疑同姓也;晋之授兵宗室以制天下者,疑天下也。疑天下而同姓乘之,力防其所疑,而祸发于所不疑,其得祸也异,而受祸于疑则同也。②

还需说明的是晋武帝“强干弱枝”政策之所以失败,显然也不完全是分封制度本身有问题,而是立储严重失误导致中央失控而引起的。中央失控的结果,导致宗室藩王直接绕过了晋武帝精心设计的封国制度,夺取了中军禁军和驻屯军的军权。凭藉中央禁军和方镇之军,八王之间展开了绞肉机般的厮杀。

---

① 《晋书》卷4《惠帝纪》:“以北中郎将、河间王(司马)颙为镇西将军,镇关中;成都王颖为镇北大将军,镇邺。”
② (清)王夫之:《读通鉴论》卷11之9。

# 第三章　吴晋两国的南北对峙

公元 263 年蜀汉灭亡,整个天下形势发生巨变,由三国鼎立变成了魏吴二国的南北对峙。两年之后(265),司马炎凭藉父祖二代人的苦心经营,取代曹魏,建立西晋王朝,天下形势又为之一变,由吴魏对立转为吴晋对峙。至公元 280 年,西晋出动六路大军,一举灭吴,统一天下。从历史的长河来看,这段时间转瞬即逝,但从三国鼎立时间仅 60 年(220—280)来看,并不算短,故有必要列专章揭橥。

## 一、动摇孙吴政权国本的"二宫之争"

孙吴为西晋所灭,虽然是在公元 280 年,吴末帝孙皓统治时期,但其祸根却肇始滥觞于孙权统治的后期。陈寿虽肯定孙权"屈身忍辱,任才尚计,有勾践之奇英,人之杰矣",但也指出他晚年"性多嫌忌,果于杀戮,暨臻末年,弥以滋甚"。[1] 陈寿所评,可谓一语中的。正是由于孙权晚年"谗说殄行,胤嗣废毙",才造成"其后叶陵迟,遂致覆国",[2]终为晋所灭。故我们在叙述西晋灭吴之前,有必要先回顾孙权立嗣引发的"二宫之争"(因孙吴太子居南

---

① 《三国志》卷 47《吴主传》。
② 《三国志》卷 47《吴主传》。

宫,故又称"南鲁党争"),从而导致孙吴衰败的这段历史。

一般来说,统治者立嗣,本是其家事。但在君主专制"家天下"的社会背景下,帝王选立世子常会引发激烈的党争,甚至连历史上一些贤君明主都不例外,如汉武帝、魏武帝、隋文帝、唐太宗、清圣祖等,都曾在立嗣问题上优柔寡断,以致引发严重的朝臣分化和倾轧。孙权也是如此,由于他在立嗣过程中,迟疑不决,嫡庶不分,遂导致了"二宫之争"的局面,朝臣分成太子党和鲁王党两大阵营,纷争不已。

在立嗣问题上,孙权起初还比较清醒。孙权共有七子,长子登,次子虑,三子和,四子霸,五子奋,六子休,七子亮。但孙权长期未立皇后,故诸子并无严格意义上的嫡庶之分,而只有长幼之别。黄初二年(221),孙权为吴王时,即立长子登为太子,并很注意对太子的培养,为他精选师傅和宾友,又令上大将军陆逊辅佐孙登。在陆逊及宾友的辅佐和熏陶下,孙登无论从德行修养、从政能力还是其太子身份来说,都无愧于一个合格的皇位继承人。宋人叶适评论孙登云:"孙登德兼于能,知人则哲,深达治要,临殁一疏(指孙登临终时上书给孙权),不论三代以前,三代以后,世子藩王之贤,少有及者,同时曹子桓(曹丕)、子建(曹植),何足道哉。"[1]检之史实,叶氏此语有据,并非溢美。可惜的是,孙登"立凡二十一年,年三十三卒",[2]未能登上大位。

孙登既死,次子孙虑又早亡,故季子孙和便在赤乌五年(242)获得太子之位。据《三国志·吴书·孙和传》注引《吴书》说,孙和"好文学,善骑射,承师涉学,精识聪敏,尊敬师傅,爱好人物。

---

① (宋)叶适:《习学记言序目》卷28"《三国志·吴主五子·孙登传》"条,中华书局1977年版。

② 《三国志》卷59《孙登传》。

（蔡）颖等每朝见进贺,和常降意,欢以待之。讲校经义,综察是非,及访咨朝臣,考绩行能,以知优劣,各有条贯"。看来,他也是一个很不错的太子人选。但是,仅仅过了八个月,孙权又无端生事,制造了新的继嗣斗争。赤乌五年(242)八月,孙权封四子孙霸为鲁王。作为皇帝封子为王乃是封建王朝的惯例,本不足为奇。但孙权对鲁王的封赐却超出了常规,史书记载孙权对鲁王"宠爱崇特,与和无异"。①"初,权既立和为太子,而封霸为鲁王,初拜犹同宫室,礼秩未分。群公之议,以为太子、国王上下有序,礼秩宜异,于是分宫别僚,而隙端开矣。"②众所周知,太子乃国之储君,日后将位登九五,其尊荣非其他人臣可比,孙霸虽封鲁王,但毕竟是藩臣,与太子之位不能以道里计。但孙权给予鲁王与太子完全一样的礼遇,说明他对太子孙和的不满,传位给谁尚未拿定主意,这就犯了中古时代帝王立嗣的大忌,很快引起具有儒家正统思想大臣们的不满。尚书仆射是仪兼领鲁王傅,甚感孙权这样的做法实在不妥,他上疏劝谏曰:

> 臣窃以鲁王天挺懿德,兼资文武,当今之宜,宜镇四方,为国藩辅。宣扬德美,广耀威灵,乃国家之良规,海内所瞻望。但臣言辞鄙野,不能究尽其意。愚以二宫宜有降杀,正上下之序,明教化之本。③

是仪上了三四次奏疏,但孙权不听。有了孙权的撑腰,鲁王孙霸地位不断上升,其礼仪服饰同太子不相上下,有恃无恐,开始觊觎储君之位,史载:"顷之,和、霸不穆之声闻于权耳。"但孙权装聋作

① 《三国志》卷59《孙霸传》。
② 《三国志》卷59《孙和传》注引《通语》。
③ 《三国志》卷62《是仪传》。

哑,只是将和、霸兄弟"禁断往来,假以精学"。[①] 但此举根本不起作用,兄弟阋于墙的局面开始形成。

在"二宫之争"的过程中,孙权之女全公主也在其中推波助澜,起了极坏的作用。全公主乃孙权之妃步夫人之女。步夫人,临淮淮阴人,与骠骑将军步骘同族,早年"以美丽得幸于孙权,宠冠后庭"。[②] 孙权曾一度欲立步夫人为皇后,然而因朝臣一致反对而未成。后因步氏年老色衰,孙权移情于王夫人。王氏乃琅琊人,"生和,宠次步氏",特别是孙和被立为太子后,"和母贵重,诸姬有宠者,皆出居外"。[③] 显然王氏与步氏争宠后来居上。步夫人生有二女,长女名鲁班,先嫁周瑜子循,后改嫁全琮,故称全公主;次女名鲁育,先嫁刘纂,后改嫁朱据,故称朱公主。孙权对二女十分宠爱,尤其是长女全公主出入宫闱,参与朝政,颇有野心。孙登死后,孙权立三子和为太子。但太子和母王夫人曾与步夫人争宠,引起全公主嫉恨。于是,全公主一方面陷害太子和母子,一方面则劝孙权提高鲁王孙霸的地位,与孙和争夺继承权,在"二宫之争"中,全公主扮演了重要角色。

关于全公主对太子和母子的迫害,《三国志·吴书·孙和传》中有较为翔实的记载:

> 是后王夫人与全公主有隙。权尝寝疾,和祠祭于庙,和妃叔父张休居近庙,邀和过所居。全公主使人觇视,因言太子不在庙中,专就妃家计议;又言王夫人见上寝疾,有喜色。权由是发怒,夫人忧死,而和宠稍损,惧于废黜。鲁王霸觊觎滋甚。

---

① 《三国志》卷59《孙霸传》。
② 《三国志》卷50《吴主权步夫人传》。
③ 《三国志》卷50《吴主权王夫人传》。

在这场宫廷斗争中,全公主的阴谋完全得逞,王夫人不仅失宠,而且"忧死",王夫人死后,太子和"惧于废黜",其太子之位已岌岌可危。在"二宫之争"中,全公主不仅本人全力参与,而且还动用夫族的力量,她唆使其夫全琮及其子全寄全力支持鲁王霸,《三国志·吴书·陆逊传》载:"先是,二宫并阙,中外职司,多遣子弟给侍。全琮报逊,逊以为子弟苟有才,不忧不用,不宜私出以要荣利;若其不佳,终为取祸。且闻二宫势敌,必有彼此,此古人之厚忌也。琮子寄,果阿附鲁王,轻为交构。逊书与琮曰:'卿不师日磾,而宿留阿寄,终为足下门户致祸矣。'琮既不纳,更以致隙。"卫将军全琮与上大将军陆逊本是好友,黄武七年(228)的魏吴石亭之战,两人并肩作战,大败魏大司马曹休。但在"两宫之争"中,他却让儿子全寄党附鲁王霸,陆逊致函劝说,全琮不理不睬,与陆逊反目。全琮立场的转变,显然与其妻全公主的活动有着密切的关系。

不仅如此,全公主还有更深一步的政治安排。她预计鲁王霸与太子和争嗣必然会两败俱伤。孙权在废黜太子和后,也不会轻易任用鲁王,否则东吴政权将难以稳定。基于如此考虑,全公主将其夫全琮的侄孙女嫁给孙权幼子亮,想借此影响孙权,使父皇立孙亮为太子,以便她从中取利。《三国志·吴书·孙亮传》载:"权春秋高,而亮最少,故尤留意。姊全主尝谮太子和子母,心不自安,因倚权意,欲豫自结,数称述全尚女,劝为亮纳。赤乌十三年,和废,权遂立亮为太子,以全氏为妃。"孙亮年幼,被立为太子时年仅八岁,这对颇有野心的全公主来说较之年长的鲁王更便于操纵和掌控。

孙权病重时,忽然省悟到孙亮年幼,难以掌控朝政,于是又想恢复孙和的太子之位。"权寝疾,意颇感悟,欲征和还立之,全主及孙峻、孙弘等固争之,乃止。"①可见。孙权临死前,吴国的皇权已不掌握在孙权手中,而为全公主及其党羽所控制。孙和复辟之事,虽由于全公主等人的极力阻挠而未果,但此事不啻给全公主敲响警钟,即不除去孙和,终究是个祸根。于是她和孙峻决定痛下杀手,"孙亮即位,孙峻辅政。峻素媚事全主,全主与和母有隙,遂劝峻徙和居新都,遣使赐死,嫡妃张氏亦自杀"。② 至此,全公主将太子和的问题彻底解决了。

毫无疑问,从吴国宫廷党争的角度来看,全公主是"二宫之争"中的一位关键性人物,而孙氏宗室的一些野心家如孙峻等人皆聚集在全公主身边,兴风作浪。孙亮即位后,他们一度操纵大权,全公主夫家"全氏侯有五人,并典兵马,其余为侍郎,骑都尉,宿卫左右。自吴兴,外戚贵盛莫及。及魏大将诸葛诞以寿春来附,而全怿、全端、全祎、全仪等并因此际降魏"。③ 孙权嫡庶不分,宫闱错乱酿成的政治危害,实在令人触目惊心。

需要指出的是,朱公主鲁育在"二宫之争"中支持太子孙和,而与全公主对立。《三国志·吴书·孙休朱夫人传》载:"孙和为太子时,全主谮害王夫人,欲废太子,立鲁王,朱主不听,由是有隙。"看来朱公主亦非寻常女流,她积极参与宫廷政治,和其夫朱据的政治立场是完全一致的。朱据是孙吴政权后期的重要将领之一,赤乌九年(246),朱据任骠骑将军,在"二宫之争"中,他坚决"拥护太子,言则恳至,义形于色,守之以死"。④ 孙权立嗣,与朱、全二公主本无关系,但二公主为何会如此热衷于这场政治斗争呢?

---

① 《三国志》卷59《孙和传》注引《吴书》。
② 《三国志》卷50《孙和何姬传》。
③ 《三国志》卷50《孙亮全夫人传》。
④ 《三国志》卷57《朱据传》。

笔者以为,这和孙氏的家风颇有关系。富春孙氏起自下层,出身当属非儒家之寒门,故素来不甚重视贵族女子的闺门之训。孙氏女子干政始于孙策、孙权之母吴太夫人。早在孙策创业时期,因孙策果于杀戮,策母常常加以劝阻。其中最为典型的就是吴太夫人拼死保护孙策功曹魏腾之例:"策功曹魏腾,以迕意见谴,将杀之,士大夫忧恐,计无所出。夫人乃倚大井而谓策曰:'汝新造江南,其事未集,方当优贤礼士,舍过录功。魏功曹在公尽规,汝今日杀之,则明日人皆叛汝。吾不忍见祸之及,当先投此井中耳。'策大惊,遽释腾。夫人智略权谲,类皆如此。"①

建安七年(202),曹操欲使孙权质子,张昭、秦松等诸臣犹豫不能决,而周瑜则坚决反对。孙权"意不欲遣质,乃独将周瑜诣母前定议",最终吴太夫人拍板,说"公瑾议是也",②于是孙权决定不遣质子,可见,吴太夫人在孙吴政治上的重大作用。再如,孙权之妹孙夫人乃妙龄少女,竟然嫁与年届半百的刘备,亦为孙吴政治需要所致。可见,孙氏与儒学世族崇尚礼法、家教严正不同,公族女子不仅尚武,③而且与士大夫一样,积极参与政治,对朝政国事颇为热衷并发挥作用。

全、朱二位公主,虽为一母所生,同胞姐妹,但因各自的政治立场不同,最终也难免反目。朱公主因坚决反对全公主废太子和的图谋,故而遭到全公主的嫉恨。孙亮即位后,全公主竟借权臣孙峻之手,杀害了亲妹朱公主。"五凤中,孙仪谋杀孙峻,事觉被诛。

① 《三国志》卷50《孙破虏吴夫人传》注引《会稽典录》。

② 《三国志》卷54《周瑜传》注引《江表传》。

③ 《三国志》卷37《法正传》:"初,孙权以妹妻先主,妹才捷刚猛,有诸兄之风,侍婢百余人,皆亲执刀侍立,先主每入,衷心常凛凛。"

全主因言朱主与仪同谋,峻枉杀朱主。"①全公主之所以要杀朱公主,不仅是因为在处置太子和的问题上双方意见相左,而且全公主认为,其妹受到父皇的特别宠爱,在诸多事情上可以与自己抗衡,故必欲诛之而后快。②

孙吴五凤三年(256),孙峻病死,其堂弟孙綝执掌军政大权,此时吴主孙亮年已十六岁,开始亲政。孙亮"知朱主为全主所害,问朱主死意"。全公主害怕,说:"我实不知,皆朱据二子熊、损所白。"③全公主害死了自己的胞妹,却嫁祸于朱据的二子。孙亮也是一个不明是非的昏君,遂不分青红皂白地诛杀了朱熊、朱损二人。而因朱损之妻是孙峻之妹,故孙綝与全公主的关系顿时紧张起来。为了保住自己的权势,全公主与吴主孙亮联合起来欲除掉孙綝。《资治通鉴》卷 77 载:"吴主阴与全公主及将军刘丞谋诛綝。"孙綝趁机发动兵变,废吴主孙亮为会稽王,并"迎琅邪王(孙休)于会稽,……徙全尚于零陵,寻追杀之,迁全公主于豫章",全公主及其家族势力遭到沉重打击。不久,全公主之子全怿在奉命援救魏国大将诸葛诞时,临阵叛变,投奔司马昭。《晋书·文帝纪》对此事的记载颇为清楚:"全怿母、孙权女也,得罪于吴,全端兄子祎及仪奉其母来奔。"随着全氏家族的降魏,不可一世的全公主及其势力退出了吴国的政治舞台。

由于全公主染指孙权立嗣及干预朝政,在很大程度上左右了孙吴后期的政局变化,故导致"二宫构争"更为错综复杂,其范围已不局限于宫廷之内,而是波及吴国整个朝廷,几乎所有的吴国朝

① 《三国志》卷 50《孙休朱夫人传》。
② 《三国志》卷 64《孙綝传》:"朱据先帝旧臣,子男熊、损皆承父之基,以忠议自立,昔杀小主(朱公主)。自是大主(全公主)所构。"
③ 《三国志》卷 50《孙休朱夫人传》。

臣都被卷入其中，形成阵线分明的两个政治集团。《三国志·吴书·孙和传》注引殷基《通语》叙述了这一严重情况：

> 初(孙)权既立和为太子，而封霸为鲁王，初拜犹同宫室，礼秩未分。群公之议，以为太子、国王上下有序，礼秩宜异，于是分宫别僚，而隙端开矣。自侍御宾客造为二端，仇党疑贰，滋延大臣。丞相陆逊、大将军诸葛恪、太常顾谭、骠骑将军朱据、会稽太守滕胤、大都督施绩、尚书丁密等奉礼而行，宗事太子，骠骑将军步骘、镇南将军吕岱、大司马全琮、左将军吕据、中书令孙弘等附鲁王，中外官僚将军大臣举国中分。

"二宫之争"导致孙吴"举国中分"，可见事态的严重性。两大政治派别形成后，围绕着孙权的继嗣问题展开了激烈的斗争。《孙和传》载："鲁王霸觊觎滋甚，陆逊、吾粲、顾谭数陈嫡庶之义，理不可夺。"由于孙权十分宠爱鲁王孙霸，鲁王礼秩等待遇与太子几乎没有区别，这就造成了孙霸夺嫡的可能，作为上大将军兼丞相的陆逊对东吴的"国本"大事自然不能无动于衷。"及太子有不安之议"，陆逊上疏说："太子正统，宜有磐石之固，鲁王藩臣，当使宠秩有差，彼此得所，上下获安，谨叩头流血以闻。"书三四上，陆逊还表示要亲自"诣都"(逊时在武昌)，前往建业，面见孙权，当面和孙权"论嫡庶之分，以匡得失"。孙权不仅不听，反而严厉地惩处了陆逊的亲属，"逊外生顾谭、顾承、姚信，并以亲附太子，枉见流徙"。[①]孙权还多次派遣中使去谴责陆逊，陆逊气愤得疾，忧恨而死。三国时，智谋才略堪比蜀相诸葛亮、魏太傅司马懿的东吴名将陆逊因维护太子的正统地位，而遭迫害致死，可见这场政治斗争的残酷。

因陆逊是东吴名将，曾在夷陵之战中大破刘备，在石亭之战中

---

① 《三国志》卷58《陆逊传》。

重挫曹魏大司马曹休,是东吴最具声望的重臣,故孙权对他尚有顾忌,不敢直接杀戮,而仅是"累遣中使责让"。但对于其他党附太子的大臣,孙权就毫不客气了。他采取了极其残酷的诛戮手段。太子太傅吾粲"抗言执正,明嫡庶之分",因此"为(孙)霸、(杨)竺等所谮害,下狱诛"。①

顾雍之孙,太常顾谭上疏说:"臣闻有国有家者,必明嫡庶之端,异尊卑之礼,使高下有差,阶级逾邈,如此则骨肉之恩生,觊觎之望绝。……今臣所陈,非有所偏,诚欲以安太子而便鲁王也。"②鲁王孙霸及全综父子由是嫉恨顾谭,时时在孙权面前进谗言,顾谭遂被流放交州,死于交趾。谭弟承因亲附太子和,同时被流放致死。

吾粲下狱死,顾谭兄弟流徙交州以后,孙权"沉吟者历年",考虑了一段时间,决心"改嗣",遂将太子"幽闭"起来。朝廷上下顿时大乱。《孙和传》载,骠骑将军朱据,尚书仆射屈晃率领诸将吏"泥头自缚,连日诣阙",请求解除对孙和的幽禁。孙权登"白爵观",俯瞰请愿的人,见状"甚恶之",敕责朱据、屈晃等不顾后果,带头闹事。

朱据、屈晃等人的据理力争,不仅没有能够起到任何效果,反而是帮了倒忙,更加强了孙权"改嗣"的决心。由于反对声太高,孙权不敢立鲁王孙霸,而是"废和立亮"。孙亮是孙权的第七子,年龄最小,只有八岁。因此,无难督陈正、五营督陈象上书,引用了"晋献公杀申生,立奚齐,晋国扰乱"的故事。朱据、屈晃也"固谏不止"。③屈晃谏曰:"太子仁明,显闻四海。今三方鼎峙,实不宜

---

① 《三国志》卷57《吾粲传》。

② 《三国志》卷52《顾雍传附顾谭传》。

③ 《三国志》卷59《孙和传》。

动摇太子,以生众心。愿陛下少垂圣虑,老臣虽死,犹生之年。"①
以致叩头流血。孙权更加震怒,遂于赤乌十三年(250)八月作出
决定:族诛陈正、陈象,将朱据、屈晃拉入殿内,各杖打一百。又将
骠骑将军朱据贬为新都郡丞,并随之赐死。屈晃"斥归田里"。接
着又将党附太子的张昭之子张休赐死。少与陆逊齐名,时任太子
辅义都尉的张纯亦被斩首。"群司坐谏诛放者十数,众咸冤之。"②

在大肆惩处杀戮太子党的同时,孙权废太子和为庶人,徙于故
鄣(今浙江安吉)。出乎意料的是,鲁王孙霸也没有好下场。他
"结朋党以害其兄",③又勾结全公主,使用大量的阴谋手段,连孙
和夫妇外出祭庙也派人监视。鲁王的所作所为,也未瞒过孙权。
孙权一旦洞悉内情,对鲁王"心亦恶之",又恐其危害新太子孙亮,
因此在流放孙和的同时,便将孙霸赐死,诛其支党全寄、吴安、孙
奇、杨竺等。至此,两党斗争暂告一段落。

此次围绕太子和与鲁王霸争嗣所展开的斗争,其持续时间之
长,卷入人数之多,相互残害之烈,危害之重,实在是汉魏史上所少
见的。作为三国时期雄略之主的孙权,也隐约感觉到了吴国的统
治危机。他对侍中孙峻说:"子弟不睦,臣下分部,将有袁氏之败,
为天下笑。"④殷鉴三国前期的"袁氏之败",孙权内心惊恐不安,为
了避免"为天下笑",孙权以残酷的杀戮手段平息了"二宫之争",
但其遗患则很难根除。孙权"废立"失度,自酿家祸,削弱国力,为
吴国的政治动乱、日后的衰败伏下了祸根,为魏国入侵提供了契
机。就在孙权立少子孙亮为太子后不久,魏征南将军王昶便向魏

---

① 《三国志》卷59《孙和传》注引《吴历》。
② 《三国志》卷59《孙和传》。
③ 《资治通鉴》卷75魏邵陵厉公"嘉平二年"条。
④ 《三国志》卷59《孙和传》注引殷基《通语》。

主上言:"孙权流放良臣,嫡庶分争,可乘衅击吴。"因此,司马懿即派三路大军袭吴,"遣新城太守州泰袭巫,秭归,荆州刺史王基向夷陵,王昶向荆州"。① 吴军大败,大将施绩夜遁,将军钟离茂、许旻等阵前被斩。太元二年(252),孙权病死,孙亮继帝位,然亮仅十岁,年幼无知,只是权臣孙峻、孙綝操纵的傀儡,以致孙吴政权日益衰败。

纵观孙权一生,与曹、刘匹敌,不分伯仲,诚然是三国时期的一代雄略之主。但孙权晚年自构家祸,在废立太子的问题上异常昏庸。这场长达八年之久的二宫之争,②导致吴国朝政混乱不堪,国力耗损,元气大伤,动摇了孙吴政权的国本,是其日后被西晋所灭的主要原因之一。

## 二、和平统一计划的破产

西晋灭吴,完成统一天下的大业,虽然是在太康元年(280),但溯本求源,此事发轫甚早。司马氏素有扫清六合、混一宇内之志。早在司马懿率军平辽东公孙渊之前,就赋诗曰:"肃清万里,总齐八荒。"③三国后期,吴蜀日益衰落,司马氏平辽东、创立军屯、兴修水利、发展农业,国力日益强盛。至司马昭执政时,曹魏国力已远远超过吴蜀,故司马昭平定淮南诸葛诞叛乱后,就准备发动统一战争。景元三年(262)夏,司马昭在对吴,蜀二国的政治、军事、地形、气候等条件作出全面分析后,作出先平蜀、后灭吴的战略决策。他对幕僚众臣说:"自定寿春已来,息役六年,治兵缮甲,以拟

---

① 《资治通鉴》卷75 魏邵陵厉公"嘉平二年"条。
② 约始于吴赤乌五年(242),结束于赤乌十三年(250)。
③ 《晋书》卷1《宣帝纪》。

二虏。略计取吴,作战船,通水道,当用千余万功,此十万人百数十日事也。又南土下湿,必生疾疫。今宜先取蜀,三年之后,因巴蜀顺流之势,水陆并进,此灭虞定虢,吞韩并魏之势也。"①司马昭所制定的"先取蜀",然后"因巴蜀顺流之势"灭吴的战略步骤是正确的。因为在攻占巴蜀之后,就可以充分利用长江上游的有利地形,顺流而下,灭掉孙吴。

不出司马昭所料,魏军攻蜀势如破竹,很快攻克成都,逼降刘禅。灭蜀之后,天下归一的趋势已经非常明显,邓艾向司马昭建策,主张厚遇刘禅,以待吴人主动归顺。② 然而司马昭平蜀不久,就发生了钟会意图谋反、割据川蜀之事。故司马昭不得不全力应对这一突发事件。虽然钟会的反叛由于司马昭早有防范及其不得人心而失败,但是,动乱所造成的后果却十分严重,"会既死,蜀中军众钞略,死丧狼藉,数日乃安集"。③ 蜀汉大量的平民及官吏为乱兵所害,其中甚至包括后主太子刘璿及关羽全家,足见动荡之甚。司马昭平蜀之后,蜀中仍有人不愿立即归降。如蜀建宁太守霍弋在听闻成都不守的消息后说:"今道路阻塞,未详主之安危,大故去就,不可苟也,若主上与魏和,见遇以礼,则保境而降,不晚也,若万一危辱,吾将以死拒之。"④蜀巴东郡太守罗宪,也是谨守城池,观望时局。在平蜀后的数年里,蜀地动荡不断,民变、兵变的记载不绝于书,这也表明西晋在蜀地的统治并不稳固。如果不能

---

① 《晋书》卷2《文帝纪》。

② 《三国志》卷28《邓艾传》载邓艾向司马昭建议:"今因平蜀之势以乘吴,吴人震恐,席卷之时也。然大举之后,将士疲劳,不可便用,且徐缓之;留陇右兵二万人,蜀兵二万人,煮盐兴冶,为军农要用,并作舟船,豫顺流之事,然后发使告以利害,吴必归化,可不征而定也。"

③ 《三国志》卷33《后主传》。

④ 《三国志》卷41《霍弋传》注引《汉晋春秋》。

缓和蜀地的社会矛盾,不要说灭吴,就连巩固在蜀中的统治都十分困难。①

司马昭发动灭蜀战争,在很大程度上是为了摆脱弑君所带来的道德危机,以获取政治资本,加快魏晋禅代的进程。所以灭蜀战争结束之后,司马昭就迫不及待地筹划亡魏建晋,而灭吴之事就被搁置了。随着形势的变化,司马昭的对吴策略也不得不作出大幅度的调整,他冀图通过外交手段,利用灭蜀之威,迫使吴国称藩归降,以达到不战而屈人之兵的目的。

此时吴国的政治形势也发生了变化。司马昭发兵大举攻蜀时,吴主孙休也深知唇亡齿寒,蜀亡则吴孤,故派遣大将军丁奉等率兵救蜀。孙吴君臣本以为曹魏此次兴师攻蜀不会有所作为。史载:

> 魏伐蜀,吴人问张悌曰:"司马氏得政以来,大难屡作,智力虽丰,而百姓未服也。今又竭其资力,远征巴蜀,兵劳民疲而不知恤,败于不暇,何以能济?昔夫差伐齐,非不克胜,所以危亡,不忧其本也。况彼之争地乎!"悌曰:"不然,⋯⋯司马懿父子,自握其柄,累有大功,除其烦苛而布其平惠,民心归之,亦已久矣。故淮南三叛而腹心不扰。曹髦之死,四方不动,摧坚敌如折枯,荡异同如反掌,任贤使能,各尽其心,非智勇兼人,孰能如之?其威武张矣,本根固矣,群情服矣,奸计立矣。今蜀阉宦专朝,国无政令,而玩戎黩武,民劳卒弊,竞于外利,不修守备。彼强弱不同,智算亦胜,因危而伐,殆其克乎!"②

不出张悌所料,吴兵还未到达时,蜀已灭亡。蜀汉的灭亡标志着维

---

① 参见朱子彦:《司马懿传》附录二,第590—594页。

② 《三国志》卷48《孙皓传》注引《襄阳记》。

持了数十年之久的魏、蜀、吴三国鼎足之势发生了根本性的转变。由原先相对均势的三国鼎立转变为魏(晋)吴两国南北对峙,孙吴将独自面对强敌曹魏(西晋)。且曹魏(西晋)由于获得了巴蜀、南中等地区,不仅能从长江上游的益州顺流而下展开攻势,而且还能通过南中直接威胁到孙吴后方的交州地区,已经形成了对孙吴的三面包围,西晋统一全国的趋势已初见端倪。

不久,吴国的南部重镇交趾郡发生叛乱,交趾郡吏吕兴杀太守,叛吴投魏。孙吴多地又发生规模不小的民众动乱。史载:"(吴永安六年)五月,交趾郡吏吕兴等反,杀太守孙谞。谞先是科郡上手工千余人送建业,而察战至,恐复见取,故兴等因此煽动兵民,招诱诸夷也。吕兴既杀孙谞,使使如魏,请太守及兵。……秋七月,海贼破海盐,杀司盐校尉骆秀。使中书郎刘川发兵庐陵。豫章民张节等为乱,众万余人。"[1]蜀汉初亡时,孙休调集大军攻打蜀汉西部重镇永安,试图趁曹魏在蜀地立足未稳时抢夺巴蜀要地,但遭到守将罗宪的顽强抵抗,吴军猛攻而未能克。司马昭遣荆州刺史胡烈率军进逼吴国军事要地西陵以救援罗宪,吴军只好撤退。孙休本来就体弱多病,遭到一连串的打击之后,终于一病不起,于永安七年(264)薨殂,年仅三十岁。孙休猝死,嗣子年幼,其时蜀汉新亡,交趾又叛吴降魏,所以孙吴举国恐惧不安,大臣欲立年长之君。左典军万彧曾为乌程县令,与乌程侯孙皓[2]关系密切,屡次

---

① 《三国志》卷48《孙休传》。

② 孙皓是孙权废太子孙和之子。赤乌十三年(250),其父孙和在二宫之争中太子之位遭废黜,徙故鄣(治今浙江省安吉县),太元二年(252),又封为南阳王,再迁至长沙。建兴二年(253),宗室孙峻诛孙和妻舅诸葛恪,将孙和押往新都(治今浙江省淳安县),随后赐死,孙和正妃张妃也自杀。何姬说:"若皆从死,谁当养孤?"(《三国志》卷50《孙和何姬传》)于是孙皓和他的三个异母弟一起被何姬抚养。永安元年(258)十月,孙休即位,封孙皓为乌程侯,并聘娶滕牧之女为正妃。

向丞相濮阳兴、左将军张布称述"(孙)晧才识明断,是长沙桓王之俦也,又加之好学,奉遵法度"。濮阳兴、张布请示朱太后,欲以孙皓为嗣。朱氏曰:"我寡妇人,安知社稷之虑,苟吴国无陨,宗庙有赖可矣。"①于是濮阳兴、张布立孙皓为帝,皓时年二十三岁,改孙吴年号为元兴。

司马昭得知孙吴易主,孙休去世,孙皓新立,觉得这是一个使吴国纳土归降,和平统一天下的好机会。遂一面让魏主曹奂下诏于江东,②一面亲笔写信给孙皓,他派遣原来吴国寿春城的降将徐绍、孙彧携带书信,前往吴国,向孙皓陈述利害,剖析天下形势。兹录《晋文王与孙皓书》如次:

圣人称有君臣然后有上下礼义,是故大必字小,小必事大,然后上下安服,群生获所。逮至末涂,纯德既毁,剿民之命,以争强于天下,违礼顺之至理,则仁者弗由也。方今主上圣明,覆帱无外,仆备位宰辅,属当国重。唯华夏乖殊,方隅圮裂,六十余载,金革亟动,无年不战,暴骸丧元,困悴阽定,每用悼心,坐以待旦。将欲止戈兴仁,为百姓请命,故分命偏师,平定蜀汉,役未经年,全军独克。于时猛将谋夫,朝臣庶士,咸以奉天时之宜,就既征之军,藉吞敌之势,宜遂回旗东指,以临吴境。舟师泛江,顺流而下,陆军南辕,取径四郡,兼成都之械,漕巴汉之粟,然后以中军整旅,三方云会,未及浃辰,可使江表底平,南夏顺轨。然国朝深惟伐蜀之举,虽有静难之功,亦悼蜀民独罹其害,战于绵竹者,自元帅以下并受斩戮,伏尸蔽地,血流丹野。一之于前,犹追恨不忍,况重之于后乎?是故旋师

① 《三国志》卷48《孙皓传》。
② 参见《三国志》卷4《陈留王奂纪》咸熙元年冬十月诏曰。

按甲,思与南邦共全百姓之命。夫料力忖势,度资量险,远考古昔废兴之理,近鉴西蜀安危之效,隆德保祚,去危即顺,屈己以宁四海者,仁哲之高致也;履危偷安,陨德覆祚,而不称于后世者,非智者之所居也。今朝廷遣徐绍、孙彧献书喻怀,若书御于前,必少留意,回虑革算,结欢弭兵,共为一家,惠矜吴会,施及中土,岂不泰哉!此昭心之大愿也,敢不承受。若不获命,则普天率土,期于大同,虽重干戈,固不获已也。①

为了加强和平攻势,司马昭又命荀勖、②石苞等大臣分别作劝降书于孙皓。石苞请当时著名的文学家孙楚捉刀代笔,书曰:

盖见机而作,《周易》所贵;小不事大,《春秋》所诛。此乃吉凶之萌兆,荣辱所由生也。是故许、郑以衔璧全国,曹、谭以无礼取灭,载籍既记其成败,古今又著其愚智。不复广引譬类,崇饰浮辞,苟以夸大为名,更丧忠告之实。今粗论事要,以相觉悟。

昔炎精幽昧,历数将终,桓灵失德,灾蚌并兴,豺狼抗爪牙之毒,生灵罹涂炭之难。由是九州绝贯,王纲解纽,四海萧条,非复汉有。太祖承运,神武应期,征讨暴乱,克宁区夏;协建灵符,天命既集,遂廓洪基,奄有魏域。土则神州中岳,器则九鼎犹存。世载淑美,重光相袭,固知四隩之攸同,天下之壮观也。昔公孙氏承藉父兄,世居东裔,拥带燕胡,凭陵险远,讲武游盘,不供职贡,内傲帝命,外通南国,乘桴沧海,交酬货贿。葛越布于朔土,貂马延于吴会。自以控弦十万,奔走之力,信能右折燕齐,左震扶桑,辇轹沙漠,南面称王。宣王薄伐,猛锐长

_____

① 《三国志》卷48《孙皓传》注引《汉晋春秋》载晋文王与皓书。
② 《晋书》卷39《荀勖传》:"时将发使聘吴,并遣当时文士作书与孙皓,帝用勖所作。皓既报命和亲,帝谓勖曰:'君前作书,使吴思顺,胜十万之众也。'"

驱,师次辽阳,而城池不守,枹鼓暂鸣,而元凶折首。于是远近疆场,列郡大荒,收离聚散,大安其居,众庶悦服,殊俗款附。自兹以降,九野清泰,东夷献其乐器,肃慎贡其楛矢,旷世不羁,应化而至,巍巍荡荡,想所具闻也。

吴之先主,起自荆楚,遭时扰攘,潜播江表。刘备震惧,亦逃巴岷。遂因山陵积石之固,三江五湖浩汗无涯,假气游魂,迄兹四纪。两邦合从,东西唱和,互相扇动,距捍中国。自谓三分鼎足之势,可与泰山共相终始也。相国晋王辅相帝室,文武桓桓,志厉秋霜,庙胜之算,应变无穷,独见之鉴,与众绝虑。主上钦明,委以万机,长辔远御,妙略潜授。偏师同心,上下用力,陵威奋伐,深入其阻。并敌一向,夺其胆气,小战江由,则成都自溃;曜兵剑阁,则姜维面缚。开地六千,领郡三十,兵不逾时,梁益肃清,使窃号之雄,稽颡绛阙,球琳重锦,充于府库。夫韩并魏徙,虢灭虞亡,此皆前鉴,后事之表。又南中吕兴,深睹天命,蝉蜕内附,愿为臣妾,外失辅车唇齿之援,内有羽毛零落之渐,而徘徊危国,冀延日月,此犹魏武侯却指河山,自以为强,殊不知物有兴亡,则所美非其地也。

方今百僚济济,俊乂盈朝,武臣猛将,折冲万里,国富兵强,六军精练,思复翰飞,饮马南海。自顷国家整修器械,兴造舟楫,简习水战,楼船万艘,千里相望,刳木已来,舟车之用未有如今之殷盛者也。骁勇百万,畜力待时,役不再举,今日之师也。然主相眷眷未便电发者,犹以为爱人治国,道家所尚,崇城遂卑,文王退舍,故先开大信,喻以存亡,殷勤之旨,往使所究也。若能审势安危,自求多福,蹶然改容,祗承往锡。追慕南越,婴齐入侍,北面称臣,伏听告策,则世祚江表,永为魏藩,丰功显报,隆于今日矣。若犹侮慢,未顺王命,然后谋力云合,指麾从风。雍梁二州,顺流而东;青徐战士,列江而西;荆扬兖豫,争驱八冲;征东甲卒,武步秣陵。尔乃王舆整驾,六戎徐征,羽校烛日,旌旗星流,龙游曜路,歌吹盈耳,士卒奔迈,其会如林,烟尘俱起,震天骇地,渴赏之士,锋镝争先。忽然一旦,身首横分,宗祀沦覆,取戒万世,引领南望,良助寒心!夫疗膏肓之疾者,必进苦口之药,决狐疑之虑者,亦告逆耳之言,如其犹豫,迷而不反,恐俞附见其已死,扁鹊知其无功矣。勉思良图,惟所去就。[1]

劝降书中颇多威胁利诱、软硬兼施之语。总之,就是要孙皓认清形势,及早归顺,否则司马氏就要诉诸武力,一旦大军南下,兵临江左,则孙吴政权必然"宗祀沦覆"。司马昭命符劭、孙郁[2]为使者,前往建业,将劝降书呈于孙皓,但符邵等人至吴都后,因惧怕孙皓震怒,不敢将书信呈递。

孙皓虽然残暴,但他并不昏庸。吴自孙策创业,历孙权、孙亮、孙休、孙皓四位君主,建立政权已近七十年。所以仅靠司马昭等人的几封招降书信,就想让孙吴纳土归降、俯首称臣,是完全不现实的。对于司马昭等人的来信,孙皓也不示弱,他遣使随徐绍、孙彧到洛阳,并亲自修书答复司马昭:"知以高世之才,处宰辅之任,渐导之功,勤亦至矣。孤以不德,阶承统绪,思与贤良共济世道,而以壅隔未有所缘,嘉意允著,深用依依。今遣光禄大夫纪陟、五官中郎将弘璆宣明至怀。"[3]孙皓保持一定的克制态度,答词不卑不亢,这也说明他对曹魏迅速击灭蜀汉感到一定的震撼。尽管答词文辞柔顺,但孙皓态度仍很明确,对司马昭要吴国称藩之事置之不理,

① 《晋书》卷56《孙楚传》。
② 案,《晋书·孙楚传》作符劭、孙郁,《三国志·孙皓传》则云徐绍、孙彧。二书记载人名存差异,可参阅中华书局点校本《晋书·孙楚传》校勘记七。
③ 《三国志》卷48《孙皓传》。

不作任何答复。书中对司马昭的才能略加赞美，又说自己是继承先人的遗业，将与贤能之士共同治理吴国。今特遣光禄大夫纪陟、五官中郎将弘璆前来贵国。因为司马昭是魏国的宰辅，所以孙皓写信时并未以吴国皇帝自居，而是"两头言白，称名言而不著姓"。① 徐绍本是孙吴降将，此次奉司马昭之命，前来劝降，并"称美中国者"。孙皓怀恨于心，在徐绍返回洛阳的途中，"绍行到濡须，召还杀之，徙其家属建安"。② 孙皓杀徐绍，就是明白无误地告诉司马昭，孙吴政权是绝不会屈服于北朝的。

孙皓派遣赴魏的使者光禄大夫纪陟和五官中郎将弘璆也颇有才能，作为外交使者，他们在多种场合，均应对自如，不辱使命，维护了孙吴政权的尊严。史载："陟、璆奉使如魏，入境而问讳，入国而问俗。寿春将王布示之马射，既而问之曰：'吴之君子亦能斯乎？'陟曰：'此军人骑士肄业所及，士大夫君子未有为之者矣。'布大惭。既至，魏帝见之，使傧问曰：'来时吴王何如？'陟对曰：'来时皇帝临轩，百寮陪位，御膳无恙。'晋文王飨之，百寮毕会，……又问：'吴之戍备几何？'对曰：'自西陵以至江都，五千七百里。'又问曰：'道里甚远，难为坚固？'对曰：'疆界虽远，而其险要必争之地，不过数四，犹人虽有八尺之躯靡不受患，其护风寒亦数处耳。'文王善之，厚为之礼。"③孙皓派出的使臣"入境而问讳，入国而问俗"，其意在了解考察敌国状况。此外，使臣与司马昭就军事攻防问题，进行了针锋相对的辩答，可见双方的紧张状态。总之，面对司马昭的强权施压，吴主孙皓并未示弱，而是与其礼尚往来，针锋相对。而且前往北方的东吴使臣是杰出的外交家，其不

① 《三国志》卷48《孙皓传》注引《江表传》。
② 《三国志》卷48《孙皓传》。
③ 《三国志》卷48《孙皓传》注引干宝《晋纪》。

123

亢不卑、对答如流的表现,使足智多谋的司马昭一筹莫展,无计可施。

纪陟、弘璆到达洛阳不久,司马昭就病故了。孙皓遂派遣大鸿胪张俨、五官中郎将丁忠前往洛阳吊祭司马昭。张俨等赴洛也不辱使命,完全以吴魏两国对等的礼节完成了吊祭任务。《吴录》记载:"俨字子节,吴人也,弱冠知名,历显位,以博闻多识,拜大鸿胪。使于晋,(孙)皓谓俨曰:'今南北通好,以君为有出境之才,故相屈行。'对曰:'皇皇者华,蒙其荣耀,无古人延誉之美,磨厉锋锷,思不辱命。'既至,车骑将军贾充、尚书令裴秀、侍中荀勖等欲愒以所不知而不能屈。尚书仆射羊祜、尚书何桢并结缟带之好。"[1]从上引资料可见,司马昭冀图用武力威胁,和平统一天下,不战而使孙吴屈服的方针遭到了彻底失败。司马昭死后,其子司马炎嗣位,为了巩固内部统治,尽快代魏称帝,已经顾不上伐吴。故扫清六合,混一宇内的计划只得往后延迟了。

## 三、孙吴政权正统性观念的构建

王朝的正统性是中国传统政治理论的古老命题,它是一个政权赖以存在和延续的重要保证。在"天命论"根深蒂固的中国古代社会,人们普遍接受"君权神授"的观念。这种观念认为:"王天下"并不是民意的结果,而是天意的安排。因此判断一个王朝是正是僭,不能单看其政治势力的大小或军事武装的强弱,而要看其是否获得了绍续古圣治统的天授资格。在古代文献中,常有"天

---

① 《三国志》卷48《孙皓传》注引《吴录》。

之历数在尔躬"①"受命之君,天意之所予也"②"天命不可违"一类的表述,它们都是对皇权合法性的宣示。而曾对古代政治历史产生过深刻影响的五德终始说与三统说,也是为了迎合统治者的正统、合法需要而炮制出来的理论工具。马克斯·韦伯曾说人类历史上存在过传统型、神授型、法理型三种不同的政治权威,中国古代的一切政治权威都可归类为神授型,这种说法并不是没有道理的。在中国古代,政权转移的方式归根结底只有两种:即"古来只有征诛、禅让二局"。③ 但不管政权以何种形式转移,新崛起的统治者都必须直面这样一个问题——即如何向世人证明"王天下"是出自于"天命"的安排。

三国时期的魏、蜀、吴是三个独立的政权,在建立政权的时刻,各自都面临着政权合法性与正统性的问题。曹丕以上古尧舜禅让为依据,逼迫汉献帝禅位于己,以中古社会最合法的程序顺利完成了汉魏禅代。曹丕称帝后,给刘备提供了口实与样板,刘备立即蹑迹效尤,建帝号于岷峨。刘备自称"汉景帝子中山靖王胜之后",④又曾受汉献帝诛曹密诏,绍汉具有名分优势,故立国颇显"义正"。刘备在蜀称帝,声称自己再次中兴汉朝,而且其即位诏书继续沿用建安纪年。⑤ 其《告天文》中也说自己即位是因为"天

---

① 《论语·尧曰篇》。

② (汉)董仲舒:《春秋繁露·深察名号》,(清)苏舆:《春秋繁露义证》,中华书局1992年版。

③ (清)赵翼:《廿二史札记》卷7"禅代"条。

④ 《三国志》卷32《先主传》。

⑤ 刘备即位诏书曰:"惟建安二十六年四月丙午,皇帝备敢用玄牡,昭告皇天上帝后土神祇。"(《三国志》卷32《先主传》)刘备即位时继续沿用建安纪年,虽然在建安二十五年(220)十一月,曹丕已代汉自立,建元黄初,但刘备不予承认,因为如果承认则会出现近六个月的时间断层,不利于说明其政权承汉之胤。

命不可以不答,祖业不可以久替,四海不可以无主",由于"畏天明命,又惧汉祚将湮于地",才"受皇帝玺绶",并祈求上苍"祚于汉家,永绥四海"。①

在魏蜀吴三国政权中,唯独孙吴建国面临合法性、正统性的巨大缺失,首先孙吴政权很难构建起自身与汉朝的连接。蜀汉和曹魏都将己之政权与汉朝构建了连接。曹魏通过禅让的方式,表示魏承汉统;而蜀汉以血统和政治口号,表示要兴复汉室。从江东孙氏家世来看,《吴书》云孙坚"世仕吴",②这是因韦昭在吴地为吴修史,不得不有的虚美不实之词。《太平御览》卷559引《幽冥录》,皆谓孙坚之祖孙钟与母分居,遭岁荒,种瓜为业。这当是陈寿所云孙氏"孤微发迹"③之所本。可见孙氏出身寒微,家世不详。在汉末普遍重视家世的环境下,孙氏家族在江东无地位可言。而且孙权在汉朝的官职也并不太高,取荆州、擒关羽后,曹操才表其为"骠骑将军,假节领荆州牧、南昌侯",④吴王的封号还是来自曹丕的册封。这就导致孙权在建立政权时,无论从家世与道义上,都无法从继承汉朝统绪上构建自己的正统性。

其次从五德上,孙氏也难以有所作为。曹丕以禅让为名,在天命上承接汉朝,以五德相生说而言,魏以土德取代汉朝火德,走的是继承汉朝之路;刘备以继承汉献帝法统为号召,不仅沿用汉的国号,在五德终始上也继续沿用火德,属于恢复汉朝的模式。孙氏自

---

① 《三国志》卷32《先主传》。
② 《三国志》卷46《孙破虏传》。
③ 《三国志》卷46《孙破虏传》陈寿评曰。
④ 《三国志》卷47《吴主传》。

认为是周的后裔，①若孙权自称接续周德，无论是五德相生或五德相胜说，都不可能以此宣称继承汉朝之德。即便孙权以五德相胜的木德取代曹魏土德，也同样需要承认曹魏曾为正统。换而言之，孙权难以使用五德之说宣示孙吴的正统性。

最后是疆域，中原一直是王朝正统的默认地域，两汉旧都洛阳与长安皆在曹魏手中。孙吴立国江东，秦汉以来江南一直处于帝国政治的边缘，远不能与中原相比，缺乏自身的政治传统。以江东、江南为统治地域，依靠江东大姓，建立与中原对峙的王朝，历史上孙吴首开其端，之前尚无先例可循。因此如何在非传统的统治地域，构建合法合理令人信服的正统性政权，以面对北方的压力并争夺天下，是一个需要孙吴统治者苦苦思索的问题。虽然孙吴政权先天不足，建国途径最为困难，②但孙吴统治者仍然苦心孤诣地解决政权的合法性与正统性，此事诚属不易，值得我们探究。

《三国志·吴书·吴主传》注引《魏略》云："权闻魏文帝受禅而刘备称帝，乃乎问知星者，已分野中星气何如，遂有僭意。"孙权本是极有雄心壮志之人，但更能韬光养晦。群臣曾劝说孙权在江东称帝，但孙权拒之未允。③ 当时曹魏处中原之地，拥兵数十万，三分天下有其二。刘备自称是汉室宗亲，打着复兴汉室的旗号，因

---

① （唐）许嵩：《建康实录》卷1《太祖上》记载："太祖大皇帝姓孙氏，讳权，字仲谋，吴郡富春人也。其先出自周武王母弟卫康叔之后。武公子惠，孙曾耳，为卫上卿，因以孙为氏。春秋时，孙武为吴王阖闾将，因家于吴。帝乃孙武之后也。"上海古籍出版社1987年版。

② 关于孙吴的建国之路可参见田余庆：《孙吴建国的道路》，《秦汉魏晋史探微》，中华书局1993年版。

③ （唐）许嵩：《建康实录》卷1《太祖上》记载："（黄武二年）夏四月，丞相孙劭、大将军陆逊率群臣上表，称天命符瑞，劝王即帝位，王再让未许，谓群臣曰：'汉家埋替，不能存救，亦何竞焉！'"

而曹、刘在政治和道义上都具有优势。孙权自知不及，①不愿过早暴露自己的政治意图。直至公元229年，曹、刘死后，东吴的政局比较稳定，孙权认为条件具备，才称帝登基。据说，孙权当皇帝早就有符瑞，"初，兴平中，吴中童谣曰：黄金车，班兰耳，闿昌门，出天子。"②作为"天命"来临的象征，符瑞在吴地屡屡出现，黄初二年（221）五月，建业言甘露降，黄武元年（222）三月鄱阳言黄龙现，黄武二年五月曲阿言甘露降，黄武四年六月皖口言木连理，黄武五年七月苍梧言凤凰见。黄龙元年（229）"夏四月，夏口、武昌并言黄龙、凤凰见"。③ 于是，公卿百官一再请求孙权正尊号，孙权遂于武昌（今湖北鄂城）登基为帝，建国号为吴。《吴录》载孙权《告天文》曰：

> 皇帝臣权敢用玄牡昭告于皇皇后帝：汉享国二十有四世，历年四百三十有四，行气数终，禄祚运尽，普天弛绝，率土分崩。孽臣曹丕遂夺神器，丕子叡继世作慝，淫名乱制。权生于东南，遭值期运，承乾秉戎，志在平世。奉辞行罚，举足为民。群臣将相，州郡百城，执事之人，咸以为天意已去于汉，汉氏已绝祀于天，皇帝位虚，郊祀无主。休征嘉瑞，前后杂沓，历数在躬，不得不受。权畏天命，不敢不从，谨择元日，登坛燎祭，即皇帝位。惟尔有神飨之，左右有吴，永终天禄。④

从孙权称帝的《告天文》中，我们可找到其构建正统性的策略。文中首先是痛斥曹魏"篡夺神器"，以此否定曹魏政权的合法性。然

---

① （清）王夫之：《读通鉴论》卷10之7条云："蜀汉之义正，魏之势强，吴介其间，皆不敌也。"
② 《三国志》卷47《吴主传》。
③ 《三国志》卷47《吴主传》。
④ 《三国志》卷47《吴主传》注引《吴录》。

后指出"汉氏已绝祀于天,皇帝位虚"。孙氏由于行德政,"休征嘉瑞,前后杂沓,历数在躬,不得不受",这样就为孙吴政权找到了获天命的理由。《告天文》刻意忽略孙吴与汉朝的关系,并无视蜀汉的存在,设立了"汉室已亡、汉德已衰"的大前提,来解决孙吴无法与汉朝连接的问题。文中又强调"权生于东南,遭值期运""历数在躬,不得不受"等,其实是迎合"紫盖黄旗,运在东南"的谶语。所谓的"紫盖黄旗",是云气占术的表现。《宋书·符瑞志》记载,汉世术士言:"黄旗紫盖见于斗、牛之间,江东有天子气。"斗、牛分野主吴越,属扬州。因此斗、牛间出现紫盖黄旗的云气,象征着东南将有天子出。晋元帝兴起前,岁、镇、太白、荧惑四星聚斗、牛之间,识者以为吴越之地当兴王者,将四星交汇视作王者兴的吉兆。其实有关"东南有天子气"之说,早在《史记》中就有记载,秦汉之际,"东南有天子气",秦始皇"于是因东游以厌之,高祖即自疑,亡匿,隐于芒、砀山泽岩石之间",但吕氏却能找到刘邦,是因"季所居上常有云气"。① 范增在鸿门宴上劝说项羽杀刘邦时曾说:"沛公居山东时,贪于财货,好美姬。今入关,财物无所取,妇女无所幸,此其志不在小。吾令人望其气,皆为龙虎,成五彩,此天子气也。急击勿失!"② 除了"紫盖黄旗"外,《周易》中"帝出乎震",也被孙吴频频引用。

三国鼎立时,魏、蜀、吴三个政权都声称自己获得了"天命"。曹魏居中原,三分天下有其二,禅代后一直标榜己为正统,而以吴蜀为僭伪。但其对自己是否是天下正统之所在,以及日后能否统一天下,并无十分把握。孙权曾以郎中令陈化出使曹魏,曹丕设宴

---

① 《史记》卷8《高祖本纪》。
② 《史记》卷7《项羽本纪》。

款待。席间，"魏文帝因酒酣，嘲问曰：'吴、魏峙立，谁将平一海内者乎？'化对曰：'《易》称帝出乎震，加闻先哲知命，旧说紫盖黄旗，运在东南。'帝曰：'昔文王以西伯王天下，岂复在东乎？'化曰：'周之初基，太伯在东，是以文王能兴于西。'帝笑，无以难，心奇其辞。"①《吴书》中记载陈化论证孙吴之天命，用了"帝出乎震"的理论与"紫盖黄旗，运在东南"的谶语。②《周易》中"帝出乎震"，指的是八卦中"震"的方位在东方，而且有紫盖黄旗的云气做证据，说明真龙天子出自东南。其实这一系列的理论链接，都是为了把孙权称帝与孙吴政权的正统性、合法性，与"东南有天子气"的说法绑定在一起，以宣传孙吴是天命正统。③ 这在盛行天人感应与谶语、童谣、民谣、讹言广为流布的时代中，是很起作用的。

孙吴还以年号、祥瑞来构建与增强政权的正统性与合法性，并绕过汉朝比拟西周。毫无疑问，"符瑞之应"对维护与巩固皇权是有一定作用的。孙吴统治期间，仅据《吴志》记载，就先后有过四十余次符瑞记录，这还只是其中一小部分。孙吴政权是通过不断地运用符瑞，来强化自身政权的正统性，从其年号就可以窥见一二。孙吴行用的年号颇不同于曹魏、蜀汉二国。如果从孙权称吴王时的黄武算起，孙吴立国江东凡五十九年，前后四帝共使用十八个年号。其中十一个年号取之于符瑞，即孙权的黄龙、嘉禾、赤乌、神凤，孙亮的五凤，孙皓的甘露、宝鼎、凤凰、天册、天玺、天纪，在数

---

① 《三国志》卷47《吴主传》注引《吴书》。

② 案，"帝出乎震"的"震"指八卦方位中的震位，处于东方，即天子当出现于东方。

③ 吴使臣都尉赵咨出使曹魏回来后，对孙权说："观北方终不能守盟，今日之计，朝廷承汉四百之际，应东南之运，宜改年号。正服色，以应天顺民。"（《三国志》卷47《吴主传》注引《吴书》）可见"东南之运"是孙吴论证其政权合法性、正统性的主要依据。

量和时间上均占近三分之二。与此同时,曹魏和蜀汉的符瑞年号比较少见。曹魏立国共享十个年号,符瑞年号仅二例,即明帝时的青龙和高贵乡公时的甘露。蜀汉用的五个年号中,仅有后主时的景耀与符瑞有关。相比之下,孙吴年号的符瑞色彩尤为突出,以下我们试举数例:

孙吴用黄龙为年号,共计三年(229—231)。龙是帝王和尊贵的象征,《后汉书·襄楷传》记载:"夫龙形状不一,小大无常,故《周易》况之大人,帝王以为符瑞。"①其中黄龙,为"四龙之长",由于其特殊的政治蕴涵,在汉魏时期特别受到重视。孙权称帝时改元"黄龙",不仅因为龙是符瑞之兆,更因为"黄"代表土德,能取代汉之火德。故而黄龙年号颇为孙吴所重视,孙权称帝后曾命人制作黄龙大牙舰,还让胡综作《黄龙大牙赋》以颂之,其文中称:"在昔周室,赤乌衔书,今也大吴,黄龙吐符。合契河洛,动与道俱,天赞人和。"②其中隐隐表现出孙吴有以西周自况的意图。

孙吴黄龙年号行之三年后,改元嘉禾(232—238)。嘉禾符瑞,从表面上看主要强调帝王的"德"。《白虎通义·封禅》说:"德至地则嘉禾生。"但同时嘉禾符瑞的渊源还与西周有关:"嘉禾者,大禾也,成王时有三苗异亩而生,同为一穗大几盈车,长几充箱。民有得而上之者,成王访周公而问之,公曰:'三苗为一穗,天下当和为一乎!'以是果有越裳氏重九译而来矣。"③使用嘉禾年号,表示孙吴继"黄龙"之后,开始宣扬君主的德行德政,

① 《后汉书》卷30下《襄楷传》注二曰:"大人,天子也。乾卦九五曰:'飞龙在天,大人造也。'九五处天子之位,故以飞龙喻焉。《尚书中候》曰:'舜沈璧于清河,黄龙负图出水。'"

② 《三国志》卷62《胡综传》。

③ 《白虎通义》卷5《封禅》,(清)陈立:《白虎通疏证》,中华书局1994年版。

为了进一步论证孙吴政权的合法性，又在代汉之后将孙吴与西周联系起来。

孙吴嘉禾七年，改年号为赤乌（238—251）。《吴主传》曰："（赤乌元年）秋八月，武昌言麒麟见。有司奏言麒麟者太平之应，宜改年号。诏曰：'间者赤乌集于殿前，朕所亲见。若神灵以为嘉祥者，改年宜以赤乌为元。'群臣奏曰：'昔武王伐纣，有赤乌之祥，君臣观之，遂有天下。圣人书策载述最详者，以为近事既嘉，亲见又明也。'于是改年。"①赤乌元年（238）八月的改元议论，有司奏称以麒麟为号，理由是麒麟为"太平之应"。但孙权却主张其所亲见的"赤乌"，因为赤乌具有特殊的符瑞意义。《宋书》卷29《符瑞志下》解释："赤乌，周武王时衔谷至，兵不血刃而殷服。"说明武王伐纣时有赤乌之祥，又是与西周有关的符瑞。与赤乌相比，麒麟的意义就显得较为普通。选择赤乌年号显然更能为孙吴政权提供法统上的号召力。

由于魏、蜀、吴三国都声称自己得天命，是正统所在。故一些地方割据势力，亦无所适从，不知三国之中哪一国是正朔。如刘备新丧，南中大姓雍闿即恣睢于永昌，"李严与闿书六纸，解喻利害，闿但答一纸曰：'盖闻天无二日，土无二王，今天下鼎立，正朔有三，是以远人惶惑，不知所归也。'"②雍闿桀骜狂妄，既不认同蜀汉是正统，亦不承认曹魏是天下的正朔，公然降吴。辽东公孙渊叛魏联吴，在其上孙权的表章中，称自己"犹知符命未有攸归"，言外之意竟然是贬魏尊吴，并祝孙权能够"蚤定洪业，奋六师之势，收河、洛之地，为圣代宗"。③ 三国之中，也互不认同对方是正统，如蜀将

---

① 《三国志》卷47《吴主传》。
② 《三国志》卷43《吕凯传》。
③ 《三国志》卷8《公孙度传附公孙渊传》注引《吴书》。

黄权降魏,魏明帝问权:"天下鼎立,当以何地为正?"权对曰:"当以天文为正。往者荧惑守心而文皇帝崩,吴、蜀二主平安,此其征也。"①

## 四、孙皓与晋武帝争夺天命

公元 263 年,蜀汉灭亡,三国鼎立不复存在,变成了魏吴的南北对峙。魏吴二国究竟哪一方为正朔呢?魏居中原之地,国力强盛,又并吞蜀汉。公元 265 年,司马炎代魏称帝,建立晋朝,更是自诩为天朝正统,而将孙吴视为割据江左一隅之地的僭伪之国。孙皓即位不久,魏蜀皆灭,只剩下吴国与西晋对峙,天下大势发生重大改变。故而孙亮、孙休时期受到冷落的符瑞又被孙皓重新用作二国争天下时的政治工具。面对司马昭展开的大棒加橄榄枝的政治攻势,孙皓不仅未向司马氏屈服,反而在江南频频制造声势,声称:"黄旗紫盖见于东南,终有天下者,荆、扬之君乎。"②意谓孙吴将北伐灭晋,一统天下。孙皓是三国时期著名的暴君,其即位以来,施行暴政,所做之事乏善可陈,但他却做了一件巩固孙吴政权、提升吴国人心士气的要事,就是大力宣传孙吴有"天命",吴国不是偏安江南的小朝廷,而是正统王朝。孙皓在位十六年,一共使用了八个年号,除去即位时短期行用不足一年的元兴与行用三年多的建衡之外,其余六个均为符瑞年号。这种大规模行用符瑞年号的做法,与孙权时期颇为相似。

更令人惊讶的是孙皓通过符瑞来构建天命正统,在孙吴天玺

---

① 《三国志》卷 43《黄权传》注引《蜀记》。
② 《三国志》卷 48《孙皓传》注引《江表传》。

元年(276)国山封禅的仪式中达到顶点,这是中国历史上唯一一次在南方进行的封禅大典。

史载:"吴兴阳羡山有空石,长十余丈,名曰石室,在所表为大瑞,乃遣兼司徒董朝,兼太常周处至阳羡县,封禅国山。"①吴兴阳羡国山,位于今江苏省宜兴市著名旅游景点善卷洞上,此处有一块孙皓天玺年间所立的国山碑。这是孙皓与晋武帝司马炎争夺天命的有力证据。国山本名离墨山,以孙吴时司徒董朝封于此,故又名董山。山在宜兴县张渚镇北十里,碑即立于山顶之上。宋赵彦卫《云麓漫钞》卷7"国山碑"条谓:乡人又俗呼此碑为"囤碑","以其石圆八出形如米廪云"。国山碑为圆鼓形,高2.34米,围宽3.3米。四周刻封禅文,内容为祥瑞颂德之辞,碑文从东面读起,再转向北、西、南各面,计43行,每行25字,共1075字。但经1700多年的风雨侵蚀,国山碑的文字如今仅能看清60余字。碑为篆书,为吴国中书东观令史、立信中郎将苏建所书,碑末还有刻工殷政、何赦姓名。其内容为立碑缘起、瑞应祥兆、歌颂孙吴之德。

国山碑文并不长,由于记载祥瑞之兆,被认为"词多诬诞",②碑文以吴骞校释为佳,③兹节录碑文的部分内容:

> 帝出虙震,周易实著。遂受上天玉玺。文曰吴真皇帝。玉质青黄。魈理洞彻。拜受祗悚。夙夜惟寅。而大德宜报,大命宜钦。乃以柔兆涒滩之岁。钦若上天。月正革元。郊天祭地。纪号天玺。用彰明命。于是丞相沇。太尉璆。大司徒燮。大司空翰。执金吾修。城门校尉歆。屯骑校尉悌。尚书

① 《三国志》卷48《孙皓传》。
② 《两汉金石记》卷18"吴禅国山碑"条翁方纲按语,《石刻史料新编》第1辑第10册,台北新文丰出版公司1977年版。
③ (清)吴骞:《国山碑考》,商务印书馆1936年版。

令忠。尚书昏直晃昌圕史莹核等。亦以为天道玄旷。吕瑞表真。今众瑞毕至。四表纳贡。幽荒百蛮。浮海慕川。九垓八埏,罔不被泽。率按典籤。宜先行禅礼。纪勤天命。遂于吴兴国山之阴,告祭刊石,以对扬乾命。广报坤德。副慰天下喁喁之望焉。①

众所周知,自古举行封禅大典总要找出一大堆的祥瑞,如凤凰出世、麒麟现身之类,而在孙皓封禅留下的国山碑中,吴国却前无古人般地开列了足达千余项的祥瑞清单。宋人赵彦卫记录了众多的祥瑞,兹节录如下:

> 神人指授金册青玉符者四;日月抱戴,老人星见者一十有七;五帝瑞气,黄旗紫盖,覆被宫阙,显著牛斗者一十有九;麟凤龟龙,衔图负书三十有九;青蛇白虎,丹鸾凤鱼鸟,二十有二;白虎、白獐、白麑、白兔三十有七;白雉、白乌、白鹊、白鸠一十有九;赤乌、赤雀二十有四,白雀、白鸢二十有七;神鱼吐书,白鲤腾船者二;灵絮神蚕,弥被原野者三;嘉禾秀颖,甘露凝液六十有五;殊干连理六百八十有三;明月大珠,璧流离三十有六;大贝、余眠、余泉七十有五;大宝、神璧、水青三十有八;玉燕、玉羊、玉鸠者三……天平地成,天子出东门鄂者四;大贤司马微、虞翻推步图纬,甄匮启缄,发事兴运会者二;其余飞行之类,植生之伦,希古所觌,命世殊奇,不比瑞命之篇者,不可称而数也。②

碑文中一共列举出了1274项祥瑞,可谓惊世骇俗。白虎、赤乌、神鱼……孙皓将如此大数量的符瑞写入封禅碑文中,以强化其政权

---

① (宋)赵彦卫:《云麓漫钞》卷7"国山碑"条,中华书局1996年版。
② (宋)赵彦卫:《云麓漫钞》卷7"国山碑"条。

正统性。应该看到,这是孙吴为应对变化的南北局势而采取的一种特殊方式。

据《史记·封禅书》的记载,帝王历来的所"封"之地均在泰山,而所"禅"之地却不拘场所,无固定地点。然而孙皓为何要把"封禅"之所放在吴兴国山举行? 笔者认为,不外乎二条理由:其一,因为泰山在西晋境内,孙皓不可能到敌国境内去举行封禅大典,故必须采取变通的措施。其二,吴兴有"吴国兴盛"之义,①其名十分吉祥。孙休在位时,孙皓被封为乌程侯,乌程即在吴兴境内,吴兴实质上就是一个扩大了的"乌程侯国",所以吴兴乃是孙皓的龙兴之地。国山位于太湖西岸,山中有洞穴,被认为是"龙神"所居之处。晚唐人李蠙云:"洞门对斋堂厨库,似非人境。洞内常有云气升腾,云是龙神所居之处。臣太和中,在此习业,亲见白龙于洞中腾出,以为雷雨。"②所以在吴兴国山上举行封禅完全是在情理之中,并不令人费解。

封禅大典本应由皇帝亲自祭祀,为何孙皓自己没有亲往,只是派了几位大臣代祭。笔者以为这也不难理解,一般而言,举行封禅的君王都必须建立烜赫的文治与武功。自战国以降,只有秦始皇、西汉武帝、东汉光武帝、唐高宗、武则天、唐玄宗等少数几位皇帝才举行过封禅大典。宋真宗封禅泰山之时,因文治武功不足,欲借天意来威慑外敌,故导演了一幕"天书由天而降"的闹剧,结果为后世传为千古笑柄。三国时期,曹魏也有过封禅的动议,太和

---

① 吴宝鼎元年(266)分吴、丹阳两郡置吴兴郡。孙皓下诏:"今吴郡阳羡、永安、余杭、临水及丹阳故鄣、安吉、原乡,於潜诸县,地势水流之便,悉注乌程。既宜立郡以镇山越,且以藩卫明陵,奉承大祭。不亦可乎! 其亟分此九县为吴兴郡,治乌程。"《三国志》卷48《孙皓传》注引皓诏曰。

② 《全唐文》卷788李蠙《请自出俸钱收赎善权寺事奏》,中华书局1983年版。

年间,中护军蒋济上疏建议封禅,魏明帝诏曰:"闻蒋济斯言,使吾汗出流足。自开辟以来,封禅者七十余君耳。故太史公曰,虽有受命之君,而功有不洽,是以中间旷远者千有余年,近者数百载,其仪阙不可得记。吾何德之修,敢庶兹乎!"最终"以天下未一"而不敢举行封禅大典。所谓"天下未一",即指蜀汉与孙吴未灭,太平之世尚未到来。太康元年(280)三月,西晋灭吴,"九月,群臣以天下一统,屡请封禅,帝谦让弗许"。① 连晋武帝统一天下都不敢去封禅,孙皓这个偏霸之主又怎敢冒昧地亲自前去封禅。所以孙皓派大臣前去祭祀天地,也是一种通权达变的方法,其意图是通过封禅之举来强调君权神授,论证孙吴政权获得"天命"的眷顾。

国山碑文中有"吴真皇帝"四字,其中的"真"字颇费猜详,秦汉时期,已有"真"与"假"之区分。当然,此处的"假"是"摄"之意。如楚汉战争时,韩信定齐地时,向刘邦请为"假王"。刘邦虽然恼怒,但为了灭楚的政治需要,仍然说:"大丈夫定诸侯,即为真王耳,何以假为。"②立即封韩信为齐王。王莽篡汉前,不敢一步到位,直接做皇帝。他立孺子婴为太子,自己当"摄皇帝"。不久,"以符命自立为真皇帝"。③ 然而,孙皓本身就是孙吴政权合法的皇帝,并非如王莽那样有一个从摄皇帝到真皇帝的渐进过程。他为何要强调"真皇帝"的身份呢? 史载:"孙皓以建衡元年铸一剑,文曰:'皇帝吴王',小篆书。"④仔细推敲起来,"皇帝吴王"四字似包含二层意思,"皇帝"可以作为天下之主,抑或是占据中原地区

---

① 《晋书》卷3《武帝纪》。
② 《史记》卷92《淮阴侯列传》。
③ 《汉书》卷98《元后传》。
④ (梁)陶弘景:《古今刀剑录》,台湾商务印书馆1986年版,第5页。

的君主。"吴王"则是偏安于江南之地的君王。① 如孙权虽建都于建业,但却对洛阳心向神往,想当中原王朝的君主。嘉禾元年(232)冬,吴国"群臣以权未郊祀,奏议曰:'顷者嘉瑞屡臻,远国慕义,天意人事,前后备集,宜修郊祀,以承天意。'权曰:'郊祀当在土中,今非其所,于何施此。'"②所谓"郊祀当在土中",指的就是郊祀须在河洛。③ 可见,统一天下才是"真皇帝",才能致"太平",这是汉晋之际人们的共识。习凿齿曾言:"自汉末鼎沸五六十年,吴魏犯顺而强,蜀人杖正而弱,三家不能相一,万姓旷而无主。"④以此比照,孙皓铸剑的铭文"皇帝吴王"四字,其意则不言自明,即孙皓想从吴国的偏霸之君上升到主宰"天下"的皇帝。这是"吴真皇帝""皇帝吴王"的内涵,也是孙皓在位时期,"天下平""青盖入洛阳"等符瑞频频出现,最终导致国山禅礼的缘由。

天玺元年(276),吴郡有传言临平湖自汉末草秽堵塞,如今却疏通了。长老云:"此湖塞,天下乱,此湖开,天下平。"又于湖边得"石函,中有小石,青白色,长四寸,宽二寸余,刻上作皇帝字。"⑤于是孙皓改元天玺,大赦。所谓"天下平",当然不是指孙吴建国,而是指孙吴要统一天下。此外,鄱阳郡又发现"历阳山石文理成字,

---

① 有关"吴真皇帝"的问题,参见魏斌:《国山禅礼前夜》,《山中的六朝史》,生活·读书·新知三联书店 2019 年版。

② 《三国志》卷 47《吴主传》注引《江表传》。

③ 据《魏书》卷 19 中《任城王传附子澄传》载:"(高祖)谓澄曰:'河洛王里,因兹大举,光宅中原,任城意以为何如?'澄曰:'伊洛中区,均天下所据,陛下制御华夏,辑平九服。苍生闻此,应当大庆。'其中"伊洛中区"与"土中"之义同。又据《隋书》卷 3《炀帝纪上》载:"洛邑自古之都,……控以三河,固以四塞,水陆通,贡赋等。""贡赋等"系指四方向洛阳所输贡赋的路程距离大致相等。洛阳为"土中"之义更明。

④ 《晋书》卷 82《习凿齿传》。

⑤ 《三国志》卷 48《孙皓传》。

凡二十,云'楚九州渚,吴九州都。扬州土,作天子。四世治,太平始。'"①自孙权称帝,历孙亮、孙休,至孙皓,吴国恰好经历四代君主,吴国虽有荆、扬、交、广四州之地,但其核心区域是长江下游的扬州。楚以九州作渚,吴以九州作都。这些谶言皆已明白无误地告诉民众,吴主孙皓将扫清六合,开创太平之世。《江表传》对此事有更详尽的记载:

> 历阳县有石山临水,高百丈,其三十丈所,有七穿骈罗,穿中色黄赤,不与本体相似,俗相传谓之石印。又云,石印封发,天下当太平。下有祠屋,巫祝言石印神有三郎。时历阳长表上言石印发,皓遣使以太牢祭历山。巫言,石印三郎说"天下方太平"。使者作高梯,上看印文,诈以朱书石作二十字,还以启皓。皓大喜曰:"吴当为九州作都、渚乎!从大皇帝逮孤四世矣,太平之主,非孤复谁?"重遣使,以印绶拜三郎为王,又刻石立铭,褒赞灵德,以答休祥。②

孙皓为维护其统治,时常"刻勒铭题,赞吴功德",③并制造天命永归大吴的舆论,又伪称天降神谶而刻《天玺纪功碑》。碑文云:"深甄历数,永归大吴,上天宣命,昭告太平,文字炳朖,天口在诸石上。"④这些碑文中提到的"太平",有其特殊的含义,乃指皇帝圣明,嘉瑞屡臻。而对于三国政权而言,要致太平之世,就必须统一天下。《晋书·陈训传》记载,孙皓"时钱塘湖开,或言天下当太平,青盖入洛阳"。孙皓居然对此深信不疑。

---

① 《三国志》卷48《孙皓传》。
② 《三国志》卷48《孙皓传》注引《江表传》。
③ 《太平御览》卷46《地部十一·岩山》引山谦之《丹阳记》。
④ 三国时代的出土文字资料班:《魏晋石刻资料选注》,京都大学人文科学研究所2005年版。

孙皓对"东南有王气"是非常自信的,在传言青盖入洛之前,还曾因为荆州有王气,遂从建业迁都于武昌。史载其事云:"冬十月,永安山贼施但等聚众数千人,劫皓庶弟永安侯谦出乌程,取孙和陵上鼓吹曲盖。比至建业,众万余人。丁固、诸葛靓逆之于牛屯,大战,但等败走。获谦,谦自杀。"[1]裴松之引《汉晋春秋》曰:"初望气者云荆州有王气破扬州而建业宫不利,故皓徙武昌,遣使者发民掘荆州界大臣名家冢与山冈连者以厌之。既闻(施)但反,自以为徙土得计也。使数百人鼓噪入建业,杀但妻子,云天子使荆州兵来破扬州贼,以厌前气。"[2]

孙皓大肆宣扬天命在吴,西晋当然也不会熟视无睹,与此同时,西晋也制造天命在晋的符瑞。魏晋之际,有不少司马氏统一天下的谶语与童谣,其中以干宝所撰的《搜神记》最为离奇。兹录之如下:

吴以草创之国,信不坚固,边屯守将,皆质其妻子,名曰保质。童子少年,以类相与嬉游者,日有十数。永安二年三月,有一异儿,长四尺余,年可六七岁,衣青衣,来从群儿戏。诸儿莫之识也,皆问曰:"尔谁家小儿,今日忽来?"答曰:"见尔群戏乐,故来耳。"详而视之,眼有光芒,爚爚外射。诸儿畏之,重问其故,儿乃答曰:"尔恶我乎? 我非人也,乃荧惑星也。将有以告尔:三公锄,司马如。"诸儿大惊。或走告大人,大人驰往观之。儿曰:"舍尔去乎!"竦身而跃,即以化矣。仰面视之,若引一匹练以登天。大人来者,犹及见焉。飘飘渐高,有顷而没。时吴政峻急,莫敢宣也。后五年而蜀亡,六年而晋

---

① 《三国志》卷48《孙皓传》。

② 《三国志》卷48《孙皓传》注引《汉晋春秋》。

兴，至是而吴灭，司马如矣。①

干宝的《搜神记》历来被人视作荒诞怪异之小说，但作为晋朝国史的《晋书》也有相似的记载："孙休永安二年，将守质子群聚嬉戏，有异小儿忽来言曰：'三公锄，司马如。'又曰：'我非人，荧惑星也。'言毕上升，仰视若曳一匹练，有顷没。干宝曰：'后四年而蜀亡，六年而魏废，二十一年而吴平。'于是九服归晋。魏与吴蜀并战国，'三公锄，司马如'之谓也。"②除此之外，司马昭死，司马炎袭晋王位，总摄百揆之后，亦有吉兆出现。咸熙二年（265）八月，"襄武县言有大人见，长三丈余，迹长三尺二寸，白发，著黄单衣、黄巾，柱杖，呼民王始语云：'今当太平。'"③

众所周知，战争是政治的延续，因此争夺天命就必须有军事实力的支撑和保障。由于汉晋之际战争频仍，军事上的胜负直接关系到王朝的盛衰兴亡，对诸政权而言，可谓是非用武治戎不能立国，故吴晋争夺天命不仅体现在封禅大典、符瑞年号及谶纬的制作，而且争天命还常以军事行动配合之。在吴晋战争中，孙吴一方虽然较为弱小，但面对强大的西晋，孙吴并非一直处于守势，而是积极进攻，有时甚至给西晋带来了巨大的压力。

司马炎即位时，孙皓遣使臣张俨、丁忠前往祝贺。此时西晋刚受禅，无暇顾及边境。使节丁忠返吴后，劝说孙皓道："北方守战之具不设，弋阳可袭而取。"孙皓十分高兴，于是询问群臣的意见，镇西大将军陆凯说："夫兵不得已而用之耳，且三国鼎立已来，更相侵伐，无岁宁居。今强敌新并巴蜀，有兼土之实，而遣使求亲，欲

---

① 《三国志》卷48《孙皓传》注引《搜神记》。
② 《晋书》卷28《五行志中》。
③ 《三国志》卷4《陈留王纪》。

息兵役,不可谓其求援于我。今敌形势方强,而欲徼幸求胜,未见其利也。"车骑将军刘纂说:"天生五才,谁能去兵? 谲诈相雄,有自来矣。若其有阙,庸可弃乎? 宜遣间谍,以观其势。"①孙皓虽然赞成刘纂的说法,但他考虑到蜀汉刚亡,有所顾忌,不过,也决定从此与西晋断绝关系,要同司马氏争夺天下。

　　孙皓不仅不向西晋屈服,在皇位巩固之后,他还多次派兵主动向西晋进攻。宝鼎三年(268),孙皓派遣丁奉与诸葛靓攻打合肥,"奉与晋大将石苞书,构而间之,苞以征还"。②"东关之役,全绪与丁奉建议引兵先出,以破魏军。"③可见,东关之役吴军取得了胜利。西晋泰始四年(268),"吴主出东关,冬十月,使其将施绩入江夏,万彧寇襄阳。诏义阳王(司马)望统中军步骑二万屯龙陂,为二方声援。会荆州刺史胡烈拒绩,破之,望引兵还"。④ 泰始七年(271),吴主孙皓又亲率大军进攻寿阳,晋武帝遣司马望屯兵淮北以拒之。

　　交州本是孙吴疆土,蜀亡后,吴交趾郡吏吕兴叛乱,导致交州沦陷,落入西晋之手。公元269年,吴主孙皓调遣十万吴军对西晋控制下的交州发起猛烈进攻。经过数年的浴血奋战,至公元272年,吴军终于夺回被晋军攻陷的交州。"是岁,(虞)氾、(陶)璜破交趾,禽杀晋所置守将,九真、日南皆还属。"⑤西晋最终在交州争夺战中失利。

――――――――――――

①　《三国志》卷48《孙皓传》。
②　《三国志》卷55《丁奉传》。案,晋大司马石苞镇抚淮南,士马强盛。泰始四年(268),当地有童谣说:"宫中大马几作驴,大石压之不得舒。"(《晋书》卷33《石苞传》)吴将丁奉趁机施反间计。武帝颇疑之,遂将石苞召还京师洛阳。
③　《三国志》卷60《全琮传》注引《吴书》。
④　《资治通鉴》卷79晋武帝"泰始四年"条。
⑤　《三国志》卷48《孙皓传》。

泰始八年(272),吴西陵督步阐叛吴降晋,陆逊曾云:"西陵国之西门,虽云易守,亦复易失。若有不守,非但失一郡,则荆州非吴有也。如其有虞,当倾国争之。"①步阐家族经营西陵数十余年,一旦携郡归晋,对孙吴的打击可想而知。吴主命镇军大将军陆抗率军平叛,西晋派名将羊祜率八万大军前来救援。陆抗所率的吴军仅有三万,但陆抗以少胜多,在西陵大败晋军。这些都使得孙皓对孙吴的军事实力和天命之说充满信心。史载:"陆抗之克步阐,皓意张大,乃使尚广筮并天下,遇《同人》之《颐》,对曰:'吉。庚子岁,青盖当入洛阳。'故皓不修其政,而恒有窥上国之志"。②孙皓"有窥上国之志",不仅是基于军事实力的自信,还有天命所归的假象而带来的自我膨胀。③

建衡三年(271),孙皓居然亲自率军北伐,携其母及后宫嫔妃向晋都洛阳进军。史载:"孙皓举大众出华里,皓母及妃妾皆行。"④为何孙皓会如此张狂,不顾晋强吴弱的政局而执意北伐呢?《江表传》记载曰:"初丹阳刁玄使蜀,得司马徽与刘廙论运命历数事。玄诈增其文以诳国人曰:'黄旗紫盖见于东南,终有天下者,荆、扬之君乎!'又得中国降人,言寿春下有童谣曰'吴天子当上'。皓闻之,喜曰:'此天命也。'即载其母妻子及后宫数千人,从牛渚陆道西上,云青盖入洛阳,以顺天命。"结果路遇大雪,道塗陷坏,

---

① 《三国志》卷58《陆逊传》。
② 《三国志》卷48《孙皓传》注引干宝《晋纪》。
③ 《资治通鉴》卷81晋武帝"太康元年条"载,"庚寅,帝临轩大会……引见归命侯(孙)皓及吴降人。皓登殿稽颡。帝谓曰:'朕设此座以待卿久矣。'皓曰:'臣于南方,亦设此座以待陛下。'"可见,孙皓一直认为自己有天命,甚至做着灭亡晋国,俘获晋武帝的美梦。
④ 《三国志》卷48《孙皓传》。

寒冻殆死,士卒怨怒,皆曰:"若遇敌便当倒戈耳。"①孙皓听到后,
这才害怕起来,只得仓皇班师。这段记载依现在的逻辑来看非常
荒诞,当时西晋十分强大,东吴面临亡国的危险,但孙皓仍然要北
伐,宣扬"青盖入洛阳",自己将最终夺取天下。

　　孙皓制造的吴国当有"天命"的舆论以及其主动向西晋发动
军事进攻的举措,使西晋君臣颇感政治上的被动。例如孙皓制造
的吴国当有"天命"的舆论,在中原地区也颇为流行。《晋书·张
华传》载:"初,吴之未灭也。斗牛之间常有紫气,道术者皆以为吴
方强盛,未可图也。"由此可见,西晋内部对于这一谶语也是颇为
认同的。又如西晋博士秦秀曾言:"吴之未亡也,虽以三祖之神
武,犹躬受其屈。以孙皓之虚名,足以惊动诸夏,每一小出,虽圣心
知其垂亡,然中国辄怀惶怖。当尔时,有能借天子百万之众,平而
有之,与国家结兄弟之交,臣恐朝野实皆甘之耳。"②从秦秀之语,
我们可以得知,司马昭时期,司马氏发动和平攻势,冀图凭藉灭蜀
之后的强大国力,迫使孙吴屈服的策略未奏其效。而在武帝时期,
西晋与孙吴争夺天命的政治举措也遭到了失败。

　　孙皓时期大量符瑞的制作、符瑞年号的行用、封禅国山运动
等,都是宣传自己是正统王朝和孙吴要一统天下的意愿。因此孙
吴这个正统性、合法性最差的政权,反倒成为三国中生存最长的国
家,并且以一国之力与北方强大的晋国对峙十多年。虽然晋人也
重视"天命"的政治宣传,但并不能使孙吴屈服。孙吴这一系列构
建正统性与合法性的策略,虽然有神秘主义的色彩,但是在一定程
度上获得了相当的成功。究其原因,首先是因为江南俗尚巫鬼、好

---

① 《三国志》卷48《孙皓传》注引《江表传》。
② 《晋书》卷50《秦秀传》。

淫祀,这就恰好成为孙吴崇尚符瑞的民众基础;其次吴地大族学风保守,符瑞也是一种他们熟悉和乐于接受的方式。正因如此,孙皓偏居江左,在国力远不如西晋的情况下在国山封禅。并通过封禅、制作谶纬等活动与西晋争夺天命。既然在与孙吴的政治较量中,西晋一度处于下风,那么若要灭吴,扫平四海,统一天下,西晋也只剩最后一种途径,即动用武力,采取军事行动了。

## 五、晋吴对交州的争夺

位于岭南地区的交州在汉末三国时期一直是一块远离战火的"净土",但在蜀汉灭亡之后,这里却成为西晋和孙吴反复拉锯争夺的主要战场,战况极为惨烈。交州地区燃起的战争烽火,也拉开了西晋统一全国的序幕。在论述晋吴对交州的争夺之前,我们不妨简单回顾一下秦汉以降的交州历史。

### 1. 交州战略地位的逐渐显现

东汉设立的交州刺史部,下辖南海、苍梧、郁林、交趾、合浦、九真、日南七郡,约为今之广东、广西和越南大部。因交趾郡位于该地区腹地且人口最多,传统上亦多以"交趾"或"交阯"指代该地区。

位于南疆的交州,自古以来便被视为"荒域",中原王朝一直难以涉足其地。这样的局面直到秦统一之后才有所改观。"秦并天下,略定扬粤,置桂林、南海、象郡,以适徙民与粤杂处。"[①]秦灭六国后,派兵占领岭南地区,通过设置郡县和大量移民的方式来控

---

① 《汉书》卷95《西南夷两粤朝鲜传》。

制该地。秦亡以后,赵佗在岭南建立南越国,号称"南越武王"。汉高祖十一年(前196),刘邦派遣大夫陆贾出使南越。在陆贾劝说下,赵佗接受了汉高祖赐与的南越王印绶,成为汉朝的一个藩属国。然而交州远离汉朝统治的中心区域,"山川长远,习俗不齐,言语同异,重译乃通。民如禽兽,长幼无别,椎结徒跣,贯头左衽,长吏之设,虽有若无。自斯以来,颇徙中国罪人杂居其间,稍使学书,粗知言语"。[①] 当时的长江流域尚未完全开发,更遑论岭南地区。此地山河纵横,地理环境和民族状况都颇为复杂,交通亦极不通畅。从军事上来看,交州既非通衢、亦非要冲。农业经济亦不及中原及荆、扬二州。

但至东汉末年,在天下分崩幅裂、战争连年不断,历史环境发生重大变化的情况下,交州的重要性,包括其战略地位就逐渐凸显出来。要分析交州形势的变化,我们首先须解读两汉至三国时期交州的人口。

三国时期的主要时代特征是频繁的战争。战争的胜负,除了依恃"人谋"之外,[②]一个相当重要因素,就是各军阀拥有人力、[③]兵力的多寡。东汉末,冀州户籍有"三十万众,故为大州也"。[④] 那么交州人口有多少呢? 关于三国时期交州地区的人口情况,史籍中并无明确记载,但我们仍然可以根据《汉书·地理志》和《续汉

---

① 《三国志》卷53《薛综传》。

② 诸葛亮于《隆中对》中言道:"操遂能克绍,以弱为强者,非惟天时,抑亦人谋也。"

③ 三国时期的战争,不仅争夺地盘,同时也争夺人口。如公元219年,曹操在与刘备的汉中争夺战中主动撤退,同时将汉中的人民8万多人和武都郡的少数民族5万余户悉数撤出。虽然刘备后来击杀夏侯渊,攻占汉中,但汉中人口已所剩无几。

④ 曹操平定河北,自领冀州牧时,曾得意地对崔琰说:"昨案户籍,可得三十万众,故为大州也。"《三国志》卷12《崔琰传》。

书·郡国志》等相关资料作合理的推测：

| 朝代<br>郡别＼户口 | 西 汉 | | 东 汉 | |
|---|---|---|---|---|
| | 户数 | 口数 | 户数 | 口数 |
| 南海郡 | 19613 | 94253 | 71447 | 250282 |
| 郁林郡 | 12145 | 71162 | 不详 | 不详 |
| 苍梧郡 | 24379 | 146160 | 111395 | 455975 |
| 交趾郡 | 92440 | 746237 | 不详 | 不详 |
| 合浦郡 | 15398 | 78980 | 23121 | 86617 |
| 九真郡 | 35743 | 166013 | 46513 | 209894 |
| 日南郡 | 15460 | 69485 | 18263 | 100676 |
| 合计 | 215448 | 1372290 | 270769 | 1114444 |

由上表可知,除东汉郁林郡、交趾郡户口数不详之外,交州其他诸郡的户、口,东汉较西汉平均增长约 2.4 倍和 2.0 倍,而两汉史籍中亦未见影响郁林、交趾两郡人口增长的天灾、人祸等重大因素,所以东汉郁林、交趾二郡的人口数量分别当在 14 万和 150 万左右。如此数无误,在原有的 111 万 4 千多人口的数字上,加上笔者推算出来的 164 万,则《续汉书·郡国志》中对交州人口的记载应调整为 275 万左右。退一步说,即使东汉郁林、交趾二郡的人口没有增加,仍继续保持在西汉的水平上,交州此时的人口也约有200 万。司马彪《续汉书·郡国志》中所用数据主要采自东汉顺帝年间的资料,时间上已接近三国时期。顺帝时全国户籍人口约 4915 万,交州人口数量约占其 1/20。至东汉末年和三国初期,中原和荆、扬二州战乱频繁,人口锐减。而交州偏处南方,遭罹兵祸较少亦较晚,且有大量北人南来避难,故人口不减反增

（约为冀州户籍的七倍）。

虽然战乱之后该地区人口亦大幅度减少,[1]《晋书·地理志》所载仅有 68720 户,约为东汉末年的 1/6。但其人口剧减的时限与北方,以及荆、扬二州乃至益州等地均不重叠而是错开的。袁徽客居交州时与尚书令荀彧在书信中谈到:"交州士(燮)府君既学问优博,又达于从政,处大乱之中,保全一郡,二十余年疆场无事,民不失业。羁旅之徒,皆蒙其庆,虽窦融保河西,曷以加之?"[2]因荀彧死于建安十七年(212),故"二十余年"应与东汉永汉元年(189)董卓之乱至建安十五、十六年这一时间段大体吻合。其间正是北方与荆、扬二州频罹战祸和人口丧亡的高峰期。

建安十五年(210)至吴永安六年(262),孙吴虽遣步骘、吕岱两次用兵交州,但规模较小且时间短暂,主要剪除的是吴巨、士徽等小股军阀势力,与广大民众牵涉无多。发生在交州地区的大型战争均集中在三国末年,主要是交趾郡吏吕兴、合浦太守部曲督郭马的反叛和孙吴的平叛。吴国在交州各地投入大量兵力且卷入与晋军的对抗之中。战争规模较大、历时较长,人口的剧减也在情理之中了。但是,交州的人力资源在三国绝大部分时期与其他州郡相比是有一定优势的,这对汉魏之际欲争霸天下的割据势力来说有着巨大的诱惑力。

其次,我们再对交州的经济状况作一探讨。交州地处热带与亚热带地区,虽耕作技术难以与中原地区相比,但一年可多季收获的优势足以弥补这一缺陷,其粮食产量亦相当可观。对意欲争霸、

---

① 《晋书》卷 15《地理志下》:"交州统郡七,县五十三,户二万五千六百。……至吴黄武五年,分交州之南海、苍梧、郁林、高梁四郡立为广州,……合统郡十,县六十八,户四万三千一百二十。"

② 《三国志》卷 49《士燮传》。

急需粮草军需的诸割据政权而言,十分垂涎,皆欲将其据为己有,以作为物资储备的战略后方。交州盛产"珠玑、银、铜、果、布等",①兼"远珍、名珠、香药、象牙、犀角、瑇瑁、珊瑚、琉璃、鹦鹉、翡翠、孔雀"②等奇珍宝玩,其中银、铜是重要的战略资源,奇珍宝玩亦可投入商品流通渠道,换取有益于军国大计的物资。例如,吴嘉禾四年(235),"魏使以马求易珠玑、翡翠、瑇瑁,(孙)权曰:'此皆孤所不用,而可得马。何苦而不听其交易?'"③需要特别强调的是,交州还是汉代著名的产盐区之一。西汉在南海郡番禺县、苍梧郡高要县设有盐官,④东汉虽未见相关记载,情况也应类似。在此边陲地区设置盐官,其目的除维持和监督当地盐业生产外,更重要的是组织所产盐的北运,以保证部分内地用盐的供应。盐除了是生活的必需品外,亦是增加财政收入的重要来源。

从军事地理角度考察,交州虽非兵家必争之地,但其战略意义亦不可等闲视之。交州东北、正北、西北分别与扬州、荆州、益州相邻。三州的割据政权,均可以交州作为战略后方,既可作人力、兵力调发和物资补给之源,又可扩大战略纵深。汉末以降,随着各割据政权疆域的盈缩和战事的推移,不同的政权据有交州有着不同的战略意义,也形成了不同的攻守形势。如西晋在灭蜀后夺得交州,即可对孙吴政权构成来自北、西、南三个方向的包围和进攻。

## 2. 交州纳入吴国版图

汉末,曹操、刘备对交州不断觊觎,但均未成功,最终,孙权将

---

① 《汉书》卷28下《地理志下》。
② 《三国志》卷53《薛综传》。
③ 《三国志》卷47《吴主传》。
④ 参见《汉书》卷28下《地理志下》。

交州纳入吴国的版图。建安初期,曹操的主要任务是统一北中国,但南下亦在绸缪之中。由于荆、扬二州割据势力较为强大,曹操以汉朝的名义越过二州直接对交州行使统治权已不可能,但曹操仍企图利用汉朝对该地区拥有官吏任免权的传统从行政上予以控制。建安八年(203)朱符死后,曹操立即派遣张津继任交州刺史。但交州对曹操来说毕竟鞭长莫及、难以驾驭。加之"南阳张津与荆州牧刘表有隙,兵弱敌强,岁岁兴军,诸将厌患,去留自在。津小检摄,威武不足,为所陵侮"。① 至建安十一年(206),张津竟为其部将区景所杀,曹操进一步控制交州的企图落了空。但曹操心犹不甘,张津死后,曹操决定利用交州士氏家族的地方势力,以制约刘表对交州的觊觎。②

交州最重要的地方政治势力是以士燮为代表的士氏家族。《三国志·吴书·士燮传》载:"士燮字威彦,苍梧广信人也。其先本鲁国汶阳人,至王莽之乱,避地交州。六世至燮父赐,桓帝时为日南太守。燮少游学京师,事颍川刘子奇,治左氏春秋。察孝廉,补尚书郎,公事免官。父赐丧阕后,举茂才,除巫令,迁交阯太守。"早在朱符死后士燮即"表(士)壹领合浦太守,次弟徐闻令䵭领九真太守,䵭弟武,领南海太守"。士氏家族遂成为交州南部的实际统治者,士氏势力在交州曾盛极一时。史载:"(士)燮兄弟并为列郡,雄长一州,偏在万里,威尊无上。出入鸣钟磬,备具威仪,笳箫鼓吹,车骑满道,胡人夹毂焚烧香者常有数十。妻妾乘辎軿,

---

① 《三国志》卷53《薛综传》。
② "朱符死后,汉遣张津为交州刺史,津后又为其将区景所杀,而荆州牧刘表遣零陵赖恭代津。是时,苍梧太守史璜死,表又遣吴巨代之,与恭俱至。"(《三国志》卷49《士燮传》)刘表在交州发生变故,政治出现真空的局面下,迅速作出决定,以心腹赖恭为交州刺史,吴巨为苍梧太守,控制了交州北部。

子弟从兵骑,当时贵重,震服百蛮,尉他不足踰也。"①

士氏居交州七世,握有四郡,震服百蛮,民心基础和军事实力均相当可观。所以曹操以士燮为绥南中郎将、安远将军、封龙度亭侯。建安十五年(210),曹操以汉献帝名义,给士氏以特殊的礼遇,"诏以边州使持节,郡给鼓吹,以重城镇,加以九锡六佾之舞"。②曹操不惜以"九锡六佾之舞"加封士燮,其用意不难推测,即决不放任刘表集团在交州的扩张,他利用自己"挟天子以令诸侯"的政治优势,笼络士燮、扶持交州割据势力来对抗刘表。并为其南下平定荆、交做远景投资。

赤壁之战前,刘备身无立锥之地,但其寄寓荆州时,却同刘表部将吴巨建立了良好的关系。刘备当阳兵败之后,穷途末路,行将再次逃窜。故鲁肃至当阳,询问刘备,曹操大军将至,"'豫州今欲何至?'备曰:'与苍梧太守吴巨有旧,欲往投之。'"鲁肃劝阻曰:"今为君计,莫若遣腹心使自结于东,崇连和之好,共济世业,而云欲投吴巨,巨是凡人,偏在远郡,行将为人所并,岂足托乎?"③刘备认为鲁肃言之有理,遂与孙权联盟,放弃了南投吴巨的计划。其实,按照刘备的"枭雄"性格,哪里会甘愿臣服于才具平庸的"凡人"吴巨,④无非是在曹操数十万大军压境,自己无力抵抗的情况下,暂时到吴巨那里找一个栖身之处罢了。一旦时机成熟,刘备恐怕就会故技重演,反噬吴巨,并伺机夺取苍梧郡和整个交州。当

---

① 《三国志》卷49《士燮传》。

② 《晋书》卷15《地理志下》。

③ 《三国志》卷32《先主传》注引《江表传》。

④ 《三国志》卷54《周瑜传》曰:"刘备以枭雄之姿,而有关羽、张飞熊虎之将,必非久屈为人用者。"对"枭雄"一词,《文选》卷44陈琳《为袁绍檄豫州》张注说:"枭,恶鸟也;雄,强也。"中华书局2012年版。刘备一生,惯于反噬,如其对待曹操、刘表、刘璋皆是如此。

然,这仅是"枭雄"刘备的一厢情愿,在当地毫无人脉和基业的刘备是很难染指交州的。

赤壁之战之后,形势发生了重大变化。刘备先是夺取了荆州的江南四郡,不久,又从孙权那里借得南郡。那么为何刘备在攻占荆州之后未立即进攻交州呢?这是因为刘备当时新有立身之地,将寡兵微,尚未完全摆脱寄孙氏篱下的境地。若贸然南进,非但没有取胜的把握,反而有被孙权从后方偷袭的危险。然而,刘备毕竟对未能占据交州而心有不甘。蜀汉政权建立后,刘备以邓方为庲降都督,推测其用意当为既镇抚当地少数民族又兼有觊觎交州领土之图。邓方死后,刘备"遂以(李)恢为庲降都督,使持节领交州刺史",①其觊觎交州的意图不言自明。

就地缘政治而言,对交州志在必得,且天时、地利、人和等各方面条件具备,夺取交州最为便利的是江东的孙氏政权。赤壁之战前,孙权正集中精力稳定江东政权,即便图谋扩张,目标也锁在荆州,主要对手为刘表,故尚无暇顾及偏在南越的交州。建安十五年(210),孙权乘赤壁之战曹操战败北归,刘备集中全力西取益州的绝佳时机,遣步骘挥师南征。吴军压境,交州各郡守无不俯首归顺。唯有"刘表所置苍梧太守吴巨阴怀异心,外附内违,(步)骘降意怀诱,请与相见,因斩徇之"。② 步骘迅速诛杀吴巨有双重意义:其一,因吴巨与刘备有旧、关系甚洽,刘备未与孙权结盟前曾表示欲南投吴巨,刘备攻占与苍梧毗邻的桂阳郡后亦不可能不与之互通声气。对此,吴国不可能没有顾虑,剪除吴巨即斩断了刘备伸向交州的触角。其二,交州各郡守的归降是迫于吴军兵威,尚属权宜

---

① 《三国志》卷43《李恢传》。
② 《三国志》卷52《步骘传》。

之计,步骘杀剽悍武夫吴巨正是要杀一做百,表明吴国对控制交州具有足够的力量与坚定的决心。事实表明,步骘此举收效极为显著,士燮眼见曹操的遥控力再强也不能解燃眉之急,遂见风使舵、弃曹投吴。"士燮兄弟,相率供命,南土(交州)之宾,自此始也。"①

实际上,步骘此次南征兵力有限,"仅领武射吏千人",故不得不对士氏采取怀柔安抚策略。孙权和步骘并非不想铲除士氏土著势力,但是江东地区北有曹操、西有刘备,形势并不乐观,故不便调出大量军队进驻交州,而只能对交州实行羁縻统治。但这种统治状态亦并非一成不变。建安十九年(214),孙吴取得刘备荆州三郡,在实力增强的同时,孙权迅速调整策略,对交州改羁縻为直接控制。此时,"燮遣子廞入质,权以为武昌太守"。士燮非但每岁向孙权呈上珠宝珍玩骏马等大批贡品,还针对孙权垂涎益州的心理,"诱导益州豪姓雍闿等,率郡人民使遥东附。权益嘉之,迁卫将军,封龙编侯"。② 可见,士燮已基本上归顺孙吴,成为孙权的外臣。当然,这离交州正式入吴尚有一步之遥。

魏黄初二年(221),曹丕封孙权"以大将军使持节督交州,领荆州牧事",并加以"九锡"。其中"朱户"一"锡"专为表彰孙权"宣导休风,怀柔百越(即交州)"之功。夷陵之战时,曹丕频频催促孙权送子为质,孙权拒绝,曹丕恼羞成怒,调动三路大军伐吴,"(孙)权卑辞上书,求自改厉"。声称:"若罪在难除,必不见置,当奉还土地民人,乞寄命交州,以终余年。"③蜀汉建兴七年(229),蜀、吴再度结盟,为缓和关系,诸葛亮"以交州属吴,解(李)恢(交

---

① 《三国志》卷52《步骘传》。
② 《三国志》卷49《士燮传》。
③ 《三国志》卷47《吴主传》。

州)刺史"。① 以上虽为外交手段,但也说明魏、蜀在一定程度上都承认了吴对交州的所有权。由于这一时期的战争主要发生在魏蜀之间,故吴可以抽调足够的兵力经营交州。黄武五年(226),孙吴趁士燮去世之机,对交州实施了新的战略调整:"权以燮子徽为安远将军,领九真太守,以校尉陈时代燮(交趾太守职)。(吕)岱表分海南三郡为交州,以将军戴良为刺史,海东四郡为广州,岱自为刺史。"②这样一来,士氏不但不能升任交州刺史,且被免去交趾太守之职,调任九真郡守。九真位于交州的南端,地偏而众寡。孙权之意图十分明显,就是要肃清士氏在交州地区的传统影响,使其由羁縻州变为直辖州。

对于孙权的调任,士徽不服,"自署交趾太守,发宗兵击(戴)良"。③ 交州战事遂开。孙权和吕岱为确保战争的胜利而作了周密的安排。首先,分交州为交、广二州,以南海、苍梧、郁林、合浦为广州,以交趾、九真、日南为交州,均遣吴人为刺史,以达到吴国朝廷直接统治交州的目的。如此一来,广州地近吴国本土,熟化程度较深,可以作为进攻士氏长期盘踞的交州的根据地。但这不过是战争时期的权宜之计,战事甫一结束,孙权即"除广州,复为交州如故"。④其次,孙吴打的是喧宾夺主的战争,必须出其不意,攻其不备。关于吕岱平士徽之役,《三国志·吴书·吕岱传》作如下记载:

> 岱于是上疏请讨徽罪,督兵三千人晨夜浮海。或谓岱曰:
> "徽藉累世之恩,为一州所附,未易轻也。"岱曰:"今徽虽怀逆
> 计,未虞吾之卒至,若我潜军轻举,掩其无备,破之必也。稽留

① 《三国志》卷43《李恢传》。
② 《三国志》卷60《吕岱传》。
③ 《三国志》卷49《士燮传》。
④ 《三国志》卷60《吕岱传》。

州)刺史"。① 以上虽为外交手段,但也说明魏、蜀在一定程度上都承认了吴对交州的所有权。由于这一时期的战争主要发生在魏蜀之间,故吴可以抽调足够的兵力经营交州。黄武五年(226),孙吴趁士燮去世之机,对交州实施了新的战略调整:"权以燮子徽为安远将军,领九真太守,以校尉陈时代燮(交趾太守职)。(吕)岱表分海南三郡为交州,以将军戴良为刺史,海东四郡为广州,岱自为刺史。"②这样一来,士氏不但不能升任交州刺史,且被免去交趾太守之职,调任九真郡守。九真位于交州的南端,地偏而众寡。孙权之意图十分明显,就是要肃清士氏在交州地区的传统影响,使其由羁縻州变为直辖州。

对于孙权的调任,士徽不服,"自署交趾太守,发宗兵击(戴)良"。③ 交州战事遂开。孙权和吕岱为确保战争的胜利而作了周密的安排。首先,分交州为交、广二州,以南海、苍梧、郁林、合浦为广州,以交趾、九真、日南为交州,均遣吴人为刺史,以达到吴国朝廷直接统治交州的目的。如此一来,广州地近吴国本土,熟化程度较深,可以作为进攻士氏长期盘踞的交州的根据地。但这不过是战争时期的权宜之计,战事甫一结束,孙权即"除广州,复为交州如故"。④其次,孙吴打的是喧宾夺主的战争,必须出其不意,攻其不备。关于吕岱平士徽之役,《三国志·吴书·吕岱传》作如下记载:

> 岱于是上疏请讨徽罪,督兵三千人晨夜浮海。或谓岱曰:
> "徽藉累世之恩,为一州所附,未易轻也。"岱曰:"今徽虽怀逆
> 计,未虞吾之卒至,若我潜军轻举,掩其无备,破之必也。稽留

---

① 《三国志》卷43《李恢传》。
② 《三国志》卷60《吕岱传》。
③ 《三国志》卷49《士燮传》。
④ 《三国志》卷60《吕岱传》。

154

> 不速,使得生心,婴城固守,七郡百蛮,云合响应,虽有智者,谁
> 能图之?"遂行,过合浦,与良俱进。徽闻岱至,果大震怖,不
> 知所出,即率兄弟六人肉袒迎岱。岱皆斩送其首。

吕岱违背承诺,杀已降的士徽兄弟六人。① 裴松之引用孙盛的言
论表达了自己的异议:"夫柔远能迩,莫善于信,……吕岱师友士
匡,使通信誓,徽兄弟肉袒,推心委命,岱因灭之,以要功利,君子是
以知孙权之不能远略,而吕氏之祚不延者也。"②笔者以为,孙、裴
以仁义责求政治和军事,加之不了解孙吴的战略意图,所言失之偏
颇矣。为了扩大战略后方,孙权亟须将交州由羁縻变为直辖,原先
对交州"柔远能迩"的策略此时显然已不合时宜。基于长远的战
略考虑,自然要剪除"藉累世之恩,为一州所附"的士氏,否则将难
以巩固孙吴在交州的统治。孙权对其他士姓人物的处理也证明了
这一点:"壹、䚷、匡后出,权原其罪,及爕质子廞,皆免为庶人。数
岁,壹、䚷坐法诛。"③吕岱措置得当,大获全胜,"权嘉其功,进拜镇
南将军"。④ 通过这次平叛行动,孙吴彻底摧毁士氏势力在交州的
统治,建立起对交州的直接管理,交州自此正式纳入孙吴版图。

吴国直辖交州之后,孙吴的西部疆域大为拓展,不仅消除了蜀
汉由南中偷袭的顾虑,而且可以对益州进行直接威胁。毋庸置疑,
直辖交州不仅使吴国版图空前扩大,也将其国力推向了顶点。

### 3.晋吴在南疆的较量

曹魏自明帝死后,司马氏专权,内有高平陵之变、废帝弑主,外

---

① 《三国志》卷49《士爕传》载:"(吕岱)先移书交阯,告喻祸福,又遣(士)匡见
(士)徽,说令服罪,虽失郡守,保无他忧。"士徽兄弟肉袒奉迎,吕岱尽杀之。
② 《三国志》卷49《士爕传》注引孙盛曰。
③ 《三国志》卷49《士爕传》。
④ 《三国志》卷60《吕岱传》。

有淮南三叛,政局动荡,加之蜀汉力量的牵制,只能默认孙吴对交州的占领,但这并不代表其放弃了对交州的争夺。实际上,司马氏对交州凤怀觊觎之心。魏甘露二年(257),吴将孙壹降,魏对他的封赏超乎寻常。诏书声称他"虽微子去殷,乐毅遁燕,无以加之。其以壹为侍中车骑将军、假节、交州牧、吴侯,开府辟召仪同三司,依古侯伯八命之礼,衮冕赤舄,事从丰厚"。① 裴松之认为孙壹"畏逼归命,事无可嘉。……至乃光锡八命、礼同台鼎,不亦过乎"!②笔者以为裴氏知其义而不知其宜。这种封赏乃是司马氏为平吴而采取的策略。其用意有二:一、假孙壹高位以继续招降纳叛。二、以孙壹为交州牧,表明魏对交州的觊觎。尤其是赐孙壹以"八命之礼"(即九锡中的八锡),③非常人所能得。此与曹操加士燮"九锡六佾"④殊途同归,均表达了他们对交州的看重。晋泰始六年(270),吴夏口督、前将军孙秀率众前来归顺,"世祖(晋武帝)喜之,以(孙秀)为骠骑将军、交州牧"。⑤ 此时,灭吴已经成为统一天下的关键之战,如能占领交州就可从北、西、南三面对东吴施加军事压力,让孙秀遥领交州牧恰恰表达了司马炎的这一目的。

魏灭蜀后,司马昭即把夺取交州提上了议事日程。而吴国交阯郡吏吕兴的反叛为司马氏乘机攻取交州提供了契机。史载:"(永安六年)五月,交阯郡吏吕兴等反,杀太守孙谞。"⑥交州对于

① 《三国志》卷4《高贵乡公纪》。

② 《三国志》卷4《高贵乡公纪》裴松之曰。

③ 参见朱子彦:《九锡制度与易代鼎革》,《文史哲》2005年第6期。

④ "六佾",是西周礼乐制度中的内容。"佾"是"列"之意,天子享用"八佾",即为大子表演舞蹈时,舞队共有八列,每列八人,"八佾"即六十四人。"六佾"是诸侯享受的级别,即三十六人的舞队,仅次于天子。

⑤ 《世说新语·惑溺》"孙秀降晋"条注引《太原郭氏录》,余嘉锡:《世说新语笺疏》,中华书局2016年版。

⑥ 《三国志》卷48《孙休传》。

孙吴政权的意义有二:第一是经济上的意义,即交州丰富且独特的物产资源既可以满足孙吴统治者的需要,交州繁荣的贸易又可使孙吴从中获取丰厚的利润;第二是人口上的意义,即交州因汉末战乱而积累起来的人口资源可以为长期以来饱受人口匮乏、兵力不足所困扰的孙吴所利用。① 然而,或许正是因为对交州资源的过于依赖,孙吴的交州政策显得相当苛暴。交州地方官员为政贪婪,滥用民力。吴国的有识之士对此已有洞察。如曾任合浦、交趾太守的薛综曾痛斥当地官员违法乱纪,侵虐百姓的种种弊政。他指出:"国之安危,在于所任,不可不察也。窃惧朝廷忽轻其选,故敢竭愚情,以广圣思。"②

　　孙吴对交州的物产、人口的过度索取,即是引发吴永安六年(263)夏吕兴叛乱事件的最直接原因。史载:"孙皓时,交趾太守孙谞贪暴,为百姓所患。会察战邓荀至,擅调孔雀三千头,遣送秣陵,既苦远役,咸思为乱。郡吏吕兴杀谞及荀,以郡内附。"③三千头孔雀不是一时半会能捕捉到的,交趾、秣陵之间千里迢迢、山高水远,限定的时间又十分苛刻。故当地百姓"既苦远役,咸思为乱"。魏咸熙元年(264)八月魏主曹奂诏中也说:"吴贼政刑暴虐,赋敛无极。孙休遣使邓句,勒交趾太守锁送其民,发以为兵,吴将吕兴因民心愤怒,又承王师平定巴蜀,即纠合豪杰,诛除句等,驱逐

---

① 江南地区人口稀少,故孙吴政权不断遣将征讨山越,检括人口。仅据《三国志》卷64《诸葛恪传》所载,即可窥其一斑:"(诸葛)恪以丹阳山险,民多果劲,虽前发兵,徒得外县平民而已,其余深远,莫能禽尽,屡自求乞为官出之,三年可得甲士四万。……民闻(胡)伅坐执人被戮,知官惟欲出之而已,于是(山越)老幼相携而出,岁期,人数皆如本规。恪自领万人,余分给诸将。"毫无疑问,交州的人口资源当超过山越。

② 《三国志》卷53《薛综传》。

③ 《晋书》卷57《陶璜传》。

太守长吏,抚和吏民,以待国命。"①从上述记载中,我们可以看出孙吴的治交政策相当苛重,当地民众对于孙吴的横征暴敛,繁重的赋役不堪忍受,故交趾郡吏吕兴才能够成功地"扇动兵民,招诱诸夷"。除了孙吴为政贪暴,滥用民力导致交州动乱的原因外,曹魏灭蜀,获得巴蜀、南中之地也是这场叛乱扩大为晋吴两国间以交州为中心的局部战争的重要原因。曹魏取得巴蜀、南中之地,使其与东吴的交州接壤,这就为司马氏直接插手交州事务提供了便利。

随着吴永安元年(263)夏五月交趾郡吏吕兴的叛乱,持续八年之久的晋、吴交州争夺战正式拉开帷幕。吕兴杀交趾太守孙谞,于交趾郡起事后,九真、日南两郡也分别发动叛乱进行响应,吕兴又率军进逼合浦郡。蜀亡之后,吕兴派遣都尉唐谱前往南中的进乘县(今云南省屏边苗族自治县),向南中都督霍弋请求归附曹魏,期望魏能出兵援助,并封赏吕兴等人。霍弋原为蜀安南将军,蜀亡后归降曹魏,继续统领南中地区。看到交州发生叛乱,霍弋即向洛阳上表奏明吕兴叛吴之事,并转达交趾诸将的请求。咸熙元年(264)九月,司马昭以魏元帝的名义下诏:

> 昔仪父朝鲁,《春秋》所美;窦融归汉,待以殊礼。今国威远震,抚怀六合,方包举殊裔,混一四表。(吕)兴首向王化,举众稽服,万里驰义,请吏帅职,宜加宠遇,崇其爵位。既使兴等怀忠感悦,远人闻之,必皆竞劝。其以兴为使持节、都督交州诸军事、南中大将军,封安定县侯,得以便宜从事,先行后上。②

---

① 《三国志》卷4《陈留王纪》。
② 《三国志》卷4《陈留王纪》。

同时司马昭还任命霍弋遥领交州刺史,①许其自行决定交州地区官吏的任命。霍弋表爨谷为交趾太守,率牙门将董元、毛炅等由南中入交州,救援吕兴。② 但吕兴在爨谷等援兵尚未到达之前就被其功曹李统所杀。吕兴虽死,爨谷等人还是很快攻克了交趾。咸熙二年(265),爨谷等人率军从南中抵达龙编,安抚新归附的交趾等地。不久爨谷去世,霍弋又上表请求以巴西人马融(马忠之子)继为交趾太守。不久马融也病逝,霍弋再以犍为人杨稷继任太守之位。经过杨稷等人两年的经营,至晋泰始三年(267),西晋已占据了吴国交趾、九真两郡,日南也已唾手可得,吴国"合浦以北,民皆摇动"。③ 晋廷加封杨稷为绥远将军,董元、毛炅等牙门将为杂号将军,均封为侯,遥领交州的霍弋也因功封列侯。

眼看西晋步步逼近,吴主孙皓决意发兵收复交州三郡。公元268年,孙皓任命刘俊为交州刺史、修则为前部督,与将军顾容(顾雍族弟)率军讨伐屯驻交趾的晋军。吴军连续多次攻打交趾,都被杨稷击败,战局对吴军渐渐不利。杨稷趁势派遣毛炅、董元等人率军攻打吴军的驻地合浦。两军在古城(今广西壮族自治区合浦县东北)交战,晋军大获全胜,吴将修则被毛炅斩杀,刘俊也在战斗中阵亡。吴军残部退保合浦。④ 之后杨稷奏请任命董元为九真太守、毛炅为郁林太守,继续进攻吴国交州各郡。至此,西晋在交

---

① "遥领"是中国历史上一种特有的行政制度,在魏晋南北朝时期尤为普遍。实际上,就是在尚未纳入版图的他国领土上设置州郡,并任命刺史、州牧或太守,以辖其土。在战争年代,这样做的目的:第一,显示在战略上对敌人的蔑视;第二,战前使某人遥领某州,并许诺如战后拿下该地,即由遥领转为实封。

② 《三国志》卷41《霍弋传》注引《汉晋春秋》。

③ 《三国志》卷65《华覈传》。

④ 《三国志》卷48《孙皓传》载:"(孙皓)遣交州刺史刘俊、前部督修则等入击交趾,为晋将毛炅等所破,皆死,兵散还合浦。"

州战场上已占据全面优势。

交州陷落后,吴国"复分交州置广州",冀图力保交州北部,阻止战火北进。但交州南部的陷落毕竟给孙吴带来了巨大的恐慌。对于孙吴而言,最为重要的当然是固守长江一线,交州与蜀国的南中接壤,两国在该地区虽有争端,但并未发生过兵戎相见。"是时蜀初亡,而交阯携叛,国内震惧",①对吴国上下产生极大的震动。中书丞华覈上疏孙皓:"交州诸郡,国之南土,交阯、九真二郡已没,日南孤微,存亡难保,合浦以北,民皆摇动,因连避役,多有离叛,而备戍减少,威镇转轻,常恐呼吸复有变故。今胸背有嫌,首尾多难,乃国朝之厄会也。"②从这段记载可以看出,当时,交州四郡中,二郡已陷,日南郡也岌岌可危,若晋以交阯为据点,继而完全进占交、广两州,孙吴将面临腹背受敌。平心而论,华氏之言绝非危言耸听,因为交阯等郡的失陷对吴影响极大,此时吴国后方的门户已经洞开,将面临灭顶之灾。鉴于形势危急,孙皓不敢怠慢,立即集结军队,进行反扑。公元 269 年,吴主孙皓调遣十万吴军,③以海陆两路并进的方式对西晋控制下的交州发起猛烈进攻。

一路由监军虞氾(虞翻第四子)、威南将军薛珝(薛综长子)、苍梧太守陶璜率军从荆州陆道出发;一路由监军李勖、督军徐存率军从建安(郡治在今福建省建瓯市南)海路出发,预期两军在合浦会合后共同进剿交阯的晋军。但吴军的进展并不顺利,李勖部因

---

① 《三国志》卷 48《孙皓传》。
② 《三国志》卷 65《华覈传》。
③ 《华阳国志校注》卷 4《南中志》云:"泰始七年春,吴主孙皓遣大都督薛翊、交州刺史陶璜帅二十万军,兴扶严恶夷合十万伐交阯。"然而校注曰:"二十万军疑有误。卷十一杨邠传附杨稷传云孙皓遣珝、璜十万人攻稷。《通鉴》同。又《晋书》卷 57《陶璜传》称:'扶严贼帅梁奇将万余人助璜'。是合计仅十来万。"案,孙吴总兵力仅二十三万,用十万兵力征讨交阯已是极致也。

160

为建安海路难以通行,无法前往指定地点,最后李勖杀死向导冯斐,率军于次年原路返回建业。殿中列将何定状告李勖:"少府李勖枉杀冯斐,擅撤军退还。"①孙皓下令将李勖、徐存全部处死,并夷三族。

薛珝、陶璜率军到达交州后,立即对交趾发起进攻。但却被以逸待劳的杨稷击败,东吴军队退还合浦。人数占有绝对优势却初战失利,薛珝因此对陶璜大动肝火、横加责难。薛珝想要撤军,"珝怒,欲引军还",并责备陶璜应该对失利负责。陶璜顶住压力,从容指出失利的原因:"下官不得行意,诸军不相顺,故致败耳。"②其意是陶璜、薛珝分领自己的军队,又有监军虞汜掣肘,军令不一,故造成战斗力削弱。为了挽回士气,陶璜遂亲自率领数百精兵,由海道夜袭晋将董元,取得大捷,夺得数千匹锦物。薛珝由此对陶璜刮目相看,尽释前嫌,并上表奏请以陶璜为交州刺史、前部督。薛珝集中战争指挥权,交由陶璜一人掌握。

陶璜改变了由陆路攻击交趾的作战方式,分出一部分兵力从海路,以海陆并进的方式进攻杨稷。同时陶璜不再强攻,而是以奇兵偷袭、分化瓦解、围而不攻的方式替代。陶璜率兵经海道,直达交趾郡城。在攻城战中,陶璜识破董元的伏兵之计,"诸将将战,璜疑断墙内有伏兵,列长戟于其后。兵才接,元伪退,璜追之,伏兵果出,长戟逆之,大破元等"。陶璜又以贿赂的方法,收买扶严夷首领梁奇,"以前所得宝船上锦物数千匹遗扶严贼帅梁奇,奇将万余人助璜"。③陶璜还采用离间计,使董元诛杀自己的手下猛将解系,自损一臂。建衡三年(271)四月,董元病逝。杨稷派王素继任

① 《三国志》卷48《孙皓传》。
② 《晋书》卷57《陶璜传》。
③ 《晋书》卷57《陶璜传》。

九真太守。薛珝用陶璜之计,从海路奇袭交趾,杨稷派遣毛炅、孟岳前往迎击,两军在封溪交战,晋军寡不敌众,大败,毛炅"仅以身还"。杨稷、毛炅等人率残军退回交趾,固城自守。面对吴军的围困和分化瓦解,城内守军士气低落。杨稷寄希望于西晋的援军,但他整整坚守八个月,援军始终未至,陶璜率军包围交趾,截断供给。至七月,交趾"城中食尽,病饿死者大半"。①

　　不久,杨稷部将王约与陶璜内通,开门献城。在里应外合之下,陶璜攻陷交趾,生擒守将杨稷、毛炅、孟干、爨能、李松等人。孙皓下诏:"传杨稷秣陵,故桎稷及孟干、爨能、李松四人于吴,通四远消息。稷至合浦,发病呕血死,传首秣陵,弃其尸丧于海。干、松、熊至吴,将加斩刑。或说皓:宥免干等,可以劝边将。皓原之,欲徙付临海郡。初,稷等私誓:不能死节,困辱虏手,若蒙未死,必当思求北归。稷既路死,干等恐北路转远,以吴人爱蜀侧竹弓弩,言能作之,皓转付作部为弓工。九年,干自吴逃返洛阳,松、熊为皓所杀"。②陶璜因功被拜"为使持节、都督交州诸军事、前将军、交州牧"。③ 九真守将王素听到交趾兵败,与牙门王承等人计划逃回南中,结果中途被陶璜部将卫濮俘获。功曹李祚与都尉邵胤率军坚守九真,陶璜遣部将前去攻打,"祚舅黎晃为吴将,攻伐祚,不下;数遣人解喻降之。祚答曰:'舅自吴将,祚自晋臣。惟力是视矣。'"④最终九真郡也被吴军攻克。不久,日南郡也望风而降,历时八年之久的晋、吴交州争夺战最终以吴军收复交州而告终。

---

① 《华阳国志》卷4《南中志》。
② 《华阳国志》卷4《南中志》。
③ 《晋书》卷57《陶璜传》。
④ 《华阳国志》卷4《南中志》。

## 4. 西晋视交州为鸡肋,故以"蜀人制交"

吴军虽然收复交州,但其中仍有不少细节之处值得探讨。即吴军在第一次争夺交州失利之后,再次调动十万大军猛攻交州。此时西晋在交州的军事力量十分薄弱,与吴军相比,众寡悬殊,根本无法对抗吴国的十万大军。但西晋朝廷却置若罔闻,坐视不救,直至泰始七年(271),当交趾被孙吴大军团团围困,即将沦陷之际,也不见西晋派救兵前往。史载:

> 初,霍弋遣杨稷、毛炅等戍,与之誓曰:"若贼围城,未百日而降者,家属诛;若过百日而城没者,刺史受其罪。"稷等日未满而粮尽,乞降于璜。璜不许,而给粮使守。吴人并谏,璜曰:"霍弋已死,无能来者,可须其粮尽,然后乃受,使彼来无罪,而我取有义,内训吾民,外怀邻国,不亦可乎!"稷、炅粮尽,救不至,乃纳之。①

从上述史料中,我们可以看到魏晋的守城之法,即敌兵攻城,守城将士必须坚守一百天,才可投降,若未满百天降敌,诛戮家属。类似的记载,还出现在吴太傅诸葛恪攻魏合肥新城之时。② 此时,陶璜攻交趾未满百日,而城中已经粮尽,杨稷无奈,只得乞降,而陶璜却输粮给杨稷,要他坚守百日后才受降。陶璜这一招是为了显示自己的宽大为怀,来瓦解敌人的士气军心。胡三省《考异》认为:"孙皓猜暴,恐璜不敢以粮资敌。"③且不管胡三省是否言之有理,

---

① 《三国志》卷48《孙皓传》注引《汉晋春秋》。

② 《三国志》卷4《齐王芳纪》注引《魏略》云:"(张)特屯守合肥新城。及诸葛恪围城,特与将军乐方等三军众合有三千人,吏兵疾病及战死者过半,而恪起土山急攻,城将陷,不可护。特乃谓吴人曰:'今我无心复战也。然魏法,被攻过百日而救不至者,虽降,家不坐也。'"

③ 《资治通鉴》卷79晋武帝"泰始五年"条。

但至少我们可以了解到,在交趾被吴军重重包围,城内粮草已尽,濒临绝境的情况下,西晋的援兵仍迟迟不至,由此可见西晋已经放弃了对交州的救援。

在吴、晋争夺交州的前期,西晋无疑占有优势。泰始四年(268),晋军打败吴军的反扑,交州四郡,已获其三。对孙吴的半包围之势隐然已成,已打开了通往孙吴后方的大门,开辟了对吴作战的新战场,形势极为有利。如果趁机加大对交州的用兵,很可能会对孙吴造成更为致命的打击。但为何西晋要放弃交州呢?这个问题恐涉及西晋对平吴,统一天下局势的整体把握。

西晋在攻取交州的过程中究竟采取了什么样的策略?这是颇为值得我们探讨的,由于交州离西晋的核心地区河洛一带路程太远,作为蛮荒之地交州的特殊环境决定了西晋不可能投入太多的兵力。交州地处南疆,汉夷杂居,交通不便,难以控制。西晋能介入对这一地区的争夺,得益于两个条件,一是魏国灭蜀,将版图拓展到与交州接壤的南中地区,使得出兵交州成为可能。另一条件是交趾此时发生了动乱。若非孙吴政权横征暴敛,滥用民力,导致交趾民变,司马氏灭蜀后,要想一鼓作气派遣军队,经山河纵横的南中出兵交州,实在是力有不逮。①

实际上,司马氏平蜀之后能够趁交趾内乱趁机占领,已是意外的收获,即使迫不得已放弃也并不可惜。当吴国第一次争夺交州失利,紧接着动用十万大军再次征讨交州之时,由于晋武帝司马炎代魏建晋不久,其政治资本并不雄厚,他必须把精力集中在稳定政

---

① 《三国志》卷28《谯周传》注引孙盛曰:"是时罗宪以重兵据白帝,霍弋以强卒镇夜郎,蜀土险狭,山水峻隔,非步卒所涉,魏师之来,塞国大举,欲追则舟楫靡资,欲留则师老多虞。"由此可见,魏军虽攻占成都,但欲进军南中和巴东尚且如此困难,更遑论进军交州。

局,巩固内部统治,平衡朝中各派势力上。况且,此时群臣对于伐吴亦是意见不一,众说纷纭。在内部局势尚不明朗的情况下,武帝自然不敢贸然改变军队布防,在交州战场上投入过多的兵力。所以,以蜀人制交,以投附的蜀军来掣肘孙吴,并支持交州的叛吴势力便成为合乎情理的选择。

从外部局势来看,是时西晋的北部边境正陷入严重的民族冲突危机,匈奴大批内迁,定居于并州等地。鲜卑则大量进入辽东,西北的氐、羌也迁徙关中。甚至达到了"戎狄居半"的程度。北方鲜卑族秃发树机能则屡屡犯边,使西晋面临腹背受敌之忧。[①] 北部边境严峻的民族矛盾势必影响到西晋的对吴策略,故晋武帝已无暇南顾交州。吴建衡三年(271),西晋南中都督、交州刺史霍弋病死,因南中、交州之间山高水险,晋军未能发兵增援。吴军主将虞汜、陶璜恩威并施,在不断的进攻中发挥了后援充足和本土作战的优势,"是岁,(虞)汜、(陶)璜破交趾,禽杀晋所置守将,九真、日南皆还属"。[②] 西晋目睹交州重新复归吴国,也只能眼开眼闭,难以有所作为。因为对于司马氏而言,此时的交州犹如"鸡肋",已不值得为其付出巨大的代价。

西晋之所以不甚重视交州,还有一个更为重要的原因是出于对灭吴的总体战略考虑。史载:"帝有灭吴之志,壬寅,以尚书左仆射羊祜都督荆州诸军事,镇襄阳;征东大将军卫瓘都督青州诸军事,镇临菑;镇东大将军东莞王伷都督徐州诸军事,镇下邳。"[③]晋

---

① 在历时近十年(公元270—279年)的秦凉之变中,秃发树机能率领河西鲜卑部屡挫晋军,为了镇压河西鲜卑,司马炎几乎将晋朝名将尽数派遣至西北战场,前后丧失了胡烈、杨欣、牵弘、苏愉等四名封疆大吏,损失了几万人的部队,影响到西晋王朝的整体局势。

② 《三国志》卷48《孙皓传》。

③ 《资治通鉴》卷79晋武帝"泰始五年"条。

武帝的心腹,征南大将军羊祜认为"伐吴必藉上流之势"。① 羊祜的作战方案是:

> 今若引梁益之兵水陆俱下,荆楚之众进临江陵,平南、豫州,直指夏口,徐、扬、青、兖并向秣陵,鼓旆以疑之,多方以误之,以一隅之吴,当天下之众,势分形散,所备皆急,巴汉奇兵出其空虚,一处倾坏,则上下震荡。②

该计划明确了从长江上、中、下三个方向的出兵路线,并在此后的灭吴之役中得以全盘实施。由此可见,西晋伐吴的总体作战方针是以荆楚、梁益为基地,以水师为主力,从长江顺流而下,用水师直捣吴都建业。正是由于西晋始终都未将交州视为灭吴之战的重要进攻方向,故交州在战略部署上就被边缘化,属于一枚可有可无的棋子。从西晋统治者的主观意图来看,争夺交州主要还是以偏师为主,基本上是以蜀国降军来牵制吴军,影响其军事布防,使其腹背受敌,从而达到"鼓旆以疑之,多方以误之"③的效果,若借此获利固然可喜,即使失利也无损于全局,所以西晋就不会使用大量兵力投入交州战场。

实际上,西晋与东吴争夺交州,使用的并非本国的兵力,而是投降之后的蜀军将士及南中大姓部曲,④并辅以交趾本土叛乱势力。史载:

> 时南中监军霍弋表遣建宁爨谷为交趾太守,率牙门将建

---

① 《晋书》卷34《羊祜传》。
② 《晋书》卷34《羊祜传》。
③ 《晋书》卷34《羊祜传》。
④ 蜀国军队虽已被曹魏收编,但史料记载将爨谷等人所率领军队称为"部曲",表明两者之间仍然存在私属关系。他们在降魏后数月就被派往交趾,因此能够保留原有的部队建制。

宁董元、毛炅、孟干、孟通、爨熊、李松、王素等领部曲以讨之。谷未至,(吕)兴已为功曹李统所杀。泰始元年,谷等迳至郡,抚和初附。无几,谷卒。晋更用马忠子融代谷。融卒,遣犍为杨稷代之,加绥远将军。①

上述所列晋军将领,绝大多数都来自原蜀汉政权或是南中本地大姓,如进军交州的南中监军霍弋,乃蜀汉勋臣霍峻之子,仕蜀历任参军庲降屯副贰都督、护军、永昌太守等职,在永昌郡任职期间平定夷獠叛乱,后"迁监军翊军将军,领建宁太守,还统南郡事"。②蜀亡后霍弋归降司马昭,仍被委以管理南中军政事务的重任,"又拜南中都督,委以本任",③"得以便宜选用长吏"。④ 霍弋在南中地区素来极有威望,他因平交趾、日南、九真三郡而封列侯,是西晋经营交州的最重要人物。他的过早去世,是西晋丢失交州的重要原因之一。交趾太守马融与杨稷,是跟随霍弋出仕南中的原蜀汉官员。

还有不少将领,如爨熊、爨谷、孟干、孟通、孟岳、董元、王素都是南中大姓势力的代表。所谓南中大姓是汉晋之际在南中地区落户定居的汉人豪强。其最早见于记载的是在《后汉书·南蛮西南夷列传》中:"公孙述时,大姓龙、傅、尹、董氏,与(牂牁)郡功曹谢暹保境为汉,乃遣使从番禺江奉贡。"南中大姓的主要来源是汉武帝平定西南夷、在南中地区设置郡县以来,从中原移民实边而来的汉人后裔。南中地区土著民族众多,地理环境险恶,这些汉族移民不得不以血缘为纽带,聚集在一起生活,从而形成"大姓"。到东汉

---

① 《华阳国志》卷4《南中志》。

② 《三国志》卷41《霍弋传》。

③ 《三国志》卷41《霍弋传》注引《汉晋春秋》。

④ 《资治通鉴》卷78魏元帝"咸熙元年九月"条。

后期,这些"大姓"已经成为南中地区举足轻重的力量,代表性的"大姓"有爨、孟、李、董、雍、毛、朱、吕等。他们拥有私人武装和地盘,与土著"夷帅"进行联姻,称为"遑耶",与本郡太守构成微妙的三角关系。

毛炅、李松的情况史无明载,但《华阳国志·南中志》载:"(诸葛亮)移南中劲卒青羌万余家于蜀……分其赢弱配大姓焦、雍、娄、爨、孟、量、毛、李为部曲。"①笔者推测他们可能也是南中地区较有势力的大姓代表。除了来自巴蜀、南中地区的兵力外,交州本土势力也是晋军的重要组成部分。"交趾人广野将军王约,反应陶璜,以梯援外,吴人遂得入城。得稷等,皆囚之,即斩稷长史张登、将军孟通及炅,并交趾人邵晖等二千余人。"②

为何西晋在交州争夺战中要使用蜀汉降将和南中大姓势力作为主力军呢?从蜀汉降将和南中大姓的角度考虑,吴晋交州之战使得他们可以依然保有其部曲,且作为降臣,前往交州作战是对西晋政权表示忠心的最佳方式。毕竟蜀国已不可恢复,为个人和门户计,为新主争夺交州正是建功立业的最佳机会。杨稷等人在交趾被围困时立誓云:"不能死节,困辱虏手,若蒙未死,必当思求北归。"③正集中反映了他们效忠西晋的心迹。在交趾城被攻破时,守城晋军几乎全军覆没,但是,通过这场战斗,却出现了不少"忠臣"。其中的守城将领毛炅誓死不屈,死得颇为壮烈。史载:"古城之战,毛炅手杀修则。则子允随陶璜。璜以炅壮勇,欲赦之。而允必求杀炅,炅亦不屈于璜。璜怒,乃躶身囚结面缚,呵曰:'晋兵贼!'炅亦烈声呵曰:'吴狗,何等为贼?'吴人牛割其腹。允割其肝,骂曰:

① 《华阳国志》卷4《南中志》。
② 《华阳国志》卷4《南中志》。
③ 《华阳国志》卷4《南中志》。

'虏腹'。炅骂不断,曰:'尚欲斩汝孙皓,汝父何死狗也。'吴人斩之,武帝闻而矜哀,即诏炅子袭爵。封诸子三人关内侯。"[1]

从西晋政权的角度考虑,这些降臣和大姓久处巴蜀、南中之地,而南中又毗邻交州,他们对交州的山川形胜、敌我力量的对比极为熟悉。在蜀地初占,统治尚待巩固的情况下,要控制九服之外的西南边地,光靠设置地方行政机构,派驻军队是远远不够的。所谓"要荒之俗,不与华同,安边抚远,务在得才"。[2] 蜀国经营南中多年,它的许多将领对当地的熟悉程度以及控制力都是北人所无法比拟的。蜀虽亡国,但蜀国将领在当地的影响力并未消失。再者,南中大姓势力盘根错节,西晋政权一时无法降伏,故不得不加以笼络和安抚。而一些蜀汉降臣也拥有自己的部曲,这使得他们与南中大姓一样难以被西晋政权所完全控制。如霍弋即领有部曲,并在长期与南中大姓的共存中逐渐融入其中,最终成了南中大姓的总首领。[3] 霍弋降晋后,就有了双重身份:一方面他是西晋政权统治南中的代表,另一方面也是南中大姓势力的代言人。恰逢交州叛乱,霍弋自然就顺应中央和地方双方的共同需求,驱使蜀汉降臣和南中大姓部曲入援交州。

## 5. 交州争夺战加速了孙吴的灭亡

晋、吴交州争夺战影响可以从三个方面来看:其一,增强了原巴蜀、南中乃至交州大族对西晋政权的认同感,也间接增强了西晋

---

[1] 《华阳国志》卷 4《南中志》。
[2] 《华阳国志》卷 4《南中志》。
[3] 参阅钟盛:《论三国后期吴晋的交州之争》,《魏晋南北朝隋唐史资料》第 26 辑,2010 年;苏逾辉:《从流官到土著大姓:魏晋南中大姓霍氏家族的变迁》,《江苏理工学院学报》2017 年第 3 期。

对这些地区的影响力。《晋书·武帝纪》载："（泰始五年五月）曲赦交趾、九真、日南五岁刑。""（泰始七年闰五月）诏交趾三郡、南中诸郡，无出今年户调。"从史籍记载的只言片语中我们可以推断，西晋对南中及交州的统治政策应该是较为温和、宽松的。这与孙吴统治者横征暴敛，滥用民力形成了鲜明的对比。对于归附西晋的南中大姓而言，温和、宽松的统治政策也使他们更加认同新朝，愿意向西晋朝廷输诚效忠。前文所述的毛炅等将领宁死不降的"忠义"之行无疑就是最好的诠释。

其二，削弱了蜀汉降臣和南中大姓的政治、军事实力，客观上使得西晋对南中地区的掌控力增强，进而有了宁州的设立。交趾发生动乱后，南中"诸姓得世有部曲，（霍）弋遣之南征，因以功相承也"。① 蜀汉降臣和南中大姓带着自己的部曲远赴交州战场苦战数年，他们希望以"忠诚"之举来换取西晋对他们的信任。但是，蜀汉降臣和南中大姓在这场旷日持久的晋、吴交州争夺战中付出了巨大的代价，他们的部曲在战争中几乎全军覆没，南中大姓因此而损失惨重，"此役几无生还者"。西晋朝廷借蜀汉降臣和南中大姓势力衰落之机，于泰始七年秋八月，即晋、吴交州争夺战结束后的一个月，"分益州之南中四郡置宁州，曲赦四郡殊死以下"。② 晋、吴交州争夺战结束的时间与西晋设置宁州的时间如此紧密相连，足以说明这两个事件彼此关系十分密切。不可否认，南中大姓在交州争夺战中元气大伤，政治、军事实力相对下降是西晋设置宁州的重要原因之一。当然，设置宁州同时也是西晋为巩固南中统治，防范东吴交州大军趁机入侵而采取的必要措施。

① 《华阳国志》卷4《南中志》。
② 《晋书》卷3《武帝纪》。

其三,对交州地区的行政区划产生了深远的影响。首先,汉代仅有交州,而无广州,孙吴政权曾二次分交州而置广州,[①]至此,交、广分治格局正式形成并固定下来。其次,交州内部的行政区划也产生了新的变化。《三国志·吴书·孙皓传》载:"(吴建衡三年)分交趾为新昌郡。诸将破扶严,置武平郡。"晋、吴交州争夺战刚一结束,孙吴就迫不及待地将叛乱的核心地域——交趾郡一分为三,此项措施的目的即在于将交趾郡缩小,削弱交趾地区反抗孙吴统治的实力。叛乱的另一核心区域九真郡也被孙吴一分为二——九真郡和九德郡,想必也是出于同样的目的。

孙吴为了收拾叛乱残局而形成的全新的交州行政区划,也为历代所继承和发展。孙吴的两次"分交置广"虽主要出于军事目的,但也昭示了一种由近及远、由疏而密的国土开发规律。而且因交州地区"土广人众,阻险毒害,易以为乱,难使从治",[②]这种分而治之的行政建置是有利于防止反叛和割据出现的。即便出现,也可以据广州南攻交州,或据交州南北夹击广州,战争可就地解决,不至于被阻止在五岭之外。所以,"分交置广"的行政建置在三国时已被固定下来,并为两晋、南朝等沿袭不废。晋军由南中入交州,无疑进一步加强了蜀地与交州的联系。两晋多视南中、交州为一体。如晋泰始七年(271),武帝"诏交趾三郡、南中诸郡,无出今年户调"。[③] 陶璜死

---

① 孙吴分交置广有两次。第一次在黄武五年(226),吴分交州南海、苍梧、郁林三郡为广州。其因是孙权欲趁士燮之死,加强对岭南地区的控制,但不久即撤销广州并回交州。第二次在永安七年(264),因此时交州三郡已属魏(晋)所有,为稳住后方,有必要重新划定政区疆界,这样就可以在新的边界上组织进攻,收复失地,此后广州便固定下来。

② 《三国志》卷53《薛综传》。

③ 《晋书》卷3《武帝纪》。

后,晋以吾彦接替,任"南中都督,交州刺史"。① 东晋史学家常璩在所著《华阳国志》卷4《南中志》中亦云:"交趾虽异州部,事连南中,故并志焉。"

对吴而言,此次交州沦陷敌手的教训颇为深刻。交趾失守,孙吴的战略后方已然门户大开,对全国上下产生极大的震动,故吴国收复交州后加强戒备,以保障南疆的安全,决不能再给敌人以隙机。收复交趾等郡后,孙皓实行大赦,并调整统治政策,注重安抚人心,缓和矛盾,又以颇具政治军事才干的陶璜为交州牧。陶璜深得当地民众爱戴,孙皓打算调任陶璜为武昌都督,但在交州民众数千人的请求下,陶璜继续在当地任职。此后吴军与当地的扶严夷等夷民产生冲突,虞汜、陶璜等人又率军平定扶严夷,陶璜又开拓九德郡及九真属国三十余县,巩固了吴国在交州的统治。

西晋灭吴前,已不能再从交州打开缺口。但吴国在交州的统治并不巩固。"(天纪)三年夏,郭马反。马本为合浦太守修允部曲督。允转桂林太守,疾病,住广州,先遣郭马将五百兵至郡安抚诸夷。允死,兵当分给,马等累世旧军,不乐离别。皓时又科实广州户口,马与部曲将何典、王族、吴述、殷兴等因此恐动兵民,合聚人众,攻杀广州督虞授。马自号都督交、广二州诸军事、安南将军,兴广州刺史,述南海太守。"②孙皓闻讯,急令镇南将军滕循"假节领广州牧,率万人从东道讨马,……又遣徐陵督陶濬将七千人从西道,命交州牧陶璜部伍所领及合浦、郁林诸郡兵,当与东西军共击马。"③西晋正是趁吴将郭马反叛交州并牵制吴国大量兵力之机,

---

① 《晋书》卷57《吾彦传》。
② 《三国志》卷48《孙皓传》。
③ 《三国志》卷48《孙皓传》。

即刻出动二十余万大军一举灭吴的。《三国志·吴书·孙皓传》注引《汉晋春秋》载:"先是,吴有说谶者曰:'吴之败,兵起南裔,亡吴者公孙也。'皓闻之,文武职位至于卒伍有姓公孙者,皆徙于广州,不令停江边。及闻(郭)马反,大惧曰:'此天亡也。'"孙皓之所以对郭马反叛如此惊恐万状,是因为一旦丢失交州将使吴国再度陷入来自北、西、南三面的包围之中,如果在交州陷入战争泥潭的同时,遭遇晋军从北、西两个方向的进攻,他将无路可退。果不其然,同年冬,晋军从北、西两个方向大举进攻。此时,郭马反叛牵制了驻扎在交州的陶璜和前去平叛的滕修等部,难以北援。正如《晋书·滕修传》所载,"广州部曲督郭马等为乱,孙皓以滕修宿有威惠,为岭表所伏,以为使持节、都督广州军事、镇南将军、广州牧以讨之。未克而王师伐吴。"滕修听到西晋伐吴的消息后,马上率众前往救援。到巴丘时孙皓已经投降,滕修只好穿素服流泪返回,与广州刺史间丰、苍梧太守王毅各自送印绶投降西晋。吴亡后,陶璜接到孙皓要求各地守军降晋的手谕后,也归顺晋武帝。晋武帝仍令其镇守交州,改拜冠军将军,封宛陵侯。

综上所述,可以看出交州的战略地位是在汉末由分裂而走向统一的历史进程中得以凸显的,三国时期频繁的战争对交州的地位产生了重大影响。对于孙吴政权而言,其虽然将交州纳入版图,获得了丰厚的人力、物力和财力资源,但由于交州在此之前与外界交流相对较少,加之山川险阻和自然经济的地域独立性,其对孙吴政权的离心力还是相当强的。吕兴、郭马的反叛即为显例。交州对孙吴的战略意义,在实际操作中是要打折扣的。占有交州虽将孙吴国力推上了巅峰,但也在对晋战争中严重地牵制了吴国的军力,加速了孙吴的灭亡。但从事物二重性的视角考虑,诸割据势力及晋吴对交州的争夺恰恰在一定程度上推进了交州与外界的交流,解决的主要问题就是削弱了其离心力。特别是孙吴对交州由羁縻到直辖的管理,是在三国鼎峙情况下吴国统治中心相对靠南的形势下实现的。其后的统一王朝由于政治中心偏北,与该地区的关系若即若离,重又回归羁縻状态,直至宋以后方得以逐渐改善。这就不得不使我们重新审视孙吴、西晋对交州开发、开化的特殊意义。

最后需要指出的是:西晋以一支蜀汉降军和南中大姓势力组成的偏师就能使孙吴陷入交州战争的泥淖达数年之久,效果不可谓不显著。交州作为东吴的领土,却轻而易举地被西晋长时间占领,可见东吴对交州的横征暴敛、政治腐败使其人心尽失。东吴以十万之众的绝对优势兵力进攻孤立无援的杨稷却多次受阻,这充分暴露出东吴后期军队战斗力的严重下降。西晋虽最终在交州受挫,但战争却是在东吴境内进行的,故交州之战对东吴经济与人力资源的破坏力更大。交州之战也让西晋看清了东吴军队的真正实力,这在一定程度上增强了西晋灭吴的信心。公元280年西晋灭吴之战中东吴军队的不堪一击,迅速溃败,可以进一步证明交州争夺战实际上是西晋统一全国的先声。晋军在交州的军事行动牵制了吴军大量的有生力量,对西晋而言,尽管失去了交州,但它却借此机会进一步控制和加强其在南中地区的统治。对吴国而言,这场战争极大地损耗了孙吴的国力,在一定程度上加速了它的灭亡。

# 第四章 "王濬楼船下益州":
## 晋武帝平吴本末

晋武帝一生功业中,最令人称道的是他平定孙吴,将自汉末以降群雄割据,干戈不止,分裂了近百年的中国又重新统一起来。晋人刘颂云:"魏氏虽正位居体,南面称帝,然三方未宾,正朔有所不加,实有战国相持之势。大晋之兴,宣帝定燕,太祖平蜀,陛下灭吴,可谓功格天地,土广三王,舟车所至,人迹所及,皆为臣妾,四海大同,始于今日。"[①]在刘颂心目中,直至晋武帝灭吴之后,西晋才"四海大同",完成了统一大业。

然而,西晋灭吴并不容易,从西晋建国始至灭吴前,晋吴两国在疆界长期对峙,除了陆抗平步阐,收复西陵之外,双方在边疆仅有小规模冲突,而鲜有大规模战争,且还是孙吴一方主动挑起事端,而实力更强的西晋"闻吴师将入",不仅不出兵反击,反倒以"筑垒遏水以自固",[②]明显是一种被动挨打的态势。按理而言,晋强吴弱,晋大吴小,特别是司马氏灭蜀之后,已经打破了三国鼎立的格局,"蜀平之时,天下皆谓吴当并亡"。[③] 西晋趁势伐吴,应该是顺势而为、顺理成章之事,但晋武帝为何推迟得这么久呢? 这是一个颇为值得探讨的问题。

---

① 《晋书》卷46《刘颂传》。
② 《晋书》卷33《石苞传》。
③ 《晋书》卷34《羊祜传》。

在晋武帝时代的前期,司马炎并未将灭吴作为首要任务,因为此时西晋代魏不久,政局尚不稳定。但武帝中期,他仍对平吴缺乏迫切的愿望,这就令人费解了。因为缺少功业,特别是缺乏破灭敌国的武功,一直是司马炎政治上明显的短板。司马炎若要比肩三祖,①唯一的途径,就是灭掉孙吴,扫平四海,统一天下。正如羊祜所言:"今主上有禅代之美,而功德未著。"这是司马炎即位之初政治形象上的写照。晋武帝虽为开基之主,但平吴之前,却给人以一种坐享先人遗产,碌碌无为的感觉。羊祜认为晋武帝只有通过灭吴,建立不世之功,才能加强中央集权,摆脱平庸君主的地位。故他在上书中言道:"吴人虐政已甚,可不战而克。混一六合,以兴文教,则主齐尧舜,臣同稷契,为百代之盛轨。如舍之,若孙皓不幸而没,吴人更立令主,虽百万之众,长江未可而越也,将为后患乎!"②

羊祜所言极是。西晋建国之后,非比汉末群雄割据,诸侯林立的形势;也非三国鼎立,吴蜀联盟,足以抗衡曹魏的局面。西晋面临的敌人只剩国势并不强盛的孙吴,而且吴主孙皓是三国时期出名的暴君。羊祜云:"孙皓之暴,侈于刘禅。"薛莹曰:"皓昵近小人,刑罚放滥,大臣诸将,人不自保,此其所以亡也。"③事实证明,羊祜、薛莹的评论极为准确。公元280年,西晋出动大军攻打孙吴。孙吴这个创业八十多年,建国近六十年的政权在西晋的攻击下,并未作太多的抵抗,仅仅三个月就土崩瓦解了。这就说明孙皓

---

① 司马懿一生戎马倥偬,征战不已。其亲自指挥的几次战役,如擒孟达、克上庸、拒诸葛,诛公孙、平辽东等,皆表现了其卓越的军事才能和智慧。司马师平淮南毌丘俭之乱,合肥之役击败吴太傅诸葛恪;司马昭平淮南诸葛诞,一举攻灭劲敌蜀汉。西晋三祖的功业为司马炎统一天下奠定了坚实的基础。
② 《晋书》卷34《羊祜传》。
③ 《资治通鉴》卷81晋武帝"太康元年"条。

的统治确实不得人心，正如吴丞相张悌所言："吴之将亡，贤愚所知，非今日也。"①

对此状况，晋武帝未必不知，他即位之后，也想有所作为，以摆脱自己端拱而治、平庸君主的形象。然而司马炎建国称帝，并非如汉高、魏武的模式，靠"征诛"而取天下。而是凭藉"三祖"功业而遽登大位。司马昭的离世比较突然，咸熙二年（265）五月称晋王，"建天子旌旗，出警入跸，乘金根车，驾六马"，②准备代魏，八月就撒手人寰。司马炎登基前没有受到多少政治上的历练，也未曾领兵出征，出镇州郡，更未有自己的班底。甚至连他的世子地位都是靠贾充、裴秀、山涛等人的拥戴才获得的。所以即位之初他还不能乾纲独断，独自决策朝廷的大政方针。除此以外，晋武帝推迟伐吴还有其他因素，本章将对这些问题进行具体辨析。

## 一、贾充在西晋朝廷的特殊地位

武帝登基之初，并未形成由自己藩邸旧臣组成的决策集团，而只能依赖父祖的遗业，即父祖遗留下来的功臣：贾充、裴秀、王沈、荀勖、羊祜等人。泰始年间，民间流传"贾、裴、王，乱纪纲，王、裴、贾，济天下。言亡魏而成晋也。"③从民间的谚语来看，五人之中，贾充、裴秀、王沈的地位似乎更为重要，但是王沈在泰始二年（266）就已病逝。裴秀虽然是西晋各项政治制度的制定者之一，但他后期醉心于《禹贡地域图》的制作，对朝政国事关注较少。泰始四年（268）他由尚书令升任司空，司空虽为三公之一，却是闲

① 《三国志》卷48《孙皓传》注引《襄阳记》。
② 《晋书》卷2《文帝纪》。
③ 《晋书》卷40《贾充传》。

职。泰始七年(271),裴秀因服食寒食散后饮冷酒而逝世,年仅四十八岁。

在西晋朝廷中,唯有贾充权势最重,且具有特殊的地位。"时军国多事,朝廷机密,皆与筹之。帝(司马昭)甚信重充,与裴秀、王沈、羊祜、荀勖同受腹心之任。帝又命充定法律。假金章,赐甲第一区。五等初建,封临沂侯,为晋元勋,深见宠异,禄赐常优于群官。"①司马氏能化家为国,亡魏成晋,在很大程度上是依赖了贾充的鼎力相助。特别是高贵乡公曹髦讨伐司马昭事件,贾充起了无人可以替代的至关重要的作用。贵为天子的曹髦突然亲自出马讨伐司马昭,事起仓促,司马昭猝不及防,毫无准备。司马昭虽在政坛历练多年,是个成熟的政治家,但百密一疏,他万万未曾料到年仅二十岁的曹髦性格如此血性、刚烈,居然仅凭"僮仆数百",就敢"鼓噪而出",前来与自己"拼命"。然而即便曹髦"宿卫空阙,兵甲寡弱",②但其贵为九五之尊的天子威严仍然具有极其强大的震撼力。曹髦在讨伐司马昭时,曾声称:"(吾)何所惧? 况不必死邪!"③其言虽太自信,但也不无道理,因为当众人看到天子曹髦手执宝剑,亲自披挂上阵,来势汹汹的气势,连司马昭之弟司马伷及其手下军士都震惊了,居然不作抵抗就"伷众奔走",可见当时情势之危急。太子舍人成济问贾充:"事急矣,当云何?"贾充说:"司马家事若败,汝等岂有种乎? 何不出击!"④又曰:"(司马)公蓄养汝等,为今日之事也。夫何疑!"⑤成济又问:"当杀邪? 执邪?"贾

---

① 《晋书》卷 40《贾充传》。
② 《三国志》卷 4《高贵乡公髦纪》注引《汉晋春秋》。
③ 《三国志》卷 4《高贵乡公髦纪》注引《汉晋春秋》。
④ 《三国志》卷 4《高贵乡公髦纪》注引《魏末传》。
⑤ 《三国志》卷 4《高贵乡公髦纪》注引《汉晋春秋》。

充说:"杀之。"①于是成济用长戈弑杀曹髦。

中古时期,弑杀君主触及了名教纲常的底线,弑君者为千夫所指,为万人唾骂。与司马氏家族有通家之谊的陈泰当殿痛哭高贵乡公之死,固执地要求司马昭追查弑君元凶。《资治通鉴》卷77"景元元年五月"条曰:"(司马)昭入殿中,召群臣会议。尚书左仆射陈泰不至,昭使其舅尚书荀颙召之,泰曰:'世之论者以泰方于舅,今舅不如泰也。'子弟内外咸共逼之,乃入,见昭,悲恸。昭亦对之泣曰:'玄伯,卿何以处我?'泰曰:'独有斩贾充,少可以谢天下耳。'昭久之曰:'卿更思其次。'泰曰:'泰言惟有进于此,不知其次。'昭乃不复更言。"不仅陈泰要追究弑君的罪行,连司马昭之叔司马孚也觉得其侄司马昭弑君有悖君臣之道,故"枕尸于股,哭之恸,曰:'杀陛下者臣之罪。'奏推主者。"②

为何司马昭只让成济充当弑君的替罪羊,而宁可得罪好友陈泰与亲叔司马孚,极力保护贾充呢?因为在中古时期,弑杀君主实在是一件大逆不道之事。东汉清议最盛,士风激浊扬清,极重名节,君臣之间的关系一旦确立,忠君意识便成为士人伦理中最为重要的准则。因此除贾充这样完全背离儒家道德规范的士人之外,恐怕即使是最忠于司马氏的人也不太愿冒天下之大不韪来充当弑君的角色。③虽然陈泰提出"诛贾充以谢天下"的善后方案,但在魏晋禅代的关键时刻,司马昭是绝不可能将其抛出作为替罪羊的。

---

① 《三国志》卷4《高贵乡公髦纪》注引《魏末传》。
② 《晋书》卷37《安平献王孚传》。
③ 司马氏集团中的大多数人物出身于儒家大族,虽然他们为家族门户及个人利益计,在曹、马斗争的关键时刻,倒向司马氏阵营,支持魏晋禅代。但他们行事为人,仍然是有底线的,为了维护儒家纲常及家族门户的声誉,他们极力避免做出违悖君臣伦理之事。

贾充虽有一定才干,但其趋炎附势,见利忘义。《晋书·贾充传》说他:"无公方之操,不能正身率下,专以诏媚取容。"而唐代史臣对于贾充的指责更为严厉:"贾充以诏谀陋质,刀笔常材,幸属昌辰,滥叨非据。抽戈犯顺,曾无猜惮之心;杖钺推亡,遽有知难之请。"司马昭不是不知道贾充道德素质低下,但贾充在司马代魏过程中,"抽戈犯顺"的弑君作用确实无人可以替代,正如陈寅恪所说:"贾充投靠司马氏,杀魏朝天子,成就了司马氏的夺权大业,在叛徒中具有典型的意义。司马昭父子对他感恩戴德。"[1]所以司马昭在朝廷一致要求追究弑君凶手的舆情高压下,仍然要极力保护贾充,绝不让他充当弑君的牺牲品,其考量并非完全是因为贾充是自己的心腹,而是服从司马代魏的政治需要。司马氏重用贾充,抑或还有更为长久的政治考虑,因为随着时间的流逝,司马昭弑君事件不仅没有淡化,反而进一步放大,造成更为恶劣的政治影响,甚至导致了两晋诸帝在日后一百五十余年政治上的被动地位。[2]

每当弑君事件遭人诟病时,贾充总是充当司马氏挡箭牌的角色,饱受冷嘲热讽和舆情指责。太康元年(280)西晋灭吴,吴主孙皓投降,被押至洛阳,"贾充谓(孙)皓曰:'闻君在南方凿人目,剥人面皮,此何等刑也?'皓曰:'人臣有弑其君及奸回不忠者,则加此刑耳。'充默然甚愧,而皓颜色无怍。"[3]胡三省于此加注曰:"斥充世受魏恩而奸回附晋,弑高贵乡公也。"在任恺、贾充两党的斗

---

① 万绳楠整理:《陈寅恪魏晋南北朝史讲演录》,贵州人民出版社 2007 年版,第 16 页。
② 明帝时,王导侍坐。帝问前世所以得天下,导乃陈帝(司马懿)创业之始,及文帝(司马昭)末高贵乡公事。明帝以面覆床曰:"若如公言,晋祚复安得长远!"(《晋书》卷 1《宣帝纪》)可见,此事过去数十年之后,晋明帝仍为祖上的弑君之行感到羞愧,甚至说出"若如公言,晋祚复安得长远"的话来。
③ 《资治通鉴》卷 81 晋武帝"太康元年"条。

争中,庾纯敢于在宴席上公开骂座,质问贾充:"高贵乡公安在?"①须知这一指责表面上庾纯是将矛头指向贾充,实际上是对西晋王朝存在的合理性进行抨击。孙皓、庾纯所云的弑君元凶是谁?世人皆心知肚明,但谁也不敢把矛头指向晋文帝司马昭,结果只能让贾充继续充当替罪羊,替司马氏背锅。所以贾充不仅仅是西晋王朝的开国功臣,而且也是司马氏弑君事件最好的挡箭牌。

　　贾充不仅是司马昭最信赖之心腹,而且与武帝也有特殊的关系。贾充长武帝近二十岁,算得上是武帝的长辈,司马昭当年在立嗣问题上一直犹豫不决,史载:"文帝以景帝恢赞王业,方传位于舞阳侯(司马)攸。"多亏"(贾)充称武帝宽仁,且又居长,有人君之德,宜奉社稷"。② 可见,连司马炎的世子地位也是在贾充的大力支持下才获得的。贾充有厚恩于武帝。司马昭临终前,司马炎请问后事,司马昭对他说:"知汝者贾公闾也。"隐然将贾充比作未来天子的伊尹、周公。在西晋朝廷中,贾充作为开国重臣,与武帝既有君臣名分,又有姻亲关系,③晋朝建立后,任车骑将军、散骑常侍、尚书仆射,后升任司空、太尉等要职,封鲁郡公,地位之显赫无与伦比。缺乏政治经验的晋武帝在朝政国事上不得不依赖贾充,以维持国家机器的正常运转。④ 而且贾充又素来"能观察上旨",注意维护晋武帝的权威,故贾充虽屡遭众臣弹劾,但始终为武帝所信任。

---

① 《晋书》卷50《庾纯传》。
② 《晋书》卷40《贾充传》。
③ 充女贾褒(一名荃)、贾南风分别适齐王司马攸及太子司马衷,与司马氏结为姻亲。
④ 充母去世,贾充治丧丁忧后,司马炎派黄门侍郎前去慰问,后以东吴边境有事,派典军将军杨嚣宣谕,命他六十日内复职。

在西晋伐吴这个重大国策上，贾充是最大的反对派。每逢关键时刻，贾充总是上表反对伐吴，[1]由于贾充的特殊地位，其身为"国之宰辅"，握有大权，在朝政国事上拥有极大的发言权，故使得晋武帝犹豫不决，因此西晋的伐吴之举一直延宕至太康元年。如不是因羊祜屡上分析极其深刻的伐吴表章，[2]杜预的频频催促，[3]以及张华在与武帝下棋时推翻棋盘，[4]武帝恐怕还是难以下决心。然而即使到了天时、地利、人和皆备的时刻，贾充仍然坚持反对伐吴。武帝考虑到他的崇高地位，不得已，仍命贾充为使持节、假黄钺、大都督，总统六军，为伐吴大军的元帅。不料贾充上表声称："（晋）西有昆夷之患，北有幽并之戍，天下劳扰，年谷不登，兴军致讨，惧非其时。又臣老迈，非所克堪。"居然拒不从命，武帝只得纡尊降贵，委曲求全地对贾充说："君不行，吾便自出。"表示若贾充拒命，则自己以天子的身份亲自率军伐吴，贾充这才勉为其难，挂帅出征。然而，就在西晋伐吴大军节节胜利，已经攻克武昌，即将兵临吴都建业城之时，贾充仍然固执己见，阻挠伐吴大军乘胜前进。他上表称："吴未可悉定，方夏，江淮下湿，疾疫必起，宜召诸军，以为后图。虽腰斩张华，不足以谢天下。"[5]此时，中书监荀勖

---

① 王夫之认为，贾充之所以反对伐吴，是因为"充知吴之必亡，而欲留之以为己功，其蓄不轨之志已久，特畏难而未敢发耳。乃平吴之谋始于羊祜，祜卒，举杜预以终其事，充既弗能先焉，承其后以分功而不足以逞，惟阻其行以俟武帝之没，己秉国权，而后曰吴今日乃可图矣，则诸将之功皆归于己，而己为操、懿也无难"。《读通鉴论》卷 11 之 12。
② 参见《晋书》卷 34《羊祜传》。
③ 参见《晋书》卷 34《杜预传》。
④ 《晋书》卷 34《杜预传》："时帝与中书令张华围棋，而（杜）预表适至。华推枰敛手曰：'陛下圣明神武，朝野清晏，国富兵强，号令如一。吴主荒淫骄虐，诛杀贤能，当今讨之，可不劳而定。'"
⑤ 《晋书》卷 40《贾充传》。

亦上书,认为贾充所言极是,应该迅速召还伐吴大军,以为后图。由此可见,西晋以贾充为代表的伐吴反对派力量十分强大,屡屡阻挠伐吴大计。正是由于贾充在西晋朝中的特殊地位,才使得武帝迟迟难下决心,这是西晋伐吴不断延宕的原因之一。

## 二、秦凉之变

西晋伐吴之所以一再推迟的另一个重要原因是泰始至咸宁年间西晋爆发了秦凉之变,秦凉之变导致晋武帝十分焦虑,甚至一度寝食不安。秦凉之变的首领秃发树机能为河西鲜卑族人,邓艾破蜀时,树机能一部乞降,并得以在雍凉地区安居繁衍。树机能颇有勇略,在祖父秃发寿阗去世后接任部落大人。河西地区曾是匈奴活动出入的最主要的游牧区之一。自汉武帝设河西四郡,并增修长城,置阳关和玉门关后,河西地区渐趋于农耕。东汉开始,大量游牧民族以各种方式迁徙而来,至西晋时,关中和凉州一带的胡人已占当地人口一半。曹魏灭蜀后,司马氏忙于代魏,无暇西顾。及晋立,朝廷视孙吴为巨患,对西北各胡族,大都采取怀柔安抚政策。

泰始四年(268),陇西、河西大旱,秦州灾区胡汉混杂,尤以河西鲜卑人为多。司马炎担心此地发生动乱,故派车骑将军胡遵之子胡烈担任秦州刺史。[①] 胡烈曾参与灭蜀与平钟会之乱,为一时之猛将,但却非治境安邦之才。胡烈到任后不仅不能救民赈灾,反而加征税赋,他先屯兵于高平川,后又进占农民的麦田,冀图震慑地方灾民。时值天灾之年,树机能遂利用鲜卑民众的怨恨,乘机起

---

① 《资治通鉴》卷79晋武帝"泰始五年"条:"分雍、凉、梁州,置秦州,以胡烈为刺史。先是,邓艾纳鲜卑降者数万,置于雍凉之间,与民杂居,朝廷恐其久而为患,以烈素著名于西方,故使镇抚之。"胡三省注:"此河西鲜卑也。"

兵反晋,可谓顺势而一呼百应。

泰始六年(270)六月戊午,秦州刺史胡烈率军讨伐河西鲜卑,
与秃发树机能战于万斛堆,因轻敌而兵败身亡。宿将胡烈为树机
能所杀,这是晋初在西北边疆遭遇到的重大挫折。胡烈死后,树机
能军队士气大振,率部一举攻克高平。此时总督雍凉军事的是扶
风王司马亮,亮命部将刘旂征讨树机能,刘旂闻胡烈兵败,畏敌不
敢与树机能交锋。身为都督的司马亮因救援不力,遂被晋武帝下
诏罢免官职,武帝命司隶校尉石鉴行安西将军,都督秦凉诸军事,
与奋威护军田章、轻车将军杜预率大军征讨树机能。

石鉴与杜预素来不和。"(杜)预以虏乘胜马肥,而官军悬乏,
宜并力大运,须春进讨,陈五不可、四不须。"①拒绝对树机能盲目
出兵,石鉴大怒,遂罗织罪名将杜预槛车押解回京。石鉴不纳杜预
之策,率军讨伐秃发树机能,果真无法取胜,后因虚报战功而免
官。② 泰始六年七月丁未,司马炎命汝阴王司马骏为镇西大将军,
都督雍凉诸军事,坐镇关中。晋军和鲜卑经过一年多的交战,秃发
树机能不仅未被消灭,反而联合了氐、羌、匈奴等部落共同反晋。
各族联军中,尤以北地郡的匈奴最为强悍,号为"北地胡"。泰始
七年(271),秃发树机能联合"北地胡"攻陷金城郡,击杀凉州刺史
牵弘与太常、光禄大夫苏愉,势力达到了顶峰。牵弘曾随邓艾灭
蜀,又击退孙吴大将丁奉,也是颇负声望的名将。然而他的败死略
同于胡烈,即刚愎自用,轻敌致败。陈骞曾向武帝进谏:"胡烈、牵
弘皆勇而无谋,强于自用,非绥边之材,将为国耻。愿陛下详之。"
"时弘为扬州刺史,不承顺骞命。帝以为不协相构,于是征弘,既

---

① 《晋书》卷34《杜预传》。
② 《晋书》卷44《石鉴传》:"时秦、凉为虏所败,遣鉴都督陇右诸军事,坐论功虚
伪免官。"

至,寻复以为凉州刺史。骞窃叹息,以为必败。二人后果失羌戎之和,皆被寇丧没,征讨连岁,仅而得定,帝乃悔之。"①

从胡烈、牵弘之死,可以看出胡人并非全恃勇力,树机能的军事才能不可小觑。曹魏之时军事人才辈出,而西晋此时除羊祜之外,似乎缺少英才良将可用。陆抗为当时孙吴良将,羊祜为西晋名将,与抗势均力敌。祜戍守襄阳,与陆抗对峙,势必不可调往他处。李憙向晋武帝举荐刘渊。刘渊是内附的匈奴五部左部帅刘豹之子,当时在洛阳为质,在汉地生活多年。李憙称刘渊胸怀韬略,晓畅兵机,必可平秦凉之乱。《晋书·刘元海载记》云:"后秦凉覆没,帝畴咨将帅,上党李憙曰:'陛下诚能发匈奴五部之众,假元海一将军之号,鼓行而西,可指期而定。'孔恂曰:'李公之言,未尽珍患之理也。'憙勃然曰:'以匈奴之劲悍,元海之晓兵,奉宣圣威,何不尽有!'恂曰:'元海若能平凉州,斩树机能,恐凉州方有难耳。蛟龙得云雨,非复池中物也。'帝乃止。"在"非我族类,其心必异"的中古社会思潮影响下,晋武帝虽知刘渊有雄才,但终究顾虑他是匈奴人而弃之不用。

树机能在秦凉起兵反叛,严重影响了晋廷的政治、军事部署,其牵制了西晋的兵力,迟滞了西晋的伐吴,使得晋军主力不敢大举南下,孙吴的国祚因此得以延长。从泰始末至咸宁元年(275),秃发树机能的势力由凉州金城郡向西发展,高昌以东的一些鲜卑部落也起兵反抗西晋统治。由于晋军连战皆败,司马炎寝食难安,侍中任恺素与贾充不睦,遂奏请武帝,令贾充镇守关中,以平氐羌。武帝遂下诏曰:

秦凉二州,比年屡败,胡虏纵暴,百姓荼毒。遂使异类扇

---

① 《晋书》卷35《陈骞传》。

动,害及中州。虽复吴蜀之寇,未尝至此。诚由所任不足以内抚夷夏,外镇丑逆,轻用其众而不能尽其力。非得腹心之重,推毂委成,大匡其弊,恐为患未已。每虑斯难,忘寝与食。侍中、守尚书令、车骑将军贾充,雅量弘高,达见明远,武有折冲之威,文怀经国之虑,信结人心,名震域外。使权统方任,绥静西夏,则吾无西顾之念,而远近获安矣。其以充为使持节、都督秦凉二州诸军事,侍中、车骑将军如故,假羽葆、鼓吹,给第一驸马。①

在武帝看来,树机能对晋朝的危害已超过了当年的吴蜀,非得重臣猛将,不足以平此胡虏。贾充为晋武帝最为倚重的大臣,本该辅佐朝廷,但为了平定树机能,也只能让他暂离中枢。"权统方任"了。可见此时晋武帝平胡的迫切心情。然而,贾充一来素不习兵,二则为把持中枢大权,也不愿离开朝廷。荀勖于中策划,使贾充以其女贾南风与太子司马衷完婚为由,不赴凉州。恰逢"京师大雪,平地二尺,军不得发,既而皇储当婚,遂不西行"。② 最终,以贾充出征,讨平胡虏之事亦只能不了了之。

晋武帝一方面使用武力平叛,另一方面也采用安抚政策。"秋七月丁酉,复陇右五郡遇寇害者租赋,不能自存者禀贷之。"又以"雍、凉、秦三州饥,赦其境内殊死以下"。③

咸宁三年(277)平虏护军文鸯(又名俶)临危受命,都督凉、秦、雍州三州之军,大破秃发树机能。这是树机能第一次遭遇大败,此役后胡人部落有二十万人降晋,鲜卑人力大损,文鸯因此而名闻天下,遂被任命"为东夷校尉、假节。当之职,入辞武帝,帝见

---

① 《晋书》卷40《贾充传》。
② 《晋书》卷40《贾充传》。
③ 《晋书》卷3《武帝纪》。

而恶之,托以他事免俶官"。① 司马炎为何见文鸯"而恶之",估计是武帝忆及当年司马师平淮南二叛时,文鸯率军夜袭司马师军营,导致司马师眼珠迸出,伤重而亡,②故对文鸯心生厌恶,并罢免他的官职。

树机能为文鸯所败,虽然元气大伤,然而晋廷未能乘胜追击。晋武帝意气用事,罢免文鸯,致使树机能死灰复燃,不久之后他又卷土重来。诸胡人口众多,又得以时日休养生息,虽不复以往,但兵众仍盛。咸宁四年(278),秃发树机能命部将若罗拔能在武威大破晋军,斩杀凉州刺史杨欣。咸宁五年(279)正月,也即树机能叛乱的第十年,秃发树机能攻陷凉州(治今甘肃武威)。晋武帝在听说凉州被攻陷的消息后,非常后悔当初所用非人导致战况恶化,酿成大祸。他上朝时叹息说:"谁能为我讨伐此虏通凉州者乎?"朝臣无言以对,唯有司马督马隆对晋武帝说:"陛下能任臣,臣能平之。"司马炎说:"必能灭贼,何为不任,顾卿方略何如耳?"马隆说:"臣请募勇士三千人,无问所从来,率之鼓行而西,禀陛下威德,丑虏何足灭哉!"③司马炎同意了马隆的请求,并加封马隆为讨虏护军、武威太守。对晋武帝任用马隆,公卿大臣纷纷反对,认为朝廷不该实施这个赏募的特例,更何况马隆只不过是个口出狂言的小将,岂能信之? 但晋武帝明决果断,并没有听从这些大臣的反对。

汉代一钧的重量相当于三十斤,一石为四钧,相当于一百二十

① 《三国志》卷28《诸葛诞传》注引《晋诸公赞》。
② 《晋书》卷2《景帝纪》:"初,帝目有瘤疾,使医割之。(文)鸯之来攻也,惊而目出。惧六军之恐,蒙之以被,痛甚,啮被败而左右莫知焉。闰月疾笃,……辛亥,崩于许昌。"
③ 《晋书》卷57《马隆传》。

斤。马隆招募勇士的标准是能拉开一百二十斤的弓弦,能挽住上千斤的弩!这可是毫无水分的硬功夫,但当时能人也很多,从清晨到中午就选得三千五百名勇士。随后马隆又去武库挑选兵器,却与武库令发生了争执,御史中丞乘机参劾马隆。马隆对武帝说:"臣当亡命战场,以报所受,武库令乃以魏时朽杖见给,不可复用,非陛下使臣灭贼意也。"①晋武帝当即下令,武库所有的武器任马隆挑选,并配给部队三年的军资粮饷,部队于第二年正月出发西行。

马隆果然不负晋武帝所望,经过浴血苦战,最终平定了秦凉之乱。《资治通鉴》卷80晋武帝"咸宁五年冬十一月"条载:

> 马隆西渡温水,树机能等以众数万据险拒之。隆以山路狭隘,乃作扁箱车,为木屋,施于车上,转战而前,行千余里,杀伤甚众。自隆之西,音问断绝,朝廷忧之,或谓已没。后隆使夜到,帝抚掌欢笑,诘朝,召群臣谓曰:"若从诸卿言,无凉州矣。"乃诏假隆节,拜宣威将军。隆至武威,鲜卑大人猝跋韩且万能帅万余落来降。十二月,隆与树机能大战,斩之,凉州遂平。

可以说,如果没有晋武帝司马炎的充分信任和鼎力支持,马隆很难取得这么辉煌的战果,但马隆也兑现了当初的诺言:"陛下能任臣,臣能平之。"马隆后来官至东羌校尉、宣威将军,封奉高县侯。在陇右地区驻守戍边十余年,诸胡皆服,声威大震。马隆著有《八阵总述》一书,讲述排阵用兵,是西晋一位不可多得的智勇双全的大将。秃发树机能死后,秦凉的诸胡部队失去了领袖人物,顿时土崩瓦解,纷纷向马隆请降,秦凉之变至此平定。

---

① 《晋书》卷57《马隆传》。

树机能于公元270年初起事,败亡于279年底,持续时间达十年之久。在历时十年的秦凉之变中,秃发树机能带领河西鲜卑人屡挫晋军。为了镇压河西鲜卑,司马炎将西晋许多名将派遣至西北战场,前后丧失了胡烈、牵弘、苏愉、杨欣等四名高级将领。其时,河西、陇右烽火连天,西晋投入大量的人力、物力和财力来平叛,却不见成效。更为严重的是,秦凉之变影响到西晋的整体战略方针,特别是平吴战略部署的执行。史称,"河西断绝,帝每有西顾之忧"。① 公元278年,西晋名将羊祜病亡。羊祜临死前荐杜预代己,并数度苦谏晋武帝伐吴。羊祜奏疏虽得到司马炎的充分肯定,但却遭到朝中诸多大臣的反对,"朝议方以秦、凉为忧"。胡三省指出:"谓树机能未平也。"②贾充认为如今"西有昆夷之患,北有幽并之戍,天下劳扰",③朝廷不应在两线作战,只有先平树机能,然后再将伐吴提到议事日程。唯有度支尚书杜预、中书令张华等少数人赞同羊祜。恰逢晋军在秦、凉屡遭败绩,羊祜遂再次上表云:"吴平则胡自定,但当速济大功耳。"但还是遭到大部分人的反对,"议者多有不同,贾充、荀勖、冯紞尤以伐吴为不可"。④ 羊祜叹道:"天下不如意,恒十居七八,故有当断不断,天与不取,岂非更事者恨于后时哉!"⑤西晋因树机能未平,对孙吴始终按兵不动,故羊祜壮志未酬,未见吴平而身先亡。所幸西晋王朝出了位智勇双全的马隆,马隆平定树机能的捷报刚一传来,晋武帝就即刻命令六路大军出动,大举伐吴。毫无疑问,晋武帝选在此刻伐吴,是

① 《晋书》卷57《马隆传》。
② 《资治通鉴》卷80晋武帝"咸宁二年冬十月"条。
③ 《晋书》卷40《贾充传》。
④ 《资治通鉴》卷80晋武帝"咸宁二年冬十月"条。
⑤ 《晋书》卷34《羊祜传》。

因为平树机能之后,他已无后顾之忧。

需要指出的是,除了秃发树机能起兵之外,泰始七年(271)正月,匈奴右贤王刘猛叛逃出塞,攻打并州。接着,鲜卑拓跋部在蒙古地区崛起,鲜卑慕容部在东北地区崛起,他们皆给西晋边境带来了严重的压力,民族矛盾的日益加剧不仅使晋武帝无暇顾及伐吴,而且为中原王朝敲响了诸胡之乱的警钟,可惜当时的晋人对此并没有清晰的认识,最终铸成日后的五胡之乱。

## 三、汉晋之际疫疾大流行

贾充反对伐吴有诸种理由,其中"吴未可悉定,方夏,江淮下湿,疾疫必起"①这一条历来被世人传为笑柄,认为他是在制造借口,无中生有。但和贾充持相同见解者并不鲜见,《晋书·杜预传》记载:"时众军会议,或曰:'百年之寇,未可尽克。今向暑,水潦方降,疾疫将起,宜俟来冬,更为大举。'"可以确定,其中的"或曰",并非是贾充,因为其时贾充驻军项城,②不在杜预军中,更未参加"众军会议"。可见,杜预军中也有人担心大军南下会染上疾疫。

难道"江淮下湿,疾疫必起""今向暑,水潦方降,疾疫将起"的提醒是杞人之忧、无稽之谈?恐怕未必。建安十三年(208),曹操以三十万大军下江南,③志在一统华夏,孰料赤壁之战大败,其扫平四海的愿望终成泡影。曹操赤壁败北的原因颇多,但不可否认的是曹军南下后,将士不服南方水土,更为不幸的是染上了可怕的瘟疫,致使曹军的战斗力大为下降,败给了只有五万军卒的孙刘联

---

① 《晋书》卷40《贾充传》。
② 《晋书》卷40《贾充传》:"吴江陵诸守皆降,充乃徙屯项。"
③ 《三国志》卷64《诸葛恪传》:"北方都定之后,(曹)操率三十万众来向荆州。"

军。《三国志·吴书·周瑜传》注引《江表传》有一条记载，"曹公曰：'孤不羞走。'后书与权曰：'赤壁之役，值有疾病，孤烧船自退，横使周瑜虚获此名。'"

曹军在赤壁之战中染上疾疫并非孤证，类似的记载散见于《三国志》中多处，兹引之如次。《三国志·魏书·武帝纪》云："（曹）公至赤壁，与备战不利。于是大疫，吏士多死者，乃引军还。"《三国志·魏书·郭嘉传》记载："太祖征荆州还，于巴丘遇疾疫，烧船。叹曰：'郭奉孝在，不使孤至此。'"《三国志·吴书·吴主传》也称："公烧其余船引退，士卒饥疫，死者大半。备、瑜等复追至南郡，曹公遂北还。"《三国志·吴书·周瑜传》云："权遂遣瑜及程普等与备并力逆曹公，遇于赤壁，时曹公军众已有疾病，初一交战，公军败退，引次江北。"《三国志·蜀书·先主传》载："权遣周瑜、程普等水军数万，与先主并力，与曹公战于赤壁，大破之，焚其舟船。先主与吴军水陆并进，追到南郡，时又疾疫，北军多死，曹公引归。"

从以上的史料可以看出，曹操赤壁兵败，与将士水土不服，军营之中疫病大流行，战斗力严重下降有很大关系。正如裴松之所云："至于赤壁之败，盖有运数。实由疾疫大兴，以损凌厉之锋，凯风自南，用成焚如之势。天实为之，岂人事哉？然则魏武之东下，非失算也。"[1]在裴松之看来，曹操赤壁兵败在于瘟疫大兴。由此可见，贾充等人对晋军南下伐吴之战中可能遇到疫情的担忧，并不是没有道理的。七十多年前的赤壁之战在魏晋人的脑海中印象深刻，甚至是刻骨铭心。[2] 要知道，西晋此次伐吴实际上是继承曹操

---

[1] 《三国志》卷10《贾诩传》裴松之曰。

[2] 公元263年，司马昭在伐蜀之前召开的军事会议上指出："略计取吴，作战船，通水道，当用千余万功，……又南土下湿，必生疾疫。"（《晋书》卷2《文帝纪》）可见司马昭充分汲取了赤壁之战失利的历史教训。

赤壁之战的未竟之业,统一天下。所谓"前事不忘,后事之师"。当年赤壁之战时所遇到的疫情问题,有识者当然应该汲取,绝不能重蹈历史的覆辙。

赤壁之战曹军遇上疾疫并非偶然的历史现象。在中国古代历史上,疾疫是导致战争失利,甚至是人口大幅度减少的重要原因。梁启超在《中国史上人口之统计》一文中指出:"东汉初视西汉全盛得三之一,三国视东汉全盛得七之一,唐初视隋全盛得三之一,宋初视唐全盛得四之一,清初视明全盛得三之一,此其大较也。"①中国两千多年的君主专制社会,因大规模战争导致的人口耗损不足为奇,而无论东汉初年,唐初、宋初,还是清朝初年的人口统计显示,人口大致均减少为鼎盛时期的四分之一至三分之一。唯有三国时期,人口竟然减少到东汉永寿三年(157)统计时的七分之一都不到,②实在是殆不可解。如果说汉末入三国是由治入乱,那么隋入唐,五代入宋,明入清时的乱世比之三国时期毫不逊色,引起三国人口数量剧减的因素一个不少地影响着其余乱世,怎么能仅用"战乱"来解释呢? 在当时的医疗条件下,疾疫是一种死亡率非常高的传染性疾病,毋庸置疑,正是由于汉晋之际疫病大流行才导致人口大量的死亡。

东汉从光武建武元年(25)到献帝建安二十五年(220),是我国历史上非常罕见的瘟疫频发时期。疫疾持续了196年,疫情持续时间之长,传播范围之广,程度之剧烈可谓前所未有。东汉桓帝

---

① 《梁启超全集》第 4 卷,中国人民大学出版社 2018 年版。

② 《晋书》卷 14《地理志上》载:"至桓帝永寿三年(157),户千六十七万七千九百六十,口五千六百四十八万六千八百五十六,斯亦户口之滋殖者也。"据《通典》卷 7《食货·历代盛衰户口·丁中》统计,三国鼎峙之时,天下通计户一百四十七万三千四百二十三,口七百六十七万二千八百八十一。

时大疫三次,灵帝时大疫五次。太平道首领张角就是利用了疾疫流行,以替民众看病为由,①发动黄巾起义。南阳地区也接连发生瘟疫大流行,许多人因此丧生。医圣张仲景家族人口众多。他在"伤寒杂病论"中说:"余宗族素多,向逾二百,自建安以来,犹未十年,其亡者三分之二,伤寒十居其七。"其中死于伤寒者竟占十分之七。

三国时期,瘟疫更是多发,疫情尤为严重。赤壁之战,患上严重疫病的曹军惨败于孙刘联军,之后曹魏军营又连连发生疫病。"建安十三年,孙权率众围合肥。时大军征荆州,遇疾疫,唯遣将军张喜单将千骑,过领汝南兵以解围。颇复疾疫。"②曹操在建安十四年七月的辛未令中总结将士死亡原因时说:"自顷已来,军数征行,或遇疫气,吏士死亡不归,家室怨旷,百姓流离。"③

建安二十二年(217),以河北邺城为中心爆发的瘟疫,很快席卷了长江以北和江东安徽一带,导致人口大量死亡,很多地方十室九空,全国人口大量锐减,可谓是"白骨露于野,千里无鸡鸣"。曹植的《说疫气》,对建安二十二年瘟疫的惨状有着直观的描述:"疠气流行,家家有僵尸之痛,室室有号泣之哀。或阖门而殪,或覆族而丧。"④魏文帝"初在东宫,疫疠大起,时人凋伤,帝深感叹,与素所敬者大理王朗书曰:'生有七尺之形,死唯一棺之土,唯立德扬名,可以不朽,其次莫如著篇籍。疫疠数起,士人凋落,余独何人,

---

① 《三国志》卷8《张鲁传》注引《典略》:"(张)角为太平道。太平道者,师持九节杖为符祝,教病人叩头思过,因以符水饮之。得病或日浅而愈者,则云此人信道;其或不愈,则云不信道。"

② 《三国志》卷14《蒋济传》。

③ 《三国志》卷1《武帝纪》。

④ (晋)司马彪:《续汉书·五行志五》注引。

能全其寿？'"①曹丕在写给王朗的信中深刻地反映了疫情的恐怖。

汉魏之际，以建安七子与曹氏三父子为代表的建安文学，成就最高。然而，随着疫情的肆虐和蔓延，建安七子相继陨落，七人中有五人因染瘟疫而死。曹丕在《与吴质书》中言道："昔年疾疫，亲故多离其灾，徐（幹）、陈（琳）、应（玚）、刘（桢），一时俱逝，痛可言邪？"②建安七子之中的王粲也死于建安二十二年（217），去世时才41岁。粲随曹操征吴，这一年曹营之中发生疫病，王粲很可能在军中被感染，在回军途中突然去世。③ 这五位陨落在瘟疫之中的文坛巨匠都属于士大夫阶层，相比于平民百姓，他们的饮食和卫生条件无疑要好很多。他们的离世说明灾情已经无法控制，百姓感染者十之八九。建安诗歌的成就是巨大的，但因为这场灾难，建安文学的发展迅速进入了低谷期。豪迈文学也多被悲情格调所取代。随着建安七子时代的结束，出现了大量的"悼亡诗"，这些诗文充斥着对生离死别的伤感。在这种文化氛围之下，文人们大都从关注政治到关注生命之上来。

因疫情而死的还有司马懿兄司马朗，司马朗是司马防长子，"司马八达"之首，曾在董卓之乱时保全了河内温县司马氏全族："朗知卓必败，恐见留，即散财物以赂遗卓用事者，求归乡里……时岁大饥，人相食，朗收恤宗族，教训诸弟，不为衰世解业。"作为司马家族的领头羊，司马朗理应是汉魏之际冉冉升起的新星，但却没能逃过瘟疫这一劫。"建安二十二年与夏侯惇、臧霸等征吴。

---

① 《三国志》卷2《文帝纪》注引《魏书》。
② 见于曹丕《与吴质书》，《文选》卷42。
③ 《三国志》卷21《王粲传》："（王粲）建安二十一年，从征吴。二十二年春，道病卒。"

到居巢,军士大疫。司马朗躬巡视,致医药,遇疾卒。时年四十七。"①延康元年(220),曹操薨逝。祸不单行,瘟疫随着战争快速传播,已经到达了洛阳。《魏略》曰:"时太子(曹丕)在邺,鄢陵侯(曹彰)未到,士民颇苦劳役,又有疾疠,于是军中骚动。群寮恐天下有变,欲不发丧。"②后来在贾逵的坚持之下,才将曹操的灵柩送到了邺城。黄初四年(223)三月"丁未,大司马曹仁薨,是月大疫"。③估计曹仁也是染疾疫而亡。疫情一直持续到了公元253年,这一年诸葛恪率军攻魏新城。因将士患疫病,死者大半,④诸葛恪最终率军撤退。

入晋之后,疫病仍在流行,如"吴孙皓凤皇二年,疫。晋武帝泰始十年,大疫,吴土亦同"。⑤到了咸宁元年(275)十二月,西晋首都洛阳发生大疫疾。这次疫病来势凶猛,并迅速蔓延开来,危害极大,得病者往往因无法救治而死亡。《晋书·武帝纪》记载这次大疫"洛阳死者大半"。洛阳当时有多少人,恐怕没有一个准确的数字,但加上朝廷的各个官僚机构以及驻扎在京师的中军,至少有二十多万。《资治通鉴》卷80"咸宁元年冬十二月"条载:"大疫,洛阳死以万数。"《宋书·五行志五》也记载了这次疫情,云:"晋武帝咸宁元年十一月,大疫,京都死者十万人。"二条史料记载不一,《宋书》记载的死亡的人数要比《资治通鉴》多,如果平衡一下,这次疫病死亡者大概有数万人。

---

① 《三国志》卷15《司马朗传》。
② 《三国志》卷15《贾逵传》注引《魏略》。
③ 《三国志》卷2《文帝纪》。
④ 《资治通鉴》卷76魏齐王芳"嘉平五年"条:"会大暑,吴士疲劳,饮水,泄下、流肿,病者太半,死伤涂地。"《宋书》卷34《五行志五》载:"吴孙亮建兴二年四月,诸葛恪围新城,大疫,死者太半。"
⑤ 《宋书》卷34《五行志五》。

咸宁二年(276)正月,由于洛阳的疫情十分严重,司马炎"以疾疫废朝"。正月朝会历来是封建王朝最重要的朝会之一,象征着国家的礼仪制度和天子君临天下的威权。按照西晋制度,举行元旦朝会时,在京都洛阳的各级官员,诸侯王、州郡的计史、藩属国及少数民族首领的代表等都要参加,参加者可达上万人。元旦朝会有着万国来朝,四夷宾服的重要意义。

然而司马炎为何要"废朝"?笔者揣测,大概有二种可能,第一种是避免疫病在朝臣中互相传染,最后流行至宫内而采取的防疫措施。第二种是晋武帝自己也已染上了可怕的瘟疫,且这一种可能颇大。司马炎虽然贵为九五之尊,但在灾难面前,却难以幸免。咸宁元年十一月癸亥,司马炎还曾亲自阅兵。"十一月癸亥,大阅于宣武观,至于己巳。"①司马炎极有可能是在阅兵时,身处人群密集处而被感染的。

时年四十一岁的晋武帝春秋正盛,处于精力充沛的壮年,却因染疾而命悬一线。在此情况下,武帝又怎么可能顾及伐吴之事呢?咸宁二年暮春,武帝的病情开始逐渐好转。"帝得疾甚剧,及愈,群臣上寿。诏曰:'每念疫气死亡者,为之怆然。岂以一身之休息,忘百姓之艰难邪。'诸上礼者皆绝之"。② 这说明武帝本人虽然身体已逐渐康复,但他不忘百姓罹患疫疾之苦,故不接收朝臣的庆贺,毕竟这场可怕的瘟疫夺去了京师洛阳一带数万人的生命,所以必须让百姓休养生息,伐吴之事只能再往后延缓。这也是武帝一直拖到咸宁五年(279)十一月才大举伐吴的一个重要原因,因为此时瘟疫已过去了三四年,人心已经比较安定,社会元气也得到了

---

① 《晋书》卷3《武帝纪》。
② 《资治通鉴》卷80晋武帝"泰始二年春"条。

恢复,武帝消除了后顾之忧,才下决心伐吴,统一天下。

## 四、羊祜出镇襄阳

西晋朝廷上大部分朝臣都反对伐吴,力主伐吴的是少数派,只有羊祜、杜预、王濬、张华等数人而已,少数派中态度最为坚决,且对伐吴之役作了战略总规划的是羊祜。《晋书·羊祜传》云:"祜卒二岁而吴平。……因以克定之功,策告祜庙。策曰:皇帝使谒者杜宏告故侍中、太傅钜平成侯祜:昔吴为不恭,负险称号,郊境不辟,多历年所。祜受任南夏,思静其难,外扬王化,内经庙略,著德推诚,江汉归心,举有成资,谋有全策。昊天不吊,所志不卒,朕用悼恨于厥心。乃班命群帅,致天之讨,兵不踰时,一征而灭,畴昔之规,若合符契。"可见他是西晋平吴的关键人物。

羊祜字叔子,出自泰山南城(今山东费县)。泰山羊氏是两汉名族,世为二千石,门第显赫。祜高祖羊侵,汉安帝时官至司隶校尉;曾祖羊儒,汉桓帝时官至太常;祖羊续官至南阳太守;父羊衜官至上党太守。羊衜原配为孔融之女,续弦为东汉名儒蔡邕之女、蔡文姬之妹。联姻的对象都是汉魏之际最有声望的名士之女。羊氏与司马氏相交始于羊续之子羊秘,羊秘任侍御史时,曾与司马懿联名劝曹丕代汉。[1] 羊氏又与司马氏联姻,祜姐羊徽瑜适司马师。西晋建立后,武帝追谥司马师为景皇帝,尊奉羊徽瑜为景皇后。咸宁四年(278),羊徽瑜去世,谥号景献皇后,与司马师合葬峻平陵。

羊祜博学多才,善于文章、长于论辩,"郡将夏侯威异之,以兄(夏侯)霸之子妻之"。太原人郭奕称他为"今日之颜子"。由于汉

---

① 参见朱子彦:《司马懿传》第五章之二"曹丕受禅与司马懿上《劝进表》"。

魏时期士风激浊扬清,士人颇重名节,待价而沽,故羊祜年轻时不肯轻易出仕。羊祜被荐举为上计吏,州官曾前后四次征辟他为从事、秀才,五府也纷纷任命他,但都被羊祜拒绝。羊祜具有敏锐的政治洞察力,他预测司马氏和曹氏之间必有一番激烈的政治博弈,曹爽虽然势倾朝野,但终究不是司马懿的对手。他与王沈曾一起被曹爽征辟,羊祜拒辟,对王沈说:"委质事人,复何容易。"王沈便独自应召就职。司马懿发动高平陵之变后,王沈受到株连而被免官,他后悔地对羊祜说:"常识卿前语。"羊祜不肯夸耀自己有先见之明,反而宽慰他说:"此非始虑所及。"①夏侯霸降蜀,其亲属怕受牵连,大都与其家断绝关系,只有羊祜安慰其家属,体恤其亲人。不久,羊祜母与兄相继去世。羊祜服丧守礼十余年。司马昭任大将军时,征辟羊祜,羊祜仍未应征。于是,朝廷公车征拜羊祜为中书侍郎,不久升为给事中、黄门郎。陈留王曹奂即位,羊祜被封为关中侯,食邑百户。羊祜不愿在朝中做侍臣,要求调出宫廷任其他职务,结果改任为秘书监。钟会被诛后,羊祜任相国从事中郎,与荀勖共掌机密。

晋代魏前,司马炎调任羊祜为中领军,统领御林军。司马炎受禅称帝,因羊祜有匡扶之功,进号为中军将军,掌管京城的宿卫七军,加散骑常侍,进爵为郡公,食邑三千户。羊祜"固让封不受,乃进本爵为侯,置郎中令,备九官之职,加夫人印绶"。② 入晋之后,羊祜走上其仕途的巅峰,且速度之快令人咋舌。主要原因是司马氏征蜀时心腹重臣钟会谋反败死,司马昭幕府中枢出现真空,需要新鲜血液加以填补。此时羊祜与荀勖、裴秀共典机密,事实上填补

① 《晋书》卷 34《羊祜传》。
② 《晋书》卷 34《羊祜传》。

了钟会的空缺。

晋朝既立,朝堂格局必须重新洗牌,长期效忠于司马氏的旧臣得到重用,为司马氏弑君而建立殊勋的贾充正逢其时。羊祜凭借其敏锐的政治嗅觉觉察到这一点,"时王佑、贾充、裴秀皆前朝名望,祜每让,不处其右。"①郡公是西晋异姓功臣的最高爵位,羊祜出仕时间不长,大有后来居上的趋势,为怕引起贾充等权臣的嫉妒,羊祜固让封公,只受侯爵。但武帝对羊祜十分器重,祜虽固辞郡公,但官职却步步晋升。泰始初年,武帝专门下诏表彰羊祜的美德,说他"经纬文武,謇謇正直",故拜为尚书右仆射,卫将军,给本营兵。此时,羊祜职兼文武,进入中枢,已成为朝廷重臣。

虽然朝中大多数人反对伐吴,但武帝深知,只有灭吴才能树立自己的威望,才能建立不世之勋。然而要伐吴必须依仗得力助手,羊祜资兼文武,略不世出,又是坚定的伐吴派,故武帝决定让羊祜出镇方岳。泰始五年(269),司马炎开始对伐吴作全面的军事部署,除任命征东大将军卫瓘出镇青州临淄;镇东大将军、东莞王司马伷出镇徐州下邳外,又特地调任羊祜为荆州都督,假节,并保留他散骑常侍、卫将军原官不变。② 羊祜都督荆州的治所在襄阳。当时,西晋和孙吴各有一个荆州。西晋的荆州包括今陕西、河南的一小部分和湖北北部地区。吴国的荆州则有今湖南和湖北的大部分地区。晋吴间的边界线以荆州为最长,所以这里是灭吴之战的关键地区。羊祜出镇荆州襄阳,为西晋灭吴奠定了坚实的基础,故我们有必要对荆州与襄阳的历史沿革作一介绍:

汉代的荆州原本有七郡,即长沙、零陵、桂阳、南阳、江夏、武

---

① 《晋书》卷34《羊祜传》。

② 魏晋时都督以四征(镇)将军为尊,而羊祜任荆州都督是卫将军,后迁为车骑将军,开府仪同三司,在官品上位比三公。

陵、南郡。刘表入荆州之后,将原属南阳郡的"随枣走廊"分割出章陵郡,变成了八郡。曹操在赤壁之战前,占领了南阳、章陵、南郡三郡,又从南阳郡中析出南乡郡,南郡中析出襄阳郡,废章陵并入南郡。刘琮投降后,汉水以北的部分江夏郡,包括江夏原来的郡治安陆,亦成为曹操的属地。[①] 赤壁之战后,曹操退出江汉平原,放弃南郡。关羽覆败之前,荆州三分,魏蜀吴各占其一。建安二十四年(219),孙权擒斩关羽,尽夺蜀之荆州,自此,东汉荆州遂分为二,一为曹魏(后为西晋)的荆州,一为东吴的荆州。

曹操在迫降张鲁后,将原汉中郡东部分置出上庸、房陵、西城三郡,称之为"东三郡",同时将之划入荆州的版图(西城郡更名为魏兴郡,房陵郡更名为新城郡)。曹魏设立的荆州,其辖区大致相当于东汉荆州的北部。一共有七个郡:南阳、江夏、襄阳、南乡、新城、魏兴、上庸。曹魏对荆州重新划分后,孙吴也效仿之。吴在原有的南郡、江夏、武陵、长沙、零陵和桂阳六郡的基础上,又增加了建平、宜都、临贺、湘东、衡阳五郡。于是,吴的荆州便有了十一个郡。

从公元265年开始,形成了晋吴南北对峙的局面。羊祜为晋武帝制定的灭吴方略中有一句十分关键的话:"伐吴必藉上流之势。"孙吴以水师立国,要灭吴必须破其水师。因此西晋必须建立一支强大的水军。西晋对吴的地理优势是占领了长江上游,只要上游的水军顺流沿江而下,攻击位于中下游的吴军水师,就可发挥居高临下的地理优势。司马氏灭蜀之后,攻占了位于长江上游的益州。秦惠王时,大将司马错就曾说"得蜀则得楚",此话一语道

---

① 江夏郡为魏吴各占一半。魏的江夏郡治所在今湖北省云梦县,吴的江夏郡治所设在当时的武昌(今湖北省鄂州市)。

破了巴蜀对吴楚的地理压制,可以对吴楚构成巨大威胁。但单凭一个拳头亦未必能够置孙吴以死地。西晋还需开辟对吴作战的第二战场,西晋最理想的第二伐吴战略基地就是襄阳。晋之荆州虽有七郡,但大部分地区都位于内陆,与长江接壤的郡县较少,只有襄阳位于长江中游。从灭吴战争的视角来看,西晋荆州最为重要的地区莫过于襄阳。晋之襄阳和吴之江陵一个扼汉江,一个扼长江,在南北朝时期,是最重要的战略要地。

在汉末至晋初的战争进程中,襄阳是南北对抗双方激烈争夺之地。清人顾祖禹对三国时期的襄阳之战作了全面的回顾和总结:

> 襄阳府跨连荆豫,控扼南北,三国以来,尝为天下重地。曹公赤壁之败,既失江陵,而襄阳置戍,屹为藩捍。关壮缪在荆州,尝力争之,攻没于禁等七军,兵势甚盛。徐晃赴救,襄阳不下,曹公劳晃曰:"全襄阳,子之力也。"盖襄阳失,则沔、汉以北危。当操之失南郡而归也,周瑜说权曰:"据襄阳以蹙操,北方可图。"及壮缪围襄、樊,操惮其锋,议迁都以避之矣。吴人惧蜀之逼,遽起而议其后,魏终得以固襄阳,而吴之势遂屈于魏。自后诸葛瑾、陆逊之师屡向襄阳,而终无尺寸之利,盖势有所不得逞也。[①]

自建安十三年(208)九月曹操南征荆州,刘琮投降之后,襄阳遂归属曹魏,成为其南陲要镇,曹魏军队屡次在此地抗击敌军入侵。建安二十四年(219),关羽北伐,曹操为保卫襄阳,几乎倾全国之力;曹仁在兵微将寡,粮草将尽的情况下,仍然誓死坚守襄阳。据《三

---

① (清)顾祖禹:《读史方舆纪要》卷79《湖广五·襄阳府》,上海书店出版社1998年版。

国志》及裴注与《晋书》所载,在汉晋之际的四十余年之内,吴、蜀对襄樊地区策划、发动的攻势共有八次。从建安二十四年(219)关羽的北征,到泰始四年(268)万彧的袭扰,均遭受挫败或无功而返。这些情况反映出襄阳、樊城为蜀、吴北伐的主要作战方向之一。曹魏及西晋政权因此非常重视襄樊地区的防务,曾先后数次将荆州战区最高长官征南将军或荆州都督的治所设在那里,形势危急时调集各处兵马前来救援,竭尽全力守卫该地,诚如魏明帝所言:"先帝(曹操)东置合肥,南守襄阳,西固祁山,贼来辄破于三城之下者,地有所必争也。"①曹叡认为对于魏国而言,祁山、合肥、襄阳这三座城市极为重要,是绝不可放弃的。

　　为何襄阳地理位置如此重要? 主要是因为襄阳自古就是连接江汉平原和南阳盆地的交通要冲,几条水旱道路在此交汇,使其成为沟通南北、承东启西的重要枢纽,因而是军事要害之地。司马懿曾言:"襄阳水陆之冲,御寇要害,不可弃也。"②东晋大将庾翼也说:"计襄阳,荆楚之旧,西接益、梁,与关陇咫尺,北去洛河,不盈千里,土沃田粮,方城险峻,水路流通,转运无滞,进可以扫荡秦赵,退可以保据上流。"③顾祖禹在《读史方舆纪要》中指出:襄阳,天下之脊。在古代中国,能称天下之脊的还有太行山,不过,太行山主要是在北方少数民族南下中原时,才在军事上起着重要的作用。若出现南北之争,以淮河、汉水为界的南北朝对峙时,襄阳才是天下之脊。有关这一点,南宋开始,就有了许多经验上的总结。李焘云:"天下之大势全据之则强,三国时天下之大势在襄阳,吴蜀之要害,而魏之所以必争也。……襄阳者天下之脊也,东援吴,西控

　　① 《三国志》卷 3《明帝纪》。
　　② 《晋书》卷 1《宣帝纪》。
　　③ 《晋书》卷 73《庾亮传附庾翼传》。

蜀,连东西之势,以全天下形胜。"①应当说,襄阳的重要性,不限于三国时,只要是南北之争,襄阳将会成为关乎南方王朝的命脉。占领襄阳地区既可以向多个方向用兵,也能截断敌人水陆进军的交通干道,从而掌握战争的主动权,故襄阳成了兵家必争的要地。

襄阳的战略地位也随着三国军事形势变化而出现升降波动。曹操时期,曹魏荆州军政长官和州兵主力即驻于此地。曹丕代汉后,三国实力保持均势,为了休养生息,曹魏将荆州军队主力和都督治所北徙宛城,襄阳成为孤悬汉南的要塞。曹魏强盛后逐步压迫孙吴防线,遂将荆州军政中心先后南移新野、襄阳,襄阳的战略地位得以回升。西晋在灭吴之战中,以吴国南郡作为其荆、益二州军队的主攻方向和重点战场,故而西晋将前线总指挥部——都督治所的驻地设在襄阳,以便监控战局的发展,这表明襄阳之军事地位历经变迁后升至这一历史时期的最高阶段。

羊祜到任后,发现荆州的形势并不稳固。不但百姓的生活不够安定,就连戍兵的军粮也不充足。于是,羊祜首先把精力放在开发荆州方面。羊祜开设学校,兴办教育,安抚百姓,怀柔远人。并与吴人开诚相待,凡投降之人,去留可由自己决定。还禁止拆毁旧官署。当时风俗,官长如果死在官署之中,后继者便说居地不吉,往往拆毁旧府,另行修建。羊祜认为,死生有命,不在居室,命令下属,禁止修建。吴国石城驻军离襄阳七百多里,常常侵扰边境。羊祜深以为患,于是巧用计谋,使吴国撤销了守备。羊祜又把军队分作两半,一半执行巡逻戍守的军事任务,一半开垦荒田。当年,全军共垦田八百余顷。羊祜刚来时,"军无百日之粮,及至季年,有

① (宋)李焘:《六朝通鉴博议》卷1"周瑜请并吞梁益据襄阳以图北方"条,南京出版社2007年版。

十年之积"。① 羊祜的这些措施迅速安定了荆州的社会秩序,增强了军队的战斗力。司马炎为表彰他的功绩,下令取消江北所有的都督建置,授予羊祜南中郎将的职务,负责指挥汉东江夏地区的全部军队。

羊祜在军中,常穿轻暖的皮裘,系宽缓的衣带,不穿铠甲。铃阁之下,应命侍卫的士卒也不过十几个人。并且,喜欢打猎钓鱼。有一天夜晚,他想出营,军司马徐胤持戟挡住营门说:"将军都督万里,安可轻脱! 将军之安危,亦国家之安危也。胤今日若死,此门乃开耳。"羊祜正色改容,连连道歉,从此很少外出。不久,羊祜又被加封为车骑将军,并受开府仪同三司的待遇。羊祜上表固辞,武帝不允。

羊祜在边境,德名素著,可在朝中,却每遭诋毁。他正直忠贞,疾恶如仇,毫无私念,因而颇受荀勖、冯紞等人忌恨。王衍是他的堂甥,曾来见他陈说琐事,言辞华丽,雄辩滔滔。羊祜很不以为然,王衍拂衣而去。羊祜对宾客说:"王夷甫方以盛名处大位,然败俗伤化,必此人也。"②西陵之战,羊祜欲按军法处斩王戎。所以,王戎、王衍都怨恨羊祜,言谈中时常攻击他。时人说:"二王当国,羊公无德。"

## 五、西陵之战

羊祜戍守襄阳时期,不仅有文治,也有武事,他与陆抗这位三国末年最杰出军事家在西陵交锋,史称西陵之战。西陵(今湖北

① 《晋书》卷34《羊祜传》。
② 《晋书》卷34《羊祜传》。

宜昌东南西陵峡口），也称之为夷陵，位于江汉平原最西端，控扼长江三峡的出入口，是吴国防御西晋侵扰的前哨阵地。正是因夷陵有"上控巴蜀，下引荆襄"的重要战略地位，才会导致三国时期著名的夷陵之战在此爆发。公元221年，刘备为报孙权擒杀关羽、夺取荆州之仇，亲率大军征讨孙吴，吴蜀二军在夷陵鏖战。结果，吴军统帅陆逊火烧蜀军连营数百里，大败刘备。战后，孙权改夷陵为西陵，派重臣陆逊、步骘经营西陵，把西陵打造成为吴国防范蜀国的边境重镇。蜀亡之后，西陵与西晋接壤，面对西晋强大的军事压力，西陵的战略地位进一步凸显出来。

吴国丞相步骘死后，其子步协、步阐相继镇守西陵。凤凰元年（272）八月，吴西陵督步阐受吴主孙皓征召，令其回建业任绕帐督。步阐自父步骘开始数代为西陵镇将，仓卒被召，内心不安，以为失职，且惧怕遭人陷害，遂于九月举城降晋，并送侄步玑、弟步璇赴洛阳为质。由于西陵是孙吴边境重镇，西陵督步阐亦是孙吴名将，其主动归降，西晋兵不血刃获得西陵，使晋武帝喜出望外，即以步阐都督西陵诸军事，拜卫将军、开府仪同三司、侍中，假节领交州牧，宜都公。晋武帝厚遇步阐，就是冀图以占领西陵来打开攻吴的缺口。羊祜戍守襄阳之时，东吴镇守荆州的是镇军大将军陆抗。陆抗是孙吴名将陆逊之子，颇有乃父之风，胸藏韬略，文武兼资，是三国后期的杰出人才。陆抗闻听西陵沦陷，步阐降晋，并未惊慌，他立即作出军事部署，除调遣兵将之外，又亲率大军赶赴西陵。晋武帝也命坐镇荆襄，拥兵八万的车骑将军羊祜救援步阐。羊祜兵分三路：荆州刺史杨肇前往西陵接应步阐，巴东监军徐胤率水军进攻建平，羊祜自己则率晋军主力进攻江陵。

吴军抵达西陵后，并不急于攻城，陆抗估计晋军很快就将前来驰救步阐，为避免腹背受敌，陆抗命诸军在西陵城外构筑起一道自赤溪至故市(今湖北宜昌)的防御工事。防御工事用途有二:内用以围困步阐,外则抵御晋援军。吴军昼夜筑围,如敌军已至一般。众将士劝谏陆抗说,不如趁现在三军士气旺盛,立即对西陵发起猛攻:"今及三军之锐,亟以攻(步)阐,比晋救至,阐必可拔。何事于围,而以弊士民之力乎?"陆抗认为,西陵城坚固,急切之下难以攻克。他对诸将说:"此城处势既固,粮谷又足,且所缮修备御之具,皆抗所宿规。今反身攻之,既非可卒克,且北救必至,至而无备,表里受难,何以御之?"①陆抗不听诸将之言,昼夜催促众军士赶修工事。诸将要求攻打西陵,宜都太守雷谭言辞恳切,陆抗为了使众将信服,便听任他们前往攻打。结果进攻果然不利,诸将方信陆抗之言,在陆抗的严厉督促下,防御围墙得以如期完成。

羊祜率五万晋军进攻江陵,江陵是南郡的治所,也是荆州最为重要的军事重镇之一,与西陵相比,时人皆认为江陵更为重要,故诸将皆请陆抗至江陵督战。陆抗则以为:"江陵城固兵足,无所忧患,假令敌没江陵,必不能守,所损者小。如使西陵盘结,则南山群夷皆当扰动,则所忧虑,难可竟言也,吾宁弃江陵而赴西陵,况江陵牢固乎?"②陆抗分析战况后,不为诸将之言所动,他不去江陵,而仍在西陵前线亲自指挥。为避免江陵周围无险要可守的地理缺陷,陆抗曾修建了一个大堰拦水造湖,以阻击敌军。羊祜出兵前,想要借用这个人工湖,用船只运送粮草等物资,他害怕吴军毁坝,于是扬言要破堰以过步兵。陆抗判断,羊祜是要反其道而行之,于是急令江陵督张咸破堰。羊祜至当阳后,堰坝已毁,面对满是淤泥的江陵城北湿地,晋军物资运送十分艰难,只得改用车马来运粮,

---

① 《三国志》卷58《陆逊传附陆抗传》。
② 《三国志》卷58《陆逊传附陆抗传》。

大费人力和物力,以致数万晋军粮秣难以为继。再加上江陵城防坚固,不易攻打,羊祜顿兵于城下,不能前进。

十一月,晋荆州刺史杨肇率援军到西陵,巴东监军徐胤亦率水军至建平。陆抗令张咸固守江陵,派公安督孙遵于长江南岸机动,防备羊祜军南渡;水军督留虑、镇西将军朱琬拦截晋徐胤水军顺流东下;陆抗自率大军凭据长围与杨肇对峙,以待战机。杨肇向吴军发起猛烈攻击,吴将朱乔、营都督俞赞见形势不利,遂叛逃晋营。陆抗说:“(俞)赞军中旧吏,知吾虚实者,吾常虑夷兵素不简练,若敌围攻,必先此处。”陆抗断定叛将俞赞必定会将吴军虚实告诉杨肇。于是连夜调整部署,将该处防军全部更换上善战的精兵。次日,杨肇果然集中主力攻击原吴军防区薄弱处,陆抗早有准备,即命吴军反击,“矢石雨下,肇众伤死者相属”,[1]晋军大败。两军相持了经月,杨肇无计可施,遂趁夜遁走。陆抗顾虑西陵城内步阐的牵制,故不派大军追赶,而只是“鸣鼓戒众”,作出追击的假象。杨肇害怕,丢盔弃甲,狼狈逃窜,陆抗派轻兵追击,杨肇军自相践踏,伤亡惨重,大败而归。羊祜见形势不利,亦撤兵而返,晋军因此全线溃退。陆抗转兵进攻西陵,此时,西陵城内弹尽粮绝,不久就被攻克。陆抗诛杀步阐三族及同谋将吏,其余数万胁从者皆赦之。

此战,陆抗指挥若定,先打破晋军分进合击之势,而用偏师牵制晋军主力,用主力围城打援,终于击败晋军,攻克西陵。陆抗入城后,修治城围,然后东返乐乡。陆抗虽立大功,却“貌无矜色,谦冲如常,故得将士欢心”。[2]陆抗因功加拜都护,不久,又拜大司马、荆州牧,就此成为孙吴政权的擎天之柱。西晋完成统一之后,

---

① 《三国志》卷58《陆逊传附陆抗传》。

② 《三国志》卷58《陆逊传附陆抗传》。

陆抗之子陆机，追思其父的功业，依然充满了自豪感。他在《辨亡论》中曰：

> 逮步阐之乱，凭保城以延强寇，重资币以诱群蛮。于时大邦之众，云翔电发，悬旌江介，筑垒遵渚，襟带要害，以止吴人之西。而巴汉舟师，沿江东下。陆公以偏师三万，北据东坑，深沟高垒，案甲养威。反虏踠迹待戮，而不敢北窥生路，强寇败绩宵遁，丧师大半。分命锐师五千，西御水军，东西同捷，献俘万计。①

由此可见，陆抗平定步阐之乱、收复西陵，其对于孙吴政权的贡献，足以与陆逊击败刘备的夷陵之战相媲美。然而，西陵之战过去仅二年，陆抗就去世了。随着陆抗的逝世和吴国的灭亡，陆抗也因此被誉为“三国时代最后的名将”，而西陵之战，也就成了三国名将的谢幕之战。

西陵之战失利后，西晋朝有司奏劾羊祜云：“祜所统八万余人，贼众不过三万。祜顿兵江陵，使贼备得设。乃遣杨肇偏军入险，兵少粮悬，军人挫衄。背违诏命，无大臣节。可免官，以侯就第。”②晋武帝本来对羊祜倚重有加，寄以统一江南之望，但此役失利，主帅不能辞其咎，故只得下诏，贬羊祜为平南将军，而免杨肇为庶人。

平心而论，西陵之战的失利，作为主帅的羊祜确实负有不可推卸之责。首先是他对战局的变化反应迟钝。步阐于凤凰元年(272)九月举城投降，羊祜理应预判到吴国绝不会坐视步阐降敌而不顾，陆抗必将发兵进攻西陵，镇压叛乱。羊祜身在襄阳，离开

---

① 《三国志》卷48《三嗣主传》注引陆机《辨亡论》。

② 《晋书》卷34《羊祜传》。

西陵并不远,但他直到十一月才派来增援部队,这当中至少耽搁了一个多月。当初司马懿得知孟达叛魏投蜀,即当机立断,不请示魏明帝曹叡,而是星夜起兵,日夜兼程,以最快的速度赶赴上庸。结果只花了八天时间就到达,仅用了十六天就攻克了上庸,斩了孟达,取得了完胜。司马懿的用兵方略可以称之为"静如处子,动如脱兔"。而羊祜驻守襄阳已经三年,兵精粮足,明知步阐危急,日夜企盼救兵,却等待远在洛阳的司马炎下诏,才率军向南。史载:"吴将陆抗攻之甚急,诏祜迎阐。祜率兵五万出江陵,遣荆州刺史杨肇攻抗,不克。"①由此可见,羊祜性格持重,用兵谨慎,迂缓,与司马懿的用兵方略相去甚远。相比于羊祜的迟钝,陆抗却敏锐地意识到西陵的重要性,而且其军事行动雷厉风行,极其迅速。"抗闻之,日部分诸军,令将军左奕、吾彦、蔡贡等径赴西陵,敕军营更筑严围,……昼夜催切,如敌以至。"②

其次,羊祜以主力攻江陵,以偏师救西陵,采用围魏救赵之计。他的如意算盘是诱使陆抗以主力来救江陵,如此,杨肇即可利用吴军在西陵兵力不足的弱点,以多击少,成功解救步阐。羊祜计谋虽好,但他低估了吴军主帅陆抗的才能。陆抗看破羊祜的意图,攻江陵是虚,救西陵才是晋军的真正目的,江陵虽遭晋军主力攻击,但却是羊祜的调虎离山之计。针对羊祜之谋,陆抗对羊祜攻打江陵毫不理会。他集中兵力围困西陵、全力应对杨肇的偏师。陆抗之所以这样应对,除了考虑西陵在战略上的极端重要性之外,还有一个原因,就是陆抗对自己所筑的江陵城,有强烈的自信心:"江陵城固兵足,无所忧患。假令敌没江陵,必不能守,所损者小。"陆抗到西陵筑围而不攻步阐,凭围对抗杨肇,皆因江陵城坚,故敢于置

---

① 《晋书》卷34《羊祜传》。
② 《三国志》卷58《陆逊传附陆抗传》。

羊祜主力而不顾。在整个战役中,陆抗知己知彼,冷静判断,料敌于先。故羊祜虽有妙计,但屡屡被陆抗识破。

羊祜不以应变将略擅长,西陵之战指挥失当,成就陆抗威名。但他虽短于军事,却长于政治,西陵之战虽然失利,但羊祜的攻心战术却取得了巨大的成功,他施展的政治策略,瓦解了吴国的军心,并赢得了吴国将士、民众的敬仰。此战之后,晋吴边境出现了历史上著名的"羊陆之交"。

## 六、羊祜的"攻心"

西陵之战失利后,羊祜认识到孙吴的国势虽已衰退,但仍有一定的实力,特别是孙吴有陆抗这样的优秀将领主持军事,故平吴之战不宜操之过急。于是,他采取军事蚕食和政治攻心的两手策略,以积蓄实力,瓦解对方,寻找灭吴的合适时机。

鉴于历史上"孟献营武牢而郑人惧,晏弱城东阳而莱子服"的经验,羊祜挥兵挺进,"进据险要,开建五城,收膏腴之地,夺吴人之资。石城以西,尽为晋有。"①吴人来降者不绝如缕。羊祜于是实施怀柔、攻心之计。自古以来,凡用兵打仗,将帅都尽量要采取各种谋略,也就是所谓的"兵不厌诈"。但羊祜用兵却反其道而行之,每次与吴国交战,都约定日期才开战,不使用偷袭之计。史载:"(羊祜)每与吴人交兵,克日方战,不为掩袭之计,将帅有欲进谲诈之策者,辄饮之以醇酒,使不得言。"②

有部下在边界擒获吴军两位将领之子。羊祜获悉后,即下令

---

① 《晋书》卷34《羊祜传》。
② 《晋书》卷34《羊祜传》。

将其子送回。后来，吴将夏详、邵颛等前来归降，其子之父也率部一起归降。"吴将陈尚、潘景来寇，(羊)祜追斩之，美其死节而厚加殡殓。景、尚子弟迎丧，祜以礼遣还。"①吴将邓香进犯夏口，羊祜将他擒住，随即又将他放回。邓香感恩，率其部属归降。

三国时期，守边将士常到敌国边境上抢割已经成熟的稻谷。如诸葛亮北伐时，由于巴蜀之地道路艰险，所以运送粮草十分困难。诸葛亮除了使用木牛流马之外，还经常组织军队抢割曹魏陇上的粮食，以补充自己军粮的不足。但在羊祜戍守襄阳时期，羊祜的部队行军路过吴国边境，收割田里稻谷以充军粮，但每次都要根据收割数量用绢帛偿还给吴军。畋猎之时，羊祜约束部下，不许越过吴国的边境。如有禽兽先被吴人所伤而后被晋兵获得，他都送还对方。故史称："吴、晋之间，余粮栖亩而不犯，牛马逸而入境，可宣告而取也。"②羊祜施以怀柔政策，深得江汉地区人心。吴人心悦诚服，不呼其名，而称之为"羊公"。

陆抗看到羊祜不使用武力，而是"增修德信，以怀吴人"，以仁义道德的怀柔政策来感化吴国将士，觉得这是很厉害的策略，故他告诫将士："彼专为德，我专为暴，是不战而自服也。各保分界，无求细益而已。"③因此，在很长的一段时间里，陆抗、羊祜各自镇守自己的边疆，多年来互不侵犯、相安无事。陆抗称赞羊祜的德行度量："虽乐毅、诸葛孔明不能过也。"④

不仅如此，双方还常有使者往还。一次陆抗患疾，向羊祜求药，羊祜即刻派人送药与陆抗，并说："此上药也，近始自作，未及

---

①　《晋书》卷34《羊祜传》。
②　《三国志》卷58《陆逊传附陆抗传》注引《汉晋春秋》。
③　《三国志》卷58《陆逊传附陆抗传》注引《汉晋春秋》。
④　《晋书》卷34《羊祜传》。

服,以君疾急,故相致。"①吴将怕药中有毒,劝陆抗勿服,陆抗笑道:"羊祜岂鸩人者!"说完,仰而服下。不久,陆抗的病就痊愈了。时人都说:"华元、子反复见于今日。"②

陆抗、羊祜的频繁往来,传到了吴主孙皓耳中,孙皓不悦,派使者去苛责陆抗。陆抗回答道:"夫一邑一乡,不可以无信义之人,而况大国乎! 臣不如是,正足以彰其德耳,于祜无伤也。"③孙皓无言以对。陆抗此举的用意也很深刻。他认为羊祜是用仁义恩泽来感化吴人,吴国如果不采取相应措施,就会坠入羊祜"德攻"政策的彀中。羊祜所为,无疑是古人秉承诚信道义的典范。东晋史学家习凿齿,对羊祜的兼爱和美德推崇有加。他在《汉晋春秋》中,有一则精彩的评论,对羊祜的诚信与道义之举大加赞赏。兹不妨节录如下:

> 夫理胜者,天下之所保;信顺者,万人之所宗。虽大猷既丧,义声久沦,狙诈驰于当塗,权略周乎急务,负力从横之人,臧获牧竖之智,未有不凭此以创功,舍兹而独立者也。是故晋文退舍,而原城请命;穆子围鼓,训之以力;冶夫献策,而费人斯归;乐毅缓攻,而风烈长流。观其所以服物制胜者,岂徒威力相诈而已哉! 自今三家鼎足四十有余年矣,吴人不能越淮、沔而进取中国,中国不能陵长江以争利者,力均而智侔,道不足以相倾。夫残彼而利我,未若利我而无残;振武以惧物,未若德广而民怀。匹夫犹不可以力服,而况一国乎? 力服犹不如以德来,而况不制乎? 是以羊祜恢大同之略,思五兵之

---

① 《三国志》卷58《陆逊传附陆抗传》注引《汉晋春秋》。
② 《晋书》卷34《羊祜传》。
③ 《三国志》卷58《陆逊传附陆抗传》注引《汉晋春秋》。

则,齐其民人,均其施泽,振义网以罗强吴,明兼爱以革暴俗,易生民之视听,驰不战乎江表。故能德音悦畅,而襁负云集,殊邻异域,义让交弘。自吴之遇敌,未有若此者也。抗见国小主暴,而晋德弥昌,人积兼己之善,而己无固本之规,百姓怀严敌之德,阖境有弃主之虑,思所以镇定民心,缉宁外内,奋其危弱,抗权上国者,莫若亲行斯道,以侔其胜。使彼德靡加吾,而此善流闻,归重邦国,弘明远风,折冲于枕席之上,校胜于帷幄之内,倾敌而不以甲兵之力,保国而不浚沟池之固,信义感于寇仇,丹怀体于先日。岂设狙诈以危贤,徇己身之私名,贪外物之重我,暗服之而不备者哉!由是论之,苟守局而保疆,一卒之所能;协数以相危,小人之近事;积诈以防物,臧获之余虑;威胜以求安,明哲之所贱。贤人君子所以拯世垂范,舍此而取彼者,其道良弘故也。①

习凿齿的上述评论,可谓真知灼见,极富哲理。他是站在当时"治国平天下"的高度,旁征博引,用大量史实来论证和宣扬诚信与道义,并论述诚信道义的重要性,习氏云:"信顺者,万人之所宗",用"诚信""兼爱"才能得到民心和取得最终胜利。从羊祜的用兵之道来看,他是采取"攻心为上,攻城为下,心战为上,兵战为下"。事实证明,羊祜的"攻心"与"诚信道义"政策大奏其效,就连当时的吴国名将陆抗,也不得不叹服羊祜而效仿之。

羊祜的"攻心"策略之所以取得巨大成效,和当时吴国黑暗昏乱的政治状况有密切关系。吴主孙皓是三国时期著名的暴君。《江表传》记载:"(孙)皓初立,发优诏,恤士民,开仓廪、振贫乏,科

---

① 《三国志》卷58《陆逊传附陆抗传》注引习凿齿曰。

出宫女以配无妻,禽兽扰于苑者皆放之。当时翕然称为明主。"①
但未过多久,志得意满的孙皓便显露出暴虐骄盈的本性,他宠幸中常侍岑昏,整天沉湎于酒色之中。丞相濮阳兴和骠骑将军张布对当初立他为帝颇感后悔,有人乘机进谗言,孙皓居然把这两个立他为帝的功臣杀了。孙皓好色,杀张布后,封布小女为美人,一次,孙皓问她:"'汝父所在?'答曰:'贼以杀之'。皓大怒,棒杀之。后思其颜色,使巧工刻木作美人形象,恒置座侧。问左右:'布复有女否?'答曰:'布大女适故卫尉冯朝子纯。'即夺纯妻入宫,大有宠,拜为左夫人,昼夜与夫人房宴,不听朝政。使尚方以金作华燧、步摇、假髻以千数。令宫人著以相扑,朝成夕败,辄出更作,工匠因缘偷盗,府藏为空。"②孙皓即位不久,就逼死孙休皇后朱氏和诛杀先帝之子。③

孙皓对臣僚更是施以酷刑。会稽太守车浚曾为民请命,希望孙皓不要增加赋税,孙皓闻之大怒,立即派人将其枭首示众。"尚书熊睦见皓酷虐,微有所谏,皓使人以刀环撞杀之,身无完肌。"④孙皓宠妃因与大臣陈声发生矛盾,孙皓"假他事烧锯断(陈)声头,投其身于四望之下"。孙皓经常举行宴会,在宴会上,他要大臣们放开酒量。侍中韦曜酒量太小,孙皓怒而杀之。他还任命了十人做黄门郎,黄门郎"侍立终日,为司过之吏,宴罢之后",他们就弹劾朝臣在宴会上的过失。著名的天文学家王蕃,因为喝醉了酒,直接被孙皓处死。孙皓在位期间,大肆杀戮,群臣、宫人都十分恐惧。

① 《三国志》卷48《孙皓传》注引《江表传》。
② 《三国志》卷50《妃嫔传》注引《江表传》。
③ 《三国志》卷48《孙皓传》:"皓逼杀景后朱氏,亡不在正殿,于苑中小屋治丧,众知其非疾病,莫不痛切。"
④ 《三国志》卷48《孙皓传》注引《江表传》。

孙皓大兴徭役,广造宫室,大兴土木需要大量的木材。孙皓降旨,二千石以下的官员"皆自入山督摄伐木。又破坏诸营,大开园囿,起土山楼观,穷极伎巧,功役之费以亿万计"。① 左丞相陆凯力谏,孙皓不听。东吴建都于建业,孙皓决定迁都于武昌(今湖北鄂城),武昌在长江中游,作为首都必须建造新的皇宫,这是极其劳民伤财之事。扬州百姓被驱赶到武昌做苦工,十分痛苦,编了民谣唱道:"宁饮建业水,不食武昌鱼;宁还建业死,不止武昌居。"②"(孙)皓又使黄门备行州郡,科取将吏家女。其二千石大臣子女,皆当岁岁言名,年十五六一简阅,简阅不中,乃得出嫁。后宫千数,而采择无已。"③孙皓后宫女子的人数在三国君主之中是最多的。蜀主刘禅后宫之女只有数百,后妃加在一起不超过十二人。孙权的后宫人数不到一百。魏明帝曹叡虽然贪恋女色,纵欲过度,后宫女子也仅有二三千人。孙皓统治时的吴国,全国总人口只有230万,后宫人数在吴亡之前已达五千余人。

孙皓荒淫好色,穷奢极侈,吴国自孙策以来,几代人经营的国库、粮仓被孙皓挥霍一空。陆凯在奏疏中痛心疾首地指出:"臣闻国无三年之储,谓之非国,而今无一年之蓄,……耕种既废,所在无复输入,而分一家父子异役,廪食日张,畜积日耗。民有离散之怨,国有露根之渐,而莫之恤也。"④

刘禅以昏庸著称,世人称其为"扶不起的刘阿斗",但孙皓则是三国时期著名的暴君。川胜义雄说:"孙皓是一位极端暴虐的君主,可以说是以后六朝尤其是宋、齐时期集中出现的暴君型天子

① 《三国志》卷48《孙皓传》注引《江表传》。
② 《三国志》卷61《陆凯传》。
③ 《三国志》卷50《妃嫔传》注引《江表传》。
④ 《三国志》卷61《陆凯传》。

的先驱。"①昏君与暴君相比,暴君的危害更甚于昏君。② 由于孙皓的暴虐无道,完全丧失了人心,咸宁五年(279)十一月,当晋军发动全面进攻之时,吴军基本上不做抵抗。史载:"北军日近,而兵不举刃。"③"(王)濬、(唐)彬所至,则土崩瓦解,靡有御者。"为何会如此呢?《孙皓传》曰:"是以上下离心,莫为(孙)皓尽力,盖积恶已极,不复堪命故也。"④

正是由于对暴君孙皓的了解,对吴国国情的了解,对吴国民心的了解,羊祜才采取了"以德易暴"的策略,而且这个策略收到了奇效。当羊祜病故的消息传来,晋武帝穿素服,抚膺痛哭。《晋书·羊祜传》记载:"帝素服哭之,甚哀。是日大寒,帝涕泪沾须鬓,皆为冰焉。"羊祜去世时,襄阳一带的百姓十分悲伤,巷中哭声不断。为了哀悼羊祜,街市上的商肆、酒店、客栈、当铺都停止营业,这就是"罢市"一词的来源。更令人感到惊讶的是羊祜去世后,连"吴守边将士亦为之泣,其仁德所感如此"。⑤

羊祜死后,时人在羊祜经常游览的岘山上建碑、立庙,四时常祭。⑥ 百姓感念羊祜勤政爱民,每每登临此山,睹碑生情,望碑流

---

① [日]川胜义雄:《六朝贵族制社会研究》,第129页。
② 昏君只不过是皇帝平庸无能。以蜀汉为例,其灭亡是由多种原因造成的,不能归罪于刘禅一人。刘禅并未乱杀大臣,也未荒淫好色,穷奢极欲,所以他也没有完全失去人心。例如,当成都被邓艾攻克,后主投降,蜀汉灭亡已成定局之时,巴东太守罗宪、南中太守霍弋都不肯投降。
③ 《三国志》卷48《孙皓传》注引干宝《晋纪》。
④ 《三国志》卷48《孙皓传》。
⑤ 《晋书》卷34《羊祜传》。
⑥ 《晋书》卷34《羊祜传》:"祜乐山水,每风景,必造岘山,置酒言咏,终日不倦。尝慨然叹息,顾谓从事中郎邹湛等曰:'自有宇宙,便有此山。由来贤达胜士,登此远望,如我与卿者多矣!皆湮灭无闻,使人悲伤。如百岁后有知,魂魄犹应登此也。'湛曰:'公德冠四海,道嗣前哲,令闻令望,必与此山俱传。'"

泪,故杜预称之为"堕泪碑"。后人遂用望碑堕泪喻指死者生前德高望重。这也是孟浩然"羊公碑字在,读罢泪沾襟"[1]诗句中典故的由来。因羊祜的"祜"与户同音,时人为了避讳,从此"门户"二字就省去"户",而只称"门"。另外,朝廷还将"户曹"改为"辞曹"。

## 七、荐举王濬、杜预与上《伐吴疏》

讲仁义不等于不讲武力,仁义道德和武力征服是统一天下的两手策略,两者不可或缺。战争是政治的继续,征服敌国最终还是要靠武力解决问题。羊祜的"攻心"是为"武攻"作前期的准备,他是在等待时机。一旦时机成熟,西晋就以举国之力,发动灭吴之战。

咸宁二年(276)十月,司马炎拜羊祜为征南大将军,开府仪同三司,自行辟召僚佐。羊祜认为,欲伐吴,必须凭藉长江上游的有利地形。时吴国有童谣:"阿童复阿童,衔刀浮渡江,不畏岸上兽,但畏水中龙。"羊祜闻之曰:"此必水军有功。但当思应其名者耳。"[2]正逢益州刺史王濬被朝廷征召任大司农。羊祜发现王濬才堪重任,而王濬的小字又曰"阿童",正应童谣之言,羊祜遂上表举荐王濬。

王濬字士治,弘农湖人,家世二千石。其少年时就博通典籍,爽朗旷达,恢宏有大志。他曾经在修建自己宅第时,在门前开了一条数十步宽的路。有人问他路太宽有何用? 王濬说:"吾欲使容长戟幡

① (唐)孟浩然:《与诸子登岘山》。
② 《晋书》卷34《羊祜传》。

旗。"众人都取笑他,王濬说:"陈胜有言,燕雀安知鸿鹄之志。"王濬后为征南将军羊祜参军,羊祜以深交之友待他。祜侄羊暨对羊祜说:"王濬为人志大,奢侈不节,不可专任,宜有以裁之。"羊祜说:"王濬有大才,将欲济其所欲,必可用也。""识者谓羊祜可谓能举善焉。"①晋武帝泰始八年(272),王濬转任广汉太守,旋迁益州刺史。因政绩突出,又被朝廷征为大司农,将去洛阳赴任。羊祜此时正筹划平吴,素知王濬奇略过人,便密上表章,请仍留王濬于益州,参与平吴大计。晋武帝依羊祜建议,复任王濬为益州刺史。"加龙骧将军,密令修舟檝,为顺流之计。"②王濬留任之后,便积极准备,使荆州不再孤立于伐吴的前线。武帝又以王浑都督扬州诸军事,如此,则荆、益、扬三州可以采取军事联合行动,西晋完成了三路夹击吴国的战略部署。

　　然而天不假年,咸宁四年(278)春季,羊祜突然病重,司马炎想以羊祜"卧护诸将",带病出征,但羊祜曰:"取吴不必须臣自行。"羊祜临终前,向司马炎推举杜预为自己的后任。羊祜举荐杜预,一方面是因为在朝廷内部是否伐吴的争论中,杜预始终站在羊祜一边,积极支持灭吴战争;另一方面则是因为杜预具有卓越的才能。

　　杜预,字元凯,京兆郡杜陵县(今陕西西安市东南)人。祖父杜畿、父杜恕均为曹魏名臣。

　　杜预自幼博览群书,对经济、政治、历法、法律、数学、史学等都有研究。时人称他为"杜武库",赞美他博学多能,就像武器库一样,无所不有。当时,西晋朝中的两个人有特殊的嗜好:王济,喜欢

　　① 《晋书》卷42《王濬传》。
　　② 《晋书》卷34《羊祜传》。

马;和峤,喜欢钱,杜预称他们为"济有马癖,峤有钱癖"。晋武帝
"闻之,谓(杜)预曰:'卿有何癖?'对曰:'臣有《左传》癖。'"杜预
在军中,《左传》寸步不离其手。每次带兵出征,还要命人持《左
传》紧随其后。杜预晚年,撰写《春秋左氏经传集解》《释例》《盟
会图》《春秋长历》,成为"左传学"的创始人。起初,杜预因父杜恕
与司马懿不睦而不被重用,"久不得调"。司马昭执政期间,他和
钟会、羊祜、山涛等人得到司马昭器重,"起家拜尚书郎,袭祖爵
丰乐亭侯",任司马昭相府的重要幕僚。并尚司马昭妹高陆公
主,成为司马氏集团的重要成员。在平蜀战争中,杜预任镇西将
军钟会长史。钟会谋反,"僚佐并遇害,唯预以智获免,增邑千一
百五十户"。①

　　咸熙元年(264)七月,司马昭命荀勖、贾充、裴秀、郑冲等人改
制礼仪、法律、官制。杜预于泰始中任守河南尹,受命参与法律的
制定。名义上主持修《晋律》的总裁是贾充,但实际上杜预担负了
最繁重的工作,《晋律》的所有注解都是由他完成的。杜预曾担任
度支尚书,向晋武帝提出五十多项治国治军的建议,其中包括常平
仓的兴建、谷价的调整、盐运的管理、课调的制定和边防的建设等。
杜预又复制出久已失传的周庙欹器。为了解决洛阳的交通问题,
他力排众议,主持修建了富平津大桥。杜预发现当时通行的历法
不合晷度,经过计算,纠正了其中的差舛,修订出《二元乾度历》。
此历经过实践,终于取代时历,通行于世。

　　司马炎即位之后一直想发动灭吴战争,但西晋朝廷内部的意
见不一致。除羊祜、杜预、张华等少数朝臣支持司马炎外,大多数
人态度暧昧。朝廷中的实力派人物,如贾充、荀勖等则持反对态

---

　　① 《晋书》卷34《杜预传》。

度。羊祜举荐杜预代替自己出任荆州都督,就是要杜预来完成灭吴大业。

除了荐举王濬、杜预等俊杰之士外,羊祜又令部将缮甲训卒,广为戒备。经过七年的练兵和各项物质准备,晋军实力远远超过了吴军。公元276年,孙吴杰出的军事统帅陆抗病死,吴国境内又因为吴主孙皓的高压统治使各种矛盾日益激化。这表明晋灭吴的条件和时机已经成熟。羊祜遂不失时机地上书请求朝廷伐吴,兹节录奏疏部分内容:

先帝顺天应时,西平巴蜀,南和吴会,海内得以休息,兆庶有乐安之心。而吴复背信,使边事更兴。夫期运虽天所授,而功业必由人而成,不一大举扫灭,则众役无时得安。亦所以隆先帝之勋,成无为之化也。故尧有丹水之伐,舜有三苗之征,咸以宁静宇宙,戢兵和众者也。蜀平之时,天下皆谓吴当并亡,自此来十三年,是谓一周,平定之期复在今日矣。议者常言吴楚有道后服,无礼先强,此乃谓侯之时耳。当今一统,不得与古同谕。夫适道之论,皆未应权,是故谋之虽多,而决之欲独。凡以险阻得存者,谓所敌者同,力足自固。苟其轻重不齐,强弱异势,则智士不能谋,而险阻不可保也。蜀之为国,非不险也,高山寻云霓,深谷肆无景,束马悬车,然后得济,皆言一夫荷戟,千人莫当。及进兵之日,曾无藩篱之限,斩将搴旗,伏尸数万,乘胜席卷,径至成都,汉中诸城,皆鸟栖而不敢出。非皆无战心,诚力不足相抗。至刘禅降服,诸营堡者索然俱散。今江淮之难,不过剑阁;山川之险,不过岷汉;孙皓之暴,侈于刘禅;吴人之困,甚于巴蜀。而大晋兵众,多于前世;资储器械,盛于往时;今不于此平吴,而更阻兵相守,征夫苦役,日寻干戈,经历盛衰,不可长久,宜当时定,以一四海。……孙皓

恣情任意,与下多忌,名臣重将不复自信,是以孙秀之徒皆畏
逼而至。将疑于朝,士困于野,无有保世之计,一定之心。平
常之日,犹怀去就,兵临之际,必有应者,终不能齐力致死,已
可知也。其俗急速,不能持久。①

羊祜的《伐吴疏》鉴古知今,有理有据,对当时的天下形势,晋吴双
方的国力、军力均作了深刻分析,他认为伐吴时机已完全成熟。他
特别指出孙吴政治已腐朽透顶,吴主孙皓的荒淫暴虐超过蜀主刘
禅,吴人的贫困甚于巴蜀。羊祜还破解时人忧虑的吴国有长江天
险的顾虑,他指出江淮难渡不会超过剑阁,吴地山川的险要也不会
超过蜀地的岷山汉水。西晋若长期屯兵边疆与吴对峙,征夫苦役,
劳民伤财,不是国家长治久安之计。不灭东吴,则天下百姓永无安
宁之日。

看了羊祜的《伐吴疏》,晋武帝击节赞叹,深为折服。虽然因
贾充、荀勖、冯紞的极力阻挠,晋武帝犹豫不决而未能立即付诸
行动。但羊祜所提出的伐吴策略已完全被晋武帝所采纳,公元
280 年,西晋的灭吴之役,基本上就是按照羊祜的战略部署进
行的。


# 八、"金陵王气黯然收"


西晋拥有一支约五十万人的庞大军队,但其中大部分是步军
和骑兵,所缺少的是水军和战船。西晋之前的曹魏对孙吴多次进
攻而屡次受挫,从军事上分析,主要是魏国水师太弱,与吴军水师
相比,明显处于下风,所以难以逾越长江天险。

---

① 《晋书》卷34《羊祜传》。

孙吴军队总人数不到三十万,因缺少战马,步战、骑战皆非其所长。但孙吴全境贯通长江,以水师立国,艨艟战舰数以万计,故其水军强大,造船业亦颇为发达。孙吴拥有数量庞大的船队。吴使赵咨出使魏国时曾自称道:"吴王浮江万艘,带甲百万。"①赵咨之辞虽不免有自夸之嫌,但估计相去亦不甚远,早在建安四年(199),孙策攻江夏,败黄祖时,就缴获刘表水军"船六千余艘"。②孙吴灭亡时,长江之中尚有"舟船五千余艘"。③ 足见江南舟楫之盛。正如袁准对曹爽所言:"吴楚之民脆弱寡能,英才大贤不出其土,比技量力,不足与中国相抗,然自上世以来常为中国患者,盖以江汉为池,舟楫为用,利则陆钞,不利则入水,攻之道远,中国之长技无所用之也。"④

曹操汲取赤壁之战惨败的教训,也在北方打造战船,训练水师,但效果十分有限,从曹魏政权建立直至魏亡,曹魏水师很少敢摆开阵势在长江上与吴国水军正面交锋。究其原因不外乎有二:一是曹魏并无大型战船,而且船只数量较少,与"浮江万艘""上岸击贼,洗足入船"⑤的吴国水军相比,实力悬殊。诸葛亮在《后出师表》中说,曹操"四越巢湖不成",指的就是他四次攻打濡须口,均被吴军水师挫败。黄初三年(222),曹休为征东大将军,假黄钺,督前将军张辽、镇东将军臧霸等诸州郡二十余军从东线出击洞浦,凭借风势之利,初战虽然获得小胜,但是曹休等魏军将领后来看到孙吴安东将军贺齐所率的水军中"蒙冲斗舰之属,望之若山",不

---

① 《二国志》卷47《吴主传》注引《吴书》。
② 《三国志》卷46《孙策传》注引《吴录》。
③ 《三国志》卷48《孙皓传》注引《晋阳秋》。
④ 《三国志》卷4《齐王芳纪》注引《汉晋春秋》。
⑤ 《三国志》卷54《吕蒙传》注引《吴录》。

由心惊胆战,不敢追击,只得"引军还"。① 曹丕于黄初五年(224)和黄初六年(225)两次率水师征吴,仍因缺乏克敌制胜的大型战船,所以滞于广陵而不敢渡江决战。曹丕望着"波涛汹涌"的长江,无计可施,一筹莫展,只得望江兴叹道:"嗟乎! 固天所以隔南北也!"②"魏虽有武骑千群,无所用也"。③ 二是孙吴全境贯通长江流域,欲要攻吴必须进入长江。但是曹魏水师始终找不到较为理想的进入长江的航道。三国时期北方从淮河流域、襄樊地区通往长江的主要水运干道为中渎水、濡须水和汉水。但这三条水运干道的地理条件都不甚理想,中渎水和汉水下游多有湖泊、沼泽,且沿途民生凋敝、人烟稀少,军队很难在当地补充军需粮秣。广陵江口冬季大寒,沿江一带甚至结冰,船只无法航行。精湖一带的地理条件更为恶劣,冬季雨水稀少,水枯后极易导致船只搁浅。④ 沔口入江航道十分狭窄,大船根本无法通行,魏军水师一旦缺少大型战船,攻吴则必败无疑。濡须水沿岸皆是崇山峻岭,孙吴在此的军事布防极为严密,前期有吕蒙修筑的濡须坞,后期有诸葛恪修筑的东关大堤,致使魏军屡攻不克,甚至损兵折将,严重受挫。嘉平五年(253),司马昭伐吴,率大军攻打东兴,吴太傅诸葛恪大破魏将

---

① 《三国志》卷60《贺齐传》。蒙冲、斗舰是三国时期水军使用的精锐舰船,结构坚固,性能良好,都是速度快捷,能攻击敌船的战斗舰艇。《资治通鉴》卷65"建安十三年十月"条,胡三省注引杜佑语,对此种战船作了具体介绍:"蒙冲以生牛皮蒙船覆背,两厢开擎棹孔,左右有弩窗,矛穴,敌不得近,矢石不能败,此不用大船,务于速疾,乘人之所不及,攻击之船也。""斗舰,船上设女墙,可高三尺,墙下开擎棹孔。船内五尺,又建棚,与女墙齐。棚上又建女墙,重列战敌,上无覆背,前后左右树牙旗,帜幡、金鼓,此战船也。"

② 《三国志》卷47《吴主传》注引《吴录》。

③ 《三国志》卷55《徐盛传》注引《魏氏春秋》。

④ 精湖,古湖名,又作津湖,在今江苏省高邮市北,东通运河,西北接氾光湖,南入高邮市界。魏黄初三年,曹丕率军伐吴,自广陵北还,战舰搁浅于此。

胡遵、诸葛诞军于东关,魏军死伤数万,军资器械损失殆尽。

鉴于伐吴之战屡屡受挫,司马昭调整了统一战争的战略部署。曹魏景元四年(263),司马昭召开军事会议,与群臣讨论如何统一天下时说:"今宜先取蜀,三年之后,因巴蜀顺流之势,水陆并进,此灭虞定虢,吞韩并魏之势也。"①司马昭的策略是先灭蜀,灭蜀之后,西晋水师就可利用长江三峡的水道,顺流东下,以击破吴国的长江防御体系。邓艾灭蜀之后,向朝廷建议:"留陇右兵二万人,蜀兵二万人,煮盐兴冶,为军农要用,并作舟船,豫顺流之事,然后发使告以利害,吴必归化。"②其灭吴之策与司马昭大致相同。羊祜为晋武帝制定的灭吴方略中有一句十分关键的话:"伐吴必藉上流之势。"所谓"必藉上流之势"就是西晋须以巴蜀为基地,水军沿长江上游向下游进军。清人顾祖禹总结有关历史经验云:"是故从来有取天下之略者,莫不切切于用蜀。秦欲兼诸侯则先并蜀,并蜀而秦益强富,富厚轻诸侯。晋欲灭吴则先举蜀,举蜀则王濬楼船自益州下矣。"③吴建都于建业,地处长江下游,荆州位于长江中游,是建业的门户。只要攻克夷陵、江陵、武昌、夏口等地,建业就失去了屏障,孙吴必亡无疑。由此可见,长江三峡水道是伐吴的最佳路线。

然而要"藉上流之势",西晋则必须要建立一支强大的水师。晋军的弱点就是战船太少,不习水战。为了改变这种状况,司马炎命王濬在益州(州治在四川成都)造战船,治水军数万人,使晋军的弱点能得以克服,实力增强。

为何要在益州建造战船呢?因为四川盆地的木材和巴蜀的水

①　《晋书》卷2《文帝纪》。
②　《三国志》卷28《邓艾传》。
③　(清)顾祖禹:《读史方舆纪要·四川方舆纪要叙》,第3094页。

利资源十分丰富,便于制造大型船只。王濬可以充分利用当地资源,制造大型战船。早在战国时期,秦国就以李冰为蜀郡太守,"冰乃壅江作堋。穿郫江、检江,别支流双过郡下,以行舟船。岷山多梓、柏、大竹,颓随水流,坐致材木,功省用饶"。① 羊祜举荐王濬留任益州刺史,其中主要任务就是要王濬负责建造战船。为了打破孙吴水军在大江上的优势,西晋首先要在战船的规模和数量上超过对手。《晋书·王濬传》载:"武帝谋伐吴,诏濬修舟舰,濬乃作大船连舫,方百二十步(约合172.8米),受二千余人。以木为城,起楼橹,开四出门,其上皆得驰马来往。又画鹢首怪兽于船首,以惧江神。舟楫之盛,自古未有。"晋军所建造的大型战船,可装载二千余人,上建木城,筑起楼橹,四面开门,船上可骑马驰骋。舰首还绘有鹢首的怪鸟,以震撼江神。

虽然王濬造船取得了不菲的成绩,但造船过程也是十分艰难的。西晋朝廷只是令屯田士兵"大作舟船,为伐吴调",但是蜀地屯田士兵人数较少,难以满足大规模造船的需要。王濬起初只奉令以五六百屯田兵造船,由于人数太少,根本不可能在短时间内完成造船任务。益州"别驾何攀以为佃兵但五六百人,无所办,宜召诸休兵,借诸郡武吏,并万余人造作,岁终可成。(王)濬从之。"② 何攀劝王濬发州郡兵万人造船,尚不敢上达朝廷,"官家虽欲伐吴,疑者尚多,卒闻招万兵,必不见听"。③ 但王濬还是果断地采纳了何攀的建议,为了加快进度,以各郡士兵万余人造船。由于造船所需的木材不足,"攀又建议:裁船入山,动数百里,艰难,蜀民家

---

① 《华阳国志》卷3《蜀志》。
② 《华阳国志》卷8《大同志》。
③ 任乃强:《华阳国志校补图注》卷11《后贤志》,上海古籍出版社1987年版,第649—650页。

墓多种松柏,宜什四市取,入山者少。濬令攀典舟船器仗。"①结果一年就完成了造船任务,从而使王濬水军"舟楫之盛,自古未有",为实现"水陆并进"灭吴,提供了重要的军事保障。

王濬造船工程巨大,持续时间也很长,他在上晋武帝表章时说:"臣作船七年,日有朽败。"由此可见,王濬所率的西晋水师拥有大批的战船,形成了对吴作战的巨大优势。西晋伐吴时,王濬连战皆捷,势不可挡,史载其"发蜀,兵不血刃,攻无坚城,……于是顺流鼓棹,径造三山。(孙)皓遣游击将军张象率舟军万人御濬,象军望旗而降。皓闻濬军旌旗器甲,属天满江,威势甚盛,莫不破胆"。② 可见,西晋此时不仅兵力超过孙吴,而且连水师和战船也占优势。

面对晋军进攻的严重威胁,孙吴一些大臣深感忧虑。他们认为吴虽有长江天险,但"长江之限不可久恃,苟我不守,一苇可航也"。③ 因此向孙皓建议,在政治上"省息百役,罢去苛扰","当务养民丰财",④以加强内部的安定和经济实力;在军事上,为防晋军从上游顺流而下,必须加强建平(郡治在今重庆市秭归县)、西陵的防务。吴国名将陆抗指出:

> 西陵、建平,国之蕃表,既处下流,受敌二境。若敌泛舟顺流,舳舻千里,星奔电迈,俄然行至,非可恃援他部以救倒悬也。此乃社稷安危之机,非徒封疆侵陵小害也。臣父逊昔在西垂陈言,以为西陵国之西门,虽云易守,亦复易失。若有不守,非但失一郡,则荆州非吴有也。如其有虞,当倾

---

① 《华阳国志》卷8《大同志》。
② 《晋书》卷42《王濬传》。
③ 《三国志》卷65《贺邵传》。
④ 《资治通鉴》卷79 晋武帝"泰始二年六月"条。

国争之。①

陆抗有关严守西陵,在峡口同敌决战的主张,实际上是沿用了陆逊在夷陵之战中的用兵方略,作为弱势一方的孙吴对抗强大的西晋,御敌于国门之外应该是积极有效的防御策略。从后来西晋伐吴的兵力来看,六路大军的总兵力达到二十多万,其中王濬的益州军就有八万。陆抗戍守幅员辽阔的荆州,但荆州的吴军不满五万。陆抗生前曾屡次请求吴主孙皓在西陵一带驻屯精兵三万人,以补充荆州军:

> 前乞精兵三万,而主者循常,未肯差赴。自步阐以后,益更损耗。今臣所统千里,受敌四处,外御强对,内怀百蛮,而上下见兵财有数万,羸弊日久,难以待变。……使臣所部足满八万,省息众务,信其赏罚,虽韩、白复生,无所展巧。若兵不增,此制不改,而欲克谐大事,此臣之所深戚也。②

对于陆抗的请求,孙皓置若罔闻,不作理睬。王濬在巴蜀造战船,声势很大,大量碎木屑遮蔽了江面,顺流而下,吴建平太守吾彦知晓晋将发兵攻吴,请求增强建平守备。《晋书·王濬传》载:"濬造船于蜀,其木柿蔽江而下。吴建平太守吾彦取流柿以呈孙皓曰:‘晋必有攻吴之计,宜增建平兵。建平不下,终不敢渡。’皓不从。"尽管屡屡接到西晋在益州大造舟舰、准备东下的报告,孙皓始终没有作出有针对性的战略部署,致使西陵都督辖区的水军数量、装备和战斗力都处于劣势。吾彦无可奈何,只得"于江险碛要害之处,

---

① 《三国志》卷58《陆逊传附陆抗传》。
② 《三国志》卷58《陆逊传附陆抗传》。

并以铁锁截之,又作铁锥长丈余,暗置江中,以逆距船"。① 此种消极防御的方式当然不可能阻挡西晋大军的进攻。②

咸宁五年(279)十一月(《晋书·王濬传》作次年,即太康元年正月),龙骧将军王濬率水陆大军自成都沿江而下,过瞿塘峡、巫峡,进至秭归附近。王濬与广武将军唐彬攻破丹阳(今湖北秭归东南),擒吴丹阳监盛纪。然后顺流而下,进入西陵峡,遇到了吴军设置的拦江铁锁和暗置江中的铁锥。由于此前羊祜擒获吴国间谍,得知上述情况,王濬事先就做了几十个大木筏,每个都有方百余步大,筏上扎草人,被甲执杖,令善水士兵乘筏先行,铁锥刺到筏上都被筏带去。又做火炬,长十余丈,大数十围,灌浇麻油,放在船前,遇到铁锁,就点起火炬,将铁锁熔化烧断,于是战船通行无阻。面对王濬水师的进攻,吴军闻风丧胆,不堪一击。《王濬传》记载:"二月庚申,克吴西陵,获其镇南将军留宪、征南将军成据、宜都太守虞忠。壬戌,克荆门、夷道二城,获监军陆晏。乙丑,克乐乡,获水军督陆景。平西将军施洪等来降。"一路势如破竹,"兵不血刃,攻无坚城,夏口、武昌,无相支抗"。③

西晋这一次平吴之战虽然兵分六路,但主力部队却是王濬、唐彬所率的益州大军。为了保障这支部队拥有强大的战斗力,晋武帝为此亲自作出具体部署,他下诏曰:"(王)濬、(唐)彬东下,扫除巴丘,与胡奋、王戎共平夏口、武昌,顺流长鹜,直造秭陵(建业),与奋、戎审量其宜。杜预当镇静零、桂,怀辑衡阳。大兵既过,荆州南境固当传檄而定,预当分万人给濬,七千给彬。夏口既平,

---

① 《晋书》卷42《王濬传》。
② 有关襄阳地理位置与西晋造船及平吴之役的进攻路线,参阅宋杰:《三国兵争要地与攻守战略研究》第四章之六"西晋平吴之役进攻路线的变化",中华书局2019年版。
③ 《晋书》卷42《王濬传》。

奋宜以七千人给濬,武昌既了,戎当以六千人增彬。"①晋武帝在王濬进军途中不断为其补充兵力。这就使王濬、唐彬所部的作战消耗能够得到及时的补充。王濬在攻克建业后给武帝上表曰:"臣所统八万余人,乘胜席卷。"可见益州水师的兵力非但没有减少,反而有所增加。王濬奏书中还声称:西晋进入"秣陵诸军,凡二十万众。臣军先至,为土地之主。百姓之心,皆归仰臣。臣切敕所领,秋毫不犯"。② 其中虽然不乏王濬自我表功之嫌,但也足以看出王濬所率的水师才是攻占吴都的主力,立下了灭吴之战的首功。正因如此,才有了后来唐代诗人刘禹锡《西塞山怀古》一诗:

> 王濬楼船下益州,金陵王气黯然收。
> 千寻铁锁沉江底,一片降幡出石头。
> 人世几回伤往事,山形依旧枕寒流。
> 今逢四海为家日,故垒萧萧芦荻秋。

由此可见,只有在西晋军队克服自身不善水战,全力经营造船基地,建立强大的水师之后,才能兴师伐吴,否则难免重蹈昔日曹魏屡征江南而无功,甚至损兵折将、丧师覆军的覆辙。

必须强调的是西晋伐吴的方略是羊祜制定的。公元279年11月,司马炎采用羊祜生前部署的作战规划,发兵二十余万,分六路进攻吴国:第一路,镇军将军、琅邪王司马伷自下邳(今江苏邳县南)向涂中(今安徽滁河流域)进军;第二路,安东将军王浑自扬州(州治在今安徽寿春)向牛渚(今安徽马鞍山市)进军;第三路,建威将军王戎自豫州(州治在今河南许昌)向武昌(今湖北鄂州)

---

① 《晋书》卷3《武帝纪》。
② 《晋书》卷42《王濬传》。

进军;第四路,平南将军胡奋自荆州向夏口(今武汉市武昌)进军;第五路,镇南大将军杜预自襄阳向江陵进军;第六路,龙骧将军王濬,广武将军唐彬率巴蜀之卒顺江东下,直捣建业。以太尉贾充为大都督,冠军将军杨济为副,率中军驻襄阳,①节度诸军;中书令张华为度支尚书,总筹粮运。

司马炎总的作战意图是以司马伷、王浑两军直逼建业,牵制吴军主力,使其不能增援上游;以王戎、胡奋、杜预三军夺取夏口以西各战略要点,以策应王濬所率的八万水陆军顺江而下;然后由王濬、司马伷、王浑挥师东进,夺取建业。这样的部署是符合当时实际情况的,因为东吴尚有兵力二十余万,就兵力对比而言,晋军南下的兵力并不占多大优势,只是吴军兵力分散于沿江和江南各地,晋军要分路进军予以各个击破,才能迅速灭吴。

从总体上来看,西晋平吴之役采用的作战方式是利用巴蜀地形居高临下的有利条件,以强大的水师,沿着长江,顺流而下。同时,兵分多路,实施全面攻击,多点突破。这是西晋政权总结吸取了曹魏长期对吴作战的经验而制定出来的策略。曹魏嘉平四年(252)攻吴之前,司马师曾经向朝臣与各州将领咨询方案和意见,"议者或欲泛舟径济,横行江表;或欲四道并进,攻其城垒;或欲大佃疆场,观衅而动"。② 曹操赤壁之战之所以惨败,其中的一个重

---

① 中军是守卫京师的精锐部队,从魏晋之际的战争史来看,若是边境地区遭遇严重的侵略,形势紧急,朝廷通常会派遣中军前往赴救。例如魏明帝时司马孚上奏:"擒敌制胜,宜有备预。每诸葛亮入寇关中,边兵不能制敌,中军奔赴,辄不及事机,宜预选步骑二万,以为二部,为讨贼之备。"(《晋书》卷37《安平献王孚传》)景初元年(237),辽东公孙渊自立为燕王,"帝遣太尉司马宣王统中军及(毋丘)俭等众数万讨渊,定辽东"(《三国志》卷28《毋丘俭传》)。

② 《三国志》卷21《傅嘏传》。

要原因就是曹操兵力虽然雄厚,但他只是将用兵方向集中在乌林①一个点上,这样就不能发挥兵力上的优势。与曹操相比,孙权虽然兵力寡弱,但他不需要处处防守,可以集中兵力于一个方向和曹操抗衡。正因如此,曹魏众臣才总结历史教训,提出"四道并进"的攻吴方略。羊祜灭吴的策略也是主张多路进攻。其方案是在峡口、江陵、夏口、秣陵四个方向发动攻击,迫使吴国分兵抵御,而无法集中兵力。然后再派遣部署在后方的机动部队乘汉水而下,迅速实现突破,摧毁吴国的江防体系。羊祜曾在《伐吴疏》中云:

> 今若引梁益之兵水陆俱下,荆楚之众进临江陵,平南、豫州,直指夏口,徐、扬、青、兖并向秣陵,鼓旆以疑之,多方以误之,以一隅之吴,当天下之众,势分形散,所备皆急,巴汉奇兵出其空虚,一处倾坏,则上下震荡。吴缘江为国,无有内外,东西数千里,以藩篱自持,所敌者大,无有宁息。……弓弩戟楯不如中国,唯有水战是其所便。一入其境,则长江非复所固,还保城池,则去长入短。而官军悬进,人有致节之志,吴人战于其内,有凭城之心。如此,军不逾时,克可必矣。②

羊祜汲取了曹魏攻吴屡次失利的经验教训。其灭吴策略是针对吴军部署上东强西弱的情况,确定在徐、扬方向实行牵制,首先集中水陆主力夺取夏口以西地区,然后顺江而下,集中全力合击吴都建业。这一方针的好处是:水陆并进,多路齐发,可以充分发挥水陆军的优势,从薄弱而又重要的长江上中游横切纵割,一举粉碎吴军

---

① 乌林,湖北洪湖境内,与赤壁隔江。历史上著名的"赤壁之战"就发生于此。赤壁之战并非火烧赤壁,而是火烧乌林。赤壁,因火烧乌林的大火映红了对江的赤壁而得名。
② 《晋书》卷34《羊祜传》。

的整个江防体系,从而达到速战速决的目的。吴晋边境东西数千里,战线太长,吴军兵力不足,只能在沿江重镇戍守,长江以南诸城,十分空虚。荆州是吴的国门,扬州是吴的腹心。夏口、武昌,是吴国扬州的门户,也是吴国长江上的最后一道防线。失去夏口、武昌,吴国就失去了长江天险的作用,吴都建业便再无任何屏障。羊祜的战略是西晋从巴蜀出奇兵,渡过长江,攻取东吴沿江军事重镇,与正面大军互相策应,如此则军不逾时,一战便可成功。羊祜正是看准了这一点,才给了司马炎如此建议。以下我们对西晋各路大军伐吴的进军路线及战果作一综述。

太康元年(280)正月,安东将军王浑率领主力由寿春、合肥进攻历阳(今安徽和县),另一支偏师则由参军陈慎、都尉张乔率领,经过舒城、皖县西行,攻击孙吴荆州东界的江北要镇寻阳(今湖北黄梅、武穴)等地;又派殄吴护军李纯率军进攻吴军俞恭部。正月二十五日,李纯占领了高望城(今江苏江浦西南),击破俞恭军,推进至横江以东,攻占了渡江的重要渡口。与此同时,参军陈慎军攻取了濑乡,大败吴牙门将孔忠等。吴厉武将军陈代、平房将军朱明等率部降于晋军。①

吴主孙皓得知王浑率大军南下,即命丞相张悌统率丹阳太守沈莹、护军孙震、副军师诸葛靓率兵三万,渡江迎战,以阻止晋军进攻建业。张悌军行至牛渚(今安徽马鞍山市采石镇),沈莹向张悌分析形势:"晋治水军于蜀久矣,今倾国大举,万里齐力,必悉益州之众浮江而下。我上流诸军,无有戒备,名将皆死,幼少当任,恐边

---

① 《晋书》卷42《王浑传》:"及大举伐吴,浑率师出横江,遣参军陈慎、都尉张乔攻寻阳濑乡,又击吴牙门将孔忠,皆破之,获吴将周兴等五人。又遣殄吴护军李纯据高望城,讨吴将俞恭,破之,多所斩获。吴厉武将军陈代、平房将军朱明惧而来降。"

江诸城,尽莫能御也。晋之水军,必至于此矣!"①沈莹建议,吴应集中兵力于采石,等待晋军前来决战,若能打败晋军,即可阻止晋军渡江,还可西上夺回失地。如若渡过江去与晋军决战,一旦失利,则大势去矣。但张悌却认为:"吴之将亡,贤愚所知,非今日也。吾恐蜀兵至此,众心骇惧,不可复整。及令渡江,犹可决战,若其败丧,同死社稷,无所复恨。若其克捷,北敌奔走,兵势万倍,便当乘胜南上,逆之中道,不忧不破也。若如子计,恐士众散尽,坐待敌到,君臣俱降,无一人死难者,不亦辱乎!"②于是,张悌决心率军渡江迎击晋军。

张悌军渡江后,于杨荷桥(今安徽和县)遭遇王浑部将城阳都尉张乔所率的七千兵马,张悌随即将张乔军包围,张乔兵微势弱,便闭寨请降。副军师诸葛靓认为,张乔是救兵未到而伪降,行缓兵之计,拖延时日,等待后援,一旦留其在后,必成后患。但张悌不听,他说:"强敌在前,不宜先事其小;且杀降不祥。"诸葛靓驳斥道:"此等以救兵未至而力少,故且伪降以缓我,非来伏也。因其无战心而尽坑之,可以成三军之气。若舍之而前,必为后患。"③张悌不听诸葛靓之言。在接受张乔投降后,率兵继续前进,与王浑军主力讨吴护军张翰、司马孙畴、扬州刺史周浚军列阵相对。吴将沈莹率领五千青巾兵,向晋军发起攻击,三次冲击均未奏效,反被晋军斩杀二将,不得不退兵。晋军将领薛胜、蒋班则乘吴军退兵混乱之机,率军追杀。此时,先前伪降的张乔军又从背后杀来,前后夹击,吴军大败溃逃。诸葛靓见大势已去,收集败兵数百逃遁,并劝

① 《三国志》卷48《孙皓传》注引《襄阳记》。
② 《资治通鉴》卷81晋武帝"太康元年二月"条,胡三省于《通鉴》此处评曰:"如(张)悌之言,吴人至此为计穷也。然悌之志节亦可怜也。"
③ 《三国志》卷48《孙皓传》注引干宝《晋纪》。

张悌与他一起走,张悌不肯,诸葛靓对他说:"巨先(张悌字),天下存亡有大数,岂卿一人所知,如何故自取死为?"张悌流泪道:"仲思(诸葛靓字),今日是我死日也。且我作儿童时,便为卿家丞相所拔,常恐不得其死,负名贤知顾。今以身徇社稷,复何遁邪?莫牵曳之如是。"①张悌不肯遁逃,诸葛靓也不再勉强他,诸葛靓才走了百余步,就见张悌被晋军所杀。与此同时,沈莹、孙震也力战而死,吴军三万多人,被斩近八千人,余皆逃散,晋军遂乘胜推进至江边。

此时,龙骧将军王濬已攻克武昌、夏口等地,逼近吴都建业。扬州别驾何恽遂向扬州刺史周浚建议:"张悌率精锐之卒,悉吴国之众,殄灭于此,吴之朝野莫不震慑。今王龙骧既破武昌,兵威甚盛,顺流而下,所向辄克,土崩之势见矣,窃谓宜速渡江,直指建邺,大军卒至,夺其胆气,可不战而擒。"周浚认为此谋甚善,遂告之王浑。但王浑却不以为然,他说:"受诏但令江北抗衡吴军,不使轻进,贵州虽武,岂能独平江东!今者违命,胜不足多;若其不胜,为罪已重。且诏令龙骧受我节度,但当具君舟楫,一时俱济耳。"王浑坚持按照晋武帝原来的诏令,就地等待王濬军的到达,然后再统一节制王濬等军渡江作战。何恽再次向王浑进谏:"龙骧克万里之寇,以既济之功来受节度,未之闻也。且握兵之要,可则夺之,所谓受命不受辞也。今渡江必全克获,将有何虑?若疑于不济,不可谓智;知而不行,不可谓忠,实鄙州上下所以恨恨也。"②王浑固执己见,仍不听从。

杜预接替羊祜,出任荆州都督时,已作了攻吴的准备。史载:

---

① 《三国志》卷48《孙皓传》注引《襄阳记》。
② 上引史料皆见于《晋书》卷61《周浚传》。

"预既至镇,缮甲兵,耀威武,乃简精锐,袭吴西陵督张政,大破之。……政,吴之名将也,据要害之地,耻以无备取败,不以所丧之实告于孙皓。预欲间吴边将,乃表还其所获之众于皓。皓果召政,遣武昌监刘宪代之。故大军临至,使其将帅移易,以成倾荡之势。"①西晋伐吴前,杜预行反间计,使孙吴将帅更迭,军心动摇,这就为晋军的胜利创造了有利条件。太康元年(280)正月,杜预陈兵于江陵。由于江陵城防坚固,易守难攻。杜预对其围而不攻。在切断了江陵和外部的联系之后,他立即调动一部分兵力向西进攻,夺取沿江的军事要塞。杜预"遣牙门管定、周旨、伍巢等率奇兵八百,泛舟夜渡,以袭乐乡,多张旗帜,起火巴山,出于要害之地,以夺贼心"。吴都督孙歆十分恐惧。他写信给伍延说:"北来诸军,乃飞渡江也。"其时有一支吴军从江岸返回乐乡,周旨等率晋军混杂在吴军的队伍里进城,孙歆没有察觉,周旨等径直来到孙歆营帐,趁其不备,生擒孙歆。杜预设计巧取乐乡,使部下将士十分钦佩。他们高兴地说,主帅"以计代战一当万"。在扫清江陵的外围之后,杜预很快拿下江陵,这时沅水、湘水以南,东吴的州郡都望风归顺。"杜预仗节称诏而绥抚之。凡所斩及生获吴都督、监军十四,牙门、郡守百二十人,又因兵威,徙将士屯戍之家以实江北,南郡故地各树之长吏,荆土肃然,吴人赴者如归矣。"②

杜预继续挥师东进,配合其他各路晋军攻打吴都建业。在一次军事会议上,有人提出:东吴乃是"百年之寇,未可尽克,今向暑,水潦方降,疾疫将起,宜俟来冬,更为大举"。杜预反驳道:"昔乐毅藉济西一战以并强齐,今兵威已振,譬如破竹,数节之后,皆迎

① 《晋书》卷34《杜预传》。
② 《晋书》卷34《杜预传》。

235

刃而解,无复著手处也。"随即指挥晋军"径造秣陵。所过城邑,莫不束手,议者乃以书谢之"。① 杜预还分兵南下,攻占了交州、广州地区。

建威将军王戎遣参军罗尚、刘乔为前锋,协助王濬进攻武昌,吴将杨雍、孙述及吴国江夏太守刘朗各自率众向王戎投降,王戎率大军至长江边,吴国牙门将孟泰献蕲春、邾二县投降。

琅邪王司马伷所率的一路大军,自正月出兵以来,迅速进至涂中。伷令琅邪相刘弘率兵进抵长江,与建业隔江对峙,以牵制吴军;同时派长史王恒率诸军渡过长江,直攻建业。王恒军进展顺利,击破吴沿江守军,歼灭吴军五六万,俘获吴督蔡机。诸葛靓、孙弈等人纷纷请降。王濬军在长江上中游获胜之后,便挥军顺流而下,三月十四日到达牛渚。当进至距建业西南五十里时,吴主孙皓才派遣游击将军张象率水军一万前往迎敌;但吴军此时已成惊弓之鸟,"象军望旗而降"。王濬的战船布满长江,旌旗蔽空,声势浩大,继续向前推进。

孙皓原先派往交趾征讨郭马的将军陶濬,行至武昌,听到晋军大举进攻的消息,便停止去交趾,返回建业。"吴主引见,问水军消息,对曰:'蜀船皆小,今得二万兵,乘大船以战,自足破之。'于是合众,授濬节钺,明日当发,其夜众悉逃溃。"②此时,王浑、王濬和司马伷等各路大军已逼近建业,东吴司徒何植、建威将军孙晏等交出印信符节,前往王浑军前投降。晋军攻势凌厉,王濬的水军浩浩荡荡,所向无敌,直逼石头城,孙皓众叛亲离,黔驴技穷,便采用光禄勋薛莹、中书令胡冲等人的建议,分别派遣使者送信给王浑、

---

① 《晋书》卷34《杜预传》。
② 《资治通鉴》卷81晋武帝"太康元年"条。

236

王濬、司马伷，请求归降。降书曰：

> 昔汉室失统，九州分裂，先人因时，略有江南，遂分阻山
> 川，与魏乖隔。今大晋龙兴，德覆四海。闇劣偷安，未喻天命。
> 至于今者，猥烦六军，衡盖路次，远临江渚，举国震惶，假息漏
> 刻。敢缘天朝含弘光大，谨遣私署太常张夔等奉所佩印绶，委
> 质请命，惟垂信纳，以济元元。①

太康元年(280)三月十五日，王濬进入石头城。孙皓仿效蜀主刘
禅，具亡国之礼，素车白马，肉袒面缚，衔璧牵羊，大夫衰服，士舆
榇，率领太子孙瑾等来到王濬军门。王濬接受孙皓的投降，亲解其
缚，焚烧棺榇，延请相见，孙吴至此灭亡。②

王濬入建业后，收吴国"图籍，克州四，郡四十三，县三百一十
三，户五十二万三千，吏三万二千，兵二十三万，男女口二百三十
万"。③ 此外，还有"米谷二百八十万斛，舟船五千余艘，后宫五千
余人"。④ 司马伷"以皓致印绶于己"，遂派人将孙皓一家送至晋都
洛阳。当晋军平吴捷报传来，群臣向武帝祝贺之时，"帝执爵流涕

---

①　《三国志》卷48《孙皓传》。
②　值得注意的是在平吴之役中不仅王濬立有大功，广武将军唐彬也是战功卓著，
　　唐彬与王濬自巴蜀顺江东下，直趋建业。唐彬占据要道，作为众军的先锋。常
　　设疑兵，把握时机取得胜利。相继攻陷吴国重镇西陵、乐乡。吴国自巴陵、沔
　　口以东的郡县纷纷倒戈投降。但就在王濬大军势如破竹，即将到达建业之前，
　　唐彬却称病告退。"彬知贼寇已殄，孙皓将降，未至建邺二百里，称疾迟留，以
　　示不竞。果有先到者争物，后到者争功，于时有识莫不高彬此举。"(《晋书》卷
　　42《唐彬传》)对于唐彬的高风亮节，史臣禁不住赞扬道："唐彬畏避交争，属疾
　　迟留，退让之风，贤于(王)浑(王)濬远矣。……二王总戎，淮海攸同。浑既害
　　善，濬亦矜功。武子豪桀，凤参朝列。逞欲牛心，纡情马埒。儒宗(唐彬之字)
　　知退，避名全节。"(《晋书》卷42 史臣曰)像唐彬这样的谦退冲让武将，在重名
　　夺利的西晋官僚机构中可谓极其罕见。
③　《晋书》卷3《武帝纪》。
④　《三国志》卷48《孙皓传》注引《晋阳秋》。

曰:'此羊太傅之功也。'"①于此可见,晋能灭吴,羊祜厥功至伟,起了关键的作用。

## 九、陆机《辨亡论》与西晋灭吴原因检讨

从孙策于汉初平四年(193)渡江创业至晋太康元年(280),孙吴经营江南已有八十余年,从孙权称王称帝,正式建立政权至吴亡也长达六十年。孙吴的建国创业道路曲折而漫长,颇为不易。②虽然晋大吴小,晋强吴弱,但自孙氏立足江东以来,江南得到了长足的开发,其经济、军事等各方面的实力绝非开国初期所能相比。冯熙曾描述孙吴"带甲百万,谷帛如山,稻田沃野,民无饥岁,所谓金城汤池,强富之国也"。③ 吴国曾经历过赤壁之战、夷陵之战、石亭之战的考验,多年来扩充兵力、拓土扩疆,已占据长江以南荆、扬、交、广等四州之地,陆机《辨亡论》云,吴国疆域"西屠庸蜀之郊,北裂淮汉之涘,东苞百越之地,南括群蛮之表",④幅员辽阔。孙吴有户五十二万三千,吏三万二千,人口数二百三十多万,舟船五千余艘,带甲将士二十余万,也算得上是一个根深蒂固的割据大国。但因孙皓暴虐无道而一朝覆灭,故引起吴宗室与江东大族无限的惆怅与反思。因受孙皓猜忌,被迫降晋的吴国宗室骠骑将军孙秀"闻孙皓降,群臣毕贺,称疾不与,南向流涕曰:'昔讨逆弱冠以一校尉创基,今后主举江南而弃之,宗庙山陵,于此为墟,悠悠苍

---

① 《晋书》卷34《羊祜传》。

② 可参见田余庆:《孙吴建国的道路》,《历史研究》1992 年第 1 期。

③ 《三国志》卷47《吴主传》注引《吴书》。

④ 《三国志》卷48《孙皓传》注引陆机《辨亡论》。

天,此何人哉!'"①江东四大家族之一,吴丞相、上大将军陆逊之孙,大司马、荆州牧陆抗之子陆机作《辨亡论》,"言吴之所以亡"。其文分上下两篇,文笔优美,分析深刻,但因篇幅较长,笔者不便全文引载。但文中驳斥了蜀国灭亡,吴国亦不能久存的论点,似觉不无道理,故不妨将此段录之如下:

> 或曰,吴、蜀唇齿之国,蜀灭则吴亡,理则然矣,夫蜀盖藩援之与国,而非吴人之存亡也。何则?其郊境之接,重山积险,陆无长毂之径;川阨流迅,水有惊波之艰。虽有锐师百万,启行不过千夫;轴舻千里,前驱不过百舰。故刘氏之伐,陆公喻之长蛇,其势然也。昔蜀之初亡,朝臣异谋,或欲积石以险其流,或欲机械以御其变。天子总群议而谘之大司马陆公,陆公以四渎天地之所以节宣其气,固无可遏之理,而机械则彼我之所共,彼若弃长技以就所屈,即荆、扬而争舟楫之用,是天赞我也,将谨守峡口以待禽耳。逮步阐之乱,凭保城以延强寇,重资币以诱群蛮。于时大邦之众,云翔电发,县旌江介,筑垒遵渚,襟带要害,以止吴人之西,而巴汉舟师,沿江东下。陆公以偏师三万,北据东坑,深沟高垒,案甲养威。反虏踟蹰待戮,而不敢北窥生路,强寇败绩宵遁,丧师大半,分命锐师五千,西御水军,东西同捷,献俘万计。信哉贤人之谋,岂欺我哉!自是烽燧罕警,封域寡虞。陆公没而潜谋兆,吴衅深而六师骇。夫太康之役,众未盛乎曩日之师,广州之乱,祸有愈乎向时之难,而邦家颠覆,宗庙为墟。呜呼!人之云亡,邦国殄瘁,不其然与!易曰"汤武革命顺乎天",玄曰"乱不极则治不形",言帝王之因天时也。古人有言,曰"天时不如地利",易曰"王侯

---

① 《三国志》卷51《孙匡传》注引干宝《晋纪》。

239

设险以守其国",言为国之恃险也。又曰:"地利不如人和","在德不在险",言守险之由人也。吴之兴也,参而由焉,孙卿所谓合其参者也。及其亡也,恃险而已,又孙卿所谓舍其参者也。夫四州之氓非无众也,大江之南非乏俊也,山川之险易守也,劲利之器易用也,先政之业易循也,功不兴而祸遘者何哉?所以用之者失也。故先王达经国之长规,审存亡之至数,恭己以安百姓,敦惠以致人和,宽冲以诱俊乂之谋,慈和以给士民之爱。是以其安也,则黎元与之同庆;及其危也,则兆庶与之共患。安与众同庆,则其危不可得也;危与下共患,则其难不足恤也。夫然,故能保其社稷而固其土宇,麦秀无悲殷之思,黍离无愍周之感矣。①

陆机《辨亡论》总结吴亡的原因虽然深刻,但尚欠全面。笔者以为,吴国灭亡的原因是多方面的,不仅有内部的,也有外部的。蜀汉既亡,司马代魏,西晋肇建,势力强盛,这是外因。吴国自孙权死后,就逐渐衰弱,这是内因。诚如邓艾所言:"孙权已没,大臣未附,吴名宗大族,皆有部曲,阻兵仗势,足以违命。诸葛恪新秉国政,而内无其主,不念抚恤上下以立根基,竞于外事,虐用其民。"②今人田余庆的看法极有见地,他指出:"吴末内乱频仍,朝廷失去重心,已呈瓦解之像,主要靠陆氏家族人物镇上游以为撑持。吴国屡遣人至海外,'求马''益众',以期加强军队,扩大战骑,但是迄无成效,军事上主动出击于江外,是完全不可能的。吴国在战略上本来只是靠沿江守险:城石头,作涂塘,遏东兴,置烽燧。蜀亡以后,吴国更是日夕惊慌,如陆机《辨亡论》之言:'或欲积石以险其

---

①　《三国志》卷48《孙皓传》注引陆机《辨亡论》下篇。
②　《资治通鉴》卷76魏邵陵厉公"嘉平五年"条。

流,或欲机械以御其变。'顺流之敌,防不胜防,吴国完全处于消极被动,等待晋军进攻的状态。"①

当然,吴国衰亡,与孙权子孙不肖,嗣主无能也有极大关系。陈寿在孙吴《三嗣主传》中评曰:"孙亮童孺而无贤辅,其替位不终,必然之势也。(孙)休以旧爱宿恩,任用(濮阳)兴、(张)布,不能拔进良才,改弦易张,虽志善好学,何益救乱乎?"②至于吴末帝孙皓则更是三国史上著名的暴君。"皓既得志,麤暴骄盈,多忌讳,好酒色,大小失望。"③虽有上大将军施绩、丞相陆凯、大司马陆抗等良臣先后辅佐,但也难挽危局于既倒。

孙吴不仅政治上腐败,军事上也不断走下坡路。"宁可千日无战,不可一日无备",是自古以来兵家重要的战略思想。晋欲伐吴,并非一朝一夕,东吴的有识之士早已察觉,曾多次向孙皓建议加强军备,增强沿江战略要点的防御力量,以防止西晋的突然袭击。公元272年,吴建平太守吾彦发现长江上游飘来大量木屑,便预知晋正大造舰船准备顺江东下灭吴的企图,遂向吴主孙皓建议:"晋必有攻吴之计,宜增建平兵以塞其冲要。"④吴大司马陆抗病重垂危之际,曾向孙皓建议,将长江上游防守兵力增至八万以巩固西陵、建平等地。但这些关键性的备战措施均被孙皓置之不理。

而西晋则在灭蜀之后,立即着手稳定内部,增强经济实力,力求富国强兵。晋武帝利用十余年的时间,进行了周密策划,充分准备。武帝针对东吴占据长江天堑的有利地势,接受曹魏时期"武骑千群,无所用也"的教训,命王濬在蜀地训练水军,大造战船,做

① 田余庆:《东晋门阀政治》,北京大学出版社2005年版,第234页。
② 《三国志》卷48《三嗣主传》陈寿评曰。
③ 《三国志》卷48《孙皓传》。
④ 《资治通鉴》卷79晋武帝"泰始八年"条。

好顺江东下的一切作战准备。这样，便使本来已在土地面积、人口数量、经济和军事实力诸多方面占据明显优势的西晋,如虎添翼,为夺取灭吴战争的胜利,提供了可靠的保障。

东吴统治集团多年来,既不对西晋战略动向进行研究而采取相应的对策;又狂妄自大,汲汲于对吴国政权正统性的宣传,与西晋争夺所谓的"天命",故在大战来临之际,不作任何准备,在战略指导中严重失误,致使拥有二十多万大军、占据半壁河山的东吴不到三个月的时间即被西晋大军横扫而亡,成为古代战争史上不多见的惨败记录。

其实,东吴相较于西晋也并非居于绝对的劣势,即使是战前未做充分的准备,但如能在临战中采取相应的对策,也不至于如此迅速地土崩瓦解。从当时的情况来分析,东吴只要采取两方面的措施即有可能阻止西晋的推进:一是立即增强长江上游建平、西陵一带的防御力量;二是集中兵力于建业附近,加强沿江守备,以逸待劳,坚决阻止晋军渡江登岸。但是昏君孙皓等人缺乏起码的政治头脑,终日浑浑噩噩,虑不及此,致使西晋王濬的水军顺江而下,如入无人之境,其迅速与东面的三路大军胜利会师于建业江面,对东吴京师形成泰山压顶之势。更令人啼笑皆非的是吴丞相张悌所率的三万精兵,在此千钧一发之际,竟不顾部将沈莹的劝阻,拒绝在采石机动御敌而渡江北上。这对濒临陷落的建业危局无异于釜底抽薪,帮了晋军的大忙。

从晋吴之战的整个过程来看,吴军不仅不作战前准备,而且士气极其低落,这是其政治极端腐败、人心丧尽的必然结果。事实上,太康之役前便不断发生吴军将士频频投降西晋之事,如"吴将邵凯、夏祥帅众七千余人来降"①等事件在孙皓在位时期已层出不

---

① 《晋书》卷3《武帝纪》。

穷。当王濬大军顺流东下,吴主孙皓命游击将军张象率一万水军前往抗击王濬军时,张象军一见晋军的旗号便全部投降;吴将陶濬奉命率军二万与晋军作战,临出发的前天晚上,部众也逃散一空;吴司徒何植、建威将军孙晏等人未等晋军逼近,便主动交出符节印信而降。凡此种种,都足以说明吴军士气低落、军无斗志,这样一支不堪一击的军队自然无法与战斗力强大、士气旺盛的晋军相匹敌。

值得注意的是,西晋对灭吴战争的战略方针的运用也是相当出色。战前,晋武帝便采取了瓦解孙吴将领斗志的一系列策略,①临战中又进行周密的策划和部署,以六路大军东西对进,三面齐攻,有正有奇,有主有从,首尾策应。战略上的协同和配合也能环环相扣,十分默契,做到了谋定而后动,计定而后战。力争使对方处于被动状态,一处失利则全局动摇。需要特别指出的是,王濬所率的水军对这场战争的胜利起了十分关键的作用。在当时的情况下,千里长江天堑是难以克服的障碍,何况东吴"以舟楫为舆马,以巨海为夷庚",②水军向来强大。曹操惨败于赤壁;曹丕屡次攻吴,临江而返,都因受制于长江。司马炎接受了这些教训,训练了一支强大的水军。这支水军从巴蜀启航,沿江东下,破铁锁,除铁锥,斩关夺隘,所向披靡,只用40多天就驶抵建业。然后又不失时机地配合步骑兵发起总攻。终于迫使吴主孙皓投降。

---

① 据《晋书》卷3《武帝纪》载,凡吴军将领来降,司马炎皆授之以高官厚禄,如:"吴西陵督步阐来降,拜卫将军,开府仪同三司,封宜都公。""吴京下督孙楷帅众来降,以为车骑将军,封丹杨侯。""吴夏口督,前将军孙秀帅众来奔,拜骠骑将军,开府仪同三司,封会稽公。"车骑将军、骠骑将军皆为重号将军,位同三司。当时西晋头号重臣贾充也仅任车骑将军,为了笼络前来投降的吴宗室孙秀,武帝拜他"为骠骑大将军。帝以贾充为旧臣,欲改班,使车骑居骠骑之右,充固让,见听"(《晋书》卷40《贾充传》)。如此一来,降将孙秀居然位列司马氏的心腹重臣贾充之上。

② 《太平御览》卷768《舟部·叙舟上》。

晋武帝司马炎发动的灭吴战役是中国古代战争史上第一次大规模突破长江天堑的统一战争,具有极其重要的历史意义。自公元184年黄巾起义至公元280年三国归晋,整个华夏大地动乱分裂了将近一个世纪。西晋的统一结束了自东汉末年以来战乱不止的局面,使中国又重新归于大一统,这对当时的社会经济和生产力的发展,对于中华民族的凝聚力和民族的大融合具有重要的推动作用。

　　汉末三国时代整个社会最迫切需要解决的问题是什么?毫无疑问,就是恢复正常的社会秩序,将四分五裂的天下统一起来。司马炎在位期间所做的最重要的一件大事就是发动灭吴战争。晋武帝奋三世之余烈,一举灭吴,扫平六合,统一天下,功莫大焉。

　　东汉末年群雄割据,天下分崩,因战争、饥荒、疾疫所带来的灾难,以及导致的人口大幅度的锐减已达到了令人难以想象的程度。三国鼎峙虽较之东汉末年军阀割据的局面稍优些,但三国之间干戈不止,天下无一日之宁。卫觊说:"四海之内,分而为三,群士陈力,各为其主,是与六国分治,无以为异也。当今千里无烟,遗民困苦。"①张茂曰:"自丧乱以来,四五十载,马不舍鞍,士不释甲,边寇在疆。"②孙权说:"军兴日久,民离农畔,父子夫妇,不听相恤。"③司马昭说:"唯华夏乖殊,方隅圮裂,六十余载,金革亟动,无年不战,暴骸丧元,困悴罔定。"④这不仅阻碍了生产力的发展,也给人民带来了极大的痛苦。所以当邓艾率兵"入阴平,百姓扰扰,皆进山野,不可禁制"。⑤蜀汉姜维等人虽欲抵抗,但蜀民都不愿继续

　　① 《资治通鉴》卷73魏明帝"景初元年十月"条。
　　② 《三国志》卷21《卫觊传》。
　　③ 《三国志》卷47《吴主传》。
　　④ 《三国志》卷48《孙皓传》注引《汉晋春秋》。
　　⑤ 《三国志》卷42《谯周传》。

作战,来延长国内的割据局面。当西晋发动灭吴之战时,吴军临阵纷纷倒戈,不战而降。由此可见,要求统一,解百姓于倒悬之苦,不仅是晋武帝司马炎的愿望,同时也是社会的迫切要求。而西晋则是魏晋南北朝近四百年历史中唯一的一次全国统一。

以往,有些学者在分析西晋统一原因时,特别强调客观条件。即认为三国后期,北方地区经济的发展已超过南方,所以西晋的统一是必然的。其实,即使北方经济实力强大,但如果不发挥人的主观作用,要迅速实行统一也绝非易事。例如,战国后期尽管秦国对东方六国已占绝对优势,但如果不出现秦始皇这样雄才大略的帝王,统一进程也势必延缓。同样,我们也可以认为,三国后期如果不出现司马炎、羊祜、杜预、王濬这样卓越的人物,要完成"天下书同文,车同轨"的统一大业仍然是困难的。对司马氏统一全国的功绩,习凿齿做出了高度评价:

> 昔汉之失御,九州残隔,三国乘间,鼎峙数世,干戈日寻,流血百载,虽各有偏平,而其实乱也。宣皇帝势逼当年,力制魏氏,蠖屈从时,遂羁戎役,晦明掩耀,龙潜下位,俯首重足,鞠躬屏息,道有不容之难,躬蹈履霜之险,可谓危矣!魏武既亡,大难获免,始南擒孟达,东荡海隅,西抑劲蜀,旋抚诸夏,摧吴人入侵之锋,扫曹爽见忌之党,植灵根以跨中岳,树群才以翼子弟,命世之志既恢,非常之业亦固。景文继之,灵武冠世,克伐贰违,以定厥庸,席卷梁益,奄征西极,功格皇天,勋侔古烈,丰规显祚,故以灼如也。至于武皇,遂并强吴,混一宇宙,乂清四海,同轨二汉。除三国之大害,静汉末之交争,开九域之蒙晦,定千载之盛功者,皆司马氏也。[①]

---

① 《晋书》卷82《习凿齿传》。

245

习氏的这一见解卓尔不凡,绝非虚美之词。干宝对晋武帝灭吴,一统华夏之功亦予以高度赞扬,他说:武帝"聿修祖宗之志,思辑战国之苦。腹心不同,公卿异议,而独纳羊祜之策,以从善为众。故至于咸宁之末,遂排群议而杖王、杜之决。泛舟三峡,介马桂阳,役不二时,江湘来同。夷吴蜀之垒垣,通二方之险塞,掩唐虞之旧域,班正朔于八荒。太康之中,天下书同文,车同轨。"①唐太宗为《晋书·武帝纪》所作的制词云:"马隆西伐,王濬南征,师不延时,獯虏削迹,兵无血刃,扬越为墟。通上代之不通,服前王之未服。祯祥显应,风教肃清,天人之功成矣,霸王之业大矣。"②

最后需要指出的是,西晋的灭吴之战并非一帆风顺。晋武帝即位初期,无论从西晋的内部条件还是外部环境来看,都面临着诸多问题。面对这些困难,晋武帝审时度势,沉着冷静,"明达善谋,能断大事"③,经过十几年的精心准备,在解决内部矛盾和克服外部阻力之后,才挥师伐吴。所以平吴之战看似过程十分简单,晋军"兵无血刃,扬越为墟"④,从出师到灭吴仅用了三个月的时间,但如果不是晋武帝在伐吴之前的精心谋划,周密部署,长期筹备,岂能一举荡平孙吴,结束东汉以来华夏分裂近百年的局面。虽然晋武帝后期"怠于政事,蔽惑邪佞,留心内宠",⑤择嗣不当,出现了晋惠帝这样的昏君,导致永嘉之乱和衣冠南渡,但其扫平四海,一统六合之功是绝不容抹煞的。

① (晋)干宝:《晋纪·总论》,《文选》卷49。
② 《晋书》卷3《武帝纪》制曰。
③ 《晋书》卷3《武帝纪》。
④ 《晋书》卷3《武帝纪》制曰。
⑤ (清)陆心源:《唐文拾遗》卷13。

# 第五章　晋武帝对吴蜀地区的治理

公元 263 年司马氏灭蜀,280 年平吴,从军事上看,西晋王朝已经征服了吴蜀二国,完成了统一大业。但自古以来,马上得天下易,马下治天下难。司马氏统一天下后,仍然面临着一大难题:江左、巴蜀立国已久,风土人情自有特色,与中原殊异。吴蜀虽平,但江南以及蜀地的叛乱仍然不断。吴蜀二国士族和地方豪强大族的势力也依然十分强大,故而要把旧吴、旧蜀之地全面融入西晋的统治体系,殊为不易。众所周知,自秦汉以来中国虽然已成为大一统的国家,但仍然存在因地域不同而造成的经济与文化上的巨大差异。三国鼎立以来,北方与南方各自建立政权,原有的差异进一步扩大。三方皆以正朔自诩,南北士人相互对立,形成心理上的隔阂和仇视,要想消除泯灭并不容易。西晋以禅让形式取代曹魏,其政权及官僚机构的成员主要来自曹魏功臣贵戚的后裔。阀阅门第享有累世仕宦的特权,形成了一个稳定延续的政治群体。但吴蜀旧臣作为亡国降虏,其士人遭致沉重打击,就很难融入西晋政权之中。而且吴蜀二国的历史都不算短,从孙策于初平四年(193)渡江创业算起,至晋太康元年(280)为晋武帝所平,孙吴经营江南已有八十余年。从刘焉于中平五年(188)割据巴蜀至蜀汉灭亡(263),巴蜀脱离中原王朝,作为独立的割据政权也有七十余年。因此西晋王朝要稳定局势,就必须在吴蜀旧地加强军事与政治统治力量,以便于及时镇压叛乱。同时,要征服江南与巴蜀人心,特别是征服吴蜀著姓望族,也必须采取一些特殊的政策。本章拟就这一问题作初步探讨。

## 一、对江南地区的军事控制

吴国共有荆、扬、交、广四州之地,其中荆、扬二州地处长江中下游,是旧吴的腹心之地,战略地位十分重要。为了有效地控制吴地,晋武帝平吴之后,把宗室诸王分封到新附吴地,担任镇抚一方的都督。西晋都督吴地的宗王共有六位,占整个西晋时期担任荆、扬都督总数的1/4强,这是一个很大的比例,足见西晋对治理新附吴地的重视。诸王当中,担任都督荆州诸军事的有楚王玮、新野王歆及高密王略。其中楚王玮是晋武帝第五子。担任都督扬州诸军事的有淮南王允、谯王随以及琅邪王睿。其中淮南王允是晋武帝司马炎第十子。太康十年(289),司马允由濮阳王改封淮南王,徙国淮南,都督扬、江二州诸军事、镇东大将军、假节。从太康十年(289)至永康元年(300),司马允都督扬、江诸军事共计十余年,是西晋宗王在吴地任职时间最长的一位。司马允在扬州的经营,为后来东晋偏安江左打下了基础。宗王出镇吴地,显示了西晋对统治吴地的重视。

平吴功臣也是武帝一朝借以镇戍荆、扬的主要力量。平吴功臣杜预、胡奋、杨济、王浑、周浚、石崇等人担任荆、扬方伯之任,除了有武帝论功行赏的意味,还因为吴地新平,妨碍西晋统一格局的残余势力仍然有待继续清除。这样的任务交给具有军事才能并挟平吴余威的大将,自然是较为妥善的安排。虽然以陶侃、甘卓、何攀为代表的吴蜀士人日后也出现在荆、扬地区的政治舞台上,但吴蜀士人在仕途上晋升之艰难,远远大于那些凭藉家世门第、父祖余荫就能获得高官厚禄的重臣勋旧子弟。① 西晋对吴蜀士人始终带着防范的态度,从何攀因是"远人",就被调离扬州一例就足以证明吴蜀士人入晋为宦的困难。②

为了更有效地加强对江南地区的统治,西晋将原在北方地区实施的"错役制"推行到南方。错役制的核心内容是以士家③的家属为人质。为了确保前方将士不在战争中叛逃,前线的士兵必须以父母妻子等家属在魏国的北方重镇邺城等地做人质。曹操采用严酷的治军手段,他强迫士兵与其家人分离。并规定若士兵叛逃,家属或没为官奴婢,或处死。错役制的主要特征是"人役户居,各在一方",④即士兵不能在家室所在地服役,而要戍守异地。这项制度一直沿袭到西晋而不废。⑤ 西晋对错役制的执行是相当严格的。世兵制下的兵家子弟不仅要世代为兵,还要和家属分离,到外地服役,这在当时有着严格的法律规定,绝不轻易更改。

---

① 晋是典型的士族等级社会,九品中正制普及的结果,使西晋在官吏的选任上十分重视出身和家世。武帝朝中央多任用重臣勋旧之后担任荆、扬方镇,而这正是西晋十分重视吴地管理的体现。

② 何攀为蜀郡人,随王濬参与伐吴战争,吴平,何攀以功封关内侯,为王濬辅国将军司马。迁扬州刺史,假节。何攀在扬州政化严明,德教敷宣,颇有政绩。但何攀的蜀人身份始终受到西晋朝廷的歧视和防范。"征虏将军石崇表东南有兵气,不宜用远人,征拜大司农。"(《华阳国志》卷11《后贤志》)何攀最终因"远人"的身份而被调离扬州。

③ 案,曹魏将士兵和他们的家人另立户籍,称之为"士家",规定士家世代从军,通婚也要在士家内进行,这是后世兵户制的雏形之一。

④ 《晋书》卷46《刘颂传》。

⑤ 如刘卞"本兵家子",家族聚居在东平国须昌城,"(刘)卞兄为太子长兵",远离家乡去洛阳服役。兄死后,"兵例须代,功曹请以卞代兄役"(《晋书》36《刘卞传》)。幸亏县令为其说情,才免去刘卞继续服兵役。王尼亦为兵家子,家属聚居在城阳,却要去洛阳服兵役,担任护军府军士。即使有名士胡毋辅之、王澄等人为其求情,洛阳令曹摅也是"以制旨所及,不敢"免去其兵役(《晋书》卷49《王尼传》)。

平吴之后,晋武帝把错役制推广到了吴国故地,而且规模颇为浩大,竟然动用了东南六州的郡兵。这种令士兵家室分离的重役持续时间相当长,以至百姓饱受其困,民怨沸腾。时任淮南相的刘颂上书云:"至于平吴之日,天下怀静,而东南二方,六州郡兵,将士武吏,戍守江表。"刘颂的上书是在太康十年(289)。也就是说从晋武帝平吴之日起至少到太康十年,都有六州郡兵戍守吴地,这与其他地区"诸州无事者罢其兵"[1]的局面形成鲜明对比。

关于"东南二方,六州郡兵"的具体分布方位,应当是《晋书·武帝纪》中屡屡提到的徐、扬、青、兖、荆、豫六州。其中的徐、青、兖、豫四州是魏晋旧有的疆域,而荆、扬二州则主要为孙吴的故土。[2] 平吴之后,西晋仍继续从东南六州派遣士兵镇戍吴地,虽然西晋对吴地派兵的具体数字难以考定,但从征派地域范围之广,持续时间之长,不难推测其戍守兵卒的数量不会太少。西晋在吴地实施如此大规模、长时间的错役制度,其目的不言而喻,就是为了防止吴地士人与民众的反抗。但错役制的长期施行不仅耗损了西晋大量的人力和财力,且在社会上引起了民众的强烈不满。刘颂在上书中指出错役制在曹魏时期实施尚属情有可原,而天下统一之后就不合时宜。他说:

> 昔魏武帝分离天下,使人役居户,各在一方,既事势所须,且意有曲为,权假一时,以赴所务,非正典也。然逡巡至今,积年未改,百姓虽身丁其困,而私怨不生,诚以三方未悉荡并,知时未可以求安息故也。是以甘役如归,视险若夷。至于平吴之日,天下怀静,而东南二方,六州郡兵,将士武吏,戍守江表,

---

① (晋)司马彪:《续汉书·百官志五》。
② 晋灭吴前,仅占荆、扬二州的极小一部分。从《晋书·地理志》来看,"东南六州"的范围几乎囊括了所有与吴地临近以及本来即吴地的西晋东南州郡。

250

或给京城运漕,父南子北,室家分离,咸更不宁。又不习水土,
　　运役勤瘁,并有死亡之患,势不可久。此宜大见处分,以副人
　　望。魏氏错役,亦应改旧。①

可见在错役制度下,大量士兵不仅与自己的妻儿父母长期南北分离,还因水土不服和长时间超负荷的重役,时刻面临疾病和死亡的威胁,生活可谓困苦不堪。所以刘颂才呼吁"魏氏错役,亦应改旧",希望朝廷能够废除错役制,以苏民困。然而晋武帝却并没有采用他的建议,这是因为西晋平吴后,吴地仍在持续不断地反抗,西晋不敢掉以轻心,必须在州郡保持足够的兵力,以随时镇压吴人的反抗。

　　虽然晋武帝没有废除吴地的错役制度,但也对错役制作出了适当的调整,革除了其中的部分弊端。咸宁三年(277),益州刺史王濬奉诏为平吴之战准备舟船,当时"佃兵但五六百人,无所办"。别驾何攀向王濬建议,应立即"召诸休兵,借诸郡武吏并万人造作"。② 从文中的"诸休兵"三字,我们可以看出,西晋此时已实行了士兵轮休制。"休兵制"无疑是在错役制罢除之前,用来缓解士兵和家属长期分离之苦的人性化措施。

　　平吴之后,天下初安,此时与民休息已经基本具备了一定的条件。晋武帝心中销锋刃、罢武库的念头盘桓已久,于是他在太康初年颁诏罢州郡兵。晋武帝罢州郡兵的诏书,在梁代刘昭注补司马彪的《续汉书·百官志五》中完整地保留下来:

　　　　上古及中代,或置州牧,或置刺史,置监御史,皆总纲纪,
　　而不赋政,治民之事,任之诸侯郡守。昔汉末四海分崩,因以

---

① 《晋书》卷46《刘颂传》。
② 《华阳国志》卷8《大同志》。

> 吴、蜀自擅,自是刺史内亲民事,外领兵马,此一时之宜尔。今赖宗庙之灵,士大夫之力,江表平定,天下合之为一。当韬戢干戈,与天下休息,诸州无事者罢其兵。刺史分职,皆如汉故事,出颁诏条,入奏事京城。二千石专治民之重,监司清峻于上,此经久之体也。其便省州牧。

于中,我们可以看到武帝《罢州郡兵诏》中明确提出了"诸州无事者罢其兵"。可见太康初年罢州郡兵的政策正在稳步地实施。在这样一种大环境下,新附吴地是否能享受到这样的政策呢?答案是否定的。据《晋南乡太守郭休碑》记载,太康年间,荆州南乡郡所领郡兵竟达三千人,[①]远远超过了"大郡置武吏百人,小郡五十人"[②]的标准。说明临近吴地的州郡仍保留了相当数量的武装力量。

武帝虽然颁下了《罢州郡兵诏》,希望与民休息,不再动用刀兵。但从平吴之日起,西晋不仅调动北方兵力,坚持对吴地实行长时间的错役制,而且在全国普减州郡兵的情况下,仍未削减吴地的州郡军,这固然是由于历史上的魏(晋)与吴长期对立而形成的军事惯性,但更重要的是刚被平定的吴地的残余势力还相当顽强,从西晋平吴之日起,吴地的叛乱就此起彼伏,从未停止。我们不妨从《资治通鉴》《晋书》等有关史书上来看原吴地中荆、扬二州残吴势力起兵反晋的情况。

太康二年(281),"扬州刺史周浚移镇秣陵。吴民之未服者,屡为寇乱,浚皆讨平之"。[③] 太康三年(282),"吴故将莞恭、帛奉

---

① (清)陆增祥:《八琼室金石补正·晋南乡太守郭休碑并阴》,文物出版社 1985 年版,第 45 页。

② 《晋书》卷 43《山涛传》。

③ 《资治通鉴》卷 81 晋武帝"太康二年"条。

252

举兵反,攻害建邺令,遂围扬州,徐州刺史嵇喜讨平之"。①太康八年(287),"冬十月,南康平固县吏李丰反,聚众攻郡县,自号将军。十一月,海安令萧辅聚众反。十二月,吴兴人蒋迪聚党反,围阳羡县,州郡捕讨,皆伏诛"。②太安二年(303),"张昌陷江南诸郡。武陵太守贾隆、零陵太守孔纮、豫章太守阎济、武昌太守刘根皆遇害。昌别帅石冰寇扬州,刺史陈徽与战,大败,诸郡尽没"。③永兴二年(305),"右将军陈敏举兵反,自号楚公,矫称被中诏,从沔汉奉迎天子;逐扬州刺史刘机、丹杨太守王旷;遣弟恢南略江州"。④永嘉四年(310),"吴兴人钱璯反,自称平西将军"。⑤永嘉五年(311),"湘州流人杜弢据长沙反"。⑥永嘉六年(312),"故镇南府牙门将胡亢聚众寇荆土,自号楚公"。⑦建兴三年(315),"吴兴人徐馥害太守袁琇"。⑧

从以上史料中,我们可以看出从平吴之日起到西晋末年,荆扬地区残吴势力不断起兵反晋。太康年间的叛乱大都尚属于吴地百姓以及吴国旧将自发性的小规模起义。而武帝之后的张昌、杜弢率荆扬流民起事,兵锋所及,跨州连郡。陈敏则属于地方势力的叛乱,几乎席卷江淮,并成功割据江东。张昌、杜弢、陈敏的反晋,其波及范围之广,持续时间之长,都显示了荆扬地区的叛乱愈演愈烈。这种情况明显不符合武帝《罢州郡兵诏》中:"无事之州者罢其兵"的标准,

① 《晋书》卷3《武帝纪》。
② 《晋书》卷3《武帝纪》。
③ 《晋书》卷4《惠帝纪》。
④ 《晋书》卷4《惠帝纪》。
⑤ 《晋书》卷5《怀帝纪》。
⑥ 《晋书》卷5《怀帝纪》。
⑦ 《晋书》卷5《怀帝纪》。
⑧ 《晋书》卷5《愍帝纪》。

面对如此不稳定的局面,晋武帝自然不能罢除荆扬地区的州郡武装。

荆、扬二州是长江流域传统的军事重镇和经济中心,在吴地四州中具有最重要的地位。但即如交、广这样的偏远州郡也并不太平。正如交州牧陶璜所言,交、广二州也是多事之地。例如,陶璜一死,以赵祉为首的九真戍兵就起兵叛乱,包围郡城,逐其太守。继任的交州刺史吾彦到州后,才将其平息。偏在南海的广州也频发叛乱,晋怀帝永嘉六年(312),成都内史王机凭藉父兄曾担任广州刺史、南平郡守的人脉资源,联合地方势力驱逐时任广州刺史的郭讷,其自领奴客门生千余人窃据广州。晋愍帝建兴三年(315),陶侃派兵攻杀王机,才夺回广州。

由于交、广二州频生事端,兵乱频仍。因此武帝《罢州郡兵诏》甫一下达,交州牧陶璜便上言:

> 交土荒裔,斗绝一方,或重译而言,连带山海。又南郡去州海行千有余里,外距林邑才七百里。夷帅范熊世为逋寇,自称为王,数攻百姓。且连接扶南,种类猥多,朋党相倚,负险不宾。往隶吴时,数作寇逆,攻破郡县,杀害长吏。臣以尫驽,昔为故国所采,偏戍在南,十有余年。虽前后征讨,翦其魁桀,深山僻穴,尚有逋窜。又臣所统之卒本七千余人,南土温湿,多有气毒,加累年征讨,死亡减耗,其见在者二千四百二十人。今四海混同,无思不服,当卷甲消刃,礼乐是务。而此州之人,识义者寡,厌其安乐,好为祸乱。又广州南岸,周旋六千余里,不宾属者乃五万余户,及桂林不羁之辈,复当万户。至于服从官役,才五千余家。二州唇齿,唯兵是镇。又宁州兴古接据上流,去交阯郡千六百里,水陆并通,互相维卫。州兵未宜约损,以示单虚。夫风尘之变,出于非常。臣亡国之余,议不足采,圣恩广厚,猥垂饰擢,蠲其罪衅,改授方任,去辱即宠,拭目更

视,誓念投命,以报所受,临履所见,谨冒謦陈。①

陶璜的上书提出了保留交州州郡兵的要求,其理由有四:一是因为交州偏处南裔,交通不便,外部情况又十分复杂。与之相邻的林邑、扶南的夷帅,侵扰百姓,攻破郡县,杀害长史。陶璜在州十余年,虽屡有征讨,尚有残余势力逃匿深山僻穴,所以必须驻兵防备。二是交、广二州之人,不识礼乐,好为祸乱,不宾属于朝廷者计有五万余户,只能留兵驻守。三是陶璜所领兵士原有七千余人,因疾病和战斗减员,仅余二千四百二十人,增兵尚不可得,遑论减兵。四是宁州的兴古与交州相接,两地应相互支持,州兵不宜减少。陶璜在上书中对交、广地区形势的分析,如外有林邑、扶南的侵扰,内有不宾属者及宁州少数民族的威胁,都说明了当时的交、广地区并不具备削兵减卒的条件,应该继续保留交、广地方政府的武装力量。陶璜所言完全符合当时的实际情况,故晋武帝最终同意了陶璜的请求。

除了在军事上加强对吴蜀地区的控制以外,西晋还在行政建置上对吴蜀之地进行分割,以削弱吴蜀的反抗势力。如晋武帝泰始三年(267),"分益州,立梁州于汉中。……梁州统郡八,县四十四,户七万六千三百"。"泰始七年,武帝以益州地广,分益州之建宁、兴古、云南,交州之永昌,合四郡为宁州,统县四十五,户八万三千。"②"惠帝元康元年,有司奏,荆、扬二州疆土广远,统理尤难,于是割扬州之豫章、鄱阳、庐陵、临川、南康、建安、晋安,荆州之武昌、桂阳、安成,合十郡,因江水之名而置江州。"③"怀帝永嘉元年,又以荆州的临贺、始兴、始安三郡凡二十县为湘州。"④

---

① 《晋书》卷57《陶璜传》。
② 《晋书》卷14《地理志上》。
③ 《晋书》卷15《地理志下》。
④ 《晋书》卷15《地理志下》。

晋武帝平吴之后,就面临吴国故地接连不断、此起彼伏的叛乱,且叛乱的强度和烈度有增无减,这就成为西晋统治者的心腹大患。面对如此局面,西晋也只能选择加强军事控制,即使实施错役制度导致民怨沸腾,国家财政开支耗费巨大,也还是长期坚持从东南六州调派大量兵力前往监控吴地。与此同时,在全国都已实施普减州郡兵的局面下,吴地的州郡仍保留了相当数量的武装力量,以便于及时镇压。如此一来,旧吴之地,外部既有错役的军队负责镇戍,内部又有地方政府的武装力量,二者相互补充,共同担负军事监管职能。西晋在吴地的军事部署可谓内外结合,织就了一张十分严密的军事监控网。

## 二、限制吴地世家大族的经济特权

　　西晋平吴之后,是否有针对新附吴地实行专门的经济政策?关于这方面的史料记载十分缺乏。但是从太康元年(280)西晋政府颁行户调式的具体条文来看,其中的确包含着一些专门针对吴地的内容。同时,从近年来一些出土文献和传世文献中,也可以考证出西晋朝廷所制定的户调式受到了孙吴制度的影响。正如孙吴兵制影响到魏晋兵制的演变一样,[①]孙吴的经济政策也影响到西晋政府新经济政策的制定和实施。[②]

　　西晋平吴之后颁布的户调式不仅将曹魏时期以户为纳税单位

---

① 何兹全、黎虎:《中国通史》第五卷"中古时代·三国两晋南北朝时期"上册(上海人民出版社 1995 年版)中有专题《魏、吴世兵制的异同》。

② 王素认为:"随着中原文明的不断式微和江南大土地的不断开发,江南的政治、经济、军事、文化等各项具有地域性特色的建制,对于中原王朝的影响力越来越大,导致中原王朝制定政策不得不考虑江南的因素。而中原王朝制定政策不得不考虑江南的因素,实际上并不始于隋唐,至迟从西晋灭吴就开始了。"王素:《长沙吴简中的佃客与衣食客》,《中华文史论丛》2011 年第 1 期。

的"户调"以法律明文的形式推行到全国,而且还包含了新的土地制度以及对世家豪族占田、荫客、荫亲属的规定。户调式的颁布在西晋平吴之后,它考虑到吴地与中原地区的地域差异,故在征收户调上吴地的某些特殊人群有别于北方中原地区。例如孙吴境内居住着相当数量的少数民族,其时称为"夷人",户调式中就有对吴地"夷人"的特殊优惠政策。

西晋户调制规定:"夷人输宾布,户一匹,远者或一丈。"占田、课田制规定:"远夷不课田者输义米,户三斛,远者五斗,极远者输算钱,人二十八文。"①这说明西晋政府在制定"夷人"的租调政策时颇费心思,既考虑周到,又比较细致。它是根据道路的远近来规定征收租调的具体数量。夷人越是远离中原之地所缴纳的租调越少,居住地"极远者",便免除其直接缴纳租米、调布,而以每人缴纳二十八文算钱来代替。

那么当时能够享受这些优惠政策的"夷人"是哪些人呢?所谓"夷人"原指东方少数民族。《礼记·王制》曰:"东方曰夷。"②前揭西晋户调式中的民户占田、课田之制提到"远夷不课田者"。此处"远夷"的解读,我们可以从"宾布"一词入手。西晋政府规定夷人所缴纳的户调是一种名曰"宾布"的特殊布料。"宾布"原指南蛮所纳之赋税。如《说文》曰:"宾,南蛮赋也。"又据《后汉书·南蛮传》记载:"秦昭王使白起伐楚,略取蛮夷,始置黔中郡。汉兴,改为武陵。岁令大人输布一匹,小口二丈,是谓宾布。""南蛮"原指南方地区的少数民族。如《礼记·王制》曰:"南方曰蛮。"西晋户调式规定东夷所输之赋,为南蛮的"宾布",说明当时夷、蛮已

---

② 《礼记正义》卷 12,中华书局 1980 年版。

经不分。"宾布"的征收对象是聚居在吴地武陵一带的蛮夷,即武陵蛮。由此可知西晋户调式中专门缴纳宾布的所谓"夷人",就是以武陵蛮为代表,生活在孙吴境内的少数民族。

孙吴境内的少数民族以武陵蛮和山越为主,二者皆构成威胁孙吴政权的民族问题。山越叛服无常,贯穿于孙吴政权始终,当今治汉魏史学者对山越多有论述,这里姑且置之不论。"蛮夷"中最著名者就是武陵蛮。早在东汉永和"二年春正月,武陵蛮叛,围充县,又寇夷道"。[①] 顺帝时,"武陵蛮夷悉反,寇掠江陵间。荆州刺史刘度、南郡太守李肃并奔走荆南,皆没。于是拜(冯)绲为车骑将军,将兵十余万讨之。……进击武陵蛮夷,斩首四千余级,受降十余万人,荆州平定"。[②]

孙吴统治时,武陵蛮攻城占邑。孙吴政权同武陵蛮之间常有战事。[③] 蛮夷不服王化,对抗官府虽是孙吴政权镇压它的一个原因,但是江南地区经济政策的不统一,以及孙吴政权加重蛮夷的赋役,无休止的索取和掠夺,激起夷人的反抗,才是孙吴对山越和武陵蛮反复用兵的最主要原因。[④]

西晋平吴之后,对孙吴境内少数民族的管理相当重视,在制定

---

① 《后汉书》卷6《顺帝纪》。

② 《后汉书》卷38《冯绲传》。

③ 有关武陵蛮反抗孙吴统治,《三国志·吴书》中多有记载。《三国志》卷55《黄盖传》载:"武陵蛮夷反乱,攻守城邑,乃以盖领太守。时郡兵才五百人,自以不敌,因开城门,贼半入,乃击之,斩首数百,余皆奔走,尽归邑落。诛讨魁帅,附从者赦之。自春讫夏,寇乱尽平。"《三国志》卷52《步骘传》载:"会刘备东下,武陵蛮夷蠢动,权遂命骘上益阳。"《三国志》卷47《吴主传》载:"(黄龙)三年春二月,遣太常潘濬率众五万讨武陵蛮夷。……(嘉禾三年)冬十一月,太常潘濬平武陵蛮夷。"

④ 参阅[日]川胜义雄:《六朝贵族制社会研究》,徐谷梵、李济沧译,上海古籍出版社2007年版,第118—120页。

政策时也充分考虑到了以武陵蛮为代表的孙吴境内少数民族的情况。鉴于少数民族与中原地区经济水平发展的差异以及其聚居偏远的状况,西晋政府在税收上对武陵蛮等少数民族实施较为照顾及优惠的特殊政策。这既是现实的经济状况使然,也是西晋在平吴之后,为羁縻少数民族,稳定政局而采取的措施。

关于"夷人输宾布",我们从已经整理出版的《长沙走马楼三国吴简·竹简》〔壹〕、〔叁〕、〔柒〕中所见有与"夷人""宾布"有关的简牍共七条,兹列次如下:

1. 日□中尚(?)……部伍夷民(壹·984)

2. 其卅一斛五斗付吏区业给禀夷(?)民(壹·1648)

3. 入吏邓佃番端备夷民嘉禾元年粢粟准入米三斛九斗□升(叁·1926)

4. □曹言夷民……事八月廿□日……白(柒·总52243)

5. 右□户夷兵……(柒·总53375 正)

6. 夷新兵五十六人人二斛起嘉禾二年正月讫二月卅日其年四月十六日付柂师市(叁·2169)

7. ……给宾……(柒·总51927)

在这些简牍中,含"夷民"字者有四条,含"夷兵"字者有二条,含"宾"字者一条。虽然出土吴简中的文字残缺不全,但是从以上几条简牍,我们可以获得信息:其中含"夷民"一词的简牍最多,除了吴简壹·1648"夷""民"之间有不能辨认的字相隔以外,"夷民"都是作为一个完整的词语连用。古时"民""人"通用,因此可以推测"夷民"等同于"夷人",即指孙吴境内少数民族之意。吴简柒·总51927虽然只能辨认"给宾"二字,但可见吴地也早已使用"宾"字作为某种专称。如此,简牍中"夷民"可与西晋户调式中的"夷人"相对应,简牍中的"给宾"也与户调式

259

中的"宾布"有直接联系。二者相互印证,更能说明西晋的户调式中包含了专门给予以武陵蛮为代表的孙吴境内少数民族的优惠政策。

虽然西晋是一个以北方世家大族为基础的政权,但西晋政府对豪门大族私人占客的行为采取严厉打击的措施。故而,西晋统一之后,私客问题比较严重的地区反而是新附的吴地。孙吴政权是以若干世家大族联姻为统治基础的豪族政权。江南原有的著姓望族,如吴郡的顾、陆、朱、张,会稽的虞、魏、孔、贺和北渡的大族如张昭、周瑜、鲁肃,他们既是江东政权的统治基础也是孙氏统治者政治上的合作者。鉴于这种政治利益共同体的关系,孙吴政权对吴名宗大族的待遇十分优厚。在军事上,孙吴的将领享有世袭领兵权,士兵为将领私有,并且领兵权可以父子相袭,世代享有。故邓艾曾对司马师说:"吴名宗大族皆有部曲,阻兵仗势,足以建命。"[1]在经济上,与世袭领兵制相配套,实行奉邑制。由国家赐给统兵将领若干县邑,以其租税收入供给将领所养之兵,解决将领养兵的粮食、军费问题。此外,在经济上还实行复客制。孙吴政权屡屡给重臣及其家属赏赐复客,免除复客对国家承担的赋税徭役,而将此部分利益转入复客所依附的主人手中,为他们提供经济上的优厚待遇。

孙吴政权给予统兵将领复客的数量是相当大的。陈武战死后,孙权赐其家"复客二百家"。[2] 吕蒙立有战功,孙权"别赐寻阳屯田六百人,官属三十人"。吕蒙死后,"蒙子霸袭爵,与守冢三百家,复田五十顷"。[3] 蒋钦"道病卒,权素服举哀,以芜湖民二百户、田

① 《三国志》卷28《邓艾传》。
② 《三国志》卷55《陈武传》注引《江表传》。
③ 《三国志》卷54《吕蒙传》。

二百顷,给钦妻子"。① 潘璋卒,"璋妻居建业,赐田宅,复客五十家"。②

周瑜、程普死后,孙权下令:"故将军周瑜、程普,其有人客,皆不得问。"③实际上就是承认周瑜、程普生前私自占有的"客"是合法的,任何人不得过问。可见,孙吴政权的复客制度并不仅仅是孙权简单地将几百家的国家编户赏赐给大臣,而是政府在法律上承认世家大族私人所占有的"客"全部合法。实际上,孙权赐给功臣的复客数量仅是功臣所占有私客总数的一部分而已。孙吴世家大族的经济势力极其强大,据《抱朴子·外篇·吴失篇》记载,吴之大族是"僮仆成军,闭门为市,牛羊掩原隰,田池布千里"。④

西晋给功臣及高级官员的田客就比孙吴要少得多。例如户调式中规定:即使官品第一、第二者,其荫佃客也只有十五户,⑤荫衣食客⑥仅三人。两组数据相对比,我们就可以看到孙吴政权给予功臣的复客数量何其惊人。孙吴统治时期,江东世家大族拥有广泛的特权,他们合法或非法占有大量的土地⑦和依附人口,其数量远远超过户调式所规定的数量。西晋政府通过户调式明文规定占田、荫客之数,不仅是限制北方世家大族,更是限制甚至削弱江东

---

① 《三国志》卷 55《蒋钦传》。

② 《三国志》卷 55《潘璋传》。

③ 《三国志》卷 54《周瑜传》。

④ (晋)葛洪:《抱朴子外篇·吴失篇》,中华书局 1985 年版,第 160 页。

⑤ 《晋书·食货志》曰:"五十户",但《册府元龟·邦计部·田制》作"十五户"。两书相较,《册府元龟》更为可信。

⑥ 吕思勉认为"衣食客"来源于战国时期的食客,入晋后由于身份渐趋卑微,故从门人变为私属,成为服侍主人日常生活的随从或杂役。《群书治要》卷 45 崔寔《政论》云:"长吏虽欲崇约,犹当有从者一人。假令无奴,当复取客,客庸一月千,蔍、膏肉五百,薪、炭、盐、菜又五百,二人食粟六斛。"这段材料中的"客",由主人提供饭食,每月还有固定收入,显然和"佃客"是有区别的,故为"衣食客"。

⑦ 从《吕蒙传》中的"复田五十顷",《蒋钦传》中"田二百顷",可以看出孙吴境内的世家大族占有大量田地,远远超过西晋户调式中所规定的官员占田数。

世家大族经济势力的有力措施。

　　西晋政府一贯限制官员占田、荫客,故平吴之后,面对吴地世家大族如此庞大的经济势力,西晋政府又岂能无动于衷?既然在西晋平吴之前,晋武帝已经有限制官员私自占客的诏令,为何要等到平吴之后,才明文颁布户调式呢?很显然,晋武帝此举不仅意在限制西晋官员的特权,更重要的是针对吴地的世家大族。西晋平吴后,已不可能容忍吴地的世家大族继续大规模地兼并土地、私自占客。户调式的颁布将极大程度地限制占田、荫客的数量,以此来削弱江东大族的势力。正如唐长孺所言:"荫客数字的规定是和庇护制的承认相联系的,国家不能容忍过多的编户变成已被肯定了的庇护制下的佃客,因而必须加以限止。"①晋武帝以朝廷颁布户调式的形式,既承认世家大族有一定的经济特权,又重点对吴地豪门大族占田、荫客的数量进行大幅度的压缩,以抑制土地兼并及保护国家的合法编户不受侵犯。虽然西晋立国时间较短,户调式的施行力度未必能达到预期的效果,但从中也可窥见晋武帝希望抑制兼并,削弱吴地世家大族的迫切愿望。

　　晋武帝在采取强硬措施之后,也实施了一定的怀柔政策。平吴之后,江东大族已失去了原有的特权,西晋政府颁布的户调式又随之而来,这势必剥夺他们所占有的大量土地和依附客。为了安抚吴地豪门大族,户调式中列有这样的条款:"各依品之高卑荫其亲属,多者及九族,少者三世。宗室、国宾、先贤之后及士人子孙亦如之。"②唐长孺认为其中的"士人子孙"包含了在一定程度上照顾孙吴世家大族的待遇。品官荫亲属本不应该包括无官职的士人及

---

　　①　唐长孺:《魏晋南北朝史论丛续编》,生活·读书·新知三联书店1959年版,第14页。
　　②　《晋书》卷26《食货志》。

其子孙,但户调式中却特意注明"士人子孙"可以享受荫亲属的特权。① 户调式是在西晋平吴之后颁布的,此时吴地的世家大族已经失去了原来的官爵,而有了"士人子孙"这一条便能享受一些优惠的待遇。西晋政府一方面打击吴地世家大族过于膨胀的势力,另一方面又在一定程度上保留其特权,以免西晋统治者在"绥抚新附"的过程中和吴地世家大族形成尖锐的对抗。至此,西晋统治者以官爵高低为标准,对官员占田、荫客和荫亲属确立了等级划分,在全国建立起一套统一的体系,虽然在实施过程中执行力度未必能达到预期,但在晋初,对限制江东豪强大族肆意兼并土地,强占复客,限制封建大土地制的发展仍有不可忽视的作用。

## 三、中原士族素轻吴楚之士

中古时代前期,北方是中国经济与文化的高度发达区,两汉各级官僚机构中的官员,北方士大夫与南方士大夫相比,占压倒性优势。因此北方官僚集团就毋庸置疑地确立了在政治上的主导地位。秦汉王朝的政治、经济及军事中心皆在关中,史称:"关中阻山带河,四塞之地,地肥饶,可都以霸。"②《史记·货殖列传》载:"关中之地,于天下三分之一,而人众不过什三,然量其富,什居其六。"秦汉王朝的将相大臣亦大都出自关中和关东地区。所谓"关东出相,关中出将"就是明证。直至东汉,南方地区还未得到完全开发,朝廷中南方籍的官员较少,根本无法形成和北方籍官僚相抗衡的力量。

---

① 唐长孺:《魏晋南北朝史论拾遗》,中华书局1983年版,第64页。
② 《资治通鉴》卷9"太祖高皇帝元年"条。

南方士人集团兴起的开端是在三国时期的吴国政权中。吴国官僚机构的官员大致由两部分人构成,即来自北方的南渡大族和吴国本土的土著大族。在孙策和孙权统治初期,张昭、周瑜、鲁肃等江北大族在吴国政权中处于绝对优势地位。在孙权统治地位稳定后,他就逐渐开始江东化,转而依靠南方土著大族的势力。于是江东的顾、陆、朱、张等豪门势力急剧扩张,日益排斥北来大族,并掌握了吴国的军政大权,成了吴国统治集团的核心力量。"吴郡有顾陆朱张为四姓,三国之间,四姓盛矣。"①吴四姓以顾、陆为著,陆在顾后,但陆氏更强。《世说新语·规箴第十》载,"孙皓问丞相陆凯曰:'卿一宗在朝有几人?'陆曰:'二相,五侯,将军十余人。'皓曰:'盛哉!'"注引《吴录》曰:"时后主暴虐,凯正直强谏,以其宗族强盛,不敢加诛也。"②

然而西晋灭吴却沉重地打击了江南统治集团,使他们转瞬之间成了"亡国之余",仰人鼻息。《抱朴子·外篇·吴失篇》说西晋灭吴,"吴土之化为晋域,南民之变为北隶也。"南人遭受欺压,屈辱之感颇为强烈。西晋在军事上征服孙吴之后,将一些被降服的孙吴将领及其部曲、私附人口强制性地迁移到淮南地区,其目的是使其脱离故土,便于控制,从根本上削弱孙吴地方的军事力量。《晋书·武帝纪》载:太康元年五月"孙氏大将战亡之家徙于寿阳,将吏渡江复十年,百姓及百工复二十年"。灭吴之后晋廷将不少孙吴将士、百姓迁徙到寿阳一带。寿阳本就是曹魏、西晋对孙吴用兵的军事要地,将孙吴大将战亡之家迁徙于此,很明显是为了对其进行严密的监视和控制。《晋书·杜预传》云:"又因兵威,徙将士

---

① 余嘉锡:《世说新语笺疏·赏誉第八》注引《吴录·士林》,中华书局 2007年版。

② 余嘉锡:《世说新语笺疏·规箴第十》。

屯戍之家以实江北,南郡故地各树之长吏,荆土肃然。"也印证了这一措施。当然,西晋对迁徙之家也给予"复十年""复二十年"的优惠待遇,即迁徙之家可免除十年至二十年的徭役。

虽然被迫迁徙的孙吴将士及其家庭可免除若干年徭役,但仍然遭受流徙与贫困之苦。如后为东晋名将的陶侃,原系吴国鄱阳人,父陶丹,仕吴为扬武将军,封柴桑侯。陶侃年幼时,父丧,吴平后更是失去了父荫的庇护,只得举家迁徙至庐江郡寻阳县。陶侃早年以担任县吏糊口,家贫如洗,甚至连招待鄱阳郡孝廉范逵,都是靠其母卖发才换得酒菜。后陶侃举孝廉至洛阳,多次因为吴人的身份受到张华等人的轻视,仕途极不顺畅。可见,这些孙吴将门之后,被内徙至江淮地区,其门户地位与仕宦境遇一落千丈,十分窘迫。

更为悲惨的是,以吴人为"生口",赐与王公大臣。《晋书·武帝纪》记载:太康二年三月,"赐王公以下吴生口各有差"。生口本指俘虏,后因多以俘虏充当奴隶,故又成为奴隶的别称。这里武帝赐与公卿大臣的生口,大部分是平吴之战中的战俘。

北方士族有一种地域上的优越感,素来看不起南方士族。太康元年(280),西晋灭吴,中国重归统一。但在西晋门阀大族的眼中,吴人乃亡国之余,时露不屑之态。蔡珪兄弟颇有德行声誉,周浚渡过长江后,找到蔡珪,周浚询问蔡珪的籍贯,蔡珪回答说:"汝南人。"周浚戏言道:"吾固疑吴无君子,而卿果吾乡人。"①周浚戏称"吴无君子",正体现出他轻视南人的心态。

孙秀降晋后,虽蒙晋武帝恩宠,准予开府,但"伏波将军孙秀以亡国支庶,府望不显,中华人士耻为掾属"。孙秀无奈,只得退

---

① 《晋书》卷61《周浚传》。

而求其次,招募南士入幕府。陶侃既是出身孤贫的南士,又初入仕途,孙秀"以侃寒宦,召为舍人"。[①] 陶侃后来成为东晋名将、重臣,也算不负孙秀所望。然而陶侃入仕之初也遭人羞辱。"豫章国郎中令杨晫,(陶)侃州里也,为乡论所归。侃诣之,晫曰:'《易经》称"贞固足以干事",陶士行是也。'与同乘见中书郎顾荣,荣甚奇之。吏部郎温雅谓晫曰:'奈何与小人共载?'晫曰:'此人非凡器也。'"[②]温雅居然把"非凡器"的陶侃看成是"小人",其原因无非是陶侃门第寒微,又是南士,故为北士所轻贱。

石珩与淮南国大农、郎中令袁甫有一段对话,颇能反映吴人亡国之后的哀怨愁叹,以及北人洋洋自得,凌驾于南人之上的心态。"石珩问甫曰:'卿名能辩,岂知寿阳已西何以恒旱?寿阳已东何以恒水?'甫曰:'寿阳已东皆是吴人,夫亡国之音哀以思,鼎足强邦,一朝失职,愤叹甚积,积忧成阴,阴积成雨,雨久成水,故其域恒涝。寿阳已西皆是中国,新平强吴,美宝皆入,志盈心满,用长欢娱。'"[③]袁甫善于穿凿附会,竟然将寿阳东西地区旱涝等自然现象喻为南人与北人不同的心态。

陆机、陆云兄弟"少有奇才,文章冠世",为西晋著名文学家,被誉为"太康之英"。二人于吴亡之后,退居乡里近十年,闭门勤学,太康末,始入洛阳。陆氏家族是江东的首望,陆逊、陆抗出将入相,凭依门第与才识飞黄腾达,这使陆氏兄弟具有一种心理优势,所以"二陆"初到北方,颇有与北方门第抗衡的想法。《晋书·张华传》载:"初,陆机兄弟志气高爽,自以吴之名家,初入洛,不推中

---

① 《晋书》卷66《陶侃传》。
② 《晋书》卷66《陶侃传》。
③ 《晋书》卷52《袁甫传》。

国人士。"①

　　"二陆"入洛后,经张华的介绍,去拜访一些当朝权贵,以进入上层交际圈,为入仕进取求得便利。但正因为"二陆"是南人,不少权贵时常不给陆氏兄弟颜面,有时甚至在公开场合有意羞辱或挑衅陆氏兄弟。《世说新语·言语第二》载:"陆机诣王武子(济),武子前置数斛羊酪,指以示陆曰:'卿江东何以敌此?'陆云:'有千里莼羹,但未下盐豉耳。'"王济出身太原王氏,乃司徒王浑之子,本人又是外戚,史称其"有名当世,善于清言,修饰辞令,讽议将顺,朝臣莫能尚焉",②故他颇为自负。且王济素轻南士,初见陆机便以"羊酪"发难,其并非以"羊酪"来比较南北风物之差异,而是意在轻辱陆机。

　　《世说新语·简傲第二十四》载:"陆士衡初入洛,咨张公所宜诣,刘道真是其一。陆既往,刘尚在哀制中。性嗜酒,礼毕,初无他言,唯问:'东吴有长柄壶卢,卿得种来不?'陆兄弟殊失望,乃悔往。"张华介绍"二陆"见刘道真,但他对两位江左最杰出的才俊极不礼貌,竟以"长柄壶卢"相问,其轻视之态毕现。姜亮夫在《陆平原年谱》太康十年条的案语中指出:"中原人士,素轻吴楚之士,以为亡国之余。……道真放肆,为时流之习,故于机兄弟不免于歧视,故兄弟悔此一往也。"北士轻视南士最典型的事例之一是卢志当众羞辱陆氏兄弟。《世说新语·方正第五》载:"卢志于众坐问陆士衡:'陆逊、陆抗是君何物?'答曰:'如君于卢毓、卢廷。'士龙失色,既出户,谓兄曰:'何至如此,彼容不相知也。'士衡正色曰:'我父祖名播海内,宁有不知,鬼子敢耳。'"由此可见,西晋权贵和

　　①　《晋书》卷36《张华传》。
　　②　《晋书》卷42《王浑传附王济传》。

北方世家大族对南方士族冷嘲热讽,极尽鄙夷。

　　北方士族对江南士族的藐视和排挤引起了南方士人的愤懑与不平,遂针锋相对,或进行对抗,或反唇相讥。王浑是西晋灭吴的主要功臣之一,"及吴平,王浑登建邺宫酾酒,既酣,谓吴人曰:'诸君亡国之余,得无戚乎?'(周)处对曰:'汉末分崩,三国鼎立,魏灭于前,吴亡于后,亡国之戚,岂惟一人!'浑有惭色。"①原孙吴左将军华融之孙华谭,被推举为秀才来到洛阳,博士王济当众嘲笑华谭说:"五府初开,群公辟命,采英奇于仄陋,拔贤俊于岩穴。君吴、楚之人,亡国之余,有何秀异而应斯举?"面对王济的嘲弄,华谭反驳道:"秀异固产于方外,不出于中域也。是以明珠文贝,生于江郁之滨;夜光之璞,出乎荆蓝之下。故以人求之,文王生于东夷,大禹生于西羌。子弗闻乎?昔武王克商,迁殷顽民于洛邑,诸君得非其苗裔乎?"②王济又讥刺道:"夫危而不持,颠而不扶,至于君臣失位,国亡无主,凡在冠带,将何所取哉!"华谭回答说:"存亡有运,兴衰有期,天之所废,人不能支。徐偃修仁义而失国,仲尼逐鲁而逼齐,段干偃息而成名,谅否泰有时,曷人力之所能哉!"③王济理屈,无言以对。

　　吴国灭亡后,江东士人沉滞乡里者居多。当时南人仕进之艰

---

①　《晋书》卷58《周处传》。案,在这一风气下,吴人也有自称"亡国之余"者,如陶璜因晋武帝"普减州郡兵"而上书进谏,其中有"臣亡国之余,议不足采"(《晋书》卷57《陶璜传》)。

②　《晋书》卷52《华谭传》。《世说新语·言语第二》记载:吴郡人蔡洪,太康中举秀才应召到达洛阳,"洛中人问曰:'幕府初开,群公辟命,求英奇于仄陋,采贤俊于岩穴。君吴楚之士,亡国之余,有何异才而应斯举?'蔡答曰:'夜光之珠,不必出于孟津之河;盈握之璧,不必采于昆仑之山。大禹生于东夷,文王生于西羌。圣贤所出,何必常处。昔武王伐纣,迁顽民于洛邑,得无诸君是其苗裔乎?'"蔡洪之答与华谭答王济如出一辙,疑两处相互抄袭。

③　《晋书》卷52《华谭传》。

难,仅从《陆云集》中所载陆云与乡里人士的通信便可见其实情。如陆云《与戴季甫书》中说:"江南初平,人物失叙,当赖俊彦,弥缝其缺。"《与杨彦明书》中云:"阶途尚否,通路今塞,令人罔然","东人未复有见叙者,公进屈久,恒为邑罔"。但陆云认为南士才能绝不在北士之下。他在《与陆典书》中说:

> 吴国初祚,雄俊尤盛。今日虽衰,未皆下华夏也……愚以东国之士,进无所立,退无所守,明裂眦苦,皆未如意。云之鄙姿,志归丘垄,筚门闺窬之人,敢晞天望之冀?至于绍季札之退踪,结离肝于中夏,光东州之幽昧,流荣勋于朝野,所谓窥管以瞻天,缘木而求鱼也。①

信札反映了江南士族由昔日南金沦为亡国之余,与北方士族存在着严重的心理隔膜。同时也体现出南人仕途受阻的窘境,以及江南的豪杰之士因政治愿望得不到满足而隐而不仕的实情。周一良曰:"从陆云书札,可以窥见南人情绪之一斑。"②

## 四、延揽擢用江南贤士

晋武帝虽取得了对江南军事上的征服,但江南地区的局势并不稳固,③江南士人频遭歧视,仕途受阻,因此如何安抚笼络江南

---

① 《陆士龙文集校注》卷10《与陆典书》,凤凰出版社2010年版。
② 周一良:《魏晋南北朝史札记》"西晋王朝对待吴人"条,中华书局1985年版,第72页。
③ 江南士族不甘心于孙吴政权的覆灭,他们到处传播谣言:"局缩肉,数横目,中国当败吴当复";"宫门柱,且莫朽,吴当复,在三十年后";"鸡鸣不拊翼,吴复不用力。"(《全晋诗》卷8《武帝太康后童谣三首》)于是"吴人皆谓在孙氏子孙,故窃发乱者相继"(《宋书》卷31《五行志》)。可见江南士族的力量虽然因亡国而遭打击,但在当时的影响还是不小的。

士族,让他们为西晋政权效力,是晋武帝面临的一大难题。太康元年(280)夏四月,西晋平吴刚过去一个月,为了彰显新统治者的宽宏仁德,晋武帝"遣兼侍中张侧、黄门侍郎朱震分使扬越,慰其初附"。① 以笼络人心,迅速稳定江南局势。西晋朝廷派往南方的高级官员也忠实执行了晋武帝"慰其初附"政策。如王浑灭吴后,"转征东大将军,复镇寿阳。浑不尚刑名,处断明允。时吴人新附,颇怀畏惧。浑抚循羁旅,虚怀绥纳,座无空席,门不停宾。于是江东之士莫不悦附"。② 周浚随王浑伐吴,过江后,"与王浑共行吴城垒,绥抚新附,……明年,移镇秣陵。时吴初平,屡有逃亡者,频讨平之。宾礼故老,搜求俊义,甚有威德,吴人悦服"。③ 建威将军王戎受诏伐吴,渡江后,"绥慰新附,宣扬威惠。吴光禄勋石伟方直,不容(孙)皓朝,称疾归家。戎嘉其清节,表荐之。诏拜伟为议郎,以二千石禄终其身。荆土悦服"。④ 由此可见,西晋在使用武力征服江南之后,为了争取江南民心的归顺,采取了一系列的怀柔措施。"慰其初附""绥抚新附""绥慰新附"的目的就是要争取民心,缓和南北士族之间的矛盾。"宾礼故老,搜求俊义"的宗旨是要笼络吴地具有影响力的士人,以便于西晋对吴地的有效统治。

因历史造成的原因,南北士族间的矛盾由来已久,晋武帝虽然无力调停,但也想方设法尽力缓和。武帝处理南北冲突颇为有趣,在此,我们不妨举一例。魏晋之际,北人对南人的轻视无处不在,有时夫妻之间的争吵也能反映出来。《世说新语·惑溺第三十五》记载了这样一件事:

---

① 《晋书》卷3《武帝纪》。
② 《晋书》卷42《王浑传》。
③ 《晋书》卷61《周浚传》。
④ 《晋书》卷43《王戎传》。

孙秀降晋,晋武帝厚存宠之,妻以姨妹蒯氏,室家甚笃。妻尝妒,乃骂秀为貉子。秀大不平,遂不复入。蒯氏大自悔责,请救于帝。时大赦,群臣咸见。既出,帝独留秀,从容谓曰:"天下旷荡,蒯夫人可得从其例不?"秀免冠而谢,遂为夫妇如初。

"貉"又通假"狢"。所谓的"貉子",是中原人讽刺江东人极具侮辱性的词语。《魏书·僭晋司马叡传》说:"中原冠带呼江东之人皆为'貉子',若狐貉类云。"① 虽然中原是当时的政治经济中心,但江东也并非蛮荒之地,更谈不上这里的士民野蛮,如同牲畜。但在某些狂妄的中原士人眼中,江东人是不齿于人类的。魏晋时期,南北士人发生冲突时,北人常以"貉子"之词来辱骂南士。如关羽围曹仁于樊城时,孙权曾遣使见关羽,表示愿意出兵相助,但"(关)羽忿其淹迟,又自已得于禁等,乃骂曰:'貉子敢尔,如使樊城拔,吾不能灭汝邪。'"② 关羽訾骂孙权为"貉子",使孙权愤怒至极。故关羽失荆州被吴军俘获后,孙权不由分说,"羽至即斩",③ 立即将其处死。八王之乱时,成都王司马颖以陆机为后将军、河北大都督。小都督孟超不服,并放纵士兵掳掠,陆机逮捕了主凶。"(孟)超将铁骑百余人,直入陆机麾下夺之,顾谓机曰:'貉奴能督不!'"④ 作为小都督的孟超,竟敢公然斥骂河北大都督全军统帅陆机为"貉奴",益见北人对陆机等南人的轻视。

"貉子""貉奴"是恶毒的诬蔑之语,即使夫妻间也不可使用。

---

① 案,貉子是南方的一种小型犬科动物,体型短而肥壮,介于浣熊和狗之间,小于犬、狐。体色乌棕,俗称土狗。

② 《三国志》卷36《关羽传》注引《典略》。

③ 《三国志》卷36《关羽传》注引《吴书》。

④ 《晋书》卷54《陆机传》。

晋武帝为了笼络吴国降臣孙秀，将自己的姨妹蒯氏①嫁给了他。婚后，夫妻情笃，但蒯氏因一时之妒，口不择言，骂孙秀为"貉子"，孙秀大为愤怒，遂不入内室。幸亏晋武帝出面劝说，夫妻才得以和好如初。作为一国之君的晋武帝之所以不惜降尊纡贵，为一区区降将的家庭生活作调解，恐有其深意。武帝认为孙秀夫妇之间的争执，其错在蒯氏，而蒯氏之错是不该用"貉子"来羞辱孙秀。武帝正是通过对此事的调解，对北人诬蔑南人的"貉子"一词予以彻底否定，以此来缓和南北士人间的矛盾。由此可见，武帝在安抚南士问题上的良苦用心。

在晋武帝的努力下，太康年间，南北士族间的矛盾得到了一定程度上的缓和。江南士族纷纷以靠拢北方士族为荣。《抱朴子·外篇·讥惑篇》云："余谓废已习之法，更勤苦以学中国之书，尚可不须也，况于乃有转易其声音，以效北语。"可见，吴地士族在书法、语言，甚至哭声上都学"中国"。陆机撰《辨亡论》，文中对自己父祖陆逊、陆抗功业的怀念，也未尝不是他渴望走入仕途，与北士合作，在晋朝建功立业重振家族思想的流露。

晋平吴后，除吴主孙皓及其高层僚属被押送洛阳外，江南高门大族的士人仍留在江南，多数人还归本郡，或闲居，或"随才擢叙"，一般仍在当地做官。例如，陆机返回吴郡旧里，"闭门勤学，积有十年"；贺循回到会稽郡，先后担任阳羡令、武康令。为了拓宽西晋政权的社会基础，增强官僚阶层的流动性，就必须显示西晋朝廷对南北士子入仕的公正与公平，让江南士人能进入洛阳朝廷

---

① 中庐蒯氏至魏晋时已成为著名的襄阳大族。据《世说新语》刘孝标注引《晋阳秋》云："蒯氏，襄阳人，祖良，吏部尚书。父钧，南阳太守。"蒯良子南阳太守蒯钧娶中领军王肃之女，生一女蒯氏（王肃另一女王元姬适司马昭，故蒯氏乃晋武帝姨妹）。

为官。西晋平吴后，司马炎对于江东大族有意笼络，即使士人在服丧期间，朝廷仍可举孝廉。史载，太康年间，"江表初附，未与华夏同，贡士之宜，与中国法异。前举孝廉不避丧，孝廉亦受行不辞。以为宜访问余郡，多有此举"。① 周一良指出："足见（晋武帝）对江东贡士尽量放宽，与中原不同，有丧而仍行。"②

广陵人华谭就是在太康年间受朝廷征召，以贡士身份入洛阳的。华谭入洛后立即受到晋武帝的亲自策问，华谭建议晋武帝擢用江东贤能才俊之士，以缓和南北士族的对抗，巩固统一。晋武帝在策论时问华谭："吴、蜀恃险，今既荡平。蜀人服化，无携贰之心；而吴人趑雎，屡作妖寇。岂蜀人敦朴，易可化诱；吴人轻锐，难安易动乎。今将欲绥静新附，何以为先?"华谭对曰：

> 臣闻汉末分崩，英雄鼎峙，蜀栖岷陇，吴据江表。至大晋龙兴，应期受命，文皇运筹，安乐顺轨；圣上潜谋，归命向化。蜀染化日久，风教遂成；吴始初附，未改其化，非为蜀人敦愿而吴人易动也。然殊俗远境，风土不同，吴阻长江，旧俗轻悍。所安之计，当先筹其人士，使云翔阊阖，进其贤才，待以异礼；明选牧伯，致以威风；轻其赋敛，将顺咸悦，可以永保无穷，长为人臣者也。③

华谭对策中所谓"吴阻长江，旧俗轻悍"，就是提醒晋武帝应重视江南豪族的势力，维护吴地社会的稳定，不仅需"先筹其人士""进其贤才"，同时还要注意调整对江南的统治政策。当时晋廷中的士大夫大都持传统的政治地理观念，认为精英人物皆在北方，以南士为"亡国之余"。故如何尽快从根本上消除江东地域社会的抵

---

① 《通典》卷101"毗陵内史论江南贡举事云"条。
② 周一良：《魏晋南北朝史札记》"西晋王朝对待吴人"条，第72页。
③ 《晋书》卷52《华谭传》。

触情绪,以实现稳定、巩固统一,是晋武帝颇觉困扰并急于解决的问题。针对这一难题,华谭指出:"进其贤才,待以异礼;明选牧伯,致以威风。"选拔任用吴地贤能之士,将是西晋安定孙吴故地的关键。华谭献策为缓和江东地域冲突、维护统一,起到了十分重要的作用。

尽管晋廷为缓和南北士人之间的矛盾采取了一些措施,吴地士人可以在州郡县等地方官署中得到任用,但入朝为宦者仍寥寥无几。为此武帝于"太康中,下诏曰:'伪尚书陆喜等十五人,南士归称,并以贞洁不容(孙)皓朝,或忠而获罪,或退身修志,放在草野。主者可皆随本位就下拜除,敕所在以礼发遣,须到随才授用。'乃以喜为散骑常侍"。① 陆喜为江东头等大族吴郡陆氏的代表人物,"仕吴,累迁吏部尚书。少有声名,好学有才思"。② 晋武帝征其入朝,意在笼络江东大族名士,以稳定地方社会。

晋武帝又于"泰始中,诏天下举贤良直言之士"。③ 陆机等南方人士遂于太康年间到达洛阳。贺循则是陆机推荐后才入洛的,被喻为"会稽三康"之一的孔愉也在这一时间来到洛阳。陆机入洛后,为颇有政绩的南士贺循、郭讷等人不能为尚书郎、太子洗马而鸣不平。他上疏晋武帝:

> 伏见武康令贺循德量邃茂,才鉴清远,服膺道素,风操凝峻,历试二城,刑政肃穆。前蒸阳令郭讷风度简旷,器识朗拔,通济敏悟,才足干事。循守下县,编名凡悴;讷归家巷,栖迟有年。皆出自新邦,朝无知己,居在遐外,志不自营,年时倏忽,而谯无阶绪,实州党愚智所为恨恨。臣等伏思台郎所以使州

---

① 《晋书》卷54《陆喜传》。
② 《晋书》卷54《陆喜传》。
③ 《晋书》卷52《郤诜传》。

州有人,非徒以均分显路,惠及外州而已。诚以庶士殊风,四
方异俗,壅隔之害,远国益甚。至于荆、扬二州,户各数十万,
今扬州无郎,而荆州江南乃无一人为京城职者,诚非圣朝待四
方之本心。至于才望资品,(贺)循可尚书郎,(郭)讷可太子
洗马、舍人。此乃众望所积,非但企及清途,苟充方选也。谨
条资品,乞蒙简察。①

陆机的上书引起了晋武帝的重视,随后将征召南方士人到洛阳中
央朝廷做官的举措付诸实施。太康九年(288),武帝诏令"内外群
官举清能,拔寒素","诏内外群官举守令之才"。② 在晋武帝招揽
江南贤士诏书的感召下,江东才俊相继应召入洛。陆机兄弟入洛
之时,正当而立之年,风华正茂,家世与才华的结合使他们成为江
东士人的杰出代表。《晋书·陆机传》载,陆机"至太康末,与弟云
俱入洛,造太常张华,华素重其名,如旧相识,曰:'伐吴之役,利获
二俊'……张华荐之诸公。后太傅杨骏辟为祭酒"。张华后来位
列宰辅,乃晋廷中最具远见卓识的人物,从他对陆机兄弟的赞誉中
可以看出"二陆"在南北士人中的崇高地位。"二陆"入洛,对江东
士人影响很大,不少南士相继入洛,自太康末(289)至太安二年
(303)的十五年左右的时间里,形成了一个南人北上求仕的高潮,
吴郡陆、顾、张,会稽贺、虞等大姓皆有人入北,至于纪、褚、朱、周、
孙诸姓亦或早或晚应召入北。《晋书·薛兼传》载:"薛兼字令长,

① 《晋书》卷68《贺循传》。周一良认为陆机所云"今扬州无郎,而荆州江南乃无
一人为京城职者"并不准确。周氏案曰:"卷九二褚陶传载,陶吴郡钱塘人,吴
平,召补尚书郎,张华见之云云。卷五四陆机传言机迁尚书中兵郎,转殿中郎。
卷六八顾荣传言吴人入洛例拜为郎中,荣后为尚书郎。陆机有赠尚书郎顾彦
先诗。是扬州未始无郎也。"见周一良:《魏晋南北朝史札记》"西晋王朝对待
吴人"条,第72页。
② 《晋书》卷3《武帝纪》。

275

丹阳人也。祖综,仕吴为尚书仆射。父莹,有名吴朝。吴平,为散骑常侍。兼清素有器宇,少与同郡纪瞻、广陵闵鸿、吴郡顾荣、会稽贺循齐名,号为'五俊',初入洛,司空张华见而奇之,曰:'皆南金也。'"这样一来,在洛阳形成了一个江南士人群体,他们努力开拓仕途,求取功名。

除了延揽擢用江南贤士之外,平吴之后,晋武帝对吴境内强宗大族的势力采取了保护政策。江东世家、著姓大族除了交出孙吴政权过去交给他们率领的一部分世袭兵之外,他们的经济基础基本上没有被触动,他们的家兵也未被收编或解散。江东士族与豪强地主的庄园经济和武装组织被原封不动地保留下来。①

武帝又下诏"其牧守已下皆因吴所置,除其苛政,示之简易,吴人大悦"。② 可见,武帝此诏颇得吴人之心,江南社会秩序并没有因吴亡而骚动。从"牧守已下皆因吴所置"来看,西晋平吴之后,基本上保留了吴地的基层政权,至少吴国境内郡县等官署机构仍使用原来的旧吴官员,而非西晋朝廷另外选派。如果此事属实,那么吴国虽亡,但江南地区仍然是吴人治吴的状况,至少在吴地,南方士族并不会有被北方士族统治和欺凌的感觉。

这里我们可以尝试分析一下武帝此诏是否得以落实。如果单从《晋书》本纪、列传及志的记载来察看,就很难了解西晋灭吴之后是否触动原来吴地的基层政权。江南幅员广袤,吴立国数十年,对汉代州郡县多有析置,至王濬灭吴时,"收其图籍,领州四,郡四

---

① 江东大族在孙氏政权的庇佑下,在吴国后期已是"势力倾于邦君,储积富乎公室","僮仆成军,闭门为市","牛羊掩原隰,田池布千里"(葛洪:《抱朴子·外篇·吴失篇》),形成了"名宗大姓,皆有部曲,阻兵仗势,足以建命"的局面(《三国志》卷28《邓艾传》)。

② 《晋书》卷3《武帝纪》。

十三,县三百一十三,户五十二万三千,吏三万二千"。① 可见,吴国地方上的牧守令长及掾佐属吏数以千万计,如此庞大的数量,史书当然不可能逐一罗列牧守令长的姓名。但我们仍可以另辟途径,来了解武帝对旧吴官员的任用与否。通过《晋书》卷57诸传可见,西晋平吴之后,交、广二州的州牧并未更换,仍是吴国旧臣滕修、吾彦与陶璜。史家悉知,汉魏以降,州牧、都督居方伯重任,节制兵马,镇抚一方,职权极重。武帝对吴国旧臣毫不猜忌,而委滕修、陶璜以方岳重任,以"俘虏握戎马之要",②可谓用降人不疑。由此可以推断,武帝的"其牧守已下皆因吴所置"之诏并非虚言。吴国地方守令只要顺应大势,改旗易帜,归顺晋朝,就能原地任职,官职不变。

《晋书》卷57诸传中的滕修、陶璜、吾彦是由吴降臣转为晋牧守、将军的典型之例,三人降晋后颇有建树与功业,皆成为戍守一方的封疆大吏,我们从三人降晋后的事功中亦可窥见晋武帝对他们的信任。

滕修,字显先,南阳郡西鄂县(今河南南阳)人。历任吴广州刺史、执金吾,后以使持节、都督广州军事、镇南将军、广州牧之职讨伐郭马叛乱。适逢西晋伐吴,滕修率众救援,至巴丘时得知孙皓已降,"乃缟素流涕而还,与广州刺史闾丰、苍梧太守王毅各送印绶,诏以滕修为安南将军、广州牧,持节、都督如故,封武当侯,加鼓吹,委以南方事。修在南积年,为边夷所附"。③ 太康九年(288),滕修去世,遗愿请求还葬京师洛阳,武帝嘉奖他的想法,于是赐其一顷

---

① 《三国志》卷48《孙皓传》注引《晋阳秋》。
② 《晋书》卷57《滕修传》。
③ 《晋书》卷57《滕修传》。

墓田,赐谥号"声"。滕修之子上表为其父申诉并请求改谥:

> 亡父修羁绁吴壤,为所驱驰;幸逢开通,沐浴至化,得从俘虏握戎马之要;未觐圣颜,委南藩之重,实由勋劳少闻天听故也。年衰疾笃,屡乞骸骨,未蒙垂哀,奄至薨陨。臣承遗意,舆榇还都,瞻望云阙,实怀痛裂。窃闻博士谥修曰声,直彰流播,不称行绩,不胜愚情,冒昧闻诉。帝乃赐谥曰忠。①

作为吴国降将的滕修最后获得"忠"的谥号,可见武帝对他的褒扬和殊遇之宠。

陶璜,字世英,丹阳郡秣陵县(今南京)人。"仕吴历显位",因平定交州之乱,孙皓"以璜为使持节,都督交州诸军事,前将军,交州牧"。西晋南下攻吴,孙皓归降。孙皓亲自写信并派遣陶璜之子陶融送信去劝陶璜归顺。"璜流涕数日,遣使送印绶诣洛阳,(武)帝诏复其本职,封宛陵侯,改为冠军将军。"武帝鉴于东汉末年州郡势力过重,造成地方割据之局,打算削减各州郡兵力。身为交州刺史的陶璜并不赞同,便上书力陈不应削州郡兵的理由,并云:"臣亡国之余,议不足采,圣恩广厚,猥垂饰擢,蠲其罪衅,改授方任,去辱即宠,拭目更视,誓念投命,以报所受,临履所见,谨冒瞽陈。"陶璜又提出发展及整顿合浦的采珠业:"合浦郡土地硗确,无有田农,百姓唯以采珠为业,……吴时珠禁甚严,虑百姓私散好珠,禁绝来去,人以饥困。又所调猥多,限每不充。今请上珠三分输二,次者输一,粗者蠲除。"这些建议皆被晋武帝采纳。陶璜"在南三十年,威恩著于殊俗。及卒,举州号哭,如丧慈亲"。② 陶璜死后,陶璜子陶威、陶淑,陶淑子陶绥先后担任交州刺史。陶氏在晋

---

① 《晋书》卷57《滕修传》。
② 《晋书》卷57《陶璜传》。

朝可谓世袭交州也。

吾彦，字士则，吴郡吴县（今苏州）人。吾彦出身寒微，有文武才干，初为小将，后迁建平太守。"王濬将伐吴，造船于蜀，吾彦觉之，请增兵为备，孙皓不从，彦乃辄为铁锁，横断江路。及师临境，缘江诸城皆望风降附，或见攻而拔，唯彦坚守，大众攻之不能克，乃退舍礼之。"①吴国灭亡后，吾彦归降西晋，晋武帝任命他为金城太守。张华曾经对吾彦说："君为吴将，积有岁年，蔑尔无闻，窃所惑矣。"吾彦厉声回答："陛下知我，而卿不闻乎？"张华是武帝的心腹股肱之臣，吾彦仅是吴国的一名降将，但武帝听了吾彦之语却"甚嘉之"。② 可见吾彦与武帝君臣之间相得相知。交州刺史陶璜死后，吾彦出任南中都督、交州刺史，平定各地叛军。吾彦任交州刺史达二十余年，威名恩德显著，南方州郡得以安宁。后入朝担任大长秋，最终在任内逝世。

## 五、"仆虽吴人，几为伧鬼"

必须指出的是，晋武帝虽然采取了一系列任用南士的政策，一再下诏令"吴之旧望，随才擢叙"，③但实际上作用仍然有限，当时南人仕进仍很艰难，且东南地区儒学之风亦有所衰退。正如葛洪所言：

> 江表虽远，密迩海隅，然染道化，率礼教，亦既千余载矣。往虽暂隔，不盈百年，而儒学之事，亦不偏废也。惟以其土宇偏于中州，故人士之数，不得钧其多少耳。及其德行才学之高

---

① 《晋书》卷57《吾彦传》。
② 《晋书》卷57《吾彦传》。
③ 《晋书》卷3《武帝纪》。

者,子游、仲任之徒,亦未谢上国也。昔吴土初附,其贡士见偃以不试。今太平已近四十年矣,犹复不试,所以使东南儒业衰于在昔也。①

葛洪的这段话是在晋室南渡后说的,可见西晋时期江东士人的境遇并无根本改善。② 其实早在西晋武帝朝,淮南相刘颂就看到了这一问题的症结所在。他上奏晋武帝云:

> 自吴平以来,东南六州将士更守江表,此时之至患也。又内兵外守,吴人有不自信之心,宜得壮主以镇抚之,使内外各安其旧。又孙氏为国,文武众职,数拟天朝,一旦湮替,同于编户。不识所蒙更生之恩,而灾困逼身,自谓失地,用怀不靖。今得长王以临其国,随才授任,文武并叙,士卒百役不出其乡,求富贵者取之于国内。内兵得散,新邦乂安,两获其所,于事为宜。③

奏章中云:“自吴平以来,东南六州将士更守江表,此时之至患也。”说明西晋平吴之后,仍然对吴地采取了军事高压与威慑。刘颂认为如此一来,就会给江东士族豪门造成巨大的精神压力,使“吴人有不自信之心”,这就难免会激起吴地士人对西晋政权的抵触情绪;而且在天下已经统一的情况下,朝廷仍然在东南六州驻扎大量军队,也会给江南民众带来沉重的兵役和徭役负担。刘颂又指出吴国灭亡之后,其原来“数拟天朝”的吴国文武官员,地位尽失,“一旦湮替,同于编户”。这种地位与生存环境的巨大落差,必然使旧吴官员心怀不满,牢骚满腹。因此,他建议晋武帝册封年长

---

① (晋)葛洪:《抱朴子外篇》卷 15《审举》。
② 晋元帝于太兴元年十二月“诏曰:……其吴之高德名贤或未旌录者,具条列以闻”(《晋书》卷 6《元帝纪》)。可见,当时还有许多“高德名贤”未被录用。
③ 《晋书》卷 46《刘颂传》。

之王镇抚江南,让他们在藩国之内招揽人才。藩国应对南士加以礼遇,"随才授任,文武并叙。士卒百役不出其乡,求富贵者取之于国内"。从根本上改善江东豪门世家的仕途与生活处境。使"内兵得散,新邦乂安,两获其所",以实现江南地区的长治久安。

晋武帝统治时期,虽然没有彻底解决南北士族之间的矛盾与冲突,但由于武帝对南方士族的安抚笼络以及在仕途上不断放宽对南士的任用,故南士与西晋朝廷的关系得到一定程度的改善。然而好景不长,武帝去世不久,诸王乱起,他们竞相招募士人,一度"不复计南北亲疏,欲平海内之心"。① 但顾荣等人感到天下纷扰,祸乱未已,时势已不可为,遂决计南归。顾荣、戴若思曾劝江南士人的首望陆机兄弟返乡,但陆机"负其才望,而志匡世难,故不从"。② 不出顾荣等人所料,陆机兄弟最终遭北人陷害,命丧司马颖之手。这无论对陆氏家族,还是对整个江东世族来说,都是一个沉重的打击。大将军参军孙惠与淮南内史朱诞议论此事道:"不意三陆(指机、云、耽三人)相携暗朝,一旦湮灭,道业沦丧,痛酷之深,荼毒难言。国丧俊望,悲岂一人!"③可见吴人痛心失望至极。顾荣、张翰等人见状,即刻返归故乡。可以说,"三陆之死"对南士震撼极大,它不仅表明西晋时期江东士人入北求仕以悲剧告终,同时也宣告晋武帝治理南方,安抚南士政策的最终失败。

东晋政权建立后,在如何对待衣冠南渡的问题上,吴地大族的心情比较纠结,左右为难。在胡族铁骑的威胁下,江南士族需要汉族政权来保护他们的生命财产和基本利益,但他们又不甘心让这

---

① 《晋书》卷 68《顾荣传》。
② 《晋书》卷 54《陆机传》。
③ 《晋书》卷 54《陆云传》。

些北来的"亡官失守之士"①鸠占鹊巢,凌驾在自己头上,所以江东大族与东晋政权的合作是十分勉强的。当晋元帝初到江左时,江左士族对其相当冷漠,经王导的引荐与礼贤下士,江左士人才与东晋王朝建立了初步的合作关系。其后侨姓士族渐多,东晋王朝也在江左站稳了脚跟,北方世家大族遂反客为主,占据了主导地位。江东大族不服,以各种形式进行反抗。例如王导曾向南方士族陆玩请婚,陆玩辞谢说:"培塿无松柏,熏莸不同器,玩虽不才,义不能为乱伦之始。"南方士族拒绝和北方士族通婚,表面上是谦逊,实际上是轻视北方士族。陆玩曾在王导家食酪(北方食品)得病,他写信给王导说:"仆虽吴人,几为伧(南人辱骂北人之言)鬼。"②南方士族还联合起来对付北方大族。例如为"三定江南"立下大功的豪族周玘,因被北士轻侮,于是他就和王恢、戴渊等人合谋,欲剪除执政的北方大族,以南士替代北士。不料因机事不密而遭失败,周玘忧愤发病,临死前嘱咐其子周勰说:"杀我者,诸伧子,能复之,乃吾子也。吴人谓中州人曰伧,故云耳。"周勰遂伙同一些怨恨北方士族的土著豪强,起兵攻打王导、刁协。当地"豪侠乐乱者翕然附之"。③ 但最后还是被北方士族用武力镇压下去。

在王敦之乱中,江东世家大族也以种种形式发泄内心的愤懑,他们采取和东晋政权敌对的行动,甚至欲借王敦之手除掉宿敌刁协、刘隗等人。但王敦又何尝不是南渡的北方头等大族,他见周札(周玘之弟)一门五侯,"吴士贵盛,莫与为比",④深为忌惮,遂借故杀掉周札一门。由于吴姓士族的势力较为弱小,故其数次反抗

① 《晋书》卷58《周处传附周勰传》。
② 《晋书》卷77《陆玩传》。
③ 《晋书》卷58《周处传附周玘传》。
④ 《晋书》卷58《周处传附周勰传》。

活动相继被侨姓大族扑灭。在东晋政权的高压和笼络的两手策略下,江东大族不得不向侨姓大族屈服,然而其内心深处却对侨姓大族恨之入骨。如吴兴人丘灵鞠谓人曰:"我应还东,掘顾荣冢。江南地方数千里,士子风流,皆出此中。顾荣忽引诸伧渡,妨我辈涂辙,死有余罪。"①可见南北士人矛盾之深。

## 六、名为"劝募",实为"逼迁"

周一良在"西晋王朝对待吴人"一文中简单地比较了西晋对吴蜀的不同政策。他指出:

> 西晋王朝对于蜀人任高位者,亦颇警惕。如蜀人何攀平吴有功,任扬州刺史。"石崇表东南有兵气,不宜用远人,征拜大司农"(《华阳国志·后贤志》)。大抵西晋平吴以后,对吴蜀旧地固多防范,然司马氏对江南地主阶级亦颇致意笼络。②

---

① 《南齐书》卷52《丘灵鞠传》,中华书局点校本1972年版。案,司马睿建立东晋政权后,南渡的北方士族固然很多,但终究是客,没有东道主吴姓士族的支持,就无法立足江左,故王导劝司马睿先招引顾荣、贺循等江东名士,以逐步奠定建国的基础。《晋书》卷65《王导传》对此事载之甚详:"(王)导因进计曰:'古之王者,莫不宾礼故老,存问风俗,虚己倾心,以招俊义。况天下丧乱,九州分裂,大业草创,急于得人者乎! 顾荣、贺循,此土之望,未若引之以结人心。二子既至,则无不来矣。'帝乃使导躬造循、荣,二人皆应命而至,由是吴会风靡,百姓归心焉。自此之后,渐相崇奉,君臣之礼始定。"《世说新语·言语第二》:"元帝始过江,谓顾骠骑曰:'寄人国土,心常怀惭。'荣跪对曰:'臣闻王者以天下为家,是以耿、毫无定处,九鼎迁洛邑。愿陛下勿以迁都为念。'"可见,司马睿、王导等通过招引顾荣等江东大族,才能在江左立足,建立东晋王朝。以丘灵鞠为代表的吴姓士族,在痛恨侨姓大族之余,对顾荣等人昔日投靠北方大族的行径极为愤怒,认为吴姓士族之所以沦为侨姓大族的附庸,皆是顾荣等人之误。

② 周一良:《魏晋南北朝史札记》"西晋王朝对待吴人"条,第72页。

周氏之言颇为剀切,但尚不能全面地动态地把握西晋治蜀的方略。从实际情况来看,西晋统治者对吴地士人的入仕虽有限制,但还是比较宽容的。西晋治蜀方略则前后期有明显的变化。平蜀之初,司马昭对蜀中士人采取了较为严厉的高压政策,导致蜀中士人地位的急剧下降。晋武帝即位后,逐步调整治蜀政策,对蜀中士人加以怀柔与笼络。司马氏究竟如何治蜀?前后期又有何不同?史书语焉不详,笔者将爬梳相关史料,作初步申论。

司马昭平蜀之后,为了防止蜀地出现动乱和再次割据,就将蜀主刘禅迁徙到京师洛阳,以便就近监控。灭蜀之初,邓艾建议将刘禅留在成都,以作优待"降君"的表率,借此招徕孙吴。但邓艾的这一建议被司马昭断然否定。① 钟会之乱被扑灭后,"后主举家东迁,既至洛阳"。刘禅被司马氏迁出蜀中,自不待言。因为在中古社会,凡战胜国一方,为防范战败国死灰复燃,对降君必然严加监视,绝不会将其留在原地。据《汉晋春秋》载,刘禅来到洛阳后,司马昭还设宴款待刘禅,并"为之作故蜀技,旁人皆为之感怆,而禅喜笑自若。王谓贾充曰:'人之无情,乃可至于是乎!虽使诸葛亮在,不能辅之久全,而况姜维邪?'充曰:'不如是,殿下何由并之。'他日,王问禅曰:'颇思蜀否?'禅曰:'此间乐,不思蜀。'郤正闻之,求见禅曰:'若王后问,宜泣而答曰"先人坟墓远在陇、蜀,乃心西悲,无日不思",因闭其目。'会王复问,对如前,王曰:'何乃似郤正语邪!'禅惊视曰:'诚如尊命。'左右皆笑。"②此事诚然反映了刘禅的昏庸怯懦,被后世传为笑柄。但从另一角度来看,也表明了司马昭对蜀主刘禅的羞辱与戏弄。

---

① 《三国志》卷28《邓艾传》:"文王(司马昭)使监军卫瓘喻艾:'事当须报,不宜辄行。'"
② 《三国志》卷33《后主传》注引《汉晋春秋》。

司马昭并不仅仅满足迁徙刘禅,与此同时,他又将蜀汉政权的大部分官员迁往中原。《三国志·陈留王奂纪》有一条记载:司马氏平蜀后,"劝募蜀人能内移者。"虽然史料中用了"劝募"二字,但在实际执行过程中并非"劝募",而是"强制逼迁",所谓"蜀人"也并非蜀地的普通民众,而是蜀中的官员。景元四年(263)邓艾灭蜀,其恃功自傲,被钟会构陷而死。紧接着,钟会与姜维作乱成都,被卫瓘等人所诛杀。蜀地的连续变乱引发了严重后果。史载:"钟会自涪至成都作乱,会既死,蜀中军众钞略,死丧狼藉。"①为报复姜维诈降,蛊惑钟会叛乱,司马昭下令对蜀地士人大迁徙。于是绝大多数蜀汉官宦及其子弟,都被强制迁徙到洛阳及河东一带。此次迁徙的蜀地士民有多少?《华阳国志·大同志》记载:"后主既东迁,内移蜀大臣宗预、廖化及诸葛显等并三万家于河东及关中。"

被迁徙的蜀官中年龄最老的是蜀镇军大将军宗预与右车骑将军廖化。延熙十年(247),宗预受拜屯骑校尉,此时宗预已六十多岁。② 而在诸葛瞻"初统朝事"时,宗预、廖化皆已年逾七十。③"咸熙元年春,(廖)化、(宗)预俱内徙洛阳,道病卒。"估计宗预与廖化此时已年逾八旬,司马氏连蜀官中耄耋老人都不放过,强令内徙,可见迁徙令之严,范围之广。宗预、廖化毕竟年事已高,结果在迁徙道路上"病卒"。

① 《三国志》卷33《后主传》。
② 《三国志》卷45《宗预传》:"时车骑将军邓芝自江州还,来朝,谓预曰:'礼,六十不服戎,而卿甫受兵,何也?'预答曰:'卿七十不还兵,我六十何为不受邪?'"
③ 《三国志》卷45《宗预传》:"时都护诸葛瞻初统朝事,廖化过(宗)预,欲与预共诣瞻许。预曰:'吾等年踰七十,所窃已过,但少一死耳,何求于年少辈而屑屑造门邪?'遂不往。"

迁徙之后,蜀汉重臣后裔的沉沦衰败是普遍现象,包括诸葛亮子孙在内,均未能幸免。诸葛亮后裔在晋朝命运颇为坎坷。亮之亲子,只有诸葛瞻一人,且战死绵竹。"瞻长子尚,与瞻俱没,次子京及攀子显等,咸熙元年内移河东。"①诸葛京、诸葛攀②等人被逼迁之后,长期"流徙中畿",与世沉浮。其余诸如蒋琬、费祎等"蜀汉四相"的子孙,亦遭贬抑,碌碌无为。他们的父祖辈本贯荆州,仕宦蜀汉,最终却被迁徙至河东,既失去了旧日的族望,也离开了父辈的居所。刘封、孟达之子也被内迁。"封子林为牙门将,咸熙元年内移河东。达子兴为议督军,是岁徙还扶风。"③

　　谯周有劝降刘禅之功,④又是益州土著集团的代表人物,与刘备嫡系荆州集团士人明显不同。⑤按理可以免于迁徙,⑥但司马昭不仅否决了谯周"裂土以封(刘禅)"的提议,还屡次征召年迈衰老的谯周入洛阳朝见。名为征召,实是逼徙,令谯周十分无奈。"晋室践阼,累下诏所在发遣(谯)周。周遂舆疾诣洛,泰始三年至。以疾不起。"谯周入洛后对弟子陈寿抱怨:"昔孔子七十二,刘向、扬雄七十一而没,吾年过七十,庶慕孔子遗风,可与刘、杨同轨,恐不出后岁,必便长逝,不复相见矣。"⑦翌年冬谯周卒。

---

①　《三国志》卷35《诸葛亮传》。

②　诸葛攀父诸葛乔原为诸葛瑾之子,因诸葛亮一度无子,遂过继给亮为后。攀在蜀汉官至行护军、翊武将军。诸葛瑾长子恪在吴国被夷三族,攀为了延续瑾一脉,遂将身份恢复为诸葛瑾后裔。

③　《三国志》卷40《刘封传》注引二。

④　《三国志》卷42《谯周传》:"时晋文王为魏相国,以周有全国之功,封阳城亭侯。"

⑤　蜀汉政权建立以来,以诸葛亮为代表的荆州集团一直是蜀汉的核心力量。故史称"豫州入蜀,荆楚人贵"(《华阳国志》卷9《李寿志》)。

⑥　先主、后主治蜀,任用的大都是刘备旧人与荆楚子弟,由益州本地豪族地主构成的益州土著集团则被贬抑打击。因此蜀汉灭亡后,遭到迁徙的蜀官子弟,绝大多数都不是益州人。

⑦　《三国志》卷42《谯周传》。

据《华阳国志·大同志》记载:"泰始五年,散骑常侍文立,表复假故蜀大臣名勋后五百家不预厮剧,皆依故官号为降。"①文立请求晋武帝免除蜀汉大臣名勋五百余家"不预厮剧",换言之,可以理解为蜀汉大臣名勋五百余家此时已经沦为"厮剧"了。文立作为入晋蜀人,其提到的"五百余家"必是耳闻目睹,否则文立何以上表。所谓"厮剧"就是仆役杂工,也就是从事卑贱苦役的引车卖浆者流。泰始五年(269)距离蜀汉灭亡(263)不过仅六年,距离蜀汉官宦子弟迁徙河东(264)不过五年。短短五六年时间,"蜀汉大臣名勋"的子弟,便在中原沦为"厮剧",与奴仆杂役为伍,可见其门第滑落速度之快。

农耕时代,土地是主要财富。失去了封地食邑和部曲佃客的荆楚子弟,无处谋生,自然沦为"厮剧"。诸葛亮当年自表后主曰:"成都有桑八百株,薄田十五顷,子弟衣食,自有余饶。"②按一顷为百亩,诸葛家族的庄园占地一千五百亩,也不为少了。但诸葛亮"子弟衣食,自有余饶"的幻想却最终在蜀亡后破灭。蜀汉官宦子弟,入晋之后的境遇相当悲惨。昔日的贵族勋戚,不仅失去了特权,甚至沦为贱民。这与侯景乱南梁时,王谢子弟因缺乏生存能力而活活饿死,有着惊人的相似。

为何司马昭对蜀中士人采取如此严厉的手段?这很可能与姜维当年的图谋复国计划有关。③ 钟会叛乱,欲尽坑杀魏将,所以"魏将士愤怒,杀会及维,维妻子皆伏诛"。④ 魏将士杀死姜维后,

---

① 《华阳国志》卷8《大同志》。
② 《三国志》卷35《诸葛亮传》。
③ 《三国志》卷44《姜维传》注引《华阳国志》曰:"维教会诛北来诸将,既死,徐欲杀会,尽坑魏兵,还复蜀祚,密书与后主曰:'愿陛下忍数日之辱,臣欲使社稷危而复安,日月幽而复明。'"
④ 《三国志》卷44《姜维传》。

仍不解恨,遂共剖维腹,"维死时见剖,胆如斗(升)大"。① 钟、姜谋反事件十分严重,几乎使司马昭统一天下的战略规划功亏一篑。② "时蜀官属皆天下英俊,无出维右。"③但司马昭及魏军将士对以姜维为代表的蜀中官员十分痛恨,在他们眼中蜀汉君臣已成为好乱乐祸之徒。安平人张载于"太康初,至蜀省父,道经剑阁。载以蜀人恃险好乱,因著铭以作诫"。④ 张载"博学有文章",其所作之铭在一定程度上反映了西晋统治者对蜀人的看法,故在平蜀、平吴之后采取了不同的策略,即对蜀中士人严,对吴地士人宽。从史实来看,吴亡以后,江东的顾、陆、朱、张等豪门势力并未受到太大的冲击,孙吴官员的后裔虽然也有人穷困潦倒,但无人成为奴仆;而蜀汉旧臣的子弟,却沦为与仆役为伍的"厮剧",二者相比大相径庭。

## 七、调整治蜀之策

晋武帝即位后,在一定程度上调整了西晋治蜀的政策,缓和了西晋统治者同蜀地士人的紧张关系。据《华阳国志·后贤志》记载:"文立,字广休,巴郡临江人也。治《毛诗》、三礼,兼通群书。州刺史费祎命为从事,入为尚书郎,复辟(费)祎大将军东曹掾,稍迁尚书。蜀并于魏,梁州建,首为别驾从事。咸熙元年,举秀才,除

---

① 《三国志》卷44《姜维传》注引《世语》。
② 钟会的如意算盘是使"姜维等皆将蜀兵出斜谷,会自将大众随其后。既至长安,令骑士从陆道,步兵从水道浮渭入河,以为五日可到孟津。与骑会洛阳,一旦天下可定也"(《三国志》卷28《钟会传》)。
③ 《三国志》卷44《姜维传》注引《世语》。
④ 《晋书》卷55《张载传》。

郎中。晋武帝方欲怀纳梁、益，引致俊彦，泰始二年，拜立济阴太守。"可见，文立就是晋武帝所"引致"的梁益地区的"俊彦"。

文立任郡守后，敢于直言进谏，因其是蜀人，故时常为蜀中旧臣的遭遇鸣不平，要求晋武帝改善蜀汉旧臣子弟的境遇。如文立曾上表曰：

> 故蜀大官及尽忠死事者子孙，虽仕郡国，或有不才，同之齐民，为剧。又上：诸葛亮、蒋琬、费祎等子孙流徙中畿，宜见叙用，一则以慰巴、蜀民之心，其次倾东吴士人之望。①

晋武帝对文立所上表章完全认同，结果文立所上之"事皆施行"。

蜀汉大将傅佥二子傅著、傅募在蜀汉灭亡后，竟被没入官府，沦为奴隶。晋武帝得知后深表同情，他下诏曰："蜀将军傅佥，前在关城，身拒官军，至死不顾。佥父肜，复为刘备战亡。天下之善一也，岂由彼此以为异？佥息著、募，后没入奚官，免为庶人。"②所谓奚官即管理奴隶的官员，胡三省注曰："少府有奚官令，凡男女没入者属焉，魏以来邺都又有奚官督。"③晋武帝亲自下诏，解除了傅佥之子的奴隶身份，使其重新成为庶人。

晋武帝还启用了一批蜀汉旧臣的后裔。其中启用诸葛亮之孙诸葛京颇令人称道。众所周知，诸葛亮是司马懿的劲敌，一度曾经使司马懿"畏蜀如虎"，并闹出"死诸葛走生仲达"④的笑话。但晋武帝却特别钦佩诸葛亮。蜀亡后，晋武帝向原蜀汉侍中樊建请教诸葛亮如何治国理政？樊建说："亮闻恶必改，而不矜过，赏罚之信，足感神明。"司马炎听后，感慨道："善哉！使我得此人以

① 《华阳国志》卷11《后贤志》。
② （清）严可均辑：《全晋文》（上册），商务印书馆1999年版，第10页。
③ 《资治通鉴》卷79晋武帝"泰始五年春"条胡三省注。
④ 《晋书》卷1《宣帝纪》。

自辅,岂有今日之劳乎!"①当他得知诸葛京"流徙中畿"后,武帝即下"诏曰:'诸葛亮在蜀,尽其心力,其子瞻临难而死义,天下之善一也。'其孙(诸葛)京,随才署吏"。②在武帝授意下,诸葛京不久任郿令。郿县属雍州扶风郡,地处偏僻,且县令品秩甚低,故尚书仆射山涛上书武帝:"郿令诸葛京,祖父(诸葛)亮,遇汉乱分隔,父子在蜀,虽不达天命,要为尽心所事。京治郿自复有称,臣以为宜以补东宫舍人,以明事人之理,副梁、益之论。"③晋武帝纳山涛之言,即以京为东宫舍人,诸葛京后来历官至江州刺史。④

晋武帝对蜀士文立十分赏识,泰始十年(274)诏曰:"太子中庶子文立忠贞清实,有思理器干。前在济阴,政事修明;后事东宫,尽辅导之节。昔光武平陇、蜀,皆收其才秀,所以援济殊方,伸叙幽滞也。其以立为散骑常侍。"文立推辞,武帝不许。诏曰:"常伯之职,简才而授,何谦虚也?"文立担任散骑常侍后,"献可替否,多所补纳。甄致二州人士,铨衡平当,为士彦所宗"。⑤所谓"二州",是指梁、益二州,即原来的蜀汉旧地。文立评选梁、益二州的人才,正直无私,考核公平,为蜀中士人所推崇,可见他为晋武帝选拔了不少蜀中士人。文立去世后,温县县令李密上表给晋武帝,推荐成都人寿良来替代文立,李密言:"二州人士零颓,才彦凌迟,无复厕豫

---

① 《三国志》卷35《诸葛亮传》注引《汉晋春秋》。
② 《三国志》卷35《诸葛亮传》注引《晋泰始起居注》。《晋书》卷3《武帝纪》:"(泰始)五年己未,诏蜀相诸葛亮孙京随才署吏。"
③ 《三国志》卷35《诸葛亮传》注引《晋泰始起居注》。
④ 西晋元康元年(291),割扬州之豫章郡、鄱阳郡、庐陵郡、临川郡、南康郡、建安郡、晋安郡和荆州之武昌郡、桂阳郡、安成郡合十郡,因江水之名而置江州。东晋永兴元年(304),分庐江郡之寻阳县、武昌郡之柴桑县合立寻阳郡,属江州。
⑤ 《华阳国志》卷11《后贤志》。

纲纪后进、慰宁遐外者,良公斡英特,二州之望,宜见超予,绍继立后。"①于是武帝征辟寿良担任黄门侍郎,兼任二州都给事中,选拔益、梁二州才俊。后迁梁州刺史、散骑常侍、大长秋。

为了安抚笼络蜀中士人,晋武帝改变司马昭时期对蜀人的高压政策,凡蜀士中有令人称道的事迹、人物即予以褒扬、拔擢。刘禅东迁洛阳时,行动仓促,蜀汉大臣没有一个跟随保护刘禅,唯有郤正与殿中督张通舍弃妻儿随行侍从。刘禅到达洛阳后,赖郤正教导其交际礼仪,举止得宜,刘禅感慨叹息,"恨知(郤)正之晚,时论嘉之"。晋武帝知道后,即赐郤正关内侯,除安阳令,迁巴西太守。"泰始八年诏曰:正昔在成都,颠沛守义,不违忠节,及见受用,尽心干事,有治理之绩,其以正为巴西太守。"②郤正在蜀时,"官不过六百石",入晋后不仅封侯,还升迁为二千石的郡守。

蜀巴东太守罗宪抵御吴军进犯永安有功,早在司马昭主政时期就得到重用。泰始元年(265)封西鄂县侯,司马炎下诏:"罗宪忠烈果毅,有才策器干,可给鼓吹。"又赐他山玄玉佩剑。泰始三年(267)冬入朝,进位冠军将军,假节。罗宪还得到晋武帝的接见,司马炎向罗宪询问蜀汉大臣子弟中是否有可用之才?罗宪推荐了多名"西国之良器",③结果全部得到录用。《襄阳记》云:"泰始四年三月,从帝宴于华林园,诏问蜀大臣子弟,后问先辈宜时叙用者,(罗)宪荐蜀郡常忌、杜轸、寿良、巴西陈寿、南郡高轨、南阳吕雅、许国、江夏费恭、琅邪诸葛京、汝南陈裕,即皆叙用,咸显于世。"④

---

① 《华阳国志》卷11《后贤志》。
② 《三国志》卷42《郤正传》。
③ 《晋书》卷57《罗宪传》。
④ 《三国志》卷41《霍峻传附霍弋传》注引《襄阳记》。

罗宪推荐的"西国之良器"都是当时的杰出人才。陈寿所撰的《三国志》与《史记》《汉书》《后汉书》齐名,称为前四史,是纪传体史书中的不朽之作。陈寿不仅是"西国之良器",而且也是中国古代彪炳千秋的伟大史学家。罗宪所推荐的杜轸后来进入朝廷中枢机构,担任尚书郎,成为良吏。《良吏传》云:"轸博闻广涉,奏议驳论多见施用。时涪人李骧亦为尚书郎,与轸齐名,每有论议,朝廷莫能逾之,号蜀有二郎。轸后拜犍为太守,甚有声誉。"[①]周一良指出:"郎之为官,在西晋朝廷实为清选。蜀郡成都人杜轸、涪人李骧皆任尚书郎,二人齐名,号蜀有二郎,足见其难能。"[②]可见此时西晋对蜀士已不再歧视,西晋无论是治蜀还是治吴,在政策上已不再有大的区别。

　　尽管巴蜀偏居西南一隅,人才匮乏,[③]但晋武帝尽量拓宽用人的范畴与基础,十分注意在蜀地发掘人才。李密向晋武帝所上的《陈情表》即是晋武帝征召任用蜀人的典型之例。李密本名李虔,字令伯,犍为武阳(今四川眉山市)人。幼年丧父,由祖母抚养成人。其孝义甚笃,名扬乡里,博览五经,尤精于《左传》。泰始三年(267),晋武帝立太子,慕李密之名,下诏征密为太子洗马。晋武帝诏书累下,郡县不断催促,这时,李密的祖母已九十六岁,年老多病。于是他向晋武帝上表,陈述家中情况,说明自己无法应诏的原因。这就是著名的李密《陈情事表》,或称《陈情表》。我们从《陈情表》的部分内容中即可看出晋武帝征召李密来朝的急迫心情:

　　　　诏书特下,拜臣郎中,寻蒙国恩,除臣洗马。猥以微贱,当

①　《晋书》卷 90《良吏·杜轸传》。
②　周一良:《魏晋南北朝史札记》"西晋王朝对待吴人"条,第 72 页。
③　《三国志》卷 39《马谡传》注引习凿齿曰:"今蜀僻陋一方,才少上国。"

侍东宫,非臣陨首所能上报。臣具以表闻,辞不就职。诏书切峻,责臣逋慢,郡县逼迫,催臣上道,州司临门,急于星火。臣欲奉诏奔驰,则刘病日笃;欲苟顺私情,则告诉不许。臣之进退,实为狼狈。伏惟圣朝以孝治天下,凡在故老,犹蒙矜育,况臣孤苦,特为尤甚。且臣少仕伪朝(蜀汉),历职郎署,本图宦达,不矜名节。今臣亡国贱俘,至微至陋,过蒙拔擢,宠命优渥,岂敢盘桓,有所希冀!但以刘日薄西山,气息奄奄,人命危浅,朝不虑夕。臣无祖母,无以至今日;祖母无臣,无以终余年。母孙二人,更相为命,是以区区不能废远。①

晋武帝不惜纡尊降贵,以九五之尊的身份礼请"亡国贱俘"李密出山,他连续下达诏书,并且动用了郡县、州司等地方官僚机构的力量。从"诏书切峻,责臣逋慢,郡县逼迫,催臣上道,州司临门,急于星火"的语句中,我们仿佛看到晋武帝心急火燎,迫不及待地要与李密晤面,并且急切地期望李密施展才能,辅佐太子。而李密也深为晋武帝的诚意所感动,他在《陈情表》中表示:"愿陛下矜悯愚诚,听臣微志,庶刘侥幸,保卒余年。臣生当陨首,死当结草。臣不胜犬马怖惧之情,谨拜表以闻。"

《陈情表》被认定为中国文学史上抒情文的代表作之一,千古流传。南宋文学家赵与时在《宾退录》中引用安子顺的言论:"读诸葛孔明《出师表》而不堕泪者,其人必不忠,读李令伯《陈情表》而不堕泪者,其人必不孝。"晋武帝看了此表后很受感动,特赏赐给李密奴婢二人,并命郡县按时供养其祖母。从《陈情表》中我们也可以清晰地看出晋武帝对蜀士的笼络。当时东吴尚据江

---

① (清)吴楚材、吴调侯编选:《古文观止》卷7《陈情表》,人民文学出版社2021年版。

左,为了政治的需要,减少灭吴的阻力,笼络江南民心,晋武帝擢用"亡国贱俘"李密为太子幕僚,以显示其爱才用才之胸怀。同时也可以看出,晋武帝的治蜀方略已与其父司马昭有了根本的区别。

# 第六章 百年一遇的"太康之治"

　　但凡论及中国古代史的治世、盛世,为世人所津津乐道的有西汉的文景之治、汉武盛世;东汉的光武中兴;隋代的开皇之治;唐代的贞观之治、永徽之治、开元盛世;明朝的永乐盛世、仁宣之治;清朝的康乾盛世;等等。而西晋的"太康之治"则常被世人所忽视。其原因也不难理解,因为太康之治好景不长,晋武帝去世后,中国很快就陷入八王之乱及五胡十六国的混乱局面,作为昙花一现的太康之治遂被蒙上一层阴影。随着西晋的衰亡,这个时代也就逐渐淡化,除非是治史的学者和历史爱好者,后人很少关注到这一时代。

　　"太康之治"又称"太康盛世",是指晋武帝司马炎统一全国后出现的一个经济与文化较为繁荣时期,因年号"太康"而得名。笔者认为"太康之治"虽不能与文景之治、贞观盛世等相提并论,但也应当有其不应忽视的历史地位。最主要的是西晋的太康之治来之颇为不易。自汉末黄巾之乱(184)、董卓入京(189)至西晋灭吴(280),统一华夏,整个中国已动乱分裂了将近一个世纪,这一百年来,中华民族蒙受了太多的苦难,除社会经济遭到巨大破坏之外,仅人口就从两汉盛时的近六千万下降到三国鼎立时期的编户人口只有767万左右,虽还未达到曹操《蒿里行》诗中所云的"生民百遗一",但人口死亡率竟高达令人触目惊心的百分之八十多,确实是一个"白骨露于野""念之断人肠"的悲惨世界。公元280

年,晋武帝改年号为太康,这一年三月,晋武帝平吴,三分归一统,华夏大地迎来了百年一遇的和平时代。

应该看到,武帝虽为受成之主,但他在西晋立国后,还是颇有一番作为。史称:"帝宇量弘厚,造次必于仁恕,容纳谠正,未尝失色于人;明达善谋,能断大事,故得抚宁万国,绥静四方。"①司马炎即位之初,便改革官制,奠定三省六部制雏形。他实施无为与宽松政治,兴灭继绝,约法省刑,颁布中国第一部儒家法典——《泰始律》。泰始元年十二月,司马炎又先后颁布了一系列旨在移风易俗、革除弊政的法令。② 兹举其大要胪列如下。

撤销对曹魏宗室和汉朝宗室的监控,解除对他们的禁锢,有才能者授官任职。其中,武帝任用魏济北王曹志为郡守即是典型之例。③

为了防范前线将士临阵叛逃,曹魏王朝实行了十分残酷的质任制。④ 随着战争的逐渐减少,晋武帝罢除曹魏政府对戍边、出征将士留取人质的法令。据《武帝纪》记载,晋武帝曾前后两次下诏罢除质任制。第一次是在泰始元年(265)十二月:"百姓复其徭

---

① 《晋书》卷3《武帝纪》史臣曰。

② 晋武帝泰始元年十二月诏曰:"除魏氏宗室禁锢。诸将吏遭三年丧者,遣宁终丧。百姓复其徭役。罢部曲将长史以下质任。省郡国御调,禁乐府靡丽百戏之伎及雕文游畋之具。开直言之路,置谏官以掌之。"(《晋书》卷3《武帝纪》)

③ 曹志为曹植之子。曹丕即位后,将曹植一家禁锢。武帝受禅后,立即任用曹志,他下诏曰:"魏氏诸王公养德藏器,壅滞旷久,前虽有诏,当须简授,而自顷众职少缺,未得式叙。前济北王曹志履德清纯,才高行洁,好古博物,为魏宗英,朕甚嘉之。其以志为乐平太守。"(《晋书》卷50《曹志传》)

④ 清代学者陈景云说:"魏制,凡镇守部曲将及外州长史,并纳质任。有家口应从坐者,收系保官。"(卢弼:《三国志集解》卷3《明帝纪》)《资治通鉴》卷76魏高贵乡公"正元二年正月"条,胡三省注曰:"魏制,诸将出征及镇守方面,皆留质任。"魏明帝曾把郡县分为剧、中、平三类。外剧郡地近曹魏边陲,郡守要送人质到京师。

役,罢部曲将长吏以下质任。"①第二次在咸宁五年（279）四月："大赦,降除部曲督以下质任。"②晋武帝将罢除质任的范围进一步扩大。根据《通典·职官十九·晋官品》所列,部曲督为第七品、部曲将为第八品。从部曲督和部曲将的官品可知,他们应是军中的基层官员。

恢复被曹魏废除的谏官制度,并将如傅玄、皇甫陶这样清正敢言、有才能的官员委任为谏官,以广闻博见,开直言之路。

晋武帝十分重视农业生产。西晋政府颁布户调式,兴修水利,设立常平仓,赈灾恤民,劝课农桑,为止干戈,抚民以静。平吴后,武帝又下令罢州郡兵。经过十余年的发展经济,休养生息,提倡节俭,终于平定孙吴,结束三国争战,完成统一大业。

晋武帝立国伊始就实施占田制,使农民依法占有一定的土地,这就极大地调动了农民辟田开荒、从事生产的热情,粮食产量也因此有了大幅提高。平定吴国后不到三年,人口便增加一百三十多万户。《晋书·食货志》称:"是时天下无事,赋税平均,人咸安其业而乐其事。"《晋纪·总论》则曰:

> 太康之中,天下书同文,车同轨,牛马被野,余粮栖亩,行旅草舍,外闾不闭。民相遇者如亲,其匮乏者,取资于道路。故于时有天下无穷人之谚。虽太平未洽,亦以明吏奉其法,民乐其生,百代之一时矣。③

所谓太康时期"天下无穷人",确有过誉之嫌,但晋武帝统治时期,社会总体稳定、经济发展、文化繁荣也是不争的事实。

---

① 《晋书》卷3《武帝纪》。

② 《晋书》卷3《武帝纪》。

③ （晋）干宝:《晋纪·总论》,《文选》卷49。

有关太康之治的研究,历代史家的论述都比较笼统,也有的学者就某一个角度进行剖析,因此就很难窥察太康之治的全景全貌。笔者试图将与太康之治的相关内容胪列成一个个独立的小专题,然后将这些专题整合在一起,让读者从不同的视角来观察了解太康之治。

## 一、不计夙怨,平反冤狱

司马炎的父祖为了替司马氏夺取帝位铺平道路,遂对曹氏家族以及附属势力进行了残酷的屠杀。由于司马懿、司马师、司马昭手段残忍,果于杀戮,"魏晋之际,天下多故,名士少有全者"。① 所以在士人中引起了极大的惊慌与恐惧。虽然时隔多年,但所造成的阴霾仍然笼罩横亘在时人的心中。魏晋之际的士人因担忧政治舞台的险恶、生命的无常和脆弱,开始转向崇尚清谈,对现实政治避而远之。如果这样的局面持续下去而不能改变,西晋太平治世的局面就不可能出现。因此晋武帝必须对父祖时期果于杀戮的严酷政治作出调整,以改变曹魏自嘉平之后因高压政治、血腥屠杀而造成的士人恐慌、人人自危的局面。

司马炎即位之后,首先要做的就是不计夙怨,化解矛盾,平反冤狱,对司马氏昔日的政敌采取安抚政策。司马代魏时期,诸多忠于曹魏、反对司马氏篡权夺位的人或被流徙,或被杀戮,或被夷灭三族。对于这些与司马氏有着深仇大恨的仇家宿敌,司马炎采取各种方式,有的平反昭雪,有的予以赦免,有的给予一定的官位,有的联姻,有的予以重用。以下我们将列举大量典型之例。

---

① 《晋书》卷 49《阮籍传》。

赦免淮南之变的发动者王凌、毌丘俭、诸葛诞的后裔,是西晋代魏后亟须争取人心的一项举措。据《晋书·武帝纪》载,泰始元年十二月乙亥,司马炎下诏称:"昔王凌谋废齐王,而(齐)王竟不足以守位。邓艾虽矜功失节,然束手受罪。今大赦其家,还使立后。"魏晋禅代之际,曹魏戍守淮南的军事将领先后三次起兵,反对司马氏专擅朝政。其中的王凌最早起兵,欲诛锄司马懿,立白马王曹彪为帝。王凌因机事不密,被司马懿察觉后,发兵征讨,王凌畏罪自杀,司马懿掘其墓,戮其尸。王凌四子一并伏诛,可见王凌是图谋推翻司马懿执政地位的死敌。然而,司马炎在所下的诏书中解释道,王凌当年虽然谋废齐王曹芳,但"(齐)王竟不足以守位"。这是因为后来齐王曹芳被司马师所废,如此一来,王凌当年所为不仅不构成谋逆之罪,反而成了正义之举。很明显,这种"倒放电影"的手法是晋武帝为了减轻王凌罪责而制造的一个借口。为王凌平反昭雪,完全是根据武帝时期政治形势的需要。正所谓,此一时,彼一时也。

自司马懿发动高平陵之变后,淮南遂成了唯一能向司马氏势力挑战的强大力量。司马师的擅权废立,激起了毌丘俭、文钦的愤怒,他们矫郭太后诏,起兵讨伐司马师,是为淮南第二叛。但是在司马师的全力镇压下,毌丘俭最终失败。"(毌丘)俭子甸为治书侍御史,先时知俭谋将发,私出将家属逃走新安灵山上。别攻下之,夷俭三族。"①俭本传虽云:司马氏击败毌丘俭后,"夷俭三族"。但毌丘俭的子孙仍有死里逃生者。原来,毌丘俭在起兵之前,就已经为自己的子孙留下了后路。《世语》曰:"俭初起兵,遣子宗四人入吴。太康中,吴平,宗兄弟皆还中国。宗字子仁,有俭风,至零陵

---

① 《三国志》卷28《毌丘俭传》。

太守。宗子奥,巴东监军、益州刺史。"①"太康中"正是武帝在位的后期,易代之后,毌丘氏与司马氏的宿怨已成往事,所谓冤家宜解不宜结,武帝此时已无意追究毌丘氏。② 晋灭吴后,毌丘俭子孙从江东返回中原,毌丘宗出仕后,历官至零陵太守;毌丘奥历官至巴东监军、益州刺史。③ 可见,毌丘氏家族在渡过劫难之后,又得以重新复兴。毫无疑问,若非武帝的授意与认可,毌丘氏中兴是绝无可能的。

晋武帝还极力化解司马氏同诸葛氏的矛盾。司马懿与诸葛亮在战场上拼杀,双方属于敌对阵营,势如水火,矛盾不可调和。但诸葛亮族弟诸葛诞却入仕于魏,官至征东大将军,仪同三司,都督扬州诸军事。诸葛诞之女适司马懿之子司马伷,一度曾为司马氏心腹。在淮南前两次的叛乱中,诸葛诞都选择站在司马氏这一边,并率军助司马师镇压毌丘俭。但司马昭掌权并准备代魏时,诸葛诞却同司马氏反目成仇。其原因是"诞既与夏侯玄、邓飏等至亲,又王凌、毌丘俭累见夷灭,惧不自安,倾帑藏振施以结众心,厚养亲附及扬州轻侠者数千人以为死士"。④ 诸葛诞眼见好友夏侯玄等人被灭了三族,前任王凌、毌丘俭等人又身首异处,而自己在淮南的势力更盛于王凌、毌丘俭。司马氏果于杀戮,连皇帝都敢废,又

---

① 《三国志》卷28《毌丘俭传》注引《世语》。

② 《晋书》卷40《贾充传》:"武帝践阼,李(婉)以大赦得还,……时沛国刘含母,及帝舅羽林监王虔前妻,皆毌丘俭孙女。此例既多,质之礼官,俱不能决。虽不遣后妻,多异居私通。"由此可见,昔日遭流徙的李丰之女李婉;毌丘俭孙女(刘含之母、王虔前妻),在武帝即位后,都被大赦放出。但因丈夫已娶后妻,故只能与前夫"异居私通"。

③ 《晋书》卷121《李雄载记》:"李寿别遣费黑寇建平,晋巴东监军毌丘奥退保宜都。"可见,东晋时,毌丘奥任巴东监军,曾与成汉的李寿军作战。

④ 《三国志》卷28《诸葛诞传》。

怎会顾及自己的姻亲身份。可见,"惧不自安"的危机感才是诸葛诞起兵反对司马昭的最直接原因。诸葛诞因担心仅凭淮南一隅之地不足以对抗司马昭,故"遣长史吴纲将小子(诸葛)靓至吴请救"。① 虽然诸葛靓为人质后,吴国出兵救助诸葛诞,但最终诸葛诞仍然不敌司马昭,寿春城被攻破后,诸葛诞被司马昭所杀,夷三族。从此,诸葛诞次子诸葛靓留在吴国,保住了诸葛诞一脉。

诸葛靓入吴后,数立战功,曾平定施但、孙谦的叛乱,先任吴右将军,累迁至副军师、大司马。晋发动灭吴之战时,诸葛靓助吴丞相张悌对抗晋军,因张悌不纳其策而败(事见本书第四章之八"金陵王气黯然收"),因其姊为晋琅邪王司马伷妃,故诸葛靓率部投降司马伷。② 从此诸葛靓就留在姊夫司马伷处,隐藏不出。

诸葛诞虽因兵败被夷族,但并未累及他与司马氏的婚姻关系,诸葛诞之女早就适司马懿子司马伷,司马伷是司马昭的同父异母弟,故司马昭对这位弟妇网开一面,诸葛诞女并未因本族覆灭而受牵连。③ 诞女育有三子:司马觐、司马澹、司马繇。西晋代魏后,三子皆先后封王。司马炎大封宗室时,司马伷先被封为东莞郡王,后改封为琅邪王。史书先称诸葛诞女为琅邪王妃,其子封王后称诸

---

① 《三国志》卷28《诸葛诞传》。
② 《晋书》卷38《琅邪王伷传》:"孙皓奉笺送玺绶,诣伷请降,诏曰:'琅邪王伷督率所统,连据涂中,使贼不得相救。又使琅邪相刘弘等进军逼江,贼震惧,遣使奉伪玺绶。又使长史王恒率诸军渡江,破贼边守,获督蔡机,斩首降附五六万计,诸葛靓、孙奕皆归命请死,功勋茂著。'"
③ 虽然史书上记载司马氏对政敌的处置皆是"夷三族",但在执行过程中也随机应变,灵活处置,并未尽数诛戮。如王凌将其妹适郭淮,后王凌犯夷灭三族之罪,按汉魏律法,其妹亦应弃市。朝廷派御史前来收捕郭淮妻,郭淮写信给司马懿说:"五子哀母。不惜其身;若无其母,是无五子;无五子,亦无(郭)淮也。今辄追还,若于法未允,当受罪于主者,觊展在近。"(《三国志》卷26《郭淮传》注引《世语》)司马懿念及郭淮久镇关陇,于国多劳,又是自己的旧部,于是特准赦免了郭淮妻。

葛太妃。司马炎与诸葛靓是幼时的游伴,两人私交甚笃。当晋武帝得知诸葛靓躲在其姊家中时,就欲利用与婶母诸葛太妃的关系,亲自前往诸葛太妃处,面见诸葛靓,劝其出仕晋朝,以此来修补、恢复司马、诸葛两族间的裂痕。对于晋武帝不惜纡尊降贵,面见亡虏诸葛靓之事,多书均有大致相同的记载,兹不妨录之如次:

> (诸葛恢)父靓,奔吴,为大司马。吴平,逃窜不出。武帝与靓有旧,靓姊又为琅邪王妃,帝知靓在姊间,因就见焉。靓逃于厕,帝又逼见之,谓曰:"不谓今日复得相见。"靓流涕曰:"不能漆身皮面,复睹圣颜!"诏以为侍中,固辞不拜,归于乡里,终身不向朝廷而坐。①

> 诸葛靓逃窜不出。帝与靓有旧,靓姊为琅邪王妃,帝知靓在姊间,因就见焉。靓逃于厕,帝又逼见之,谓曰:"不谓今日复得相见!"靓流涕曰:"臣不能漆身皮面,(胡三省于此加注曰:"自谓不能如豫让、聂政也。")复睹圣颜,诚为惭恨!"诏以为侍中,固辞不拜,归于乡里,终身不向朝廷而坐。②

> 诸葛靓后入晋,除大司马,召不起。以与晋室有仇,常背洛水而坐。与武帝有旧,帝欲见之而无由,乃请诸葛妃呼靓。既来,帝就太妃间相见。礼毕,酒酣,帝曰:"卿故复忆竹马之好不?"靓曰:"臣不能吞炭漆身,今日复睹圣颜。"因涕泗百行,帝于是惭悔而出。③

由于两家宿怨甚深,故一时很难化解,不仅诸葛靓不卖晋武帝的面子,死活不肯出仕晋朝,其姊亦复如是。诸葛太妃虽已久为司马家妇,且得到司马昭的赦免,但其因家族覆灭,怨恨之心亦难以消除。

---

① 《晋书》卷77《诸葛恢传》。
② 《资治通鉴》卷81晋武帝"太康元年"条。
③ 《世说新语·方正第五》。

诸葛靓字仲思,有关"仲思"之含意,《世说新语·言语第二》载:"诸葛靓在吴,于朝堂大会。孙皓问:'卿字仲思,为何所思?'对曰:'在家思孝,事君思忠,朋友思信。如斯而已!'"诸葛太妃又为其子司马觐取字为"思祖",所思之祖为谁? 根据余嘉锡的考证,其所思之祖并非祖父司马懿,而是淮南三叛的发动者司马觐的外祖父诸葛诞,①这无疑是公开地同司马氏作对。然而武帝心胸开阔,不予计较,还是一再期望同诸葛氏化解宿怨,冰释前嫌。

事实证明,武帝的努力并没有白费,日后得到了回报。诸葛靓虽然终身不仕晋朝,但其子却成为东晋名臣,长子诸葛颐弱冠时便知名于天下,并受到晋元帝司马睿(诸葛太妃之孙)的器重,最终官至太常。次子诸葛恢成就更高,在东晋官至中书令、尚书令,仪同三司。康帝年间曾与庾冰、何充等人一起辅政,与名臣荀闿、蔡谟一起被誉为"中兴三明"。② 诸葛家族的门第名望在晋朝不仅没有衰退,反而得到进一步提高,甚至可与天下第一望族琅邪王氏一较高下。③

晋武帝为邓艾平反,则稍显困难,此事一波三折,历经反复,但最终还是为其昭雪。《三国志·魏书·邓艾传》云:"泰始元年,晋室践阼,诏曰:'……征西将军邓艾,矜功失节,实应大辟。然被书之日,罢遣人众,束手受罪,比于求生遂为恶者,诚复不同。今大赦得还,若无子孙者听使立后,令祭祀不绝。'"诏书中认为邓艾"矜

① 参见余嘉锡:《世说新语笺疏》,第290—291页。
② 《晋书》卷77《诸葛恢传》:"诸葛恢,字道明……于时颖川荀闿,字道明。陈留蔡谟,字道明。与恢俱有名誉,号曰'中兴三明'。人为之语曰:'京都三明各有名,蔡氏儒雅荀葛清。'"
③ 《晋书》卷77《诸葛恢传》:"及(王)导拜司空,(诸葛)恢在座,导指冠谓曰:'君当复著此。'导尝与恢戏争族姓,曰:'人言王葛,不言葛王也。'恢曰:'不言马驴,而言驴马,岂驴胜马邪!'其见亲狎如此。"

功失节,实应大辟"。就是认为邓艾获罪是咎由自取,并非仅仅是钟会的诬陷。揆其当时的实情,武帝之言其实也并非全无道理。平蜀之后,邓艾在蜀地专横跋扈,狂妄自大,未经司马昭许可,就大肆封赏蜀汉降臣。①

司马昭诛邓艾后,因担心邓艾久在陇西,其余部抑或会谋反作乱,故遣铠曹属唐彬秘密考察陇西,唐彬考察舆情后,回报司马昭曰:"邓艾忌克诡狭,矜能负才,顺从者谓为见事,直言者谓之触迕。虽长史司马,参佐牙门,答对失指,辄见骂辱。处身无礼,大失人心。又好施行事役,数劳众力。陇右甚患苦之,喜闻其祸,不肯为用。……愿无以为虑。"②于此可见,邓艾部下对主将甚为痛恨,对其被杀,不仅不同情,反而"喜闻其祸",武帝正是考虑到这一因素才不肯录用艾后裔,而仅将其子孙从流徙处赦回。

泰始三年(267),议郎段灼上书晋武帝要求为邓艾平反。段灼的表文罗列了邓艾所建的诸多功绩,指出邓艾因"性刚急,轻犯雅俗,不能协同朋类,故莫肯理之。"即朝中诸臣对他抱有成见,甚至是敌意。又认为,邓艾已是"七十老公,反欲何求! 艾诚恃养育之恩,心不自疑,矫命承制,权安社稷;虽违常科,有合古义,原心定罪,本在可论。"段灼又"以为艾身首分离,捐弃草土,宜收尸丧,还

---

① 史载邓艾"承制拜刘禅行骠骑将军,太子奉车,诸王驸马都尉,蜀群司各随高下拜为王官,或领文官属。以师纂领益州刺史,陇西太守牵弘等领蜀中诸郡"。又对蜀国群臣说:"诸君赖遭某,故得有今日耳。若遇吴汉之徒,己殄灭矣。"可见,邓艾自以为功高盖世,在成都当起了土皇帝。司马昭十分不悦,曾提醒他"事当须报,不宜辄行"。但邓艾回复司马昭:"若待国命,往复道途,延引日月。春秋之义,大夫出疆,有可以安社稷、利国家,专之可也。今吴未宾,势与蜀连,不可拘常以失事机。兵法,进不求名,退不避罪,艾虽无古人之节,终不自嫌以损于国也。"(《三国志》卷28《邓艾传》)邓艾语言傲慢,公开挑战司马昭的权威,这才使司马昭顿起杀心。
② 《晋书》卷42《唐彬传》。

304

其田宅。以平蜀之功，绍封其孙，使阖棺定谥，死无余恨。"①段灼表文言之有理，晋武帝看了"深嘉其意"，表示赞同，但因朝中没有其他大臣为邓艾鸣不平，故司马炎对此事也就不了了之。泰始九年，故蜀尚书令、给事中樊建也提出为邓艾平反："'臣窃闻天下之论，皆谓邓艾见枉，陛下知而不理，此岂冯唐之所谓'虽得（廉）颇、（李）牧而不能用'者乎！'帝笑曰：'吾方欲明之，卿言起我意。'"②司马炎遂下诏曰："艾有功勋，受罪不逃刑，而子孙为民隶，朕常愍之。其以嫡孙朗为郎中。"③于是封其孙邓朗为郎中，并归还籍没的邓艾田宅。

晋武帝宽仁大度，其中最突出的事例就是他能用政敌子弟为近臣。魏晋禅代之际，许允和嵇康被司马师、司马昭杀害，司马炎却用此二人之子作自己的侍卫、秘书丞。

司马师主政时期，李丰、张缉等人欲发动政变诛杀司马师。中书令许允与李丰素来交厚。李丰发动政变期间，有一身份不明之人，携一伪造的诏书，交给许允家门吏，此诏以夏侯玄为大将军，以许允为太尉，共录尚书事。许允看后，随即把它烧毁，但没有向司马师呈报。夏侯玄、李丰等人政变之事败露，被夷灭三族。许允原本想面见司马师当面谢罪，但又因犹豫而未去。司马师得知后愤怒地说："我自收（李）丰等，不知士大夫（指许允）何为忽忽乎？"④嘉平六年（254）秋，"姜维寇陇右。时安东将军司马文王镇许昌，征还击维，至京师。"⑤曹芳在平乐观阅兵。中领军许允与左右亲

① 《三国志》卷28《邓艾传》。
② 《三国志》卷35《诸葛亮传附樊建传》注引《汉晋春秋》。
③ 《三国志》卷28《邓艾传》。
④ 《三国志》卷9《夏侯玄传附许允传》注引《魏略》。
⑤ 《三国志》卷4《齐王芳纪》注引《世语》及《魏氏春秋》。

信谋划，欲乘司马昭陛辞之时将其诛杀，然后夺取司马昭所指挥的军队攻击司马师。诏书已经写毕，但最终曹芳因恐惧而不敢施行，司马师昭兄弟因此而躲过一劫。事情败露后，司马师大怒，于是"徙（许允）为镇北将军，假节督河北诸军事。未发，以放散官物，收付廷尉，徙乐浪，道死"。① 许允死后，司马师又欲诛其二子，幸赖允妻机智，许允之子才得以活命。②

司马炎即位后，先以许允之子许奇为太常丞，不久又擢升他为祠部郎。祠部郎亦称祠部郎中，《唐六典》曰："祠部郎中、员外郎，掌祠祀享祭、天文漏刻、国忌庙讳、卜筮医药、僧尼之事。"多以明礼通儒充任，可见其职责颇重，乃是天子的近臣。但晋武帝擢许奇为祠部郎却遭到朝臣们廷议时的一致反对，他们认为许奇是司马氏仇敌之子，在天子身边为宦颇为不妥，为晋武帝安全计，建议武帝将许奇外放为长史。然而武帝不以为然，他称赞许允有风望，许奇有才能，故仍以许奇为祠部郎。史载："高阳许允既为文帝所杀，允子奇为太常丞。（武）帝将有事于太庙，朝议以奇受害之门，不欲接近左右，请出为长史。帝乃追述允风望，称奇之才，擢为祠

<hr />

① 《三国志》卷9《夏侯玄传附许允传》。同传注引《魏略》曰："（许）允闻李丰等被收，欲往见大将军，已出门，回遑不定，中道还取裤，丰等已收讫。大将军闻允前遽，怪之曰：'我自收丰等，不知士大夫何为忽忽乎？'是时朝因遽者多耳，而众人咸以为意在允也。会镇北将军刘静卒，朝廷以允代静。……会有司奏允前擅以厨钱谷乞诸俳及其官属，故遂收送廷尉，拷问竟，减死徙边。允以嘉平六年秋徙，妻子不得与随，行道未到，以其年冬死。"毫无疑问，有司、廷尉罗致定谳许允的罪状，都是司马师授意的。

② 《三国志》卷9《夏侯玄传附许允传》注引《魏氏春秋》载："（许允）生二子，奇、猛，少有令闻。允后为景王所诛，门生走入告其妇，妇正在机，神色不变，曰：'早知尔耳。'门生欲藏其子，妇曰：'无预诸儿事。'后移居墓所，景王遣钟会看之，若才艺德能及父，当收。儿以语母，母答：'汝等虽佳，才具不多，率胸怀与会语，便自无忧，不须极哀，会止便止。又可多少问朝事。'儿从之。会反命，具以状对，卒免其祸，皆母之教也。"

306

部郎,时论称其夷旷。"①以后许允二子的官职不断升迁,至晋惠帝元康时,许奇任司隶校尉,许猛任幽州刺史。

嵇绍之父乃竹林七贤之一的嵇康。嵇绍十岁时,其父为司马昭所杀,因其为罪臣之子,故不得出仕。嵇康之友山涛掌管选举事,向晋武帝奏请说:"《康诰》有言:'父子罪不相及'。嵇绍贤侔郤缺,宜加旌命,请为秘书郎。"晋武帝对山涛说:"如卿所言,乃堪为丞,何但郎也。"②于是下诏征召嵇绍入朝为秘书丞,累迁为汝阴太守,徐州刺史。惠帝时拜为侍中,平西将军。八王之乱时,嵇绍奋不顾身,保护晋惠帝,结果为叛军所害。《嵇绍传》记载:"初,(嵇)绍之行也,侍中秦准谓曰:'今日向难,卿有佳马否?'绍正色曰:'大驾亲征,以正伐逆,理必有征无战。若使皇舆失守,臣节有在,骏马何为!'闻者莫不叹息。"③可见他早就作好了为晋惠帝捐躯殉节的准备。嵇绍为何能忘却杀父之仇,而效命于晋室呢?唐太宗在其所撰的制书中作出了解答,他赞扬晋武帝豁达大度,善于用人:"刘毅、裴楷以质直见容,嵇绍、许奇虽仇雠不弃。仁以御物,宽而得众,宏略大度,有帝王之量焉。"④由此可见,在晋武帝在宽仁政策的感召下,司马氏昔日的仇敌变成了为主殉难的忠臣。

满宠与司马懿、蒋济等人并列为曹魏的四代元老,其久戍淮南,抗击孙吴,屡建战功,官至太尉。司马氏与满氏又有姻亲关系,司马懿子司马干娶满宠女为妻。满宠死后,子满伟袭爵,满伟为人以品格气度知名于世,官至卫尉。他曾被司马昭征召前往寿春参与讨伐诸葛诞,但其中途称病未至寿春。甘露五年(260),司马昭

①　《晋书》卷3《武帝纪》史臣曰。
②　《晋书》卷89《忠义·嵇绍传》。
③　《晋书》卷89《忠义·嵇绍传》。
④　《晋书》卷3《武帝纪》制曰。

弑君事件爆发,满伟受其子满长武牵连,贬为庶民,满长武则为司马昭所杀。有关满伟父子遭贬杀之事,《世语》中有记载:

> (满)伟字公衡。伟子长武,有(满)宠风,年二十四,为大将军(司马昭)掾。高贵乡公之难,以掾守阊阖掖门,司马文王弟安阳亭侯幹欲入。幹妃,伟妹也。长武谓幹曰:"此门近,公且来,无有入者,可从东掖门。"幹遂从之。文王问幹入何迟,幹言其故。参军王羡亦不得入,恨之。既而羡因王左右启王,满掾断门不内人,宜推劾。寿春之役,伟从文王至许,以疾不进。子从,求还省疾,事定乃从归,由此内见恨。收长武考死杖下,伟免为庶人。时人冤之。①

满伟子满长武尽管官位不高,但却担任大将军司马昭的掾属,而且戍守宫门,负有监视高贵乡公曹髦的重任,可见他起初颇得司马昭信任。然而在司马昭生死攸关的时刻,满氏父子却没有同司马昭站在一起。所谓"高贵乡公之难",即指魏帝曹髦亲自讨伐司马昭一事,此事事起仓促,司马昭猝不及防,毫无准备。对司马昭而言,若听凭曹髦出宫,攻入相府,后果将不堪设想。此时,司马昭之弟司马幹想从阊阖门(系曹魏宫城正门)入宫,被时任大将军掾满长武拦住,故只得改走东掖门;参军王羡入宫时也被满长武阻拦。曹髦在东止车门遭遇正要入宫的司马伷,曹髦持剑,左右怒声呵斥,司马伷手下的兵士吓得四散而逃。② 司马幹和王羡此时若能直接进入阊阖门就可助兄司马昭与曹髦对抗,但他们却因满长武阻拦,而改走东掖门,故未能与曹髦相遇。若不是司马昭心腹中护军贾

---

① 《三国志》卷26《满宠传》注引《世语》。
② 《三国志》卷4《高贵乡公髦纪》注引《汉晋春秋》载:"帝遂帅僮仆数百,鼓噪而出。文王(司马昭)弟屯骑校尉(司马)伷入,遇帝于东止车门,左右呵之,伷众奔走。"

充及太子舍人成济弑杀曹髦,则司马昭危矣。

所谓"寿春之役",即诸葛诞发动的淮南第三叛:诸葛诞兵力雄厚,①又有吴国支援,对司马昭构成很大的威胁。司马昭对"寿春之役"极为重视,其不仅挟天子与太后,亲征诸葛诞,而且对朝廷上下、全军将士作了总动员。司马昭下令,凡畏敌惧战或作战不力者,必将严惩。"将军李广临敌不进,泰山太守常时称疾不出,并斩之以徇。"②满伟跟随司马昭到许昌,征讨诸葛诞,却在关键时刻迟疑旁遑,"称疾不进",这就犯了司马昭大忌。司马昭秋后算账,"收(满)长武考死杖下,伟免为庶人"。满氏家族在司马昭时期遭到了沉重的打击。

然而到了武帝时代,满氏家族又重新振兴。满宠孙满奋通雅豁达,清正公平,为人豪放而不拘小节,颇有祖父满宠风采。他靠门荫入仕,起家授吏部郎,因受到武帝的器重,在晋初历任冀州刺史、尚书令、司隶校尉等要职,成为当时政坛的活跃人物。于此足见满奋仕途通达,并未受满伟、满长武父子被贬杀的影响。满奋仕途顺畅在很大程度上得益于武帝的宽容大度。武帝与满奋私交甚笃,君臣二人于朝政国事结束后,经常闲坐打趣,故在历史上留下了吴牛喘月,满奋畏风的故事。《世说新语·言语第二》载:"满奋畏风。在晋武帝坐,北窗作琉璃屏,实密似疏,奋有难色。帝笑之。奋答曰:'臣犹吴牛,见月而喘。'"对于一般臣僚而言,皆在君主面前唯唯诺诺,谨言慎行。而满奋居然可以同晋武帝相互戏谑,可见君臣间的亲密程度。

---

① 魏甘露二年(257),诸葛诞发动淮南第三次叛乱。他"敛淮南及淮北郡县屯田口十余万官兵,扬州新附胜兵者四五万人,聚谷足一年食,闭城自守"(《三国志》卷28《诸葛诞传》)。

② 《晋书》卷2《文帝纪》。

晋武帝不仅化解司马氏与仇敌之间的矛盾，而且还着力弥合修补臣工之间因政治原因所造成的怨仇。魏晋之际，诸多士人都相互联姻，贾充虽是司马氏死党，但司马氏政敌中书令李丰却将己女李婉适贾充。李婉"生二女褒、裕，褒一名荃，裕一名浚"。李丰被司马师诛杀后，按照律法，李婉作为罪臣之女亦当弃市。司马师、昭兄弟考虑到贾充是自己的心腹，故援引郭淮之妻故事，[1]法外宽贷，将李氏流徙至乐浪郡。李婉虽与贾充为夫妻，但此时已成为"政敌"，无奈之下，只得被迫分离。但贾充夫妇伉俪情深，在李婉即将前往乐浪郡时，二人依依不舍，离别之时，夫妻作联句诗，诗云：

> 室中是阿谁？叹息声正悲。（贾充云：）叹息亦何为？但恐大义亏。（李婉云：）大义同胶漆，匪石心不移。（贾充云：）人谁不虑终，日月有合离。（李婉云：）我心子所达，子心我所知。（贾充云：）若能不食言，与君同所宜。[2]

由于李婉回归无期，贾充只得另娶城阳郡太守郭配之女郭槐。魏晋鼎革之后，时局发生变化，司马炎将所有的政敌家族子弟全部予以赦免，李婉也由流徙地返回洛阳。"武帝践阼，李以大赦得还"。然而此时贾充已另娶了新妇郭槐。因此如何处理前妻与新妇的地位及关系，颇使贾充左右为难。晋武帝为了促使贾充与李婉破镜重圆，竟然煞费苦心地想出了一个两全其美的方法，"帝特诏贾充

---

① 《三国志》卷26《郭淮传》注引《世语》载："淮妻，王凌之妹。凌诛，妹当从坐，御史往收。督将及羌、胡渠帅数千人叩头请淮表留妻，淮不从。妻上道，莫不流涕，人人扼腕，欲劫留之。淮五子叩头流血请淮，淮不忍视，乃命左右追妻。于是追者数千骑，数日而还。淮以书白司马宣王曰：'五子哀母，不惜其身；若无其母，是无五子；无五子，亦无淮也。今辄追还，若于法未通，当受罪于主者，觐展在近。'书至，宣王亦宥之。"

② 《汉魏六朝诗鉴赏辞典》，上海辞书出版社1992年版，第354页。

置左右夫人"。① 也就是让李婉、郭槐皆为贾充正室,并列为夫人。贾充母柳氏重节义,也让贾充迎回李婉。但郭槐坚决反对,"郭槐怒,攘袂数充曰:'刊定律令,为佐命之功,我有其分。李那得与我并!'充乃答诏,托以谦冲,不敢当两夫人盛礼,实畏槐也"。② 贾充畏惧郭槐,辞让了晋武帝准许他可置有两夫人的诏书,仅在永年里另筑别室让李婉居住,不敢与她往来,这就完全辜负了晋武帝的一番美意。为了抚慰李婉,晋武帝特为胞弟齐王攸娶李婉女贾褒。如此一来,昔日司马氏的政敌李丰之外孙女竟成了齐王司马攸的正妃,李氏也因此成了司马氏的姻亲。

由于武帝时代已完成了司马代魏的历史使命,时移世易,故政治已从原来的严苛冷酷向宽松和谐转型。晋武帝不失时机地调整了统治方针,不再深究前辈所结下的怨恨仇雠。司马氏与其他家族间原有的姻亲关系也不再蒙上浓厚的政治色彩,而恢复了正常的人伦亲情。唐太宗李世民在《晋书·武帝纪》的制书中曰:"(武帝)仇雠不弃,仁以御物,宽而得众,宏略大度,有帝王之量焉。"此语并无过誉之处,因为连那些昔日司马氏政敌的后裔都得到进用,故时人甚至有"魏晋所杀,子皆仕宦"的评论。③ 总之,晋武帝所采取的一系列平反冤狱、化解宿怨的措施,大大缓和了司马氏与昔日政敌的矛盾,这就为太康年间和谐宽松的社会风气创造了条件。


## 二、宇量弘厚,优容功臣

诛杀开国功臣是中国古代社会的常见现象,所谓鸟尽弓藏,兔

---

① 《晋书》卷40《贾充传》。
② 《晋书》卷40《贾充传》。
③ 《太平御览》卷445引王隐《晋书》。

死狗烹也。特别是具有卡里斯玛①气质的开基创业的雄猜之主，在扫清六合，平定天下之后，总不免嫌忌元勋功高震主，尾大不掉，为不留给继位子嗣后患，就会想方设法，罗织罪名，置功臣于死地。在中国历代帝王中，以诛杀功臣而著称的，前有汉高祖，后有明太祖、清雍正。以宽宏大度，保全功臣著称的前有汉光武，晋武帝，后有宋太祖。对于晋武帝优容功臣之举，学者历来不甚关注，很少在此问题上措意。笔者以为，史家评论晋武帝"宇量弘厚，造次必于仁恕，容纳谠正，未尝失色于人；能断大事，故得抚宁万国"，②并非是虚美之词。其优容功臣，善待亡国之君，也应作为太康之治中的组成部分。

西晋平吴之役甫一结束，就发生了王浑与王濬二人激烈的冲突。若非晋武帝宽容大度，冷静处理，险些重演了邓艾平蜀后即被司马昭诛杀的悲剧。二王冲突的起因还要追溯到晋武帝平吴时所下的诏书。"初，诏书使（王）濬下建平，受杜预节度，至秣陵，受王浑节度。"③从这道诏书可以看出，王濬虽受方牧之任，统率八万水军，但其权力有限，在其军到达建平和建业时，就要听从杜预和王浑的节度和指挥。杜预此人比较豁达大度，他攻下江陵后，对诸将说："若（王）濬得下建平，则顺流长驱，威名已著，不宜令受制于我。若不能克，则无缘得施节度。"王濬到了西陵，杜预写信给他

---

① 卡里斯玛（charisma）原意为"神圣的天赋"，来自早期基督教，初时指得到神帮助的超常人物，后来引申为具有非凡魅力和能力的领袖。在中国历史上，具有"卡里斯玛"品质的人，大都是王朝鼎革时期的开国之君，他们为了能夺取江山社稷，往往不择手段，采取一切可以采取的权术和谋略，本来只是带兵将帅在军事上运用的"兵不厌诈"和《孙子兵法》中的各种谋略，到了具有"卡里斯玛"品质的帝王那里，已经将兵不厌诈的权术广泛地运用到政治斗争层面。
② 《晋书》卷3《武帝纪》史臣曰。
③ 《晋书》卷42《王濬传》。

说："足下既摧其西藩,便当径取秣陵,讨累世之逋寇,释吴人于涂炭。自江入淮,逾于泗汴,沂河而上,振旅还都,亦旷世一事也。"①王濬十分高兴,向晋武帝上表并呈上杜预的书信。

然而王浑却非杜预可比,此人心胸狭窄,他依恃其家族与司马氏的密切关系,行事较为骄横。王濬将到秣陵时,王浑遣使者令王濬暂停,到自己军中商议军情。王濬不作理睬,他命水师张起船帆直往前驶,并回报王浑说："风利,不得泊也。"王浑在平吴之役中战功颇著,吴丞相张悌、护军孙震都把王浑所部当成主力。王浑和他们决战,大获全胜,并杀死张、孙二人,但晋武帝原来的作战计划是让他在江北抗衡吴军,他怕违诏,故在原地待命,不敢向建业进军。孙皓得知张悌战死,吴国最精锐的中军覆灭的消息后,遂决意投降,并派人和王浑联络,王浑这才决定过江受降。但王濬的水军已先于王浑一天进入建业,受降这个最大、最体面的功劳落入王濬之手。王濬不按事先的安排,不听从王浑的节度指挥,甚至没有等他到来就先行受降,极大地激怒了王浑。王浑"耻而且忿",遂上表弹劾王濬违背诏书,不受节度,并诬告王濬若干条罪状。有司奏请用槛车押解王濬回京。晋武帝不允,但下诏切责王濬："伐国事重,宜令有一。前诏使将军受安东将军(王)浑节度,浑思谋深重,案甲以待将军。云何径前,不从浑命,违制昧利,甚失大义。将军功勋,简在朕心,当率由诏书,崇成王法,而于事终恃功肆意,朕将何以令天下?"②王濬不服,上书自辩:

> 前被诏书,令臣直造秣陵,又令受太尉(贾)充节度。臣以十五日至三山,见(王)浑军在北岸,遣书邀臣;臣水军风发

① 《晋书》卷42《王濬传》。
② 《晋书》卷42《王濬传》。

乘势，径造贼城，无缘回船过浑。臣以日中至秣陵，暮乃被浑所下当受节度之符，欲令臣明十六日悉将所领还围石头，又索蜀兵及镇南诸军人名定见。臣以为皓已来降，无缘空围石头；又兵人定见，不可仓猝得就，皆非当今之急，不可承用，非敢忽弃明制也。皓众叛亲离，匹夫独坐，雀鼠贪生，苟乞一活耳，而江北诸军不知虚实，不早缚取，自为小误。臣至便得，更见怨恚，并云："守贼百日，而令他人得之。"臣愚以为事君之道，苟利社稷，死生以之。若其顾嫌疑以避咎责，此是人臣不忠之利，实非明主社稷之福也。①

王濬据理力争，声称他指挥的水师利用风势，迅猛进军，已无法在浩荡汹涌的江水中调转船头到王浑军中。江北诸军不知吴国虚实，不趁势进取，俘获孙皓，已是失策。如今我马到成功，却反遭人嫉恨。王濬又强调用兵贵在神速，但这一切都是为了社稷的利益。春秋之义，大夫出征，可以专权，故不计得失，不避嫌疑，奋不顾身，扫除凶逆，这才是事君之道。他声称自己是"苟利社稷，死生以之。"后来林则徐将此话化成一副楹联："苟利国家生死以，岂因祸福趋避之。"

为了进一步罗织王濬罪名，王浑致书周浚，说王濬的军队获得了吴国的大量宝物，而未上缴朝廷。又云："濬牙门将李高放火烧皓伪宫。"王濬再次上表申辩：

臣孤根独立，结恨强宗。夫犯上干主，其罪可救；乖忤贵臣，祸在不测。伪中郎将孔摅说，去二月武昌失守，水军行至，皓案行石头还，左右人皆跳刀大呼：云要当为陛下一死战决之。皓意大喜，意必能然，便尽出金宝以赐与之。小人无状，

① 《资治通鉴》卷 81 晋武帝"太康元年五月"条。

得便驰走。皓惧乃图降首。降使适去,左右劫夺财物,略取妻妾,放火烧宫。皓逃身窜首,恐不脱死。臣至遣参军主者救断其火耳。周浚先入皓宫,浑又先登皓舟,臣之入观,皆在其后。皓宫之中,乃无席可坐,若有遗宝,则浚与浑先得之矣。浚等云臣屯聚蜀人,不时送皓,欲有反状。又恐动吴人,言臣皆当诛杀,取其妻子,冀其作乱,得骋私忿。谋反大逆,尚以见加,其余谤嗟,故其宜耳。今年平吴,诚为大庆;于臣之身,更受咎累。①

王濬申辩中最充分的理由是,虽然我先入建业城,但入吴主的宫殿却是王浑的部将周浚。我入吴宫时,连坐的地方都找不到,如果有财富,也一定是王浑、周浚收藏了。又云:"岂独周浚之将士皆是(伯)夷(叔)齐,而臣诸军悉聚盗跖耶!"②王濬此时年已七旬,又立下平吴的不世之功,加之邓艾蒙冤事件殷鉴不远,所以他就无所顾忌,极力为自己辩白。

王濬回到京师,有司劾奏他"既不列前后所被七诏月日,又赦后违诏不受王浑节度,大不敬,付廷尉科罪"。有司劾奏王濬的罪名是"违诏"和"大不敬",特别是"大不敬"罪,在魏晋法律上已纳入十恶不赦之罪,一旦成立,王濬则必死无疑。

然而,晋武帝并未理会有司的劾奏,他下诏:"(王)濬前受诏径造秣陵,后乃下受(王)浑节度。诏书稽留,所下不至,便令与不受诏同责,未为经通。濬不即表上被浑宣诏,此可责也。濬有征伐之劳,不足以一眚掩之。"③司马炎虽然指出王濬不受王浑节度是违诏之举,但还是充分肯定了王濬的平吴之功,而且认为不应因其有

---

① 《资治通鉴》卷81晋武帝"太康元年五月"条。
② 《晋书》卷42《王濬传》。
③ 《晋书》卷42《王濬传》。

一些小过失,而否定其"征伐之劳",这显然是为王濬开脱罪责。有司见武帝不予理会,又劾奏曰:"(王)濬赦后烧贼船百三十五艘,辄敕付廷尉禁推。"晋武帝又诏曰:"勿推"。① 司马炎否定了对王濬所有的弹劾,他让廷尉刘颂评定二王的功劳,刘颂不敢得罪"宗党强盛"的王浑,评定"浑为上功,濬为中功"。武帝认为刘颂评判不公,贬刘颂为京兆太守。

二王争功不休,引发朝议纷纷,晋武帝对二王封赏自有其标准。因王浑"督率所统,遂逼秣陵,令贼孙皓救死自卫,不得分兵上赴,以成西军之功。又摧大敌,获张悌,使(孙)皓塗穷势尽,面缚乞降。遂平定秣陵,功勋茂著。其增封八千户,进爵为公,封子澄为亭侯、弟湛为关内侯,赐绢八千匹,转征东大将军"。② 而拜王濬为辅国大将军,领步兵校尉。旧制只设步兵五营,新置一营是从王濬开始的。有司上奏,辅国将军按位次不是显官,不应配置司马,不供给官骑。武帝下诏按征镇将军的标准,供给五百大车,增兵五百人组成辅国将军营,供给亲骑百人、官骑十人,配置司马。封为襄阳县侯,食邑万户,子王彝封为杨乡亭侯,食邑千五百户,赐绢万匹、钱三十万等。

王浑封公,王濬封侯,若不详察,似觉武帝在二王之中有所偏袒,赏赐不公。但细加审察,就能发现早在平吴之前,王浑就已任安东将军,京陵侯;而王濬仅任龙骧将军,关内侯。魏晋时期,征、镇、安、平均为戍守一方的重号将军,而龙骧则为杂号将军。至于侯爵则分为县、乡、亭、关内四级。王浑原是县侯,比王濬原先的关内侯要高出三等。由此可见,武帝对二王的封赏大体上还是公正

---

① 《晋书》卷42《王濬传》。
② 《晋书》卷42《王浑传》。

的,并无明显的扬抑褒贬。尽管如此,王濬仍然感到委屈。

王濬自以为功大,而被王浑父子及豪强所压抑,又多次被有司上奏弹劾,故每次陛见武帝时,总要陈述自己征伐的劳苦,以及被诬告冤屈的情状,时时显出愤愤不平之色,退朝时也不向晋武帝告辞。尽管他如此无人臣之礼,武帝也每每"容恕之"。① 益州护军范通对王濬说:"卿功则美矣,然恨所以居美者,未尽善也。"王濬不解,问范通,"何谓也?"范通答道:"卿旋旆之日,角巾私第,口不言平吴之事。若有问者,辄曰:'圣主之德,群帅之力,老夫何力之有焉!'如斯,颜老之不伐,龚遂之雅对,将何以过之。蔺生所以屈廉颇,王浑能无愧乎!"听了范通之言,王濬豁然开悟,回答道:"吾始惧邓艾之事,畏祸及,不得无言,亦不能遣诸胸中,是吾褊也。"②尽管在范通的开导下,王濬承认自己对此事过于计较,太偏激了,但他与王浑的芥蒂始终难以消除。史载:"王浑诣王濬,濬严设备卫,然后见之,其相猜防如此。"③

时人都认为王濬功大而朝廷回报轻,博士秦秀、太子洗马孟康、前温县令李密等,一起上表申诉王濬受委屈。其中以秦秀的上言最具说服力:

> 自大晋启祚,辅国之号,率以旧恩。此为王濬无功之时,受九列之显位,立功之后更得宠人之辱号也。四海视之,孰不失望!蜀小吴大,平蜀之后,二将皆就加三事,今濬还而降等,天下安得不惑乎!吴之未亡也,虽以三祖之神武,犹躬受其屈。以孙皓之虚名,足以惊动诸夏,每一小出,虽圣心知其垂亡,然中国辄怀惶怖。当尔时,有能借天子百万之众,平而有

① 《晋书》卷42《王濬传》。
② 《晋书》卷42《王濬传》。
③ 《晋书》卷42《王濬传》。

317

之,与国家结兄弟之交,臣恐朝野实皆甘之耳。今濬举蜀汉之卒,数旬而平吴,虽举吴人之财宝以与之,本非己分有焉,而遽与计校乎?①

晋武帝认为秦秀等人言之有理,遂迁辅国将军王濬为镇军大将军,加散骑常侍,领后军将军。后又转王濬为抚军大将军、开府仪同三司,加特进。抚军大将军是西晋高祖宣帝司马懿、世宗景帝司马师及晋武帝未即位前曾任之职,从不轻授予他人,开府仪同三司已位同三公,可以开府,得专辟召。至此,晋武帝对王濬的封赏已不薄也。

在二王的激烈冲突中,晋武帝的立场比较中立,基本上采取了"中庸"的态度,在封赏伐吴之功时,武帝起初虽略微偏祖王浑,但仍然适可而止。之后,为了避免二王矛盾的进一步扩大,武帝又对王濬不断安抚,加官,甚至对其不逊之态亦予以优容,王濬晚年"以勋高位重,不复素业自居,乃玉食锦服,纵奢侈以自逸。……太康六年卒,时年八十,谥曰武。葬柏谷山,大营茔域,葬垣周四十五里,面别开一门,松柏茂盛"。② 纵观中国古代历史,凡功臣名将遭人攻讦猜忌,鲜有能保善终者,但王濬最终能安享功名富贵寿考,未尝不是武帝宽容保护所致。正如唐人刘仁轨所言:

> 晋代平吴,史籍具载。内有武帝、张华,外有羊祜、杜预,筹谋策画,经纬谘询。王濬之徒,折冲万里,楼船战舰,已到石头。贾充、王浑之辈,犹欲斩张华以谢天下。武帝报云:"平吴之计,出自朕意,张华同朕见耳,非其本心。"是非不同,乖乱如此。平吴之后,犹欲苦绳王濬,赖武帝拥护,始得保全。

---

① 《晋书》卷50《秦秀传》。
② 《晋书》卷42《王濬传》。

不逢武帝圣明,王濬不存首领。①

在二王争功时,为何西晋的"有司"会完全站在王浑这一边,屡屡对王濬发难与攻讦呢? 这一问题,颇费人猜详,但细加审思,其原因亦不难理解。随着九品中正制的建立,汉魏之际发展起来的门阀士族进一步壮大,至西晋已成为朝廷官僚机构的主体力量,高门大族在朝中拥有极大的话语权,是朝廷舆论的主流与中心。作为官僚机构喉舌的"有司"基本上为士族所掌控,他们坚定地维护士族利益。虽然二王皆是士族出身,但二人在品第上仍有高低上下之分。王濬虽然是"家世二千石",但其家族在曹魏时已无入仕为宦的记载,按九品官人制划分,已退居为次等士族,更主要的是王濬与司马氏家族缺少渊源。按王濬自己的说法是"臣孤根独立,朝无党援,久弃遐外,人道断绝,而结恨强宗,取怨豪族。以累卵之身,处雷霆之冲,茧栗之质,当豺狼之路,其见吞噬,岂抗唇齿"。②

而王浑则出身太原望族王氏,家世显贵。其父王昶,历官至荆州刺史、征南大将军、司空,曾经撰写《时要论》讥讽曹爽的执政。在曹爽被诛杀后,王昶献上治国之策,积极向司马懿靠拢,后又助司马昭平定淮南三叛,故深得司马父子信任。王浑从兄王沈是西晋创业时最早追随司马氏的心腹重臣之一。曹髦讨伐司马昭时,王沈不顾曹髦对他的信任,迅速报告司马昭,遂有贾充、成济弑帝之事。③ 司马昭平蜀时,王沈任征虏将军、持节、都督江北诸军事,

---

① 《旧唐书》卷84《刘仁轨传》。
② 《晋书》卷42《王濬传》。
③ 曹髦好学有文才,多次请王沈、裴秀到东堂谈论学问,切磋文章,称王沈为"文籍先生",称裴秀为"儒林文人"。曹髦欲讨伐司马昭,召王经、王沈、王业商议,王沈、王业向司马昭告密,导致曹髦被杀。王沈因告密之功封安平侯,迁任尚书、豫州刺史等职。

其调遣有方,有效地震慑了吴国,保障了灭蜀战争的顺利进行。司马炎"受禅"时,王沈、裴秀、贾充等人是亡魏成晋的主要功臣,用力最勤,遂有"王裴贾,济天下"的说法。司马炎称帝后,王沈"以佐命之勋,转骠骑将军、录尚书事,加散骑常侍,统城外诸军事,封博陵郡公",①可见其得到司马氏非同一般的恩宠。王沈于泰始二年(266)病故,王浑作为太原王氏的代表,继续得到司马炎的信任,其子王济尚文帝之女常山公主,故王浑兼具功臣与外戚的双重身份。在西晋朝中,"浑之支党姻族内外,皆根据磐互,并处世位"。②

正是由于太原王氏与司马氏的特殊关系,"有司"才会毫不犹豫地选边站队,坚定地站在王浑这边,并罗织诸多罪名,欲将次等士族出身的王濬置于死地。可以想象,若非晋武帝极力保护优容,王濬完全有可能成为邓艾第二,功成之后死于非命。虽然王濬在西晋朝得以保全,但余荫未及三代。史载:"王濬有二孙,过江不见齿录。"其二孙一贫如洗,穷困到"室如悬磬,糊口江滨,四节蒸尝,菜羹不给"。③ 为何功臣之泽,仅三世而斩? 恐怕与乃祖王濬"结恨强宗,取怨豪族"不无关系。东晋一朝,门阀士族的势力达到鼎盛,尤其是出现了"王与马,共天下"的局面,虽然此"王"指的是琅邪王氏,但太原王氏在东晋一朝依然门庭烜赫,其中不少人位列三公或任令仆、侍中等要职。太原王氏中还有三女成为皇后。至于王濬的宗族——弘农王氏则进一步衰落。尽管权臣桓温为王濬二孙上言,建议朝廷录用功臣之后,④但东晋皇帝始终未采纳。

① 《晋书》卷39《王沈传》。
② 《晋书》卷42《王濬传》。
③ 《晋书》卷42《王濬传》。
④ 事见《晋书》卷42《王濬传》。

晋武帝妥善处理石苞事件也颇令人称道。此事不仅保全了开国勋臣石苞本人，还避免了第四次淮南之变。石苞，字仲容，本贯渤海南皮（今河北省沧州市南皮县）。苞为人儒雅豁达，明智有器量，仪容很美，不计小节，时人云："石仲容，姣无双。"石苞出身寒微，早年在南皮县担任给农司马。青龙年间，石苞出任中护军司马师的司马。嘉平四年（252），司马昭统领胡遵、诸葛诞等大将攻打东吴，石苞亦随同出战。东吴太傅诸葛恪在东兴迎击，大败魏军，曹魏各部队皆溃败，唯独石苞所率的部队全军而退。司马昭对石苞大为赏识，于是"指所持节谓苞曰：'恨不以此授卿，以究大事。'"不久石苞即被任命为奋武将军、假节、监青州诸军事。

司马昭秉政时，石苞完全倒向了司马氏阵营，支持魏晋禅代。高贵乡公曹髦在位时，石苞因事入朝，与曹髦相谈一整天。出来后，石苞提醒司马昭，说曹髦乃是"非常主也"，要昭严加提防。不出石苞所料，数日后曹髦发难，亲自讨伐司马昭，昭不得已命贾充、成济弑曹髦。司马昭死后，石苞"每与陈骞讽魏帝以历数已终，天命有在"，劝司马炎受魏禅称帝。可见石苞是司马氏集团中的核心人物，苞本传言：司马炎"禅位，苞有力焉"。[①] 这绝非一句空话，石苞在推动司马代魏的过程中起了很大的作用。

既然石苞有大功于晋朝，西晋建立后，石苞又作为主要功臣，迁任大司马，进封乐陵郡公，那为何又会导致司马炎对其猜忌呢？欲明此事还得溯本求源，从根子上谈起。对司马氏而言，淮南是个极其敏感的地区。自司马昭弑曹髦后，曹魏的中央朝政已完全掌控在司马氏手中。但地方上的方镇，特别是都督淮南的节帅，一直是司马氏的心腹之患。司马昭平定诸葛诞之乱后，便拜石苞为镇

---

① 《晋书》卷33《石苞传》。

东将军,假节,都督扬州诸军事,专制淮南。① 石苞出镇淮南后,手中就掌握了相当可观的军事力量,成为雄镇一方的都督。淮南士马精强,既是军事重镇,又是西晋的抗吴前线。司马懿在世时,虽然常为方镇大帅,掌握一部分兵权,但从来没有染指过淮南,一直到司马师执政,司马氏的力量还是无法渗透到淮南。

自司马懿发动高平陵之变后,淮南成了唯一能向司马氏势力挑战的强大力量。司马氏主政时期,淮南三叛接踵而至,先后爆发过王凌、毌丘俭与诸葛诞发动的三次变乱,且一次比一次严重。虽然石苞是司马氏的心腹旧将,但石苞之前的王凌、毌丘俭、诸葛诞与司马氏的关系也不错。王凌曾是司马懿的旧交,二人年轻时就过从甚密;毌丘俭曾作为司马懿的副将,助司马懿平定辽东公孙渊;诸葛诞与司马氏关系更为亲密,其女适司马懿子司马伷,与司马家联姻。东兴之役,诸葛诞助司马师抵御吴太傅诸葛恪,又参与平定毌丘俭之乱。但日后王凌、毌丘俭与诸葛诞皆效忠于曹魏政权,三人都成为司马氏的死敌。魏晋王朝更迭之际,世事动荡,人心叵测,连被司马昭视为心腹智囊的钟会都欲割据蜀地,自立为帝,②谁又能确保石苞始终效忠于司马氏呢?

由于淮南三叛已成了司马氏挥之不去的梦魇,一有风吹草动

---

① 《晋书》卷33《石苞传》:"自诸葛诞破灭,(石)苞便镇抚淮南,士马强盛。边境多务,苞既勤庶事,又以威德服物。"

② 《三国志》卷28《钟会传》记载钟会谋反事甚详:"(钟)会所惮惟(邓)艾,艾既擒而会寻至,独统大众,威震西土。自谓功名盖世,不可复为人下,加猛将锐卒皆在己手,遂谋反。……会得文王书云:'恐邓艾或不就征,今遣中护军贾充将步骑万人径入斜谷,屯乐城,吾自将十万屯长安,相见在近。'会得书,惊呼所亲语之曰:'但取邓艾,相国知我能独办之。今来大重,必觉我异矣,便当速发。事成,可得天下。不成,退保蜀汉,不失作刘备也。我自淮南以来,画无遗策,四海所共知也。我欲持此安归乎?'"

便会牵动朝廷中枢的神经。所以司马炎对淮南地区的军事动向一直密切关注,时刻保持高度警惕,严密防范淮南四叛的发生。泰始四年(268),与石苞为邻的淮北监军王琛,借民间广为流传的"宫中大马几作驴,大石压之不得舒"的童谣,密奏晋武帝,云石苞与吴国构通,图谋叛晋,此事遂成了石苞被诬事件的导火索。十分明显,童谣中的"大马"暗喻司马炎,"大石"则直指石苞。其意为晋武帝受制于权臣石苞,在石苞的压迫下,不得舒展。虽然这仅是一句民间的童谣,但在汉晋之际,谶言、童谣和民谣极为流行,成为浸淫时代的风尚,在民间广为流布。① 民谣或童谣虽然有时灵验,有时荒诞不经,但在一定程度上也反映了朝野与士庶民众的看法,在政治上传播甚广,具有很强的影响力和杀伤力。②

但是王琛为何要借民谣诬陷石苞? 他与石苞之间的嫌隙又因

① 吕宗力对童谣和民谣问题有精辟的见解,他指出:"谣言(包括以民谣、童谣形式出现的谣言)应该是无处不在的。编入两汉《五行志》的童谣,应该是经过选择、编辑之后剩下来的很小一部分。史家之所以选择这些童谣,一是因为它们与重大历史事件或人物的关联性,二是它们'预言''灵验性'。未曾应验的童谣,只是讹言、妖言,不能算谶谣。西汉后期,两汉之际和东汉末年,是两汉历史中社会政治最动荡、人心最不稳定的时期,人们对谶言的需求最殷切,而谶言在这种时刻也最活跃,影响社会政治的力度最强。"吕宗力:《汉代的谣言》,浙江大学出版社2011年版,第163页。

② 兹举汉晋之际在民间流行较广、影响较大的数例谶谣:1.献帝践祚之初,京都童谣曰:"千里草,何青青,十日卜,不得生。"(《续汉书·五行志一》)案,千里草为董,十日卜为卓。2.兴平中,吴中童谣曰:"黄金车,班兰耳,闿昌门,出天子。"(《三国志》卷47《吴主传》)3.天玺元年,吴郡言临平湖自汉末草秽壅塞,今更开通。长老相传:"此湖塞,天下乱,此湖开,天下平。"(《三国志》卷48《孙皓传》)4.孙休永安二年,将守质子群聚嬉戏,有异小儿忽来言曰:"三公锄,司马如。"(《晋书》卷28《五行志中》)5.据郡民间传言云:"白马河出妖马,夜过官牧边鸣呼,众马皆应,明日见其迹,大如斛,行数里,还入河中。"又有谣言:"白马素羁西南驰,其谁乘者朱虎骑。"(《三国志》卷28《王凌传》注引《魏略》)

何而起?《晋书·石苞传》并未交代,只是说王琛"轻苞素微"。苞本传并未言及苞出身,但苞之父祖未见史书记载,可见其祖上无人出仕为宦。石苞年轻时曾在邺市贩铁,市长赵元儒、谒者郭玄信"叹苞远量",说他日后可官至公辅、卿相,他自己也不信,回答说:"御隶也,何卿相乎?"可见其家世寒微。

石苞在司马师、司马昭的提携下,仕途畅达,很快进入了司马氏集团的核心圈,但司马氏集团核心圈中的人物均是门第煊赫的权贵子弟,石苞身处其中,就显得与他们格格不入。不仅为同僚所蔑视,甚至其下属也不将其放在眼里。孙楚为石苞参军,是石苞的掾属,但他居然敢"侮易"府主石苞。史载:"(孙)楚后迁佐著作郎,复参石苞骠骑军事。楚既负其材气,颇侮易于苞,初至,长揖曰:'天子命我参卿军事。'因此而嫌隙遂构。苞奏楚与吴人孙世山共讪毁时政,楚亦抗表自理,纷纭经年,事未判,又与乡人郭奕忿争。武帝虽不显明其罪,然以少贱受责,遂湮废积年。初,参军不敬府主,楚既轻苞,遂制施敬,自楚始也。"①孙楚,"多所陵傲,缺乡曲之誉。年四十余"才入仕,可见他也并非出自高门大族。但他居然以下犯上,瞧不起石苞的寒微出身,可见鄙视、轻视石苞也并非仅王琛、孙楚等人。

另外,石苞的"细行不足""不修小节""好色薄行",可能也是诸多士人厌恶他的原因。当年司马懿曾因石苞"好色薄行"而感到不满。司马师为其辩解:"石苞虽细行不足,而有经国才略。夫贞廉之士,未必能经济世务。是以齐桓忘管仲之奢僭,而录其匡合之大谋;汉高舍陈平之污行,而取其六奇之妙算。苞虽未可以上侔

---

① 《晋书》卷56《孙楚传》。

二子,亦今日之选也。"①意思是说,石苞虽然小节方面有所不足,然做大事者不拘小节,并且将石苞与管仲和陈平相提并论,以此显示石苞的才能。司马懿感到司马师言之有理,才未贬斥石苞。虽然司马师因石苞有"经国才略"而予以重用,但诸多名士却不以为然,他们因石苞不修名节,"好色薄行",私德有亏而蔑视之。

除了淮北监军王琛利用童谣来捕风捉影,诬陷石苞外,东吴右大司马丁奉亦与石苞常通书信,冀图使用反间计,离间晋武帝与石苞的君臣关系。"(丁)奉与晋大将石苞书,构而间之,苞以征还。"②但仅凭王琛的密表及吴人的反间计还不足以使武帝十分相信。史书又载:

> 先时望气者云"东南有大兵起"。及琛表至,武帝甚疑之。会荆州刺史胡烈表吴人欲大出为寇,苞亦闻吴师将入,乃筑垒遏水以自固。③

《石苞传》中提到"望气者云"四个字非常关键。所谓"望气"就是"候望风气"的简称。"气"是阴阳学中常见的概念。中国春秋战国时代的思想家,将气的概念抽象化,认为"气"是天地一切事物组成的基本元素。当时有专门的望气师观察风气的各种变化,时人借以占卜凶吉,预测祸福。④ 受时风习俗的影响,晋武帝对"望气"自然是相信的,而且在宫中专门设立了望气师,此时,"望气者云'东南有大兵起'",荆州刺史胡烈也上表云吴国将兴师伐晋,石苞遂积极准备应对东吴的进犯,他修建工事,"筑垒遏水以自固"。

① 《晋书》卷33《石苞传》。
② 《三国志》卷55《丁奉传》。
③ 《晋书》卷33《石苞传》。
④ 吴地最有名的望气师叫吴范,吴范望气十分灵验,几乎十拿九准。事见《三国志》卷63《吴范传》。

这就加深了司马炎的疑虑。因为诸葛诞发动兵变之前，也是请求修筑城池防备东吴。① 在司马炎看来，石苞"筑垒遏水"是虚，勾引吴军入侵是真。于是他对羊祜说："吴人每来，常东西相应，无缘偏尔，岂石苞果有不顺乎?"但司马炎并没有对石苞立即采取军事行动，为慎重起见，他以石苞之子石乔为尚书郎，征召其入朝。令石乔入朝，即是以其为人质，这是对石苞是否谋反的一种试探，石苞如知晓事情的严重性，就应该速将其子送往洛阳，然而"上召之,(石乔)经日不至"。②

由于种种内外因素叠加在一起，才造成石苞欲发动兵变的假象，让司马炎认定石苞有不臣之心。但武帝还是冷静处理，他并未宣布石苞叛乱，而是"下诏以苞不料贼势，筑垒遏水，劳扰百姓，策免其官。遣太尉义阳王望率大军征之，以备非常"。③ 这是武帝实施地较为稳妥的一种做法，也为石苞事件的善后处理留下了回旋的余地。当时吴将丁奉、诸葛靓率军攻打合肥，司马炎命司马望率军到淮南，又令徐州都督司马伷从下邳向寿春进军，这样既可抵御吴军，又可防范石苞可能发动的兵变。

石苞此人虽有军事才干，但在政治嗅觉上却不太敏锐，他丝毫没有察觉即将到来的灾难。幸亏石苞身边有个名叫孙铄的掾吏，凭着孙铄的出谋划策，机智应对，终于替石苞化解了这场危机。史书云：

> 孙铄字巨邺，河内怀人也。少乐为县吏，太守吴奋转以为主簿。铄自微贱登纲纪，时僚大姓犹不与铄同坐。奋大怒，遂荐铄

---

① 《三国志》卷28《诸葛诞传》:"甘露元年冬,吴贼欲向徐堨,计诞所督兵马足以待之,而复请十万众守寿春,又求临淮筑城以备寇,内欲保有淮南。"
② 《晋书》卷33《石苞传》。
③ 《晋书》卷33《石苞传》。

为司隶都官从事。司隶校尉刘讷甚知赏之。时奋又荐铄于大司马石苞,苞辟为掾。铄将应命,行达许昌。会台已密遣轻军袭苞。于时汝阴王镇许,铄过谒之。王先识铄,以乡里之情私告铄曰:"无与祸。"铄即出,即驰诣寿春,为苞画计,苞赖而获免。①

孙铄是河内人,与豫州都督汝阴王司马骏是同乡,二人私交甚笃。司马骏劝孙铄不要去寿春,并将石苞被诬、晋武帝猜忌之事告之。孙铄"为(石)苞画计,苞赖而获免"。石苞原本就忠于晋室,并无反意,为避免重蹈"淮南三叛"的覆辙,遂听从孙铄的建议,"放兵步出,往都亭待罪。"②听候朝廷发落。

晋武帝此时也已知悉石苞被诬事件的真相,但由于事出有因,又碍于朝廷尊严和帝王颜面,故很难找到合理的解决方式。但晋武帝决不效法前朝帝王,③明知功臣受冤,还要将其罢官削爵,甚至诛其身,灭其族。等到石苞回朝觐见司马炎后,仅免去其大司马之职,以乐陵郡公身份回到府邸。

石苞被罢免后,郭廙上书为石苞鸣不平。司马炎接受郭廙意见,拜石苞为司徒。司徒为西晋八公之一,与大司马同级,对石苞而言,可谓重新起用。武帝诏曰:"前大司马苞忠允清亮,才经世务,幹用之绩,所历可纪。宜掌教典,以赞时政。其以苞为司徒。"但晋武帝对石苞的重新启用,却遭到了"有司"的阻挠。有司奏曰:"苞前有折挠,不堪其任。以公还第,已为弘厚,不宜擢用。"司马炎不予理会,下诏驳斥有司:"吴人轻脆,终无能为。故疆场之事,但欲完固守备,使不得越逸而已。以苞计画不同,虑敌过甚,故

① 《晋书》卷33《石苞传》。
② 《晋书》卷33《石苞传》。
③ 如夫差诛伍子胥,勾践杀文种,刘邦族韩信、彭越、英布等,以及曹操害荀彧,司马昭戮邓艾,皆为诛杀功臣典型之例。

征还更授。昔邓禹挠于关中,而终辅汉室,岂以一眚而掩大德哉!"晋武帝将石苞比之为东汉开国第一功臣邓禹(云台二十八将之首),又赞扬其有"大德",这既是对石苞的嘉许、褒奖,也是晋武帝委婉地表达了自己对石苞被诬事件处理欠妥的歉意。在中国古代社会,君主向臣子致歉,并不多见。晋武帝文不饰非,错不讳过,不失为有道明君也。

石苞感谢晋武帝对自己的重新信任,其在司徒任上忠诚勤政,君臣二人经常就农桑之事进行商讨。如石苞曾奏曰:"州郡农桑未有赏罚之制,宜遣掾属循行,皆当均其土宜,举其殿最,然后黜陟焉。"晋武帝览奏后,诏答曰:

> 农殖者,为政之本,有国之大务也。虽欲安时兴化,不先富而教之,其道无由。而至今四海多事,军国用广,加承征伐之后,屡有水旱之事,仓库不充,百姓无积。古者稼穑树艺,司徒掌之。今虽登论道,然经国立政,惟时所急,故陶唐之世,稷官为重。今司徒位当其任,乃心王事,有毁家纾国,乾乾匪躬之志。其使司徒督察州郡播殖,将委事任成,垂拱仰办。若宜有所循行者,其增置掾属十人,听取王官更练事业者。[1]

石苞由大司马改任司徒后,颇受司马炎的信任,仍然发挥了积极的作用。泰始八年(272)石苞去世,"帝发哀于朝堂,赐秘器,朝服一具,衣一袭,钱三十万,布百匹。……车驾临送于东掖门外。策谥曰武。咸宁初,诏苞等并为王功,列于铭飨"。[2] 晋武帝优容功臣,

---

① 《晋书》卷33《石苞传》。
② 《晋书》卷33《石苞传》。西晋咸宁元年(275)八月壬寅,石苞等十二功臣列入宗庙配飨。《晋书》卷3《武帝纪》曰:"以故太傅郑冲、太尉荀顗、司徒石苞、司空裴秀、骠骑将军王沈、安平献王孚等及太保何曾、司空贾充、太尉陈骞、中书监荀勖、平南将军羊祜、齐王攸等皆列于铭飨。"

石苞生荣死哀,丝毫未受被诬事件的影响,竟以西晋主要功臣之荣而终其身。

## 三、宽待亡国之君

司马炎代魏称帝,建立西晋,就宣告了三国时代的终结。而如何对待魏、蜀、吴三位亡国之君也是新建王朝必须面对的问题。三国之中,蜀先亡,蜀主刘禅投降后,关于封他为何等爵位,曾有过一番争议,为笼络蜀人,邓艾曾建议封刘禅为扶风王。司马昭执政时,已恢复西周公、侯、伯、子、男的五等爵制。作为人臣而言,公爵已是最高爵位。除宗室或权臣之外,人臣未有获王爵者,司马昭灭蜀,建不世之功后,才封晋公、晋王。若封刘禅王爵,似有与司马昭并列之嫌,故司马昭否定邓艾的提议,奏请魏帝曹奂封刘禅为安乐公,"子孙为三都尉封侯者五十余人"。又予以优厚之俸禄,"食邑万户,赐绢万匹、奴婢百人,他物称是"。① 刘禅虽为降君,但实质上享有二王三恪(类同国宾)的礼遇。凡朝廷举行盛大宴会及庆典等活动,则邀请刘禅及匈奴单于参加。如吴使光禄大夫纪陟、五官中郎将弘璆出使曹魏,司马昭设国宴款待之,席间,司马昭"使傧者告曰:'某者安乐公(刘禅)也,某者匈奴单于也。'(纪)陟曰:'西主失土,为君王所礼,位同三代,莫不感义,匈奴边塞难羁之国,君王怀之,亲在坐席,此诚威恩远著。'"② 可见,司马昭是把刘禅看作是汉朝帝室的后裔,享用夏商周三代后裔的礼遇。司马炎即位后,继续奉行对汉室后裔的优待政策。在册封曹奂为陈

① 《三国志》卷33《后主传》。
② 《三国志》卷48《孙皓传》注引干宝《晋纪》。

留王的同时,"赐山阳公刘康、①安乐公刘禅子弟一人为驸马都尉"。② 西晋泰始七年(271),刘禅在洛阳去世,享年六十五岁,谥号为思。

司马氏本是魏臣,西晋又受禅于曹魏。晋承魏制,以魏为正朔,曹魏虽亡,但完全不同于被征伐而亡的蜀汉。故如何对待逊位的曹奂,就成为晋武帝必须运用政治智慧来解决的一大问题。晋武帝受禅后,"封魏帝为陈留王,邑万户,居于邺宫,魏氏诸王皆为县侯"。③ 司马炎对待曹奂完全按照汉魏禅代模式,不仅封他为陈留王,食邑万户,将宫室安设在曹魏故都邺城,曹操所建铜雀台之侧,而且还准许他使用天子旌旗,备五时副车,行魏国正朔,郊祀天地、礼乐制度都仿效魏朝制度,上书不称臣,受诏不拜。④ 之后,司马炎又下诏:"陈留王操尚谦冲,每事辄表,非所以优崇之也。主者喻意,非大事皆使王官表上之。"⑤陈留王地位、各种待遇、结局几乎是历代亡国之君之最优。在曹奂之前,蜀汉后主刘禅,被封为安乐县公,汉献帝刘协禅位于曹丕,未被封王,而仅封为山阳郡公。司马炎对待曹奂明显优于曹丕对待汉献帝。陈寿对陈留王曹奂禅位于晋后的待遇作出如是评论:

---

① 曹魏代汉后,汉献帝被曹丕封为山阳公,食邑万户,沿用天子礼乐。汉献帝做了十四年山阳公后,于魏明帝青龙三年(235)二月去世。汉献帝长子刘冯早逝,其长孙刘康袭爵为第二世山阳公。司马代魏后,刘康仍为山阳公,直到晋武帝的太康六年(285)去世,总计刘康袭山阳公之位五十一年。但学界也有人认为刘康并非刘冯之子,而是从东汉宗室中挑选出来,承桃刘冯,袭山阳公爵位。

② 《晋书》卷3《武帝纪》。

③ 《晋书》卷3《武帝纪》。

④ 《晋书》卷3《武帝纪》:"诏陈留王载天子旌旗,备五时副车,行魏正朔,郊祀天地,礼乐制度皆如魏旧,上书不称臣。"

⑤ 《晋书》卷3《武帝纪》。

> 陈留王恭己南面,宰辅统政,仰遵前式,揖让而禅,遂飨封
> 大国,作宾于晋,比之山阳(刘协),班宠有加焉。①

曹奂逊位后获得了司马氏的厚遇,不仅保住了性命,还享受了晋朝
"虞宾"的特殊待遇。"及元帝南渡,营缮宫室,尚书符下陈留王出
夫,荀奕奏曰:'陈留王,位在三公之上,坐在太子之右,答表曰书,
赐物曰与,岂可令出夫役?'以前朝残裔,而臣下犹敢为之执奏,可
见是时尚有虞宾之意。"②曹奂退位后,在封国生活了37年,于晋
惠帝太安元年(302)去世,终年五十八岁。曹奂薨逝后,晋朝特令
予以厚葬,并为他上谥号为"元",后世称其为魏元帝。陈留王的
爵位一直由其子嗣或宗亲传承,甚至晋室南迁、南朝建立后,依然
得以保留。由曹奂开始的陈留国一直传至南朝萧齐,历经214年。

　　汉魏与魏晋鼎革是中国古代帝制时代禅代政治的开端,其不
仅使政权在易姓之间和平过渡,而且对禅位之君也是最优容的,但
从刘裕代晋开始,就将禅位于他的晋恭帝司马德文诛杀,而不留后
患。刘裕以降,凡受禅之君,必定将禅位君主全族诛灭。正如胡三
省所曰:"自是之后,禅让之君,罕得全矣。"③清人赵翼对此现象作
了论述:

> (曹)丕代汉,封献帝为山阳公,未尝加害,直至明帝青龙
> 二年始薨。(司马)炎代魏,封帝(曹)奂为陈留王,亦未尝加
> 害,直至惠帝太安元年始薨。不特此也,司马师废齐王芳为邵
> 陵公,亦至晋泰始中始薨。司马伦废惠帝,犹号为太上皇,居
> 之于金墉城。桓玄废安帝为平固王,迁之于寻阳,又劫至江
> 陵,亦皆未尝加害,故不久皆得返正。自刘裕篡大位,而即戕

---

① 《三国志》卷4《三少帝纪》评曰。
② (清)赵翼:《廿二史札记》卷7"禅代"条。
③ 《资治通鉴》卷119宋武帝"永初二年"条。

331

故君,以后齐、梁、陈、隋、北齐、后周亦无不皆然。①

为了防止前朝的复辟,魏晋二代尽管对前朝君主在一定程度上进行监控,但仍给予一定的优遇,并保障禅君的生命安全。但刘宋却一反前朝故事,对禅君开了杀戒。赵翼说:"案山阳公居河内,至晋时始罢督军,除其禁制,又除汉宗室禁锢,是逊位后魏仍有人监之也。陈留王逊位后,晋令山涛护送至邺。琅邪王伷尝监守邺城。是晋于陈留王亦有监制之法。然皆未尝加害也。刘裕急于禅代,以谶文有'昌明之后,又有二王'之语,遂酖安帝而立恭帝,未几即令逊位。……裕封帝为零陵王。帝常惧祸,与褚妃自煮食于床前。裕使妃兄褚淡之往视妃,妃出与相见,兵士即逾垣入,进药于帝,帝不肯饮,曰:'佛教,自杀者不得复为人身。'乃以被掩杀之。"②刘裕杀害晋恭帝的残暴行径遭到后世史家的严厉斥责,赵翼认为"其悖逆凶毒为自古所未有"。③

为何刘裕要开弑禅君之先河?笔者认为可从时代背景及刘裕出身来剖析。东晋南北朝门阀士族势力十分强大,垄断政权,寒门庶族即使凭藉军功进入统治集团高层,甚至成为九五之尊,仍不得不与士族共天下。刘裕家世寒微,因出身行伍,而遭到以王、谢为代表的高门士族的蔑视。刘裕思虑其子孙亦未必能做到如曹丕、司马炎那样掌控全局,所以他不得不在有生之年代晋称帝。由于刘宋政权政治基础薄弱,得不到高门士族的有力支持,为防止晋朝再度复辟,故斩草除根,将晋恭帝杀死,以绝众望。但不管刘裕出于何种目的弑杀已经禅位、手无寸铁的故主,都是不义之举。总

---

① (清)赵翼:《廿二史札记》卷7"禅代"条。
② (清)赵翼:《廿二史札记》卷7"禅代"条。
③ (清)赵翼:《廿二史札记》卷9"宋书书宋齐革易之际"条。

之,刘裕开了禅代之后杀害逊帝的先河,使和平过渡、平稳更迭的"禅代"政治蒙上了一层残酷杀戮的血腥气,历来为后世所诟病。所以同刘裕相比,晋武帝善待陈留王曹奂就很值得称颂。由此可见,《晋书·武帝纪》制书说他"仁以御物,宽而得众,宏略大度,有帝王之量",并非过誉之词。

晋武帝即位时,蜀汉已亡,晋吴隔江对峙,其时吴主孙皓在位。吴未亡时,晋武帝对吴采取了比较灵活的策略。司马昭病故后,孙皓遣使者前来祭吊,有司上奏晋武帝,建议以诏书的形式来答复孙皓。武帝说:"昔汉文、光武怀抚尉他、公孙述,皆未正君臣之仪,所以羁縻未宾也。皓遣使之始,未知国庆,但以书答之。"①晋武帝审时度势,在吴国未向晋屈服之前,晋不以君臣关系来处理二国外交,所以答复孙皓用"书",而不用"诏"。

晋吴两国相持十余年后,晋出动六路大军伐吴,至太康元年(280),吴终为晋所灭。当王濬水师兵临建业城时,孙皓乞降。孙皓"荒淫骄虐,诛杀贤能",②是三国时期著名的暴君,对其如何处置?是一件颇为棘手之事。如果顺应所谓的"民心",诛戮孙皓也未尝不可,但晋武帝对孙皓的处置还是留有余地。他下诏:"孙皓穷迫归降,前诏待之以不死。今皓垂至,意犹愍之,其赐号为归命侯。进给衣服车乘,田三十顷,岁给谷五千斛,钱五十万,绢五百匹,绵五百斤。皓太子瑾拜中郎,诸子为王者拜郎中。"③从魏、蜀、吴三位亡国之君的待遇来看,孙皓获得的待遇最差,爵位最低,其"归命侯"之号,不仅无封邑,且还有羞辱之意。但依陈寿看来,晋武帝对孙皓的处置已是"旷荡之恩,过厚之泽"了。陈寿对武帝之

---

① 《晋书》卷3《武帝纪》。
② 《晋书》卷34《杜预传》。
③ (清)严可均辑:《全晋文》(上册),商务印书馆1999年版,第43页。

诏评论曰:"皓凶顽,肆行残暴,忠谏者诛,谗谀者进,虐用其民,穷淫极侈,宜腰首分离,以谢百姓。既蒙不死之诏,复加归命之宠,岂非旷荡之恩,过厚之泽也哉!"①胡三省在《资治通鉴》中注曰:"武王伐纣,斩其首,悬于太白之旗,如孙皓之凶暴,斩之以谢吴人可也。"②东晋史学家孙盛则对此事作了进一步的申论:

> 夫古之立君,所以司牧群黎,故必仰协乾坤,覆焘万物;若乃淫虐是纵,酷被群生,则天殄之,剿绝其祚,夺其南面之尊,加其独夫之戮。是故汤、武抗钺,不犯不顺之讥;汉高奋剑,而无失节之议。何者?诚四海之酷仇,而人神之所摈故也。况皓罪为逋寇,虐过辛、癸,枭首素旗,犹不足以谢冤魂,洿室荐社,未足以纪暴迹,而乃优以显命,宠锡仍加,岂龚行天罚,伐罪吊民之义乎?是以知僭逆之不惩,而凶酷之莫戒。诗云:"取彼谮人,投畀豺虎。"聊谮犹然,矧僭虐乎?且神旗电扫,兵临伪窟,理穷势迫,然后请命,不赦之罪既彰,三驱之义又塞,极之权道,亦无取焉。③

陈寿、孙盛、胡三省皆力主"龚行天罚",严惩暴君孙皓。他们认为孙皓"淫虐是纵,酷被群生","罪为逋寇,虐过辛、癸",④晋武帝应当效法武王伐商故事,"伐罪吊民",将孙皓"枭首素旗",斩之以谢江南百姓。但从晋平吴后,亟须安抚江南士民,稳定时局的政治需要上考虑,陈、孙、胡三人之论又显得较为迂阔,书生气。孙皓虽然暴虐,但他毕竟已当了十六年的吴国皇帝,在江南士庶民众中有着

---

① 《三国志》卷48《孙皓传》评曰。
② 《资治通鉴》卷81晋武帝"太康元年五月"条胡三省注。
③ 《三国志》卷48《孙皓传》孙盛曰。
④ 商纣名帝辛,夏桀名履癸,两人均为有名的暴君。(唐)刘知几《史通·载文》:"观其政令,则辛癸不如;读其诏诰,则勋华再出。"

不可低估的政治影响。甚至当晋军兵临石头城,吴国灭亡在即时,仍有人要替孙皓效死输忠。① 吴国灭亡后,吴建平太守吾彦被迫降晋,武帝以其为金城太守。武帝曾数次与吴国降臣薛莹、吾彦等人讨论吴国灭亡的原因。史载:

> 帝尝从容问薛莹曰:"孙皓所以亡国者何也?"莹对曰:"归命侯臣皓之君吴,昵近小人,刑罚妄加,大臣大将无所亲信,人人忧恐,各不自安,败亡之衅,由此而作矣。"其后帝又问吾彦,对曰:"吴主英俊,宰辅贤明。"帝笑曰:"君明臣贤,何为亡国?"彦曰:"天禄永终,历数有属,所以为陛下擒。此盖天时,岂人事也!"②

可见,在吾彦心目中,孙皓并非昏暴之君,而是"吴主英俊,宰辅贤明"。

实际上对孙皓如何处理,并非仅仅是作为征服者(晋武帝)对被征服者(孙皓)私人之间的报复或宽容。它在更大程度上是西晋统治者政治上的需要,其中涉及晋武帝在平吴之后,亟须抚慰人心,稳定江南地区的策略。在这个问题上,司马昭平蜀之后,对如何处理蜀主刘禅有成功的经验,③司马炎自然是父规子随,用处理

---

① 《晋书》卷42《王濬传》:"皓行石头还,左右人皆跳刀大呼云:'要当为陛下一死战决之。'皓意大喜,谓必能然,便尽出金宝,以赐与之。"

② 《晋书》卷57《吾彦传》。

③ 为了争取蜀汉士人的归附,司马昭对蜀主刘禅采取了安抚笼络政策。例如,蜀汉南中都督"霍弋闻魏军来,弋欲赴成都,后主以备敌既定,不听。及成都不守,素服号哭,大临三日,诸将咸劝宜速降,弋曰:'今道路阻塞,未详主之安危,大故去就,不可苟也,若主上与魏和,见遇以礼,则保境而降,不晚也,若万一危辱,吾将以死拒之,何论迟速耶。'"(《三国志》卷41《霍弋传》注引《汉晋春秋》)由此可见,对刘禅如何处置,关系到巴蜀地区人心之向背,一旦刘禅受辱或被杀,蜀汉士大夫则不但不会与司马氏集团合作,反而有可能与之为敌。司马昭洞察其情,故对刘禅十分礼遇。

刘禅的方法来对待孙皓。至于为何封孙皓为侯而不封公,比刘禅低一等,乃是因政治形势的变化而作出的必要调整。吴晋对峙时,为了笼络吴国降将,晋武帝不惜以高官厚爵予以封赏。如吴西陵督步阐献城来降,晋武帝立即拜其为卫将军,开府仪同三司,封宜都公。"吴夏口督、前将军孙秀帅众来奔,拜骠骑将军,开府仪同三司,封会稽公。"①为了笼络吴宗室孙秀,武帝封其为骠骑将军,位在司马氏心腹重臣车骑将军贾充之上。西晋之所以对步阐、孙秀、孙楷等人笼络恩宠,完全是出于政治目的,是想利用他们来招徕吴人。"初,朝廷尊宠孙秀、孙楷,欲以招来吴人。及吴亡,降秀为伏波将军,楷为度辽将军。"②吴国灭亡,孙秀等人已失去利用价值,故贬官降职就成了理所当然。

司马昭之所以厚遇刘禅,也是因为当时吴国尚存,邓艾深谙其中奥秘,故向司马昭建议"今宜厚刘禅以致孙休,安士民以来远人,若便送禅于京都,吴以为流徙,则于向化之心不劝。宜权停留,须来年秋冬,比尔吴亦足平。以为可封禅为扶风王,锡其资财,供其左右。郡有董卓坞,为之宫舍。爵其子为公侯,食郡内县,以显归命之宠。"③吴国灭亡后,西晋已统一天下,再无敌国的威胁,因此对降君就没有必要刻意的笼络。

晋武帝对孙皓实际上是恩威并施,宽严有度。孙皓投降,押送至洛阳后,晋朝的受降仪式庄严隆重,对孙皓及吴国降臣也具有相当的威慑力。史载:

> 琅邪王(司马)伷遣使送孙皓及其宗族诣洛阳。(太康元年)五月,丁亥朔,(孙)皓至,与其太子瑾等泥头面缚,诣东阳

① 《晋书》卷3《武帝纪》。
② 《资治通鉴》卷81晋武帝"太康元年三月"条。
③ 《三国志》卷28《邓艾传》。

门。诏遣谒者解其缚,赐衣服、车乘、田三十顷,岁给钱谷、绵绢甚厚。拜瑾为中郎,诸子为王者皆为郎中。……

庚寅,帝临轩,大会文武有位及四方使者,国子学生皆预焉。引见归命侯(孙)皓及吴降人,皓登殿稽颡。帝谓皓曰:"朕设此座以待卿久矣。"皓曰:"臣于南方,亦设此座以待陛下。"①

晋武帝引见孙皓时曰:"朕设此座以待卿久矣。"虽是一句甚为幽默之语,但也表达了其平吴统一天下的决心。孙皓针锋相对地回答:"臣于南方,亦设此座以待陛下。"由此可见,孙皓虽为暴君,但降晋之后的表现与蜀主刘禅卑躬屈膝的"此间乐,不思蜀",②判若云泥,其虽为降虏,但骨子里却透出一股帝王气,不愿向晋武帝屈服。

对于孙皓的"不屈",晋武帝气度恢宏,并不介意。之后,武帝宴饮弈棋时还时常将孙皓带在身边。《世说新语·排调第二十五》载:"晋武帝问孙皓:'闻南人好作《尔汝歌》,颇能为不?'皓正饮酒,因举觞劝帝而言曰:'昔与汝为邻,今与汝为臣。上汝一杯酒,令汝寿万春!'帝悔之。"侍中王济是武帝的游伴,君臣二人过从甚密。"帝尝与(王)济弈棋,而孙皓在侧,谓皓曰:'何以好剥人面皮?'皓曰:'见无礼于君者则剥之。'济时伸脚局下,而皓讥焉。"③从这些事例中可知,晋武帝对待孙皓还是相当宽容的。孙皓此时已是亡国之君,阶下之囚,其作《尔汝歌》时,对贵为天子的武帝竟然以"汝"相称,且语带讥讽,④但武帝并未因孙皓的无礼而

---

① 《资治通鉴》卷81晋武帝"太康元年五月"条。

② 《三国志》卷33《后主传》注引《汉晋春秋》。

③ 《晋书》卷42《王浑附王济传》。

④ 刘宋时,王歆之曾效仿孙皓《尔汝歌》,对刘邕曰:"昔为汝作臣,今与汝比肩。既不劝汝酒,亦不愿汝年。"(《宋书》卷42《刘穆之传》)用来表达对刘邕的轻视。

发怒,仅"悔之"而已。孙皓对自己以往"剥人面皮"的暴行,亦无丝毫忏悔之意,反而冠冕堂皇地说:"见无礼于君者则剥之。"对此,武帝皆不予计较。由此可以看出,晋武帝胸怀之宽广,气度之恢宏。数十年后,西晋灭亡,同样是亡国之君,遭遇却大不相同。晋怀、晋愍二帝被俘后,"青衣行酒"[1]"行酒洗爵""执戟为导",[2]受尽刘聪羞辱而亡。孙皓与日后的晋怀、晋愍帝相比,实属幸运。太康五年(284)孙皓病死于洛阳,一代暴君竟得天年,得以善终,足见司马炎为人宽厚,有过人之度量。

## 四、颁布吏治纲要与提倡节俭

泰始四年(268),司马炎发布诏书,表示"朕守遗业,永惟保乂皇基,思与万国以无为为政"。[3] 所谓"无为",乃是道家的思想与主张,本意是无所作为,但是运用到治国理念上,主要是对民众的生活少干扰,轻徭薄赋,与民休养生息,让人民有一个安定的生活和生产环境。西汉初年的文景之治,就是因为实行了清静无为的政策,从而促使经济迅速恢复。众所周知,治国之道关键在于吏治清明。为此晋武帝经常告诫地方官员必须勤政爱民,体恤民生疾苦。同年六月,晋武帝下诏,对郡国守相提出了为政之道与职责要求:

---

[1] 《晋书》卷5《孝怀帝纪》:"刘聪大会,使帝著青衣行酒。侍中庾珉号哭,聪恶之。丁未,帝遇弑,崩于平阳。"

[2] 《晋书》卷5《孝愍帝纪》:"刘聪出猎,令帝行车骑将军,戎服执戟为导,白姓聚而观之,故老或歔欷流涕,聪闻而恶之。聪后因大会,使帝行酒洗爵,反而更衣,又使帝执盖,晋臣在坐者多失声而泣,尚书郎辛宾抱帝恸哭,为聪所害。十二月戊戌,帝遇弑,崩于平阳。"

[3] 《晋书》卷3《武帝纪》。

338

郡国守相,三载一巡行属县,必以春,此古者所以述职宣风展义也。见长吏,观风俗,协礼律,考度量,存问耆老,亲见百年。录囚徒,理冤枉,详察政刑得失,知百姓所患苦。无有远近,便若朕亲临之。敦喻五教,劝务农功,勉励学者,思勤正典,无为百家庸末,致远必泥。士庶有好学笃道,孝弟忠信,清白异行者,举而进之;有不孝敬于父母,不长悌于族党,悖礼弃常,不率法令者,纠而罪之。田畴辟,生业修,礼教设,禁令行,则长吏之能也。人穷匮,农事荒,奸盗起,刑狱烦,下陵上替,礼义不兴,斯长吏之否也。若长吏在官公廉,虑不及私,正色直节,不饰名誉者,及身行贪秽,诏黩求容,公节不立,而私门日富者,并谨察之。扬清激浊,举善弹违,此朕所以垂拱总纲,责成于良二千石也。于戏戒哉!①

这道诏书几乎就是官宦守则,吏治纲要。若全国各地的郡国守相都能照此循名责实,则天下大治矣。泰始四年十二月,司马炎又"班五条诏书于郡国:一曰正身,二曰勤百姓,三曰抚孤寡,四曰敦本息末,五曰去人事。"②所谓"正身"就是当政者要以身作则,起好表率作用;"勤百姓",即地方各级政府要爱护百姓,关注百姓的生计;"抚孤寡"是指关心无独立生活能力,不能自理的孤寡老人。为此西晋政府制定政策,对鳏寡孤独不能自存者赐谷每人五斛,免逋债宿负;"敦本息末",就是要重农抑商,这是中国传统的治国理念;"去人事",就是要按照朝廷的章程法规办事,不搞帮派,不结党营私。曹操于东汉的政治动乱之后,为了安定人心,恢复国力,曾实行了比较宽松开放、节俭求实的治国方略。但到了曹叡统治

---

① 《晋书》卷3《武帝纪》。
② 《晋书》卷3《武帝纪》。

后期,政治渐趋严厉,社会风气亦趋腐败,曹操当年为政务实的风气已不复存在。而长期的战乱更使百姓在惨淡的生计之外,还在心理上增添了一种恐惧之感。在这种情况下,司马炎反其道而行之,提出治国五条原则是适合时宜的。

晋武帝鉴于曹魏末期为政严苛,风俗颓废,生活豪奢,遂提倡节俭,反对奢靡。徐州刺史胡威与其父胡质都以清正廉洁闻名于世。晋武帝欲以其父子为百官表率。胡威有一次入朝,与武帝"论边事,语及平生。帝叹其父清,谓威曰:'卿清孰与父清?'威对曰:'臣不如也。'帝曰:'以何为不如?'对曰:'臣父清恐人知,臣清恐人不知,是臣不如者远也。'"①晋武帝认为胡威的话谦虚而又委婉,父子二人堪为官员楷模。

为了使去奢求俭的精神落到实处,司马炎以身作则,禁断奢侈。泰始元年(265)十二月戊辰,新王朝建立不过三天,司马炎就发布倡导节俭的诏敕,他将宫中的珠玉玩好之物,颁赐给王公以下的群臣。原本牵牛的缰绳以青丝制作,晋武帝下令,以青麻来替代。②咸宁二年(276)司马炎罹患疫疾,病情险恶,几乎不治。大病初愈后,一些大臣带礼物前来祝贺,司马炎却予以谢绝。"先是,帝不豫,及瘳,群臣上寿。诏曰:'每念顷遇疫气死亡,为之怆然。岂以一身之休息,忘百姓之艰邪?诸上礼者皆绝之。'"③太医司马程据向武帝献上一件雉头裘,精美无比,晋武帝不但没有接受,反而在殿前当场焚毁。"帝以奇技异服典礼所禁,焚之于殿前。甲申,敕内外敢有犯者罪之。"泰始八年(272)"二月乙亥,禁

---

① 《三国志》卷27《胡质传》注引《晋阳秋》。
② 西晋时期有崇尚乘牛车的风尚,皇室及贵族都喜乘牛车,故御牛青丝被大量使用,青丝价格比较昂贵,青麻则价廉,故晋武帝下诏,以青麻代之。
③ 《晋书》卷3《武帝纪》。

雕文绮组非法之物"。① 陆云在给吴王的上书中,提到晋武帝"临朝拱默,训世以俭,即位二十有六载,宫室台榭,无所新营。屡发明诏,厚戒丰奢"。②

晋武帝晚年虽有羊车望幸、纵容豪强、重用外戚的缺陷,但其本人并未达到生活腐朽糜烂的程度。例如他听说王恺与石崇争富,想助其舅王恺,"尝以一珊瑚树高二尺许赐恺,枝柯扶疏,世罕其比。恺以示崇。崇视讫,以铁如意击之,应手而碎。恺既惋惜,又以为疾己之宝,声色甚厉。崇曰:'不足恨,今还卿。'乃命左右悉取珊瑚树,有三尺四尺、条干绝世,光彩溢目者六七枚,如恺许比甚众。恺惘然自失。"③这个故事颇为有趣,从表面上看王恺与石崇是私人之间的争富,但一旦武帝参与其中,其性质就发生变化,变成了官员与帝王比富。结果武帝送给王恺的珊瑚远不及石崇家中的珊瑚。

众所周知,在家天下的古代社会中,天下最精美的奇珍异宝往往为帝王家所占有,即使民间有"富可敌国"之语,大概也仅是夸大其辞而已。但王恺在武帝的帮助下与石崇比富,竟然不敌。不仅丢了皇家颜面,而且也反映出武帝宫中珍宝反不及石崇。又如王济在家宴请晋武帝,食器珍贵,蒸肫味甚美。武帝问,这是怎么做的? 王济回答道:"'以人乳饮之。'帝甚不平,食未毕,便去"。④ 可见他并不喜欢锦衣玉食的生活。史称晋武帝"承魏氏奢侈刻弊之后,百姓思古之遗风,乃厉以恭俭,敦以寡欲"。李世民的制书也说他"绝缣纶之贡,去雕琢之饰,制奢俗以变俭约,

---

① 《晋书》卷3《武帝纪》。
② 《晋书》卷54《陆云传》。
③ 《世说新语·汰侈第三十》。
④ 《世说新语·汰侈第三十》。

止浇风而反淳朴"。① 诸如此类的赞许,恐未必完全是溢美之词。

## 五、广开言路,虚心纳谏

为了广开言路,武帝还不断下诏,鼓励群臣进谏,泰始二年
(266),武帝诏曰:"古者百官,官箴王阙。然保氏特以谏诤为职,
今之侍中、常侍实处此位。择其能正色弼违匡救不逮者,以兼此
选。"②侍中、常侍出入宫廷,常在皇帝身边建言献策,是天子处理
朝政国事的得力助手,武帝明确指出必须择选"能正色弼违匡救
不逮者"担任侍中、常侍之职。即要求他们能时常谏诤,纠正天子
治国方略上的缺陷。

史称武帝"临朝宽裕,法度有恒"。③ 他对不惧生死,能言敢谏
之士表现出极大的宽容。大臣可以当面批评他是"桓灵之君";可
以指着御座说"此座可惜"而不受惩罚;可以大骂"高贵乡公何
在";可以砸了他御赐的珊瑚树而无所顾忌。

在西晋初年的政坛上,傅玄是以关切时政、直言敢谏而著称
的。泰始初,散骑常侍傅玄与皇甫陶共掌谏职,他们时常上书谏
诤,但"有司"却恐触怒圣意,常从中阻拦,将他们的上书"奏请寝
之"。但司马炎对傅玄、皇甫陶所奏却予以充分肯定:

> 二常侍恳恳于所论,可谓乃心欲佐益时事者也。而主者
> 率以常制裁之,岂得不使发愤耶! 二常侍所论,或举其大较而
> 未备其条目,亦可便令作之,然后主者八坐广共研精。凡关言

---

① 《晋书》卷 3《武帝纪》制曰。
② 《晋书》卷 3《武帝纪》制曰。
③ 《晋书》卷 3《武帝纪》史臣曰。

于人主,人臣之所至难。而人主若不能虚心听纳,自古忠臣直士之所慷慨,至使杜口结舌。每念于此,未尝不叹息也。故前诏敢有直言,勿有所距,庶几得以发懜补过,获保高位。苟言有偏善,情在忠益,虽文辞有谬误,言语有失得,皆当旷然恕之。古人犹不拒诽谤,况皆善意在可采录乎!近者孔晁、綦毋龢皆案以轻慢之罪,所以皆原,欲使四海知区区之朝无讳言之忌也。①

据《晋书·傅玄传》记载:"玄天性峻急,不能有所容;每有奏劾,或值日暮,捧白简,整簪带,竦踊不寐,坐而待旦。于是贵游慑伏,台阁生风。"应该看到,傅玄之所以能够执法严谨,纠劾权贵,使那些王公贵族都对他感到畏惧屈服,未尝不是晋武帝对他大力支持的结果,晋武帝"虚心听纳""不拒诽谤",重用直言敢谏之士傅玄执掌谏职,遂使得西晋初年台阁之中气正风清。

与傅玄共掌台阁的皇甫陶也是直言敢谏之士。泰始八年(272)二月,右将军皇甫陶在与晋武帝讨论政事时,居然不顾君臣礼仪,与武帝当场发生争执。《晋书·武帝纪》载:"帝与右将军皇甫陶论事,陶与帝争言,散骑常侍郑徽表请罪之。帝曰:'讜言謇谔,所望于左右也。人主常以阿媚为患,岂以争臣为损哉!徽越职妄奏,岂朕之意。'遂免徽官。"郑徽是太傅郑冲从子,时任散骑常侍,上表请求武帝降罪皇甫陶。武帝认为皇甫陶据理力争,是诤臣,郑徽越过职权妄言上奏,是谄媚之举,于是不仅不责怪皇甫陶,反而罢免郑徽。

《晋书·武帝纪》又载:"西平人麹路,伐登闻鼓,言多祅谤,有司奏弃市。帝曰:'朕之过也。'舍而不问。"登闻鼓制度源于西周,

---

① 《晋书》卷47《傅玄传》。

据史书记载西周设有登闻鼓,当时称作"路鼓"。《周礼·夏官·大仆》记载:"建路鼓于大寝之门外,而(大仆)掌其政,以待达穷者与遽令,闻鼓声,则速逆御仆与御庶子。"东汉经学家郑众注云:"穷谓穷冤失职,则来击此鼓,以达于王,若今时上变事击鼓矣。"此外,西周还设置"肺石",民若有不平或冤枉事,得击三石鸣冤。《周礼·秋官·大司寇》载:"以肺石远(达)穷民,凡远近惸独老幼之欲有复于上,而其长弗达者,立于肺石,三日,士听其辞,以告于上而罪其长。"

魏晋南北朝时期,统治者为表示听取臣民谏议或冤情,朝廷在朝堂外悬鼓,让臣民击鼓上闻,称之为登闻鼓。登闻鼓有专门的官吏看守,遇有击鼓者需立即受理或上报。如《晋书·卫瓘传》载:"于是(刘)繇等执黄幡,挝登闻鼓。"北魏太武帝时,于"阙左悬登闻鼓,人有穷冤则挝鼓,公车上奏其表。……太延三年,诏天下吏民,得举告牧守之不法"。[1] 西平人麹路按照国家的法规,在朝堂外击登闻鼓对国家大事提出谏议,并无任何差错,而有司却不分青红皂白,指斥麹路"言多祆谤",欲以诽谤罪将麹路斩首于街市。所幸晋武帝豁达大度,承认确实是自己的过失,对麹路不予追究。

在所有的谏臣中,对晋武帝批评得最厉害的当属司隶校尉刘毅。毅本传记载晋武帝与刘毅的对话颇为有趣。平吴之后,武帝得意洋洋,顾盼自雄,他赴南郊行礼仪,"礼毕,喟然问(刘)毅曰:'卿以朕方汉何帝也?'对曰:'可方桓灵。'帝曰:'吾虽德不及古人,犹克己为政。又平吴会,混一天下。方之桓灵,其已甚乎!'对曰:'桓灵卖官,钱入官库;陛下卖官,钱入私门。以此言之,殆不如也。'"[2]

① 《魏书》卷111《刑法志》。
② 《晋书》卷45《刘毅传》。

刘毅讥讽司马炎"不如桓灵"之事,常被史家认为是对"司马炎卖官鬻爵"的批评。其实这是对史料的误解。东汉桓灵时代,以察举制选拔官员,高门大族和名士的清议便决定了士人的升迁进退,所谓"皇帝卖官",无非是在高门大族的把持下,皇帝卡住高级官员任命权这个口子,逼他们任职时多交一笔钱罢了。汉灵帝之所以被批评,乃是传统史家认为卖官之款他都用来给自己修西园享乐了。其实早在秦始皇时期就开了鬻爵的先河。而汉文帝、景帝、武帝祖孙三代皆制度化地卖官鬻爵。汉武帝打击匈奴,收取河西,威服西域,东并朝鲜,南征百越,翦灭西南诸夷的武功,恰恰是建立在比其父祖变本加厉地卖官鬻爵、搜刮聚敛民间财富的基础上。到了魏晋推行九品中正制后,门阀士族对官职任免的操控权比东汉察举制更进一步。而刘毅则坚决反对、并主张废除九品中正制。他上书给武帝说:

> 今立中正,定九品,高下任意,荣辱在手。操人主之威福,夺天朝之权势。爱憎决于心,情伪由于己……所欲与者,获虚以成誉;所欲下者,吹毛以求疵。高下逐强弱,是非由爱憎。随世兴衰,不顾才实,衰则削下,兴则扶上,一人之身,旬日异状。或以货赂自通,或以计协登进,附托者必达,守道者困悴。无报于身,必见割夺,有私于己,必得其欲。①

此言正是讽刺在九品中正制度下,西晋王朝的官职任命皆被世家大族所掌控,"卖官钱入私门"是入了门阀大族的私门,而不是像汉灵帝时期那样入了皇帝的府库。所以刘毅认为司马炎在这一问题上还不如汉灵帝刘宏。晋武帝时期,朝廷虽无卖官之举,但无行士人通过贿赂"私门"(即朝廷权贵与高门世族)而获得官职之事

---

① 《晋书》卷45《刘毅传》。

并不少见,刘毅借与晋武帝对话之机,对武帝时期官场上的贿赂请托现象予以了无情的揭露和批判。①

在武帝的内心深处,很想让刘毅把他比作汉文帝、光武帝这两位明君,即使再不济,也希望刘毅把他比作汉景帝、宣帝、明帝,万未料到刘毅将他比作桓灵。桓、灵二帝是东汉最著名的两位昏君,尽管刘毅的出发点和主观动机是希望晋武帝采取措施,制止或杜绝这一腐败现象,但他将武帝比作桓灵,不啻骂他是亡国昏君。面对刘毅如此放肆的"诽谤",晋武帝并未发怒,反而大笑地说:"桓灵之世,不闻此言。今有直臣,故不同也。"②

武帝与刘毅对话时,散骑常侍邹湛等人也在一旁,为了不使武帝感到尴尬、难堪,邹湛就对武帝进行了肉麻的吹捧:"世谈以陛下比汉文帝,人心犹不多同。昔冯唐答文帝,云不能用(廉)颇(李)牧而文帝怒,今刘毅言犯顺而陛下欢。然以此相校,圣德乃过之矣。"然而武帝对邹湛之言并不领情,他驳斥道:"我平天下而不封禅,焚雉头裘,行布衣礼,卿初无言。今于小事,何见褒之甚?"邹湛又作进一步发挥:"臣闻猛兽在田,荷戈而出,凡人能之。蜂虿作于怀袖,勇夫为之惊骇,出于意外故也。夫君臣有自然之尊卑,言语有自然之逆顺。向刘毅始言,臣等莫不变色。陛下发不世之诏,出思虑之表,臣之喜庆,不亦宜乎!"③邹湛所言明显是媚上,诌谀取容,以取得武帝的欢心。

像刘毅这样敢逆龙鳞,犯天颜的直臣毕竟是极少数。太康五年(284),青龙出现于武库井中,司马炎亲往观看,面有喜色。百

---

① 案,甚至连出身名门,功勋卓著,在西晋平吴之战中立下赫赫战功的荆州都督杜预,也曾贿赂朝廷贵要。
② 《晋书》卷45《刘毅传》。
③ 《晋书》卷45《刘毅传》

官准备庆贺,唯有刘毅上表声称:此非吉兆,夏时龙降落在宫廷之前,到周幽王时却发生了褒姒之祸。根据旧典,无祝贺龙出现之礼。尚书郎刘汉等人说:龙的出现,表明大晋进入盛世,应偃武修文。而刘毅却引衰世的妖异现象,用来怀疑今日的吉祥之物,应对刘汉等人追究论罪。晋武帝下诏不同意追究。刘毅上言:"必有阿党之臣,奸以事君者,当诛而不诛故也。"[1]在刘毅的强烈反对下,朝廷终究没有举行有关贺龙的庆典活动。

虽然武帝有时也嫌刘毅过于"峭直",但还是赞赏他直言敢谏的作风,遂擢升刘毅为尚书左仆射、光禄大夫、青州大中正,负责朝廷和地方上的官员铨选、人才鉴别等事务。刘毅在任期间兢兢业业,日夜操劳公事,甚至废寝忘食,其妻有过,也"立加杖捶"。司马炎因刘毅清贫,赐钱三十万,每日供给米肉。太康六年(285),刘毅去世,武帝获悉后既惊又悔,手抚几案说:"失吾名臣,不得生作三公。"作为对其补偿,武帝即刻下诏,追赠刘毅为仪同三司,并派使者监护丧事。

《晋书·武帝纪》制书曰:"(武帝)雅好直言,留心采擢,刘毅、裴楷以质直见容。"说明除刘毅之外,裴楷也是个方正刚直的敢谏之士。裴楷少时聪悟有识,以善谈《老子》《易经》知名于世。曹魏高贵乡公正元二年(255),他由钟会推荐,做了司马昭的僚属,后升为尚书郎。咸熙元年(264),司马炎为抚军大将军,副贰相国,遴选僚属,裴楷被辟为参军事。司马炎即帝位,他入朝为屯骑校尉、右军将军、侍中,与山涛、和峤等人同为司马炎身边近臣。他还参与了晋律的制定。武帝初登皇位,问裴楷"天下风声,何得何失",裴楷答道:"陛下受命,四海承风,所以未比德于尧舜者,但以

① 《晋书》卷45《刘毅传》。

贾充之徒尚在朝耳。方宜引天下贤人,与弘正道,不宜示人以私。"①贾充为西晋重臣,权倾朝野。裴楷不畏权贵,率直地指出晋武帝之所以未能"德比尧舜",就是因贾充之徒尚在朝廷,言外之意,贾充乃是奸佞之臣,要武帝弘扬正气,擢用天下贤士,将贾充逐出朝廷。当时任恺、庾纯亦厌恶贾充,多次向武帝建议,司马炎这才让贾充离开中枢,外放他为关中都督。平吴之后,司马炎每次引见公卿大臣,都与裴楷谈论治国施政的方略。"楷陈三五之风,次叙汉魏盛衰之迹。帝称善,坐者叹服焉。"②

西晋建国不久,就颁布了占田令,规定了大小各级官员各依官品等级占田。但是品官限田令在很多地方并未严格执行。特别是皇室和权贵们横行不法,时常依仗权势侵占农民土地。在晋武帝的支持下,有的地方官员不畏权贵,敢于打击豪强势力。例如,强弩将军庞宗等人在蓝田县强占农民良田数百顷,又放纵豪奴欺压良善。蓝田县令张辅"不为豪强所屈。时强弩将军庞宗,西州大姓,护军赵浚,宗妇族也,故僮仆放纵,为百姓所患。辅绳之,杀其二奴,又夺宗田二百余顷以给贫户,一县称之"。晋武帝对执法不避权贵、敢于打击豪门的张辅大加赞赏,立即任命他为京师地区的山阳县令。张辅到任后,发现太尉陈准的家僮"暴横,辅复击杀之。"③晋武帝遂将张辅擢为尚书郎、御史中丞,专门负责纠察弹劾不法的官员。

## 六、赈灾开荒、兴修水利与设立常平仓

西晋立国后,政治上逐渐趋于稳定,但由于多年战争的创伤,

---

① 《晋书》卷35《裴秀传附裴楷传》。
② 《晋书》卷35《裴秀传附裴楷传》。
③ 《晋书》卷60《张辅传》。

中原地区经济遭到极为严重的破坏,人口也大幅度锐减。例如,司马氏的故乡河内郡温县,人口只有东汉盛时的几十分之一。为此,晋武帝决定采取措施来增加中原地区的人口。晋武帝下诏鼓励早婚,规定女子十七岁以上不出嫁者,由官府代找配偶。① 为了扩大耕地面积,安置流民,增加劳动力与租税收入,西晋政府采取诸多措施发展生产。司马氏在灭蜀之后,即"特赦益州士民,复除租赋之半五年"。② 并招募蜀人到中原,应招者由国家供给口粮二年,免除徭役二十年。灭吴后,晋武帝继续用经济上的优惠政策吸引吴人北上,迁居北方者,可免除徭役二十年。

晋武帝十分重视农业。"是时江南未平,朝廷厉精于稼穑。"晋武帝于即位初年就连续下诏,劝课农桑。泰始二年(266)诏曰:"今者省徭务本,并力垦殖,欲令农功益登,耕者益劝。"泰始四年正月又下诏:"使四海之内,弃末反本,竞农务功,能奉宣朕志,令百姓劝事乐业者,其唯郡县长吏乎!"战乱时期,牛马是很珍贵的财富,对勤于职守、劝农不倦,做出成效的郡县长吏,晋武帝奖励他们每人一匹马。"其以中左典牧种草马,赐县令长相及郡国丞各一匹。"泰始五年(269),晋武帝又下诏:"敕戒郡国计吏、诸郡国守相令长,务尽地利,禁游食商贩。"③他强调要充分发挥土地的作用,不许百姓游手好闲,也不许小商小贩进行商业活动。尽管晋武帝的劝农政策未能,也不可能全面彻底贯彻,但在经过百年混战、人民疲惫、农桑久废之时,我们不能不看到它在招抚流亡、劝农乐业上的积极作用。

晋武帝即帝位后,继续推行曹魏以来行之有效的屯田。如羊

---

① 《晋书》卷3《武帝纪》云:"制女年十七父母不嫁者,使长吏配之。"
② 《三国志》卷4《陈留王纪》。
③ 以上均见《晋书》卷26《食货志》。

祜镇守襄阳,分其所统领部队的一半进行垦田、屯田八百多顷,羊祜刚来时,"军无百日之粮",一年后,收获的粮食就够军队十年食用,大享其利。

为了鼓励农民勤于耕作,武帝还率众臣亲耕藉田,①为万民作表率。泰始四年正月"丁亥,帝耕于藉田,戊子,诏曰:……方今阳春养物,东作始兴,朕亲率王公卿士耕藉田千亩"。② 西晋文学家潘岳为称颂晋武帝躬耕之事而作《藉田赋》,《藉田赋》辞藻清艳,文字优美,富有感情,为时人所称道。

晋武帝还下诏不准豪族大姓"侵役寡弱,私相置名"。为了加强劝农工作,泰始二年(267),晋武帝颁布鼓励农业生产的诏令。晋武帝还专门指派司徒石苞"明劝课",制定"殿最之制",每年考核一次,以劝农成绩的好坏作为奖惩、升降官职的标准。此外,还增加了管理农业的官员。他对那些为劝农开荒、勤恤百姓作出贡献的地方官员大加奖励。如汲郡太守王宏"抚百姓如家,在郡有殊绩",督劝该郡百姓开荒五千余顷。当时正遇上荒年,他郡皆闹饥荒,而汲郡独无匮乏。于是晋武帝特下诏褒扬王宏:

> 朕惟人食之急,而惧天时水旱之运,夙夜警戒,念在于农。虽诏书屡下,敕励殷勤,犹恐百姓废惰以损生植之功。而刺史、二千石、百里长吏未能尽勤,至使地有遗利而人有余力。每思闻监司纠举能不,将行其赏罚,以明沮劝。今司隶校尉石鉴上汲郡太守王宏勤恤百姓,导化有方,督劝开荒五千余顷,

---

① 藉田是中国古代官田的一种,为天子亲耕之地。起源于周代,每逢春耕前,周天子、诸侯亲执耒耜在藉田上三推一拨,称为"藉礼",以示对农业的重视。以后历代相承。《汉书·文帝纪》:"夫农,天下之本也,其开藉田,朕亲率耕,以给宗庙粢盛。"

② 《晋书》卷3《武帝纪》。

而熟田常课顷亩不减。比年普饥,人食不足,而宏郡界独无匮乏,可谓能矣。其赐宏谷千斛,布告天下,咸使闻知。①

在战乱频仍的年代,王宏督劝农民开荒,这对于稳定社会、发展经济有着积极的意义,故武帝不仅下诏褒誉,赐其谷千斛,并迁其为大司农,全面主管全国的农业。

众所周知,在中国小农经济的社会中,农民主要还是靠天吃饭。魏晋之际,由于连年战争,加上自然灾害不断,百姓生计仍然十分艰难。正如司徒左长史傅咸所说:"泰始开元以暨于今,十有五年矣。而军国未丰,百姓不赡,一岁不登便有菜色者,诚由官众事殷,复除猥滥,蚕食者多而亲农者少也。"②司马炎即位之后,注重民生,关心民瘼,"以百姓饥馑为虑"。他多次下诏,采取一系列珍惜民力、救济灾荒等振恤抚民的措施:

> (泰始二年)丁亥,有司请建七庙,帝重其役,不许;(泰始四年)九月,青、徐、兖、豫四州大水,伊洛溢,合于河,开仓以振之。诏曰:"虽诏有所欲,及奏得可而于事不便者,皆不可隐情";(泰始五年二月)辛巳,白龙二见于赵国。青、徐、兖三州水,遣使振恤之;(泰始六年)秋七月丁酉,复陇右五郡遇寇害者租赋,不能自存者禀贷;(泰始八年夏四月)丙申,诏复陇右四郡遇寇害者田租;(咸宁三年九月戊子)兖、豫、徐、青、荆、益、梁七州大水,伤秋稼,诏赈给之;(咸宁五年三月)乙亥,以百姓饥馑,减御膳之半;(太康五年)秋七月戊申,任城、梁国、中山雨雹,伤秋稼,减天下户课三分之一;(太康六年)夏四月,郡国四旱,十大水,坏百姓庐舍。秋七月,巴西地震。

---

① 《晋书》卷90《良吏·王宏传》。
② 《晋书》卷47《傅玄传附傅咸传》。

八月丙戌朔,日有蚀之。减百姓绵绢三分之一;(太康)七年春正月甲寅朔,日有蚀之。乙卯,诏曰:"比年灾异屡发,日蚀三朝,地震山崩。邦之不臧,实在朕躬。公卿大臣各上封事,极言其故,勿有所讳。"……十二月,遣侍御史巡遭水诸郡。出后宫才人、妓女以下二百七十人归于家。①

咸宁四年(《食货志》云咸宁三年),晋武帝下诏向主管农业的官员问计:"今年霖雨过差,又有虫灾。颍川、襄城自春以来,略不下种,深以为虑。主者何以为百姓计,促处当之。"这一年,大雨和虫灾同时发生,北方的重要粮食产地颍川、襄城一带的粮食生产受到极大威胁。《晋书·杜预传》载:"咸宁四年秋,大霖雨,蝗虫起,杜预上疏多陈农要。"杜预自幼遍览群书,博学多能,对经济、水利等学科都有研究。他曾前后两次上书陈述救灾计划,均收在《晋书·食货志》中,杜预的奏章已成为后人研究晋代社会经济状况的重要文献资料。

由于杜预对当时灾情作过调查研究,所以他对灾情原因的分析以及提出的救灾办法,比较符合实际情况。杜预认为由于水灾和虫灾,导致"五稼不收,居业并损",百姓生计和生活都受到了严重影响。而且"下田所在停汙,高地皆多硗埆,此即百姓困穷方在来年",即低处的土地被水浸泡,而高处的土地则出现了水土流失,百姓来年的生活可能会更加艰苦。杜预说:虽然皇上的"诏书切告长吏二千石为之设计,而不廓开大制,定其趣舍之宜,恐徒文具"。② 针对严重的灾情,杜预提出了如何应对的建议。

---

① 上述救灾措施皆载于《晋书》卷3《武帝纪》。
② 《晋书》卷26《食货志》。

第一项是"大坏兖、豫州东界诸陂，随其所归而宣导之。交令饥者尽得水产之饶，百姓不出境界之内，且暮野食，此目下日给之益也"。① 杜预认为应当拆除兖州、豫州东部的陂堨，让水向东流出去。至于灾民，除靠政府救济官谷外，还可以让他们充分利用水产，通过捕捞河中鱼虾来维持生计，再采摘些野果，如此则不离开家乡也能勉强度日。坏陂的计划如果能实现，"水去之后，填淤之田，亩收数钟。至春大种五谷，五谷必丰，此又明年益也"。杜预认为等到土地里的水流尽了，淤积后的土壤会更加肥沃，这样第二年开春种植粮食，就会有好的收成。

第二项是解决农耕的畜力问题。杜预说他以前曾建议将无法耕种、驾车的"种牛"卖给灾民，但是却被朝廷拒绝。此番再度提出此项建议："今典虞右典牧种产牛，大小相通，有四万五千余头。苟不益世用，头数虽多，其费日广。古者匹马匹牛，居则以耕，出则以战，非如猪羊类也。今徒养宜用之牛，终为无用之费，甚失事宜。东南以水田为业，人无牛犊。今既坏陂，可分种牛三万五千头，以付二州将吏士庶，使及春耕。"② 西晋朝廷掌握的种牛有四万五千多头，饲养这些种牛花费巨大。故杜预主张，可以将其中的三万五千头种牛卖给拆除陂塘的兖州、豫州两地的战士和农民，用于春耕，官府留下一万多头种牛就足够了。杜预又建议："谷登之后，头责三百斛。是为化无用之费，得运水次成谷七百万斛，此又数年后之益也。加以百姓降丘宅土，将来公私之饶乃不可计。其所留好种万头，可即令右典牧都尉官属养之。……岁当复入数十万斛谷，牛又皆当调习，动可驾用，皆今日之可全者也。"③ 等到农民粮

---

① 《晋书》卷26《食货志》。
② 《晋书》卷26《食货志》。
③ 《晋书》卷26《食货志》。

食收获之后,官府每头牛向农民收三百斛粮食作为牛钱,这样一年下来,官府就能获得七百万斛粮食。而剩下的一万多头种牛由官府掌握,用于耕地,也可收入数十万斛粮食。这样,水灾和虫灾所带来的粮食问题就能得到解决。

杜预的第三项建议,则是要通过整治水利、维修陂塌,恢复因修建陂池而被破坏的生态环境。汉末三国,由于战乱而导致人口锐减,很多地区地旷人稀,农业生产方式倒退,回到了刀耕火种的状态。杜预指出:"诸欲修水田者,皆以火耕水耨为便。非不尔也,然此事施于新田草莱,与百姓居相绝离者耳。往者东南草创人稀,故得火田之利。"①以刀耕火种来开垦荒田,人工成本固然较低,但对自然生态的破坏也大。在地旷人稀时,刀耕火种能迅速恢复农业生产,但在人口滋生之后,刀耕火种这种粗放型经营的负面作用就充分暴露出来。他指出,粗放滥垦、火耕水耨和水利设施(陂塌)年久失修是造成灾难性后果的根本原因。江淮一带,由于"户口日增,而陂塌岁决,良田变生蒲苇,人居沮泽之际,水陆失宜,放牧绝种,树木立枯,皆陂之害也。陂多则土薄水浅,潦不下润"。② 故每到雨季,当地就发生涝灾,淹没农田。不明其因的人们不加考虑,往往以为这里的土地已经不可耕种了。

众所周知,社会稳定、经济繁荣离不开农业的发展,而农业生产力的增长与提高也离不开水利建设。魏晋之际,北方地区为了配合屯田,兴修了不少农田水利工程。如夏侯惇任陈留太守时,断太寿水作陂;扬州刺史刘馥修建芍陂、茹陂及七门、吴塘诸塌;刘馥之子镇北将军刘靖建戾陵堰、车箱峡;沛郡太守郑浑所修的郑陂;

---

① 《晋书》卷 26《食货志》。
② 《晋书》卷 26《食货志》。

豫州刺史贾逵所建的小弋阳陂、鄢汝新陂及贾侯渠;曹操之子白马王曹彪主持开凿白马渠,沟通漳河与滹沱河。

魏晋之际的水利工程,主要是通过断绝水源而建立,但这是违背大自然规律的。而且以当时的生产力水平来看,他们建造的水利工程并不坚固,时常会出现决堤的情况。因此有的水利工程只能享受一时的益处,时间一久百姓反而会遭受其害。杜预曾经指出,自从农户及人口增长,很多水利工程每年都会出现问题,最终反而导致良田被毁,百姓"失业"。魏晋之际的统治者,为了充分利用水利,发展农业,在北方地区大规模地修建陂塌,但当地的豪强却目光短浅,既欲享受水利设施所带来的便利,又不想支付维修水利所必须付出的经济成本。杜预通过实地考察。认为汉末曹操主政时期修建的陂塌,现今都建立在旱田上,而且比较坚固,所以不应是造成水患的原因。他认为陂塌失修,原因是多方面的,例如泗陂工程施工质量差、年久失修,毁"坏地凡万三千余顷",导致当地农业毁于一旦。此外,吴寇未灭,江淮一带还是前线,也阻碍了陂塌的维修。

在杜预的上书中,杜预对西晋政府的办事效率表示忧虑。面对水患,本该同心协力,但是当地都督、度支官和郡县官员矛盾重重,各执己见。"都督度支方复执异,非所见之难,直以不同害理也。人心所见既不同,利害之情又有异。军家之与郡县,士大夫之与百姓,其意莫有同者,此皆偏其利以忘其害者也。此理之所以未尽,而事之所以多患也。"①他谴责某些部门、某些官员只从自身利害出发,彼此纷争,互相扯皮推诿,使一些地区的救灾工作不能继续下去。杜预指出:对于水利设施失修带来的问题,"军家"和"郡县"

① 《晋书》卷 26《食货志》。

意见不同,"士大夫"和"百姓"想法不同,但都想享受水利设施的便利而不愿意付出成本。郡县要发展生产,而军家则偏重"利",即在乎运道畅通,因而双方发生争执。因此要保证从洛阳到淮河的水运畅通,就殊为困难,甚至还要以破坏农业生产为代价。

杜预认为解决的办法只能是坏陂宣泻。"以常理言之,无为多积无用之水,况于今者水涝瓮溢,大为灾害。臣以为与其失当,宁泻之不蓄。"他提出整治水利的具体举措:一是分类处置,"敕刺史二千石,其汉氏旧陂旧堨及山谷私家小陂,皆当修缮以积水。其诸魏氏以来所造立,及诸因雨决溢蒲苇马肠陂之类,皆决沥之"。①即汉末曹操主政时期修建的陂堨,由于质量较好,应当修缮用于储水,而曹魏建立以后所建立的陂堨,和"蒲苇马肠陂"这类自然形成的、蓄水量较少的陂堨应立即拆除。二是加强管理,"其旧陂堨沟渠当有所补塞者,皆寻求微迹,一如汉时故事"。所谓"汉时故事",即汉代的太常、少府、水衡都尉之下均设有"都水长丞",专门负责管理陂堨。另外秦汉时期还有一套系统的治水体制,以及庞大的河防队伍和雄厚的河防经费。杜预建议恢复"汉时故事",各地将治水方案预先报告给都水台(西晋设有都水台,掌管全国水运事务)。等到来年换防时,用一个月左右的时间专门进行水利设施的修复和拆除。杜预最后言道:"夫川渎有常流,地形有定体,汉氏居人众多,犹以无患,今因其所患而宣写之,迹古事以明近,大理显然,可坐论而得。臣不胜愚意,窃谓最是今日之实益也。"②杜预的治水方案"朝廷从之",很快就被晋武帝所采纳。

晋武帝时,开凿和修复的新旧渠道和水利工程可以说是遍及

---

① 《晋书》卷26《食货志》。
② 《晋书》卷26《食货志》。

全国各地。其中比较重要的有杜预镇守荆州时所修的水利工程。在整修前代河渠的基础上,杜预引滍水、淯水两江之水入田,使一万余顷农田受益。为了使国家的屯田和普通民田均能得到灌溉,杜预又将水渠按照地段标上界石。杜预开凿了从杨口①到巴陵的运河一万余里,使夏水和沅、湘两水直接沟通,既解决了长江的排洪问题,又改善了荆州南北间的漕运。杜预的政绩,受到了当地人民的赞扬,百姓称他为"杜父",并歌颂说:"后世无叛由杜翁,孰识智名与勇功。"②刘颂、夏侯和等人也为水利建设作出了重要贡献。

春秋战国年间所建的芍陂至汉魏已每年需要维修,而维修则需动用大量人力物力,以致造成"年用数万人,豪强兼并,孤贫失业"。刘颂担任淮南相时,组织民工,大规模整修芍陂,"颂使大小戮力,计功受分,百姓歌其平惠"。③ 泰始"十年,光禄勋夏侯和上修新渠、富寿、游陂三渠,凡溉田千五百顷"。④ 晋武帝还组织人力扩充整修潞河车渠,灌溉土地万余顷,泽及四五个县。为防水涝,晋武帝还责令地方官员修治了兖、豫二州的旧陂旧堨及私家小陂。水利工程的大规模修建,在一定程度上减轻了旱涝等自然灾害对农业生产的影响。

由于水利事业的发展,一些灌溉工具也被广泛应用,如杜预发明的"人排新器"。以水力发动的农产品加工机械——水碓也遍及各地。如司徒王戎"性好兴利,广收八方园田水碓,周遍天下"。⑤

---

① 一说在湖北潜江县西北,即古杨水入沔水之口;一说即今石首市调弦口,因杨歧而得名。

② 《晋书》卷34《杜预传》。

③ 《晋书》卷46《刘颂传》。

④ 《晋书》卷26《食货志》。

⑤ 《晋书》卷43《王戎传》。

河内郡"界多公主水碓"。① 石苞之子石崇被抄没家产时,"有司薄阅崇水碓三十余区"。② 水利灌溉事业的兴旺发达,促进了西晋农业的恢复与发展,"太康之治"就是在社会稳定、经济繁荣的基础上出现的。

但是,好景不长,到了晋怀帝永嘉时期,由于战乱频繁,西晋的水利工程遭到严重破坏。据《晋书·五行志中》记载:"怀帝永嘉三年五月,大旱,襄平县梁水淡池竭,河、洛、江、汉皆可涉。"所谓的"涉",即徒步渡水,黄河、洛河、长江和汉江的水都干了,可以趟水过河,可见水利工程已被破坏殆尽。

泰始四年(268),晋武帝设"立常平仓,丰则籴,俭则粜,以利百姓"。③ 常平仓是中古时代政府为调节粮价,储粮备荒以供应官需民食而特设的粮仓。主要是运用市场规律来调剂粮食供应,起到了充分发挥稳定粮食市场价格的作用。常平仓源于战国时李悝在魏国所行的"平籴",即政府于丰年购进粮食储存,以免谷贱伤农,歉年卖出所储粮食以稳定粮价。范蠡和《管子》也有类似的思想。汉武帝时,桑弘羊创立平准法,依仗政府掌握的大量钱帛物资,在京师贱收贵卖以平抑物价。汉宣帝元康年间农业连年丰收,谷价甚至低到一石五钱,故"农人少利"。大司农中丞耿寿昌在西北设置常平仓,一则用来稳定粮价,二则兼作为国家的储备粮库。西汉以降,常平仓置废不常。

晋武帝立常平仓一事亦并非一蹴而就,而是多有波折。《食货志》记载:

---

① 《晋书》卷46《刘颂传》。
② 《晋书》卷33《石苞传附石崇传》。
③ 《晋书》卷26《食货志》。

及晋受命,武帝欲平一江表。时谷贱而布帛贵,帝欲立平籴法,用布帛市谷,以为粮储。议者谓军资尚少,不宜以贵易贱。泰始二年,帝乃下诏曰:"夫百姓年丰则用奢,凶荒则穷匮,是相报之理也。故古人权量国用,取赢散滞,有轻重平籴之法。理财钧施,惠而不费,政之善者也。然此事废久,天下希习其宜。加以官蓄未广,言者异同,财货未能达通其制。更令国宝散于穰岁而上不收,贫弱困于荒年而国无备。豪人富商,挟轻资,蕴重积,以管其利。故农夫苦其业,而末作不可禁也。今者省徭务本,并力垦殖,欲令农功益登,耕者益劝,而犹或腾踊,至于农人并伤。今宜通籴,以充俭乏。主者平议,具为条制。"然事竟未行。①

直至泰始四年(268),在晋武帝的坚持下,常平仓制度终于确立。在市场粮价低的时候,政府适当提高粮价进行大量收购,不仅可使朝廷储粮充足,而且使边郡地区也能仓廪充盈。在市场粮价高的时候,适当降低价格进行出售。这一措施,既避免了"谷贱伤农",又防止了"谷贵伤民",对平抑粮食市场和巩固西晋政权起到了积极的作用。

## 七、人口增长与拒行封禅

人口的大量增加,既是太康之治的标志之一,也是太康年间晋王朝经济繁荣的一大原因。据《晋书·地理志》记载,太康元年(280)晋武帝统一全国后,西晋全国有 2459840 户,16163863 人。太康三年(282),户口统计为全国 3770000 户,约 18850000 人。人

---

① 《晋书》卷 26《食货志》。

口逐年增加,仅平吴之后不到三年时间,全国人口就增加了130多万户。虽然西晋的人口数字与汉代盛时人口相比少了很多。但如果我们将西晋与三国时期的人口数字作一比较,就会感到西晋太康年间人口能有这样的增长幅度实属不易,在此我们不妨将三国时期的人口状况略作一番回顾。

关于曹魏的户口,分为早期和晚期。早期户口缺乏确切记载。魏明帝时杜恕说:"今大魏奄有十州之地,而承丧乱之弊,计其户口不如往昔一州之民,"①陈群则说:"今丧乱之后,人民至少,比汉文、景之时,不过一大郡。"②蒋济也说:"今虽有十二州,至于民数,不过汉时一大郡。"③三人异口同声地强调当时人口寡少,按照杜恕的说法,曹魏"户口不如往昔一州之民",东汉时期冀州人口众多,约有五百七十万,④但魏国早期人口不会达到这个数字。曹魏后期人口略有增长。西晋皇甫谧在《帝王世纪》中记载:"及魏武皇帝克平天下,文帝受禅,人众之损,万有一存。景元四年(263),与蜀通计民户九十四万三千四百二十三,口五百三十七万二千八百九十一人"。⑤杜佑在《通典·食货·历代盛衰户口》中的记载与此略同,仅口数作五百三十七万二千八百八十一。魏国的人口"除平蜀所得,时魏氏唯有户六十六万三千四百二十三,口有四百四十三万二千八百八十一。"

关于蜀国的户口,史籍中也有前期和后期两个数字。《晋书·地理志》记载:"刘备章武元年。……其户二十万,男女口九

① 《三国志》卷16《杜畿传附杜恕传》。
② 《三国志》卷22《陈群传》。
③ 《三国志》卷14《蒋济传》。
④ (晋)司马彪:《续汉书》志第20《郡国志二》载,冀州共有九郡国,每个郡都有具体的户、口数,累计有570万左右。
⑤ (晋)司马彪:《续汉书》志第19《郡国志一》注引《帝王世纪》。

十万。"景耀六年蜀国灭亡时的人口，王隐在《蜀记》中记载："领户二十八万，男女口九十四万，带甲将士十万二千，吏四万人。"①

关于吴国的户口，《晋书·地理志》说："孙权赤乌五年，……其户五十二万三千，男女口二百四十万。"《三国志·孙皓传》注引《晋阳秋》记载吴国灭亡时有"户五十二万三千，吏三万二千，兵二十三万，男女口二百三十万"。以上两组户口统计数字大致相同，但使人感到有些怀疑。以《晋书·地理志》所载的吴赤乌五年（242）的户、口数同《晋阳秋》所载吴天纪四年（280）的户、口数相比较，可以看出从赤乌五年到孙吴亡国时，经历了三十八年之久，东吴的户数不仅没有增加，口数反而减少了十万之多。

根据上述数据，魏、蜀、吴三国末期时的户口总数是户一百四十六万六千四百二十三，口七百六十七万二千八百八十一（不包括官吏和军队）。《续汉书·郡国志》记载东汉户口数是"户九百六十九万八千六百三十，口四千九百一十五万二百二十户"，《晋书·地理志》则记载为"至桓帝永寿三年（157），户千六十七万七千九百六十，口五千六百四十八万六千八百五十六，斯亦户口之滋殖者也"。可见，三国时期的户、口数大约相当于东汉户、口数的七分之一弱。

西晋建国初期的户口数也并不多，傅咸在给晋武帝上书时指出："今之刺史，几向一倍。户口比汉十分之一。"②但到了西晋平吴之后，户口数就有了大幅度的增长。"太康元年，平吴，大凡户二百四十五万九千八百四十，口一千六百一十六万三千八百六十三。"③与前面统计的三国户口总数相比，户多近一百万，口多近八

---

① 《三国志》卷33《后主传》注引王隐《蜀记》。
② 《晋书》卷47《傅玄传》。
③ 《晋书》卷14《地理志》。

百五十万。由于这时晋刚灭吴国,所以这些增加的人口主要应是在原魏、蜀境内。魏、蜀的户口是魏灭蜀那年的统计数字,距离太康元年只有十七年。如此短的时间内能增加户近一百万、口八百多万,应当归结于两个方面的原因。

首先,西晋初期政治清明,经济发展,这就有利于人口的自然增殖。其次,推行轻徭薄赋政策,经济的发展使部分脱籍人口想要安居乐业,就必须重新入籍。实际上,第二个原因可能是西晋户口激增的最主要因素。根据裴松之所引的《晋太康三年地记》,"晋户有三百七十七万,吴、蜀户不能居半"。[①] 与《晋书·地理志》所载太康元年的户数相比,仅仅过去两年,西晋的户数又猛增一百三十多万户,超过太康元年的户数一半有余。这显然不能归之于人口的自然增殖,因为人口自然增殖的速度绝不可能这么快。

西晋人口大幅度增长当与太康元年颁布的占田令有直接关系。因为既然要在全国范围内推行占田制,就必然要进行一次大规模的户口、财产登记工作,编制新的户籍。而脱籍的隐匿人口为了取得土地的合法所有权,就必须重新向国家登记户口。值得我们注意的是,魏晋时期的封建依附关系有了很大发展,世家大族既占有不少合法的荫户,又占有数量更多的非法隐户。西晋政府对豪门大族擅自藏匿户口的处罚非常重。咸宁三年(277),高阳王司马睦私占逋逃者及变易姓名诈冒复除者七百余户。此事被冀州刺史杜友告发,晋武帝直接除其国,贬其为丹水县侯。[②] 又程树德的《九朝律考·晋律考》藏户弃市条记载:"时江左初基,法禁宽弛。豪族多挟藏户口,以为私附。(山)遐绳以峻法,到县八旬,出

---

① 《三国志》卷22《陈群传》裴松之案。
② 事见《晋书》卷37《宗室·高阳王睦传》。

口万余。县人虞喜以藏户当弃市。"①可见《晋律》对藏匿户口的处罚之重,甚至可以处以死刑。西晋建立之初,晋武帝就十分重视对官员藏匿户口、私人占客的控制,可见限制官员荫客数量是西晋政府一以贯之的政策。

西晋占田令规定品官荫户的数额为一至十五户,这个标准是比较低的,推行这种低标准的荫户制,就可以将世家大族拥有的一部分依附农民转变成国家的编户。太康三年国家编户数量的猛增,应该是其时与推行占田制联系在一起的检括户口、整理户籍的结果。太康三年西晋所统计的户数达到三百七十七万户,如每户平均以五口计,则西晋政府控制的人口大约可达到一千八百八十五万人。②葛剑雄考虑到部曲、佃客、奴婢、兵户、匠户、乐户,以及内迁少数民族等人群大多未纳入户口统计,从而认为到了晋惠帝永康元年(300),西晋的实际人口达到3500万。③

梁启超在《中国史上人口之统计》一文中,对我国古代历次大规模动乱而导致人口数量大幅度减少的原因,做过非常深刻的分析:"盖扰乱既亘二三十年,则仕者涂膏血于原野。举凡有生殖力者而一空之,无以为继,一也;壮者既去,老弱妇女势不能存,二也;血肉满地,疠疫缘生,三也;田弃不治,饥馑相随,四也;……则当代之人,未能有存其半也。"④这四条人口减少的原因,在三国时期的乱世中可以说是条条切中要害,一个不少。西晋的统一,结束了汉

---

① 程树德:《九朝律考》,商务印书馆1934年版,第304页。
② 王育民认为西晋太康三年,全国人口达24768900人,见王育民:《中国人口史》,江苏人民出版社1995年版。
③ 葛剑雄:《中国人口史》第1卷《导论:先秦至南北朝时期》,复旦大学出版社2002年版。
④ 《梁启超全集》第4卷,中国人民大学出版社2018年版。

末至三国将近一百年动乱的历史,梁启超所说的引发人口大幅度减少的四个原因已不复存在。在西晋平定孙吴,统一全国以后的近二十年里,由于天下太平,政通人和,黎民百姓辛勤地耕作生产,出现了一派歌舞升平、勃勃生机的景象,人口也急剧增加。有一首《晋世宁》的歌唱道:

> 晋世宁,四海平,普天安乐永大宁。四海安,天下欢,乐治兴隆舞杯盘。舞杯盘,何翩翩,举坐翻覆寿万年。天与日,终与一,左回右转不相失。筝笛悲,酒舞疲,心中慷慨可健儿。樽酒甘,丝竹清,愿令诸君醉复醒。醉复醒,时合同,四坐欢乐皆言工。丝竹音,可不听,亦舞此盘左右轻。自相当,合坐欢乐人命长。人命长,当结友,千秋万岁皆老寿。①

太康年间,是三国一统之后的太平盛世,此时经济相对繁荣,人口亦有增长,全国民众唱《晋世宁》,来祝福好日子天长地久,实属正常,极有可能是当时人们发自内心的祝福。

中国古代帝王在太平盛世或天降祥瑞之时往往会举行祭祀天地的封禅大典。太康年间,晋武帝已具备了封禅的基本条件,以卫瓘为首的西晋大臣奏请晋武帝举行封禅典礼也标志着太康盛世的即将到来。

封禅之礼渊源久长,远古暨夏商周三代,已有封禅的传说。帝王封禅,最早出现于《管子·封禅篇》,后司马迁在《史记·封禅书》中曾引用《管子·封禅篇》中的内容,并对其内容加以演绎。唐代张守节解释《史记》时曾对"封禅"进行了释义,并指出了封禅的目的,大意是说,在泰山顶上筑圆坛以报天之功,在泰山脚下的小

---

① 《宋书》卷22《乐志四》。《晋书》卷23《乐志下》云:"案太康中天下为《晋世宁舞》,务手以接杯柈反复之,此则汉世惟有柈舞,而晋加之以杯,反复之也。"

丘之上筑方坛以报地之功。即《史记·封禅书》中的"登封报天,降禅除地"。战国时期齐鲁一带的儒士认为五岳之中泰山为最高,帝王应到泰山祭祀。秦始皇、汉武帝等都曾举行过封禅大典。《五经通义》云:"易姓而王,致太平,必封泰山,禅梁父,天命以为王,使理群生,告太平于天,报群神之功。"可见,凡有作为的帝王都向往封禅,因为一旦封禅,即意味其是文治武功二者皆备,并开创太平盛世的圣主明君。三国虽是乱世,但魏明帝时期,中护军蒋济就曾请明帝封禅,但曹叡尚有自知之明,"以天下未一,不欲便行大礼"而谢绝。明帝虽拒绝蒋济之请,但心有不甘,暗中"使高堂隆草封禅之仪",[①]不久,高堂隆卒,明帝感叹道:"天不欲成吾事,高堂生舍我亡也!"[②]此亦足见魏明帝封禅愿望之强烈与先前推让之虚伪。

以伐吴成功的太康元年(280)为历史节点,天下三分的局面终于一统于晋,按传统观念,这意味着司马氏经营的王业已全部完成。太康元年九月,尚书令卫瓘、尚书左仆射山涛、右仆射魏舒、尚书刘寔、太常张华等人五次上书,请武帝封禅。因奏文冗长,同义反复,兹节选其中一小部分如下:

> 大晋之德,始自重黎,实佐颛顼,至于夏商,世序天地。其在于周,不失其绪。金德将升,世济明圣,外平蜀汉,海内归心,武功之盛,实由文德。至于陛下,受命践阼,弘建大业,群生仰流。惟独江湖沅湘之表,凶桀负固,历代不宾。神谋独断,命将出讨,兵威暂加,数旬荡定。羁其鲸鲵,赦其罪逆,云覆雨施,八方来同,声教所被,达于四极。虽黄轩之征,大禹远

① 《晋书》卷21《礼志下》。
② 《三国志》卷22《高堂隆传》。

略,周之奕世,何以尚今! ……

> 臣闻唐虞三代济世弘功之君,莫不仰承天休,俯协人志,登介丘,履梁父,未有辞焉者,盖不可让也。今陛下勋高百王,德无与二,茂绩宏规,巍巍之业,固非臣等所能究论。而圣旨劳谦,屡自抑损,时至弗应,推美不居,阙皇代之上仪,塞灵祇之款望,使大晋之典谟,不同风于三五。①

卫瓘等人对武帝的吹捧达到了无以复加的程度,他们认为武帝的功业、德望已超过包括黄帝、尧、舜、禹等在内的"百王","登介丘,履梁父",举行封禅大典是顺理成章之事。但武帝答诏曰:"今逋寇虽殄,外则障塞有警,内则百姓未宁,此盛德之事,所未议也。"卫瓘等人心有不甘,又连续四次上书促请武帝举行封禅之典,尤其值得注意的是,第五次上奏的主体由卫瓘为代表的群臣变成了"王公有司"。其中包括了比卫瓘等人级别更高的宗室诸王。但对于朝臣们的敦请,武帝皆予以拒绝。武帝对朝臣们的第二次奏请,答诏曰:"今阴阳未和,刑政未当,百姓未得其所,岂可以勒功告成邪!"对第三次奏请,答诏曰:"虽荡清江表,皆临事者之劳,何足以告成。方望群后思隆大化,以宁区夏,百姓获乂,与之休息。斯朕日夜之望,无所复下诸府矣。"对第四次奏请,答诏曰:"方当共思弘道,以康庶绩,且俟他年,无所复纷纭也。"对第五次奏请,答诏曰:"所议诚列代之盛事也,然方今未可以尔。"②

群臣五次上书劝封禅,晋武帝皆予以驳回,其所拒绝封禅的理由主要可概括为两个方面:一是太康初年的社会政治、经济状况并未达到太平盛世的水平,尚不具备行封禅的客观条件;二是有谦虚

---

① 《晋书》卷21《礼志下》。
② 《晋书》卷21《礼志下》。

谨慎,功成弗居之意。对于最后两次群臣上书,武帝仅以"且俟他年""方今未可以尔"等语予以推脱。最后武帝干脆"报绝之",即告诉群臣有关封禅之事今后不必再奏请了,此事到此终止。武帝一再拒绝封禅,就是向众臣表明自己的功业尚不足,也并非圣君明主。武帝如此谦让,在中国古代帝王中实属罕见,与后世宋真宗于澶渊之盟后,为了掩饰耻辱,假造天书,前往泰山封禅不啻有霄壤云泥之别。

武帝虽然谦让冲退,不同意封禅,但晚年也颇为自负,曾对邹湛说:"我平天下而不封禅。"①流露出一统天下,开创太康盛世的自豪。后世史家对此事亦多称颂其美。如以潘岳为代表的西晋士人就对晋武帝"功成不居"表示了极大的崇敬。其撰《世祖武皇帝诔》中云:

> 岩岩岱宗,想望翠旗,恭惟大行,功成不居,议寝封禅,心棲冲虚,策告不足,太平有余,七十二君,方之蔑如。②

## 八、太康时期的科技与文化成就

西晋平吴后,社会相对稳定,士人出于政治抱负汇集于洛阳。晋武帝拔擢文士,广开言路,用人不计前嫌,"宽而得众,宏略大度"。又在政治上实施较为宽松的统治政策,因而促进了文化的繁荣和发展,太康年间出现了被后人称颂的"太康文学"。其代表人物有一左(左思)、二陆(陆机、陆云兄弟)、二潘(潘岳、潘尼叔侄)、三张(张载、张协、张亢兄弟)。

---

① 《晋书》卷45《刘毅传》。
② 《艺文类聚》卷13《帝王部三》。

左思字太冲,临淄人,出身寒门。父左熹(此据《左菜墓志》,《晋书》作左雍),早年仕途坎坷,后任秘书郎。左思貌丑口讷,不好交游,但辞藻壮丽,曾用一年时间写成《齐都赋》(全文已佚,若干佚文散见于《水经注》《太平御览》)。因其妹左芬被司马炎召进宫,他移居洛阳,决心撰写《三都赋》。为了使得美物者依其本,赞事者本其实,他到魏都邺城、蜀都成都、吴都建业进行实地考察调研,收集了大量的历史、地理、物产、风俗、人情的第一手资料。然后闭门谢客,一心写作。

《三都赋》问世后,司空张华爱不释手,连连赞叹:"班(固)张(衡)之流也,使读之者尽而有余,久而更新。"[1]又将它推荐给皇甫谧。皇甫谧欣然为之作序,并邀著作郎张载、中书郎刘逵分别为魏都赋、蜀都赋和吴都赋训诂。陆机原本也打算写《三都赋》,"及(左)思赋出,(陆)机绝叹伏,以为不能加也,遂缀笔焉"。[2]《三都赋》经皇甫谧、卫权、张华等人的推荐,很快风靡京师,"于是豪贵之家竞相传写,洛阳为之纸贵"。[3]臧荣绪《晋书》曰:"左思作三都赋,世人未重。皇甫谧有高名于世,思乃造而示之,谧称善,为其赋序也。后《三都赋》名满天下,一时洛阳纸贵。"左思"美物者贵依其本"的观点,体现了儒家功利主义、实用主义的文学思想,其主张和创作有力地推动了"文贵形似"审美思潮的发展。

左思作品旧传有集5卷,今存者仅赋两篇,诗14首。《三都赋》与《咏史》诗是其代表作。左思的作品收录于清人严可均所辑《全上古三代秦汉三国六朝文》和逯钦立所辑《先秦汉魏晋南北朝诗》中。

---

① 《晋书》卷92《文苑·左思传》。
② 《晋书》卷92《文苑·左思传》。
③ 《晋书》卷92《文苑·左思传》。

在西晋的文坛中,最负盛名的是被后人称为"太康之英"的陆机。陆机曾任平原内史、祭酒、著作郎等职,世称"陆平原"。他"少有奇才,文章冠世",与弟陆云俱为西晋时期著名文学家。陆机出身江东名门。吴亡后,陆机与其弟陆云隐退故里,闭门勤学。太康末年,陆机和陆云来到洛阳,时有"二陆入洛,三张减价"之说。陆机流传下来的诗,共104首,大多为乐府诗和拟古诗。代表作有《君子行》《长安有狭邪行》《赴洛道中作》等。刘勰《文心雕龙·才略篇》评其诗云:"陆机才欲窥深,辞务索广,故思能入巧而不制繁。"陆机的诗意新词秀,以其深厚的笔力,优美的辞藻,纯熟的技巧,表现了华贵之美。这种讲究辞藻和对偶的创作特色,极大地影响了太康文学的艺术倾向。

陆机的"缘情"说继承了传统诗歌的抒情精神,"绮靡"说则追求文辞的艳丽与繁富,表现的是"为艺术"的创新精神。至于陆云"文贵清省"的主张,虽不代表时代的主潮流,但在文学批评史上也具有开拓意义,"清"更是在后来诗歌批评中成为常用术语。陆机的《文赋》是中国文学理论发展史上第一篇系统的创作论,对后世文学创作和理论发展,都产生了重要影响。陆机所作之赋今存27篇。散文中,除了著名的《辨亡论》,代表作还有《吊魏武帝文》。其文音律谐美,讲求对偶,典故颇多,开创了骈体文的先河。清代文学家刘熙载《艺概》曰:"士衡乐府,金石之音,风云之气,能令读者惊心动魄。虽子建诸乐府,且不得专美于前,他何论焉?"明朝张溥赞陆机:"北海(孔融)以后,一人而已。"陆机在史学方面也有建树,曾著《晋纪》4卷、《吴书》(未成)、《洛阳记》1卷等。南宋徐民臆发现遗文10卷,与陆云集合辑为《晋二俊文集》。张溥《汉魏六朝百三家集》中辑有《陆平原集》。陆机擅长草书,他的《平复帖》是中国现存最早的书法真迹,被尊为"法帖之祖"。

潘岳与陆机齐名,在文学史上与陆机并称为"潘江陆海"。《隋书·经籍志》录有《晋黄门郎潘岳集》,辑有《潘黄门集》。钟嵘《诗品》称:"陆才如海,潘才如江。"王勃《滕王阁序》云:"请洒潘江,各倾陆海云尔。"其艺术表现的特点是词采华艳,所以孙绰说:"潘文烂若披锦。"不足之处是铺叙过多,往往平缓繁冗而缺乏含蓄。不过他的诗有真挚的情感,特别是他的《悼亡诗》三首,诗作情意深厚真挚,造句工整,用典浅近,是他的代表作。潘岳的诗以清绮为特色,陈祚明说:"安仁情深之子,每一涉笔,淋漓倾注,宛转侧折,旁写曲诉,刺刺不能自休。夫诗以道情,未有情深而语不佳者。所嫌笔端繁冗,不能裁节,有逊乐府古诗含蕴不尽之妙耳。"①潘岳诗歌名列钟嵘《诗品》上品。潘岳也是西晋著名文学政治团体"金谷园二十四友"②之首,作为西晋文学的代表,他的作品对后世影响很大,其主要作品有《悼亡诗》《秋兴赋》《闲居赋》《哀辞》《沧海赋》《登虎牢山赋》《狭室赋》《怀旧赋》等。特别是《悼亡诗》已成为悼亡题材的开先河之作,是中国古代文学史上的名篇。

太康诗人除陆机、潘岳外,还有张华和张协。张华的诗追求排偶和妍丽,对当时的文风颇有影响。其《情诗》五首语浅情深,比较朴实。他的乐府诗如《轻薄篇》等,能针砭时弊,揭露世家大族的腐朽。张协的诗内容虽不深刻,但感情真切,语言清新。《杂诗》十首是其代表作,如其中的"腾云似涌烟,密雨如散丝""密叶

---

① 《采菽堂古诗选》卷11,上海古籍出版社2009年版。
② 《晋书》卷62《刘琨传》载:"秘书监贾谧参管朝政,京师人士无不倾心。石崇、欧阳建、陆机、陆云之徒,并以文才降节事谧,琨兄弟亦在其间,号曰'二十四友'。"除上述五人外,尚有潘岳、缪征、杜斌、挚虞、诸葛诠、王粹、杜育、邹捷、左思、崔基、刘瓌、和郁、周恢、牵秀、陈眕、郭彰、许猛、刘讷及刘琨之兄刘舆(见《晋书》卷40《贾充传附贾谧传》)。"二十四友"成分复杂,文学成就和影响也不相同。

日夜疏,丛林森如束",均不失为佳句。

西晋初年,在科学技术领域也有杰出人物。曾担任武帝朝尚书令、司空的裴秀,是当时最著名的地理学家。裴秀作《禹贡地域图》,开创了中国古代地图绘制学。裴秀对中国古代地图学作出了重大贡献,他总结中国古代地图绘制的经验,在《禹贡地域图》序中提出了著名的具有划时代意义的制图理论"制图六体"。所谓"制图六体"就是绘制地图时必须遵守的六项原则:即分率(比例尺)、准望(方位)、道里(距离)、高下(地势起伏)、方邪(倾斜角度)、迂直(河流、道路的曲直)。六体中前三条讲的是比例尺、方位和路程距离,是最主要的基本绘图原则;后三条是因地形起伏变化而必须考虑的问题。这六项原则是互相联系,互相制约的,除了经纬度和等高线外,"制图六体"已经包括了现当代绘制地图的基本要素。裴秀的制图六体对后世的影响十分深远,直到后来西方的地图投影方法在明末传入中国,中国的制图学才迎来再一次革新。

裴秀认为《禹贡》中的山川地名,沿用久远,后世多有变化,解说者牵强附会,逐渐混淆不清。于是他采集甄别旧文,疑则存疑,存而不论,作成《禹贡地域图》18篇。《禹贡地域图》是一部以疆域政区为主的历史地图集,也是中国第一部历史地图集。图集所覆盖的年代上起《禹贡》时代,下至西晋初年,内容则包括从古代的九州直到西晋的十六州。州以下有郡、国、县、邑以及它们间的界线,古国及历史上重大政治活动的发生地,水陆交通路线等,还包括山脉、山岭、海洋、河流、平原、湖泊、沼泽等自然地理要素。图上古今地名相互对照。它不仅是当时最完备、最精详的地图,更重要的是它采用了科学的绘制方法。裴秀在图的前面写了序言,详细谈到了他绘制地图所运用的方法。这是一篇很有科学价值的珍贵文献,体现了裴秀在制图理论上的卓越见解。这篇序言被保存在《晋书·裴秀传》及《艺文类聚》《初学记》等文献里。

《禹贡地域图》流传的时间不长,《隋书·经籍志》已不见记载。对于《禹贡地域图》的内容,今人研究的看法尚不一致。主要有两种意见:一种认为它是以历代区域沿革图为主的历史地图集,共18幅图;一种认为它是西晋当代的地图集,18幅图为晋初十六个州的行政区划图,再加上吴国、蜀国地图各一幅。

裴秀还曾绘制过一幅《地形方丈图》,流传了数百年。在他之前,有人曾绘制了一幅《天下大图》,据说“用缣八十匹”,但这幅《天下大图》不便携带、阅览和保存。裴秀于是运用制图六体的方法,“以一分为十里,一寸为百里”的比例尺(大约相当于一百八十万分之一)把它缩绘成《地形方丈图》,并且将名山、大川、河流、乡村等各种地理要素清楚地标示在图上,这对于人们阅览地图也就更加方便。可见,裴秀已掌握了地图的缩放技术。

裴秀不仅认识到在地图上表现实际地形的时候有哪些相互影响的因素,而且知道用比例尺和方位去加以校正的方法,这在地图学上也是具有划时代意义的杰出成就。因此,可以把他称为中国地图学的创始人。李约瑟高度评价裴秀,称他为“中国科学制图学之父”,与古希腊著名地图学家克罗狄斯·托勒密齐名,是世界古代地图学史上东西辉映的两颗灿烂明星。为了纪念这位中国地图科学创始人而设立的“裴秀奖”,现今每两年评选一次,这是中国地图学界的最高奖项。“裴秀奖”又称“优秀地图作品裴秀奖”。

晋武帝时期,医学家皇甫谧在中古医学史,特别是在针灸学史上,贡献巨大,他奠定了针灸学科的理论,被后世誉为“针灸鼻祖”。早在二千多年前,我国医家对于针灸治疗疾病就进行了研究。如1973年在湖南长沙马王堆汉墓中,发现了多种周代编写的医书,其中有《足臂十一脉灸经》《阴阳十一脉灸经》。战国时代的《黄帝内经》中也有诸多论述针灸的内容。东汉初,针灸名医涪翁有《针经》的著述。但是晋代以前涉及针灸内容的医书,其文深奥,文多重复。皇甫谧把古代著名的三部医学著作:《素问》《针经》《明堂孔穴针灸治要》,汇总起来,加以综合比较。他"删其浮辞,除其重复,论其精要",并结合自己的临床经验,写出了一部为后世针灸学奉为圭臬的巨著——《黄帝三部针灸甲乙经》,也称《针灸甲乙经》。

《针灸甲乙经》在总结、吸收《黄帝内经》《素问》《针经》《明堂孔穴针灸治要》等古典医学著作精华的基础上,对针灸穴位进行了科学的归类整理,该书共收录人体穴名349个,比《黄帝内经》多了189个。并明确了穴位的归经和部位,统一了穴位名称,区分了正名与别名。介绍了内科、外科、妇科、儿科、五官科等上百种病症及针灸治疗经验,并对五脏与五官关系、脏腑与体表器官关系、津液运行、病有标本、虚实补泻、天人相应、脏腑阴阳配合、望色察病、精神状态对内脏器官的影响等问题都作了探讨和理论上的阐述,奠定了针灸学科的理论基础。

《针灸甲乙经》共10卷,128篇。内容包括脏腑、经络、腧穴、病机、诊断、治疗等。书中校正了当时的腧穴总数的穴位654个(包括单穴48个),记述了各部穴位的适应和禁忌,说明了各种操作方法。这是我国现存最早的一部理论联系实际,有重大价值的针灸学专著,被人们称作"中医针灸学之祖",被列为学医必读的古典医书之一。唐代医学家王焘称它"是医人之秘宝,后之学者,宜遵用之"。《四库总目提要》盛赞皇甫谧这部著作"与《内经》并行,不可偏废。"此书问世后,唐代医署就开始设立针灸科,并把它作为医生必修的教材。晋以后的许多针灸学专著,大都是在参考此书的基础上加以发挥而写出来的。直至今天,我国的针灸疗法,虽然在穴名上略有变动,但在原则上均本于它。1600多年来,它为针灸医生提供了临床治疗的具体指导和理论根据。此书还传到国外,受到各国,特别是日本和朝鲜的重视。公元701年,在日本《大宝律令》中明确规定将《针灸甲乙经》列为医学必读的参考书之一。由此足见皇甫谧的《针灸甲乙经》影响之深远。

除了《针灸甲乙经》外,皇甫谧还有不少文史方面的著作,其中影响较大者有《高士传》《逸士传》《玄晏春秋》《帝王世纪》等。清代历史学家钱熙祚曾评价:"皇甫谧博采经传杂书以补史迁缺,所引《世本》诸子,今皆亡逸,断璧残圭,弥堪宝重。"①

除了皇甫谧最负盛名之外,还有其他医学家。太康年间,王叔和撰《脉经》10卷。此书集汉以前脉学之大成,选录《内经》《难经》《伤寒论》《金匮要略》及扁鹊、华佗等有关脉学之论说,阐析脉理、脉法,结合临床实际,详辨脉象及其他病症。《脉经》是我国现存较早的脉学专书,首次系统归纳了24种脉象,对其性状作出具体描述,初步肯定了有关三部脉的定位诊断,为后世脉学发展奠定了基础,并有指导临床实践的意义。同时《脉经》还保存了大量古代中医文献资料。

西晋太康元年(另有咸宁五年、太康二年之说),汲郡人不準在当地(今河南卫辉)盗掘战国时期的魏国墓冢(魏襄王墓)时,发现一批竹简。竹简皆用蝌蚪文书写,颇难辨认,学界称为"汲冢古文"。晋武帝对这批竹简十分重视,将之收藏在秘府,并命中书监荀勖、中书令和峤、著作郎束皙等人加以整理、隶定。经过荀勖等人多年的释读与整理,将散乱的竹简排定次序,并用当时通用

---

① (清)钱熙祚:《帝王世纪序》。

的文字考订释文,最终厘定先秦古书约十余种,内有《竹书纪年》《易经》《易繇阴阳卦》《卦下易经》《公孙段》《国语》《名》《师春》《琐语》《梁丘藏》《缴书》《生封》《大历》《穆天子传》《图诗》,及杂书《周食田法》《周书》《论楚事》《周穆王美人盛姬死事》等,共计75篇。这批古书被人统称为《汲冢书》,或名《竹书》《汲冢古文》)。

荀勖等人还整理《竹书纪年》13篇。《竹书纪年》叙述夏、商、西周、春秋时晋国和战国时魏国史事,按年编次。周平王东迁后用晋国纪年,三家分晋后用魏国纪年。现存《竹书纪年》分为"古本"和"今本"两个体系。"古本"为辑佚本,其纪事起于夏代,终于公元前299年,无规整的体例。"今本"纪事起于黄帝,终于魏襄王二十年(前296),有较为完整的体例,《竹书纪年》可校正《史记》所载战国史事之失。永嘉之乱时,《竹书纪年》的竹简亡佚,而以初释本、考正本传世。《隋书·经籍志》录有《纪年》十二卷,《竹书同异》一卷,或是后人据此两种本子所作的校记。晋代整理的古本《竹书纪年》至宋元之际散佚。宋明时期有今本《竹书纪年》,但是经过清代学者稽考,证明是伪书。清代与近代学者朱右曾、王国维、范祥雍三人先后辑录《竹书纪年》,加以考证。1981年,方诗铭、王修龄等人综合朱、王、范三家著述,重加编次,辑录成《古本竹书纪年辑证》,这是目前最完善的"古本"《竹书纪年》辑佚本,已成为当今研究先秦史的重要资料。

总之,西晋太康年间,由于国家的统一,社会的安定,加之晋武帝推行了有利于经济与文化发展的一系列措施,遂出现了经济与文化繁荣昌盛的局面。这一时期,中国的文学、史学、地理学、医学都有很大的发展,毫无疑问,这些成就的取得,成为"太康之治"不可缺的一个重要组成部分。另外,西晋有众多的制度建设都是首创的,其中包括三省制、①国子学、②书博士、③占田制等。这些制度也是在西晋统一前后建立起来的。从全球化的视野来看,太康年间的中国是与西方戴克里先称帝时的罗马帝国并列的大国,在世界上占有重要地位;在对外交往中也有着非常广泛的外事活动和经济贸易往来,这就促进了中外经济与文化的交流。所以"太康之治"尽管仅是一个短暂的繁荣时期,但它仍在中古史上留下了不可磨灭的篇章。

---

① 三省制度肇始于魏晋,完善于唐。三省即中书省、门下省和尚书省,分别负责起草诏书、审核诏书和执行政令。

② 国子学是中国古代的教育管理机构和最高学府。晋武帝咸宁二年(276)始设,与太学并立。国子学一般设有博士五人,正五品上。

③ 学官名。西晋置,掌教授书法。《晋书》卷39《荀勖传》:"又立书博士,置弟子教习,以钟、胡为法。"

# 第七章　西晋的民族政策与民族观

魏晋南北朝时期是继先秦以后出现的第二次民族大融合时期。自东汉后期以来,匈奴、乌桓、鲜卑、羯、氐、羌等民族不断向内地迁徙,到西晋时期,长城内外、大河上下,各少数民族已同汉民族交错杂居,共同生活。各民族内徙之后,民族问题变得空前突出,各少数民族对先进的汉文化普遍都能接受,但同时对西晋王朝统治又十分不满,甚至进行武装反抗。因此,胡族的内徙既加速了各民族的大融合,但也进一步加深激化了民族矛盾。汉胡文化的主旋律表现为各民族既融合又冲突,最后导致西晋王朝在五胡入华的浪潮中灰飞烟灭。虽然西晋的灭亡有着错综复杂的原因,但不可否认,西晋统治者的民族观以及其施行的民族政策,对西晋历史的进程起到了十分重要的作用。面对自先秦以来从未有过的极其复杂的民族问题,晋武帝是如何处理的? 他的民族政策以及西晋统治阶级的民族观对西晋的历史走向又起了多大的影响? 本章试图就此问题作一初步探讨。

## 一、汉晋之际各少数民族的内徙

东汉末年至西晋时期,少数民族大规模内迁,内迁的民族主要有匈奴、鲜卑、乌桓、羯、羌、氐族。我们先简单回顾一下各族内徙的历程。

## 1. 以五胡为主的各族人民大迁徙

匈奴是生活在大漠草原上的一支游牧民族。秦汉之际冒顿为匈奴单于,其相继征服了东至辽水、西达西域、北抵贝加尔湖、南邻长城的广大地区。东汉建武二十二年(46),蒙古草原发生了大旱灾,赤地千里,匈奴分裂为两支,一支为北匈奴,向西方迁移,一支为南匈奴,依附东汉,居于五原郡(郡治在今内蒙古自治区九原县境内),后来又逐渐南移,集中到并州北部的汾河流域。建安十一年(206),曹操击败袁绍的外甥、并州刺史高幹,取得并州,命梁习为别部司马领并州刺史。梁习到并州后,采取恩威并济、软硬兼施的办法使匈奴"单于恭顺,名王稽颡、部曲服事供职,同于编户,边境肃清,百姓布野"。[①] 匈奴归附了曹操。

建安二十一年(216),匈奴呼厨泉单于入朝,曹操将其留于邺城,遣右贤王去卑归离石监国,将匈奴分为五部,各立匈奴贵族为帅,选汉人为司马监督之。其左部统万余部落居于兹氏(今山西汾阳东南),右部统六千余部落居于祁(今山西祁县),南部统三千余部落居于蒲子(今山西隰县),北部统四千余部落居于新兴郡(今山西忻县地属新兴郡),中部统六千余部落居于大陵(今山西交城县、文水县)。

晋武帝即位之后,塞外匈奴的各个部落如大水、塞泥、黑难等部落首领或酋长也相继率其部落及大批牛羊前来归化或降附。[②]

乌桓是居住在今大兴安岭以东地区的一支少数民族,属东胡一支。西汉时南下至西喇木伦河及其以北地带。西汉元狩四年

---

① 《三国志》卷15《梁习传》。
② 魏晋以来内附的匈奴有屠各、鲜支、寇头、赤勒等十九种。匈奴在魏晋时期的分布地区,北起塞外及朔方、五原、云中、定襄、雁门诸边地,南至平阳、西河、上党、乐平等广大区域。

（前 119），骠骑将军霍去病击败匈奴后，乌桓被西汉政府徙于上谷、渔阳、右北平、辽东、辽西五郡塞外，为汉侦察匈奴动静。东汉建武二十五年（49），乌桓内徙到缘边诸郡塞内。到东汉灵帝初，乌桓大致分为四部，上谷所部九千余落，由难楼统治；辽西所部五千余落，由丘力居统治；辽东所部一千余落，归苏仆延统治；右北平所部八百余落，由乌延统治，皆自称王。

初平元年（190），乌桓蹋顿总摄辽西、辽东、右北平三郡乌桓，成为部落结合体的军事领袖。建安十二年（207），曹操自征蹋顿于柳城（今辽宁朝阳县南），临阵斩杀蹋顿。此后，三郡乌桓主要分布于幽州、并州境内，不断同化于汉族。留在塞外的乌桓则逐渐同化于鲜卑。

鲜卑祖居大兴安岭北部的鲜卑山。"鲜卑自为冒顿所破，远窜辽东塞外，不与余国争衡，未有名通于汉，而由自与乌丸相接。"①到汉武帝时内徙乌桓，鲜卑遂西移，填补了乌桓原住地西喇木伦河流域，但这时鲜卑同西汉政府仍无政治上的联系。到了东汉时，鲜卑开始同汉政府发生关系。建武二十五年（49），乌桓内迁到缘边诸郡，鲜卑势力也逐渐南迁近塞，与东汉政府"始通驿使"，到建武三十年（54），鲜卑大人于仇贲率种人诣阙朝贡，慕义内属，东汉封于仇贲为王，以后鲜卑迅速向蒙古西部、中部地区发展。这时，鲜卑族属内涵上出现了很大的变化，其中的拓跋鲜卑部由洁汾率领经过"九难八阻"，由呼伦池附近迁至匈奴冒顿发迹的阴山一带，而被汉军打败的北匈奴则继续留在阴山一带与鲜卑杂处，并自号鲜卑。

到东汉桓帝时，鲜卑各部推檀石槐为军事首领，组成檀石槐军

---

① 《三国志》卷 30《鲜卑传》注引《魏书》。

事结合体,檀石槐建庭于弹汗山(今河北尚义县大青山)、歃仇水(今东洋河)上,有控弦之士十万,"南抄缘边,北拒丁零,东却夫余,西击乌孙,尽据匈奴故地,东西万四千余里,南北七千余里,网罗山川水泽盐池"。① 檀石槐死后,鲜卑军事结合体瓦解,形成三股比较强大的势力:第一股为步度根,分布在并州的太原和雁门等郡,归附曹魏;第二股为轲比能,分布在代郡、上谷等地,对曹魏时叛时附;第三股为东部鲜卑素利、弥加、厥机等,分布在辽西、右北平、渔阳塞外。这三股力量中,轲比能实力最强。轲比能拥有"控弦十万余骑",控制地区从云中、五原以东至于辽水,成为塞上的一支强大的军事力量。

轲比能以后,鲜卑人又有了新的组合,并继续向中原地区推进。其中鲜卑慕容氏,宇文氏及鲜卑段氏向辽水流域推进。拓跋氏由西逐渐向中部转移,以后又从内蒙古地区向山西、河北地区推进。拓跋氏的支族秃发氏居河西走廊,与陇西鲜卑乞伏氏向西北部推进,慕容氏的另一支族吐谷浑居于青海草原。十六国时,慕容氏建前燕、西燕、后燕、南燕,鲜卑化的汉人冯氏建北燕,秃发氏建南凉,乞伏氏建西秦,吐谷浑率部西迁陇上(河西)建河南国,拓跋部建代国。

羯族是随匈奴入塞的少数族,羯人高鼻、深目、多须,崇信火袄教,可能是匈奴控制的西域人,故称"匈奴别部",入塞后,居于上党武乡(今山西长治北),后分布于太行山一带。

西羌居于青海草原,其种类很多,有研种、烧当、先零、白马、牦牛等。西汉宣帝和元帝时,西羌进攻甘肃一带,为汉军击败。东汉时马援击破先零羌,徙羌人于天水、陇西、扶风三郡。内徙羌人与

---

① 《后汉书》卷90《鲜卑列传》。

汉民族交往密切,其社会结构和民族特征都发生了重大变化,所以时人将这部分羌人称为东羌。东汉从建武十年(34)到延熹八年(165)一百多年内,羌族大规模的内徙有二十九次。羌族内徙大体有三种情况:第一种是西羌豪酋主动请求内属;第二种是西羌豪酋进犯内地,自东汉安帝以来羌人对东汉发动了三次大规模的战争,羌人在战争中或被俘或投降;第三种是汉军出塞进攻羌人,将降羌徙入塞内。羌人的内徙一直持续到西晋。到西晋时期,内徙羌人主要分布在今陕西南部、西南部以及甘肃境内,十六国时羌族姚氏聚集族人在关中建立后秦国。

氐族原分布在西起陇西、东至略阳、南达岷山以北的地区。汉武帝时开益州,置武都郡,这时氐人开始成为汉王朝的编户齐民。元封三年(前108),发生了氐人反叛事件,汉武帝出兵平定了叛乱,并将氐人强徙至酒泉郡。东汉末年,仇池杨氏和兴国氐王阿贵为氐族最强大的部落。杨氏酋长杨千万,辖地百顷,称百顷氐王,与兴国氐王阿贵各有部落万余。杨千万同阿贵与陇西马超联合对抗曹操政权。建安十九年(214),曹操令夏侯渊出兵征讨,阿贵被攻灭,杨千万逃入蜀地。曹魏将被征服的氐人徙于扶风一带。曹魏曾先后两次进攻氐人。曹操又徙氐人五万余落出居扶风、天水。魏黄初元年(220),武都氐王杨仆率部众内附,居汉阳郡。正始元年(240),郭淮徙氐人三千余落以实关中。十六国时期,氐族部落酋长苻健建前秦国。苻坚失败后,又有略阳郡氐人吕光建后凉国。

巴人主要居住于四川嘉陵江上游,巴人常执板楯作战,有罗、朴、督、鄂、度、夕、龚七姓,善弩射,因此也称“板楯七姓”。秦汉以来,巴人已分布三巴地区。曹操破张鲁后,张鲁逃往巴中,依附板楯七姓。以后张鲁投降曹操,夷王朴胡、賨邑侯杜濩亦举巴夷、賨民降附曹操,曹操以朴胡为巴中太守、杜濩为巴西太守,任约为巴郡太守。后朴胡为刘备部将黄权所败,曹操又徙巴人于汉中。曹操撤离汉中时,将汉中民数万户迁往长安及三辅一带。

汉晋时期,北方人民大量南迁。仅见于史料记载的统计,总迁移户数不下三十万户,约一百万人口以上,约占西晋时期人口总数的十二分之一。① 西晋流民牵涉范围较广,流民数量也属空前。故也有学者认为内迁的匈奴、羯、氐、羌、鲜卑、乌桓等"人数远超二百万"。② 中原地区的汉族流动人口动辄以万户、十几万户计,常常是"城邑皆空,野无烟火"。③ 据石方的《中国人口迁移史稿》的论述,从北方南移的流民总数可能达到二百万,甚至更多。④

## 2. 内徙的主要原因:自然环境的恶化

北方少数民族内迁的原因是多方面的:匈奴人的内迁是因其内部的分化,南匈奴在脱离北匈奴之后,便开始向汉朝寻求庇护,而其人民也开始迁徙到汉人居住区。而西北的羌人和氐人则是在和东汉长期作战后,被汉军击败,为了防止其继续作乱,东汉政府将他们迁入关中地区,对他们进行管理。东汉末年,随着曹操击败乌桓,大量乌桓和鲜卑人也开始迁入汉人居住区。这一方面是曹操为了对他们进行有效的管理,另一方面也是因为战争频仍而导致北方人口数量大幅度地下降,曹魏政权需要这些游牧民族来扩充军事力量。例如,建安十二年(207),曹操大败乌桓于柳城,得降众20余万,徙置内地,选壮健者编为骑兵,随从征伐,史有"三

---

① 石方:《中国人口迁移史稿》,黑龙江人民出版社 1990 年版,第 187 页。

② 蒋福亚:《魏晋南北朝时期历史地位述论》,《北京师范学院学报》1984 年第 2 期。

③ 《资治通鉴》卷 85 晋惠帝"太安二年"条。

④ 石方:《中国人口迁移史稿》,第 185—186 页。

郡乌丸为天下名骑"①之称。梁习为并州刺史,对于境内的"胡狄",也让其服兵役,每当曹操"大军出征,分请以为勇力吏兵,已去之后,稍移其家,前后送邺,凡数万口"。②

少数民族内徙的另一个重要原因是自然环境的变迁已无法适应他们生存的需要。北方各族居住于塞外苦寒之地,过着"逐水草迁徙,无城郭常居耕田之业"③的生活。众所周知,自然地理状况是人类社会赖以生存、发展的重要客观物质条件。马克思的唯物主义史观虽然反对自然环境决定论,但也强调客观自然条件对人类社会历史发展所起的重大作用。从学术界的研究和大量史料来看,东汉与魏晋时期自然环境日益恶化。北方自东汉末到西晋以来气温下降,自然灾害严重。

著名气象学家竺可桢在《中国近五千年来气候变迁的初步研究》④一书中,将中国历史上的气候发展过程划分为四个温暖期和四个寒冷期。其中,公元初到公元 600 年属第二寒冷期。这一时段对应的中国历史是东汉到隋朝,而魏晋南北朝正在其中。

由于气候转寒,经常会有春夏时节降霜甚至大雪的异常气象,冬季酷寒更是频繁出现。葛剑雄认为,自公元前 1 世纪下半叶起,寒冷气候开始侵袭中国,公元 3—4 世纪达到极点。⑤ 他的这些看法,可在相关的历史记载中找到依据。如黄初六年(225),曹丕率十余万大军至广陵(今扬州附近),准备伐吴,但是岁大寒,结冰期比往年早许多,沿江的水道都结上了冰,魏军战船无法进入长江。

①　《三国志》卷 30《乌丸传》。
②　《三国志》卷 15《梁习传》。
③　《汉书》卷 94 上《匈奴列传》。
④　竺可桢:《中国近五千年来气候变迁的初步研究》,《考古学报》1972 年第 1 期。
⑤　参见葛剑雄主编:《中国移民史》第 2 卷,福建人民出版社 1997 年版,第 305 页。

史载："冬十月,(文帝)行幸广陵故城,临江观兵,戎卒十余万,旌旗数百里。是岁大寒,水道冰,舟不得入江,乃引还。"① 曹丕望着"波涛汹涌"的长江,无计可施,一筹莫展,于是他望江兴叹道:"嗟乎! 固天所以隔南北也!"②这是目前所知的淮河封冻的最早记载。这一奇特现象正是公元 3 世纪中国气候变迁的典型体现。

有关汉晋之际天时不正,气温偏低,甚至夏秋时降雪的反常天气在史书中屡有记载。

东汉桓帝延熹七年,"其冬大寒,杀鸟兽,害鱼鳖,城傍竹柏之叶有伤枯者"。③ 东汉"灵帝光和六年冬,大寒,北海东莱、琅邪,井中冰厚尺余"。"献帝初平四年六月,寒风如冬时。"④

据《三国志》《晋书》的记载,从东汉末年到西晋的 200 年时间内,出现严寒灾害的次数就有 46 次之多。兹择其要者而录之。

建安十三年(208)十月,荆州"盛寒,马无藁草"。⑤ 建安十六年(211)九月,关中天寒,曹军起沙为城,以水灌之,一夜而成冰城。吴孙权"赤乌四年正月,大雪,平地深三尺,鸟兽死者大半"。晋武帝"咸宁三年八月,平原、安平、上党、泰山四郡霜,害三豆。是月,河间暴风寒冰,郡国五陨霜伤谷"。咸宁五年"六月庚戌,汲郡、广平、陈留、荥阳雨雹。丙辰,又雨雹,陨霜,伤秋麦千三百余顷,坏屋百二十余间"。太康"五年九月,南安大雪,折木"。太康"十年四月,郡国八陨霜"。晋惠帝"元康六年三月,东海陨雪,杀桑麦。七年七月,秦、雍二州陨霜,杀稼也"。惠帝"光熙元年闰八

---

① 《三国志》卷 2《文帝纪》。
② 《三国志》卷 47《吴主传》注引《吴录》。
③ 《后汉书》卷 30 下《襄楷传》。
④ 《续汉书》志第 15《五行志三》。
⑤ 《三国志》卷 54《周瑜传》。

月甲申朔,霰雪"。晋孝怀帝永嘉"七年十月庚午,大雪"。"成帝咸和九年八月,成都大雪。""康帝建元元年八月,大雪。""穆帝永和二年八月,冀方大雪,人马多冻死。""十年五月,凉州雪。"①

关于寒冷天气对人类社会及自然界造成的危害,《晋书·五行志下》曰:"寒则不生百谷,上下俱贫,故其极贫也。……寒七十二日,杀飞禽。道人始去兹谓伤,其寒,物无霜而死。"有学者推算,当时的气温比现在低3℃—5℃。中原地区尚且如此,北方的天气更为恶劣。由于天寒地冻,大量牧草、牲畜都被冻死。住在草原的游牧民族无法生活,只能向黄河流域迁徙。汉末到魏晋,北方南迁的民族人数很多,达到一百万余人。"关中之人,百余万口,率其少多,戎狄居半。"②

伴随着寒冷而来的还有干旱。据陈高佣《中国历代天灾人祸表》所辑资料统计,西晋50年间大的旱灾有35次。如武帝泰始九年(273)"夏四月戊辰朔,日有蚀之。五月,旱"。太康六年(285)"郡国四旱,十大水,坏百姓庐舍"。太康九年(288)"郡国三十二大旱,伤麦。秋八月壬子,星陨如雨。诏郡国五岁刑以下决遣,无留庶狱"③。惠帝永平七年(297)"秋七月,雍、梁州疫。大旱,陨霜,杀秋稼。关中饥,米斛万钱。诏骨肉相卖者不禁"④。永宁元年(301)郡国十二旱,六蝗。怀帝永嘉三年(309)春,"大旱,江、汉、河、洛皆竭,可涉。九月,旱。……时大旱,自六月不雨,至于是月(十一月)"⑤。

① 以上记载皆见于《晋书》卷29《五行志下》。
② 《晋书》卷56《江统传》。
③ 《晋书》卷3《武帝纪》。
④ 《晋书》卷4《惠帝纪》。
⑤ 《晋书》卷5《怀帝纪》。

恶劣的自然环境和频繁的自然灾害严重地影响着北方各族人民的游牧生活。寒冷的气候使牛羊赖以为食的水草冻死,干旱带来的结果也是同样。无以为生的游牧民族只有向经济发达、气候温暖的南方迁徙。总之,恶劣的自然环境,严重地破坏了北方汉族和少数民族的社会经济,导致了诸多民族和牧民的迁徙和流动,引发了社会的动荡。这种状况,又进一步影响各民族之间的相互关系,同时也影响着西晋王朝对各少数民族的政策。

## 二、武帝时期颁布的民族政策

晋武帝时期的民族政策形式多样,既有对内迁各族的招抚安置,又有对各民族的反抗进行镇压;既将内迁各族编户齐民,在一定程度上减轻其赋税,又有侵侮边夷,甚至卖胡为奴。以下我们将根据史实逐一论述。

### 1. 设置管理少数民族的官署

西晋对境内的少数民族的管理和统治基本上沿袭了汉魏制度。从中央到地方设置了一整套官僚机构来管理少数民族事务。这些官职都由汉人担任,管理的是西晋境内的少数民族事务。在中央机构中,西晋在尚书省列曹尚书中专置"客曹",主管少数民族事务。《晋书·职官志》载,"列曹尚书,案尚书本汉承秦制,……至成帝建始四年,罢中书宦者,又置尚书五人,一人为仆射,而四人分为四曹",四曹各有其任。客曹为四曹之一,"主外国夷狄事"。汉光武帝,仍设此职,但改"客曹主护驾羌胡朝贺事"。"及晋,置吏部、三公、客曹、驾部、屯田、度支六曹",仍以客曹主管少数民族事务。武帝在太康年间,废除了客曹尚书之职,改由尚书郎来负责少数民族事务:"尚书郎,西汉旧置四人,以分掌尚书。其一人主匈奴单于营部,一人主羌夷吏民,一人主户口垦田,一人主财帛委输。"①可见尚书郎共有四人,其中有二人主管少数民族事务。尚书郎之职从西汉因袭至西晋不变。

在地方上,西晋置护羌、护夷、护蛮等校尉,管理各少数民族。晋武帝时,设置管理地方少数民族的官职有:护羌校尉、南蛮校尉、南夷校尉、西戎校尉、护东夷校尉、戊己校尉、护匈奴中郎将和平越中郎将。《晋书·职官志》载:"护羌、夷、蛮等校尉,案武帝置南蛮校尉于襄阳,西戎校尉于长安,南夷校尉于宁州。元康中,护羌校尉为凉州刺史,西戎校尉为雍州刺史,南蛮校尉为荆州刺史。……护匈奴、羌、戎、蛮、夷、越中郎将,案武帝置四中郎将,或领刺史,或持节为之。武帝又置平越中郎将,居广州,主护南越。"②

护羌校尉驻秦州之姑臧(今甘肃武威),管理陇西、河西地区羌族、杂胡、鲜卑等事务。"秦州。案《禹贡》本雍州之域,魏始分陇右置焉,刺史领护羌校尉,中间暂废。及泰始五年,又以雍州陇右五郡及凉州之金城、梁州之阴平,合七郡置秦州,镇冀城。"③泰始年间,担任护羌校尉的是胡广之子胡喜,其"仕至凉州刺史、建武将军、假节、护羌校尉"。④

武帝置南蛮校尉于襄阳,管理境内诸蛮夷族。灭吴前,蛮族基本上居于孙吴境内,西晋境内主要是在襄阳一带。西晋为了一举灭吴,亟须加强对境内少数民族的控制,南蛮校尉自此设立。南蛮校尉具体的设置时间不可考,但史籍中记载可见的第一任南蛮校

---

① 以上皆见《晋书》卷24《职官志》。
② 《晋书》卷24《职官志》。
③ 《晋书》卷14《地理志上》。
④ 《晋书》卷57《胡奋传》。

尉是王戎。据《太平预览》卷242引晋人傅畅《晋诸公赞》载,王戎在泰始九年(273)任荆州刺史、扬烈将军、领南蛮校尉。南蛮校尉的设立是出于平吴的需要,武帝原先部署灭吴是在泰始年间,故这一职务的设立应不晚于泰始九年。

对于北方一些校尉的设立,西晋多承袭汉制,但在南方设置管理少数民族的校尉则始于西晋。南蛮校尉是西晋在南方设立的第一个校尉府,在西晋民族政策中具有非凡的意义。

武帝置南夷校尉于宁州(今云南、贵州大部和广西小部分地区),管理南中五十八部夷族。南夷校尉的设立是西晋管理南方民族的重要举措。自汉魏以来,南中地区逐渐处于南中大姓的控制之下。例如蜀汉末年,霍弋作为南中大姓的首领,"以强卒镇夜郎"。蜀汉采取南抚夷越,重用大姓的方式,设置庲降都督以招抚南中。蜀汉征服南中后,以邓方管辖治理南中。《华阳国志·南中志》载:"蜀之南中诸郡,庲降都督治也。"庲降都督虽非州牧,但其性质与州牧相仿。自公元222年起,南中大姓李恢继任庲降都督。蜀亡后二年,司马氏篡魏,随着南中大姓势力的削弱和霍弋的去世,西晋开始直接对南中进行统治。

西晋灭吴,统一全国后,将全国的行政区划进行调整。使州、郡、县三级制成为固定的地方行政体制。将南中诸郡设为宁州就是这一调整的结果。但宁州设置的时间各书记载稍有差异。《晋书·武帝纪》载:泰始七年八月,"分益州之南中四郡置宁州"。《华阳国志·大同志》载:"泰始六年,分益州南中建宁、云南、永昌、兴古四郡为宁州。"①《华阳国志·南中志》载:"泰始六年,以

---

① 《华阳国志》卷8《大同志》。

388

益州大,分南中四郡为宁州,(鲜于)婴为刺史。"①这一举措使宁州成为全国十九州之一。晋武帝越过大姓、夷帅,将南中诸郡直接置于中央王朝的统治之下,这就极大地加强了中央王朝对南中诸少数民族的统治。

然而,这种撇开南中大姓直接统治南中的方法引起了当地大姓的诸多不满,加之南中地区的社会经济又较其他地区落后,成为单独的行政区尚有困难,西晋于是改变统治方法,废宁州而置南夷校尉。《资治通鉴》卷81"太康五年"条载:"罢宁州入益州,置南夷校尉以护之。"《华阳国志·南中志》亦载:"太康三年,罢宁州,置南夷,以天水李毅为校尉,持节,统兵镇南中。"②南夷校尉的职责是对南中大姓、夷帅的弹压,而且其统治方式与蜀汉相比更为严酷。《华阳国志·南中志》中叙述:"统五十八部夷族都监行事,每夷供贡南夷府,入牛、金、旃、马,动以万计,皆预作忿恚致校尉官属;其供郡县亦然。南人以为饶。"③《晋书·王逊传》中亦记载了惠帝时期南夷校尉王逊对当地的残暴统治:"惠帝末,西南夷叛,宁州刺史李毅卒,乃以(王)逊为南夷校尉、宁州刺史,使于郡便之镇。"王逊上任后,"专杖威刑,鞭挞殊俗。又诛豪右不奉法度者数十家。征伐诸夷,俘馘千计,获马及牛羊数万余,于是莫不振服,威行宁土"。

西晋对南中无论是设宁州,还是罢宁州置南夷校尉,其目的都是要加强中央王朝对南中诸郡的统治,削弱南中大姓、夷帅的势力,强化对南中诸夷的控制。南夷校尉设立后,除了对南中进行政

---

① 《华阳国志》卷8《南中志》。
② 《华阳国志》卷4《南中志》。
③ 《华阳国志》卷4《南中志》。

治统治和经济掠夺外,还将"仕进"之权掌握在官府手中。《华阳国志·南中志》载:"自四姓子弟仕进,必先经都监。"①

置西戎校尉于长安,管理关中氐、羌、杂胡事务。太康初,高密王司马泰"代下邳王(司马)晃为尚书左仆射。出为镇西将军,领护西戎校尉、假节,代扶风王(司马)骏都督关中军事,以疾还京师"。②"元康初,(唐彬)拜使持节、前将军、领西戎校尉、雍州刺史。"③永嘉末,"河间王颙引(阎鼎)为西戎校尉司马,有功,封平乐乡侯"。④ 从上述记载可知,西戎校尉的设置亦自西晋初至末年。

置护东夷校尉,驻襄平(今辽宁辽阳市),管理东夷十国事务。《晋书·地理志上》载:"后汉末,公孙度自号平州牧,及其子康、康子文懿并擅据辽东,东夷九种皆服事焉。"公孙渊被司马懿诛灭后,曹魏置护东夷校尉,居襄平。晋武帝时,同样设置护东夷校尉,居襄平,管理东夷十国事务。《晋书·四夷传》载,武帝时,东夷夫余国为慕容廆所袭,国家破亡。晋武帝下诏,要助夫余复国。"有司奏护东夷校尉鲜于婴不救夫余,失于机略",晋武帝遂"诏免婴,以何龛代之"。

置戊己校尉管理西域诸族事务。戊己校尉设置于西汉,曹魏时仍加以沿袭。"献帝时,凉州数有乱,河西五郡去州隔远,于是乃别以为雍州。末又依古典定九州,乃合关右以为雍州。魏时复分以为凉州,刺史领戊己校尉,护西域,如汉故事,至晋不改。"⑤晋

---

① 《华阳国志》卷4《南中志》。
② 《晋书》卷37《高密王泰传》。
③ 《晋书》卷42《唐彬传》。
④ 《晋书》卷48《阎鼎传》。
⑤ 《晋书》卷28《地理志上》。

武帝先是任命敦煌人索靖为"驸马都尉,出为西域戊己校尉长史",①后来又以马循为西域戊己校尉。

置护匈奴中郎将,驻晋阳(今山西太原市),管理匈奴、杂胡及北部鲜卑等事务。武帝尚未正式即位时,就已设立此官,史载:石鉴"仕魏,历尚书郎、侍御史、尚书左丞、御史中丞,多所纠正,朝廷惮之,出为并州刺史、假节、护匈奴中郎将。武帝受禅,封堂阳子"。② 永嘉年间,"(王)浚自领尚书令,以枣嵩、裴宪并为尚书,使其子居王宫,持节,领护匈奴中郎将,以妻舅崔毖为东夷校尉"。③

置平越中郎将,驻扎广州,管理南越诸族事务,以加强对岭南少数民族的控制。晋惠帝继承晋武帝管理少数民族的政策,继续设立相关官署管理少数民族。惠帝时设立的管理少数民族的主要官署有:护羌校尉、西戎校尉、南蛮校尉及西夷校尉等机构。

## 2. 对少数民族的怀柔

晋武帝在处理民族问题时基本上都采取了怀柔政策。晋武帝承袭汉魏以来对于少数民族广为招徕的政策,"广辟塞垣,更招种落,纳萋莎之后附,开育鞠之新降,接帐连辎,充郊掩甸"。④ 概而言之,晋武帝对少数民族采取的怀柔政策大致包括四个方面。

第一,册封少数民族上层。晋武帝以天下共主的身份,对少数民族首领封官赐爵,实施羁縻统治。匈奴首领綦毋倪邪因伐吴有

---

① 《晋书》卷60《索靖传》。
② 《晋书》卷44《石鉴传》。
③ 《晋书》卷39《王沈传附王浚传》。
④ 《晋书》卷97《四夷传》史臣曰。

功,被封为赤沙都尉。太康四年,"鄯善国遣子入侍,假其归义侯"。① 太康六年,"武帝遣使杨颢拜其王蓝庾为大宛王"。② 太康十年,鲜卑"慕容廆遣使请降,五月,诏拜廆鲜卑都督"。③ 又以匈奴刘元海"为建威将军、五部大都督,封汉光乡侯"。④ 这些少数民族首领所受封号一如羁縻政权,可以世袭。如东部鲜卑大人务勿尘便是典型之例,段匹磾之"父务勿尘,遣军助东海王越征讨有功,王浚表为亲晋王,封辽西公,嫁女与务勿尘,以结邻援。怀帝即位,以务勿尘为大单于,匹磾为左贤王,率众助国征讨,假抚军大将军。务勿尘死,弟涉复辰以务勿尘子疾陆眷袭号"。⑤ 南中大姓吕祥亦是如此。蜀汉建兴三年(225),吕凯被叛乱的少数民族杀害,其子吕祥继嗣。《三国志·蜀书·吕凯传》裴松之注引《蜀世谱》曰:"吕祥后为晋南夷校尉,祥子及孙世为永昌太守。"

第二,朝贡与回赐。晋武帝即位后,对周边少数民族是"抚旧怀新,岁时无怠"。在西晋政府安抚政策的感召下,从晋武帝统治的泰始元年(265)到太熙元年(290)的二十六年间,东夷、西戎、南蛮、北狄皆来朝贡。"凡四夷入贡者,有二十三国"。⑥ 晋武帝均给予丰厚的回赠。这样的做法为民族关系的良好发展创造了条件,也为各民族间的经济文化往来开通了渠道。在前来西晋朝贡的诸少数族中,以东夷诸国为数最多。

咸宁四年春,东夷六国来献。太康元年秋七月,东夷二十国朝

---

① 《晋书》卷3《武帝纪》。
② 《晋书》卷97《四夷传·大宛国》。
③ 《资治通鉴》卷82晋武帝"太康十年"条。
④ 《晋书》卷101《刘元海载记》。
⑤ 《晋书》卷63《段匹磾传》。
⑥ 《晋书》卷97《四夷传》。

献。八月,车师前部遣子入侍。太康二年,东夷五国朝献。太康六年,扶南等十国来献。龟兹、焉耆国遣子入侍。太康七年,扶南等二十一国、马韩等十一国遣使来献。太康八年,南夷扶南、西域康居国各遣使来献。太康十年,东夷绝远三十余国、西南夷二十余国来献。太熙元年,东夷七国朝贡。①

夫余国,武帝时,频来朝贡。

马韩,武帝太康元年、二年,其主频遣使入贡方物,七年、八年、十年,又频至。太熙元年,诣东夷校尉何龛上献。咸宁三年复来,明年又请内附。

辰韩,武帝太康元年,其王遣使献方物。二年复来朝贡,七年又来。

肃慎,魏景元末,来贡楛矢、石砮、弓甲、貂皮之属。魏帝诏归于相府,赐其王僪鸡锦罽、绵帛。至武帝太熙时,复来贡献。

倭国,泰始初,遣使重译入贡。

裨离国,泰始三年,各遣小部献其方物。至太熙初,复有牟奴国帅逸芝惟离、模卢国帅沙支臣芝、于离末利国帅加牟臣芝、蒲都国帅因末、绳全国帅马路、沙楼国帅钗加,各遣正副使诣东夷校尉何龛归化。

西戎诸国中,前来朝贡的有:龟兹国,武帝太康中,其王遣子入侍。康居国,泰始中,其王那鼻遣使上封事,并献善马。大秦国,武帝太康中,其王遣使贡献。②

泰始六年九月,大宛献汗血马,焉耆来贡方物。③

南蛮诸国来朝贡的有:林邑国,至武帝太康中,始来贡献。遣

---

① 皆出自《晋书》卷3《武帝纪》。
② 以上皆见《晋书》卷97《四夷传》。
③ 《晋书》卷3《武帝纪》。

使通表入贡于帝,其书皆胡字。至孝武帝宁康中,遣使贡献。扶南,武帝泰始初,遣使贡献。太康中,又频来。咸宁元年六月,鲜卑力微遣子来献。①

第三,抚慰、安置内徙诸族。西晋初年,少数民族除频繁来朝贡外,要求内附的亦络绎不绝。内附诸族数东夷、北狄居多。对于前来内附的诸族,晋武帝均给予抚慰安置。自东汉以来,为了补充劳动力和扩大兵源,中原王朝一直允许或强迫境外少数民族内徙。汉魏之际,战乱频繁,中原人口锐减,这一政策的执行更为有力。西晋继三国而一统,战乱之后,为了促进生产力的发展,对恢复与增加人口更加重视。晋武帝继承汉魏的内徙政策,对塞外各族广为招徕。《晋书》中记载最为详细的当属对匈奴、鲜卑的内徙。《晋书·四夷传》载:

> 武帝践阼后,塞外匈奴大水,塞泥、黑难等二万余落归化,帝复纳之,……太康五年,复有匈奴胡太阿厚率其部落二万九千三百人归化。七年,又有匈奴胡都大博及萎莎胡等各率种类大小凡十万余口,诣雍州刺史扶风王骏降附。明年,匈奴都督大豆得一育鞠等复率种落大小万一千五百口,牛二万二千头,羊十万五千口,车庐什物不可胜纪,来降,并贡其方物,帝并抚纳之。

入塞的匈奴种类繁多,他们各按部落而居。武帝时入居塞内的匈奴已有40余万人。这一庞大的数字正是晋武帝内徙匈奴政策十分成功的有力证明。鲜卑慕容部,曹魏时就已入塞,太康十年,慕容廆"乃遣使来降。帝嘉之,拜为鲜卑都督。……廆又迁于徒河

---

① 《晋书》卷97《四夷传》。

之青山(案,即今辽宁的锦州、阜新、朝阳之地)"。① 晋武帝对前来归附的匈奴、鲜卑均做了妥善的内徙安置,对于来附的其他少数民族亦是如此。西晋初年,前来内附的其他少数民族还有很多。兹胪列如下。

咸宁初,安定、北地、金城诸胡吉轲罗、侯金多及北虏热冈等二十万口又来降。② 咸宁二年(276)东夷八国归化。东夷十七国内附。咸宁三年十二月,西北杂虏及鲜卑、匈奴、五溪蛮夷、东夷三国前后十余辈,各帅种人部落内附。咸宁四年,东夷九国内附。咸宁五年三月,匈奴都督拔弈虚帅部落归化。冬十月戊寅,匈奴余渠都督独雍等帅部落归化。太康元年(280),东夷十国归化。太康二年夏六月,东夷五国内附。太康三年九月,东夷二十九国归化,献其方物。太康四年,牂牁獠二千余落内属。太康六年,参离四千余落内附。太康七年,东夷十一国内附。太康八年,东夷二国内附。太康九年,东夷七国诣校尉内附。太康十年,东夷十一国内附。虏奚轲男女十万口来降。③

从以上记载中我们可以看出,西晋王朝对归附各族的招抚安置,持续时间较长;招抚安置对象广泛,涉及匈奴、鲜卑、牂牁獠,及被称为东夷、南夷、西北杂虏的众多部落;安置人数数额巨大,所产生的影响也颇为深远。

第四,笼络扶持各族上层,使其"抚集本部"。晋武帝虽然不能像唐太宗那样对少数民族与汉族一视同仁,但亦不同于西晋统治集团中某些对少数民族持敌视态度者。兹不妨举例说明。

---

① 《晋书》卷 108《慕容廆载记》。
② 《晋书》卷 38《扶风王骏传》。
③ 皆出自《晋书》卷 3《武帝纪》。

武帝的心腹王济、李憙曾推荐匈奴人刘渊率军去平定孙吴，武帝也认为刘渊才能卓越，故打算重用他，但却遭到孔恂、杨珧等人的坚决反对，他们对武帝说："观元海之才，当今惧无其比，陛下若轻其众，不足以成事；若假以威权，平吴之后，恐其不复北渡也。非我族类，其心必异。任之以本部，臣窃为陛下寒心。"①齐王攸亦对武帝曰："陛下不除刘元海，臣恐并州不得久宁。"对于齐王攸欲诛戮刘渊，以除后患的建议，王浑坚决反对，他说："元海长者，浑为君王保明之。且大晋方表信殊俗，怀远以德，如之何以无萌之疑杀人侍子，以示晋德不弘。"武帝说："浑言是也。"②

晋武帝采纳了王浑不应以"无萌之疑"随便杀人的进谏，拒绝了齐王攸的建议。对这一点后来唐太宗批评晋武帝说："元海当除而不除，卒令扰乱区夏。"其实，李世民的看法较为偏颇，而不应事后诸葛亮，在此问题上责难晋武帝，因为当时的刘渊并无图谋不轨之行，如果因为他有才干，怀疑"蛟龙得云雨，非复池中物"，就将他除掉，这不但会使汉匈关系急剧恶化，而且还会造成其他民族的惊恐不安，导致十分严重的后果。太康末年，刘元海为匈奴左部帅。晋武帝遂封其为北部都尉。

当然，晋武帝并非对少数民族没有歧视的看法，但至少他的做法较为理智，较为包容，在某种程度上对少数民族仍采取一视同仁的政策。在他统治的二十六年中，受其笼络册封的少数民族首领并不在少数。以下我们再举数例：

刘宣是东汉末年的匈奴单于羌渠之子，也是刘渊的叔祖父。他为人纯朴少言，风度翩翩。西晋初年，刘宣经并州刺史王广推

① 《晋书》卷 101《刘元海载记》。
② 《晋书》卷 101《刘元海载记》。

荐,受到晋武帝接见。晋武帝对刘宣大加赞赏,并任命他为匈奴右部都尉。史载:"并州刺史王广言之于武帝,帝召见,嘉其占对,因曰:'吾未见宣,谓广言虚耳。今见其进止风仪,真所谓如圭如璋,观其性质,足能抚集本部。'乃以宣为右部都尉,特给赤幢曲盖。"①

太康六年(285),夫余国被鲜卑慕容廆所袭破,国王依虑自杀。武帝下诏曰:"夫余王世守忠孝,为恶虏所灭,甚愍念之。若其遗类足以复国者,当为之方计,使得存立。"②有司上书弹劾护东夷校尉鲜于婴不援救夫余,武帝遂免去鲜于婴的职务,以何龛代之。太康七年,夫余后王依罗要复国,向护东夷校尉何龛请援。何龛遣督邮贾沈率领军队护送其回国,并大败慕容廆,于是夫余得以复国。慕容廆常掳掠夫余人,然后卖给汉人。武帝知道后,十分同情,于是"发诏以官物赎还,下司、冀二州,禁市夫余之口"。③

### 3.对少数民族的征讨

西晋时期,民族关系日益复杂,民族矛盾日益尖锐,各族人民的反晋斗争可谓此起彼伏,不绝于史。面对各族的反抗,西晋王朝在民族政策方面采取了两手对策:即软硬兼施,怀柔与镇压并举。在怀柔与镇压的同时,西晋又因袭两汉以来统治者为了扩大兵源招纳吸收少数民族为伍的传统做法,以壮大其军事力量。早在晋初的平吴之战时,这一政策就开始实施了。如匈奴人便被招收参加了对吴战争,其中的匈奴首领綦毋倪邪伐吴有功,被封为赤沙都尉。

对反抗西晋统治的少数民族,则实施征讨。武帝即位未久,即

---

①《晋书》卷101《刘元海载记附刘宣载记》。
②《晋书》卷97《四夷传·夫余国》。
③《晋书》卷97《四夷传·夫余国》。

遇上他在位期间最为严重的两次反晋事件。第一次是发生在武帝泰始六年(270),河西鲜卑秃发树机能的反叛,史称"秦凉之变"。此次反叛持续时间竟长达十年之久,西晋王朝前后丧失了胡烈、牵弘、苏愉、杨欣等四名高级将领。其时,河西、陇右烽火连天,西晋投入大量的人力、物力和财力来平叛,却不见成效。更为严重的是,秦凉之变影响到西晋的整体战略方针,特别是平吴战略部署的执行。最后武帝以智勇双全的马隆为大将,才平定了秦凉之乱。

另一次是在泰始七年(271),匈奴右贤王刘猛反叛。而刘猛的反叛早就在邓艾的预料之中。曹魏时期,邓艾就上书曰:自匈奴单于内徙,"由是(塞外)羌夷失统,合散无主。以单于在内,万里顺轨。今单于之尊日疏,外土之威寖重,则胡虏不可不深备也"。①邓艾的意思是:在塞外担任单于权大,在内地担任单于则受魏朝控制,地位低,不能为所欲为,所以要防止内徙"胡虏"叛出塞外,回过头来侵扰边境。而刘猛的起兵和当年邓艾的预计是何等的吻合。据《资治通鉴》卷79"泰始七年正月"条载:"匈奴右贤王刘猛叛出塞。"十一月,"刘猛冠并州"。《晋书·江统传》也说:"刘猛内叛,连结外虏。"此处之外虏,当指留在塞外未内徙的各族。刘猛起兵后还有"左部督"(匈奴共分五部)李恪参加。刘猛之所以反晋,很可能是因看到河西树机能起兵,遂错误地以为时机已到,便立即响应,结果不但其他四部不附和。而且连"左部"也有分歧。经过晋将何桢的策反,左部督李恪便把刘猛杀了。史载:"单于(刘)猛叛,屯孔邪城。武帝遣娄侯何桢持节讨之。桢素有志略,以猛众凶悍,非少兵所制,乃潜诱猛左部督李恪杀猛,于是匈奴

---

① 《三国志》卷28《邓艾传》。

震服,积年不敢复反。其后稍因忿恨,杀害长史,渐为边患。"①

除树机能和刘猛之外,西晋政府对反叛的少数民族实施的征讨还有很多:泰始七年,"北地胡寇金城,凉州刺史牵弘讨之。群房内叛,围弘于青山,弘军败,死之"。泰始十年,"凉州房寇金城诸郡,镇西将军、汝阴王骏讨之,斩其帅乞文泥等"。咸宁元年,"西域戊己校尉马循讨叛鲜卑,破之,斩其渠帅"。咸宁二年二月,"并州房犯塞,监并州诸军事胡奋击破之"。咸宁二年七月,"鲜卑阿罗多等寇边,西域戊己校尉马循讨之,斩首四千余级,获生九千余人,于是来降"。太康二年,"鲜卑寇辽西,平州刺史鲜于婴讨破之"。太康三年,"安北将军严询败鲜卑慕容廆于昌黎,杀伤数万人"。② 太安二年,"李特攻陷益州。荆州刺史宋岱击特,斩之,传首京师"。③

西晋建国之初,国力比较强大,少数民族的反晋斗争很难掀起大的风浪,但暴力镇压终究不是长久之策,连年的征讨也严重地损耗了西晋的国力,武力镇压又激化了民族间的矛盾。少数民族时断时续的兴兵反晋与西晋一朝相始终,在八王之乱中,五胡趁机发动了更大的反晋战争,最终颠覆了西晋王朝。

### 4. 户调式中的特殊政策与卖胡为奴

西晋政府对少数民族的统治政策与汉魏基本相似。对于内迁而来的少数民族也是尽可能地将其编入户籍,这样既可加强管理,又可收赋征税增加财政收入。西晋时的内迁民族多散居诸州郡,

---

① 《晋书》卷97《四夷传·匈奴》。
② 《晋书》卷3《武帝纪》。
③ 《晋书》卷4《惠帝纪》。

与汉人杂居,西晋政府将其编户齐民。例如匈奴因塞外大水,武帝时内迁入境。晋武帝"使居河西故宜阳城下。后复与晋人杂居,由是平阳、西河、太原、新兴、上党、乐平诸郡靡不有焉"。[①] 晋武帝时期对少数民族所征收的赋税并不重,武帝时户调式规定:

> 丁男之户,岁输绢三匹,绵三斤,女及次丁男为户者半输。其诸边郡或三分之二,远者三分之一。夷人输賨布,户一匹,远者或一丈。……远夷不课田者输义米,户三斛,远者五斗,极远者输算钱,人二十八文。[②]

由此可见,内迁民族所负担的户调比起汉族编户来说要少很多。当然,内迁的大都是北方游牧民族,他们本来就不太习惯农事,故承担赋税对其来说也实属不易。西晋政府正是考虑到游牧民族的特点,故对他们实施轻徭薄赋,所以西晋的户调制度也不会给内迁民族带来太多的负担,从而迫使他们走上反晋之路。

户调式颁布于太康元年(280),晋武帝为了平吴,完成统一大业,制定税收政策比较小心谨慎。除了为确保国家财政收入所必须征收的田租、户调外,并未增加其他税收,特别是对少数民族,他是极力招徕怀柔的。武帝时期的户调式尚在人民所能承受的范围之内,所以内附民族包括匈奴族才会接踵而至,这就为"太康之治"的形成创造了一个比较安定的客观社会环境。故《晋书·食货志》载:"时天下无事,赋税平均,人咸安其业而乐其事。"但西晋时期的胡人受压迫而沦为佃客也是不争的事实。《晋书·外戚·王恂传》载:"魏氏给公卿已下租牛客户数各有差,自后小人惮役,多乐为之,贵势之门动有百数。又太原诸部亦以匈奴胡人为田客,

---

① 《晋书》卷97《四夷传·匈奴北狄》。
② 《晋书》卷26《食货志》。

多者数千。"到了西晋时期,此类情况更甚。

西晋奴婢的数量甚多,官宦人家"有田万顷,奴婢数千人"。[①]太中大夫恬和提出王公贵族以下使用奴婢应限定人数,并禁止百姓变卖田产房屋。中书省已经同意恬和的建议,并让主管者制定条例。[②] 但尚书郎李重则坚决反对,他说:"王法所峻者,唯服物车器有贵贱之差,令不僭拟以乱尊卑耳,至于奴婢私产,则实皆未尝曲为之立限也。……人之田宅既无定限,则奴婢不宜偏制其数,惧徒之法,实碎而难检。"[③]结果,恬和的限奴婢数的建议只能不了了之。元康年间已有限制奴婢数量的法令,但是令行不止。西晋各民族人民沦为奴婢几乎成为普遍现象。八王之乱时,奴婢遭受到更大的痛苦。例如司马颙手下大将"张方决千金堨,水碓皆涸。乃发王公奴婢手舂给兵廪"。[④] 又征发奴隶补充军队,号称四部司马。匈奴人刘宣更是愤怒地斥骂:"晋为无道,奴隶御我。"[⑤]

羯人石勒雄才大略,后来成为后赵国的君主,但他早年却被卖身为奴。据《晋书·石勒载记上》载:"太安中,并州饥乱,勒与诸小胡亡散,乃自雁门还依宁驱。……会建威将军阎粹说并州刺史、东嬴公(司马)腾执诸胡于山东卖充军实,腾使将军郭阳、张隆虏群胡将诣冀州,两胡一枷。勒时年二十余,亦在其中,数为隆所殴辱。……既而卖与茌平人师欢为奴。"石勒的遭遇就是西晋内徙民族被卖身为奴的普遍写照。因少数民族多如石勒一般被辗转贩

① 《晋书》卷69《刁协传》。其所述为东晋初之事,与西晋时隔未久,故西晋情况与此并无多大差别。
② 《晋书》卷46《李重传》,"时太中大夫恬和表陈便宜,称汉孔光、魏徐幹等议,使王公已下制奴婢限数,及禁百姓卖田宅。中书启可,属主者为条制。"
③ 《晋书》卷46《李重传》。
④ 《晋书》卷4《惠帝纪》。
⑤ 《晋书》卷101《刘元海载记》。

卖,故诸多西晋官员家中都有胡奴,如祖逖家中就有"胡奴曰王安一者"。[1]

综上所述,东汉末年以来的民族大迁徙、大杂居,使西晋时期的民族关系异常复杂,民族矛盾十分尖锐。西晋统治者既有对内迁各族的招抚安置,怀柔笼络,也有对各民族的分割控制,迫胡为奴,甚至武力镇压;既将内迁各族编户齐民,输纳户调,又在一定程度上施惠于民,减轻徭役及赋税。凡此种种,都体现出西晋民族政策的复杂性、多样性。

## 三、西晋民族政策实施后的影响

西晋国祚短暂,民族政策的实施也不过短短数十年,但西晋王朝的民族政策对西晋及其以后的历史产生了深远的影响。魏晋时期的天灾迫使周边民族大举内迁,也迫使境内人民大量流徙。内迁诸族进入中原,在客观上顺应了民族融合的历史发展趋势,是符合各族人民愿望的。但对于诸少数民族而言,西晋的民族政策有两面性,他们既享受着西晋民族政策为其带来的农耕社会的文明与安定,也承受着因民族歧视和压迫而带来的痛苦。西晋民族政策使得这一时期的民族关系呈现出复杂的样貌,对此状况我们将逐一分析。

### 1. 为民族大融合及胡人的经济转型创造了条件

内迁的少数民族原来多为游牧经济,随部落而居。内迁之后,西晋政府实施编户齐民制度,胡人遂与汉族杂居而处。《晋书·刘

---

① 《晋书》卷 100《祖约传》。

元海载记》记载了匈奴内迁后被编入户籍这一史实:"惠帝失驭,寇盗蜂起,元海从祖故北部都尉、左贤王刘宣等窃议曰:'昔我先人与汉约为兄弟,忧泰同之。自汉亡以来,魏晋代兴,我单于虽有虚号,无复尺土之业,自诸王侯,降同编户。'"编户制的实施打破了内迁北方游牧民族的部落组织形式,使其成为定居的土著。秦汉以来,内地中央王朝对少数民族基本上不编户齐民,不立田制,不输赋役。西晋对内迁民族编立户籍,输纳户调的做法,是对传统民族政策的重大改变。这一改变,并非是西晋统治者出于剥削搜刮的需要,而是基于各少数民族已迁居内地农业区,其生产方式、生活条件已较以往发生重大改变的客观现实而作出的。西晋统治者还在一定程度上减轻了内迁民族的户调数额。这样,各少数民族虽仍须承担一定的赋税负担,却改变了"逐水草迁徙,无城郭常居耕田之业"①的社会生产和生活环境,从而为游牧民族向农耕民族转变提供了必要的条件。

汉魏以来,氐、羌"与中国错居",至曹魏时氐族已"各自有姓,姓如中国之姓矣。其衣服尚青绛。俗能织布,善田种,畜养豕牛马驴骡。……皆编发,多知中国语,由与中国错居故也"。② 如羌族已深谙农事耕作,竟可"家使出谷,平其输调,军食用足"。③ 羯人石勒原居于上党武乡,乡中"父老及相者皆曰:'此胡状貌奇异,志度非常,其终不可量也。'劝邑人厚遇之。时多嗤笑,唯邬人郭敬、阳曲宁驱以为信然,并加资赡。(石)勒亦感其恩,为之力耕"。④从这一事例可以看出,西晋时期,羯人在与汉人的杂居相处中,已

---

① 《汉书》卷94上《匈奴列传》。
② 《三国志》卷30评曰注引《魏略·西戎传》。
③ 《三国志》卷26《郭淮传》。
④ 《晋书》卷104《石勒载记上》。

普遍从事农业生产。这就使原本习于游牧的胡人逐渐接受农耕文化并对农事极为重视。"太兴二年（319），（石）勒伪称赵王，赦殊死已下，均百姓田租之半，赐孝悌力田死义之孤帛各有差。……遣使循行州郡，劝课农桑。"①其子石季龙竟"亲耕藉田于其桑梓苑，其妻杜氏祠先蚕于近郊"。② 其所作所为，与汉族帝王几无区别。

羯人从事农业生产已如此普遍，自东汉便已内迁入塞的匈奴则更是如此。"太原诸部亦以匈奴胡人为田客，多者数千。"③以游牧为生的匈奴人内徙并州后，不仅干农活，当佃客，甚至读起经书来了。例如"卜珝，字子玉，匈奴后部人也，少好读易"。④ 当然，这是以遭受民族歧视为代价的，但毕竟是其经济已由畜牧业转向农业，以及文明程度提高的反映。至于长期从事畜牧、弋猎的鲜卑族，由于和汉人的儒学文化接触，早在东汉后期已建立了部落军事联盟，逐渐徙近边塞。到曹魏之时，其首领轲比能"颇学文字，故其勒御部众，拟则中国，出入弋猎，建立旌麾，以鼓节为进退"。⑤ 鲜卑慕容廆，元康四年（294）迁居大棘城（今辽宁省义县），"教（民）以农桑，法制同于上国（西晋）"。⑥ 其子慕容皝亦"立藉田于朝阳门东，置官司以主之"。⑦

值得注意的是，氐族的一支仇池杨氏很早就归附了汉族王朝，晋武帝还封其首领为平西将军。南北朝时，"言语与中国同。……地植九谷，婚姻备六礼，知书疏。种桑麻、出绸绢、精布、

---

① 《晋书》卷105《石勒载记下》。
② 《晋书》卷107《石季龙载记下》。
③ 《晋书》卷93《外戚·王恂传》。
④ 《晋书》卷95《艺术·卜珝传》。
⑤ 《三国志》卷30《鲜卑传》。
⑥ 《晋书》卷108《慕容廆载记》。
⑦ 《晋书》卷109《慕容皝载记》。

漆、蜡、椒等。山出铜铁"。① 和汉族已无多大区别了。毫无疑问，这是魏晋以来民族大融合的结果。总之，在内迁中原之后，北方诸族面对中原农业文明的强烈冲击，因时而变，随即放弃其原有的游牧生产方式，转而接受汉族农业生产这一更为稳定，更有利于生产力提高的生产方式，这就加速了民族融合的历史进程。

内迁诸族文化原本较为落后，进入中原后，在与汉族的交往中服膺儒学，加速自身汉化，不仅提高了本身的文化素质，更在研读历代兵书、经史、诸子百家的过程中，为其建立政权准备了条件。匈奴人刘渊自幼喜欢"《毛诗》《京氏易》《马氏尚书》，尤好《春秋左氏传》《孙吴兵法》，略皆诵之，《史》《汉》《诸子》，无不综览。……常鄙随陆无武，绛灌无文"。② 刘渊之子刘聪，"年十四，究通经史，兼综百家之言，《孙吴兵法》靡不诵之。工草隶，善属文，著述怀诗百余篇、赋颂五十余篇。……弱冠游于京师，名士莫不交结，乐广、张华尤异之也"。③ 刘渊之族子刘曜，"善属文，工草隶。……尤好兵书，略皆暗诵。常轻侮吴（汉）、邓（禹），而自比乐毅、萧（何）、曹（参）"。④ 可见，刘氏一门，究通经史、诸子百家、诗文赋颂，并擅长书法。他们对汉典的精通程度甚至可能超过西晋皇帝。鲜卑慕容氏的皇族精通经学，懂天文，他们亲自到学校教育子弟，并编写教材《太上章》《诫典》，宣扬儒家文化。氐人苻坚博学多艺，即位后，一月三临太学，使周孔微言不坠。可见，这些少数民族首领已深受汉地儒学文化的熏习。正如赵翼所说："晋载记诸僭伪之君，虽非中国人，亦多有文学。……此皆生于戎羌，以用

---

① 《梁书》卷54《西北诸戎传·武兴国》。
② 《晋书》卷101《刘元海载记》。
③ 《晋书》卷102《刘聪载记》。
④ 《晋书》卷103《刘曜载记》。

武为急,而仍兼文学如此,人亦何可轻量哉。"①

受到汉族文化熏陶的匈奴贵族,仰慕中华文明,处处效仿汉制,甚至建立政权也以汉人为祖先。如刘渊是匈奴人,"冒顿之后也……初,汉高祖以宗女为公主,以妻冒顿,约为兄弟,故其子孙遂冒姓刘氏"。刘渊起兵反晋时,声称自己是汉皇室的后裔,自蜀汉亡后,"宗庙之不血食四十年于兹矣"。故刘渊将自己的国号定为"汉"。"立汉高祖以下三祖五宗神主而祭之。"②赫连勃勃则声称自己是夏禹之后。胡族统治者纷纷拉拢汉族士大夫,采用汉魏以来的政治制度和文化政策。如刘聪以晋新兴太守刘殷为侍中、太保、录尚书事,并娶刘殷女为皇后。刘曜称帝时,"立太学于长乐宫东,小学于未央宫西,简百姓年二十五已下,十三已上,神志可教者千五百人,选朝贤、宿儒、明经,笃学以教之"。③ 可见,其建立的政权已深深地打上了汉族儒学文化的烙印。

如果我们再观察一下留在塞外未曾内徙的民族,两相比较,内徙政策的作用就更明显了。例如一部分羌人东徙关中,而留在甘肃、川北的宕昌羌,直到臣服于北魏之时,还是"国无法令,又无徭赋。惟战伐之时,乃相屯聚。不然则各事生业,不相往来。皆衣裘褐,牧养牦牛羊豕,以供衣食。父子伯叔兄弟死者,即以其继母、世叔母及嫂、弟妇等为妻。俗无文字,但候草木荣落,以记岁时。三年一相聚,杀牛羊以祭天"。④ 比起内徙的民族落后得多了。

---

① (清)赵翼:《廿二史札记》卷8"僭伪诸君有文学"条。
② 《晋书》卷101《刘元海载记》。
③ (北魏)崔鸿撰,(清)汤球辑:《十六国春秋辑补》"刘曜光初三年"条,中华书局2020年版。
④ 《周书》卷49《异域上·宕昌羌传》。

## 2. 加强了南方诸族与中原的联系

汉族统治者对于南方少数民族虽自汉代起就采用了羁縻政策，然其管理一直处于松散状态，是晋武帝首次在南方少数民族地区设置校尉，以加强对南方各民族的管理，后代亦多因袭之。"南蛮校尉"是西晋政府为统治南方少数民族设置的第一个校尉，有晋一代，以及之后的南北朝均设置南蛮校尉。例如东晋安帝时，担任南蛮校尉的是殷顗；南朝刘宋时，到彦之曾任南蛮校尉；北魏太武帝拓跋焘曾任命王慧龙为南蛮校尉。

西晋政府在南方少数民族地区设置与北方相同的统治机构管理民族事务，这一措施表明了西晋王朝对南方少数民族的重视，有意将其纳入统一管理体系，实施与北方同样的管理制度。另外，为了增加西晋政府的财政收入，晋武帝十分觊觎南方的财富。南方地区虽然在生产力发展的速度上逊于北方，但物产却颇为丰富。例如三国时期，南方诸族对蜀、吴二国在兵力及财力的补充供给上就发挥了重大作用。孙吴政权曾多次派遣将领征讨山越，从山越中补充了大量的兵力和劳动力，仅诸葛恪一人就获得甲士四万。[①]诸葛亮、李恢南征时，也从南中地区获得了大量的兵源和财力的补充。[②]

---

① 《三国志》卷64《诸葛恪传》载："恪以丹杨山险，民多果劲，虽前发兵，徒得外县平民而已。其余深远，莫能禽尽，屡自求乞为官出之。三年可得甲士四万。……（山越）知官惟欲出之而已，于是老幼相携而出，岁期，人数皆如本规。恪自领万人，余分给诸将。"

② 《华阳国志》卷4《南中志》记载，诸葛亮平定南中后，"移南中劲卒青羌万余家于蜀，为五部，所当无前，号为飞军"。李恢征讨南中时"徙其豪帅于成都，赋出叟、濮耕牛战马金银犀革，充继军资，于时费用不乏"（《三国志》卷43《李恢传》）。

作为西晋王朝统治者的晋武帝一方面欲效仿吴蜀二国,继续从南方诸族中获取巨大的经济利益,另一方面欲进一步加强对南方地区在政治军事上的有效控制。晋武帝设置南蛮校尉虽然加重了南方各族人民的经济负担,但自西晋王朝设置南蛮校尉官署后,以往松散活动的各民族加强了相互间联系,这就促进了各民族的经济文化交流,促使南方诸民族的生产力得到更快的发展。例如荆州都督杜预在荆州兴建了很多水利工程。史载:"旧水道唯沔汉达江陵千数百里,北无通路。又巴丘湖,沅湘之会,表里山川,实为险固,荆蛮之所恃也。杜预乃开杨口,起夏水达巴陵千余里,内泻长江之险,外通零桂之漕。"虽然杜预的主观目的是为了打通"险固",控制荆蛮。但客观上却发展了当地的水利。种植水稻亟须水利灌溉,而水利灌溉可以造福于各族人民,加强各民族之间的经济交往。杜预兴修的水利工程,为荆州各民族生产的发展提供了保障。所以"南土歌之曰:'后世无叛由杜翁,孰识智名与勇功。'"①由于有良好的水稻种植基础,北魏时,出任南荆州刺史的李愍才能"于州内开立陂梁,溉稻千余顷,公私赖之"。②

### 3. 民族关系的恶化

内迁入境的少数民族上层,从原来的部落首领降为编户之民。对权力财富的眷恋使其自入境之初,就不断萌生叛乱之心。他们打着"兴邦复业"的旗号煽动各族人民加入反晋行列。西晋建立之初,境内就发生了匈奴帅刘猛的叛变。西汉时,匈奴内附,西汉政府"割并州并界以安之"。魏武帝时将匈奴分为五部,"部立其

---

① 《晋书》卷34《杜预传》。
② 《北齐书》卷22《李元忠传附李愍传》。

中贵者为帅,选汉人为司马以监督之"。①"虽分居五部,然皆居于晋阳汾涧之滨。"②刘猛为右贤王,被封为中部帅。泰始七年,刘猛反叛,同居一地的其他匈奴各部并未响应。泰始初,塞外诸多匈奴前来内附,晋武帝均给予妥善安置,匈奴人民与西晋政府的矛盾并未激化,故刘猛的反叛不能视为匈奴人民反抗西晋统治阶级的起义,"其性质恐怕只能是匈奴贵族为恢复旧日地位,反对统一王朝的叛乱"。③ 这次反叛其他匈奴各部并未响应,而且此次叛乱以"左部帅李恪杀猛而降"④来结束也正说明这一点。惠帝时期,刘渊起兵反晋的性质亦大抵如此。永兴元年(304),左贤王刘宣鼓动匈奴贵族起兵反晋,他说:

> 自汉亡以来,魏晋代兴,我单于虽有虚号,无复尺土之业,自诸王侯,降同编户。今司马氏骨肉相残,四海鼎沸,兴邦复业,此其时矣。左贤王元海姿器绝人,干宇超世。天若不恢崇单于,终不虚生此人也。……

> 晋为无道,奴婢御我,是以右贤王刘猛不胜其忿。属晋纲未驰,大事不遂,右贤涂地,单于之耻也。今司马氏父子兄弟自相鱼肉,此天厌晋德,授之于我。单于积德在躬,为晋人所服,方当兴我邦族,复呼韩邪之业。⑤

从刘宣的话语中,我们可以看到,西晋统治下的匈奴人民并未遭到多大的苦难,仅仅是匈奴贵族的地位下降,失去了往日的特权。刘

---

①　《晋书》卷 97《北狄匈奴传》。
②　《晋书》卷 101《刘元海载记》。
③　祝总斌:《评晋武帝的民族政策——兼论匈奴刘猛、鲜卑树机能反晋之性质》,《魏晋南北朝史研究》,四川省社会科学院出版社 1986 年版,第 193 页。
④　《晋书》卷 3《武帝纪》。
⑤　《晋书》卷 101《刘元海载记》。

宣之语表达了三层意思:其一,匈奴单于空有名号,却无领地,更无权力;其二,刘猛起兵失败,是匈奴贵族的耻辱;其三,刘元海姿器绝人,有超世之才,定能重振匈奴霸业。面对匈奴大众,刘宣以"晋为无道,奴隶御我"来煽动民族仇恨,并提出"方当兴我邦族,复呼韩邪之业"的口号,欲在中原地区建立匈奴政权。

刘渊对于刘宣吹捧他的"单于积德在躬,为晋人所服"的说法尚存疑虑,他认为"晋人未必同我",于是他提出"吾又汉氏之甥,约为兄弟,兄亡弟绍,不亦可乎? 且可称汉,追尊后主,以怀人望"①的口号来诱惑汉族民众,在其煽动下,"远人归附者数万"。①

刘渊起兵反晋后,其他各民族上层贵族亦纷纷起而效仿。五胡遂相继登上了历史舞台。五胡起兵反晋时期,民族之间的相互仇杀已成为西晋民族关系的主流。王浚攻克邺城时,"士众暴掠,死者甚多。鲜卑大略妇女,(王)浚命敢有挟藏者斩,于是沉于易水者八千人"。②羯人石勒"攻陷白马,坑男女三千余口"。攻陷武德,"坑降卒万余";袭击苑乡"攻乞活李恽于上白,斩之,坑其降卒";进攻平阳"枕尸二里"。"石季龙退奔渑池,枕尸三百余里。"石勒攻打刘曜,"斩首五万余级,枕尸于金谷"。河西鲜卑日六延反叛石勒,"石季龙讨之,败延于朔方,斩首二万级"。③ 最为惨烈的是永嘉五年刘曜、王弥奉石勒之命进攻洛阳。"曜、弥等遂陷宫城,至太极前殿。纵兵大掠,幽帝于端门,逼辱羊皇后,杀皇太子诠,发掘陵墓,焚烧宫庙,城府荡尽,百官及男女遇害者三万余人。"④石勒之子石虎更是一个杀人魔王,凡他攻下城邑之后,"不

---

① 《晋书》卷101《刘元海载记》。
② 《晋书》卷39《王沈传附王浚传》。
③ 以上见于《晋书》卷104《石勒载记上》、卷105《石勒载记下》。
④ 《晋书》卷100《王弥传》。

复断别善恶,坑斩士女,鲜有遗类"。①

由此可见,永嘉之乱时,各民族之间的相互仇杀已发展到了不共戴天的程度。胡人将汉人喻为"两脚羊",②趁晋室大乱之时,不分青红皂白地屠戮、烹杀汉人。汉人在忍无可忍的情况下,一有机会也展开了猛烈地报复。例如石虎养孙冉闵本是汉人,其执政后,颁布命令告知汉人,斩一个胡人首级送到凤阳门的,凡文官进位三等,武职都任牙门。于是在一天之内,就杀了数万胡人。冉闵还亲自率领汉人诛杀胡羯,"无贵贱男女少长皆斩之,死者二十余万,尸诸城外,悉为野犬豺狼所食。屯据四方者,所在承闵书诛之,于时高鼻多须至有滥死者半"。③

必须指出,虽然由于种种原因造成中原地区的纷乱,甚至相互仇杀,但大量民族的内迁,客观上为民族大融合创造了必要的条件,为隋唐王朝的大一统提供了必不可少的前提。毫无疑问,外来的民族要得到当地人民的接纳确实需要一个漫长的过程。西晋王朝对于内迁民族既有安抚怀柔,妥善安置,又有欺凌压迫,甚至逼胡为奴,二者之间时常相互交集在一起。但这正是唐代民族大融合的必经之途、必由之路。经过魏晋南北朝漫长的厮杀征战和文化交流,在促使胡族汉化的同时,也促使汉民族吐故纳新,融入新鲜血液。

自西晋统一以来,中原境内首次出现如此众多使用不同语言、穿戴不同服饰、拥有不同习俗的民族。西晋之后,经过近三百年的

---

① 《晋书》卷 106《石季龙载记上》。
② "两脚羊"是指胡人将汉人比作羊,用来充当食物。(明)李时珍:《本草纲目·人一·人肉》曰:"古今乱兵食人肉,谓之想肉,或谓之两脚羊。此乃盗贼之无人性者,不足诛矣。"
③ 《晋书》卷 107《冉闵载记》。

胡汉文化相互接触、相互冲突、相互碰撞与融合,使中华民族的包容性空前提高,以至隋唐时期胡风胡俗遍布整个社会,形成"女为胡妇学胡妆,伎进胡音务胡乐"。① 应该看到,唯有这样海纳百川、包容开放的土壤才能培植出唐太宗那种"自古皆贵中华,贱夷狄,朕独爱之如一"②的宽广胸襟和以向世界开放而著称的大唐盛世。

## 四、《徙戎论》与西晋统治者的民族观

春秋时期,孔子作《春秋》,明确主张大一统,且在大一统之下明"华夷之辨"。《春秋》强调"华""夷"有别,"夷"不乱"华"。到了战国时期,孟子依旧主张天下一统,但其强调"用夏变夷",强调以华夏文明教化落后的夷狄。以后,每当中原政权不稳,边地四夷内迁之时,"华夷之辨"的呼声就会高涨,"华夷之辨"遂成为汉族政权用来抵御异族政权的强大思想武器。

到了魏晋时期,随着少数民族的大量内徙,"严华夷之辨"的民族观就变得更为突出。受传统的"内诸夏而外夷狄"思想的影响,魏晋统治者对周边与内徙的"四夷"基本上都抱敌视态度。如曹操认为"夷狄贪而无亲","羌、胡欲与中国通,自当遣人来,慎勿遣人往"。③ 邓艾公然斥骂:"戎狄兽心,不以义亲,强则侵暴,弱则内附。""羌胡与民同处者,宜以渐出之,使居民表崇廉耻之教,塞奸宄之路。"④江统则指责胡人"性气贪婪,凶悍不仁,四夷之中,戎狄为甚。弱则畏服,强则侵叛","非我族类,其心必异,戎狄志态,

---

① (唐)元稹:《和李校书新题乐府十二首·法曲》。
② 《资治通鉴》卷 198 唐太宗"贞观二十一年"条。
③ 《三国志》卷 1《武帝纪》。
④ 《三国志》卷 28《邓艾传》。

不与华同"。①

## 1. 江统的《徙戎论》

魏晋时期的民族观仍然强调夷夏之防,而其中以江统的《徙戎论》最具代表性,对后世有较大的影响,值得我们重视。惠帝时,关中、陇西屡次被氐、羌族侵扰。元康九年(299),孟观西进征讨,平定了氐族首领齐万年之乱。时任山阴县令的江统深忧四夷乱华,认为应该防微杜渐,便作《徙戎论》上奏晋惠帝,提出将氐、羌等族迁出关中的主张。

江统对如何处理内徙民族提出了独到的见解,这是《徙戎论》中最核心的部分,我们不妨对此略加分析。面对各民族不断内迁,晋室统治根基不稳的客观情况,江统力主将少数民族迁至境外,采取地域隔绝的方法来处理民族关系。江统认为,汉朝建武年间,"讨叛羌,徙其余种于关中,居冯翊、河东空地,而与华人杂处"只是权宜之计。因为"数岁之后,族类蕃息,既恃其肥强,且苦汉人侵之"。羌人终于发动了叛乱,致使"十年之中,夷夏俱毙"。曹操"令将军夏侯妙才讨叛氐阿贵、千万等,后因拔弃汉中,遂徙武都之种于秦川,欲以弱寇强国,扞御蜀虏",也只是"权宜之计,一时之势,非所以为万世之利也",因为"今者当之,已受其弊矣"。②

在《徙戎论》中江统回顾了周代以降的民族政策,他说:"周室失统,诸侯专征,以大兼小,转相残灭,封疆不固,而利害异心。戎狄乘间,得入中国。"但是到了秦始皇统一中国之后,"虽师役烦殷,寇贼横暴,然一世之功,戎虏奔却,当时中国无复四夷也"。而

---

① 《晋书》卷56《江统传》。
② 《晋书》卷56《江统传》。

当今之世,戎狄之所以侵扰不断都是因为魏晋时期将其迁入内地的政策所致。"此所以为害深重、累年不定者,虽由御者之无方,将非其才,亦岂不以寇发心腹,害起肘腋,疢笃难疗,疮大迟愈之故哉!"江统在总结了历史的经验教训之后,提出了如何处理西晋民族关系的方法。他指出:"当今之宜,宜及兵威方盛,众事未罢",使内迁各族"廪其道路之粮,令足自致,各附本种,反其旧土,使属国、抚夷就安集之。戎晋不杂,并得其所,上合往古即叙之义,下为盛世永久之规"。①

但西晋朝廷中有人对江统的徙戎方案表示了疑虑,面对时人的质难,江统详细阐述了游牧民族不可轻信的原因,并提出了将他们迁徙出关中的建议。他说:"羌戎狡猾,擅相号署,攻城野战,伤害牧守,连兵聚众,载离寒暑矣。而今异类瓦解,同种土崩,老幼系虏,丁壮降散,禽离兽迸,不能相一。"因此可以趁戎狄"无有余力,势穷道尽,我能制其短长之命,而令其进退由己"②的机会将他们迁至境外。至于如何迁徙?江统给出了具体的方案,即由西晋政府配发粮食给迁徙的胡人。"且关中之人百余万口,率其少多,戎狄居半。处之与迁,必须口实。若有穷乏糁粒不继者,故当倾关中之谷以全其生生之计,必无挤于沟壑而不为侵掠之害也。今我迁之,传食而至,附其种族,自使相赡,而秦地之人得其半谷,此为济行者以廪粮,遗居者以积仓,宽关中之逼,去盗贼之原,除旦夕之损,建终年之益。若惮暂举之小劳,而忘永逸之弘策;惜日月之烦苦,而遗累世之寇敌,非所谓能开物成务,创业垂统,崇基拓迹,谋及子孙者也。"他又进一步强调"夫为邦者,患不在贫而在不均,忧

① 《晋书》卷 56《江统传》。
② 《晋书》卷 56《江统传》。

不在寡而在不安。以四海之广,士庶之富,岂须夷虏在内,然后取足哉!此等皆可申谕发遣,还其本域,慰彼羁旅怀土之思,释我华夏纤介之忧。惠此中国,以绥四方,德施永世,于计为长。"①面对令人堪忧的晋室前景。江统认为:"今百姓失职,犹或亡叛,犬马肥充,则有噬啮,况于夷狄,能不为变!"

江统的忧国忧民、居安思危的看法本也无可厚非。但站在历史发展的高度来看,《徙戎论》的立论和结论都不能成立,其理论亦无多少可取之处。连当时晋室最高统治者晋惠帝亦不赞同采纳江统的主张,但江统的《徙戎论》后来却深入人心。"未及十年,而夷狄乱华"的东晋十六国历史使"时人服其深识"。②《晋书·载记序》也称:"郭钦腾笺于武帝,江统献策于惠皇,皆以为魏处戎夷,绣居都鄙,请移沙塞之表,定一殷周之服。统则忧诸并部,钦则虑在盟津。言犹自口,元海已至。语曰'失以毫厘',晋卿大夫之辱也。"《晋书》为唐代史臣房玄龄等著,文中"史臣曰"自然是房玄龄等人的看法,而《载记序》也是出自房玄龄等人之手。

虽然唐人深服江统有先见之明,但一来这些无非是事后诸葛亮之见,二来将西晋政权未采纳江统徙戎的方针而导致五胡入华,颠覆西晋王朝的看法也失之于偏颇,并非中的之见。

作为儒家"严华夷之辨"思想的继承者,江统对于游牧民族一直有自古以来的历史偏见。其认为胡人与汉人之间存在本质区别,胡人"性气贪婪,凶悍不仁",不会被同化。即使他们对西晋政府保持恭顺态度,也不过是因为他们自身实力不强,处于蛰伏状态而已。一旦强大,就会"侵叛","为害深重"。基于这种看法,江统

① 《晋书》卷56《江统传》。
② 《晋书》卷56《江统传》。

便认为将胡人从西晋的国土中迁出,让他们回到原先的领地,才是最好的选择。然而江统提出的徙戎建议,对于当时的西晋朝廷来说,是根本无法推行的。

江统认为只要西晋政府能够为这些游牧民族在迁徙之时提供所必需的粮食,即"廪其道路之粮,令足自致,各附本种,反其旧土",就可以让他们安心迁移,因为他们一定会对故土有所眷恋。但是事实和江统理想化的预期完全悖离。这些少数民族离开故土,内徙汉地已经多年,他们已有数代人生活在农耕地区。胡族人数众多,分散各地,与汉族杂处,大部分人已经改变了其原有的生产和生活方式。若让他们离开肥沃的耕地,重新回到草原,就很难恢复原先的游牧生活和游牧经济。且胡人回到故土之后,还需要建立起新的社会组织和部落结构,而这和胡人早就适应了西晋对他们采取编户齐民的统治方式是完全不同的。

对于西晋政府来说,将胡人迁出也会造成中原地区人口的大量缩减。事实上,汉魏以来胡人已遍布华夏大地,特别在西北等地区,胡族已经占据了近乎一半的人口。一旦他们完全迁出,关中地区就会十分空虚,这对于当地的经济发展十分不利,对于西晋政府来说也会减少大量的赋税收入。

虽然五胡入华最终摧毁了西晋王朝的统治,但导致西晋灭亡的主要原因是贾后乱政与宗室诸王的火并与争斗,而这些问题都是徙戎所不能解决的。正如《红楼梦》中的贾探春所言:"可知咱们这样的大族人家,若被人从外头杀来,一时是杀不死的。古人说:'百足之虫,死而不僵',必须先从家里自杀自灭起来,才能一败涂地呢。"[1]因此即使晋惠帝听从江统的意见,西晋

---

① (清)曹雪芹:《红楼梦》第 74 回,人民文学出版社 1957 年版,第 957 页。

王朝还是难以避免覆灭的命运。

对江统提出的徙戎论的主张,陈寅恪予以了否定。他指出:"江统以为戎狄之所以久居内地,是因为统治者需要'夷虏在内,然后取足'。其实戎狄内迁,有政策、战争、天灾等各方面的原因,有它的历史必然性。迁居内地的戎狄,与汉人错居,接受汉化,为日已久。再要强迫他们回到本土上去,与汉人隔绝,这种相反方向的大变动,反而会促成变乱。取足夷虏,只是招致'戎狄乱华'的原因之一。直接引起'戎狄乱华'的,还是由罢州郡武备,封建诸王而酿成的八王之乱。"[①]

值得我们注意的是,因为《徙戎论》是江统写给西晋统治者看的,所以江统完全是站在汉族的角度和立场上进行论述,并提出解决方案。实际上,很有可能江统本人也察觉到西晋社会民族矛盾的深层次问题,但是源于当时的社会风气,他不敢多加阐述。在文中江统这样写道:"而因其衰弊,迁之畿服,士庶玩习,侮其轻弱,使其怨恨之气毒于骨髓。"[②]这多少反映了当时社会的民族矛盾十分尖锐,而其中很大一部分原因是由于魏晋统治者的民族歧视政策造成的。

## 2. 郭钦、傅玄等人的民族观

西晋时期对于民族问题的认识,江统的看法最具有代表性,但独木无以成林,西晋士人郭钦、傅玄、郤诜、阮种等人对当时的民族问题也有很多见解。郭钦曾任西河侍御史,面对自汉以来匈奴的边患问题,他对朝廷提出这样的看法:

---

① 万绳楠整理:《陈寅恪魏晋南北朝史讲录》第五篇《徙戎问题》,贵州人民出版社 2007 年版,第 72 页。
② 《晋书》卷 56《江统传》。

戎狄强犷,历古为患。魏初人寡,西北诸郡皆为戎居。今
虽服从,若百年之后有风尘之警,胡骑自平阳、上党不三日而
至孟津,北地、西河、太原、冯翊、安定、上郡尽为狄庭矣。宜及
平吴之威,谋臣猛将之略,出北地、西河、安定,复上郡,实冯
翊,于平阳已北诸县,募取死罪,徙三河、三魏见士四万家以充
之。裔不乱华,渐徙平阳、弘农、魏郡、京兆、上党杂胡,峻四夷
出入之防,明先王荒服之制,万世之长策也。①

郭钦的话讲了三个问题:一是曹魏初年人口稀少,所以西北诸郡皆
为戎狄所居;二是主张西晋宜乘太康元年的平吴之威,徙出北地、
西河等郡之戎;三是应于平阳以北诸县募取犯了死罪之人,将他们
迁徙至三河、三魏,以充实北地。三河是指司州之河南、河内、河东
三郡。三魏指冀州魏郡。②

　　郭钦对于民族问题的看法和江统如出一辙。把少数民族视为
洪水猛兽,同样认为"内诸夏而外夷狄"是亘古不变的真理,主张
借"平吴之威,谋臣猛将之略",将已经内迁并同汉族杂居的"四
夷"迁出中原,以"明先王荒服之制"。

　　然而郭钦的建议并未被晋武帝采纳。《资治通鉴》卷81"太康
元年"条胡三省注云:"为后诸胡乱华张本。"西晋的灭亡使郭钦的
言论如同江统的《徙戎论》一样被后人奉为圭臬。东晋初的著名
史学家干宝曾说:"国之将亡,本必先颠,其此之谓乎! ……思郭
钦之谋,而寤戎狄有衅。"③《晋书》卷64 史臣曰:"泰始之受终也,

---

① 《晋书》卷97《四夷传·匈奴》。
② 《续汉书》志第20《郡国志二》"冀州魏郡"条注引《魏志》:"建安十七年,割河
　　内之荡阴、朝歌、林虑,东郡之卫国、顿丘、东武阳、发干,钜鹿之瘿陶、曲周、南
　　和,广平之任城,赵之襄国、邯郸、易阳以益魏郡。十八年,分置东、西都尉。"
　　于是有了三魏。
③ 《晋书》卷5《孝愍帝纪》史臣曰。

乃宪章往昔,稽古前王,广誓山河,……然而作法于乱,付托非才,何曾叹经国之无谋,郭钦识危亡之有兆。"

诚如陈寅恪所言:"郭钦的意见,有历史作根据。他虽不是第一个提出迁出戎狄建议的人,但徙戎问题到郭钦,即到晋武帝平吴之初,已成为一个突出的问题了。主张徙戎的人也多了起来。"①例如傅玄就是徙戎的主要支持者。泰始四年(268),傅玄出任御史中丞,他上书武帝,直陈对民族问题的看法:"臣以为胡夷兽心,不与华同,鲜卑最甚。……秦州刺史胡烈素有恩信于西方,今烈往,诸胡虽已无恶,必且消弭,然兽心难保,不必其可久安也。……此二郡(安定、武威)非烈所制,则恶胡东西有窟穴浮游之地。"②文中将少数民族的心称为"兽心",将其住所称为"窟穴"。可见,傅玄将少数民族视为禽兽,其对少数民族的仇视,比之江统更有过之而无不及。

傅玄在如何处置匈奴刘豹部落问题的看法上与邓艾截然不同。刘豹是南匈奴单于于扶罗之子,刘渊之父,由于南匈奴的动乱,刘豹因此留居汉地。建安元年(196),其叔呼厨泉在于夫罗死后继单于位,刘豹则成为左贤王,接掌了匈奴左部(匈奴五部的其中一部)。邓艾认为"今单于之尊日疏,外土之威寝重,则胡虏不可不深备也。闻刘豹部有叛胡",因此他建议朝廷:"可因叛割为二国,以分其势。去卑(为南匈奴右贤王)功显前朝,而子不继业,宜加其子显号,使居雁门。离国弱寇,追录旧勋,此御边长计也。"③傅玄认为邓艾的御边之策是错误的。他说:"邓艾苟欲取一

① 万绳楠整理:《陈寅恪魏晋南北朝史讲演录》第五篇《徙戎问题》,第71页。
② 《晋书》卷47《傅玄传》。
③ 《晋书》卷28《邓艾传》。

时之利,不虑后患,使鲜卑数万散居人间,此必为害之势也。"①雁门一带是鲜卑族活动的区域,邓艾让去卑之子居于雁门,并加封"显号",必然会造成匈奴与鲜卑势力的坐大。后来发生的"秦凉之变"正是秃发树机能为首的河西鲜卑发动的,此事证明了傅玄预判的正确。

傅玄主张徙民实边,但却坚决反对少数民族散居中原。傅玄的主张得到了晋武帝的赞同,武帝下诏说:"安边御胡政事宽猛之宜,申省周备,一二具之,此诚为国大本,当今急务也。如所论皆善,深知乃心,广思诸宜,动静以闻也。"②

郤诜博学多才,阮种自幼品德出众。泰始年间,武帝因"西虏内侵,灾眚屡见,百姓饥馑,诏三公、卿尹、常伯、牧守各举贤良方正直言之士"。③ 于是太保何曾推荐阮种为贤良,太守文立举荐郤诜应选。两人在应对武帝的策问时,对于戎狄为患的问题,都发表了自己的看法,郤诜对曰:"臣闻蛮夷猾夏,则皋陶作士,此欲善其末,则先其本也。"④阮种对曰:"戎蛮猾夏,侵败王略,虽古盛世,犹有此虞。故《诗》称'猃狁孔炽',《书》叹'蛮夷帅服'。自魏氏以来,夷虏内附,鲜有桀悍侵渔之患。由是边守遂怠,郛塞不设。"⑤郤诜和阮种对少数民族的歧视溢于言表。

对于如何处理民族关系,郤诜认为:"夫任贤则政惠,使能则刑恕。政惠则下仰其施,刑恕则人怀其勇。……是以善者慕德而

---

① 《晋书》卷47《傅玄传》。
② 《晋书》卷47《傅玄传》。
③ 《晋书》卷52《阮种传》。
④ 《晋书》卷52《郤诜传》。
⑤ 《晋书》卷52《阮种传》。

安服,恶者畏惧而削迹。止戈而武,义实在文,唯任贤然后无患耳。"①阮种认为:"闻王者之伐,有征无战,怀远以德,不闻以兵。夫兵凶器,而战危事也。兵兴则伤农,众集则费积;农伤则人匮,积费则国虚。昔汉武之世,承文帝之业,资海内之富,役其材臣,……及其以众制寡,令匈奴远迹,收功祁连,饮马瀚海,天下之耗,已过太半矣。夫虚中国以事夷狄,诚非计之得者也。"②可见,二人都主张朝廷以清明的政治选贤任能、富强国家,以恩德感化夷狄,反对以武力征讨。

除此之外,阮种还认为汉胡之间的民族矛盾之所以如此尖锐,在很大程度上是由于汉族统治者对少数民族的压迫侵侮而造成的。他曾言:"而今丑虏内居,与百姓杂处,边吏扰习,人又忘战。受方任者,又非其材,或以狙诈,侵侮边夷;或干赏啖利,妄加讨戮。夫以微羁而御悍马,又乃操以烦策,其不制者,固其理也。是以群丑荡骇,缘间而动。虽三州覆败,牧守不反,此非胡虏之甚劲,盖用之者过也。"③所谓"用之者过也",就是对胡人的压迫过分了,因此激起了胡族的反抗。阮种对策是给晋武帝看的,对边吏的指责,不可能是无的放矢,必定有事实根据。二人的对策均得到武帝的赏识,被选为上第、第一。郗诜由此被拜为议郎,阮种被封为中书郎。

总之,胡族内徙是中国历史上最引人关注的事件之一。许多问题都是从东汉羌胡大量内徙开始形成的,但是真正可以作为胡族问题爆发的标志是五胡入华,胡族开始在中原纷纷建立政权。孔孟的民族关系学说,是在春秋以来尊王攘夷的背景下形成的,他

---

① 《晋书》卷 52《郗诜传》。
② 《晋书》卷 52《阮种传》。
③ 《晋书》卷 52《阮种传》。

们强调"非我族类,其心必异"。这样一来汉族建立的王朝没有办法处理从四方而来、不断内徙的少数民族,于是就造成了严重的民族问题。西晋统治者基于"内诸夏而外夷狄"的古义,对少数民族的歧视不仅普遍存在,而且在程度上尤为激烈。对于民族关系,无论是统治阶级还是普通士人普遍主张胡人不该居住在中原之地,中原应为汉族独有的清净之土,故必须改变胡汉杂处的民族分布格局,实现汉与五胡在空间上的绝缘分隔。

长期以来,凡提到西晋时期的民族观与民族政策,一些学者比较关注江统《徙戎论》中提出的"晋戎不杂",隔绝胡汉这一思想,以及西晋王朝对各族人民压迫剥削的这一面,而较少对西晋的民族观和民族政策予以全面考察。实际上,胡族的汉化极大地影响了北方地区的生态、人口、饮食和中华民族的发展,它势必会引起历史的一系列变动,众所周知,多元一体是中华民族历史与现实的写照。历史上各民族之间虽然有碰撞,有斗争,但中华各民族融和与团结毕竟是主流。魏晋南北朝时期虽然胡汉各民族发生了激烈的对抗与冲突,但也为日后形成一个新的强大的文化共同体创造了条件,奠定了基础。因此如何从历史实际出发,揭橥西晋民族观与民族政策的全貌,体现其复杂性与多样性,才是我们深入研究西晋民族政策的主要目的。

# 第八章　晋武帝的后宫与宫闱生活

西晋终结了东汉之后的乱世，取代了英雄辈出的三国，重新统一了中国，经过晋武帝的励精图治，出现了百年一遇的"太康之治"。然而治世的到来并不能掩盖西晋社会的各种矛盾，"太康之治"仅仅是昙花一现，晋武帝去世后不过只有十年，就爆发了全国性的内战——八王之乱，紧接着胡族趁乱反晋，刘曜、石勒攻陷洛阳与长安二京，怀愍二帝相继被虏，西晋灭亡。历史在这么短的时间内，竟然发生如此大的变故，的确是惊心动魄，令人惊诧莫名。西晋之兴勃亡忽，皆与晋武帝司马炎有极大的关系。可以说，他既是天下大分裂的终结者，又是天下大一统的掘墓人。

西晋原本可以成为一个盛世王朝，司马炎原本也有机会成为这个盛世王朝的开创者。他的文治武功，虽无法与秦皇、汉武、唐宗、宋祖、明祖这一类雄主比肩，但其平定孙吴，统一三国的历史功绩也是可以彪炳史册的。然而西晋的迅速灭亡不仅导致了后世之人对他的负面评价，更迟滞了中古历史前进的步伐。西晋之后的大分裂、大动乱比之东汉末年及三国时期更为惨烈，魏晋之后的乱世使华夏民族蒙受了更大的灾难。从西晋末年到隋朝初年的近三百年时间里，中国陷入历史上最长的大分裂时期，大分裂虽不能全部诿罪于司马炎，但他这个始作俑者却是难逃历史的追责。

西晋"其亡忽焉"的症结究竟在那里？除了晋武帝排斥胞弟齐王攸，重用外戚杨氏，立愚鲁之子司马衷为皇储，册立贾南风为太子妃之外，是否还有更深层次的原因导致八王之乱与五胡入华等一系列重大历史事件的发生？"太康之治"固然是西晋的治世，但在治世的社会背景下，往往更容易掩盖社会各种问题和西晋统治集团内部的矛盾，并将其缩小化、隐蔽化。俗语云：冰冻三尺非一日之寒，西晋之亡与政治乱象亦应由来已久。晋武帝在位共达二十六年，我们可以将它分为两个阶段，第一阶段为武帝建国即位至平吴前(265—279)，第二阶段为晋武帝平吴至去世(280—290)。平心而论，武帝这二个阶段的表现完全是判若两人。武帝即位初期，史称其"仁以厚下，俭以足用，和而不弛，宽而能断，故民咏维新，四海悦劝也"。[①] 他曾处处以身作则，推崇节俭，反对奢靡，其当殿焚毁太医司马程据所献雉头裘，以青麻代替青丝，并罢建七庙，减轻百姓劳役，获得史家普遍的赞誉。但其灭吴，统一天下之后，司马炎开始飘飘然，他广选嫔妃，纵情声色，荒废朝政。李世民在制书中说他："骄泰之心，因斯以起，见土地之广，谓万叶而无虞；睹天下之安，谓千年而永治。不知处广以思狭，则广可长广；居治而忘危，则治无常治。加之建立非所，委寄失才，志欲就于升平，行先迎于祸乱。……况以新集易动之基，而无久安难拔之虑。"[②]由此可见，西晋的社会风气败坏，各种政治乱象丛生，已经毕露无遗。本章将先从晋武帝的后宫政治与后宫生活来探讨西晋政治由盛转衰的一个侧面。

---

① 《晋书》卷5《孝愍帝纪》史臣曰。
② 《晋书》卷3《武帝纪》制曰。

# 一、弘农杨氏出了两个皇后

晋武帝广选嫔妃,纵情声色以及他在政治决策上的严重失误有不少是在其后宫之中形成的,故我们有必要考察晋武帝的后宫生活。而要论述武帝的后宫,就必然要从武帝的婚姻谈起。早在司马炎弱冠之年,其父司马昭就开始物色子妇。阮籍出自名门,其父阮瑀为建安七子之一,曾任丞相曹操仓曹掾属。阮籍为魏晋之际的名士领袖,在士林之中享有盛誉。司马昭执政时,慕阮籍之盛名,欲为其子司马炎求婚于阮籍之女。但阮籍对司马昭欺君擅政十分不满,故不愿将女适司马炎。但他又惧怕明目张胆地拒婚将得罪司马昭,遭杀身之祸。故每次作媒之人前来,他都佯装醉酒,有时甚至烂醉如泥,而不能言。史载:"文帝初欲为武帝求婚于(阮)籍,籍醉六十日,不得言而止。"①对阮籍佯醉拒婚,司马昭虽然恼怒,但也无可奈何,只得作罢。

由于司马昭求婚阮籍不成,只得为司马炎另择其他高门。经过反复考虑与择选,司马昭选中了弘农杨氏之女杨艳为其子妇。杨艳,字琼芝,出自汉代四世三公弘农杨氏的旁支,其父杨炳,字文宗,曹魏时任通事郎,袭封蒟亭侯。杨文宗很早去世。杨艳被立为皇后,追赠其父杨文宗为车骑将军,谥号穆。杨艳之母赵氏,天水人,也很早病故。据《晋书·武元杨皇后传》载:父母亡故后,"(杨)后依舅家,舅妻仁爱,亲乳养后,遣他人乳其子。及长,又随后母段氏,依其家。后少聪慧,善书,姿质美丽,闲于女工。有善相者尝相后,当极贵,文帝闻而为世子聘焉"。泰始元年(265),司马

---

① 《晋书》卷49《阮籍传》。

炎受禅登基,建立西晋。泰始二年(266)正月二十七日,晋武帝册立杨艳为皇后(史称武元皇后)。有司上奏:依照汉代故事,皇后、太子各封汤沐邑四十县。晋武帝认为这不合于古制,故未同意。武元后追念舅氏的恩德,遂恳请晋武帝封其舅赵俊为显官,武帝又将赵俊兄赵虞之女赵粲纳入后宫,封为充华。武元后深得武帝宠幸,为武帝生下三子三女,分别是毗陵悼王司马轨、晋惠帝司马衷、秦献王司马柬;平阳公主、新丰公主和阳平公主。

　　武帝长子司马轨两岁时夭折。泰始三年(267),在武元皇后的劝说下,武帝立次子司马衷为皇太子。武帝死后,司马衷即位,是为惠帝,民间称其为白痴皇帝。西晋的八王之乱与永嘉之乱,皆是在惠帝时代出现的。他是一个由悍后、外戚、权臣所操纵的傀儡皇帝,也是中国历代帝王中典型的昏君。武帝的一世英名,可以说都毁于错立司马衷为太子。

　　武元后虽贵为六宫之主,宠冠后宫,但其体弱多病,寿不永年。泰始十年(274)七月,杨艳在明光殿中去世,时年三十七岁。晋武帝下诏曰:"皇后逮事先后,常冀能终始永奉宗庙,一旦殂陨,痛悼伤怀。每自以夙丧二亲,于家门之情特隆。又有心欲改葬父祖,以顷者务崇俭约,初不有言,近垂困,说此意,情亦愍之。其使领前军将军(杨)骏等自克改葬之宜,至时,主者供给葬事。"①又追谥其母赵氏为县君,其继母段氏为乡君。将杨艳葬于洛阳东郊峻阳陵,即晋武帝自己的陵寝,谥号武元皇后。

　　晋武帝的继后杨芷,字季兰,小字男胤,弘农郡华阴县(今陕西省华阴市)人,乃杨骏之女,武元皇后杨艳堂妹。杨艳死后,武帝遵从其临终遗言,咸宁二年(276)册立杨芷为继后。杨氏一族

---

出二个皇后,自然荣耀门楣,显赫无比,但杨芷之叔杨珧却不以为然。杨骏后来受武帝重用,一时权倾朝野。杨珧则忧心忡忡,担心有朝一日形势有变,杨氏一族将遭灭门之祸,因此有意效仿钟毓故事,①为杨氏家族留下一脉。珧本传载:"珧字文琚,历位尚书令,卫将军。素有名称,得幸于武帝,时望在骏前。以兄贵盛,知权宠不可居,自乞逊位,前后恳至,终不获许。初,聘后,珧表曰:'历观古今。一族二后,未尝以全,而受覆宗之祸。乞以表事藏之宗庙,若如臣之言,得以免祸。'从之。"②杨珧虽有先见之明,但终不免于祸,永平元年(291)贾后发动政变,杨氏全族皆为贾南风所杀。

杨芷入宫后,史称她"婉嫕有妇德,美映椒房",颇得武帝宠爱。不久,她生下皇子司马恢,但不到二岁就夭折了,后追谥为渤海殇王。太康九年(288),杨芷率领内外夫人及受封命妇,到西郊采桑养蚕,举行亲蚕礼,③并赏赐给夫人们不同数量的绢帛。

晋武帝爱屋及乌,因宠幸杨芷而重用后父杨骏,先是拜为车骑将军,临晋侯。武帝病重时,竟拜无尺寸之功的杨骏为太尉,假节,都督中外诸军事,成为幼主惠帝的辅政大臣。武帝死后,惠帝即位,立贾南风为皇后,尊杨芷为皇太后,但贾后不肯以妇道事杨太后,又欲干预政事,为太傅杨骏所抑制,故贾后日夜密谋策划诛杀

---

① 《三国志》卷28《钟会传》:"(钟)毓曾密启司马文王,言会挟术难保,不可专任,故宥峻等云。"同传裴松之注引《汉晋春秋》亦载:"文王(司马昭)嘉其(钟毓)忠亮,笑答毓曰:'若如卿言,必不以及宗矣。'"可见,钟会之兄钟毓早就知悉钟会有野心,故特地向司马昭进言,欲存活钟氏一族。景元五年(264),钟会谋反,依律钟氏当夷三族,司马昭遵守当初的承诺,对钟氏网开一面。钟毓之子峻、迪特赦,官爵如故。
② 《晋书》卷40《杨骏传附杨珧传》。
③ 亲蚕躬桑礼由皇后主持,其率领众嫔妃祭拜蚕神嫘祖、并采桑喂蚕,以鼓励妇女勤于纺织。亲蚕礼与由皇帝所主持的先农礼相对应,不但有奖励农桑之意,也界定了农耕社会男耕女织的区分。自周代以后,历代多沿袭奉行。

杨骏。永平元年（291）三月，贾南风勾结汝南王司马亮、楚王司马玮发动政变。史载："贾后凶悖，忌后父杨骏执权，遂诬骏为乱，使楚王（司马）玮与东安王（司马）繇称诏诛杨骏。"其时"内外隔塞"，杨芷闻讯，万分焦急，便在帛书上写下"救太傅者有赏"，[①]用弓箭将帛书射到宫外。但不料书信落到贾南风之手，贾南风宣称太后与杨骏共同谋反，杨骏及其亲信皆被夷三族，被杀者达数千人。

杨骏死后，贾后遂以惠帝的名义，下诏令后军将军荀悝押解杨芷到永宁宫幽禁，以便借机将其置于死地。但这时的杨芷仍是皇太后，贾南风不便骤下毒手，于是便暗中指使有司上表云："皇太后阴渐奸谋，图危社稷，飞箭系书，要募将士，同恶相济，自绝于天。鲁侯绝文姜，《春秋》所许，盖以奉顺祖宗，任至公于天下，陛下虽怀无已之情，臣下不敢奉诏。可宣敕王公于朝堂会议。"[②]惠帝按照贾后的意图，下诏曰："此大事，更详之。"有司又上奏云："杨骏凭借外戚资历，居冢宰重任，陛下居丧期间，委以大权，以致图谋篡逆，安插党羽。皇太后与杨骏唇齿相依，协同叛逆，阴谋暴露以后，又抗拒诏命，拥兵恃众，使宫中血刃，而太后又射帛书邀集将士，奖励凶党，上有负于祖宗之灵，下使亿万百姓绝望。昔日文姜参与谋乱，《春秋》加以贬斥；吕雉宗族叛乱，吕后宗庙降位，应该废皇太后为峻阳庶人。"中书监张华等人认为，太后并没有得罪先帝，与所亲结党，在圣世不能作人母榜样。应按汉成帝赵（飞燕）皇后的例子，称为武帝皇后，安置在离宫，使她与陛下的母子之情能保持始终。但尚书令、下邳王司马晃秉承贾后意旨，驳斥张华等人的建议："皇太后与骏潜谋，欲危社稷，不可复奉承宗庙，配合先帝。宜

① 《晋书》卷31《武悼杨皇后传》。
② 《晋书》卷31《武悼杨皇后传》。

贬尊号,废诣金墉城。"于是有司上奏:"请从晃等议,废太后为庶人。遣使者以太牢告于郊庙,以奉承祖宗之命,称万国之望。至于诸所供奉,可顺圣恩,务从丰厚。"①惠帝起初不允,但最终接受了有司的建议,将杨太后废为庶人。

杨芷被废后,贾南风指使有司上表:"杨骏造乱,家属应诛,诏原其妻庞命,以慰太后之心。今太后废为庶人,请以庞付廷尉行刑。"②惠帝司马衷遂下诏将杨太后之母庞氏处死。"庞临刑,太后抱持号叫,截发稽颡,上表诣贾后称妾,请全母命。"③贾后不允。庞氏一死,杨芷就被押送到金墉城囚禁。贾南风随后将她身边的内侍及宫人全部遣散,并断炊断饮,结果杨太后绝膳而死,"时年三十四(岁),在位十五年。贾后又信妖巫,谓太后必诉冤先帝,乃覆而殡之,施诸厌劾符书药物"。④永嘉元年(307),晋怀帝司马炽恢复杨芷的皇太后尊号,单独立庙,神位不与武帝同列,谥号武悼皇后。至咸康七年(341),成帝接受卫将军虞潭的建议,将杨芷神位移入太庙,配飨武帝。

必须注意的是,尽管东晋时,朝廷恢复了杨芷太后的尊号,并移入太庙,配飨武帝,但仍然认为这场灾祸起自后父杨骏。如虞潭在廷议时就指出:"元后既崩,悼后继作,至杨骏肆逆,祸延天母。孝怀皇帝追复号谥,岂不以鲧殛禹兴,义在不替者乎!……伏见惠皇帝《起居注》、群臣议奏,列骏作逆谋,危社稷。"⑤可见,晋廷虽为杨芷平反昭雪,但杨芷之父"杨骏肆逆""骏作逆谋,危社稷"的结

---

① 以上引文皆载于《晋书》卷31《武悼杨皇后传》。

② 《晋书》卷31《武悼杨皇后传》。

③ 《晋书》卷31《武悼杨皇后传》。

④ 《晋书》卷31《武悼杨皇后传》。

⑤ 《晋书》卷31《武悼杨皇后传》。

论并未改变。

　　杨艳去世与册立杨芷为皇后时,晋武帝曾命贵嫔左芬作诔、颂,褒赞二位皇后。左芬秉承武帝旨意,在诔颂文中,极尽阿谀奉承之词,竟然将她们比作上古时期传说中的帝喾元妃姜嫄、舜帝之妃娥皇、女英,大禹之妻涂山氏女与炎帝之母妊姒。三百余年之后,唐人修《晋书》就不再受到现实政治的干预,故史臣对杨艳、杨芷作出了较为客观的评价:

　　　　武元杨氏预闻朝政,明不逮远,爱溺私情,深杜卫瓘之言,不晓张泓之诈,运其阴渗,韬映乾明,晋道中微,基于是矣。①二杨继宠,福极灾生。②

　　其中所言及的"杨氏预闻朝政",即"后妃干政"之意。在以男权为中心的古代社会里,妇人处于依附从属的地位,女子不可能与男子具有同等的权力,她们通常被排斥于政治领域之外,否则即被视为反常,因而有"后妃干政"一词的出现。《晋书·后妃传上》有一段总序,对后妃在帝王政治中的作用作出了评述,兹节录片断如下:

　　　　《婚义》曰:"天子之与后,如日之与月,阴之与阳。"由斯而谈,其所从来远矣。故能母仪天寓,助宣王化,德均载物,比大坤维,宗庙歆其荐羞,穹壤俟其交泰。……若乃娉纳有方,防闲有礼,肃尊仪而修四德,体柔范而弘六义,阴教洽于宫闱,淑誉腾于区域。则玄云入户,上帝锡母萌之符;黄神降征,坤灵赞寿丘之道,终能鼎祚惟永,胤嗣克昌。至若俪极亏闲,凭天作孽,倒裳衣于衽席,感脁侧于弦望。则龙漦结衅,宗周鞠

---

① 《晋书》卷32《后妃传下》史臣曰。
② 《晋书》卷32《后妃传下》赞曰。

为黍苗。燕尾挺灾,隆汉坠其枌社矣。

《晋书》作者对皇室宫闱政治十分重视,反复强调妇德的重要性,后妃若能"阴教洽于宫闱,淑誉腾于区域",王朝就能"鼎祚惟永,胤嗣克昌",即国运长久,子孙后代繁衍昌盛。但如果后妃"凭天作孽,倒裳衣于衽席",即依仗天子的权力胡作非为,干预政事,就会"燕尾挺灾,隆汉坠其枌社矣"。[1] 可见,《晋书》的作者十分强调宫闱政治对王朝盛衰的影响。

为何后妃参预朝政容易出现问题?[2] 这是因为大多数后妃都缺乏治国理政的政治素质。这并非是因其个人才能的高下,实是受时代背景所局限。古代贵族女子自幼生长、生活于闺阁之中,既不接触社会,又很少读书。王夫之就批评汉代母后"所见所闻不出于闺闼,其择贤辨不肖、审是非、度利害,一唯琐琐姻娅之是庸"。[3] 应该说,王夫之的话是有一定道理的。后妃之所以取得君主的宠信,之所以能够参预朝政,主要是凭借美色而非才能,即所谓"女以色进"。所以,大多数后妃都缺乏社会阅历和生活历练。再加之自及笄之年即选入皇宫内苑,所接触之人,除了皇帝之外,就是宫人与宦官。如此一来,后妃进入皇宫之后,几乎与世隔绝,

---

[1] 西汉成帝时,流行一首童谣:"燕燕尾涎涎,张公子,时相见。木门仓琅根,燕飞来,啄皇孙。皇孙死,燕啄矢。"(《乐府诗集》卷88)燕燕指赵飞燕,"尾涎涎",是说羽毛尾巴光润。汉成帝常与富平侯张放微服出宫,在阳阿公主家遇上赵飞燕,所以说"张公子,时相见"。"木门仓琅根"是指宫门。"燕飞来"是说赵飞燕进宫。"啄皇孙"是说赵飞燕谋害皇子。此处用"燕尾挺灾"来类比"燕啄皇孙"的典故,是指贾南风入晋宫后,残害皇子皇孙。

[2] 从历史上看,后妃干政虽然并不能对王朝的盛衰治乱起决定性的影响。但我们也不可否认,后妃预政确实容易导致朝政腐败,甚至社会动乱,如秦始皇母赵姬、西晋贾南风、唐代韦皇后、北魏胡太后、元代奇皇后、清代慈禧等人即是祸乱天下的典型。

[3] (清)王夫之:《读通鉴论》卷7"安帝"。

431

她们对于社会、国事、民情几乎一无所知,更无治国理政的政治才能。一旦让这些毫无政治阅历和政治素质低下的后妃宠溺皇子、信任外戚,干预朝政,确实容易引发政治动乱。

从表面上看,虽然晋武帝的二位皇后杨艳、杨芷还没有直接干预朝政,但二位皇后先后干预了武帝的立储与废太子妃的大计,其历史的罪责亦可谓不轻矣。在中古社会,帝王立储,兹事体大。太子是皇帝的法定继承人,被称为"国本"。皇帝所立太子是否确当,不仅关乎王朝之兴衰存亡,还直接关乎天下苍生之安危。在立储问题上,自先秦秦汉以来诸多杰出的君主都有过惨痛的教训。晋武帝并未汲取,仍然重蹈历史的覆辙,在立嗣问题上犯下了致命的失误,以致造成西晋王朝的迅速崩溃。查检《晋书·后妃传》,我们可以清晰地看到,晋武帝立储在很大程度上是偏听偏信武元杨皇后之言。武元杨皇后明知司马衷智商有问题,但因为司马衷是其亲生,出于爱子心切之故,她就不计后果,坚持要武帝立司马衷为太子。故唐代史臣说她:"武元杨氏预闻朝政,明不逮远,爱溺私情,深杜卫瓘之言,不晓张泓之诈,运其阴渗,韬映乾明,晋道中微,基于是矣。"①是有一定道理的。王鸣盛《十七史商榷》卷48"武帝误于杨后"条也说:

> 武帝后杨氏明知其子惠帝不可立,而力劝帝立之,又力劝帝为其子纳贾充女。此与隋文帝为独孤后所误,劝立炀帝正同。(司马)炎与(杨)坚皆以用妇人言败。杨后又力劝纳其叔父骏之女为后,既覆司马,又倾杨氏。

由于太子妃贾南风在东宫肆逆横行,武帝已经打算废她了,但就是因为杨芷的极力劝阻,才使贾南风躲过这一劫。杨芷曾严厉告诫贾南风,要她思过悔改。但贾南风却不知好歹,以为司马炎要

---

① 《晋书》卷32《后妃传下》史臣曰。

废她,乃是杨芷在背后唆使,"妃不知后之助己,因以致恨,谓后构之于帝,忿怨弥深"。① 武帝死后,贾南风更加肆无忌惮,竟然发动政变。最后杨芷自食恶果,杨氏宗族惨遭屠戮,其本人也活活饿死。对于杨芷的悲惨结局,后世很少有人表示同情,反而对她进行了谴责。如宋人陈普有诗云:"丑短妍长孰用心,国家持换郭槐金。一门姊妹同倾晋,饿死犹轻罪更深。"虽然诗中"一门姊妹同倾晋"有言过其实之嫌,但杨氏姊妹纵容贾南风胡作非为,最后导致她祸国殃民,却是不争的事实。当然,我们也不能把所有的责任都推到杨氏姊妹身上。武帝明知太子不慧,难堪社稷大任,明知贾南风凶悍狠毒,而未采取废储、废太子妃的断然措施,作为一国之君的晋武帝确实难辞其咎。

在家国一体的帝制社会里,对帝王而言,在某些情况下,家事即国事,例如立储、选太子妃表面上看来似乎是家事,实则上是国之大事。诚如宋人叶适所指出:

> 武帝未有失德,而杨元后以市井庸妇人见识佐之,以嫡立惠,以妹继室,以贾为妇,三哲同意,乱本既成,无可救者,祸流生民数百载。②

如果将帝王立储作为家事处理,往往会导致后妃也拥有极大的权力,以致严重干扰朝廷的"立国本"。在这方面,春秋战国时期的管子与韩非子似乎早有预判,管子指出:"妇言不及宫中之事,而诸臣子弟无宫中之交。"③韩非子则言:"明君之于内也,娱其色而不行其谒,不使私请。"④这是管子、韩非子对君主的告诫,惜乎司

① 《晋书》卷31《武悼杨皇后传》。
② (宋)叶适:《习学记言序目》卷29。
③ 《管子·君臣下》。
④ 《韩非子·八奸》。

马炎未懂这个道理。晋武帝就是过于宠信后族,才使自己的一世英名毁于一旦。

其实,历史上的英主明君对后妃干政曾经采取了诸多措施。例如汉武帝为防范吕后专权危害汉室局面的出现,在立七岁之子刘弗陵为太子后,竟然赐死其母钩弋夫人。西晋之前的曹魏,对东汉后妃干政所引发的祸乱也颇为警觉,曹丕即位之后,即下诏不许后妃、外戚干预朝政。但晋武帝并未汲取历史教训,司马炎自"平吴之后,天下乂安,遂怠于政术,耽于游宴,宠爱后党,亲贵当权,旧臣不得专任,彝章紊废,请谒行矣"。① 在武帝和武元、武悼皇后的扶植下,杨氏后族势力日益膨胀,贾氏后族也趁势崛起。可见,武帝在世时,就在后宫中埋下了司马宗室与后族势力内讧的导火索。

晋武帝错立太子、重用外戚,关乎西晋王朝由盛转衰,笔者此处仅是张本,之后还将另辟专章检讨。

## 二、武帝扩充后宫与采选秀女

有关武帝嫔妃及后宫宫人问题也是颇值得我们探究的。武帝后宫人数有多少? 据《晋书·武悼杨皇后传附胡贵嫔传》载:"时帝多内宠,平吴之后复纳孙皓宫人数千,自此掖庭殆将万人。"《资治通鉴》卷81"太康二年"条载:"帝既平吴,颇事游宴,怠于政事,掖庭殆将万人。"从中我们可以得知,武帝后宫嫔妃宫人数量极其庞大,竟多达万人,问题是如此众多宫人来自何处?

武帝后宫规模如此庞大,并非一朝形成,实际上武帝后宫是囊括了曹魏、蜀汉、孙吴三个国家后宫宫人的总数。这里,我们不妨

① 《晋书》卷3《武帝纪》。

434

先简要回顾一下三国时期的后宫。据《三国志·后妃传》记载，曹操建魏国，在王后之下分五等：夫人、昭仪、婕妤、容华、美人。曹丕称帝，又增设贵嫔、淑媛、修容、顺成、良人五等。魏明帝曹叡继位，兴建宫室，"广采众女，充盈后宫"。① 他省去顺成，却增设淑妃、昭华、修仪三等。自此，魏明帝于皇后之下共设十二个等级。远远突破了周礼所规定的"三夫人、九嫔、二十七世妇、八十一御妻"的模式。除了有爵秩的妃嫔之外，曹叡后宫之中的女官、宫女竟然多达数千之众。其"耽于内宠，妇官秩石拟百官之数"。② "自贵人以下至尚保，及给掖庭洒扫，习伎歌者，各有千数。……又录夺士女前已嫁为吏民妻者，还以配士。既听以生口自赎。又简选其有姿色者内之掖庭。"③魏明帝时宫人数量几乎和朝廷的官员相当。曹叡纵欲过度，引起了朝臣们的关注和不安。廷尉高柔上书规劝曹叡："《周礼》，天子后妃以下百二十人，嫔嫱之仪，既以盛矣。窃闻后庭之数，或复过之，圣嗣不昌，殆能由此。臣愚以为可妙简淑媛，以备内官之数，其余尽遣还家。"④但高柔的忠言，曹叡大觉逆耳，哪里听得进去，故还是我行我素。

公元 265 年，魏晋鼎革，司马炎登基称帝，继承了曹魏所有的国家资源，毫无疑问，曹魏后宫的妃嫔宫人自然也悉数都"禅让"给司马炎了。⑤

---

① 《三国志》24《高柔传》。
② 《资治通鉴》卷 73 魏明帝"青龙三年"条。
③ 《三国志》卷 3《明帝纪》注引《魏略》。
④ 《三国志》24《高柔传》。
⑤ 《世说新语·贤媛第十九》："魏武帝崩，文帝悉取武帝宫人自侍。及帝病困，卞后出看疾；太后入户，见直侍并是昔日所爱幸者。太后问：'何时来邪？'云：'正伏魄时过。'因不复前而叹曰：'狗鼠不食汝余，死故应尔！'"可见，父亡之后，其姬妾为子所纳，在汉魏时期并不鲜见，至于前朝宫人为新朝悉数收纳，更是毋庸置疑。

由于《三国志·蜀书》记载不详,故我们难以得知蜀汉后宫的确切人数,但由于蜀汉人口不多,全国户口不到一百万,加上蜀汉侍中董允的阻挠,估计蜀汉后宫宫人数量有限,不会太多。如后主刘禅意欲增加后宫嫔嫱人数,却遭到侍中董允的反对。"允处事为防制,甚尽匡救之理。后主常欲采择以充后宫,允以为古者天子后妃之数不过十二,今嫔嫱已具,不宜增益。后主益严惮之。"①董允所说的"古者天子后妃之数不过十二",并非常制,《后汉书·皇后纪序》云:"夏殷以上,后妃之制,其文略矣。周礼王者立后,三夫人,九嫔,二十七世妇,八十一女御,以备内职焉。"可见,夏殷以上的后妃之制,汉儒已不清楚。《通典》曰:"天子娶十二女即夏制也",亦仅是一种猜测。其实,三代以上天子后妃之数渺茫难稽,而历代帝王后宫嫔嫱之数是不受限制的。例如秦始皇的后宫宫人竟达到万人。② 总之,因《蜀书》及他史均无记载,故无从得知蜀宫嫔嫱宫人之确数,但从董允之语,透露出一条信息,即刘禅后妃之数未超过十二人。

尽管蜀汉后宫嫔妃宫人不多,但蜀汉亡国之时,蜀汉宫人大部分都随后主迁徙至洛阳,如"后主张皇后,前后敬哀之妹也。……咸熙元年,随后主迁于洛阳"。③ 但一部分宫人却被司马昭当成战利品,赏赐给平蜀有功的将士。"魏以蜀宫人赐诸将之无妻者,李昭仪曰:'我不能二三屈辱。'乃自杀。"④

除了占有曹魏、蜀汉后宫的宫人之外,武帝后宫宫人的半数竟

---

① 《三国志》卷 39《董允传》。
② 春秋战国时期秦国宫廷并不大。自秦始皇兼并六国之后,修建阿房宫,宫室规模空前扩张。《史记》卷 6《秦始皇本纪》,《正义》引《三辅旧事》载:"始皇表河以为秦东门,表汧以为秦西门,表中外殿观百四十五,后宫列女万余人。"
③ 《三国志》卷 34《后主张皇后传》。
④ 《三国志》卷 34《后主张皇后传》注引《汉晋春秋》。

来自武帝平吴之后,吴国孙皓后宫的宫人。太康元年(280),王濬攻入吴都建业后,将吴国的版图、户口、官吏、军士、米谷、舟船等悉数收缴,其中还包括收缴孙皓"后宫五千余人"。[①] 吴国仅占江南荆扬交广四州之地,人口虽比蜀汉略多,但也不过只有二百多万,哪里来的这么多的宫人? 原来孙吴建国初期,宫室简陋,宫人也不多,正如吴丞相陆凯进谏孙皓所言:"自昔先帝(孙权)时,后宫列女,及诸织络,数不满百,米有畜积,货财有余。先帝崩后,幼(孙亮)、景(孙休)在位,更改奢侈,不蹈先迹。伏闻织络及诸徒坐,乃有千数,计其所长,不足为国财。然坐食宫廪,岁岁相承,此为无益。愿陛下料出赋嫁,给与无妻者。如此,上应天心,下合地意,天下幸甚。"[②]然而,陆凯的上疏丝毫起不了作用,孙皓反而变本加厉,大肆兴建宫室,"临陌以来,游戏后宫,眩惑妇女"。[③] 故吴宫规模空前扩大,"宫女旷积",宫人数量也由大帝孙权时的数百人扩充到孙皓时的五千余人。

西晋平吴之后,俘获这么多的吴国宫人,对她们如何发落? 是收拾江南人心,将宫人尽数放出,还是遴选一部分年轻貌美者送往洛阳,将姿色平庸或年长者放出吴宫? 这二种选择都是可行的,当然第一种选择更能顺应江南民心。但出乎人们意料的是,晋武帝居然下诏,将这五千余名江南女子悉数送往洛阳的西晋后宫,供晋武帝一人"享用"。此事《通鉴》与《晋书》《三国志》均有记载。《资治通鉴》卷81曰:"太康二年春三月,诏选孙皓宫人五千人入宫。"《晋书·武帝纪》则云:太康二年三月,"诏选孙皓妓妾五千人

---

① 《三国志》卷48《孙皓传》注引《晋阳秋》。
② 《三国志》卷61《陆凯传》。
③ 《三国志》卷61《陆凯传》。

入宫。"①《三国志·吴书·妃嫔传》也有记载:"(孙)皓内诸宠姬,佩皇后玺绶者多矣。天纪四年,随皓迁于洛阳。"②吴亡之后,在朝野对孙皓一片喊杀声讨中,③孙皓几乎连自己的性命也难保,更何谈其姬妾宫人的去留,所以"(孙)皓内诸宠姬"在吴亡之后,也就顺理成章地成了晋武帝的战利品,由孙皓姬妾转为晋武帝姬妾。

司马炎登基之日,蜀已灭亡,蜀宫人皆已被没入洛阳掖庭,加上洛阳宫室原有的宫人,故数量至少有数千之众。但晋武帝犹不满足,泰始九年(273)竟然效仿孙吴暴君孙皓,在全国范围内广采众女,充盈后宫。此次选入宫中的大都出自高门大族。"司徒李胤、镇军大将军胡奋、廷尉诸葛冲、太仆臧权、侍中冯荪、秘书郎左思及世族子女并充三夫人九嫔之列。"④这次择选秀女的范围很广,除了公卿大臣、名门望族之外,凡二千石官员,包括州牧刺史、郡守之女,都在遴选范畴之内,史载:"司、冀、兖、豫二千石将吏家,补良人以下。"⑤

西晋未平吴之前,其所辖之地为幽、冀、并、兖、司、豫、徐、青、凉、益等十州(以东汉十三州计算)。泰始年间,鲜卑树机能在秦凉地区起兵反晋,匈奴右贤王刘猛叛逃出塞,攻打并州。鲜卑拓跋部在蒙古地区崛起,鲜卑慕容部在东北地区崛起,他们皆给西晋边境带来了严重的压力,晋武帝自然不敢在并、凉、幽州等少数民族居住地区择选秀女,以免进一步激化民族矛盾。益州原为蜀汉版图,此时巴蜀新定,人心尚不稳定;江南扬越之地在孙吴的区域中,

① 《晋书》卷3《武帝纪》。
② 《三国志》卷50《妃嫔传·孙皓滕夫人传》。
③ 可参见本书第六章之三"优待亡国之君"。
④ 《晋书》卷31《武元杨皇后传》。
⑤ 《晋书》卷31《武元杨皇后传》。

晋武帝自然不可能越境在敌国采选江南美女。徐青二州濒临吴境,需大量征调二州士民,对付孙吴,故也不便在此二州采择女子。由此可见,晋武帝在"司、冀、兖、豫二千石将吏家,补良人以下",已经是竭其所能,在全国最大范围内采选"良人以下"的掖庭女子了。[①]

有关武帝于泰始年间采女之事,学界颇有不同的看法,觉得此事尚有探究的余地,不能一概以武帝"好色"而论之。特别是日本学者安田二郎从考辨《晋书》"武帝好色"的记载入手,指出"武帝采女"之事发生于泰始九年(273),此时武帝以州郡二千石以上官员之女入宫选拔,其目的是为了限制士族豪强家族之间的联姻,扩张外戚势力,以进一步巩固皇权。与所谓的太康失政并无关联。[②]笔者认为安田氏分析似有牵强附会之感,兹提出三点以质疑:

其一,如果武帝采女是为了限制士族豪门家族之间的联姻,壮大外戚集团,那么武帝于泰始九年在全国范围内采选天下女子之后,外戚势力已经大为扩张,杨氏外戚集团亦已形成,武帝就完全无必要再次扩大自己的后宫。然而武帝甫一灭吴,就迫不及待地下诏,令有司速将吴宫所有的嫔嫱宫女悉数送往京师洛阳。若非

---

① 汉代在皇后之下,将妃嫔分成十四个等级,其顺序为:昭仪、婕仔、娙娥、容华、美人、八子、充依、七子、良人、长使、少使、五官、顺常、无涓(共和、娱灵、保林、良使、夜者)。汉代妃嫔完全按照朝廷官员的禄秩和爵位来编排,分别享有不同等级的待遇与俸禄(参见《汉书》卷97《外戚传序》及颜师古注)。除十四等级之外,还有上家人子、中家人子。另外,史籍中还出现过诸姬、长御、才人、待诏掖庭、中宫史、学事史等名目。晋武帝参照汉魏之制,略加损益,建立起一套新的妃嫔制度。皇后之下,设贵嫔、夫人、贵人为三夫人,位比三公;又以淑妃、淑媛、淑仪、修华、修容、修仪、婕妤、容华、充华为九嫔,位比九卿。至此,晋代三夫人、九嫔有了具体名号。在九嫔以下又设美人、才人、中才人等为二十七世妇,八十一御妻,爵比千石以下官员。

② [日]安田二郎:《西晋武帝好色考》,《六朝政治史の研究》,京都大学学术出版社2003年版,第43—161页。

武帝好色,垂涎江南美女已久,又怎会在江南百姓多年来遭孙皓残暴统治,苦不堪言,急切期望西晋统治者解民倒悬,施行仁政之时下此诏令。

其二,有人根据《武元杨皇后传》中的记载:"召充选者使(杨)后拣择。后性妒,惟取洁白长大,其端正美丽者并不见留。时卞藩女有美色,帝掩扇谓后曰:'卞氏女佳。'后曰:'藩三世后族,其女不可枉以卑位。'帝乃止。"[①]即武帝将采选之事全权委托杨皇后,最后择谁为妃嫔,全由杨后裁决,据此认为武帝并不好色。实际上,这条史料并不能说明武帝不好色,他看中卞藩之女正是因其"有美色"。而卞氏女之所以未被选上,乃是因为杨后"性妒"。[②] 她以"藩三世后族,其女不可枉以卑位"为借口,不允武帝选卞女为妃。至于"武帝乃止"的原因是因为他"惧内",武帝对杨后十分宠爱,甚至有畏惧心理,这与后世隋文帝杨坚因惧怕皇后独孤伽罗而不敢幸宫人十分类似。而且正是由于武帝惧内,才不敢废"戆愚"的太子司马衷,遂酿成千古遗恨。

其三,武帝平吴之后,后宫宫人数以万计,由于不能遍幸,才放浪形骸到用"羊车巡幸",荒淫到如此程度,难道还不是因"好色"所致?

其实在中国历史上,凡为帝王者,大都有"寡人之疾",[③]对这一司空见惯之事我们完全没有必要加以掩饰或回护。问题是武帝的"寡人之疾"十分严重,以致造成天下扰攘,万民不得安宁。对

---

① 《晋书》卷31《武元杨皇后传》。
② 《晋书》卷31《后妃传》序中亦云:"泊乎世祖,始亲选良家,既而帝掩纨扇,躬行请托。后采长白,实彰妒忌之情。"
③ 《孟子·梁惠王下》:"王曰:寡人有疾,寡人好色。对曰:昔者,太王好色,爱厥妃。"

此我们不妨再作进一步申论：

虽然《晋书》对武帝泰始年间的采择未作评述,但通过检索史料,我们可以毫不夸张地说,武帝采择女子的方式与吴国暴君孙皓毫无二致。兹不妨将二人采择秀女的史料作一比较：

> (武帝)诏聘公卿以下子女以备六宫,采择未毕,权禁断婚姻。[1]

> 泰始中,帝博选良家以充后宫,先下书禁天下嫁娶,使宦者乘使车,给驺骑,驰传州郡。[2]

> (武帝)诏又取良家及小将吏女五千人入宫选之,母子号哭于宫中,声闻于外。[3]

> (孙)皓又使黄门备行州郡,科取将吏家女。其二千石大臣子女,皆当岁岁言名,年十五六一简阅,简阅不中,乃得出嫁。后宫千数,而采择无已。[4]

从上引史料中可知,司马炎与孙皓,在采择女子之前都专门颁下诏书。令人惊讶的是,其内容竟然惊人的相似。诏书规定:在皇帝采择之前,"禁断婚姻","禁天下嫁娶","简阅不中,乃得出嫁"。即规定天下臣民必须等到皇帝的采选活动结束,才准男婚女嫁。虽然后世史学家对司马炎与孙皓的评价大异其趣,至少认为司马炎的前期尚不失为明君,而孙皓则是一个不折不扣的暴君,但他们在采择女子的做法上,却是毫无二致,如出一辙。后赵时,荀勖之孙荀绰曾对武帝一朝的政治得失与西晋短促而亡的历史教训进行反思和总结。他说：

---

① 《晋书》卷 3《武帝纪》。
② 《晋书》卷 31《武元杨皇后传》。
③ 《资治通鉴》卷 80 晋武帝"泰始十年"条。
④ 《三国志》卷 50《孙皓滕夫人传》注引《江表传》。

> 世祖自平吴之后,天下无事,不能复孜孜于事物。始宠用后党,由此祖祢采择嫔媛,不拘拘华门。父兄以之罪衅,非正形之谓,闾禁以之攒聚,实耽秽之甚。昔武王伐纣,归倾宫之女,不以助纣为虐,而世祖平皓,纳吴姬五千,是同皓之弊也。[1]

荀绰的总结是有一定道理的,但他只讲对了一半,其实,武帝"同皓之弊",并非仅仅是平吴之后的"纳吴姬五千"。早在平吴之前的泰始年间,武帝在采择女子之事上已经"同皓之弊"了,甚至在采择女子的范畴上还超过了孙皓。孙皓将采择的范围局限在二千石官员之女,而司马炎扩大到"良家及小将吏女"。所以荀绰说武帝"采择嫔媛,不拘拘华门",也就是说武帝采择范围已不再局限于世家大族,而是扩大到中级官员,甚至民间。

当然,采选女子入宫之事也并不始于晋武帝和孙皓。东汉桓帝在位时,就不满足后宫现有的宫人之数,而在民间采择秀女,以致造成民怨沸腾,为此大鸿胪陈蕃上书桓帝:"比年收敛,十伤五六,万人饥寒,不聊生活,而采女数千,食肉衣绮,脂油粉黛,不可赀计。鄙谚言'盗不过五女门,以女贫家也'。今后宫之女,岂不贫国乎! 是以倾宫嫁而天下化,楚女悲而西宫灾。且聚而不御,必生忧悲之感,以致并隔水旱之困。"陈蕃认为,宫人过多就会导致宫廷靡费大量增加,造成国家贫困。宫人过多,天子不能遍幸,就会导致宫人的悲愁,也就是宫怨。因此他劝谏桓帝"采求失得,择从忠善"。桓帝虽然昏庸,但觉得陈蕃之言不无道理,"帝颇纳其言,为出宫女五百余人"。[2]

刚直敢谏之臣刘毅曾批评武帝"不如桓灵",此事常被史家认

---

① 《群书治要》29《晋书上》引荀绰《略记》,四部丛刊初编本,商务印书馆 1919 年版,第 370 页。
② 《后汉书》卷 66《陈蕃传》。

为是对"司马炎卖官鬻爵"的批评。其实这是对史料的曲解。曲解之处笔者已在前文中进行了辨析。但武帝在对待宫人问题上确实"不如桓灵",因为在晋武帝统治的二十多年中,很少见他有放出宫人的记载,而桓帝却纳陈蕃之谏,释放宫女五百余人。

由于晋廷大量采选秀女,使大批少女"到那不得见人的去处",①故遭到秀女们的反抗与抵制。晋武帝采选诏令下达之时,"名家盛族子女,多败衣瘁貌以避之"。② 许多名门望族之女都不愿入宫,她们穿粗衣陋服,不施脂粉,蓬头垢面,故作丑陋,以躲避采选。泰始九年(273)七月,一批世家大族女子被选入内宫,武帝十分高兴,从中挑选出貌美的女子用红色的丝绢系在其手臂上,表示已入选。

史载:"泰始末,武帝怠政事而耽于色,大采择公卿女以充六宫,胡奋女选入为贵人。"③胡奋之女名胡芳,其父胡奋早年随司马懿征讨辽东,平定公孙渊,后追随司马昭讨灭诸葛诞,又平定匈奴刘猛叛乱,因累立军功,历官至征南将军,为西晋佐命功臣。胡芳在入选之后,大声啼哭,左右之人十分紧张,赶紧制止说:"不要让陛下听到哭声。"胡芳说:"死且不畏,何畏陛下。"④像胡芳这样的女子,在被选中之后,失声痛哭,并非是个别现象。史载,被选入宫禁的少女在与亲人告别时,"母女号哭于宫中,声闻于外,行路悲酸"。⑤ 据《晋书·五行志》记载,晋武帝采择女子,颇不得人心,故导致气候异常,时旱时雨,阴阳失调。"泰始九年,自正月旱,至于

① 《红楼梦》第 18 回《皇恩重元妃省父母》,人民文学出版社 1957 年版,第 204 页。
② 《晋书》卷 31《武元杨皇后传》。
③ 《晋书》卷 57《胡奋传》。
④ 《晋书》卷 31《武悼杨皇后传附胡贵嫔传》。
⑤ 《晋书》卷 28《五行志》。

六月,祈宗庙社稷山川。癸未,雨。十年四月,旱。去年秋冬,采择卿校诸葛冲等女。是春,五十余人入殿简选。又取小将吏女数十人,……是殆积阴生阳,上缘求妃之应也。"由此可见,司马炎采女竟成了《五行志》中"天人感应"的例证。

胡芳虽然不愿入宫,但入宫之后却得到司马炎的宠爱,她进宫不久,武帝就"遣洛阳令司马肇策拜芳为贵嫔"。由于胡芳性格率直,举止大方,"帝每有顾问,不饰言辞,率尔而答,进退方雅",故甚得武帝的欢心。不久即为晋武帝所临幸,生下女儿武安公主。武帝虽多内宠,但他最宠幸的妃嫔却是胡芳,两人经常在宫廷作"摴蒱"①的游戏,并互相插科打诨,乐此不疲。史载:"芳最蒙爱幸,殆有专房之宠焉,侍御服饰亚于皇后。"②武元杨皇后病重之时,晋武帝曾打算在杨艳死后,立胡芳为皇后,但遭到杨艳的坚决反对,结果武帝只能"屈从",改立杨艳堂妹杨芷为继后。

武帝采女也使一些功臣成为外戚,胡奋即是其中之一。胡奋仅有一子一女,子早亡,女入宫为贵人。当胡奋得知其女受到武帝恩宠,哭道:"老奴不死,唯有二儿,男入九地之下,女上九天之上。"由于胡奋既是旧臣,其女又为武帝所宠幸,故武帝迁其为尚书左仆射,加授镇军大将军、开府仪同三司。胡奋虽与武帝联姻,

---

① 摴蒱是古代一种游戏,类似后代掷骰子。根据(宋)郑樵《通志·草木略》:"摴似椿,……叶脱处有痕,为樗蒱子。"认为摴蒱之得名,系由摴叶脱处所留痕迹而来,所以五木投子又被简称为"齿",掷得采名称为"齿采"。摴蒱又别名"蒲戏"。摴蒱所用的骰子共有五枚,有黑有白,称为"五木"。它们可以组成六种不同的排列组合,也就是六种彩。其中全黑的称为"卢",是最高彩,四黑一白的称为"雉",次于卢,其余四种称为"枭"或"犊",为杂彩。掷到贵彩的,可以连掷,或打马,或过关,杂彩则不能。每一枚掷具都有正反两面,一面涂黑,一面涂白,黑面上画有牛犊,白面上画有野鸡。在汉代,摴蒱逐渐取代了六博("双陆"游戏的一种),入西晋后更为流行。

② 《晋书》卷31《武悼杨皇后传附胡贵嫔传》。

但却不愿以外戚身份炫耀。其虽"家世将门",为一介武夫,但"晚乃好学",①深知满则溢,极必反,富贵而骄非保身之道,故始终保持清醒的头脑。由于武帝的放纵,太康年间,外戚专权跋扈之态已露端倪,如武帝继后杨芷之父杨骏并无功业,仅凭后父身份"超居重位,自镇军将军迁车骑将军,封临晋侯"。② 杨骏志得意满,颇为狂妄自大。胡奋告诫杨骏:"卿恃女更益豪邪? 历观前代,与天家婚,未有不灭门者,但早晚事耳。观卿举措,适所以速祸。"杨骏说:"卿女不在天家乎?"胡奋答曰:"我女与卿女作婢耳,何能损益!"③

胡奋、杨骏两人都与"天家"婚配,为何胡奋会对杨骏说:"我女与卿女作婢耳。"这是因为杨骏之女杨芷贵为皇后,而奋女胡芳虽得武帝宠幸,但毕竟只是嫔妃。众所周知,帝王之妻虽统称为后妃,但"妃"与"后"地位相差悬殊,二者不能相提并论。在皇帝神圣,皇权至高无上的古代社会里,皇后在内宫中的地位最为尊贵。"后正位宫闱,同体天王。"④"天子之与后,犹父之与母。"⑤皇帝为天下之父,皇后就是天下之母,"母仪天下"就成了封建君主专制体制的一个重要组成部分。作为武帝嫔妃的胡芳,自然不能与国母杨芷相比,故在胡奋眼中只能是"我女与卿女作婢耳"。当然,此话也从侧面反映了杨氏在宫中的势力。胡奋遂借机讥刺杨骏依恃椒房之宠,凭藉后父身份飞扬跋扈。

从胡奋与杨骏的对话中,我们还可以看到杨氏外戚势力与功

---

① 《晋书》卷57《胡奋传》。
② 《晋书》卷40《杨骏传》。
③ 《晋书》卷57《胡奋传》。
④ 《后汉书》卷10《皇后纪》。
⑤ 《礼记·昏义》。

臣之间的矛盾,功臣不仅对外戚依仗裙带关系而嗤之以鼻,同时对武帝宠信杨氏也颇为不满。但胡奋的劝诫并未起到任何作用,反而遭到杨骏的嫉恨。从"时人皆为之惧,骏虽衔之,而不能害"①一语中,可以发现,武帝朝后期,杨氏外戚势力已相当强大。其时胡奋已官居左仆射,镇军大将军,一身兼文武重职,无疑是朝廷重臣,但其对杨骏的忠告,居然会"时人皆为之惧"。因何而惧?无非是比起胡奋,杨骏更得武帝信任,其权势也远在胡奋之上,时人担心胡奋直言劝诫会遭到杨骏的报复。不出所料,杨骏果然"衔之",只是因杨骏忌惮胡奋的功业,而不敢加害。由此可见,武帝时期的后宫政治已辐射到朝廷之上。

## 三、羊车临幸与有名号的妃嫔

司马炎虽然宠幸胡芳,但"并非三千宠爱在一身",而是"并宠者甚众"。尽管众多宫人都有机会能沐天子的雨露之恩,但武帝后宫人数实在太多,平吴之后,他将吴宫女子尽数籍没入宫,故西晋的后宫宫人竟多达万余人。司马炎以眇眇之身,分身乏术,面对如此众多的嫔嫱宫人,即使是夜夜笙歌,不再早朝,所幸者又能有几人!据崔灵恩考证,先秦时期人君的临幸有一套规范的礼法制度:

> 凡夫人进御之义,从后而下十五日遍。其法自下而上,象月初生,渐进至盛,法阴道也。然亦不必以月生日为始,但法象其义所知。其如此者,凡妇人阴道,晦明是其所忌。故古之君人者,不以月晦及望御于内。晦者阴灭,望者争明,故人君尤慎之。《春秋传》曰:"晦阴惑疾,明谣心疾,以辟六气。"故

---

① 《晋书》卷57《胡奋传》。

不从月之始，但放月之生耳。其九嫔已下，皆九人而御，八十一人为九夕。世妇二十七人为三夕，九嫔九人为一夕，夫人三人为一夕，凡十四夕。后当一夕，为十五夕。明十五日则后御，十六日则后复御，而下亦放月以下渐就于微也。……凡九嫔以下，女御以上，未满五十者，悉皆进御，五十则止。后及夫人不入此例，五十犹御。故《内则》云："妾年未满五十者，必与五日之御。"则知五十之妾，不得进御矣。①

从崔氏所考可以看出，先秦时期的后妃进御极为规范。首先，后妃侍寝是每十五天轮流一遍，从最低的嫔御开始，与月亮的圆缺相对应，月初最小，日渐变大，妃嫔即由低位到高位，直至月圆时由王后侍寝。其次，月亮象征阴，是女性的代称。后妃进御以"法象"为据，即以月晦、月望为准。初一、十五是奇特的日子，"人君尤慎"，君主不要在这两日行幸，即所谓"晦者阴灭，望者争明"。再次，在年龄上，规定凡九嫔以下，女御以上，未满五十岁，悉可进御，五十岁则停止。王后则不受年龄限制，五十岁以上仍可进御。

崔灵恩的考证是否合乎常情？颇值得探究。《礼记·昏义》云："古者天子后立六宫，三夫人、九嫔、二十七世妇、八十一御妻。"这里的"古者"指的是西周，从中可见周天子后宫有名号的仅有 121 人。但实际上，西周后妃是否只有此数？是很值得怀疑的。再则帝王后宫宫人不仅只有后妃嫔嫱，还应包括大量的女官及宫女。而帝王的临幸则完全不受任何"礼法"的约束，时间的限制，其拥有绝对的自由，随时可以临幸包括宫女在内的所有的后宫女性。所以崔氏之说既不符合常理，又没有可操作性，显然是一种理想化的设计。事实证明，晋武帝的"羊车临幸"就完全否定了崔氏

---

① （宋）周密：《齐东野语》卷19《后夫人进御》，中华书局1983年版。

的考证。关于司马炎乘坐羊车选择临幸对象之事,《晋书·后妃传》及《资治通鉴》均有记载:

> 平吴之后复纳孙皓宫人数千,自此掖庭殆将万人。而并宠者甚众,帝莫知所适,常乘羊车,恣其所之,至便宴寝。宫人乃取竹叶插户,以盐汁洒地,而引帝车。①

> 帝既平吴,颇事游宴,怠于政事,掖庭殆将万人。常乘羊车,恣其所之,至便宴寝,宫人竞以竹叶插户,盐汁洒地,以引帝车。②

以羊拉车,看似好笑,其实历史颇为悠久,至少在汉代就已有之。汉代以降,从《晋书》《南齐书》的《舆服志》、《隋书·礼仪志》、《宋史·仪卫志》中,皆能见到关于羊车的记载。《晋书·舆服志》载:"羊车,一名辇车,其上如轺,伏兔箱,漆画轮辀。"《南齐书·舆服志》载:"漆画牵车,小形如舆车,……御及皇太子所乘,即古之羊车也。晋泰始中,中护军羊琇乘羊车,为司隶刘毅所奏。武帝诏曰:'羊车虽无制,非素者所服,免官。'"《宋史·仪卫志三》载:"后汉刘熙《释名》曰:'骡车、羊车,各以所驾名之也。'隋《礼仪志》曰:'汉氏或以人牵,或驾果下马。'此乃汉代已有,晋武偶取乘于后宫,非特为掖庭制也。况历代载于《舆服志》,自唐至今,著之礼令,宜且仍旧。"

作为牲畜,羊虽有属于自身类种的情欲,但对人世间的美女不感兴趣,它也不知道该在何处停留? 宫人为了能让武帝留宿,"竞以竹叶插户,盐汁洒地,以引帝车。"为何用竹叶和盐汁呢? 胡三省注曰:"羊嗜竹叶而喜盐,故以二者引帝车"。③ 羊喜欢吃嫩草,

---

① 《晋书》卷31《武悼杨皇后传附胡贵嫔传》。
② 《资治通鉴》卷81晋武帝"太康二年"条。
③ 《资治通鉴》卷81晋武帝"太康二年"条"羊车临幸"胡注。

喜欢舔咸味,妃嫔们便想方设法,投羊所好,力争把羊吸引过来。此事记载于正史,再现了司马炎后宫生活的荒淫无度。

当时,羊车成为司马炎的专用御辇,别人乘坐便会因僭越而获罪,中护军羊琇就因乘羊车而遭刘毅参劾,被罢免官职。令人意想不到的是,数十年后,西晋王朝竟以天子坐羊车出降。永嘉之乱时,先是洛阳沦陷,晋怀帝被虏,吴王司马晏之子司马邺即位,是为晋愍帝。司马邺当时只有十四岁,虽有琅邪王司马睿、南阳王司马保辅政,但大厦已倾,无力回天,只能承受亡国的命运。建兴四年(316),匈奴将领刘曜大举进攻长安,司马邺无力对抗,被迫出降,西晋灭亡。对于司马邺出降的情形,《晋书·孝愍帝纪》载:"帝乘羊车,肉袒衔璧,舆榇出降。群臣号泣攀车,执帝之手,帝亦悲不自胜。御史中丞吉朗自杀。"《资治通鉴》卷89记载:"帝乘羊车,肉袒衔璧、舆榇出东门降。群臣号泣,攀车执帝手,帝亦悲不自胜。"肉袒,即光着膀子,扮奴隶;衔璧,即持其祭器,示亡国;舆榇,即抬着棺材,示有罪;乘羊车,表示自己像羊一样温顺,任人宰割。翌年,沦为阶下囚的司马邺在受尽屈辱虐待后被杀。

同样是羊车,同样是载着皇帝,但情形截然不同,一个载着开国皇帝,一个载着亡国之君。司马炎乘坐羊车时,天下安定,四海承平,他是在悠闲地临幸美女;司马邺乘坐羊车时,山河变色,江山易主,他是在沮丧地认罪投降。这两辆羊车分别见证了西晋王朝的兴与衰,也分别见证了司马炎和司马邺的荣与辱,当年司马炎乘坐羊车猎艳后宫时,哪里会想到帝国会覆亡,子孙会受辱,这无疑是历史对西晋王朝莫大的讥讽。西晋王朝的覆灭,追本溯源,其祸根早在司马炎时代就已经悄悄地种下了。如果晋武帝仅仅是"好色"也就罢了,问题是其平吴之后就沉湎酒色,荒废朝政,宠信后党。《资治通鉴》在晋武帝"羊车临幸"之事后写道:"后父杨骏及弟珧、济始用事。交通请谒，势倾内外，时人谓之三杨。旧臣多被疏退，山涛数有规讽，帝虽知而不能改。"①由于晋愍帝乘羊车出降，羊车从此象征亡国，为不祥之兆，故西晋以降，皇帝就极少乘羊车了。其实，封建王朝的兴衰存亡，自有其政治与经济、军事等原因，与羊车又有何干？西晋以降的文人雅士则常以"羊车"作为宫怨诗的题材。如北宋诗人王琪《望江南》："粉泪空流妆点在，羊车曾傍翠枝来。"南宋词人黄升《清平乐·宫怨》："当年掌上承恩，而今冷落长门。又是羊车过也，月明花落黄昏。"

晋武帝后宫极为庞大，后宫女子包括后妃、女官、宫女等在内约有万人，但其妃嫔有多少？《晋书·后妃传》记载甚简，正式列于《后妃传》的，除了二位杨皇后之外，仅有妃嫔五人。即贵嫔二人：左芬与胡芳；夫人二人：诸葛婉与谢玖；中才人王媛姬。胡芳经历前已叙述，兹将另外四人事迹作一简述。

诸葛婉，生卒年不详，琅邪阳都（今山东省沂南县）人，父诸葛冲在晋朝任廷尉一职，祖父诸葛绪曾任魏泰山太守、雍州刺史，参与灭蜀之战，其间被钟会诬陷而押入槛车。入晋后为太常、卫尉等职；其兄诸葛铨，任散骑常侍；其弟诸葛玫任侍中、御史中丞。泰始九年（273）春，诸葛婉被选入后宫。入宫后，武帝司马炎遣使持节、洛阳令司马肇拜诸葛婉为夫人。此位与贵嫔、贵人并称三夫人，仅次于皇后。

晋武帝后宫中也不是所有的宫人都是凭姿色入选的，左芬即是如此。她于泰始八年（272）因文采出众而选入后宫。左芬，出土墓志作左棻，字兰芝，齐国临淄（今山东临淄）人，是西晋著名文学家左思之妹。左思与左芬，虽出身寒族，却都才华横溢，是中国

---

① 《资治通鉴》卷81晋武帝"太康二年"条。

文学史上的兄妹诗人。著名的《三都赋》就出自左思的笔下，当时的达官显贵、文人墨客争相传阅，一度抬高了洛阳的纸价，"洛阳纸贵"这个成语由此而来。

左芬自幼好学，擅长诗文。晋武帝听闻其才华过人，便将她纳入后宫。初入宫时，武帝拜她为修仪。后进封为贵嫔。《晋书·武悼杨皇后传附左贵嫔传》记载了左芬进宫后的生活："姿陋无宠，以才德见礼。体羸多患，常居薄室。"左芬因为相貌平庸，体弱多病，故得不到武帝的宠幸，经常住在"薄室"①里。晋武帝每次游览华林园时，都会顺道前往左芬居处，向其请教文义。对于晋武帝所提的"文义"，左芬不仅对答如流，而且是"辞对清华"，武帝左右之人听了"莫不称美"。晋武帝对她的才学十分钦佩，"帝重芬辞藻，每有方物异宝，必诏为赋颂，以是屡获恩赐焉"。凡宫廷中的红白之事，左芬总是受命作赋。故左芬虽为妃嫔，但更像是宫廷的御用待诏，凡后宫有什么文书需求，都由她执笔。

今存左芬所撰的诗、赋、颂、赞、诔等共有二十余篇。这些诗赋大都为应诏之作。但也有少量的作品，倾注了她个人的真情实感。尤为后人称道的是她的代表作《离思赋》。此赋与后世出自男性文人笔下写宫女生活的代言体不同，全赋以作者的亲身体验，写出自己在特定环境中的离思之悲，细腻真切，缠绵悱恻，真实感人，开历代"宫怨"文学先河。《离思赋》中不仅充满宫怨之气，而且还有

---

① 《汉书》卷8《宣帝纪》载："（宣帝）既壮，为取暴室啬夫许广汉女。"应劭曰："暴室，宫人狱也，今曰薄室。"颜师古曰："暴室者，掖庭主织作染练之署，故谓之暴室，取暴晒为名耳。或云薄室者，薄亦暴也。今俗语亦云薄晒。盖暴室职务既多，因为置狱主治其罪人，故往往云暴室狱耳。然本非狱名，应说失之矣。"此处以唐颜师古诠释为准，即"薄室"是染房的别称。

深切的"思亲"之愁。钱钟书曾这样评价《离思赋》："按宫怨诗赋多写待临望幸之怀,如司马相如《长门赋》、唐玄宗江妃《楼东赋》等,其尤著者。左芬不以侍至尊为荣,而以隔'至亲'为恨,可谓有志,即就文论,亦能'生迹'而不'循迹'矣。"

从进宫之日起,左芬就过着郁郁寡欢的生活。公元290年,晋武帝去世。贾南风控制了皇宫和朝政,西晋的宫廷中充满了勾心斗角与谋杀。虽然史书并无其时左芬生活的记载,但其晚景的凄凉落寞,也大致可以想象。①

《晋书·后妃传》将谢玖作为惠帝的夫人,实际上谢玖本是武帝后宫中的才人,后被武帝派遣至东宫侍寝,生司马遹。司马衷即位后,立司马遹为太子,封谢玖为淑妃。贾南风知道真相后,十分愤怒,她将谢玖另外安置,不准司马遹与谢玖母子相见。元康末年,贾南风渐失人心,侍中裴頠担心她乱政,与张华、贾模商议废贾南风而改立太子司马遹生母淑妃谢玖为皇后,但张华、贾模二人担心引起祸乱,故不敢贸然行事。永康元年(300)三月,贾南风矫诏废杀太子,谢玖也被拷打而死。四月,赵王司马伦发动兵变,诛杀贾南风,灭贾氏全族。晋廷下诏改葬司马遹,追谥他为愍怀太子,同时追赠谢玖为夫人,将她与司马遹葬于显平陵。

晋怀帝生母是王媛姬,其生卒年不详。《晋书·后妃传》曰:"不知所出",即不知道她的出身经历。但从她死后祔葬文明皇

---

① 左芬的墓志于民国十九年(1930)在洛阳以东偃师县被发现。墓志阳:"左棻,字兰芝,齐国临淄人,晋武帝贵人也。永康元年三月十八日薨。四月廿五日葬峻阳陵西徼道内。"墓志阴:"父熹,字彦雍,太原相弋阳太守。兄思,字泰冲。兄子髦,字英髦。兄女芳,字惠芳。兄女媛,字纨素。兄子聪奇,字骠卿,奉贵人祭祠。嫂翟氏。"

后王元姬于崇阳陵,可以推测她有可能是晋武帝母族王氏的族人。王媛姬初入晋武帝后宫时,被封为中才人。太康五年(284),生皇子司马炽,为武帝第二十五子,也就是后来西晋第三任皇帝——晋怀帝。王媛姬早逝,怀帝司马炽即位后,追尊她为皇太后。

《晋书·后妃传》只记载了晋武帝五位妃嫔,但实际上远不止此数。兹将我们在史书中所能见到的武帝的妃嫔列名如下:

1. 贵嫔左芬,也作左棻,字兰芝,左雍之女,左思之妹。泰始八年(272)封修仪,后进贵嫔,约永康元年(300)去世。

2. 贵嫔胡芳,胡奋之女。泰始九年(273)入宫,翌年,由采女拜贵嫔,生武安公主。

3. 夫人诸葛婉,诸葛冲之女,泰始九年入宫。

4. 夫人谢玖,父以屠羊为业,选入后宫为才人。赐以太子司马衷为妾,生愍怀太子,拜为淑媛。贾后掌权时,与愍怀太子同时遇害。永康初,追赠夫人。

5. 中才人王媛姬,晋怀帝司马炽之母,早逝,怀帝即位,追尊为皇太后。

6. 夫人李氏,生司马允、司马晏。

7. 贵人公孙氏,晋武帝时为淑妃,晋惠帝时进为贵人。

8. 淑妃刘媛,泰始十年(274),由采女拜淑妃。

9. 淑媛臧曜,泰始十年拜淑媛。

10. 淑仪芳,泰始十年拜淑仪。

11. 修华逯粲,泰始十年拜修华。

12. 修容陈某,泰始十年拜修容。

13. 修仪左嫔,咸宁三年(277),由美人拜修仪。

14. 婕妤邢兰,咸宁三年拜为婕妤。

15. 容华朱华,咸宁三年拜为容华。

16. 充华赵粲,出身天水赵氏,皇后杨艳舅家赵虞之女,经杨艳援引而入内宫,拜为充华,惠帝即位后依附贾南风,永康元年与贾后同时伏诛。

17. 美人审氏,生城阳王司马景、楚王司马玮、长沙王司马乂。

18. 才人徐氏,生城阳王司马宪。

19. 才人匮氏,生东海王司马祗。

20. 才人赵氏,生始平王司马裕。

21. 美人赵氏,生代王司马演。

22. 保林严氏,生新都王司马该。

23. 美人陈氏,生清河王司马遐。

24. 诸姬,生汝阴王司马谟。

25. 才人程氏,生成都王司马颖。

26. 美人徐义,贾南风乳母,因随贾南风入宫而被武帝封为中才人,惠帝即位后又进号良人、美人。元康八年(298)去世。

需要说明的是上述二十六人仅是晋武帝妃嫔中的一部分。可以断定,未见史书记载的妃嫔必然存在。例如《晋书·武十三王》记载:武帝共有二十六子,但传中只提到了武帝的十八子及其生母。而"余八子不显母氏,并早夭,又无封国及追谥,今并略之"。这就说明,武帝有八个儿子的生母,因子早夭,又无封国及谥号,故其母也未见记载。另外,除二十六子之外,武帝还有十三女,而生女的后妃也只有部分见于史载,如武元杨皇后生平阳、新丰、阳平公主;胡芳生武安公主。其余生女的宫人均未见史载。晋武帝"羊车临幸"在历史上颇为罕见,是否被其临幸者皆有封号,亦无从得知,如果被临幸者皆有封号,则武帝的嫔妃就不知其数了。

还需提一笔的是《晋书·后妃传》中还有遗漏的记载。例如，泰始年间，"司徒李胤、镇军大将军胡奋、廷尉诸葛冲、太仆臧权、侍中冯荪、秘书郎左思及世族子女并充三夫人九嫔之列"。但《晋书·后妃传》对冯荪之女没有记载，至于李夫人及淑媛臧曜与李胤、臧权之女是否为同一人，亦无从考证。

# 第九章　立储与选太子妃

西晋的灭亡虽然有诸多原因,但宋人叶适认为最为关键的原因有四点。叶氏云:

> 晋武帝时大议论有四:惠帝定嗣,一也;贾后为冢妇,二也;贾充、荀勖进退,三也;齐王攸去留,四也;晋之治乱存亡虽在此四者,然不过一本。昔周子有兄而无慧,不能辨菽麦,故不可立。武帝二十五子,惠之无慧,帝自知之,而终不决者,特愍怀尔;又明见充女不可,然竟纳为妇,以成愍怀之酷,实勖辈弥缝其间;末年恐攸挟众望夺嫡,又为逐去,以速其死。帝本于一事不了,故四事无不然,遂至举天下而弃之。然则尧舜之所以不与其子者,岂以为圣,殆亦审虑定计当然耶。①

叶适所述四点皆为中肯之论,但归根到底,是以晋武帝的立嗣问题为核心,即其所强调的"一本"。晋武帝时朝廷内党争不断,此伏彼起。西晋前期,晋武帝立嗣一直是牵动朝野的大事,以致党争的焦点便集中到惠帝废立一事上,叶适所论清楚地揭橥了其中的因果关系。可以说,晋武帝明知惠帝"无慧"而执意要立他为嗣,是导致他去世后政局失控的直接根源,对于这一问题的认识,可谓古今一辞,并无异议。但是,问题恰恰在于,为何晋武帝明知惠帝"无慧",还要立他为嗣而不改易呢? 下面我们将对这一关键问题展开具体分析。

---

① (宋)叶适:《习学记言序目》卷29《晋书一》。

# 一、晋武帝立嗣问题辨析

在前文中我们谈到武帝之所以立司马衷为太子，是因为他听信了武元皇后杨芷之言。《尚书·牧誓》中有"牝鸡无晨。牝鸡之晨，唯家之索。今商王受，惟妇言是用"的记载，讲的是周武王伐殷时在牧野誓词，声讨商纣王"惟妇言是用"的罪行，而武帝似乎也是犯了与商纣王相似的错误，即"惟杨后言是用"。其实所谓武帝听武元皇后之言，才立司马衷为储君，仅是一个方面的原因，武帝立储问题的复杂性远远超出《晋书·武元杨皇后传》的记载。泰始三年(267)正月，武帝立司马衷为太子。此时距武帝亡魏成晋，登基称帝不过只有一年多，其本人也不过只有三十二岁，正是春秋鼎盛之龄，接班人的问题尚未凸显。况且此时距其父司马昭去世仅二十七个月，三年之丧尚未结束。故武帝在此时立太子，似乎与司马家族极为重视丧葬之礼，一贯倡导以礼孝治天下的宗旨不符。以情理推测，武帝此时立储其中恐有隐情。

武帝迫不及待地立储与其本人几经反复才成为世子的经历很有关系。武帝虽然是司马昭的嫡长子，但他世子的地位却长期悬而不定，久拖不决。其弟司马攸虽非嫡长，但其幼年就过继给伯父司马师。司马师是司马懿的嫡长子，他废魏帝曹芳，平定淮南毌丘俭之乱，为司马代魏奠定了基础，既是亡魏成晋的关键人物，又是司马家族无可争议的继承人。司马攸一旦成为司马师的嫡嗣，也就拥有了司马氏家族合法继承人的地位与身份。在争夺储位的过程中，司马攸具有很大的优势，他不仅是司马师的嗣子，而且"才望出武帝之右，宣帝每器之"。祖父司马懿器重他，父亲司马昭对他也特别宠爱，每次见到司马攸，司马昭都抚摸着自己的椅子说：

457

"此桃符座也。"桃符是司马攸的小名,此话之意是自己日后将把大位传给司马攸。史载司马攸"几为太子者数也"。①

司马炎对其父欲立司马攸为嗣十分忧虑。"初,文帝未定嗣,而属意舞阳侯攸。武帝惧不得立。"②舞阳侯曾经是宣帝司马懿的爵位,司马攸成年后也封舞阳侯,这就有意无意地向世人表明他将成为司马家族的继承人。武帝对自己的处境当然十分清楚,为了争夺世子之位,他不惜纡尊降贵,亲自前往司马昭心腹何曾、裴秀家中拜谒,请何曾等人在司马昭面前为自己力争,可见司马炎为争夺储位煞费苦心。

司马昭晚年在立谁为世子的问题上一直犹豫不决,左右为难,直到司马昭心腹何曾、裴秀等人反复劝说,一致声称"中抚军(司马炎)聪明神武,有超世之才,发委地,手过膝,此非人臣之相也",③其世子的地位才最终确定下来。司马家族向来标榜"以名教治天下",敦亲睦族、孝顺父母、兄友弟恭是其门风。但由于司马炎兄弟争夺嗣子如此激烈,司马昭与妻王氏皆忧虑自己一旦身殁,炎攸兄弟会手足相残,历史将重演"豆萁相煎"的故事,故司马昭夫妇于去世之前反复叮咛司马炎要善待胞弟司马攸,《晋书·齐王攸传》较为翔实地记载了此事:

> 及帝(司马昭)寝疾,虑攸不安,为武帝叙汉淮南王、魏陈思故事而泣。临崩,执攸手以授帝。先是太后(王元姬)有疾,既瘳,帝与攸奉觞上寿,攸以太后前疾危笃,因歔欷流涕,帝有愧焉。攸尝侍帝疾,恒有忧戚之容,时人以此称叹之。及太后临崩,亦流涕谓帝曰:"桃符性急,而汝为兄不慈,我若遂

① 《晋书》卷38《齐王攸传》。
② 《晋书》卷35《裴秀传》。
③ 《晋书》卷3《武帝纪》。

不起,恐必不能相容。以是属汝,勿忘我言。"

在西晋以孝治天下的风尚浸润下,父母的临终遗言,司马炎当然不能置若罔闻,武帝即位之后,即封司马攸为"齐王,时朝廷草创,而攸总统军事,抚宁内外。……迁骠骑将军,开府辟召,礼同三司"。① 在武帝与司马攸君臣名分已定的情况下,齐王攸已暂时不会对兄长的皇位构成威胁,所以西晋开国之初,武帝对齐王攸在一定程度上仍然予以重用,以显示其孝友之德行,兄弟两人一度和衷共济。但往事的记忆并不会就此消失。武帝多年来与其弟司马攸争夺世子之位而产生的嫌隙,难免使他耿耿于怀,成为一个挥之不去的心结。武帝即位之后,为了进一步巩固皇权,防患于未然,必然要采取强干弱枝的措施,以防止皇位继承权落于宗室旁支之手。由于齐王攸拥有很高的人望,被众多的朝臣视为武帝身后最合适的皇位继承者,所以武帝对齐王攸始终都有戒备防范之心。为了彻底杜绝齐王攸觊觎皇位以及朝臣拥戴他作为武帝的继承人,武帝及早建储、早定国本未尝不是其防微杜渐,确保司马氏皇位在武帝一房永久传承的重大国策。所以武帝于泰始三年丁卯立司马衷为太子的这项措施针对性就极其明确,诏曰:

> 朕以不德,托于四海之上,兢兢祗畏,惧无以康济寓内,思与天下式明王度,正本清源,于置胤树嫡,非所先务。又近世每建太子,宽宥施惠之事,间不获已,顺从王公卿士之议耳。方今世运垂平,将陈之以德意,示之以好恶,使百姓蠲多幸之虑,笃终始之行,曲惠小仁,故无取焉。咸使知闻。②

诏书中"置胤树嫡"一语就是要强化司马炎一房的传承地位,它明

---

① 《晋书》卷38《齐王攸传》。
② 《晋书》卷3《武帝纪》。

确告知天下士民与司马氏宗室,帝室的正统地位只能出自武帝一房,非武帝系的宗室旁支只能屏藩帝室,而不得承袭大位。诏书中另外一句:"又近世每建太子,宽宥施惠之事,间不获已,顺从王公卿士之议耳",颇有玩味的余地。所谓"宽宥"指的是当年文帝司马昭几乎放弃嫡长子继承制度,而代之以偏爱的司马攸。武帝在此委婉地批评了自己的父亲。"顺从王公卿士之议"一语可能是指武帝立司马衷为太子并非所有的朝臣都赞成,但武帝已不能再等待,必须以众臣都拥戴立太子的名义,顺水推舟,立即作出决断。正如安田二郎所指出,武帝急切地立司马衷为太子,便是为了阻断人们对于齐王攸可能继位的猜测。①

晋武帝子嗣甚多,共有二十六男,其中不乏智商较高者,为何偏要立司马衷为太子? 难道他不知司马衷智力有缺陷? 唐修《晋书》的史臣在对晋惠帝的评价中说:"古者败国亡身,分镳共轸,不有乱常,则多庸暗。岂明神丧其精魄,武皇不知其子也!"②唐代史官们认为,是晋武帝司马炎不了解自己的儿子,才导致了惠帝登基,西晋短祚的悲剧。但是晋武帝毕竟是西晋开国之君,并非昏庸之主。所谓知子莫如父,以武帝之雄才,岂能不知司马衷驽钝愚鲁,难以继承大统。对惠帝的智力障碍,最早发现并表示忧虑的正是晋武帝本人。③ 武帝之所以不肯更易太子,并非是感情用事,而是有诸多方面的考量。下面我们将再作进一步检讨。

立嫡长而不立庶幼是中国古代自西周以降就确立的王(皇)

---

① [日]安田二郎:《西晋初年政治史论》,《六朝政治史の研究》,京都大学学术出版社 2003 年版,第 15—19 页。

② 《晋书》卷 4《惠帝纪》史臣曰。

③ 《晋书》卷 31《武元杨皇后传》:"帝以皇太子不堪奉大统,密以语后。"武元皇后死于泰始十年(274),此事当在此之前,约在泰始七、八年间,时太子十三四岁,武帝就已发现了太子的智力问题。

位继承制度,凡为帝王者皆不敢轻易变更。从历史上看,一旦废长立幼,废嫡立庶,就极易造成动荡,甚至是家破国亡。曹操立储之时,曾经在曹丕与曹植之间犹豫不决,徘徊再三,后操"屏除左右问(贾)诩。诩嘿然不对。太祖曰:'与卿言而不答,何也?'诩曰:'属适有所思,故不即对耳。'太祖曰:'何思?'诩曰:'思袁本初、刘景升父子也。'太祖大笑,于是太子遂定"。① 尽管曹操最终立曹丕为嗣,但曹操刚去世,魏国局势立刻发生动荡。曹彰从长安赶回洛阳,他对曹植说:"先王召我者,欲立汝也。"②又带着兵马问贾逵:"先王玺绶何在?"幸亏贾逵机智应对:"太子在邺,国有储副,先王玺绶,非君侯所宜问也。"③才化险为夷,避免了曹氏兄弟的骨肉相残。

曹魏之事,离晋不远,晋武帝当然记忆犹新,何况他自己也有与魏文帝曹丕相似的经历。作为司马昭嫡长子的司马炎本该无可争议地成为嗣子,但其弟司马攸竟然与己争夺储位,致使武帝世子地位久悬不决,皇位险些旁落。殷鉴这一刻骨铭心的教训,武帝认为此类事件不应再发生在自己的子嗣身上。尽管司马衷智商不高,但他是皇后所生,在名分上完全凌驾于其他庶出的皇子之上。当然,对于司马衷的智商问题,武帝也不是没有担忧,他曾多次考虑更换太子。史载:"帝以皇太子不堪奉大统,密以语后。"但是在"母以子为贵"的封建时代,更换太子关乎杨皇后及其家族地位,故司马炎的想法刚一说出就遭到武元杨皇后的强烈反对,杨皇后曰:"立嫡以长不以贤,岂可动乎?"④武元杨后之言虽然是为太子

---

① 《三国志》卷10《贾诩传》。
② 《三国志》卷19《任城威王彰传》注引《魏略》。
③ 《三国志》卷15《贾逵传》。
④ 《晋书》卷31《武元杨皇后传》。又《资治通鉴》卷80晋武帝"泰始十年"条记载:"初,帝以太子不慧,恐不堪为嗣,尝密以访后。后曰:立子以长不以贤,岂可动也。"

司马衷申辩,但"立嫡以长不以贤"确实合乎古法,常为历代帝王所遵循,司马炎很难驳斥,何况武帝在这一问题上感同身受,有过切肤之痛的往事。

武帝子嗣虽多,但嫡子只有司马轨、司马衷、司马柬三人。司马轨早夭,司马衷智力弩钝,司马柬却"沈敏有识量"。有一次,晋武帝亲临宣武场,让司马柬整理核查三十六军的士兵名册,司马柬竟然一眼就校对出名册中的脱漏谬误,晋武帝甚"异之",之后对他特别重视。"泰始六年,封柬汝南王。咸宁初,徙封南阳王,拜左将军、领右军将军、散骑常侍。"①由于司马柬沉稳聪慧,有胆识器量,故深得武帝欢心,"于诸子中尤见宠爱"。太康年间,司马柬"甚贵宠,为天下所属目"。武帝可能有过易储的打算,以司马柬来取代司马衷的太子之位。但最终却封司马柬为秦王,命其出镇关中。柬本传曰:"太康十年,徙封于秦,邑八万户。于时诸王封中土者皆五万户,以柬与太子同产,故特加之。转镇西将军、西戎校尉、假节,与楚、淮南王俱之国。"②

武帝为何会改变主意呢? 由于史料的缺乏,我们今天已很难了解其中的隐情。但根据武帝一贯秉持立嫡长的原则,仍可以作些推测。武帝很有可能考虑到司马柬虽为嫡子,却非长子,如果立司马柬为储君,就是废长立幼。如此一来,自己当年和司马攸争夺储位并最终获胜就缺乏正当性,而且也失去强迫司马攸离京就藩的理论依据。而继续保留司马衷的太子地位,除了可以避免"废长立少,违礼不祥",③还暗含一层用意,即告诫众多的庶幼皇子,晋室之统绪必须按嫡长传承,庶幼子切不可有继承大位的异心。

① 《晋书》卷64《秦献王柬传》。
② 《晋书》卷64《秦献王柬传》。
③ 《晋书》卷43《山涛传》。

为了进一步强调嫡庶有别,武帝于泰始十年(274),特地下诏曰:"嫡庶之别,所以辨上下,明贵贱。而近世以来,多皆内宠,登妃后之职,乱尊卑之序。自今以后,皆不得登用妾媵以为嫡正。"①这就以皇帝诏书的形式规定了不许非嫡长之子争位,同时也排除了齐王攸继嗣的可能。

除上述原因之外,武帝不废太子可能还有思念发妻武元皇后杨艳的用意。武元皇后生前百般呵护司马衷,但她体弱多病,担忧自己一旦离世,司马衷的太子地位就会不稳。史载:"及后有疾,见帝素幸胡夫人,恐后立之,虑太子不安。"杨艳知道晋武帝素来宠幸胡芳,其担心在她死后胡芳若被立为皇后,司马衷的储君之位恐难保无虞。为此,武元后煞费苦心,她巧妙地安排其堂妹杨芷入宫,使其成为继后,以保护司马衷。杨艳病重时,头枕着晋武帝的膝盖,悲伤地说:"叔父杨骏女男胤有德色,愿陛下以备六宫。"②所谓"鸟之将死,其鸣也哀;人之将亡,其言也善",武帝为人颇重情感,与武元后伉俪情深,故不忍拒绝她的临终嘱托,史载:"帝流涕许之。"以后,武帝每欲废太子时,想起武元后的临终遗言,也就打消了废储的念头。


## 二、围绕选太子妃而展开的党争

晋武帝既然不打算易储,就想寻觅一位品貌俱佳的子妇,也就是太子妃。一旦如愿,她既可助太子料理东宫之事,又可弥补太子智力上的不足。所以择选太子妃就成了武帝泰始年间的一件大

① 《晋书》卷3《武帝纪》。
② 《晋书》卷31《武元杨皇后传》。

事。太子妃的择选范畴框定在武帝朝的功臣之中,可以作为太子妃的主要人选有二人,一是司空卫瓘之女,二是太尉贾充之女。二女孰优孰劣,时人早有品评。武帝原本属意的是卫瓘之女,但武元后坚决主张立贾充女为妃。武帝对武元后说:

> 卫公女有五可,贾公女有五不可。卫家种贤而多子,美而长白;贾家种妒而少子,丑而短黑。①

武帝将卫瓘女与贾充女在五个方面作了比较,认为贾充之女短黑且生性嫉妒,卫瓘之女身体修长,肤白美丽,故欲聘卫瓘女为妃。卫瓘之女与贾充之女是否真的有如此大的差异?虽然并无确切史料来考证,但仍可从一些旁证来窥探。

卫公女容貌未见史载,但卫氏家族确实有"美"的基因。卫瓘之孙卫玠是中国古代四大美男之一。《世说新语·容止》有二处提到了卫玠的容貌。其一,"骠骑王武子是卫玠之舅,俊爽有风姿。见玠,辄叹曰:'珠玉在侧,觉我形秽!'"王武子是卫玠之舅,容貌俊秀,但他每次见到卫玠,总是感到自惭形秽,这是用对比的方法来烘托卫玠之容颜。其二,"卫玠从豫章至下都,人久闻其名,观者如堵墙。玠先有羸疾,体不堪劳,遂成病而死。时人谓看杀卫玠"。此即成语"看杀卫玠"的典故出处。既然卫玠是美男,卫氏女容貌俊秀可能性就极大。可见,晋武帝称赞卫瓘之女"贤美长白"并非凭空杜撰。

贾南风是否真的如司马炎所说的"丑而短黑",笔者以为,贾南风这一体貌特征虽然可能含有因其一生的劣迹,史书予以丑化的成分,但与史实出入不会太大。贾南风容颜,史书虽无直接描写,但亦可从侧面了解。据《晋书·惠贾皇后传》记载,贾南风除

---

① 《晋书》卷31《惠贾皇后传》。

了与太医令程据私通以外,还经常派人在路上寻找美少男,淫乱之后加以杀害。但有一小吏因长相俊美而得以幸存,后因其突然身穿华贵衣服而被"贾后疏亲"看到,认为他是偷盗而得,遂将其扭送至官府。在对簿公堂时,小吏诉说了他的一段曲折离奇的经历:"先行逢一老妪,说家有疾病,师卜云宜得城南少年压之,欲暂相烦,必有重报。于是随去,上车下帷,纳篚箱中。行可十余里,过六七门限,开篚箱,忽见楼阙好屋。问此是何处,云是天上,即以香汤见浴,好衣美食将入。见一妇人,年可三十五六,短形青黑色,眉后有疵。见留数夕,共寝欢宴,临出赠此众物。"听到小吏的叙述,"贾后疏亲"已经知道了事情的真相,"听者闻其形状,知是贾后,惭笑而去"。① 由此可见,贾南风确实身材矮小,肤色青黑,眉后有疵,相貌不佳。

武帝所说的"贾家种妒"也是事实。史载,贾南风"妒忌多权诈,太子畏而惑之,嫔御罕有进幸者"。② 贾南风妒忌心强,脾气粗暴以致太子对她十分畏惧,同时她又有"权诈"的手段,因此太子被她迷惑。另外,从"贾家种妒"四个字可以看出,贾南风的妒忌是有家族遗传的。贾南风之母广城君郭槐,是城阳郡太守郭配之女,系贾充的续弦。郭槐"性妒忌",生下贾南风后,更是变本加厉。她对贾充身边的所有女性都心怀戒备,贾南风弟贾黎民三岁时,乳母带他在家门口玩,贾充走来时,儿子喜笑着让父亲抱。贾充便上前抚摸他。这一幕恰巧被郭槐看到,她以为乳母跟贾充有私情,不问青红皂白,"即鞭杀之"。贾黎民因受惊吓得病而死。不久,郭槐又生一男,仍让乳母喂养。一日,乳母抱着孩子在院里,

---

① 《晋书》卷31《惠贾皇后传》。
② 《晋书》卷31《惠贾皇后传》。

"贾充以手摩其头",郭槐又"疑乳母,又杀之"。① 结果孩子亦因思慕乳母而早夭。

郭槐还忌妒贾充的原配李氏。李氏出身名门,端丽贤淑,因受其父株连被流放边地,后遇赦放还,晋武帝特下诏,准许贾充置左右夫人,但郭氏坚决反对,并不准贾充接李氏回府,贾充无奈,只得屈从。后来郭槐仗着己女贾南风为皇太子妃,盛装去拜谒李氏,"既入户,李氏出迎,槐不觉脚屈、因遂再拜"。② 以后贾充每次出门,郭槐必派人跟踪,担心他去李氏处。郭氏之妒对其女影响至深,造就了贾南风妒暴酷虐的性格。

关于贾家"少子"一说也是事出有因,自郭槐二子死后,"(贾)充遂无胤嗣",③只得以外孙韩谧为"(贾)黎明子,奉充后"。郎中令韩咸等人对郭槐说:"礼,大宗无后,以小宗支子后之,无异姓为后之文。"要求郭槐改立贾氏小宗为贾充后嗣,但郭槐坚持以韩谧为贾充后嗣,并上表武帝,说这是贾充的遗愿。武帝为此下诏曰:"太宰素取外孙韩谧为世子黎明后。吾退而断之。外孙骨肉至近,推恩计情,合于人心。其以谧为鲁公世孙,以嗣其国。自非功如太宰,始封无后如太宰,所取必以己自出不如太宰,皆不得以为比。"④贾南风适司马衷后,生了四女,而未能诞育皇子,故武帝所说的"贾家种妒而少子",则被言中。

武帝从五可五不可的角度对卫瓘女和贾充女作了云泥之别的评价,但令人惊讶不解的是武帝最终却放弃了与卫氏联姻,而以贾南风为太子妃。"丑而短黑"的贾南风之所以被选为太子妃,除了

① 《晋书》卷40《贾充传》。
② 《晋书》卷31《惠贾皇后传》。
③ 《晋书》卷40《贾充传》。
④ 《晋书》卷40《贾充传》。

得到宫中武元皇后的支持外,朝中以荀勖、冯紞为代表的士族集团也极力促成。太子妃一事的定谳可谓是内外呼应,上下其手,是后宫、朝廷内外势力相互勾结的结果。为了能使贾充女当太子妃,荀勖、冯紞等人密谋策划,在贾充即将出镇关陇之时,极力劝谏武帝与贾氏联姻:

> (贾)充将镇关右也,(荀)勖谓冯紞曰:"贾公远放,吾等失势。太子婚尚未定,若使充女得为妃,则不留而自停矣。"勖与紞伺帝间并称"充女才色绝世,若纳东宫,必能辅佐君子,有《关雎》后妃之德。"遂成婚。当时甚为正直者所疾,而获佞媚之讥焉。①

"佞媚"之臣荀勖与冯紞劝武帝纳贾充女为太子妃,其背后有着不可告人的政治目的。纳卫氏女还是贾氏女为太子妃并非仅仅是谁与皇家联姻,而是与武帝朝的党争紧密相联。党争的一方以贾充为首,西晋的朝廷大权主要由他们掌控,这一派可以称之为"贾党"。《资治通鉴》卷79曰:"侍中、尚书令、车骑将军贾充,自文帝时宠任用事。帝之为太子,充颇有力,故益有宠于帝。充为人巧谄,与太尉、行太子太傅荀顗、侍中、中书监荀勖、越骑校尉安平冯紞相为党友,朝野恶之。"与贾充亲近者,除了荀勖、荀顗、冯紞之外,还有"杨珧、王恂、华廙等(贾)充所亲敬,于是朋党纷然"。② 另一派则以任恺为核心,"而庾纯、张华、温颙、向秀、和峤之徒,皆与恺善"。③ 同时他们还得到了裴楷、李憙诸人的配合。裴楷对贾充十分痛恨,"帝问侍中裴楷以方今得失,对曰:'陛下受命,四海承风,所以未比德于尧、舜者,但以贾充之徒尚在朝耳。宜引天下

---

① 《晋书》卷39《荀勖传》。
② 《晋书》卷45《任恺传》。
③ 《晋书》卷45《任恺传》。

贤人,与弘政道,不宜示人以私。'"① 任恺字元褒,其父任昊曾任曹魏的太常,而他则尚魏明帝女,累迁中书侍郎。西晋建立,任恺任侍中,出入宫廷、应对顾问,"(武)帝器而昵之,政事多咨焉"。②"侍中任恺、中书令庾纯刚直守正",对"无公方之操,不能正身率下,专以谄媚取容"的贾充等人"咸共疾之"。③ 故贾、任两党在朝中势如水火,在很多事情上都处在对立状态。

贾、任两党之争的核心是争夺中枢决策权。起初,任恺想把贾充排挤出朝廷中枢,贾充岂肯示弱,他在武帝面前进言,力劝武帝以任恺为太子少傅,从而剥夺其任职中枢的侍中之职。《晋书·任恺传》载:"恺恶贾充之为人也,不欲令久执朝政,每裁抑焉。充病之,不知所为。后承间言恺忠贞局正,宜在东宫,使护太子。帝从之,以为太子少傅,而侍中如故,充计划不行。"这一回合的较量以贾充失败而告终。接下来,任恺便予以反击。

泰始六年(270),鲜卑族秃发树机能在凉州反晋,名将胡烈、石鉴前往镇压,均失利。翌年,树机能又击杀凉州刺史牵弘。由于"秦凉二境,比年屡败,胡虏纵暴,百姓荼毒","帝以为忧",任恺便乘机进言:"宜得威望重臣有智略者以镇抚之。帝曰:'谁可者?'恺因荐贾充,(庾)纯亦称之。"④任恺趁秃发树机能侵扰秦州和雍州,向司马炎建议派一个有威望和智谋的重臣前去镇抚凉州,任恺首推贾充。在庾纯的支持下,司马炎任命贾充加都督秦凉二州诸军事,出镇长安。任恺、庾纯冀图将贾充排挤出朝廷,让他去镇守秦陇,对付树机能,以剥夺其在中枢的决策之权。晋武帝接受了任

① 《资治通鉴》卷79晋武帝"泰始七年"条。
② 《晋书》卷45《任恺传》。
③ 《晋书》卷40《贾充传》。
④ 《资治通鉴》卷79晋武帝"泰始七年"条。

恺的建言,下诏曰:"侍中、守尚书令、车骑将军贾充,雅量弘高,达见明远,武有折冲之威,文怀经国之虑,信结人心,名震域外。使权统方任,绥静西夏,则吾无西顾之念,而远近获安矣。"①

贾充没有想到任恺会来这一手,"充既外出,自以为失职,深衔任恺,计无所从"。② 贾充虽然深恨任恺,但一时之间也想不出应对之策,只得求计于荀勖。在贾充将出镇之时,"公卿饯于夕阳亭,充问计于荀勖,勖曰:'公为宰相,乃为一夫所制,不亦鄙乎,然是行也,辞之实难,独有结婚太子,可不辞而自留矣。'"③荀勖之策,就是要贾充千方百计,想方设法同武帝联姻,唯有如此,才能继续留在朝廷。此时,武帝正欲聘卫瓘之女为太子妃,卫瓘与任恺同为一党,如此事成功,必然可以增强任党的权势。

由于婚姻已成为政治斗争的工具,故贾充对荀勖之策心领神会。但贾充考虑到自己身为朝廷大臣,出入宫廷不便,于是他就派妻郭槐去贿赂武元皇后的左右。贾充及其妻郭氏与充党荀勖、荀颙、冯紞等人遂在朝廷与后宫密谋策划进行此事。

> 初,贾充妻郭氏使赂(杨)后,求以女为太子妃。及议太子婚,帝欲娶卫瓘女。然后盛称贾后有淑德,又密使太子太傅荀颙进言,上乃听之。④

武元杨皇后为保住司马衷的太子位,也有意让太子与贾充女联姻,以争取实力派贾充等人的支持。郭槐"使后说帝,求纳己女"。⑤"元后纳贾、郭亲党之说,欲婚贾氏。"遂向武帝反复劝说,武帝起

---

① 《晋书》卷40《贾充传》。
② 《晋书》卷40《贾充传》。
③ 《资治通鉴》卷79晋武帝"泰始七年"条。
④ 《晋书》卷31《武元杨皇后传》。
⑤ 《资治通鉴》卷79晋武帝"泰始七年"条。

初不允,但"元后固请",①经不起武元后不断地吹枕边风,武帝开始动摇。为了配合武元后,荀勖等人也不断向武帝进言。史载,荀勖"俄而侍宴,论太子婚姻事,勖因言充女才质令淑,宜配储宫。而杨皇后及荀颜亦并称之。帝纳其言"。② 明明贾南风"丑而短黑","荒淫放恣",但"荀颜、荀勖、冯紞皆称充女绝美,且有才德,帝遂从之"。③ 可见,这一婚姻是武元后与贾充及其党与合力促成的。这样,太子获得了贾充的支持,地位更加稳固,贾充有了外戚的身份,地位也更加显赫,双方相互利用,各取所需。贾充本来已准备离开京师,率军前往关中,恰好其时"京师大雪,平地二尺,军不得发,既尔皇储当婚,遂不西行"。④ 于是,武帝"留充复居旧任",让他仍在京师供职,任恺将贾充逐出中枢之计遂成泡影。

荀勖虽有才能,但缺少公忠亮直,激浊扬清的士人气节,本传说他"久管机密,有才思,探得人主微旨,不犯颜迕争,故得始终全其宠禄"。⑤ 除了荀勖与冯紞支持贾充与武帝联姻,荀颜也吹嘘贾充女"姿德淑茂"。他见贾充、荀勖权势日盛,遂阿谀奉承,唯二人马首是瞻。史载:"(荀)颜明三礼,知朝廷大仪,而无质直之操,唯阿意苟合于荀勖、贾充之间。初,皇太子将纳妃,颜上言贾充女姿德淑茂,可以参选,以此获讥于世。"⑥其实,聘太子妃并不属于国事,而属于武帝的家事,那么为何荀勖、荀颜在武帝的家事上能从容置喙,并为武帝所采纳? 这是因为颖川荀氏与河内司马氏

---

① 《晋书》卷31《惠贾皇后传》。
② 《晋书》卷40《贾充传》。
③ 《资治通鉴》卷79晋武帝"泰始七年"条。
④ 《晋书》卷40《贾充传》。
⑤ 《晋书》卷39《荀勖传》。
⑥ 《晋书》卷39《荀勖传》。

渊源颇深。早在曹操时期,两族就成为世交。司马懿的发迹,与荀彧的举荐大有关系。司马懿虽有雄才,但其早年,齿少名微,尚未崭露头角,正是在荀彧的大力推荐下,司马懿才得以成为曹操霸府的重要谋臣。司马懿掌握权力之后,投桃报李,大力拔擢荀氏家族的子弟。魏晋禅代之际,荀勖、荀颛皆成为司马氏心腹,西晋王朝的佐命元勋。他们不仅在魏晋易代鼎革中发挥了重要作用,而且作为司马氏的通家之好,对其"家事"也拥有一定的发言权。

在西晋的中枢决策圈中,冯紞是一个非常值得关注的人物。他并不在西晋初年列入配飨名单的十二功臣之内。却深得武帝宠信。冯紞祖父冯浮,为曹魏司隶校尉,父亲冯员,为曹魏汲郡太守。冯紞年轻时博览经史典籍,有才学而擅于辩论。曾任魏郡太守、步兵校尉和越骑校尉。魏晋易代之后,升任左卫将军。紞本传说他"承颜悦色,宠爱日隆"。可见他不是以建立功业厕身于西晋朝廷,而是通过察言观色来取悦于人主。贾充"无公方之操",实为"恩倖"之臣,与贾充相比,冯紞在"恩倖"上更是有过之而无不及。司马炎对冯紞极为信任,几乎言听计从。冯紞与贾充、荀勖等人结为一党后,就不遗余力地为贾充出力,紞本传说:"充女之为皇太子妃,紞有力焉。"①尽管史书的记载只有寥寥数语,但我们却可以作进一步推测,由于冯紞任侍中,是武帝的近臣,又能言善辩,所以在助贾充与武帝联姻之事上,起了十分重要的作用,使武帝彻底改变了对贾氏女的看法,而立她为太子妃。

武帝虽然决定与贾充联姻,但充妻郭槐有二女,长女贾南风其

---

① 《晋书》卷39《冯紞传》。

貌不扬,次女贾午"光丽艳逸,端美绝伦"。① 故武帝起初欲立贾午为太子妃,但贾午其时尚幼。史载:"始欲聘后妹午,午年十二,小太子一岁,短小未胜衣。更娶南风,时年十五,大太子二岁。泰始八年二月辛卯,册拜太子妃。"②从《晋书》行文中看出,武帝与武元后当时连看中贾充哪一个女儿都不明确,开始想娶贾午,但其只有十二岁,个子太小,连成人的衣服都不能穿,所以才娶了十五岁的贾南风。

武帝之所以放弃与卫氏联姻,除了武元后、二荀、冯紞从中阻挠,极力反对之外,还有一个重要原因,即卫瓘主张更换太子,与武帝的宗旨发生牴牾。由于司马衷智力驽钝,不少朝臣担心太子即位后"不能亲政事",故希望武帝更易储君。但兹事体大,众臣皆恐触怒武帝,都不敢贸然进谏。卫瓘虽领太子少傅,但其生性耿直,他觉得太子难以承担社稷重任,故不顾个人得失,数次欲向武帝建言,但欲言又止。在一次宴会上,卫瓘以假托自己醉酒,手抚"帝床"来表示"可惜"。史载:

> 惠帝之为太子也,朝臣咸谓纯质,不能亲政事。瓘每欲陈启废之,而未敢发。后会宴陵云台,瓘托醉,因跪帝床前曰:"臣欲有所启。"帝曰:"公所言何耶?"瓘欲言而止者三,因以手抚床曰:"此座可惜!"帝意乃悟,因谬曰:"公真大醉耶?"瓘于此不复有言。贾后由是怨瓘。③

此事虽然不知是发生在太子娶妃之前还是之后,但从卫瓘"每欲陈启废之"来看,这绝非他的一时冲动,而是其一贯的看法,只是

---

① 《晋书》卷40《贾充传附贾谧传》。
② 《晋书》卷31《惠贾皇后传》。
③ 《晋书》卷36《卫瓘传》。

酒后吐真言而已。卫瓘足智多谋,昔日曾助司马昭平定邓艾、钟会之乱,于司马氏代魏建晋多有勋劳,为西晋立国的主要功臣之一。司马炎当初之所以要与卫氏联姻,乃是冀图借重卫瓘在朝中的威望,期望他能够尽心竭力辅佐智商偏低的幼主。孰料,卫瓘不仅不能领悟武帝的良苦用心,反而要武帝废储,这使武帝深感失望。

卫瓘虽然从此不再提废太子之事,但他与武帝君臣之间有了很深的裂痕,故武帝不愿再同卫氏联姻。卫瓘子卫宣原本已尚武帝女繁昌公主,武帝此时也轻信杨骏之谗言,以卫宣"数有酒色之过,……夺宣公主"。强迫繁昌公主与卫宣离婚。卫瓘闻之又惊又怕,于是"告老逊位"。武帝亦不再挽留,同意其致仕。但善察上意的有司却不放过卫瓘父子,"有司又奏收(卫)宣付廷尉,免(卫)瓘位,诏不许,帝后知黄门虚构,欲还复主,而宣疾亡"。① 武帝时期,卫瓘虽然保全了性命,但惠帝时,却被贾南风所杀。杜预认为卫瓘肇祸之由是因其杀害了邓艾:"初,杜预闻瓘杀邓艾,言于众曰:'伯玉其不免乎! 身为名士,位居总帅,既无德音,又不御下以正,是小人而乘君子之器,当何以堪其责乎?'瓘闻之,不俟驾而谢。终如预言。"② 杜预此言其实并未道出卫瓘遇害的真正原因。其罹难的根本原因是他曾建议武帝废储,这不仅触怒了武帝,而且遭到了贾充父女,特别是贾南风的嫉恨,故贾后一朝掌权,就捏造罪名将其诛杀。③

---

① 《晋书》卷 36《卫瓘传》。
② 《晋书》卷 36《卫瓘传》。
③ 《晋书》卷 36《卫瓘传》:"贾后素怨瓘,且忌其方直,不得骋己淫虐;又闻瓘与(司马)玮有隙,遂谤瓘与(司马)亮欲为伊霍之事,启帝作手诏,使玮免瓘等官。黄门赍诏授玮,玮性轻险,欲骋私怨,夜使清河王(司马)遐收瓘。……遂与子恒、岳、裔及孙等九人同被害。"

# 三、晋惠帝是白痴吗

司马衷十三岁行冠礼,十四岁大婚,十七岁开始出居东宫,正式承担其作为储君的政治责任。但随着他与外廷大臣的频繁接触,武帝与朝臣们越来越感到太子的智商有问题,对其日后能否治理国家产生了不少疑问。有关太子弱智和朝臣们的担心,在《晋书》中有多处记载:

时帝素知太子暗弱,恐后乱国,遣(荀)勖及和峤往观之。勖还盛称太子之德,而峤云太子如初。①

帝常疑太子不慧,且朝臣和峤等多以为言,故欲试之。②

帝之为太子也,朝廷咸知不堪政事,武帝亦疑焉。③

及帝晚年,诸子并弱,而太子不令,朝臣内外,皆属意于攸。④

荀勖以太子愚劣,恐攸得立,有害于己。⑤

惠帝之为太子也,朝臣咸谓纯质,不能亲政事。⑥

和峤见太子不令,因侍坐曰:"皇太子有淳古之风,而季世多伪,恐不了陛下家事。"帝默然不答。……在御坐言及社稷,未尝不以储君为忧。⑦

面对越来越多的朝臣们的担忧,司马炎虽然"默然不答",但内心

---

① 《晋书》卷 39《荀勖传》。
② 《晋书》卷 31《惠贾皇后传》。
③ 《晋书》卷 5《惠帝纪》。
④ 《晋书》卷 38《齐王攸传》。
⑤ 《晋书》卷 39《冯紞传》。
⑥ 《晋书》卷 36《卫瓘传》。
⑦ 《晋书》卷 45《和峤传》。

也十分焦虑。毕竟太子的智商问题事关社稷安危，作为一国之君的武帝也不得不正视现实。为了堵住群臣的悠悠之口，也为了解除自己内心的困惑和忧虑，司马炎先后两次对太子进行了考察。

第一次，晋武帝上朝，荀顗、荀勖、和峤等大臣侍坐在一旁，武帝对他们说："太子近入朝，差长进，卿可俱诣之，粗及世事。"言下之意是太子虽然不太聪明，但最近刚入朝，看来进步尚不明显，你们可以去对太子作些指导，让他懂得一些治国之道。荀顗、荀勖懂得武帝派他们去见太子的用意，所以"奉诏而还。顗、勖并称太子明识弘雅，诚如明诏。"①"明识弘雅"四字是对太子极高的评价，即使武帝本人的资质也不过如此，可见二荀此语明显是取媚武帝的面谀之词。和峤耿直，见太子后，回来对武帝言："圣质如初耳！"所谓"如初"，是和峤评价太子资质时，使用的较为温和的词语，意即太子还是当初的那个样子，没有大的长进。武帝听了当然不高兴，史载："帝不悦而起。峤退居，恒怀慨叹，知不见用，犹不能已。在御坐言及社稷，未尝不以储君为忧。帝知其言忠，每不酬和。后与峤语，不及来事。或以告贾妃，妃衔之。"②

既然太子不堪为社稷之主，武帝一时也拿不定主意，所以他一直在废立储君之事上犹豫彷徨。武帝派荀顗、和峤等人考察太子，但众臣莫衷一是，未有定论，故武帝只得变易形式，采用考试的方法来测试太子的智商。史载：

> 帝常疑太子不慧，且朝臣和峤等多以为言，故欲试之。尽召

---

① 《晋书》卷45《和峤传》。
② 《晋书》卷45《和峤传》。案，和峤之语深深得罪了贾后，《和峤传》："及惠帝即位，……太子朝西宫，峤从入。贾后使帝问峤曰：'卿昔谓我不了家事，今日定云何？'峤曰：'臣昔事先帝，曾有斯言。言之不效，国之福也。臣敢逃其罪乎。'"幸亏和峤机敏，应对得体，才躲过了一劫，否则亦如卫瓘之下场矣。

东宫大小官属,为设宴会,而密封疑事,使太子决之,停信待反。①

武帝将东宫大小官属都招至皇宫内宴饮赐酒,然后密封有关朝廷"疑事"的若干文件,派人送给太子裁决。武帝此举是要太子在没有东宫官员帮助的情况下来考察他处理政务的能力,为了不给太子答诏太多的时间,武帝限时限刻,并派使臣坐等太子的答诏。贾南风害怕暴露太子的真实状况,故非常恐慌,遂请人捉刀代笔,代太子答诏。代答之人在答诏时多旁征博引,援引古义。给使张泓对贾妃说:"太子不学,而答诏引义,必责作草主,更益谴负。不如直以意对。"贾妃觉得张泓言之有理,遂对张泓说:"便为我好答,富贵与汝共之。"张泓素来有些小才,拟好草稿,让太子自己抄写。武帝看过答诏,十分高兴。又拿给太子少傅卫瓘看,其意是太子并非如你所说的那样不堪,卫瓘非常不安,面露惭色。"众人乃知(卫)瓘先有毁言,殿上皆称万岁。"此事过后,贾充秘密派人告之贾妃:"卫瓘老奴,几破汝家。"②联系到卫瓘之女当初与己争夺太子妃之事,加之卫瓘又屡屡对太子"有毁言",贾妃对卫瓘恨之入骨。

武帝对太子的两次考察都未了解到真实的情况,个中原因是贾充在朝中有强大的势力,宫廷内外都有他的党羽,加之太子妃贾南风十分狡黠,她运用移花接木、偷梁换柱之计,蒙骗了武帝。但是我们如果对此事仔细分析,仍然可以看出,武帝并非是昏主,从他对荀顗等人说"太子近入朝,差长进,卿可俱诣之,粗及世事"之言,就可以知道,武帝对太子的了解并非凭空而来,应该说是太子

---

① 《晋书》卷31《惠贾皇后传》。

② 《晋书》卷31《惠贾皇后传》。又《晋书》卷5《惠帝纪》对此事亦有记载:武帝"尝悉召东宫官属,使以尚书事令太子决之,帝不能对,贾妃遣左右代对,多引古义,给事张泓曰:'太子不学,陛下所知,今宜以事断,不可引书。'妃从之,泓乃具草,令帝书之,武帝览而大悦。太子遂安"。

入朝时,武帝与太子父子二人直接交流而得出的印象,而不是仅以他人之言为媒介的间接印象。假如太子是个显而易见的低能,就很难设想武帝会相信这些作假的方法以及荀颢、荀勖的谄媚之辞。那么,司马衷的智力究竟如何?① 笔者认为有必要作一番检讨。

后世之人认为晋惠帝是"白痴"的主要依据是这样一段史料记载:

> 帝尝在华林园,闻虾蟆声,谓左右曰:"此鸣者为官乎,私乎?"或对曰:"在官地为官,在私地为私。"及天下荒乱,百姓饿死,帝曰:"何不食肉糜?"其蒙蔽皆此类也。②

惠帝问左右,虾蟆叫是"为官"还是"为私"?确实有些滑稽可笑,但至少惠帝对"官""私"还是分得清的。至于他为何要以虾蟆叫声来区分官、私,抑或其虽已成年,但童心未泯,将虾蟆拟人化了。惠帝在天下发生灾荒时说:"何不食肉糜?"虽然可笑至极,但也是话出有因,不能完全视作痴语,而应作些具体分析。惠帝出生之日,已是三国末年,天下将要统一,司马氏祖孙三代打下的江山,到了司马衷手中,他已完全坐享其成。惠帝自幼生长于深宫之中,育于宫人、宦官之手,缺少生活知识。加之父皇、母后对其极为宠溺,生活上呼奴使婢,锦衣玉食,饫甘餍肥。其九岁时立为皇太子,从未走出宫廷,又从未进入仕途,在宦海中历练,故四体不勤,五谷不分,对民间疾苦,百姓生活的艰辛完全不了解,可谓是一无所知。正因为如此,他才会在"百姓饿死"时,有"何不食肉糜"之语。

吕思勉通博廿四史,指出历史上并非仅晋惠帝一人有"何不食肉糜"之语:"《金史·世宗纪》:'辽主闻民间乏食,谓何不食干

---

① (清)王夫之曰:"惠帝之愚,古今无匹,国因以亡。"(《读通鉴论》卷12)
② 《晋书》卷5《惠帝纪》。

腊?'此语与晋惠帝之'何不食肉糜'可谓无独有偶。金人于天祚未必造此语以诬之,则惠帝此语亦未必无也。人君所处之境,与恒人绝殊,故其人之见解亦不可以恒理测度,有衡以寻常。"[1]

通过上述分析,笔者以为恐怕不能仅凭这段史料就简单粗暴地将惠帝定性为白痴。何谓白痴? 是需要在医学上进行定性的。白痴是一种精神发育重度不全的病,患者智力低下,动作迟钝,语言功能不健全,严重的甚至生活不能自理。白痴(Idiot)一词系源自希腊字的 Idiotos,意指无法在公共生活上承担责任的人。白痴一词系一百多年前由英国医师兰登·道恩(Langdon Down)所创用。[2] 当时白痴一词并没有很强烈的负面意义,是可以接受的医学与心理学名词,用以描述智力功能极低的儿童。

尽管近三四十年来,智能障碍之定义,迭有新解,但白痴一词是指现今教育界、心理学界、医学界与社会学界公认的重度与极重度智能障碍者。智力落后或智能障碍是一种疾病,它指的是人在胚胎期或出生以后,由于各种原因造成中枢神经系统发育障碍,而在临床上泛指智力发育过程中没有达到正常水平。世界各国学者使用不同术语来描述智力落后,如先天性愚蠢、先天痴呆、智力缺陷、智力不足、智力障碍、智力发育不全、精神发育不全、精神幼稚症等。白痴则是最严重的智力缺陷,[3]智商低于 25 以下。一般均

---

[1] 《吕思勉全集》第 26 册,上海古籍出版社 2015 年版,第 149—150 页。

[2] 中国古代典籍中也有"白痴"的记载。《左传·成公十八年》:"周子有兄而无慧。"晋杜预注:"不慧,盖世所谓白痴。"《汉书》卷 63《昌邑哀王刘髆传》:"察故王衣服言语跪起,清狂不惠。"颜师古注引苏林曰:"清狂,如今白痴也。"

[3] 根据智力落后的轻重可把它分为几个等级。美国早期把智力落后分为愚钝(智商 50—69)、痴愚(智商 25—49)、白痴(智商 25 以下)三种。美国现行教育对智力落后分为可教育的、可训练的、需监管的三种。在我国通常按智力障碍,把智力落后分为白痴、痴愚、愚钝三种。

伴有身体畸形,如变态的小头、大而凸起的头盖骨、眼斜、宽而粗短的手、大头小身等。其中,有的终年瘫痪,神志不清,处于昏睡状态;有的行动困难,手脚不灵,生活不能自理。他们只有简单的感觉,能发出某些音节,不能说话,对周围事物缺乏理解,情绪反应原始,有时会发出喊叫,基本上是迷迷糊糊、浑浑噩噩,无治疗和训练的可能,属于被监护的对象。

通览《晋书·惠帝纪》及有关列传的记载,可以看出,惠帝绝非是白痴,其身体及精神基本上属于正常。而且惠帝能读书,写字,还能对某些政治问题提出见解。以下我们将以具体史实予以辨析。

武帝"密封疑事,使太子决之"一事,虽然由给使张泓捉刀代笔,代太子起草答诏,但张泓的答诏仍然由太子亲自手书誊抄后,再呈送给武帝。这就说明,惠帝虽然不能撰写文章,但具备阅读与书写能力,而这种能力绝非一个白痴所具备。而且惠帝阅读和书写能力在史书中屡见不鲜。惠帝即位后,其发布的诏书常由他人草诏,而由惠帝手书。如武帝死后,"或告(汝南王)亮欲举兵讨(杨)骏者,骏大惧,白太后,令(惠)帝为手诏与石鉴、张邵,使帅陵兵讨亮"。[1]"凡有诏命,(惠)帝省讫,入呈太后,然后行之。"[2]"及太宰亮、卫瓘等表(东安公)繇徙带方,夺楚王玮中候,(贾)后知玮怨之,乃使(惠)帝作密诏令玮诛瓘、亮,以报宿憾。"[3]从上引史料可知,这类诏书皆由他人起草,而由惠帝亲自手书。而诏书内容皆非惠帝之本意,他或秉承太后(杨芷)之意,或听从贾后之言,

---

① 《资治通鉴》卷 82 晋惠帝"永熙元年四月"条。
② 《资治通鉴》卷 82 晋惠帝"永熙元年五月"条。
③ 《晋书》卷 31《惠贾皇后传》。又《资治通鉴》卷 82 晋惠帝"元康元年六月"条作:"(贾)后使帝作手诏赐玮。"

总之是受制于人。① 但无论如何,诏书为惠帝手书是毋庸置疑的。

惠帝虽然智商略低,但遇事后表现出来的喜怒哀乐等个人情感与常人并无二致。如太安元年(302),齐王司马冏兵败被囚。"司马乂擒冏至殿前,帝恻然,欲活之。"②最为典型之例是永兴元年(304),东海王司马越挟持惠帝攻打邺城,结果石超打败司马越,俘获惠帝。在此危难时刻,侍中嵇绍不顾个人安危,挺身保卫晋惠帝,乱兵欲杀之,惠帝出面求情,但无济于事,嵇绍最终被害。《资治通鉴》卷85晋惠帝"永兴元年"条载:"石超军奄至,乘舆败绩于荡阴,帝伤颊,中三矢,百官侍御皆散。嵇绍朝服,下马登辇,以身卫帝,兵人引绍于辕中斫之。帝曰:'忠臣也,勿杀!'对曰:'奉太弟令,惟不犯陛下一人耳!'遂杀绍。血溅帝衣。"作为与司马氏有杀父之仇的嵇康之子嵇绍,为了报答晋武帝的知遇之恩,竟然在关键时刻舍命保护晋惠帝。晋惠帝看到嵇绍为他而死,且"血溅帝衣"时,十分感动,当"左右欲浣帝衣。帝曰:'嵇侍中血,勿浣也!'"意思是说,我衣服上面是忠臣嵇绍的血,你们不能洗去。司马衷用这样的方式,对敌人的残暴行径表示了抗议,对嵇绍的赤胆忠心与慷慨赴死表示了无限的悲伤与哀思。这哪里是个精神不正常的智障人的所作所为,故胡三省于此加注曰:"孰谓帝为戆愚哉?"③吕思勉也认为此话"绝不类痴呆人语",甚至以为"史之所传,绝不足信也"。④

---

① 贾后在被废时曾说过:"诏当从我出,何诏也?"说明惠帝为她所掌控,诏书多出于她意,诏书也是由她传出去的。
② 《晋书》卷59《齐王冏传》。
③ 《资治通鉴》卷82晋惠帝"永兴元年七月"条。
④ 吕思勉:《两晋南北朝史》第三章《西晋乱亡》,上海古籍出版社2012年版,第36—37页。

其实,惠帝在诸多场合下的表现与常人并没有太大的区别,有时,甚至有机智的应对。这里,我们可以对一些零星的史料进行分析:永兴元年(304),惠帝"至温,将谒陵,帝丧履,纳从者之履,下拜流涕,左右皆歔欷"。① 惠帝不忘祖宗创业之艰难,去河南温县,拜谒祖陵时,"下拜流涕"。这是他在祭祖时,怀念先祖司马懿功业时的真实情感的流露。西晋佐命功臣,开国八公之一的陈骞于"元康二年薨,年八十一。……及葬,(惠)帝于大司马门临丧,望柩流涕。礼依大司马石苞故事"。② 惠帝在陈骞殡葬时"望柩流涕"是有其缘由的。其因是陈骞在与晋武帝交谈时态度倨傲,唯独对皇太子司马衷十分恭敬。史称:"骞素无謇谔之风,然与帝语傲;及见皇太子加敬,时人以为诡。"③司马衷当然心存感激,故于陈骞下葬时,亲自临丧,对其灵柩痛哭流涕,表达了自己对故老元勋的哀思。

光熙元年(306)"六月丙辰朔,(惠帝)至自长安,升旧殿,哀感流涕"。④ 这条史料是指惠帝在八王之乱时,为成都王司马颖等人所劫持,颠沛流离,饥寒交迫,苦不堪言,一旦返回长安,他自然是百感交集,故"升旧殿,哀感流涕",此也是人之常情的表现。"及济河,张方帅骑三千,以阳燧青盖车奉迎。方拜谒,帝躬止之",张方不过是河间王司马颙手下的一员将领,为何惠帝要降尊纡贵,在其拜谒时,惠帝要"躬止之。"这是因为张方不是一员普通的将领,其骁勇善战,杀人如麻,十分凶悍。在攻克洛阳后,张方将长沙王司马乂烧死。荡阴之役后,纵兵大掠,挟持晋惠帝及司马颖前往长

① 《晋书》卷5《惠帝纪》。
② 《晋书》卷35《陈骞传》。
③ 《晋书》卷35《陈骞传》。
④ 《晋书》卷5《惠帝纪》。

安。如惠帝对张方态度傲慢,就有可能遭致杀身之祸。可见,惠帝对张方安抚是十分必要的,是其较为机智的表现。惠帝被张方劫至长安,"河间王(司马)颙帅官属步骑三万,迎于霸上。颙前拜谒,(惠)帝下车止之。"①司马颙是拥兵自重,嚣张跋扈的宗王,又是张方的主公,故惠帝对其更加礼遇,这也是惠帝驭下的一种策略。

惠帝在位时,由于为贾后和权臣所挟持,往往身不由己,大多数事都作不了主,但他如果遭到暴力或羞辱,也会表现出强烈的愤怒,一旦权力由自己掌握,就会下诛杀之令。永宁元年(301),赵王司马伦篡位,他派遣义阳王司马威及黄门郎骆休逼宫,在晋惠帝手中强夺御玺。司马伦失败后,晋惠帝反正,他对司马威逼宫一事十分痛恨,当有人为司马威求情时,惠帝愤怒地说:"'阿皮掅吾指,夺吾玺绶,不可不杀。'阿皮,威小字也。"②于是惠帝下令诛杀司马威,行使其生杀予夺之权。③

上述之例都充分表明晋惠帝所行之事,以及语言、思维都十分正常,并无异于常人的智障行为,更不像是一个智力有严重缺陷的白痴。当然,我们也不应高估惠帝的智力。否则史书上也不会多次出现形容惠帝"戆愚""不慧""愚鲁""不令""愚劣"等字眼。从医学上来判断,愚鲁或愚笨是智力缺陷中最轻的一类。大致看来,惠帝的智商比常人略低,属于愚笨一类,愚笨之人在生活上基本能够自理。但要他从事学术或政治活动,就力不从心了,若再进一步,让他当一国之君,治理庞大的帝国就完全不合格了。

---

① 《晋书》卷5《惠帝纪》。
② 《晋书》卷37《安平献王孚传附司马威传》。
③ 关于晋惠帝是否"白痴",还可参见刘驰:《晋惠帝白痴辨——兼析其能继位的原因》,《六朝士族探析》,中央广播电视大学出版社2000年版。

其实,惠帝一类的帝王在历史上并不鲜见,例如蜀汉后主刘禅的智商就与惠帝十分相近,蜀汉灭亡后,刘禅从蜀中被迁徙至洛阳,在司马昭为其所设的宴会上,"旁人皆为之感怆",而他却"喜笑自若"。① 甚至说出"此间乐,不思蜀"之语,成为千古笑柄。刘备是三国时期的雄霸之主,其生前并未察觉出"阿斗"如此不堪,否则也绝不会将千辛万苦打下来的蜀汉江山交给他了。司马炎虽为西晋开国之君,但在家事的处理上和天下的普通士民并无多大区别,他站在慈父的立场上来关爱儿子,对其包容、疼爱有加,即使司马衷患有智障症,为了政治的需要,也会尽量将其遮蔽或淡化。何况司马衷仅是愚笨而已,尚属孺子可教之列。武帝结合自己早年的亲身经历,同时为了平衡朝廷的各派势力,不让齐王攸有机可乘,故不愿更易太子也就在情理之中了。

西晋末年,社会矛盾极其尖锐,聪明神武仁智及阅历丰富如武帝者尚不能应对自如,何况才智、资质、阅历与父相较不能以道里计的司马衷呢? 武帝立储与选太子妃均为致命失误,大错铸成,焉能不败? 正如干宝所云:

> 民风国势,既已如此,虽以中庸之才,守文之主治之,犹惧致乱,况我惠帝以放荡之德临之哉! 怀帝承乱即位,羁以强臣;愍帝奔播之后,徒守虚名。天下之势既去,非命世之雄才,不能复取之矣。②

干宝所云实乃中的之论,信矣哉!

武帝既然不肯废储,就要加强东宫势力,为太子日后登基早作准备。武帝在选择辅佐太子的东宫官属上采取了强有力的措施,

---

① 《三国志》卷33《后主传》注引《汉晋春秋》。《汉晋春秋》又载:"王谓贾充曰:'人之无情,乃可至于是乎! 虽使诸葛亮在,不能辅之久全,而况姜维邪?' 充曰:'不如是,殿下何由并之?'"
② 《资治通鉴》卷89晋愍帝"建兴四年"条。

他一改曹魏后期东宫"制度废阙，官司不具，詹事、左右率、庶子、中舍人诸官并未置，唯置卫率令典兵，二傅并摄众事"①的状况，不仅配齐官属，而且极重人选。对于东宫主要官职的太子太傅、少傅，以及太子太保，"武帝后以储副体尊，遂命诸公为之，以本位重，故或行或领。时侍中任恺，武帝所亲敬，复使领之，盖一时之制也。咸宁元年，以给事黄门侍郎杨珧为詹事，掌宫事，二傅不复领官属。及杨珧为卫将军，领少傅，省詹事，遂崇广傅训，命太尉贾充领太保，司空齐王攸领太傅，所置吏属复如旧。……其后，太尉汝南王亮、车骑将军杨骏、司空卫瓘、石鉴皆领傅保"。②西晋朝廷的元老重臣、宗亲近支和外戚，如荀𫖮、杨珧、齐王司马攸，汝南王司马亮，石鉴等相继出任太子太傅，任恺、李胤、山涛、卫瓘等皆曾担任过太子少傅，贾充、杨骏亦曾领太子太保。东宫的其他官属，如王衍、乐广、傅祗、郑默、郭奕、卢浮、华峤、卫恒、夏侯湛、李重、魏混、华谭、阮浑等人，也都是当时的清望之士或名臣之后，其中有许多人后来出任过西晋政权的显要之职。

武帝又特地征召名士皇甫谧为太子中庶子。咸宁初年，武帝下诏曰："男子皇甫谧沈静履素，守学好古，与流俗异趣，其以谧为太子中庶子。"③皇甫谧虽是隐逸之士，但其出身于东汉名门世族，学问广博，是魏晋时期著名的学者、医学家、史学家，在士林中享有盛誉。武帝欲使皇甫谧辅佐太子实是效仿吕后礼请商山四皓出山之故伎。虽然武帝征召最终为皇甫谧婉拒，但也可见武帝之良苦用心，如此一来就可以吸引更多的名士前往东宫任职。朝廷重臣及名士到东宫任职，一方面说明东宫官属为清要之官，另一方面也

---

① 《晋书》卷41《李憙传》。
② 《晋书》卷24《职官志》。
③ 《晋书》卷51《皇甫谧传》。

可看出武帝为使"不慧"的惠帝日后能继承大统而作出煞费苦心的安排。晋武帝冀图通过这种安排,使太子与元老重臣和新锐后进结成特殊的关系,以提高其声望,巩固其地位。

为了进一步加强太子的地位,武帝晚年对反对太子的任何势力都不能容忍,其对平吴功臣张华的打压即是典型之例。张华才华出众,在武帝平吴时期,谋谟于庙堂,多有奇策,是武帝朝后期最有才能的政治家。太康时,"华名重一世,众所推服,晋史及仪礼宪章并属于华,多所损益。当时诏诰皆所草定,声誉益盛,有台辅之望焉。而荀勖自以大族,恃帝恩深,憎疾之,每伺间隙,欲出华外镇。会帝问华:'谁可托寄后事者?'对曰:'明德至亲,莫如齐王攸。'"①张华之意是太子即位后,可由齐王攸担任辅政大臣。

史家悉知,汉魏晋的禅代方式,皆由辅政大臣来完成。如果从这个角度来看,齐王攸一旦任辅政大臣,离登上九五之尊仅咫尺之遥。张华的回答使武帝大失所望,"乃出华为持节、都督幽州诸军事、领护乌桓校尉、安北将军"。②张华被贬出朝廷,外放边镇,固然有荀勖等人嫉贤妒能,从中离间的因素,但关键是张华"忤旨",欲以齐王攸辅政。武帝为了确保皇位在本房内传承,不断加强太子的政治势力,而齐王攸是太子继承帝位最大的潜在威胁,武帝对齐王攸自始至终严加防范。太康三年(283),晋武帝下诏,令齐王攸之藩,回到封国,而张华却对武帝说:"明德至亲,莫如齐王攸。"并要武帝将太子托付给齐王攸,让齐王攸当周公。这显然是触碰到武帝心灵的痛处,故将其逐出权力中枢。

张华都督幽州期间,政绩卓著,"朝议欲征华入相,又欲进号

---

① 《晋书》卷36《张华传》。
② 《晋书》卷36《张华传》。

仪同"。但却遭到冯紞的阻挠,冯紞甚至将张华比作钟会,他向武帝进谗言道:"陛下谋谟之臣,著大功于天下,海内莫不闻知,据方镇总戎马之任者,皆在陛下圣虑矣。"①武帝听了,沉默不语,遂征召张华为太常。太常虽为九卿之一,但无实权,是个无足轻重的闲职。不久,张华因太庙屋梁折断而被免官。自此,张华仅以列侯的身份朝见。张华在武帝朝后期屡遭贬谪的根本原因是他不支持太子,而拥戴齐王攸,这在武帝看来,是不忠的表现,是他不能容忍的。

## 四、"恃皇孙聪睿,故无废立之心"

晋武帝明知司马衷不慧,却不顾卫瓘、张华、和峤等大臣的反对,坚持不废太子,其中还有一条不可忽视的原因,就是司马衷虽然智商较低,但其子司马遹"幼而聪慧",深得祖父司马炎的喜爱。《晋书》云:"愍怀聪颖,谅惟天挺。皇祖钟心","维尔少资岐嶷之质,荷先帝殊异之宠。"②《晋书·武帝纪》史臣特别强调:"爱及(武帝)末年,知惠帝弗克负荷,然恃皇孙聪睿,故无废立之心。"晋武帝之所以不废太子,就是因为他对皇孙司马遹寄予厚望,认为他能成为一代明君,而惠帝的统治只不过是个过渡期。惠帝虽然智力低下,但有朝臣的辅佐,再有皇太孙的继承,司马氏的皇位更迭应该没有问题。正如叶适所言:"惠之无慧,帝自知之,而终不决者,恃愍怀尔。"

司马遹究竟如何聪睿呢?愍怀太子本传记载,其五岁时,宫中曾经晚上失火,晋武帝登楼远望。司马遹拽着祖父晋武帝的衣襟

① 《晋书》卷36《张华传》。
② 《晋书》卷53《愍怀太子传》赞曰。

到暗处。晋武帝问他原因,司马遹说:"夜晚仓卒之间,应该防范发生非常变故,不应让火光照见陛下。"晋武帝见他小小年纪,如此关心自己,不由暗暗称奇。司马遹曾经跟着晋武帝观看猪圈,对晋武帝说:"猪很肥,为何不杀掉来犒劳将士,却让它们在这里浪费粮食?"晋武帝认为他的主意很好,于是马上让人烹杀。并抚摸着司马遹的背,对廷尉傅祗说:"此儿当兴我家。"后来,晋武帝当着群臣称赞司马遹"似宣帝(司马懿),于是令誉流于天下"。①

晋武帝对皇孙司马遹特别喜欢,还不仅仅是因为他比较"聪睿",其中恐还有更深层次的原因。兹不妨对此作进一步的探究。武帝子嗣虽多,但最受他关爱的是司马衷。由于司马轨早夭,司马衷就成为武帝的嫡长子,其九岁被立为太子。作为未来的皇位继承人,晋武帝对其进行了精心呵护和全方位的培养。不仅为他配备了由朝廷重臣和最有声望的名士组成的东宫僚属,而且在太子尚在幼年时就关心其生育问题。史载:"谢夫人名玖。家本贫贱,父以屠羊为业,玖清惠贞正而有淑姿,选入后庭为才人。惠帝在东宫,将纳妃。武帝虑太子尚幼,未知帷房之事,乃遣往东宫侍寝,由是得幸有身。"②原来,谢玖本是武帝后宫中的才人。武帝立司马衷为太子之后,不仅担忧他因智商驽钝,难以继承大统,甚至怀疑他"未知帷房之事",③故将自己的才人谢玖赐与太子司马衷,让她

---

① 《晋书》卷53《愍怀太子传》。
② 《晋书》卷31《惠羊皇后传附谢夫人传》。
③ 有严重智障者,生育能力很低,甚至不能生育。武帝起初对司马衷有无生育能力颇为担心,故派自己的才人谢玖前去太子处"侍寝"。从后来的情况来看,惠帝虽智商略低,但并不妨碍其生育。据史书记载,惠帝子女并不算少。子有愍怀太子司马遹,女有河东、临海、始平、弘农郡公主及哀献皇女。若非贾南风残杀怀孕之宫人,惠帝的子女更多。由此说明,惠帝无论在精神上还是生理上皆属于正常人。

前"往东宫侍寝,由是得幸有身",生下了皇孙司马遹。由此可见,太子生育之事是晋武帝一手安排操纵的。由于谢玖本是武帝才人,是武帝转赐给太子。故谢妃所生之子,与武帝似乎就有了二层关系。从表面上看与武帝是祖孙关系,但其中还隐含着父子之情。[1]

颇为有趣的是惠帝并不知晓自己有司马遹这个儿子,还是由武帝告之。据愍怀太子本传云:"(司马遹)幼而聪慧,武帝爱之,恒在左右。尝与诸皇子共戏殿上,惠帝来朝,执诸皇子手,次至太子,帝曰:'是汝儿也。'惠帝乃止。"[2]为何惠帝会不识其子呢? 原来,谢才人奉武帝之命入东宫侍寝,但其境遇十分艰难。太子妃贾南风残暴狠毒,宫人一旦怀孕,被贾南风发现之后,她竟然以戟掷孕妾,孕妇母子皆死于非命,其状惨不忍睹。身怀六甲的谢玖十分惧怕,为了躲避贾南风的魔掌,保全自己与腹中的婴儿,她经晋武帝同意回到西宫。不久生下一子,取名司马遹。司马遹长到三四岁时,惠帝还不知道自己有子。有一次他入朝,见司马遹与许多皇子在一起游戏,惠帝就抓住司马遹的手,晋武帝对他说:"是汝儿也。"惠帝这才与司马遹父子相认。惠帝即位后,立司马遹为太子,史称愍怀太子。

因爱孙而立子为储君,在历史上并非仅晋武帝一人。明成祖朱棣对太子朱高炽一直不甚满意,故在立储之事上颇为犹豫。但朱高炽之子朱瞻基深得成祖喜爱。解缙对成祖说,陛下有"好圣孙",即朱瞻基也。相面人袁珙也说皇长孙是"万岁天子"。成祖

---

[1] 汤勤福认为:谢玖侍寝,反映武帝要皇太孙的思想,但这条材料(指《晋书·惠羊皇后传附谢夫人传》中谢夫人侍寝之事)反映的谢玖生愍怀太子之事有很大的可疑,即愍怀太子不是惠帝之子。而可能是武帝之子。参阅《"八王之乱"新探》,收入汤勤福:《半甲集》上册,上海三联书店 2010 年版,第 35 页。

[2] 《晋书》卷 53《愍怀太子传》。

原本就钟爱皇长孙,于是不再迟疑,遂立高炽为太子。清代康熙朝后期,康熙诸子争夺储位十分激烈,雍正帝胤禛之所以在夺嫡之争中胜出,也是因康熙特别喜欢雍正之子弘历(即后来的乾隆帝),才立他为太子。由此可见,《晋书·武帝纪》中记载武帝"知惠帝弗克负荷,然恃皇孙聪睿,故无废立之心"之言并非虚诞,而是实情。

唐太宗李世民晚年对晋代历史颇感兴趣,他亲自撰写《武帝纪》的论赞,对晋武帝一生的功过是非作出了较为客观的评价,指出了武帝在治理天下时所犯的种种过失。李世民认为晋武帝晚年昏聩,失误颇多,如他"惑荀勖之奸谋,迷王浑之伪策",以及"元海当除而不除,卒令扰乱区夏"等。但重点还是突出武帝在太子废立上的重大失误,即"惠帝可废而不废,终使倾覆洪基"。值得我们注意的是,虽然李世民对武帝的批判不无道理,但其中也掺杂了他个人的经历与情感。李世民发动玄武门之变,通过弑兄杀弟逼父而登上九五之尊,遭到世人极大的诟病。李世民晚年在立储问题上也陷入难以摆脱的困境。太子李承乾谋反被诛,魏王李泰争夺储位被废,最后立第九子晋王李治为嗣。他的这些做法都有悖于儒家立嫡立长的伦理。可见李世民对武帝"弃一子者忍之小,安社稷者孝之大"①的指责虽有以史为鉴的功能,但在某种程度上也有为自己"废长立幼"辩护的动机。

## 五、九州生铁铸大错

通过上文分析,可以看出晋武帝不废太子虽是重大失误,但尚

---

① 《晋书》卷3《武帝纪》制曰。

在情理之中。比较而言,武帝在太子妃的问题上所犯的过失更大,可谓是九州生铁铸大错。武帝受武元皇后及荀顗、荀勖、冯紞等人蛊惑,使太子娶贾充之女贾南风为太子妃,其目的当然是为了进一步巩固太子的政治地位,期望在太子即位之后,贾南风可襄助惠帝治理内政,日后成为姜嫄、涂山氏、妊姒式的贤后。尽管武帝最终确立了贾充女为太子妃,但事情并非到了无可挽回的地步,因为贾南风被立为太子妃后,其妒妇的本质不久就暴露无遗,贾南风不仅"妒忌多权诈",而且"性酷虐,尝手杀数人。或以戟掷孕妾,子随刃堕地"。①

东宫中的孕妾,其实就是怀有司马衷之子的宫人。武帝在位时,太子妃竟然公开杀孕妇,简直猖狂到了极点。素来仁慈宽厚的司马炎得知此事,"大怒,已修金墉城,将废之"。② 但武悼后杨芷因杨艳临终前将太子和太子妃托付于她,故她一再替贾妃向司马炎求情:"贾公闾有勋社稷,犹当数世宥之,贾妃亲是其女,正复妒忌之间,不足以一眚掩其大德。"③赵粲是武元后舅家赵虞之女,经杨艳援引而入内宫,拜为充华,甚得武帝宠幸,她也在一旁"从容言曰:'贾妃年少,妒是妇人之情耳,长自当差。愿陛下察之。'"④

贾妃杀害怀孕宫人之后,不仅皇后杨芷为她求情,连充华赵粲也为其开脱罪行。她们希望武帝宽恕贾妃的理由有三点:其一,提醒武帝不要忘了贾充的功劳;其二,将贾南风杀害怀孕宫人解释成是因妒而致,而妒忌则是"妇人之情";其三,贾妃有"大德",不能

---

① 《晋书》卷31《惠贾皇后传》。
② 《晋书》卷31《惠贾皇后传》。金墉城为三国时期魏明帝所筑,乃当时洛阳城东北(今河南省孟津县平乐镇翟泉、金村一带)西北角上一小城。魏晋时被废的帝后,及太子妃都安置于此。城小而固,为成守要地。
③ 《晋书》卷31《武悼杨皇后传》。
④ 《晋书》卷31《惠贾皇后传》。

因一件小事而抹杀。杨芷与赵粲为贾南风辩护的三点理由其实都不能成立,特别是第三点尤为荒谬,贾南风仅凭藉其父贾充与司马氏的特殊关系而入宫为太子妃,其为人凶狠残暴,何来"大德"?贾妃在东宫胡作非为,屡因小事而杀人,特别是以戟刺杀怀孕宫人,何其残忍!而杨芷居然荒谬地声称贾妃仅是因妒而杀人,"不足以一眚掩其大德"。武帝听了杨芷与赵粲之言,颇有些犹豫,故暂未对贾南风作出处理。

杨芷见武帝迟疑不决,遂请其叔杨珧与荀勖、冯紞等人共同劝谏武帝。史载:"其后杨珧亦为之言曰:'陛下忘贾公闾耶?'荀勖深救之,故得不废。"[1]杨珧为后父杨骏之弟,时任尚书令,颇得武帝信任,故其进言也起到一定的作用。荀勖在促成贾氏与司马氏联姻上煞费苦心,此次见贾妃将被废,颇为着急。"帝将废贾妃,勖与冯紞等谏请,故得不废。时议以勖倾国害时,孙资、刘放之匹。"[2]荀勖善于逢迎,又颇有谋略,为了不使贾南风被废,荀勖"深救之",如何"深救"?采用何种方法?因史书未载,我们不得而知。总之,在荀勖不遗余力"深救"下,贾妃"故得不废"。

冯紞与荀勖同为一党,凡勖有所为,冯紞紧随其后,亦步亦趋,此次为营救贾妃,冯紞也是不遗余力。他与荀勖一起劝谏武帝。"及(贾)妃之将废,紞、勖乾没救请,故得不废。"[3]总体来看,冯紞在武帝朝基本上就没有起过好的作用,每当武帝遇事,举棋不定时,他总是进谗言,害忠良,使武帝作出错误的决定,故《晋书》史臣对冯紞作出了丑评:"冯紞外骋戚施,内穷狙诈,毙攸安贾,交勖仇张,心滔楚费,过逾晋伍。爰丝献寿,空取慰于仁心,紞之陈说,

---

① 《晋书》卷31《惠贾皇后传》。
② 《晋书》卷39《荀勖传》。
③ 《晋书》卷39《冯紞传》。

幸收哀于迷虑,投畀之罚无闻,《青蝇》之诗不作矣。……统之不臧,交乱罔极。"①

当然,冯统、荀勖等人之邪说之所以能起作用,关键还是武帝自己不能明辨是非。武帝在选太子妃之前,曾对贾充女和卫瓘女做过五个方面的比较,认为卫女远胜贾女。之后,因受武元后及冯统、荀勖等人的蛊惑,放弃与卫氏联姻,而纳贾南风为太子妃。如果武帝在贾妃进宫之前对卫、贾两女孰优孰劣还不能作出明确判断的话,此时就应完全看清贾妃凶残嗜杀的庐山真面目。因为此时的贾南风并未掌权,仅是一个小小的太子妃,她就肆意妄为,残害宫人,若日后愚鲁的太子即位,其被立为皇后,朝廷中还有谁能制约于她。

其实武帝对贾妃"妒忌""酷虐"的性格不是不了解,前文曾提及,武帝因担忧太子不懂"帷房之事",曾派遣自己的才人谢玖去"侍寝",结果谢才人在怀孕之后,"贾后妒忌之",谢才人险遭其毒手。还是她及时"求还西宫",才保全了愍怀太子。贾妃连武帝最喜欢的皇长孙都不放过,可见她凶悍狠毒到了何种程度。而武帝虽然震怒,但行事却优柔寡断,虽然一度打算废太子妃,但最终却不了了之。武帝在世时,保护愍怀太子已感费力,何况其身后。武帝崩逝后,贾后再无顾忌,遂设毒计,谋害愍怀太子司马遹。

# 六、谋害愍怀太子

贾后因太子非己所出,故十分嫉恨司马遹,只是由于时机未到,不便骤下毒手。司马遹也深知贾后不会宽容自己,他以为只要

---

① 《晋书》卷39《冯统传》。

韬晦待时,给人留下不问政事的印象,就可以躲避其暗算。于是他不读书,每日与左右之人游戏,也不尊敬保傅。不料他如此做正中贾后的圈套,于是她密令宦官引诱太子胡作非为。史载:"贾后素忌太子有令誉,因此密敕黄门阉宦媚谀于太子曰:'殿下诚可及壮时极意所欲,何为恒自拘束?'每见喜怒之际,辄叹曰:'殿下不知用威刑,天下岂得畏服!'太子所幸蒋美人生男,又言宜隆其赏赐,多为皇孙造玩弄之器,太子从之。于是慢弛益彰,或废朝侍,恒在后园游戏。"①原本东宫预算每月费用五十万钱,但司马遹每每消费成倍的用度。司马遹如此作为,名誉渐损。

司马遹与贾后之侄贾谧经常在宫中游戏,司马遹性情刚烈,贾谧依仗有贾后作靠山,故游戏中二人互不相让,结下了芥蒂。太子詹事裴权屡屡劝谏司马遹要防范贾谧。司马遹不以为然,时常以太子的身份居高临下。一次,贾谧与司马遹下围棋,争棋路,成都王司马颖见后呵斥贾谧,贾谧内心更加不平,②因此在贾后面前诬陷司马遹。他对贾后言:"太子广买田业,多畜私财以结小人者,为贾氏故也。密闻其言云:'皇后万岁后,吾当鱼肉之。非但如是也,若宫车晏驾,彼居大位,依杨氏故事,诛臣等而废后于金墉,如反手耳。不如早为之所,更立慈顺者以自防卫。'"贾南风听信了贾谧的谗言,遂派人到处宣扬太子之短。"于时朝野咸知贾后有害太子意。中护军赵俊请太子废后,太子不听。"③

为了对抗贾后对太子的威胁,裴頠建议提高太子生母谢夫人

---

① 《晋书》卷53《愍怀太子传》。
② 《晋书》卷40《贾充传附贾谧传》云:"谧既亲贵,数入二宫,共愍怀太子游处,无屈降心。常与太子弈棋争道,成都王颖在坐,正色曰:'皇太子,国之储君,贾谧何得无礼。'谧惧,言之于后。……及为常侍,侍讲东宫,太子意有不悦。"
③ 《晋书》卷53《愍怀太子传》。

的地位,并增加太子的宿卫力量。"(裴)頠以贾后不悦太子,抗表请增崇太子所生谢淑妃位号,仍启增置后卫率吏,给三千兵,于是东宫宿卫万人。"①

太子力量的增强,使贾后惊恐不安,于是她加快了陷害太子行动的步骤。贾南风声称自己已怀孕,遂暗中将其妹贾午之子韩慰祖抱入皇宫,欲以慰祖为太子。元康九年(299)十二月,贾后诈称惠帝有恙,将司马遹诱入宫中,贾后却不与他相见,将太子安置在别室,贾后"遣婢陈舞赐以酒枣,逼饮醉之。使黄门侍郎潘岳作书草"。潘岳模仿司马遹平常说话的语气,让小婢"以纸笔及书草使太子书之"。司马遹虽疑有诈,但因饮酒过量,无力判断,只得从命。"太子醉迷不觉,遂依而写之,其字半不成。既而补成之,后以呈帝。"②太子在醉酒迷糊、神智不清之时,按照潘岳所写的内容抄写道:

> 陛下宜自了,不自了,吾当入了之。中宫又宜速自了,不了,吾当手了之。并谢妃共要刻期两发,勿疑犹豫,致后患。茹毛饮血于三辰之下,皇天许当扫除患害,立道文为王,蒋为内主。愿成,当三牲祠北君,大赦天下。要疏如律令。③

此话之意是说太子欲与谢妃勾结,逼惠帝和贾后自杀,帝、后若不自杀,太子就要亲自动手,并自立为帝,以蒋美人为皇后。有如此大逆不道之语,贾后就可以据此将司马遹置于死地,因为这是太子弑君、弑父、弑母最有力的证据。

翌日,惠帝临朝,召见公卿,惠帝命黄门令董猛拿出司马遹所写的手稿,遍示群臣。在贾后的授意下,惠帝曰:"遹书如此,今赐

---

① 《晋书》卷35《裴秀传附裴頠传》。
② 《晋书》卷53《愍怀太子传》。
③ 《晋书》卷53《愍怀太子传》。

死。"大臣们面面相觑,瞠目结舌,皆不敢为太子辩解,唯有张华、裴𫖮认为此事可疑,并非太子所为。贾后对惠帝说:"事宜速决,而群臣各有不同,若有不从诏,宜以军法从事。"[1]朝廷上,群臣为太子之事,相互争辩,"议至日西不决"。贾后怕事情有变,于己不利,遂改变主意,上表请惠帝将太子废为庶人,惠帝"许之"。贾后随即遣心腹将司马遹、太子妃及其三个儿子,俱囚禁于金墉城。

永康元年(300)三月,贾南风决定毒杀司马遹,"以绝众望",于是命太医令程据配制毒药,矫诏令宦官孙虑前去毒杀司马遹。司马遹在软禁期间,恐被鸩毒,常自己煮饭吃。孙虑把要毒杀司马遹之事告诉了刘振,刘振便把太子迁居在小坊中,断绝他的饮食,但宫中还是有人在墙壁上给太子放置饮食。孙虑便逼司马遹服毒药,司马遹不肯,大声叫喊,孙虑以药杵将司马遹击杀。在贾南风的指使下,又派人诛杀了太子之母谢玖。愍怀太子虽死于贾南风之手,但这个悲剧其实是司马炎一手造成的。宋人叶适就将司马遹之死归咎于武帝相信荀勖的谗言。他说武帝"明见充女不可,然竟纳为妇,以成愍怀之酷,实(荀)勖辈弥缝其间"。[2]

贾南风杀害愍怀太子,对西晋政局造成了极大的影响。愍怀太子虽未即位,但他在士大夫中极具声望。由于惠帝昏庸,贾后凶残,故天下士民把希望寄托在太子身上,史称:"愍怀聪颖,谅惟天挺。皇祖钟心,庶僚引领。"[3]都期望司马遹早日登基,可以拨乱反正,重整朝纲。正如《愍怀太子传》史臣所说:"愍怀挺岐嶷之姿,表夙成之质。武皇钟爱,既深诒厥之谋;天下归心,颇有后来之望。"甚至连贾南风之母郭槐也深知太子在天下士民中的声望,因

---

① 《晋书》卷53《愍怀太子传》。
② (宋)叶适:《习学记言序目》卷29《晋书一》。
③ 《晋书》卷53《愍怀太子传》赞曰。

此她对司马遹颇为照顾。"（贾）后母广城君以后无子，甚敬重愍怀。"原本她希望太子与贾氏联姻，以韩寿、贾午之女为太子妃，但因贾南风与贾午姐妹反对而未果。即使如此，郭槐仍要求贾南风善待司马遹，她"每劝厉后，使加慈爱"。"贾谧恃贵骄纵，不能推崇太子"，郭槐对他严加训斥。郭槐病重时，司马遹时常前往探望，恪尽礼数。郭槐临终时，握着贾南风的手，"令尽意于太子，言甚切至，又曰：'（赵）粲及（贾）午必乱汝事，我死后，勿复听入，深忆吾言。'"①但贾南风对其母之言置若罔闻，依然我行我素，"专制天下，威服内外。更与赵粲、贾午专为奸谋，诬害太子，众恶彰著"。②

　　早在太子被废之时，士民中就有不少人看清了这是贾南风蓄意制造的冤案，"愍怀之废也，天下称其冤。然皆惧乱政之参夷，慑淫嬖之凶忍，遂使谋臣怀忠而结舌，义士蓄愤而吞声"。③由于惧怕贾后的淫威，几乎没有人敢于仗义执言，为太子辩护。唯独安复县令阎缵"舆棺诣阙，上书理太子之冤"。其言词慷慨激昂，甚至表白自己宁可"以死献忠，辄具棺絮，伏须刑诛"，以死来证明太子的清白。然而阎缵官卑职微，所上奏章根本起不了任何作用。史臣对阎缵不惧生死，敢于同贾后抗争的精神予以高度的褒扬："阎续伯官既微于侍郎，位不登于执戟，轻生重义，视死如归，伏奏而待严诛，舆棺以趋鼎镬，察言观行，岂非忠直壮乎！顾视晋朝公卿，曾不得与其徒隶齿也。"④

　　太子遇害之日也是贾南风灭亡之时，贾南风陷害太子的阴谋

---

① 《晋书》卷31《惠贾皇后传》。
② 《晋书》卷31《惠贾皇后传》。
③ 《晋书》卷48《阎缵传》史臣曰。
④ 《晋书》卷48《阎缵传》史臣曰。

虽然得逞,但她万万未料到,此事招致天怒人怨,也为自己招来杀身之祸。由于"太子既废非其罪,众情愤怨"。左卫督司马雅、常从督许超、殿中中郎士猗等图谋废贾南风,重新立司马遹为太子。司马雅等人对赵王司马伦的亲信孙秀说:"中宫凶妒无道,与贾谧等共废太子。今国无嫡嗣,社稷将危,大臣将起大事。而公名奉事中宫,与贾、郭亲善,太子之废,皆云豫知,一朝事起,祸必相及。何不先谋之乎?"①孙秀遂鼓动赵王司马伦发动政变。司马伦在假贾南风之手害死司马遹之后,伪造诏书,以谋害太子的罪名废贾南风,此举得到很多人的支持。司马伦领兵入宫后诛杀贾谧,又派齐王司马冏收捕贾南风。贾南风见司马冏夤夜入宫,知道大事不妙,惊问:"卿何为来!"司马冏答曰:"有诏收后!"贾南风接着问:"诏当从我出,何诏也?"于是上阁楼,遥呼惠帝曰:"陛下有妇,使人废之,亦行自废!"接着又问司马冏:"起事者谁?"司马冏毫不避讳,答道:"梁(王)、赵(王)。"梁王是司马肜,赵王即司马伦。贾南风听了,悔恨不已,骂道:"系狗当系颈,今反系其尾,何得不然!"司马伦随即将贾后押送到金墉城,废其为庶人,又捕杀贾南风的党与赵粲、贾午、韩寿、董猛、程据等人。不久,"伦乃矫诏遣尚书刘弘等持节赍金屑酒赐(贾)后死"。②

贾南风死后,赵王司马伦为了独揽大权,将极有声望的大臣司空张华、尚书仆射裴頠等收捕并处死,并逼迫晋惠帝退位。不久,司马伦僭位称帝,西晋的八王之乱愈演愈烈。由此可见,由于贾南风杀害愍怀太子,导致西晋统治集团内部斗争更趋激烈,司马伦等野心家藉此机会发动政变,窃取最高统治权。史称:"司马伦实庸

① 《晋书》卷59《赵王伦传》。
② 《晋书》卷31《惠贾皇后传》。

璩,见欺孙秀,潜构异图,煽成奸慝。乃使元良遘怨酷,上宰陷诛夷,乾耀以之暂倾,皇纲于焉中圮。遂裂冠毁冕,幸百六之会;绾玺扬纛,窥九五之尊。"①西晋的宗室,齐王司马冏、河间王司马颙、成都王司马颖遂以声讨司马伦篡逆为名,纷纷起兵勤王,致使西晋政局进一步恶化,至此,西晋的灭亡已为时不远了。

---

① 《晋书》卷 59 史臣曰。

# 第十章 晋武帝的内忧:齐王攸夺嫡

## 一、兄弟间的夙怨

武帝一生最大的内忧就是担心其弟司马攸会夺嫡,而且这个忧虑贯穿于始终,几乎是其一生的阴影。炎攸兄弟争夺晋世子之位,始于咸熙元年①(264)前,武帝于咸熙二年(265)废魏称帝,泰始三年(267)立太子,因太子不慧,又开启了新一轮的夺嫡之争。迄于太康四年(283),武帝逼迫齐王攸之藩,齐王攸愤懑暴病而亡,这场斗争方告结束。西晋开国前后的夺嫡之争前后竟长达四十年之久。

司马攸字大猷,小字桃符,是司马炎的同母弟,生于魏正始七年(246),与兄长司马炎相差十岁。攸本传说他"少而岐嶷。及长,清和平允,亲贤好施,爱经籍,能属文,善尺牍,为世所楷。才望出武帝之右,宣帝每器之。景帝无子,命攸为嗣"。② 也就是说他的才能和威望都超越兄长司马炎,因此祖父司马懿很器重他。嘉

---

① 《资治通鉴》卷78魏元帝"咸熙元年冬十月"条载:"初,晋王娶王肃之女,生炎及攸,以攸继景王后。攸性孝友,多材艺,清和平允,名闻过于炎。……晋王欲以攸为世子,山涛曰:'废长立少,违礼不祥。'贾充曰:'中抚军有君人之德,不可易也。'何曾、裴秀曰:'中抚军聪明神武,有超世之才,人望既茂,天表如此,固非人臣之相也。'晋王由是意定,丙午,立炎为世子。"胡三省注曰:"为晋武帝不能容齐王攸张本。"
② 《晋书》卷38《齐王攸传》。

499

平二年(250),曹魏太尉王凌在淮南图谋叛乱,司马懿亲自率兵征讨,年仅六岁的司马攸也随同出征,淮南初叛被平定后,司马攸获封长乐亭侯。正元二年(255),司马师病逝,司马攸继承司马懿、师之爵,袭封舞阳侯。由此开启了他与司马炎争夺嗣位的人生。

司马炎、司马攸兄弟争世子位,虽然没有发生曹丕、曹植那样兄弟相残的悲剧,但潜在的较量还是颇为激烈的,而且炎、攸二人始终心存芥蒂,难以平复。对此,司马昭甚为担心。从司马昭夫妇"虑攸不安",担忧司马炎"必不能兼容"乃弟,可以看出炎攸兄弟二人当年暗中争夺嗣位之激烈。故司马昭临终遗言,"为武帝叙汉淮南王、魏陈思王故事而泣"。① 吕思勉指出:"观文帝及文明太后临终之言,知武帝与齐王不和已久。"②但造成炎攸兄弟不睦,争夺嗣位的实是其父司马昭,司马昭是西晋立嗣问题的始作俑者。清代学者王鸣盛对这一问题有独特的见解,他指出:

> 愚谓昭本以爱攸之故,欲废长立少耳,岂为攸嗣师后,奉其兄烝尝计邪? 攸传云,每谓见攸,必抚床呼其小字曰:"此桃符坐也。"乃云此景王之天下,将欲欺谁? 不思炎、攸皆其子乎? 卒令兄弟遂成嫌隙,昭实构之。③

王鸣盛在此问题上的眼光显然是独到而犀利的,他明确指出司马昭有废长立幼之心。然而随着形势的变化,司马昭又不得不改弦更张。司马昭虽一度有遵从宣帝以景帝为嫡的想法,但其晚年却不能不考虑皇室大宗的特殊地位,一旦以司马攸为嗣,自己这一房就成了小宗,晋室皇位之传承就此与自己这一房彻底无缘。在举棋不定的情况下,他与诸心腹何曾、贾充、山涛、裴秀等人多次商量

---

① 《晋书》卷38《齐王攸传》。

② 吕思勉:《两晋南北朝史》,上海人民出版社1983年版,第41页。

③ (清)王鸣盛:《十七史商榷》卷44《昭构炎攸嫌隙》,第323—324页。

此事,借此观察朝臣在立炎还是立攸为嗣问题上的态度。在诸心腹大臣一致拥戴司马炎的情况下,司马昭最终确立以司马炎为嗣子。

由于司马昭有废长立幼之意,故司马炎为争夺世子位进行了紧张的活动,从羊琇"密为武帝画策,甚有匡救"①的记载看,炎与诸人多有谋划,形成了一个强大的政治集团。对此,司马昭也不得不承认既成事实,否则,将来的政局很难稳定。正因如此,当司马昭病危,司马炎问后事时,昭对曰:"知汝者贾公闾也。"其意是你执政后,可以依赖贾充等人。

至于司马攸是否形成自己的政治集团,或者即使有自己的小集团,但其党羽是谁?因缺乏明确的史料记载,我们已很难判定。尽管《晋书·齐王攸传》没有直接记载司马攸如何争夺嗣位,但绝不等于司马攸就没有进行任何政治活动。吕思勉所著的《两晋南北朝史》第三章《西晋乱亡》,将齐献王争立放在第一节,并提出"八王之乱,源于杨、贾之争;杨、贾之争,又源于齐献王之觊觎大位"的观点。

司马攸争夺储位的方式较为特殊。他以"至孝"的手段来获取政治声望。司马氏家族一贯遵循"以孝治家"。尊崇孝义,敦亲睦族是司马家族一贯倡导的门风,自司马昭弑君之后,忠君观念已成为司马氏的禁讳,司马氏父子当魏室之衰,乘机窃权,实无任何君父大节可言。故立国之后不再过分强调忠君,而大力标榜礼法名教,褒扬仁孝,奖励名德。司马炎即位之后屡次在诏书中要求"士庶有好学笃道,孝悌忠信,清白异行者,举而进之,有不孝敬于

---

① 《晋书》卷93《外戚·羊琇传》。

父母,不长悌于族党,悖礼弃常,不率法令者,纠而罪之"。① 由于最高统治者的倡导,故西晋朝佐命大臣王祥、何曾、荀𫖮等人皆以"至孝"名闻天下。

值得我们注意的是,在炎攸兄弟的夺嫡之争中,"至孝"成了他们笼络士人,提高个人声望,获取政治资源的有效手段。丧葬之礼是"至孝"的一个重要组成部分。晋皇室自司马懿以来都极为重视丧礼。"生则养,死则哀,故曰三年之丧,天下之达礼……然则汉文革丧礼之制,无复三年之礼。"②曹操死后,将丧礼简化,时间不超过一个月。作为西晋统治者的司马氏家族,居丧之礼不仅超越曹魏,甚至超过了汉代丧礼的规定,这既是司马家族的门风,也是他们极端崇奉儒家名教的体现。

《抱朴子·外篇·讥惑篇》称:"吾闻晋之宣、景、文、武四帝居亲丧皆毁瘠逾制,又不用王氏二十五月之礼,皆行二十七月服。于是天下之重哀者,咸以四帝为法。"司马氏如此重视丧葬之礼,绝不仅仅是单纯地弘扬儒家的孝道思想,而是有着深刻的政治内涵。咸熙二年(265),司马昭去世,炎攸兄弟在丧礼上就展开激烈的竞争。我们不妨先来看晋武帝的居丧之礼:

> 文帝之崩,国内服三日。武帝亦遵汉魏之典,既葬除丧,然犹深衣素冠,降席撤膳。太宰司马孚等以为陛下宜割情以康时济俗,辄敕御府易服,内者改坐,太官复膳,诸所施行,皆如旧制。诏曰:"每感念幽冥,而不得终苴绖于草土,以存此痛,况当食稻衣锦,诚诡然激切其心,非所以相解也。吾本诸生家,传礼来久,何心一旦便易此情于所天!"……孚等重奏:

---

① 《晋书》卷3《武帝纪》。
② 《晋书》卷20《礼志中》。

"伏读圣诏,感以悲怀,然今者干戈未戢,武事未偃,万机至重,天下至众。陛下以万乘之尊,履布衣之礼,服粗席藁,水饮疏食,殷忧内盈,毁悴外表。而躬勤万机,坐而待旦,降心接下,仄不遑食,所以劳力者如斯之甚。是以臣等悚息不宁,诚惧神气用损,以疚大事。……又诏曰:"重览奏议,益以悲剥,不能自胜,奈何! 奈何! 三年之丧,自古达礼,诚圣人称情立衷,明恕而行也。神灵日远,无所诉告,虽薄于情,食旨服美,所不堪也。不宜反复,重伤其心,言用断绝,奈何! 奈何!"帝遂以此礼终三年。后居太后之丧亦如之。①

由于司马炎的居丧之礼太重,故大臣们纷纷劝谏,担心武帝的龙体受损。孰料其弟司马攸的居丧之礼比乃兄有过之而无不及。齐王攸本传载,司马攸在居丧期间哀毁过礼,数天之内水米未进,需要依靠拐杖才能站起。"左右以稻米干饭杂理中丸进之,司马攸泣而不受。"其母王元姬亲自前往劝慰:"若万一加以他疾,将复如何! 宜远虑深计,不可专守一志。"司马攸仍然不愿进食。其司马嵇喜进谏曰:"毁不灭性,圣人之教,且大王地即密亲,任惟元辅。匹夫犹惜其命,以为祖宗,况荷天下之大业,辅帝室之重任,而可尽无极之哀,与颜闵争孝! 不可令贤人笑,愚人幸也。"在嵇喜的再三劝慰下,"攸不得已,为之强饭"。事后,司马攸对左右说:"嵇司马将令我不忘居丧之节,得存区区之身耳。"②

司马攸居丧时期绝食,完全是超出了任何丧礼的规定,他之所以要如此做,绝非仅仅是悲哀所致,其目的就是要显示出他的"至孝"远远超出常人。司马攸绝食时,左右心腹劝说无用,甚至亲生

---

① 《晋书》卷20《礼志中》。
② 《晋书》卷38《齐王攸传》。

母亲劝其进食,攸也不从,直至其司马嵇喜以"荷天下之大业,辅帝室之重任"的道理劝勉,司马攸才停止绝食。而所谓的"荷天下之大业",亦可解释为有朝一日,司马攸将登上治理天下的九五之位。

司马攸在士人中之所以享有很高的声望,和他事亲至孝的行为有很大的关系。由于司马师无子,司马攸幼年就过继给他,司马攸年龄虽幼,但却十分懂得为人子必须恪尽孝道,他将伯父视作生父。"及景帝崩,攸年十岁,哀动左右,大见称叹。袭封舞阳侯,奉景献羊后于别第,事后以孝闻。"①一个年仅十岁的幼童,在伯父死后,居然伤心到"哀动左右",这在崇尚孝道的西晋社会,当然能得到时人的"大见称叹"。景献皇后是司马师之妻,并非是司马攸生母,但攸与她同居于别馆,尽心侍奉,在宗室中"以孝闻"。在生父司马昭去世后,作为出继之子司马攸的"悲伤"程度远远超过武帝以及其他兄弟,他不饮不食,"居丧哀毁,几至灭性",其"至孝"到了极端。我怀疑司马攸如此作为似有政治作秀之嫌,攸之目的很有可能是要通过他至孝的实际行动,来博得天下士人的瞩目,藉此增强自己的地位并进一步笼络天下士人,为自己夺嫡积累政治资本。

武帝践祚后,司马攸被封为齐王。武帝诏令宗室藩王可自选封国官员,齐王攸则坚持齐国长吏要由朝廷任命,而不自作安排。当时宗室的一切衣食开销都由皇室负责,但司马攸则上表声称靠自己封国的租赋已足以开支,多次表示不需要皇室的财政拨款。司马攸虽然未回到齐国,但对于齐国的"文武官属,下至士卒,分租赋以给之,疾病死丧赐与之。而时有水旱,国内百姓则加振贷,

---

① 《晋书》卷38《齐王攸传》。

须丰年乃责,十减其二,国内赖之"。① 他通过赏赐、赈灾、救济、减租等措施,来笼络封国内的士民,这就使封国人民对他十分感激。司马攸曾为骠骑将军、开府仪同三司,虽任高位但仍然"降身虚己,待物以信"。从而进一步提高了自己礼贤下士的政治形象。西晋武官公及开府仪同三司都有营兵,但此时武帝却下诏罢去骠骑将军的营兵,诏令下达后,"兵士数千人恋攸恩德,不肯去,遮京兆主言之,帝乃还攸兵"。② 司马炎罢去骠骑将军营兵,目的是不让齐王攸握有军权,但此举却遭到骠骑营士卒的抵制,最后武帝也只能妥协,不得不将营兵还给司马攸。由此可见,齐王攸在军中有很大的影响力,得到了将士们的拥戴。

唐朝史臣在《文六王传》论赞中这样评价司马攸:"齐王以两献之亲,弘二南之化,道光雅俗,望重台衡,百辟具瞻,万方属意。……彼美齐献,卓尔不群。自家刑国,纬武经文。木摧于秀,兰烧以薰。"③从攸本传上看,齐王攸一生的事功并不十分突出,亦无特别令人称道的政绩,但却获得了"望重台衡,百辟具瞻,万方属意"的美誉。其所以有如此高的政治声望,很有可能是当时的清望之士为齐王攸的"至孝""妙辟名士,降身虚己"④及"攸在国化仁洽物,义利结于民心"⑤所感动,以至于"朝臣内外,皆属意于攸"。⑥ 可见,齐王攸凭藉其宗室贤王的声望形成了前期能与武帝争夺嗣位,后期能对太子司马衷构成威胁的政治势力。

---

① 《晋书》卷 38《齐王攸传》。
② 《晋书》卷 38《齐王攸传》。
③ 《晋书》卷 38《齐王攸传》史臣曰。
④ 《北堂书钞》卷 70 引王隐《晋书》,学苑出版社 2015 年版。
⑤ 《北堂书钞》卷 70 引王隐《晋书》。
⑥ 《晋书》卷 38《齐王攸传》。

因偏爱司马攸,太后临终前将炎攸兄弟失和归咎于武帝的"为兄不慈",似乎责任全在武帝身上。但根据攸本传的记载,司马攸也并非是一个处世淡泊、不计名位之人。他处处作儒家道德标准的表率,以仁义礼法、至孝至忠的化身自居,被朝士视为宗室之中的第一贤王。"时朝廷草创,而攸总统军事,抚宁内外,莫不景附焉。"可见他在士人中获得了极高的声誉。齐王攸至性过人的性格以及其延揽人心的做法有时使武帝也感到畏惧,史载,齐王攸"至性过人,有触其讳者,辄泫然流涕,虽武帝亦敬惮之,每引之同处,必择言而后发"。① 可见武帝对乃弟始终心存忌惮。

## 二、咸宁二年的政治危机

武帝即位之后,因为与齐王攸君臣名分已定,故原本较为紧张的兄弟关系在一定程度上得到了缓和,但咸宁二年(276)朝廷又起风波,致使武帝不得不对倾向于齐王攸的政治势力采取严厉的打压措施。我们在前文中已经谈到咸宁元年(275)十二月京师洛阳一带疾疫大暴发。在当时的医疗条件下,疾疫是一种死亡率非常高的传染性疾病,其他地区不算,仅洛阳就病死了一大半人。一般而言,宫廷的医疗条件比民间总是要优越得多,但即便如此,贵为天子的司马炎也难以幸免,武帝居然也罹患上此病,以致不得不废朝。史载:"(咸宁)二年春正月,(武帝)以疾疫废朝。"②正月元旦元会是西晋朝廷最为重要的朝会,但武帝因病不得不取消此次朝会,说明他的病情已相当沉重。

---

① 《晋书》卷38《齐王攸传》。
② 《晋书》卷3《武帝纪》。

天子的身体状况从来都属于国家的最高机密。但元旦朝会的取消,已使真相无法掩盖。武帝病重的讯息在朝中公开流传,遂引起群臣们的惊慌。武帝病重期间,由贾充、荀勖、司马攸三人"参医药"。史载:"会帝寝疾,(贾)充及齐王攸、荀勖参医药。及疾愈,赐绢各五百匹。"①所谓"参医药",是因为武帝病情危重,所以内廷专门成立为武帝治病的医疗领导小组,医疗领导小组是由贾充等三人组成的。御医们替武帝治病的方案,包括所开的药方都必须向三人汇报,并得到批准。三人在内廷轮流值班,在病榻旁侍候,不离左右,并组成西晋朝廷的临时权力中心。

比起人心骚动还要令人震惊的是司马炎病重时,不仅武帝本人的性命堪忧,甚至连皇太子的储君之位——西晋国本都发生了动摇。相当一部分朝廷官员和功臣居然密谋废黜太子司马衷,谋立齐王司马攸。"初,帝疾笃,朝廷属意于攸。"②是哪些人"属意于攸"呢? 史无明书。但当时正值和峤、庾纯、卫瓘等人提议更易太子,其动机正是想以司马攸为嗣。但他们均未直接出面,而派河南尹夏侯和去游说贾充。史载:"河南尹夏侯和谓充曰:'卿二女婿,亲疏等耳,立人当立德。'充不答。"③所谓"卿二女婿"是指太子司马衷与齐王司马攸(贾充将长女贾褒适齐王攸)。

在西晋朝廷中,贾充位高权重,又同时与武帝与齐王攸联姻,是处于朝廷权力中心的关键人物。故河南尹夏侯和对贾充说,你的二个女婿,亲疏相同,若一旦武帝不测,应该以才德为标准,让齐王攸来继承大统。虽然《晋书》并未将夏侯和纳入列传之中,但他却并非是等闲之辈。夏侯和是曹魏名将夏侯渊第七子,善辩有才,

---

① 《晋书》卷 40《贾充传》。
② 《晋书》卷 40《贾充传》。
③ 《晋书》卷 40《贾充传》。

常道乡公曹奂在位时,司马昭为相国,以和为左司马。咸熙元年(264)魏将钟会灭蜀后反叛,时和正出使成都,面对钟会的威逼,和抗节不屈,临危不乱,抵制钟会叛乱。钟会平,夏侯和得到司马昭的信任,以功进爵为乡侯。武帝即位后,夏侯和任河南尹。河南尹所辖之区为京师所在地,故职权颇重,异于一般的郡守。史载:"河南尹内掌帝都,外统京畿,兼古六乡六遂之士。其民异方杂居,多豪门大族,商贾胡貊,天下四会,利之所聚,而奸之所生也。"①由此可见,河南尹掌管洛阳京畿地区的行政与治安,掌握着相当重要的权力。身为河南尹的夏侯和在武帝病重期间,公开向贾充表达对司马攸继位的支持。从史书中"朝廷属意于攸"的句中可见,夏侯和绝非仅仅是代表他个人,其背后是朝廷众多的官员,可见当时朝野上下支持司马攸的势力已经具备了相当大的能量,司马攸的力量已经不容小觑。

更为可怕的是,在事关皇位继承权的问题上,连司马炎最信赖的贾充也沉默不语。他对夏侯和之言不置可否,更不作表态。为何贾充在此问题上缄默无语呢?因为晋武帝是否废立储君一直是牵动朝野的大事,以贾充的地位很难绕过这一重大问题。不仅如此,贾充本人同时也是争夺的双方即齐王攸和晋惠帝二人的岳父,这就使他处在了政治天平的中央。其进退维谷,很难表态,也就可想而知。由于贾充在朝中的影响,其最终取向又会在很大程度上影响储君之位的结果,所以他的选择就成为齐王攸能否夺嫡的关键。

所幸司马炎大难不死,幸运地活了下来。可以想象,司马炎病愈后,当得知自己病危时,皇位继承权险些落于齐王攸之手,他是

---

① 《三国志》卷21《傅嘏传》注引《傅子》。

何等的震惊！为了防患于未然，武帝康复之后，立即采取了若干加强皇权的措施：如咸宁二年（276）武帝借立皇后杨芷之机大力扶植杨氏外戚势力；又于咸宁三年（277）改封非司马昭系的宗室藩王，同时封诸皇子为宗藩，以提升武帝一房在司马家族中的实力。

　　为了避免打击面过大，武帝并未对暗中拥立齐王攸的朝臣予以惩处。但夏侯和倡言在武帝去世后以齐王攸取代太子，贾充身为朝廷重臣听到此言竟默然不答。武帝再宽厚大度，也不可能对此事置若罔闻，不了了之。武帝病愈后，立即对二人采取措施。史载，武帝"徙和光禄勋，乃夺充兵权，而位遇无替"。① 光禄勋为九卿之一，秦汉时负责守卫宫殿门户，魏晋时改为专掌宫廷杂务，职掌清闲。武帝免去夏侯和河南尹之职，而改任其为光禄勋，实际上是剥夺了他的实权。虽然夏侯和并未将其对贾充所言付诸行动，但武帝若严加追究，其罪不可逭也。作为治理畿辅重地的官员，夏侯和居然欲更易储君，实属胆大妄为，图谋不轨，武帝对其如此措置，已是法外开恩，略加薄惩而已。

　　所谓"夺充兵权"，实际上是剥夺贾充所领的"营兵"。营兵建立于东汉时期，据《后汉书·安帝纪》载："甲子，初置渔阳营兵。"东汉边境地区常设营兵，班勇曾上书云："旧敦煌郡有营兵三百人，今宜复之，复置护西域副校尉，居于敦煌，如永元故事。"②东汉还有羽林五校营。"（永初）三年冬，南单于与乌桓大人俱反。以大司农何熙行车骑将军事，中郎将庞雄为副，将羽林五校营士，及发缘边十郡兵二万余人。"③贾充所领营兵与西晋的加兵公制度有关（可参阅本书第二章中的八公制度）。凡武官公及开府仪同三

---

① 《晋书》卷 40《贾充传》。
② 《后汉书》卷 47《班超传附班勇传》。
③ 《后汉书》卷 47《梁慬传》。

司者皆有营兵。有的武将，如王濬还未封公和开府位从公，但他有平吴的特殊功勋，武帝仍然予以加兵的特殊恩宠。①

武帝受禅时，"贾充以建明大命，转车骑将军，散骑常侍，尚书仆射，更封鲁郡公"，获得加兵待遇，有自己的营兵。之后贾充专领朝政，成为文官公，晋制，文官公不领兵，故贾充以"文武异容，求罢所领兵"。但武帝此时正眷宠贾充，并未同意，所以直到贾充"迁司空，侍中，尚书令，领兵如故"。②但贾充在武帝患病期间首鼠两端的表现，使武帝十分恼怒，遂下令，夺其所领之营兵。

但贾充毕竟为司马氏立过大功，既是朝廷老臣又是重臣，且与武帝有姻亲关系，故武帝对他的惩处也是适可而止，在夺他兵权的同时，仍然"位遇无替"。等到事情平息之后，为了抚慰贾充，"寻转太尉，行太子太保、录尚书事。咸宁三年，日蚀于三朝，充请逊位，不许。更以沛国之公丘益其封。宠幸愈甚，朝臣咸侧目焉"。③按照汉代故事，一旦灾异出现，天象示警，三公当辞职。魏文帝虽免除这一规定，④但汉制推行已久，影响深远，故贾充仍请逊位。晋武帝此时尚未平吴，在诸多方面都要仰仗这位功勋卓著的老臣，所以不仅不同意贾充离去，反而增加其封邑，以示恩宠。

咸宁四年（278），司马师继室羊徽瑜去世。司马炎称帝后，尊司马师为景帝，尊羊徽瑜为景皇后，因其居住在弘训宫，故又称弘训太后。由于司马师已被尊奉为皇帝，在晋室中处于正统地位，故弘训羊太后的丧葬之礼完全按照国母标准，极为隆重。著名文学

---

① 《晋书》卷42《王濬传》："拜濬辅国大将军，领步兵校尉。旧校唯五，置此营自濬始也。有司又奏，辅国依比，未为达官，不置司马，不给官骑。诏依征镇给五百大车，增兵五百人为辅国营，给亲骑百人、官骑十人，置司马。"

② 《晋书》卷40《贾充传》。

③ 《晋书》卷40《贾充传》。

④ 《三国志》卷2《文帝纪》魏文帝黄初二年诏："后有天地之眚，勿复劾三公。"

家潘岳所上的《景献皇后哀策文》云："于穆先后，俪皇协运，世宗之胤，德博化先，用俭礼峻，任姒隆周，后亦母晋，终温且惠，其仪淑慎，既慎其仪，克明礼教，抚翼齐蕃，训成弘操，其慈有威，不舒不暴，乃家乃邦，是则是效……"①《哀策文》中有二点值得我们注意，第一点是"后亦母晋"，即认同弘训羊太后的帝室正统地位，她和司马昭妻王元姬一样，也是母仪天下的皇后。第二点是赞颂羊太后生前的主要功绩是"抚翼齐蕃"。"齐蕃"即齐王司马攸，"蕃"即"藩"也。此字的定位很明确，即齐王攸虽是景帝司马师的嗣子，但如今其封地在齐，仅是晋室的藩王，普通的宗室成员，而并非是司马氏的嫡嗣。潘岳善诗赋，诗与陆机并称，史称潘陆。但其趋炎附势，武帝去世后，与石崇等人谄事贾谧，是一个见风转舵的文人，所以其《哀策文》极有可能是在武帝的授意下撰写的。

既然司马攸是藩王，其为弘训羊太后服丧的礼仪就不能逾制。所谓不能逾制，就是齐王攸不能以儿子的身份为母亲守制，若其行子礼，就成了皇帝的嗣子，这是武帝不能容忍的。为此新任河南尹王恂上表云："弘训太后入庙，合食于景皇帝，齐王攸不得行其子礼。"②王恂是王朗之孙，王肃之子，武帝生母王元姬的胞弟，在武帝罢免夏侯和之后，作为武帝母舅的王恂就接替了夏侯和的河南尹之职，故其所上之表是有相当分量的，为此朝廷举行了廷议。

贾充在廷议中提出："礼，诸侯不得祖天子，公子不得祢先君，皆谓奉统承祀，非谓不得复其父祖也。攸身宜服三年丧事，自如臣制。"③贾充之意是司马攸在公开场合应行臣为君服丧之礼，私下里可以行子为母服丧之礼。处世极为圆滑的老官僚贾充采取"乡

---

① 《艺文类聚》卷15《后妃部》。
② 《晋书》卷40《贾充传》。
③ 《晋书》卷40《贾充传》。

愿"的态度,在武帝与齐王攸之间搞平衡,搞折中,企图两边都讨好,都不得罪。但深谙武帝之意的有司上奏曰:"若如充议,服子服,行臣制,未有前比。宜如恂表,攸丧服从诸侯之例。"①有司认为贾充的方案并无先例,故还是应该按照王恂的表章,司马攸以诸侯的身份为羊太后服丧。有司所言甚合武帝本意,但武帝最终还是"从充议"。这是因为通过潘岳所撰的《哀策文》和王恂所上的表章,齐王攸的藩王、诸侯地位已经十分明确,他已不再享有景帝嗣子的特殊地位。武帝在剥夺齐王攸帝室正统地位之后,其目的已基本达到,为了不使齐王攸和贾充过分难堪,武帝就采取了折中的态度,顺水推舟地接受了贾充的方案。

虽然武帝度过了咸宁二年因疾疫而带来的政治大危机,但齐王攸的威胁已在武帝心中留下了不可磨灭的印迹。因此如何解决齐王攸的问题就再次摆上了武帝的议事日程。考虑到齐王攸与自己的同胞手足关系,且西晋以孝治天下的理念又是如此浸淫人心,故武帝已不能采用曹丕对待曹植的办法。唯一的方法就是让齐王攸之藩,离开朝廷,回到其所封之国。有关齐王之国的动议早在咸宁二年武帝患疾疫时就有人提出来了。《世说新语·品藻第九》注引《晋阳秋》曰:

> 初,荀勖、冯紞为武帝亲幸,攸恶勖之佞,勖惧攸或嗣立,必诛己,且攸甚得众心,朝贤景附。会帝有疾,攸及皇太子入问疾,朝士皆属目于攸,而不在太子。至是勖从容曰:"陛下万年后,太子不得立也。"帝曰:"何故?"勖曰:"百僚内外,皆归心于齐王,太子安得立乎?陛下试诏齐王归国,必举朝谓之不可。若然,则臣言征矣。"

--------

① 《晋书》卷40《贾充传》。

《晋书》冯紞本传的记载可对《世语》作进一步的补充，"帝病笃得愈，紞与勖见朝野之望，属在齐王攸。攸素薄勖。勖以太子愚劣，恐攸得立，有害于己，乃使紞言于帝曰：'陛下前者疾若不差，太子其废矣。齐王为百姓所归，公卿所仰，虽欲高让，其得免乎！宜遣还藩，以安社稷。'"①与此同时，外戚杨珧也与荀勖结党，图谋将齐王攸逐出朝廷。《晋书·杨骏传附杨珧》载："珧初以退让称，晚乃合朋党，构出齐王攸。"杨珧等人以为"异姓诸将居边，宜参以亲戚，而诸王公皆在京都，非扞城之义，万世之固"。②建议将诸王外放。而冯紞则进一步提出："陛下遣诸侯之国，成五等之制者，宜先从亲始，亲莫若齐王。"③可见，荀勖、冯紞、杨珧等人都将矛头指向齐王攸，已将其视为眼中钉，肉中刺。

对荀勖等人让齐王攸之国的建策，武帝内心十分认同，但其时武帝尚未平吴，在朝中威望不足，故迟迟未能将荀勖等人的建言付诸实施。太康元年（280）西晋大军南下，役不逾时，一鼓荡平建国八十余年的劲敌孙吴政权，结束了自东汉以来近百年的分裂割据局面。三国归晋后，有司颂扬西晋祖孙三代的功业："高祖宣皇帝肇开王业，海外有截；世宗景皇帝济以大功，辑宁区夏；太祖文皇帝受命造晋，荡定蜀汉；陛下应期龙兴，混一六合，泽被群生，威震无外。"④可见，平吴之后，武帝的威望得到了空前的提高，完全摆脱了其即位初期仅依靠父祖留下的基业，端拱而治的弱势君主形象，而一跃成为统一天下的雄主。外患既除，武帝就重新把目光投向内部，以求彻底解决齐王攸的内忧问题。太康三年十二月，

① 《晋书》卷39《冯紞传》。
② 《晋书》卷24《职官志》。
③ 《晋书》卷38《齐王攸传》。
④ 《晋书》卷21《礼志下》。

武帝下诏：

> 古者九命作伯，或入毗朝政，或出御方岳。周之吕望，五
> 侯九伯，实得征之。侍中、司空、齐王攸，明德清畅，忠允笃诚。
> 以母弟之亲，受台辅之任，佐命立勋，劬劳王室，宜登显位，以
> 称具瞻。其以为大司马、都督青州诸军事，侍中如故，假节，将
> 本营千人，亲骑帐下司马大车皆如旧，增鼓吹一部，官骑满二
> 十人，置骑司马五人，余主者详案旧制施行。①

此诏的关键之语是令齐王攸"都督青州诸军事"，即命齐王攸赴青
州就任。青州在司马攸所封的齐国境内，令齐王攸出镇青州，就是
将其逐出朝廷中枢，回到其封地。司马攸接到武帝诏书，大为不
悦，其主簿丁颐劝慰道："昔太公封齐，犹表东海，桓公九合，以长
五伯。况殿下诞德钦明，恢弼大藩，穆然东轸，莫不得所。何必绛
阙，乃弘帝载！"②丁颐以姜尚封齐、齐桓公称霸的故事进行劝解，认
为齐王攸虽被逐出朝廷，回到封地，但仍可有所作为。但齐王攸却
不以为然，他对丁颐说："吾无匡时之用，卿言何多。"关于齐王攸是
否有争夺皇位之心？其本传并无只言片语涉及，但从齐王攸坚决不
肯回到封地的态度来看，其留在朝廷的用意岂非不言自明。

　　武帝即位后，司马攸与其兄的君臣名分已定，司马炎的帝位已
是不可撼动。但是斗转星移，到了咸宁年间，齐王攸夺嫡的问题再
度显现，而构成此事的契机是武帝太子的昏庸无能。武帝初立太
子时，因司马衷年幼，群臣皆不知其智商高低。但随着时间的流
逝，群臣逐渐对太子的才能产生怀疑，这就是史书所云的"朝廷咸
知不堪政事"。③其实所谓的"朝廷"，主要就是指拥护齐王攸的士

---

① 《晋书》卷38《齐王攸传》。
② 《晋书》卷38《齐王攸传》。
③ 《晋书》卷5《惠帝纪》。

大夫。晋武帝考察太子智力的时间是在咸宁四年(278),其时太子二十岁。司马衷已做了十一年的太子。武帝之所以费尽心机考察太子,恐怕也是在朝廷舆论压力下被迫作出的无奈之举。

实际上,嫡长子继承制并没有对储君治国理政的才能作出具体规定。太子"不堪政事"的问题之所以会被朝臣们提出来,很有可能是齐王攸在幕后操纵这件事。① 武帝在位时,齐王攸在朝中具有极高的威望,武帝即位之初,"朝廷草创,而攸总统军事,抚宁内外,莫不景附焉"。② 可见齐王攸已成为西晋王朝的柱石,众望所归的人物。攸本传又载:"及帝晚年,诸子并弱,而太子不令,朝臣内外,皆属意于攸。"虽然荀勖、冯紞等人心怀叵测,不断挑拨武帝与齐王攸的关系,但他们所进的谗言亦并非完全是危言耸听,例如其中所说的"陛下前者疾若不差,太子其废矣。齐王为百姓所归,公卿所仰";③"陛下万年后,太子不得立也。……百僚内外,皆归心于齐王,太子安得立乎!"④等言,都足以说明齐王攸在朝廷中呼声极高,确实具备夺嫡的实力和威望。

## 三、由齐王攸之藩而引发的抗旨风潮

通过对相关史料的梳理,可以清晰地看到朝廷中支持齐王攸的力量颇为可观。其中有二十三人是齐王攸的坚定支持者,⑤ 几

<hr>

① 参见范兆飞:《西晋社会整合的新视角:再论齐王攸》,《兰州学刊》2005 年第 6 期。

② 《晋书》卷 38《齐王攸传》。

③ 《晋书》卷 39《冯紞传》。

④ 《世说新语·品藻第九》注引《晋阳秋》。

⑤ 这 23 人是羊祜、卫瓘、和峤、张华、刘卞、司马骏、夏侯和、羊琇、成粲、李憙、王浑、王济、甄德、温羡、向雄、刘暾、秦秀、曹志、庾旉、太叔广、缪蔚、郭颐、傅珍。

乎涵盖了西晋从宗室到功臣,再到禁军将领和清流名士的所有政治势力。事实上,齐王攸的支持者还远远不止我们所发现的这二十三人,如果算上齐王攸的同情者以及史料未记载的士人,①实际人数恐怕比我们知道的要多得多。总之西晋朝廷业已形成一股支持齐王攸取代太子或以其辅政的强劲的政治力量。

武帝放逐齐王攸的诏命下达之后,立刻引起了轩然大波,招致朝野上下强烈的反对。史书记载曾经上书反对此事的大臣多达近二十人,形成了整个西晋王朝官僚阶层对皇帝诏命最激烈的抗旨风潮。为了解此次事件的原委及真相,我们不妨择选一部分反对齐王攸之藩的上书,并进行适当的分析与讨论。

尚书仆射王浑首先上书挽留齐王,希望以齐王攸参预辅政。《晋书·王浑传》载:

> 会朝臣立议齐王攸当之藩,浑上书谏曰:"伏承圣诏,宪章古典,进齐王攸为上公,崇其礼仪,遣攸之国。昔周氏建国,大封诸姬,以藩帝室,永世作宪。至于公旦,武王之弟,左右王事,辅济大业,不使归藩。明至亲义著,不可远朝故也。是故周公得以圣德光弼幼主,忠诚著于《金縢》,光述文武仁圣之德。攸于大晋,姬旦之亲也。宜赞皇朝,与闻政事,实为陛下腹心不贰之臣。且攸为人,修洁义信,加以懿亲,志存忠贞。今陛下出攸之国,假以都督虚号,而无典戎幹方之实,去离天朝,不预王政。伤母弟至亲之体,亏友于款笃之义,惧非陛下追述先帝、文明太后待攸之宿意也。若以攸望重,于事宜出者,今以汝南王亮代攸。亮,宣皇帝子,文皇帝弟,伷、骏各处方任,有内外之资,论以后虑,亦不为轻。攸今之国,适足长异

---

① 郑默、庾纯、夏侯骏、魏舒、司马晃等人是齐王攸的同情者。

同之论,以损仁慈之美耳。而今天下窥陛下有不崇亲亲之情,臣窃为陛下不取也。若以妃后外亲,任以朝政,则有王氏倾汉之权,吕产专朝之祸。若以同姓至亲,则有吴楚七国逆乱之殃。历观古今,苟事轻重,所在无不为害也。不可事事曲设疑防,虑方来之患者也。唯当任正道而求忠良。若以智计猜物,虽亲见疑,至于疏远者亦何能自保乎!人怀危惧,非为安之理。此最有国有家者之深忌也。愚以为太子太保缺,宜留攸居之,与太尉汝南王亮、卫将军杨珧共为保傅,幹理朝事。三人齐位,足相持正,进有辅纳广义之益,退无偏重相倾之势。令陛下有笃亲亲之恩,使攸蒙仁覆之惠。臣同国休戚,义在尽言,心之所见,不能默已。私慕鲁女存国之志,敢陈愚见,触犯天威。欲陛下事每尽善,冀万分之助。臣而不言,谁当言者。”

王浑一族出自太原王氏,是魏晋时期极为显赫的名门望族,王浑本人在西晋初年累立战功,为西晋灭吴的主要功臣,深受武帝信任。浑子王济又尚司马昭女常山公主,其经常出入于宫禁之中,与武帝弈棋宴饮,亲如家人。可见浑济父子二人同武帝的关系非同寻常。正因王氏父子有功臣兼外戚的双重身份,才使王浑有了直言进谏的条件。

王浑在所上之书中将齐王攸比作西周的周公旦,他说:“攸于大晋,姬旦之亲也。宜赞皇朝,与闻政事,实为陛下腹心不贰之臣。”正因如此,所以齐王攸不能之藩,远离朝廷。他建议武帝可效仿周武王将成王托孤周公故事,将幼主司马衷托付于齐王攸。作为武帝的心腹之臣,王浑当然知晓武帝对齐王攸的猜忌。武帝打算以太尉、汝南王司马亮替代齐王攸,但其时亮弟司马伷任青州都督、大将军;司马骏为骠骑将军,都督关中。三兄弟(为司马懿

517

妾伏夫人所生）皆居高位。所以王浑指出："亮，宣皇帝子，文皇帝弟，伷、骏各处方任，有内外之资，论以后虑，亦不为轻。"如果他们有非分之欲，不臣之心，对于武帝身后来说，亦为害不浅。王浑又提醒武帝，如果担忧重用宗室，会重蹈吴楚七国之乱的覆辙，那么一旦外戚专权，也可能会再次出现王莽篡汉，吕氏专权的局面。所以陛下"不可事事曲设疑防，虑方来之患者也。唯当任正道而求忠良"。何为正道？何为忠良？王浑提出的方案是由齐王攸、汝南王亮与外戚杨珧三人组成辅政班子，共同辅佐太子。但武帝对齐王攸成见已深，已决心将其逐出朝廷，故对王浑上书"不纳"，拒绝接受王浑的方案。

　　王浑见自己的上书不为武帝所纳，就鼓动儿子王济出马，当面向武帝求情。王济不仅与帝室联姻，且本人为西晋名士，享有盛名，他与侍中孔恂、王恂、杨济被时人称为"秀彦"。司马炎曾在式乾殿会见公卿及州牧，看到二济（王济、杨济）、二恂（孔恂、王恂），遂对公卿大臣们说："朕左右可谓恂恂济济矣！"史称王济"每侍见，未尝不谘论人物及万机得失。济善于清言，修饰辞令，讽议将顺，朝臣莫能尚焉。帝益亲贵之。仕进虽速，论者不以主婿之故，咸谓才能致之"。[1] 可见王济在武帝心目中的地位。但王济为齐王攸说情，非但没有成功，反而触怒武帝，结果以忤旨而被贬职。史载："齐王攸当之藩，（王）济既陈请，又累使公主与甄德妻长广公主俱入，稽颡泣请帝留攸。"[2] 王济不仅自己出马，而且动用同皇室联姻的关系网，派己妻常山公主与甄德妻长广公主（初封京兆公主）去充当说客。

　　① 《晋书》卷42《王浑传附王济传》。
　　② 《晋书》卷42《王浑传附王济传》。

甄德本名郭德，①乃曹魏明元郭皇后从弟。当初，司马懿为了对抗曹爽，有意拉拢郭皇后，遂先以司马师之女适甄德，师女亡故后，又以司马昭之女适甄德为继室。故甄德之妻长广公主乃是武帝之姐。王济让二位公主与驸马甄德一齐劝说武帝"留攸"，又采用哭谏的方式，冀图打感情牌，以情打动武帝。但武帝根本不吃这一套，他"怒谓侍中王戎曰：'兄弟至亲，今出齐王，自是朕家事。而甄德、王济连遣妇来生哭人！'"②武帝认为他与齐王攸是亲兄弟，让齐王攸之国，出镇青州，是自己的家事，他人不应干预。但常山、京兆公主与齐王攸是姐弟关系，③难道她们与齐王攸不是一家人？可见武帝以所谓的"家事"来搪塞，完全是强词夺理。王济劝说不成，反而"以忤旨，左迁国子祭酒"。④从此王济与武帝日渐疏远，他深感失望地对武帝说："尺布斗粟之谣，常为陛下耻之。他人能令亲疏，臣不能使亲亲，以此愧陛下耳。"⑤

与王济相比，羊琇与武帝的关系更为密切。羊琇出身于魏晋时的名门望族泰山羊氏，乃是曹魏太常羊耽与才女辛宪英之子，景献皇后羊徽瑜的从父弟，西晋名将羊祜的堂弟。羊琇是司马炎青少年时期的好友，曾经在司马炎和司马攸的帝位之争中坚定地支

---

① 《三国志》卷5《文昭甄皇后传》："太和六年，明帝爱女淑薨，追封谥淑为平原懿公主，为之立庙。取后亡从孙（甄）黄与合葬，追封黄列侯，以夫人郭氏从弟（郭）惪为之后，承甄氏姓，封惪为平原侯，袭公主爵。"
② 《晋书》卷42《王浑传附王济传》。
③ 《文选》卷58王俭《褚渊碑》李善注引王隐《晋书》载："王武子少知名，有俊才，尚武帝姊常山公主。"《晋书》卷31《后妃传》："文明王皇后，讳元姬，……生武帝及辽东悼王定国、齐献王攸、城阳哀王兆、广汉殇王广德、京兆公主。"可见，王济妻常山公主、甄德妻京兆公主与晋武帝、齐王攸是姐弟关系。
④ 《晋书》卷42《王浑传附王济传》。
⑤ 《晋书》卷42《王浑传附王济传》。

持司马炎,为司马炎登上皇位立下大功。① 司马炎未即位时,羊琇曾经对他说:"若富贵见用,任领护各十年。"所谓"领护",即中领军、中护军,乃是魏晋时期禁军中最为重要的将领,皆由帝王的心腹担任。

西晋建立后,由于武帝的不断拔擢,羊琇如愿以偿,得以长期掌控禁军,担任左卫将军、中护军等关键性职务。应该说,羊琇是深得司马炎信任的人之一。然而在齐王攸之藩的问题上君臣二人产生了严重分歧。晋武帝遣齐王攸出镇青州,羊琇坚决反对,其面见武帝时,史书用了"切谏忤旨"四字,可见君臣争辩之激烈,羊琇支持齐王攸态度之坚决。

由于外戚杨珧的屡进谗言,引起了羊琇的极大不满,当羊琇得知力主齐王出镇的人是杨珧,遂对其恨之入骨,他与北军中候成粲商议后决定,欲"手刃"杨珧。羊琇准备用刺杀这样的极端方式"解决"杨珧,这就显示出他在司马攸就国这件事情上,不惜与武帝决裂的态度。杨珧得知后惊恐万状,吓得不敢走出府第,他让有司上表参劾羊琇,武帝得知后大怒,遂左迁羊琇为太仆。太仆虽为九卿之一,但却是闲职。羊琇因失宠而感到愤懑,由此生病,羊琇以病重为由请求辞去官职,武帝不仅不挽留,反而立即批准。羊琇受到武帝冷落后,很快便去世。

羊琇为齐王攸之国而对武帝进行激烈抗争,最终愤懑而亡,在西晋朝廷并非个例。如扶风王司马骏是武帝的叔父,在"宗室之中"有"最为俊望"之称,"及齐王攸出镇,(司马)骏表谏恳切,以

---

① 武帝与齐王攸争夺嗣子时,羊琇作为司马炎心腹,为其出谋划策,事见本书第一章之三"立为晋世子"。

帝不从,遂发病薨"。武帝闻讣,只得"追赠大司马,加侍中、假黄钺"。①李憙乃晋朝元老,历任太子太傅、尚书仆射、光禄大夫等职。"及齐王攸出镇,憙上疏谏争,辞甚恳切。"②以此得罪武帝,不久逊位,忧愤而死。向雄素为文帝、武帝所重,历任黄门侍郎、秦州刺史、御史中丞、侍中、征虏将军、河南尹等官。"齐王攸将归藩,雄谏曰:'陛下子弟虽多,然有名望者少。齐王卧在京邑,所益实深,不可不思。'帝不纳。雄固谏忤旨,起而径出,遂以愤卒。"③

武帝虽然屡屡下诏,催促齐王攸赴青州就任,但齐王攸仍然滞留在洛阳不肯之藩。此事一再拖延,从太康三年一直延宕至四年,司马攸仍未离开洛阳。武帝于是再次下诏书直接给齐王攸:"於戏,惟命不于常,天既迁有魏之祚。我有晋既受顺天明命,光建群后,越造王国于东土,锡兹青社,用藩翼我邦家。茂哉无怠,以永葆宗庙。"④武帝又下诏给太常,要他们"议崇锡之物"。所谓的"崇锡之物"就是在齐王攸就藩之时,再给予优厚的待遇。然而太常与属下官员还来不及讨论"崇锡之物",武帝就迫不及待地下令以济南郡益齐国,封司马攸之子司马寔为北海王。又给予国君威仪之物与史官之书策,并"设轩悬之乐、六佾之舞,黄钺朝车乘舆"⑤等藩王可享受的最高礼遇。武帝希望以这些表面上的恩遇,来表示自己与齐王攸的手足之情,其目的当然是敦促齐王攸尽快离开朝廷。但齐王攸对武帝的恩宠并未理会,仍然迁延不行。

令人颇感意外的是武帝给太常所下的"议崇锡之物"的诏书

---

① 《晋书》卷38《扶风王骏传》。
② 《晋书》卷41《李憙传》。
③ 《晋书》卷48《向雄传》。
④ 《晋书》卷38《齐王攸传》。
⑤ 《晋书》卷38《齐王攸传》。

非但不起作用,反而给了博士们上书的可乘之机。博士属于朝廷太常系列的官员,①武帝让太常讨论给齐王攸的"崇锡之物",隶属于太常机构的博士就可以名正言顺地上书给武帝。但喜欢清议朝政的博士对武帝如何给齐王攸的"崇锡之物"丝毫不感兴趣,这些官卑秩低的博士利用这次难得的良机,"不答所问,答所不问"地向武帝发难,坚决反对齐王攸之藩。史载:

> 齐王攸之就国也,下礼官议崇锡之物。(庾)旉与博士太叔广、刘暾、缪蔚、郭颐、秦秀、傅珍等上表谏曰:

> 《书》称帝尧"克明俊德,以亲九族"。武王光有天下,兄弟之国十有六人,同姓之国四十人,元勋睦亲,显以殊礼,而鲁、卫、齐、晋大启土宇,并受分器。所谓惟善所在,亲疏一也。大晋龙兴,隆唐、周之远迹,王室亲属,佐命功臣,咸受爵土,而四海乂安。今吴会已平,诏大司马齐王出统方岳,当遂抚其国家,将准古典,以垂永制。

> 昔周之选建明德以左右王室也,则周公为太宰,康叔为司寇,聃季为司空。及召、芮、毕、毛诸国,皆以居公卿大夫之位,明股肱之任重,守地之位轻也,未闻古典以三事之重出之国者。汉氏诸侯王位尊势重,在丞相三公上。其入赞朝政者,乃有兼官,其出之国,亦不复假台司虚名为隆宠也。

> 昔申无宇曰"五大不在边",先儒以为贵宠公子公孙,累世正卿也。又曰"五细不在庭",先儒以为贱妨贵,少陵长,远间亲,新间旧,小加大也。不在庭,不在朝廷为政也。又曰:"亲不在外,羁不在内。今弃疾在外,郑丹在内,君其少戒

---

① 太常,秦时称奉常,汉景帝中元六年(前144)更名为太常,主管祭祀社稷、宗庙和朝会、丧葬等礼仪,兼管文化教育,统辖博士和太学。其属官有太史、太祝、太宰、太药、太医、太卜六令及博士祭酒。位列九卿之首。

之。"叔向有言:"公室将卑,其枝叶先落。"公族,公室之本,而去之,谚所谓芘焉而纵寻斧柯者也。

今使齐王贤邪,则不宜以母弟之亲尊,居鲁、卫之常职;不贤邪,不宜大启土宇,表建东海也。古礼,三公无职,坐而论道,不闻以方任婴之。惟周室大坏,宣王中兴,四夷交侵,救急朝夕,然后命召穆公征淮夷。故其诗曰"徐方不回,王曰旋归",宰相不得久在外也。今天下已定,六合为家,将数延三事,与论太平之基,而更出之,去王城二千里,违旧章矣。①

这些博士联名请愿,不排除有党争的背景。但其中大多数博士是出于对西晋王朝的忠诚。如刘暾乃武帝谏臣刘毅之子,"正直有父风"。② 他素来痛恨冯𬘓等奸佞。秦秀"少敦学行,以忠直知名","性忌谗佞,疾之如仇,素轻鄙贾充"。③ 这些博士虽与和峤、庾纯等人在政见上有相合之处,但并未结成政治派别,或可视之为"清议派"。七博士的上书,其实是得到了郑默的支持。太常卿郑默为晋元勋郑袤之后,诸人上书,"博士祭酒曹志等并立异议,(郑)默容过其事",④实质上就是默认此事。

七博士联名上书,为首者是庾旉,庾旉父庾纯当年就痛骂贾充:"天下凶凶,由尔一人。"⑤可见其不畏权贵,在朝廷中素以敢言直谏而著名。由于此事关系重大,故庾旉起草奏章之后,先送呈其父审阅,庾纯以为并无不妥之处,故同意庾旉上书,太常郑默、博士祭酒曹志都表示赞同。武帝见博士的上书答非所问,大为恼怒,遂

---

① 《晋书》卷50《庾纯传附庾旉传》。
② 《晋书》卷45《刘毅传附刘暾传》。
③ 《晋书》卷50《秦秀传》。
④ 《晋书》卷44《郑袤传附郑默传》。
⑤ 《晋书》卷50《庾纯传》。其事详见本书第四章之一"贾充在西晋朝的特殊地位"。

将此事交与"有司"处理。尚书朱整、褚䂮等人知道武帝欲治七博士之罪,遂奏曰:"勇等侵官离局,迷罔朝廷,崇饰恶言,假托无讳,请收勇等八人付廷尉科罪。"①庾纯为了开脱减轻儿子的罪行,主动到廷尉府自首,他对廷尉说:庾勇在上书之前就将奏章给我看过,我因愚昧浅薄,也就同意了他们的上书。武帝下诏免除庾纯之罪,但却不放过庾勇等人。此时廷尉刘颂执掌朝廷司法,其治狱素以详察公平而著称,"时人以颂比张释之。在职六年,号为详平"。②刘颂虽然耿直,但此时他揣摩上意,知道武帝欲穷究庾勇等七博士的罪行。于是他"奏勇等大不敬,弃市论",欲将七博士处死。此案在复审后,尚书朱整、褚䂮等人批准了廷尉的这一决定。

其实,刘颂、朱整等人要将庾勇等七博士"弃市",也并非仅是他们个人的意愿,而是武帝的意旨。武帝因齐王攸不肯之藩一事已被困扰得心烦意乱。王浑、王济、甄德、羊琇、李憙、向雄等大臣或上书或面谏,长广、常山二位公主又前来哭闹,连叔父扶风王司马骏也不依不饶,反复上表切谏。一时间,几乎整个朝廷都站在齐王攸这一边,除了荀勖、冯紞、杨珧等少数人支持武帝,贵为天子的司马炎已被彻底孤立,成了真正的孤家寡人。面对如此的局面,晋武帝十分愤怒。恰在其时,以庾勇为首的七博士又上书反对齐王攸之国,这就如同在盛怒的武帝身上火上浇油。博士虽为清流之职,但毕竟品秩较低,秩禄仅为六百石。西晋朝门阀士族强盛,公卿将军等大臣大都出身于名门望族,武帝素来优礼宽纵大臣,不敢轻易废杀。但此时对博士一类的小臣就不客气了。为了表示自己

---

① 《晋书》卷50《庾纯传附庾勇传》。
② 《晋书》卷46《刘颂传》。

将不惜一切代价放逐齐王攸的决心,武帝就向七博士开刀,冀图杀鸡儆猴,以震慑支持齐王攸的群臣。

武帝欲诛戮博士,遭到尚书夏侯骏的抵制。他认为朝廷岂可随意诛杀谏臣,若此风一开,今后还有谁敢向天子进谏,于是他对朱整说:"国家乃欲诛谏臣!官立八座,正为此时,卿可共驳正之。"①但是朱整执意不从。夏侯骏愤怒地说:"非所望也!"于是他独自上书,驳斥刘颂、朱整等人要处死七博士的议谳。左仆射魏舒、右仆射下邳王司马晃等人也先后上书,支持夏侯骏。武帝将夏侯骏等人的奏章留中七日,在反复思考后,终于网开一面,免去庾旉等人的死罪。他下诏曰:

> 旉等备为儒官,不念奉宪制,不指答所问,敢肆其诬罔之言,以干乱视听。而旉是议主,应为戮首。但旉及家人并自首,大信不可夺。秦秀、傅珍前者虚妄,幸而得免,复不以为惧,当加罪戮,以彰凶愆。犹复不忍,皆丐其死命。秀、珍、旉等并除名。②

虽然武帝赦免了七博士的死罪,但将他们全部"除名",即革去官职,黜为庶人。武帝的这一举措无疑是对支持齐王攸的朝臣敲山震虎,发出严厉警告。

值得我们注意的是,在七博士联名上书的同时,散骑常侍、国子祭酒曹志单独上书,声援七博士,以成遥相呼应之势。史载:

> 齐王攸将之国,下太常议崇锡文物。时博士秦秀等以为齐王宜内匡朝政,不可之藩。志又常恨其父不得志于魏,因怆然叹曰:"安有如此之才,如此之亲,不得树本助化,而远出海

---

① 所谓"八座",亦作"八坐"。东汉以六曹尚书及尚书令、尚书仆射为八座,魏晋南朝称尚书令、左右仆射和五曹尚书为八座。
② 《晋书》卷50《庾纯传附庾旉传》。

隅？晋朝之隆，其殆乎哉！"乃奏议曰："伏闻大司马齐王当出藩东夏，备物尽礼，同之二伯。今陛下为圣君，稷、契为贤臣，内有鲁、卫之亲，外有齐、晋之辅，坐而守安，此万世之基也。古之夹辅王室，同姓则周公其人也，异姓则太公其人也，皆身在内，五世反葬。后虽有五霸代兴，桓、文谲主，下有请隧之僭，上有九锡之礼，终于谲而不正，验于尾大不掉，岂与召公之歌《棠棣》，周诗之咏《鸱鸮》同日论哉！今圣朝创业之始，始之不谅，后事难工。幹植不强，枝叶不茂；骨鲠不存，皮肤不充。自羲皇以来，岂是一姓之独有！欲结其心者，当有磐石之固。夫欲享万世之利者，当与天下议之。故天之聪明，自我人之聪明。秦、魏欲独擅其威，而财得没其身；周、汉能分其利，而亲疏为之用。此自圣主之深虑，日月之所照。事虽浅，当深谋之；言虽轻，当重思之。志备位儒官，若言不及礼，是志寇窃。知忠不言，议所不敢。志以为当如博士等议。"[①]

曹志是曹魏陈思王曹植之庶子。"少好学，以才行称，夷简有大度，兼善骑射。植曰：'此保家主也。'立以为嗣。后改封济北王。"[②]司马炎任抚军大将军时，前往邺城迎接常道乡公曹奂登基，曹志拜见司马炎，司马炎和他交谈，二人从傍晚一直谈到翌日天亮，甚为相契。武帝即位后，对曹志十分看重。曹志将齐王攸的去留与晋朝盛衰相联系，认为齐王是唯一可以扭转晋廷颓势的人。倚仗武帝昔日对他的信任，他上书劝说武帝"当如博士等议"。曹志的堂弟曹嘉看了奏章说："兄议甚切，百年之后必书晋史，目下将见责邪！"果不出曹嘉所料，司马炎看了奏议大怒，说："曹志尚

---

① 《晋书》卷50《曹志传》。
② 《晋书》卷50《曹志传》。

不明吾心,况四海乎!"武帝认为曹志的上书是"不指答所问,横造异论"。在武帝的授意下,有司欲收曹志,治以重罪。武帝随即下诏,"策免太常郑默。……免(曹)志官,以公还第,其余皆付廷尉"。① 由此可见,武帝一味听信佞臣荀勖、冯紞的谗言,已失去了应有的政治理智,出于狭隘的报复意识,而对反对派和清议派严加制裁,这就完全打破了西晋朝廷的政治平衡,为其身后政局的动荡伏下了祸根。

王夫之对荀勖、冯紞的奸佞以及由齐王攸之藩而引发的西晋朝臣抗旨风潮有独特的看法。他说:

> 攸即废,晋不必亡;勖、紞不除,晋无存理。修贾充之余怨,则阴摈张华;排博士之忠言,而显斥曹志;苟有图存晋室者,小不惜官爵,大不惜躯命,扬于王廷,揭勖、紞之奸,进之裔夷,则不待交章讼攸,而攸固以安,抑不待措攸于磐石之安,而晋固以存。今乃举尊卑疏戚之口合讼(同颂)攸,而强帝持天下以任攸。荀勖固曰:"陛下试诏齐王之国,必举朝以为不可。"堕其术中而犹竟以争,尚口乃穷,攸之困,晋社之危,诸臣致之矣。②

实事求是地说,王夫之的看法确实有一定的道理。武帝与齐王攸之间为了争夺储位,彼此间都有很深的芥蒂和宿怨,武帝对其弟齐王攸素有防范之心,西晋朝臣对此状况不是不知。若为齐王攸安危计,就不应过分颂扬齐王攸的功德,须知,朝臣越是对齐王攸称颂,越是会增加武帝的疑虑,武帝越是会感到齐王对太子的威胁。这就恰恰中了荀勖、冯紞等人的圈套。所以王夫之不无感慨地说:

---

① 《晋书》卷50《曹志传》。
② (清)王夫之:《读通鉴论》卷11之15。

"攸之困,晋社之危,诸臣致之矣。"

# 四、齐王攸之死

面对晋武帝的猜忌和荀勖、杨珧、冯紞诸人的构陷,司马攸忧愤成疾,他要求辞去一切官职,留守洛阳,为生母文明皇后王元姬守陵,想以此激发出武帝心中的手足亲情,然武帝根本不为所动,他频频催促齐王攸立即之国。《晋书·齐王攸传》载:

> 帝遣御医诊视,诸医希旨,皆言无疾。疾转笃,犹催上道。攸自强入辞,素持容仪,疾虽困,尚自整厉,举止如常,帝益疑无疾。辞出信宿,欧(同"呕")血而薨,时年三十六。帝哭之恸,冯紞侍侧曰:"齐王名过其实,而天下归之。今自薨陨,社稷之福也,陛下何哀之过!"帝收泪而止。

对齐王攸之死,冯紞之徒不仅不感到因自己屡进谗言而抱有愧疚之心,反而幸灾乐祸,额手称庆,晋武帝的所谓"哭之恸",也不过是猫哭耗子假慈悲,做做样子而已。实际上,齐王攸的死因颇为可疑。齐王攸死时年仅三十六岁,正是春秋鼎盛之年,病故之前并无任何征兆,而突然薨逝,这不能不使人产生疑虑。我们不妨分析一下齐王攸之死的史料:《晋书·武帝纪》载:"(太康)四年三月癸丑,大司马齐王攸薨。"《武帝纪》对齐王攸的死因未作任何说明。齐王攸死于太康四年三月,但是在太康三年十二月,武帝下诏令齐王攸之国,四年二月"诏下太常,议崇锡之物"。[1] 齐王攸在这段时间内,身体都是健康的,为何在一个月都不到的时间内就突然暴病身亡?

---

① 《晋书》卷38《齐王攸传》。

528

《晋书·齐王攸传》把齐王攸的死因归之于庸医,其中的"诸医希旨,皆言无疾"一语应当引起我们的重视,所谓"希旨"即是御医们领会了武帝的意图,这是解决齐王攸死因的关键所在。齐王攸抑或有疾,抑或本来就无大病,而是太医在治疗齐王攸的过程中做了手脚,遂导致齐王攸猝死。而晋武帝的眼泪只能理解为惺惺作态,冯紞一语道破天机:"齐王名过其实,而天下归之。今自薨陨,社稷之福也,陛下何哀之过!"齐王攸的暴薨反成为医治武帝心病的良药。

《晋书·齐王冏传》载:"初,攸有疾,武帝不信,遣太医诊候,皆言无病。及攸薨,帝往临丧,冏号踊诉父病为医所诬,诏即诛医。"齐王攸死后,武帝临丧吊祭,攸子司马冏痛哭流涕地向武帝申诉,极有可能是他已经掌握了御医在诊治的过程中,给齐王攸所服之药中下毒的蛛丝马迹。武帝作贼心虚,又不愿立案深究,故"诏即诛医",以掩人耳目。因此,齐王攸被害的可能性是很大的。

《晋书·五行志下》"牛祸"条中也有一条旁证。其载引师旷言:"怨讟动于人,则有非言之物而言。"同时又引京房《易传》曰,"杀无罪,牛生妖。"①《宋书·天文志一》载:"(太康)四年三月戊申,星孛于西南。四年三月癸丑,齐王攸薨。"史家悉知,《五行志》《天文志》是正史的重要组成部分,其所载有很高的参考价值,而不能纯视为光怪陆离的荒诞之言。所谓"怨讟"即怨言,是社会上舆情的反映,也就是说民间对齐王攸的死因表示怀疑。同时我们还看到《晋书·冯紞传》所载:"及攸薨,朝野悲恨。""悲"是因为齐王攸的去世,"恨"则说明朝野对齐王攸的死因充满怀疑,他们恨的对象是谁呢?显然不单是给齐王攸治病的庸医,而很有可能

---

① 《晋书》卷29《五行志下》。

是冯紞，甚至是晋武帝。

齐王攸最终的结局并非偶然，因为齐王攸与晋武帝的皇位之争早在司马昭时期就已酿成，到晋武帝时期皇太子与齐王攸争嗣的斗争激烈爆发，而太子的智商问题就成为齐王攸一派挑战司马衷皇位继承权的充分理由。由此可见，西晋皇位继承权的不稳定性早在西晋建国初期就已露出端倪，而这就决定了西晋社会各个阶层，特别是统治集团内部矛盾很难协调。

虽然几乎整个西晋朝廷都反对司马攸之国。但是需要加以辨析的是，这些反对者未必都是司马攸的支持者，更不意味着他们都支持司马攸取代司马衷。应该看到，他们中的绝大部分人是希望维持西晋原有的政治格局，至少是维持功臣、外戚和宗室之间的相互制衡，以此来达到稳定西晋政局的目的。晋武帝不计利害，不计后果，对支持齐王攸的朝臣进行猛烈打击，以逼死齐王攸的方式来保障晋惠帝的法统地位。从表面上看，他似乎取得了最终的胜利，但是在胜利背后，武帝却付出了极其惨重的代价，齐王攸之藩事件导致了西晋朝廷的分裂，给西晋政治留下了难以弥合的裂痕。

在这场外戚、功臣和宗室的三股势力的博弈中，有皇权作靠山的杨氏外戚势力获得了最后的胜利。然而无功无德的杨氏外戚势力的一家独大，招致了朝野的愤怒，武帝一死，杨氏外戚随即覆灭，贾后掌控惠帝，独擅朝政，武帝精心设计的辅政格局也就轰然倒塌。

当然，我们也不能过高估计齐王攸个人的作用。司马攸在史书上被称颂、被同情在很大程度上是因为西晋后来发生了杨骏专权、贾后政变、八王之乱、五胡入华等一系列社会大动乱，于是让后人猜想如果让德才兼备、素有贤名的司马攸继承大位，或许武帝去世之后的乱世局面就不会出现。但是我们也应看到，司马攸的胸怀气度和政治才干也并非毫无缺陷,至少他缺少乃祖司马懿那种能屈能伸、忍辱负重的气质和通权达变的政治手腕。在齐王攸之藩事件中,他的应对方式相当笨拙,表现出心胸狭隘、缺智少谋的一面,最后因坚决不肯之藩而导致自己英年早逝,以悲剧结束了自己的一生。另外,即使齐王攸能登上九五之位,他就一定能成为治国平天下的合格君主么? 恐怕还得有待于历史的实践来证明,可惜历史并未提供给他这样的机会。同时,我们还必须注意到,从帝制社会的皇位继承制度本质来看,父子相传才是符合规范,而兄终弟及就是破坏体制,甚至被视作取乱之道。

有关齐王攸生平事迹的主要内容大都见于《晋书·齐王攸传》中。《晋书》修于唐代贞观年间,恰好是唐太宗李世民的统治时期。而李世民在玄武门之变前的处境,与齐王攸颇为类似。李世民一生遭遇过两次嫡庶之争,第一次李世民通过玄武门之变,杀兄逼父,登上帝位;第二次则是太子李承乾与魏王李泰的储位之争。因此,晋武帝在太子问题上的历史教训在唐初具有特殊的意义。《晋书·武帝纪》论赞部分出自李世民的亲笔,李世民认为晋武帝一生最大的失误是不能当机立断,更易太子。他指出:“夫全一人者德之轻,拯天下者功之重,弃一子者忍之小,安社稷者孝之大。”①实际上李世民的制书是借古喻今,直接指向了唐初的现实政治,蕴有为自己政治举措辩护之意。明晰了这一时代背景,我们即可知晓唐代史臣称颂齐王攸乃是为了唐初现实政治的需要。

实际上,武帝太康年间,虽曰承平之世,但已危机四伏,即使齐王攸不死,他也未必有能力扭转乾坤,挽狂澜于既倒。东晋时,士人们在讨论西晋灭亡时,时常把武帝压制迫害齐王攸视为西晋祚

---

① 《晋书》卷3《武帝纪》制曰。

短的主要原因,但桓温就发表了他的不同看法。史载:"时人共论晋武帝出齐王之与立惠帝,其失孰多? 多谓立惠帝为重。桓温曰:'不然,使子继父业,弟承家祀,有何不可?'"①王夫之亦云:"攸之贤,固足以托国,然岂果有周公之德哉? 即微攸而晋固可存。汉、唐、宋之延祚数百年,亦未尝有亲贤总己以制天下于一人。"②这就说明西晋王朝的覆灭是由各种原因造成的,其存亡并非仅靠司马攸一人。

　　尽管我们不能过高评价司马攸的作用,但也不能无视齐王攸的才能与他在士大夫中的崇高威望与人格魅力。虽然从攸本传来看,司马攸的一生并未建立特别显赫的功业,但他确实有才能、有声望,否则在他之藩之时,西晋朝廷就不会有那么多的朝臣为他向武帝上书抗辩,一致要求齐王攸留在朝廷,可见他是当时晋廷中唯一拥有强大的凝聚力、富于号召力的人物。若晋武帝以其辅政,有可能会减缓统治集团内部的矛盾和激烈纷争,起到延续西晋国祚的作用。这正是朝野上下、清议之士拥戴他的原因所在。晋武帝强迫其外任,并最终将其逼死,实在是自毁长城。对此,历代史家多有评论,其中王夫之在《读通鉴论》卷11中的一段话颇为中肯:

　　　　西晋之亡,亡于齐王攸之见疑而废以死也。攸而存,杨氏不得以擅国,贾氏不得以逞奸,八王不得以生乱。故举朝争之,争晋存亡之介也。虽然,盈廷而争者,未得所以存晋之道也。攸之不安于国,武帝初无猜忌之心,荀勖、冯紞间之耳。

　　总之,齐王攸之死,标志着西晋朝廷的清流派势力遭到了毁灭性的打击,此后主政的无论是外戚杨氏、贾氏,还是司马氏的宗室

---

① 《世说新语·品藻第九》,余嘉锡:《世说新语笺疏》,中华书局2016年版。

① 《世说新语·品藻第九》,余嘉锡:《世说新语笺疏》,中华书局2016年版。
② (清)王夫之:《读通鉴论》卷11之15。

532

势力,都是缺乏政治理性的破坏力量,他们的嚣张跋扈,只能加速西晋的灭亡。从这个意义上说,王夫之提出的"西晋之亡,亡于齐王攸之见疑而废以死",确实是一个切中要害的深刻论断。最后我们需要指出的是,西晋之存亡不仅关乎司马氏一姓一族之兴废,而且造成了五胡乱华、衣冠南渡和汉民族的巨大灾难,其影响至深至巨。诚如吕思勉所指出:"天子之家,犹庶人之家也。而其家事,往往牵动国事,至于毒痛四海,则政制不善,将一人一家之事,与国家并为一谈致之也。"①

---

① 吕思勉:《读史札记》,上海人民出版社 1987 年版,第 801 页。案,仇鹿鸣:《魏晋之际的政治权力与家族网络》第四章第二节对齐王攸之藩问题钩沉发覆,分析透彻,别具新意,笔者参阅其文,受益匪浅。

# 第十一章　党争与奢靡、清谈之风

## 一、武惠时期的党争

西晋太康元年（280），三国归晋，天下统一，接着又出现了社会经济发展的"太康之治"。但好景不长，晋武帝司马炎一死，便爆发了"永嘉之乱"，至建兴四年（316），晋愍帝司马邺降于匈奴族建立的汉国，西晋覆灭。论者大都把原因归诸于西晋门阀政治的腐朽。此说虽不无道理，但还应看到门阀士族的形成与发展，进一步加剧了朋党之争。晋武帝在世时，党争虽然存在，但并未威胁到皇权，且能得到有效控制，但晋武帝甫死，党争即导致八王之乱，并加速了西晋王朝的覆灭。

西晋党争起源于魏晋禅代之时。由于司马氏夺取曹魏政权得到了士族门阀势力的支持，故晋朝建立后，对门阀士族极为优容，晋武帝司马炎采用九品中正制来巩固士族的统治地位，颁布占田制来保证士族的经济利益，因此门阀势力急剧发展，形成了士族朋党集团。笔者综合《晋书》《资治通鉴》等史书，大致可以判定晋武帝、晋惠帝在位期间曾出现四次党争。

第一次党争发生在西晋泰始七、八年间（271—272）。党争的一方是以贾充为首的襄助司马氏代魏的功臣集团，西晋的朝廷大权主要由他们掌控。这一派可以称之为"贾党"。另一派则是以任恺为首。任恺虽然资历较浅，但其长期担任侍中之职，出入禁中,侍于武帝左右,谋谟中枢,与闻朝政,故深得武帝宠信。贾、任两党之争的核心是争夺中枢决策权。任恺冀图借秃发树机能在凉州反晋之机,将贾充排挤出朝廷中枢,但由于荀勖等人为贾充出谋划策,任恺的图谋最终落空。① 党争的结果,贾充复掌中枢。泰始八年(272)"七月,(武帝)以贾充为司空、侍中、尚书令,领兵如故",②贾充进一步扩大了权势。他遂伪称任恺才堪典选,使武帝改授他为吏部尚书。任恺被免去侍中,改任吏部尚书,就此失去了与武帝经常接触的机会。不久,贾充等人又弹劾任恺生活"豪奢",制造了一起御食器案,史载:"充与荀勖、冯𬘭承间浸润,谓恺豪侈,用御食器。"③任恺由此被免官。

　　任恺遭免后,庾纯成为该党的新首领,他利用贾充宴请朝士之机,借酒骂座。④ 贾充党与何曾、荀顗、石苞纷纷上书要求武帝严惩庾纯,任党则极力回护辩解,双方在朝廷上展开一场大论争。最后经武帝裁决,庾纯被削职改授他官,事情才算了结。这次党争以任恺、庾纯等人的彻底失败而告终。

　　第二次党争发生在咸宁二年(276)到太康元年(280)间,党争的一方仍是以贾充为首的功臣集团,党争的另一方是羊祜、杜预、张华等人。党争的中心是围绕着西晋是否应挥师南下,平定孙吴,统一全国而展开的。晋武帝伐吴,兵分六路,统率各路军队的都是当时的名将,但晋军的最高统帅却是贾充,贾充极力阻挠晋武帝伐吴,是朝中反战派的首脑。那么,贾充等人为何要如此拼命地反对晋武帝平吴呢? 笔者认为,贾充等人反对伐吴并非完全出于真正

---

① 可参阅本书第九章之二"围绕选太子妃而展开的党争"。
② 《资治通鉴》卷79晋武帝"泰始八年"条。
③ 《晋书》卷45《任恺传》。
④ 参见《晋书》卷50《庾纯传》。

意义上的军事考虑。当时,晋强吴弱的局面十分明显,晋军伐吴纵然不获全胜也不会给西晋带来实质性的危害。很明显,贾充反对伐吴的主要目的就是不想让羊祜等人成就统一天下的功业,若平吴一旦成功,羊祜、杜预等人就有足够的政治资本同自己争权。[①]由于贾充集团力量实在太强,羊祜之策虽然可行并有武帝支持,但直至咸宁四年(278)羊祜入朝病死也未能实行。

《晋书·张华传》云:"初,帝潜与羊祜谋伐吴,而群臣多以为不可,唯张华赞成其计。……及将大举,以华为度支尚书,乃量计运漕,决定庙算。"这就说明,在伐吴大计上,武帝、羊祜、张华只是少数派。所谓的"潜与",就是瞒着贾充和群臣偷偷地商量伐吴之事,甚至连伐吴的"庙算"也只有武帝与张华二人。张华不仅为武帝策划伐吴之战的整个作战部署,同时还要兼任度支尚书。可见,张华等人之孤立,贾充在朝中势力之强大。羊祜死后,继任的杜预也遭到了与羊祜类似的命运。咸宁五年(279),围绕着平吴问题的争论,加剧了党争,幸而张华有效地利用了自己担任的中书令加散骑常侍得以亲近天子的地位,才促成了武帝的决心。然而,贾党仍不甘心,"贾充、荀勖、冯𬘭固争之。帝大怒,充等免冠谢罪"。[②]平吴之役是羊祜等伐吴派的胜利,但这个胜利并不圆满,因为反对派的首领贾充居然被晋武帝委以重任,充当南征的主帅。贾充因有助司马昭亡魏成晋之功,故武帝对这位老臣不得不作出一定程度的让步。平吴之战中,贾充还不断上表,要求召回诸军,腰斩张华以谢天下,由此也进一步说明贾充一党势力的强大。

---

① (清)王夫之曰:"平吴之谋始于羊祜,祜卒,举杜预以终其事,充既弗能先焉,承其后以分功而不足以逞,惟阻其行以俟武帝之没,已秉国权,而后曰吴今日乃可图矣,则诸将之功皆归于己,而己为操、懿也无难。"《读通鉴论》卷11之12。
② 《资治通鉴》卷80晋武帝"咸宁五年"条。

平吴之役获取全胜,似乎可对这次党争孰是孰非作出公正的结论,但结果出乎意料:贾充、荀勖、冯紞等人同平吴元勋杜预、张华、王浑、王濬等人一样也进行封赏,是非曲直简直没有标准。贾充、冯紞等开始还怀有一丝愧疚,继而有恃无恐,反而"疾张华如仇,及华外镇,威德大著,朝论当征为尚书令。冯紞从容侍帝,论晋魏故事,因讽帝,言华不可授以重任,帝默然而止"。① 张华因此被贬抑,不得入朝为相。战功赫赫的杜预也同样承受着巨大的精神压力,杜预在平吴之后,为免功高遭人猜忌,决定急流勇退,从此他逐渐淡出政治舞台,专心致志研究《左传》。

第三次党争的高潮发生在太康三年(282)到四年(283)之间。党争的焦点是争夺皇位继承权。这次党争与前两次不同的是,因贾充于太康三年四月去世,所以这一党实际上改由荀勖、冯紞领头。另一方的成员主要有张华、和峤、李憙、羊琇、王浑、王济父子。司马攸是该党的幕后人物,故可称该党为拥攸派。太康四年正月,武帝迫令齐王攸就藩,然司马攸不愿之藩,他不断地向武帝请求,让自己留京守母后陵。武帝坚决不同意,司马攸气愤至极,生了重病,武帝遣御医前去诊治,哪知这些御医却说司马攸无病。这样武帝更为生气,连连派遣使者催促司马攸就藩。司马攸临行时,前去晋谒武帝,但他好面子,"素持容仪,疾虽困,尚自整厉,举止如常。帝益疑无疾,辞出信宿,呕血而薨,时年三十六"。武帝这才得知齐王攸是真病,故十分伤感。但冯紞到这时还不肯放过司马攸,他落井下石地对武帝说:"齐王名过其实,而天下归之。今日薨陨,社稷之福也,陛下何哀之过。"② 武帝觉得冯紞言之有理,故止泪不

---

① 《晋书》卷39《冯紞传》。
② 《晋书》卷38《齐王攸传》。

哭。司马攸病死,标志着拥攸派彻底失败,二党之争也暂且告一段落。

第四次党争爆发于晋惠帝初即位时。晋武帝在世时,党争虽然激烈,但他们还不敢公开仇杀。然而武帝去世不久,政局就完全失去了控制。贾党与杨党在争夺统治权时矛盾激化,公开相互残杀,于是爆发了八王之乱前的第一个高潮——杨、贾朋党之争。

贾充死后,充女太子妃贾南风遂成为贾氏集团的代表人物,以后她又成为惠帝司马衷的皇后,组成了以她为首的贾氏后党。武帝死,惠帝即位,贾后掌权,形成以悍妇控制昏君、左右朝政的局面。对贾党阴谋得逞,贾南风作为太子妃之事,胡三省在《资治通鉴》中注曰:"为贾氏乱晋张本。"①

贾皇后野心勃勃,欲临朝听政,但太傅杨骏、杨太后父女俩是她独揽大权的拦路虎,故贾后不惜发动宫廷政变诛灭杨氏。永平元年(291)三月,贾后发动政变,杨骏兄弟及其党与皆被夷三族。杨骏死后,贾后又诬陷杨太后谋反,将她废为庶人。随后,贾南风指使党羽上表,说杨骏妻庞氏必知其夫谋反内情,现在太后已被废为庶人,特请将庞氏正法。惠帝司马衷遂下诏将庞氏处死。不久,贾后又弑杨太后于金墉城。

族灭杨氏后,贾后独掌朝政,按她自己的说法是皇帝之"诏当从我出"。贾后还挑动宗室诸王互相残杀,西晋的八王之乱就是她一手挑起的。赵王司马伦见贾党已失众望,便利用贾后残害愍怀太子之机,起兵诛杀贾后及其党羽,至此门阀士族朋党之争已演

---

① 《资治通鉴》卷79晋武帝"泰始七年"条。

变为司马氏宗室诸王之间的党争,时"诸王方强、朋党各异"。① 智商低下的晋惠帝根本没有能力处理政事,只得听任动乱愈演愈烈。贾党势力败亡后,赵王伦废惠帝,僭位称帝,"伦从兵五千人,入自端门,登太极殿,满奋、崔随、乐广进玺绶于伦,乃僭即帝位,大赦,改元建始"。② 结果齐王冏、成都王颖、河间王颙起兵讨伐,赵王伦被杀。以后,又有长沙王义,东海王越参加党争。八王之乱是西晋王朝的"国家之祸,至亲之乱",导致西晋政权"政乱朝危",彻底崩溃。正如《晋书》所云:

> 帝京寡弱,狡寇凭陵,遂令神器劫迁,宗社颠覆。数十万众并垂饵于豺狼,三十六王咸殒身于锋刃。祸难之极,振古未闻。虽及焚如,犹为幸也。自惠皇失政,难起萧墙。骨肉相残,黎元涂炭。胡尘惊而天地闭,戎兵接而宗庙隳。支属肇其祸端,戎羯乘其间隙。悲夫!《诗》所谓"谁生厉阶,至今为梗",其八王之谓也。③

匈奴贵族刘渊趁西晋党祸频仍之机,号召匈奴民众起来恢复旧业,他说:"今司马氏骨肉相残,四海鼎沸,兴邦复业,此其时矣。"④刘渊建立的汉国虽仅有一隅之地,数万之众,但却以摧枯拉朽之势,很快地陷洛阳,破长安,覆灭了内耗已尽的西晋王朝。

## 二、党争缘由探究

在中国历史上,西晋王朝的统治并不算长久,从公元 265 年司

---

① 《资治通鉴》卷83 晋武帝"元康九年"条。
② 《晋书》卷59《赵王伦传》。
③ 《晋书》卷59 史臣曰。
④ 《晋书》卷101《刘元海载记》。

马炎受魏禅算起,至公元 316 年晋愍帝出降,仅享国 52 年。然西晋党争却绵延不断,几乎与西晋相终始。为何西晋党争会无休无止,一波高于一波呢? 笔者粗略分析,似觉有如下四方面原因。

第一,西晋王朝的立国基础较为薄弱,其君弱臣强,大族林立的政治格局是朝臣结朋聚党的政治土壤。西晋之前的曹魏王朝对朋党是深恶痛绝的。例如曹操在攻克袁绍根据地邺城之后,就立即颁布了《整齐风俗令》。令中曰:"阿党比周,先圣所疾也。闻冀州俗,父子异部,更相毁誉。……吾欲整齐风俗,四者不除,吾以为羞。"[①]曹操以降,文帝、明帝时期都一以贯之地实行裁抑豪强,打击朋党的法家政策。在统治者的高压下,曹魏政权内的朋党纷争形迹不显,但派系活动从未停滞,只是转变为一种隐晦的形式。所以魏明帝曹叡一死,党争便马上公开化。

司马氏纠集党与组成强大的政治集团,不仅夺取了曹家天下,而且也把朋党活动作为政治遗产继承了下来。新建的西晋王朝带有极鲜明的世家大族联合政权的色彩。正如唐长孺所言:"西晋政权结构是以皇室司马氏为首的门阀贵族联合统治。"[②]作为豪门贵胄之一的司马氏家族虽然凌驾于其他大族之上而成为皇室,但却没有在各个方面表现出绝对的优势。司马氏建立的文治武功与曹操相比,也稍逊一筹,正如赵翼所指出:

> 曹之代汉,司马氏之代魏,其迹虽同,而势力尚有不同者。……司马氏惟恃挟天子以肆其奸,一离京辇,则祸不可测,故父子三人执国柄,终不敢出国门一步,亦时势使然也。然(曹)操起兵于汉祚垂绝之后,力征经营,延汉祚者二十余

---

① 《三国志》卷 1《武帝纪》。

② 唐长孺:《魏晋南北朝史论拾遗》,中华书局 1983 年版,第 140 页。

年,然后代之,司马氏当魏室未衰,乘机窃权,废一帝,弑一帝,而夺其位,比之于操,其功罪不可同日而语矣。①

可见西晋立国之基础是较为脆弱的。西晋王朝内大族林立。早在司马懿掌握权力之时,就不能将曹魏的贵戚子弟排除出政治核心圈,到了司马师、司马昭兄弟执政时,其所信用之士人,大部分来自于与司马氏有着通家之好与婚姻关系的曹魏贵戚家族。司马氏深切地认识到以曹魏贵戚家族为主体的门阀士族在西晋政局中具有盘根错节、不可小觑的政治势力,笼络、倚靠曹魏贵戚及其子弟遂成了司马氏的基本国策。

门阀大族在司马代魏的过程中确实发挥了巨大作用,但他们也因此坐大,西晋建立后,形成与中央皇权相抗衡的离心因素。司马氏愈是对门阀士族优容,愈是通过实施一系列政治、经济措施,竭力照顾豪门大族利益,朋党集团的力量就愈是不断加强。只要西晋王朝的政治格局不变,在尚未出现八王之乱、五胡入华之前,朋党纷争就不可避免。

第二,司马氏代魏时的欺诈与杀戮手段,以及功臣集团中以贾充为代表的门阀士族人格卑下,使得西晋王朝和权力机构中的主要人物,从开国时起就威望不高,声誉欠佳,这也是西晋王朝内始终存在党争的原因。

司马懿父子为夺取最高权力,无所不用其极。他们使用背信欺诈和剪伐杀戮手段,残酷地消灭一切政敌,甚至为加快代魏的进程而弑杀魏帝曹髦。在儒家忠孝思想被大力弘扬、忠君观念极为深入人心的汉魏社会,不管出于何种目的,"弑君"都触及到儒家伦理的道德底线,将引发朝野震动,甚至连司马家族内也有人反

---

① (清)赵翼:《廿二史札记》卷7"魏晋禅代不同"条。

对。高贵乡公曹髦被杀后，百官莫敢奔赴，司马懿之弟司马孚跪在曹髦的尸体边，"哭之恸，曰：杀陛下者臣之罪"，要求追查制造这起弑君事件的幕后主使者。当太后下令以庶人之礼葬曹髦时，"孚与群公上表，乞以王礼葬"。①

陈留王曹奂禅位于司马炎后，司马孚前去与陈留王哭别，"执王手，流涕歔欷，不能自胜，曰：'臣死之日，固大魏之纯臣也。'"他在临终时，不用晋朝所封安平献王的爵位，更立遗令曰："有魏贞士河内温县司马孚，字叔达，不伊不周，不夷不惠，立身行道，终始若一，当以素棺单椁，敛以时服。"②用独特的方式，既表达了对旧朝的眷恋之情，又流露出对司马氏运用阴谋手段篡权夺位的愧疚之感。

西晋覆灭，东晋王朝建立后，司马氏的后代子孙对祖辈在禅位之际所使用的阴谋手段仍然感到羞愧。《世说新语·尤悔第三十三》记载了这样一件事：

> 王导、温峤俱见明帝，帝问温前世所以得天下之由，温未答，顷，王曰："温峤年少未谙，臣为陛下陈之。"王乃具叙宣王创业之始，诛夷名族，宠树同己，及文王之末高贵乡公事。明帝闻之，覆面箸床曰："若如公言，祚安得长！"

文中讲的"宣王创业之始"，即指司马懿发动高平陵之变，诛夷曹爽、何晏等人三族。"文王之末高贵乡公事"是指司马昭居然不顾儒家的纲常伦理，弑杀魏帝曹髦。作为晋王朝后裔的晋明帝并没有为祖宗辩护，反而感到祖宗以如此方式夺取政权，手段实在不光彩，故而无地自容地说："若如公言，祚安得长！"

---

① 《晋书》卷37《安平献王孚传》。
② 《晋书》卷37《安平献王孚传》。

西晋功臣集团中也有不少人是见利忘义的佞幸之徒。如司马氏心腹贾充,曾"抽戈犯顺,"是杀害魏帝曹髦的元凶。不仅西晋的士大夫看不起他,连当了俘虏的吴国降君孙皓也当面指责贾充。贾充当了西晋王朝的宰辅大臣后,亦"不能正身率下,专以诌媚取容",故史家说他:

> 非惟魏朝之悖逆,抑亦晋室之罪人者欤!然犹身极宠光,任兼文武,存荷台衡之寄,没有从享之荣,可谓无德而禄,殃将及矣。逮乎贻厥,乃乞丐之徒,嗣恶稔之余基,纵奸邪之凶德。煽兹哲妇,索彼惟家,虽及诛夷,曷云塞责。①

传统史学几乎把贾充视为魏晋之际诸种祸端的乱首来加以痛斥。西晋的其他大臣,如荀勖"为正直者所疾,而获佞媚之讥"。② 荀顗"无质直之操,唯阿意苟合于荀勖、贾充之间,以此获讥于世"。③冯紞亦是小人,其"外骋戚施,内穷狙诈"。④ 王沈厚颜无耻,卖主求荣。甘露五年(260),曹髦打算消灭司马家族,召王沈、王经、王业共商此事,王沈与王业竟密告司马昭。结果曹髦被杀,王沈因功封安平侯,食邑二千户。入晋后出任尚书、骠骑将军,"甚为众论所非"。石苞"好色薄行"。何曾"外宽内忌,卑贾充而附之。"⑤相对地来说,与他们针锋相对的反对派的成员,如羊祜、杜预、张华、卫瓘、司马攸等,为人都比较正直,而且其中不少还是当时著名的学者。

中国古代的朋党,并没有严密的组织形式,朋党形成的主要原因是性情相近,志趣相投。孔子曾经讲过:"君子同而不比,小人

---

① 《晋书》卷40《贾充传》史臣曰。
② 《晋书》卷39《荀勖传》。
③ 《晋书》卷39《荀顗传》。
④ 《晋书》卷39 史臣曰。
⑤ 《晋书》卷33《何曾传》。

比而不周。"①以贾充为首的西晋功臣集团为私利而朋比为奸，党同伐异；与他们为人处世，道德标准不同的反对派，也自然会在反对共同政敌的基础上联合起来，形成派系。

第三，晋武帝司马炎宽容大度，对朝臣结党并未严加阻止，这就在一定程度上纵容了朋党势力的发展。司马炎是司马懿的孙辈，是开创晋朝基业的第三代人。他与功臣集团成员的关系，同父祖两辈人不同。大部分功臣名义上应算作他的长辈。司马炎与司马攸争嗣子位时，贾充等人鼎力相助。因此，贾充与武帝之间虽有君臣之分，但在晋初的政治格局中却呈现"君弱臣强"的状况，开国之初，司马炎并未能形成驾驭贾充等人的绝对权威。缺乏政治根基的武帝需要仰赖功臣贾充的支持，而贾充又善于逢迎新君。因此，在西晋初年，武帝对于贾充、荀勖等人优宠有加。与贾充等人对立的大臣，如羊祜、杜预、张华、卫瓘、任恺等均为晋室立过大功。故对待他们之间的朋党之争，武帝的举措也不得不颇费斟酌。

除此以外，司马炎本人的性格也决定他不会对朝臣结党聚朋采取严厉的制裁措施。《晋书·武帝纪》称司马炎"宇量弘厚，造次必于仁恕，容纳谠正，未尝失色于人"。《太平御览》卷148所引王隐《晋书》也说他"宽仁厚德，深沉有智量风度"。史书的记载尽管有溢美之辞，然其性格比较宽仁，也是不争的事实。例如庾纯骂座时讲出的过激言论，他并未深究。大将王濬在平吴之后，自以功大，时常在武帝面前出言不逊，毫无人臣之礼，武帝亦每每优容，不予追究。直臣刘毅当面将武帝比作东汉桓、灵二帝，武帝居然"大笑曰：'桓、灵之世，不闻此言，今朕有直臣，固为胜之。'"②这种宽

---

① 《论语·为政第二》。
② 《资治通鉴》卷81晋武帝"太康元年"条。

容的性格也使武帝很难采取严厉的措施制裁和打击朋党。

晋武帝之所以容忍朝廷存在党争,还有一种可能是出于政治需要的考量。如何处理皇帝同中枢权力机构的关系历来是一件棘手之事。在皇权强大之时,避免朋党纷争对皇帝集权和提高国家机器的运作效力是有益的。但在皇权较弱的时期,中枢权力机构存在两派对立明显优于一派势力过分强大,这样就可以使朋党的双方相互制约,力求使各种政治势力之间保持权力的大体平衡,避免出现大臣专权,尾大不掉的局面。

## 三、武帝的驭党之术

晋武帝虽无父祖的创业之功,但在人文素养和权谋上并不亚于他的前辈。在对付党争方面,他的政治手腕相当高明,这也是西晋前期尽管朋党纷争,但政局基本稳定,且他本人能从容驾驭臣下的一个主要原因。史称其"明达善谋,能断大事,故得抚宁万国,绥静四方"。[①] 这样的评价还是比较公允的。兹将武帝对付朋党的谋略叙之如下。

其一,平衡政策。允许朋党存在是西晋前期巩固皇权的政治需要,所以武帝对党争的双方一般不采取压制和打击方针,而是给予很大的宽容。例如对于贾充、任恺两党的明争暗斗,晋武帝眼开眼闭,采取和稀泥的办法,千方百计地予以化解。史载:

> (贾)充与侍中任恺皆为帝所宠任。充欲专名势而忌恺,于是朝士各有所附,朋党纷然。帝知之,召充、恺宴于式乾殿,而谓之曰:"朝廷宜壹,大臣当和。"充、恺等各拜谢。既而充、

---

① 《晋书》卷3《武帝纪》史臣曰。

恺以帝知而不责,愈无所惮,外相崇重,内怨益深。①

虽然贾、任二党"外相崇重,内怨益深",但并不构成对武帝皇权的威胁,且贾充、任恺等人皆在武帝的掌控之中,故武帝乐得当和事佬,"知而不责"。

有一次贾充设席,宴请朝士。庾纯假装酒醉,当面对贾充说:"贾充,天下凶凶,由尔一人。"贾充不服气地答道:"充辅佐二世,荡平巴蜀,有何罪而天下为之凶凶?"庾纯紧接着怒责贾充道:"高贵乡公何在?"②庾纯所说的高贵乡公乃是曹髦,从表面上看,他是被贾充所弑,但背后的主使者,乃是武帝之父司马昭。司马昭弑君篡权是魏晋鼎革之际一件极不光彩的丑事,当时人颇为忌惮,皆不敢轻易言及其事。庾纯竟然在公开场合指责贾充弑君,则无疑将矛头指向了西晋王朝的开创者——文帝司马昭。作为西晋朝的臣子而言,庾纯就是犯了大逆不道之罪,故"贾充左右欲执纯",将其交付廷尉论罪。司马炎对此事的处理颇为理智,在他看来,庾纯并非对朝廷不满,而仅是嫉恨贾充,此事究其实质,仍是党争。所以在庾纯上表自劾之后,武帝下诏曰:"自中世以来,多为贵重顺意,贱者生情,故令释之、定国得扬名于前世。今议责庾纯,不惟温克,醉酒沉湎,此责人以齐圣也。疑贾公亦醉,若其不醉,终不于百客之中,责以不去官供养也。大晋依圣人典礼,制臣子出处之宜,若有八十,皆当归养,亦不独纯也。古人云:'由醉之言,俾出童羖。'明不责醉,恐失度也。所以免纯者,当为将来之醉戒耳。"③武帝对矛盾的双方,基本上是各打了五十大板,仅以酒醉之故将庾纯免

---

① 《资治通鉴》卷79晋武帝"泰始八年"条。
② 《晋书》卷50《庾纯传》。
③ 《晋书》卷50《庾纯传》。

官,但不久又"复以纯为国子祭酒,加散骑常侍"。

其二,倾斜政策。倾斜与平衡,既是矛盾的,又是统一的。司马炎的平衡术,也并非在任何时候、处理任何问题上,对于对立的各方都完全公允。在很多情况下,武帝偏袒亲信的做法十分明显。就西晋中央重要官职就任的情况来看,功臣集团在决策和执行机构中一直处于优势地位,使他们牢牢地掌握着西晋王朝的实际权力。这种情况在平吴战争中最为明显,在对待贾充和张华两人的态度和方式上,清楚地显示出武帝的这种倾斜政策。

从武帝受禅始,贾充便被授予车骑将军、散骑常侍、尚书仆射之职,既参与机密又有军政实权。裴秀死后,他升任尚书令,并改常侍为侍中,车骑将军如故,成为荀勖所说的"国之宰辅"。伐吴之役,贾充极力阻挠,却反被授予南征大都督之职,优宠之荣,罕见于史。《晋书·贾充传》载:"伐吴之役,诏充为使持节,假黄钺,大都督,总统六师。给羽葆、鼓吹、缇幢、兵万人、骑二千,置左右长史、司马、从事中郎,增参军、骑司马各十人,帐下司马二十人,大车、官骑各三十人。"贾充还不愿行,诏曰:"君不行,吾便自出。"① 对贾充宠幸与迁就到了无以复加的程度。

武帝虽然对张华亦颇信任,但毕竟同贾充不能相比,张华仅被武帝任命为度支尚书,量计运漕,负责后勤而已。杜预虽亦被武帝委以重任,但他所统之卒乃是六路伐吴大军中的一支,且张、杜二人并受贾充节制。战争中贾充一会要退兵,一会要腰斩张华。平吴后,贾充"大惭惧,议欲请罪。帝闻充当诣阙,豫幸东堂以待之。罢节钺、僚佐,仍假鼓吹、麾幢"。② 武帝此举,对贾充未免宠之太过。

---

① 《晋书》卷40《贾充传》。
② 《晋书》卷40《贾充传》。

张华博学多才,平吴之役又立有大功,但武帝对他的信任远不如贾充。荀勖、冯紞只略微做点手脚,武帝便将张华贬出中枢。待到张华在幽州再建功勋,"朝议欲征华入相"时,冯紞又在武帝面前挑拨离间,诬陷张华日后会成为"钟会之徒",这使武帝疑虑又起。不久又"以太庙屋栋折"①这个微不足道的小罪名,将张华"免官"。可见,武帝在用人与两党之争中,感情的天平仍然是倾斜的。

其三,防范之策。同历代开国之君类似,司马炎亦善于驾驭群臣。他虽对亲信极力袒护,但仍时刻保持高度警惕,以防发生兵变,所以在委以重任的同时,常采取严密的防范措施。例如,石苞是司马师、司马昭的心腹重臣,在开创西晋帝业的过程中发挥了重要作用。武帝践祚后,"迁(石)苞大司马,进封乐陵郡公,加侍中"。自从淮南诸葛诞叛乱被平定后,石苞便镇抚淮南,所部"士马强盛"。时有童谣说:"宫中大马(指司马)几作驴,大石(指石苞)压之不得舒。"从而使武帝对他有所警惕。淮北监军王琛"密表苞与吴人交通,先时望气者云东南有大兵起",这就使"武帝甚疑之"。恰好此时,石苞之子石乔迁为尚书郎,"上召之,经日不至,帝谓为必叛"。② 为备非常,武帝遂调集重兵,以应付可能发生的兵变。当然,最后的结果被证明这是一场误会,但武帝将错就错,命石苞"以公还第",趁机解除了他的兵权。

武帝获悉在其病危期间,朝野上下有拥立齐王司马攸的图谋,而关键人物贾充居然态度暧昧,当然十分震惊与恼怒,遂毫不犹豫地剥夺了贾充的兵权。武帝晚年,两派人物陆续病故,而荀勖、冯

---

① 《晋书》卷36《张华传》。
② 《晋书》卷33《石苞传》。

統地位日渐突出,武帝对他们也不甚放心。冯統死后,武帝立即削夺荀勖的实权,由中书监改授尚书令。魏晋时期,中书典尚书奏事,掌军国政令,职权之重远在尚书之上,故荀勖被夺此职,大为怨恨。史载:"勖久在中书,专管机事。及失之,甚罔罔怅恨。或有贺之者,勖曰:'夺我凤凰池,诸君贺我邪。'"①

其四,另树新人之策。为了维持朝廷的平衡与稳定,司马炎还努力培植新的抗衡力量。冀图把中枢机构内的两派对立转化为多极均衡,这主要表现在他从在位的中期就开始使用外戚和宗室。

武帝重用的主要外戚是杨骏。《晋书·杨骏传》载:"杨骏字文长,弘农华阴人也。"弘农杨氏为世宦,东汉以来四世三公,门生故吏遍天下,是当时有名的大族。加之其女为武帝皇后,故武帝有意栽培于他。杨骏"少以王官为高陆令,骁骑、镇军二府司马。后以后父超居重位,自镇军将军迁车骑将军,封临晋侯"。在武帝的扶植下,杨骏的权势越来越大,其弟杨珧、杨济也受到重用,杨氏兄弟三人"并在大位,势倾天下",被称为"杨氏三公"。武帝临崩时,"以骏为太尉、太子太傅、假节、都督中外诸军事",②成为总揽朝政,辅佐幼主的顾命大臣。

在重用外戚的同时,武帝还提高宗王的权力。他加封叔父汝南王司马亮为太尉,录尚书事,领太子太傅、侍中诸职。晚年病重时,"乃诏中书,以汝南王亮与骏夹辅王室"。③ 又"遣太子母弟秦王柬都督关中,楚王玮、淮南王允并镇守要害,以强帝室"。④ 到武帝统治的末年,由外戚与宗室组成的新派系,已具备了能够抗衡,

① 《晋书》卷39《荀勖传》。
② 《晋书》卷40《杨骏传》。
③ 《晋书》卷40《杨骏传》。
④ 《晋书》卷3《武帝纪》。

甚至压倒原有党派的政治力量。正如《晋书·武帝纪》所说,武帝"宠爱后党,亲贵当权,旧臣不得专任,彝章紊废,请谒行矣"。与晋初开国的形势已截然不同。

西晋前期,司马炎对待党争的策略,基本上还是比较成功的。首先,终武帝之世,政局基本稳定,社会秩序良好,经济有所恢复和发展,人口也有了大幅度的增长,在此基础上,出现了百年一遇的"太康之治"。其次,晋武帝在父祖辈数十年经营的基础上,最终平定了南方的孙吴政权,结束了自汉末以来近百年的分裂割据的局面。司马炎欲完成一统的宏愿,从其即位之初就已产生。泰始五年(269),羊祜出镇荆州,既有其受党争排挤的因素。也有武帝用他经营荆襄,准备灭吴的安排。《晋书·羊祜传》载:"帝将有灭吴之志,以祜为都督荆州诸军事,假节。"在平吴的问题上,武帝虽有时也听贾充等人的建议,但在关键时刻,仍与羊祜、杜预、张华等人保持一致。当羊祜病重,"帝欲使祜卧护诸将",可见他急于建功立业的心态。通过平吴战争,强化了西晋王朝和武帝个人的权威,使西晋成为魏晋南北朝四百年间唯一实现统一的王朝。

但是武帝的成功也是相对的,其中潜伏着许多难以克服的危机。实际上,司马炎政策中的许多重大方针只是敷衍一时的权宜之计,有些甚至是饮鸩止渴。例如,他重用外戚与宗室诸王,就为西晋的灭亡种下祸根。关于这一问题,我们将在下章中专门展开讨论。

## 四、鲁褒的《钱神论》

西晋是中国古代金钱拜物教最盛行的时期。典型之例如石崇与王恺斗富,何曾"日食万钱",以及和峤的"钱癖",当时的贵族官僚无不视钱如命。人们痛感这一社会风气对社会的腐蚀，纷纷著文予以抨击。其中鲁褒所写的《钱神论》十分精辟，他把官僚贵族对钱的贪婪和钱的作用描绘得淋漓尽致。

鲁褒，字元道，南阳人，生卒年不详。褒好学博闻，以贫素自立，隐居不仕，人莫知其所终。《晋书·隐逸·鲁褒传》谓："元康之后，纲纪大坏，(鲁)褒伤时之贪鄙，乃隐姓名，而著《钱神论》以刺之。"今所见《钱神论》，系严可均《全晋文》据《晋书本传》《艺文类聚》《初学记》合抄而拼成的。据本传称，此文一出，即为当时痛疾时世者所传诵。兹不妨录之如下：

有司空公子，富贵不齿，盛服而游京邑。驻驾平市里，顾见綦毋先生，班白而徒行，公子曰："嘻！子年已长矣。徒行空手，将何之乎？"先生曰："欲之贵人。"公子曰："学《诗》乎？"曰："学矣。""学《礼》乎？"曰："学矣。""学《易》乎？"曰："学矣。"公子曰："《诗》不云乎：'币帛筐篚，以将其厚意！然后忠臣嘉宾，得尽其心。《礼》不云乎：'男贽玉帛禽鸟，女贽榛栗枣修。'《易》不云乎：'随时之义大矣哉。'吾视子所以，观子所由，岂随世哉。虽曰已学，吾必谓之未也。"先生曰："吾将以清谈为筐篚，以机神为币帛，所谓'礼云礼云，玉帛云乎哉'者已。"公子拊髀大笑曰："固哉！子之云也。既不知古，又不知今。当今之急，何用清谈。时易世变，古今异俗。富者荣贵，贫者贱辱。而子尚贤，而子守实，无异于遗剑刻船，胶柱调瑟。贫不离于身名，誉不出乎家室，固其宜也。昔神农氏没，黄帝、尧、舜，教民农桑，以币帛为本。上智先觉变通之，乃掘铜山，俯视仰观，铸而为钱，故使内方象地，外圆象天。大矣哉！

钱之为体，有乾有坤，内则其方，外则其圆。其积如山，其流如川。动静有时，行藏有节。市井便易，不患耗折。难朽象寿，不匮象道，故能长久！为世神宝。亲爱如兄，字曰"孔方"，失之则贫弱，得之则富强。无翼而飞，无足而走。解严毅之颜，开难发之口。钱多者处前，钱少者居后。处前者为君长，在后者为臣仆。君长者丰衍而有余，臣仆者穷竭而不足。诗云："哿矣富人，哀哉茕独。"岂是之谓乎？

钱之为言泉也。百姓日用，其源不匮。无远不往，无深不至。京邑衣冠，疲劳讲肆，厌闻清谈，对之睡寐。见我家兄，莫不惊视。钱之所佑，吉无不利。何必读书，然后富贵！昔吕公欣悦于空版，汉祖克之于嬴二，文君解布裳而被锦绣，相如乘高盖而解犊鼻，官尊名显，皆钱所致。空版至虚，而况有实；嬴二虽少，以致亲密。由是论之，可谓神物。

无位而尊，无势而热。排朱门，入紫闼。钱之所在，危可使安，死可使活；钱之所去，贵可使贱，生可使杀。是故忿争辩讼，非钱不胜。孤弱幽滞，非钱不拔，怨仇嫌恨，非钱不解，令问笑谈，非钱不发，洛中朱衣，当途之士，爱我家兄，皆无已已。执我之手，抱我终始。不计优劣，不论年纪。宾客辐辏，门常如市。谚云："钱无耳，可暗使！岂虚也哉，"又曰："有钱可使鬼，而况于人乎。"子夏云："死生有命，富贵在天。"吾以死生无命，富贵在钱。何以明之？钱能转祸为福，因败为成。危者得安，死者得生。性命长短，相禄贵贱，皆在乎钱。天何与焉？天有所短，钱有所长。四时行焉，百物生焉，钱不如天；达穷开塞，振贫济乏，天不如钱。若臧武仲之智，卞庄子之勇，冉求之艺，文之以礼乐，可以为成人矣。今之成人者何必然，唯孔方而已。夫钱，穷者能使通达，富者能使温暖，贫者能使勇悍，故曰："君无财则士不来，君无赏则士不往。"谚曰："官无中人，不如归田。"虽有中人,而无家兄,何异无足而欲行,无翼而欲翔。使才如颜子,容如子张。空手掉臂,何所希望,不如早归,广修农商。舟车上下,役使孔方。凡百君子,同尘和光。上交下接,名誉益彰。①

这是一篇历史上少有的奇文。它的主题是"有钱可使鬼",也就是俗话所说的"有钱能使鬼推磨"。但是它在表现方法上,却非同一般,作者以酣畅淋漓的笔调嬉笑怒骂。文章的主旨不在以逻辑论证,析明义理,而着力于描摹人情世态,抒发感慨。

鲁褒的《钱神论》通过虚构的情节,推出司空公子和綦毋先生两个虚拟的人物,以二人在京城邂逅为契机,以互相问答诘难的形式结构成篇,这就使文章带有游戏的性质。正因如此,作者就放笔直书,把笔锋直指当时社会,从上到下,竭尽讽刺之能事。

文章的开始,先写年轻而富有的司空公子正在京城闹市优哉游哉,接着写年老而贫穷的綦毋先生既学《诗》又学《礼》,以尚贤尚实自诩,正忙于找门路去拜见"贵人"。两人相遇,问答之中司空公子嘲笑綦毋先生固陋,拜见贵人而未带礼物,由此构成发端部分。在司空公子得知綦毋先生皓首穷经之后,不禁拊髀大笑,指出:"何必读书,然后富贵!"然后司空公子用"钱能通神"的大段议论来"开导"綦毋先生,洋洋洒洒,历数金钱如何万能,尚贤如何可笑,对西晋社会中金钱万能的无限膨胀作了生动的描绘,对货币拜物教现象作了充分的揭露,铺排夸张,冷嘲热讽,这些内容便构成了《钱神论》的主题思想。具体地看,司空公子在发端部分中"时易世变,古今异俗"的话引出了对现实社会的描绘和作者对社会

---

① 案,此处所引用的鲁褒《钱神论》是综合《全晋文》卷113,《艺文类聚》卷66、《初学记》卷22、《晋书》卷94《隐逸·鲁褒传》、《太平御览》卷836,均有节录。

风气的批判,而文章主体部分又分为三个层次。

一是故意夸大金钱在社会中的作用。文章先是从社会发展的角度描述了外圆内方的铜钱产生的过程及其作用。作者指出:钱币由社会发展进步,上智先觉者创造出它的形制,在商品交易中优越于币帛,作为流通媒体永存。这都是对钱币"为世神宝"的积极意义的阐发。接着就说:"亲爱如兄,字曰孔方",把金钱尊为至亲的兄长,这就使人大出意外,同时也令人忍俊不禁,引起警醒。后来人们把钱币戏称为"孔方兄",其源即出于此。接下来,文章反复讲述金钱的作用,先是由司空公子从旁客观地说:"失之则贫弱,得之则富强。"然后又由"孔方兄"自报家门,"执我之手,抱我终始","死生无命,富贵在钱"。例如,春秋时鲁国很有智谋的臧孙纥,以勇力著名的卞庄子,孔子有才艺的弟子冉有,这些人只要用礼乐来加以修饰,也就是成(完)人了。但是,"今之成人者何必然?唯孔方而已"。按照司空公子的观念,有钱就有了完美的人格,这就腐蚀了人们对真正完美人格的追求,这就造成了人们精神世界的巨大悲剧。作者进而写出这种悲剧的种种恶果,剖析了人类精神世界里是非善恶颠倒的观念,这使文章的批判力度更进一步深化。

二是刻画出各色人等在金钱面前的态度。金钱能使人眉开眼笑,能使人说出最难启齿的话,能赋予人们不同的地位和命运。作者对当时社会风气的批判,矛头直指权门势要。文中"京邑衣冠,疲劳讲肆,厌闻清谈,对之睡寐。见我家兄,莫不惊视",生动地刻画出士大夫见钱眼开的形象,可谓入木三分。作者还举了历史上刘邦的岳父吕公收到的虽然是刘邦开出的空头支票(空版)一万钱,但还是很高兴地把女儿嫁给了他;刘邦微时当小吏出公差,萧何比别人多送二钱,刘邦称帝后就多封萧何二千户;西汉文坛巨匠司马相如、才女卓文君的命运也被金钱所操纵。其"官尊名显,皆钱所致"。现实中金钱昂然进出公侯府第、"朱门""紫闼",甚至皇宫内苑。门第尊卑,权位予夺,仕路穷困显达,决狱生死成败,以至人际交往,世态炎凉,这些由堂皇庄严的封建政治权威及制度规章等决定的社会统治秩序的运行,无不为金钱势力所操纵,金钱仿佛成了主宰人们命运的上帝。可见金钱是"神物"。作者显然不是在夸谈金钱应有的作用,而是对于不正常的社会现象的愤慨和嘲讽。

三是揭露宫中、朝廷的腐败和贪婪。作者借用谚语:"官无中人(朝廷中有权势的近臣),不如归田。"这话就成了后来"朝中无人莫做官"的来源。然而要做到朝中有人,还是必须要有金钱开路,通关节,铺门路,因为"虽有中人,而无家兄,何异无足而欲行,无翼而欲翔"? 就连做官往上爬,也得有钱,即使"才如颜子,容如子张,空手掉臂,何所希望,不如早归,广修农商。舟车上下,役使孔方。凡百君子,同尘和光,上交下接,名誉益彰"。既然全社会都唯钱是瞻,那就不如还是去务农经商,多挣些钱,不露锋芒,然后拿钱来打通关节,左右逢源吧! 可见拜金主义的风气,给社会人心造成了灾难性的戕害。文中引据子夏名言:"死生有命,富贵在天。"揭示出儒家标榜的天命论的不可信。"吾以死生无命,富贵在钱。"这当然不是作者的本意,而是愤世嫉俗之语,是他对当时腐朽的金钱社会以及由此而产生的政治畸形现象作出的深刻揭露和讥刺。

《钱神论》的评论言简意赅,很是中肯。语言丰富精妙、通俗明快、幽默诙谐。至于论事断理的简短精悍,更随处可见。颂钱之万能,几乎无所不能。对于人情世态,写得穷形尽相,而"孔方兄"的称呼,至今还在人们的口头流传。此文引据儒家经典,撷拾俗谚口碑,写成通篇骈对排比合韵、间以散句的赋体文字,这也是它超越前贤、独创一家的语言上的特有风格。《钱神论》虽然以论名篇,却是一篇赋作,写法与赋并无二致。全篇文句以四言为主,又有五六言、八九言骈偶排比句式穿插连缀其间,力求参差错落有致,整齐中富有变化,使人于顿挫跌宕中沉思凝想。用韵平易自然,随文意转换自如;无生僻难字,有些文句颇似当时口语;不追求词藻富丽丰赡,音韵铿锵。这些都体现出作者不图当途权贵赏识,不与显达文士争雄,力求在更多寒素士人中流布传播,讽世谏人的创作用心。

两汉时期的辞赋多描绘自然景观和讴歌太平盛世,鲁褒却用赋来揭露西晋社会弊端,讽刺世态人情,把辞赋的表现功能拓宽到新的领域。可以说,《钱神论》以及稍早的阮籍的《大人先生传》、王沈的《释时论》等讽刺赋,是魏晋文坛上最有光辉和生命力的优秀作品。

## 五、豪门世家的奢侈、吝啬与斗富

毫无疑问,鲁褒的《钱神论》就是针对西晋时期整个社会对金钱的狂热追求以及穷奢极欲的侈靡之风而写的。作为西晋最高统治者的晋武帝在即位初期倒也提倡节俭,反对奢靡,本书曾于第六章中特辟晋武帝"颁布吏治纲要与提倡节俭"一节,论述了武帝在位时屡屡发布倡导节俭的诏敕,以及其以身作则,禁断奢侈的措施。但是西晋朝廷的奢靡之风由来已久,并非仅靠武帝几次诏令就能制止。日本学者冈崎文夫对这一现象有独到的看法,他说:"此时,全体朝臣之间奢侈之风盛行。对于这一风潮,武帝起初很反感,自奉质素之风,欲有所匡正。但清望首领,为一世所仰的何曾自身也以奢侈的生活作风闻名。据说,他在朝廷飨宴上,不吃太常官所做的食物,且'日食万钱'。为此,武帝也放弃了奖励质素之风的意志。于是奢侈之风渐长,石崇作为其代表人物而载诸史册。"①

其实武帝自己也并不能将"质素之风"保持始终。平吴之后,他就志得意满,渐渐改变了前期"临朝拱默,训世以俭"②的作风,正如冈崎文夫所指出:"晋武帝未能贯彻其抑制奢侈之风的素志,反而陷入了朝臣竞相夸炫财宝的漩涡之中。据说平吴后,吴宫廷的财宝美女等大量涌入晋廷,武帝完全沉溺于淫荡生活之中,耽于享乐,因而伤身,以至夭折。"③

在中国数千年的古代社会中,西晋的奢侈之风最为盛行,恐怕超出了历朝历代。笔者从《晋书》《世说新语》等史书中抉出有关西晋勋贵世家奢侈与吝啬的诸多逸事,亦可与鲁褒的《钱神论》相互印证。

何曾是西晋朝的开国元勋。西晋创立八公制度,何曾即为八公之一,是当时素负清望的大臣之一。但就是这么一个在士林中享有清望的朝廷重臣,一生奢侈无度,其讲究饮食,有"何曾食万"的典故。曾本传云其:

> 性奢豪,务在华侈。帷帐车服,穷极绮丽,厨膳滋味,过于王者。每燕见,不食太官所设,帝辄命取其食。蒸饼上不坼作十字不食。食日万钱,犹曰无下箸处。人以小纸为书者,敕记室勿报。刘毅等数劾奏曾侈忲无度,帝以其重臣,一无所问。

① [日]冈崎文夫:《魏晋南北朝通史》,中西书局 2020 年版,第 48 页。
② 《晋书》卷 54《陆云传》。
③ [日]冈崎文夫:《魏晋南北朝通史》,第 49 页。

都官从事刘享尝奏曾华侈,以铜钩绁纼车,莹牛蹄角。①

何曾日食万钱,而犹云无下筷之处,其衣食住行奢华到"过于王者",即超过武帝司马炎的程度。虽然刘毅曾数次弹劾他奢侈无度,但武帝仍然熟视无睹,不予追究。由此可见,武帝曾经颁布的禁断奢靡的诏书在世家大族眼中就是一纸空文,起不到多大的作用。

何曾日食万钱已令人瞠目结舌,然其子何劭与父相比,更是有过之而无不及。史载何劭"骄奢简贵,亦有父风。衣裘服玩,新故巨积。食必尽四方珍异,一日之供以钱二万为限。时论以为太官御膳,无以加之"。② 何劭奢靡到如此程度,也是武帝纵容的结果。史载,何劭"与武帝同年,有总角之好。帝为王太子,以劭为中庶子。及即位,转散骑常侍,甚见亲待。劭雅有姿望,远客朝见,必以劭侍直。每诸方贡献,帝辄赐之,而观其占谢焉"。③ 每次地方上献给皇帝的贡品,武帝都要赏赐给何劭,有武帝撑腰,故何劭的奢靡无度敢于有恃无恐。

西晋朝廷中如何曾、何劭父子日食万钱也并非是个别现象,而是大有人在。例如王济"性豪侈,丽服玉食",④看来其豪奢的程度也并不亚于何氏父子。任恺与贾充对立,形成朋党之争。后来任恺遭到贾党的排挤打击,被免去官职,"恺既失职,乃纵酒耽乐,极滋味以自奉养。初,何劭以公子奢侈,每食必尽四方珍馔,恺乃逾之,一食万钱,犹云无可下箸处"。⑤ 可见任恺的奢靡程度不亚于

① 《晋书》卷 33《何曾传》。
② 《晋书》卷 33《何曾传附何劭传》。
③ 《晋书》卷 33《何曾传附何劭传》。
④ 《晋书》卷 42《王浑传附王济传》。
⑤ 《晋书》卷 45《任恺传》。

何曾父子。贾充、荀勖、冯紞等人曾经弹劾任恺豪华奢侈，僭用皇帝的食物器皿，还派尚书右仆射、高阳王司马珪上奏晋武帝，任恺因此被免官。后来查证时发现那些御用器皿其实都是任恺妻齐长公主在曹魏时获赐的。虽然此事是贾充等人的诬陷，但任恺在生活上奢侈无度也是不争的事实。

晋武帝的宠臣羊琇的生活也是极为豪侈，史称其"费用无复齐限"，即所用之钱无所限制。羊琇连温酒的器皿都以珍贵的林木炭捣成碎屑制成兽形。洛阳的豪贵十分羡慕，遂争相仿效。冬天时，羊琇为了制作温暖的美酒，便命人抱瓮温酒，而且接连换人以保持瓮中酒的温度，后世遂有"抱瓮酿"一词。羊琇"又喜游宴，以夜续昼，中外五亲无男女之别，时人讥之。……放恣犯法，每为有司所贷"。①

为了显示自己腰缠万贯，西晋豪门之间斗富的现象也极为普遍，而其中最为著名的就是石崇与王恺斗富。王恺字君夫，是武帝岳父王肃第四子，文明皇后王元姬弟。依仗着帝舅的身份，王恺得到晋武帝资助与石崇斗富，为时论者所讥。《世说新语·汰侈第三十》载："王君夫以粉糒澳釜，石季伦用蜡烛作炊。君夫作紫丝布步障碧绫裹四十里，石崇作锦步障五十里以敌之。石以椒为泥，王以赤石脂泥壁。"二人以富炫耀，互不服气，斗富过程中层层加码。王恺饭后用糖水洗锅，石崇便用蜡烛当柴烧；王恺做了四十里的紫丝布步障，石崇便做五十里的锦步障；王恺用赤石脂涂墙壁，石崇便用花椒。最后以稀世之宝——珊瑚树斗富。

王济善相马，杜预称其有"马癖"。他做河南尹时，因鞭打了王府官吏，遂被免官，于是移居北邙山下。北邙山在洛阳东北，王

---

① 《晋书》卷93《外戚·羊琇传》。

济就在洛阳买地养马。洛阳土地昂贵,王济买地为埒(指马射场的围墙),并且用钱辅地,被时人称为"金沟"(一作金埒)。① 王济不仅买金沟养马射箭,还同王恺进行射牛比赛。"王恺以帝舅豪奢,有牛名'八百里驳',常莹其蹄角。"②王恺将此牛视为至宝。二王进行射牛比赛,并以钱千万打赌。王恺自以为比王济箭法好,故让王济先射,结果王济一箭将牛射死,并立即命人将牛心挖出,扬长而去。

王济宴请武帝时,为了摆阔,"供馔甚丰,悉贮琉璃器中。蒸肫甚美,帝问其故,答曰:'以人乳蒸之。'帝色甚不平,食未毕而去。"③以人乳蒸乳猪,世所未闻,王济此举连武帝都感到难以承受,故宴席未毕,武帝就拂袖而去。

西晋豪门巨室在金钱面前的表现是形形色色,各不相同。有的炫耀夸富,挥金如土;有的精于计算,极其吝啬。王戎即是西晋豪门权贵中吝啬的典型代表。王戎字濬冲,出身于魏晋高门琅邪王氏,祖父王雄,在曹魏官至幽州刺史;父亲王浑,官至凉州刺史,封贞陵亭侯。王戎神采秀美,善于清谈,为"竹林七贤"之一。他初被大将军司马昭辟为掾属。累官豫州刺史、建威将军,参与晋灭吴之战。战后以功进封安丰县侯,故人称"王安丰"。其治理荆州时,拉拢士人,颇有成效。后历任侍中、光禄勋、吏部尚书、太子太傅、中书令、尚书左仆射、司徒等职。但这位享誉士林的名士却极为贪吝,《世说新语·俭啬第二十九》共有九条,其中有四条记载王戎为人贪吝之事。戎本传记载:"(王戎)性好兴利,广收八方园

---

① 《世说新语·汰侈第三十》载:"王武子被责,移第北邙下。于时人多地贵,济好马射,买地作埒,编钱匝地竟埒,时人号曰:'金沟'。"
② 《晋书》卷42《王浑传附王济传》。
③ 《晋书》卷42《王浑传附王济传》。

田水碓,周遍天下。积实聚钱,不知纪极,每自执牙筹,昼夜算计,恒若不足。"①王戎经常与妻手执象牙筹计算财产,日夜不辍,同时又十分吝啬。王戎家中有棵很好的李树,欲拿李子去卖,又怕别人得到种子,于是就把李子的果核钻破。王戎之女适裴頠时,向王戎借了数万钱,很久没有归还。其女回来省亲时,王戎神色不悦,直到其女将钱还清才高兴起来。王戎之侄要成婚,王戎只送了一件单衣,完婚后又要了回来。

王戎虽有清望,但其如此敛财与吝啬,故"以此获讥于世"。时人谓王戎患"膏肓之疾"。但也有人认为这是王戎避祸于乱世的"自晦"之举,晋武帝曾以"不欲为异"为王戎辩解。东晋人戴逵评论道:"王戎晦默于危乱之际,获免忧祸,既明且哲,于是在矣。"但明人凌蒙初在读王戎"不受筒中细布五十端"时讽刺说:"握牙筹者亦偶尔耶? 有福,有福。"近代学者余嘉锡则认为:"观诸书及世说所言,王戎之鄙吝,盖出于天性,戴逵之言,名士相为护惜,阿私所好,非公论也。"②

王戎的从弟王衍之妻郭氏是贾南风的亲戚,凭借贾后的权势,刚愎贪婪,性情暴戾,搜刮财物贪得无厌。"衍疾郭之贪鄙,故口未尝言钱。郭欲试之,令婢以钱绕床,使不得行。衍晨起见钱,谓婢曰:'举阿堵物却!'其措意如此。"③后人因此称钱为"阿堵物"。王戎、王衍虽然都是西晋名士,但为人不是贪鄙,就是虚伪,故羊祜对他们甚为痛恨。史载:"祜贞悫无私,疾恶邪佞,荀勖、冯紞之徒甚忌之。从甥王衍尝诣祜陈事,辞甚俊辩,祜不然之,衍拂衣而起。

---

① 《晋书》卷43《王戎传》。又《世说新语·俭啬第二十九》:"司徒王戎,既贵且富,区宅僮牧,膏田水碓之属,洛下无比,契疏鞅掌,每与夫人烛下散筹算计。"
② 余嘉锡:《世说新语笺疏·俭啬第二十九》,中华书局2016年版。
③ 《晋书》卷43《王戎传附王衍传》。

祜顾谓宾客曰:'王夷甫方以盛名处大位,然败俗伤化,必此人也。'步阐之役,祜以军法将斩王戎,故戎、衍并憾之,每言论多毁祜。时人为之语曰:'二王当国,羊公无德。'"①

除王戎以外,以吝啬闻名的还有司马懿之侄义阳王司马望、中书令和峤。司马望为人吝啬,颇喜敛财。他死后,家中金帛堆积如山,因此被世人讥讽。和峤为官刚直,颇有清政之绩,在武帝立储问题上,他敢于直言进谏。但他和祖父和洽完全不同。和洽一生清廉,死时家财尽散,而和峤"家产丰富,拟于王者,然性至吝,以是获讥于世,杜预以为峤有钱癖"。②《世说新语·俭啬第二十九》记载了这样一个故事:"和峤性至俭,家有好李,王武子(王济)求之,与不过数十。王武子因其上直,率将少年能食之者,持斧诣园,饱共啖毕,伐之,送一车枝与和公。问曰:'何如君李?'和既得,唯笑而已。"《晋书》所载与《世语》稍有差异。济本传云:"和峤性至俭,家有好李,帝求之,不过数十。济候其上直,率少年诣园,共啖毕,伐树而去。"③和峤将"李子"视为至宝,不仅不舍得给王济,即使武帝司马炎索取,和峤仍然十分吝啬,只给了他数十颗。

贵族官僚或经商、或卖李取钱,或以田园水碓收钱,甚至劫掠商旅夺其钱财(后文当述)。可见当时的贵族官僚和整个社会风气,无不视钱如命,故鲁褒作《钱神论》讥刺世事,可惜《钱神论》仍有不足之处,它只揭露了钱能通神使鬼的作用,而没有揭穿官僚贵族谋取钱财的卑劣狠毒手段。

---

① 《晋书》卷34《羊祜传》。
② 《晋书》卷45《和峤传》。
③ 《晋书》卷42《王浑传附王济传》。

# 六、富可敌国的石崇

何曾、何劭父子，王戎、王济、王恺、羊琇、司马望、和峤、任恺等人虽然善于巧取豪夺，聚敛大量财产，但都不能与石崇相比，石崇之富堪称富可敌国。

石崇是西晋开国元勋石苞第六子，因生于青州，所以小名齐奴。泰始九年(273)，"(石)苞临终，分财物与诸子，独不及崇。其母以为言，苞曰：'此儿虽小，后自能得。'"[1]古语云：知子莫如父，不出石苞所料，石崇后来富甲天下，成为有晋一代最大的富豪。《晋书·石崇传》及《世说新语》对石崇之富及其挥金如土的奢靡生活作了淋漓尽致的描述。兹不妨撷取部分史料以观其富。

> 石崇厕，常有十余婢侍列，皆丽服藻饰。置甲煎粉、沉香汁之属，无不毕备。又与新衣著令出，客多羞不能如厕。王(敦)大将军往，脱故衣，著新衣，神色傲然。群婢相谓曰："此客必能作贼。"[2]

> 刘寔诣石崇，如厕，见有绛纱帐大床，茵蓐甚丽，两婢持锦香囊。寔遽反走，即谓崇曰："向误入卿室内。"崇曰："是厕耳。"[3]

> 财产丰积，室宇宏丽。后房百数，皆曳纨绣，珥金翠。丝竹尽当时之选，庖膳穷水陆之珍。与贵戚王恺、羊琇之徒以奢

---

① 《晋书》卷33《石苞传附石崇传》。
② 《世说新语·汰侈第三十》。
③ (明)何良俊：《语林》。李详云："详案《汉书·外戚卫皇后子夫传》：'帝起更衣，子夫侍尚衣。'更衣即厕所，有美人列侍，帝戚平阳主家始有之。石崇仿之，所以为侈。"

靡相尚。①

　　崇又制《懊恼曲》以赠绿珠。崇之婢美艳者千余人，择数十人，妆饰一等，使忽视之，不相分别。刻玉为倒龙佩，萦金为凤凰钗，结袖绕楹而舞。欲有所召者，不呼姓名，惟听佩声，视钗色。佩声轻者居前，钗色艳者居后，以为行次而进。②

　　石季伦所爱婢，名翾风，魏末，于胡中买得之。年始十岁，使房内养之，至年十五，无有比其容貌，特以姿态见美。妙别玉声，能观金色。石氏之富，财比王家，骄奢当世。珍宝瑰奇，视如瓦砾，聚如粪土，皆殊方异国所得，莫有辨识其处者。使翾风别其声色，并知其所出之地，言："西方北方，玉声沉重而性温润，佩服益人性灵；东方南方，玉声清洁而性清凉，佩服者利人精神。"③

　　崇为客作豆粥，咄嗟便办。每冬，得韭蓱齑。尝与恺出游，争入洛城，崇牛迅若飞禽，恺绝不能及。恺每以此三事为根，乃密货崇帐下问其所以。答云："豆至难煮，豫作熟末，客来，但作白粥以投之耳。韭蓱齑是捣韭根杂以麦苗耳。牛奔不迟，良由驭者逐不及反制之，可听蹁辕则駃矣。"于是悉从之，遂争长焉。崇后知之，因杀所告者。④

珊瑚树在当时可谓是稀世珍宝，石崇、王恺二人竟然以珊瑚树斗富，此事，我们在前文中已述，故此处不赘。由此可见石崇之富竟然超过了皇室，以"富可敌国"来形容也并不夸张。

---

①　《晋书》卷33《石苞传附石崇传》。
②　（明）王世贞：《艳异编》卷16《戚里部二·桑耕偶记》，上海古籍出版社2014年版。
③　《太平广记》卷272《妇人三》，中华书局2013年版。
④　《晋书》卷33《石苞传附石崇传》。

为了炫耀财富，石崇竟残忍地杀家婢、女伎取乐，以取悦于宾客。每次请客饮酒，石崇常让家婢斟酒劝客。如果客人不饮酒，他就让侍卫将家婢杀死。《世说新语·汰侈第三十》记载了此事："石崇每要客燕集，常令美人行酒。客饮酒不尽者，使黄门交斩美人。王丞相与大将军尝共诣崇。丞相素不能饮，辄自勉强，至于沉醉。每至大将军，固不饮，以观其变。已斩三人，颜色如故，尚不肯饮。丞相让之，大将军曰：'自杀伊家人，何预卿事！'"

　　关于"斩美人劝酒"的故事，史书记载有所不同。《晋书·王敦传》所载为王恺事，非石崇。"时王恺、石崇以豪侈相尚，恺尝置酒，敦与导俱在坐，有女伎吹笛小失声韵，恺便殴杀之，一坐改容，敦神色自若。他日，又造恺，恺使美人行酒，以客饮不尽，辄杀之。酒至敦、导所，敦故不肯持，美人悲惧失色，而敦傲然不视。导素不能饮，恐行酒者得罪，遂勉强尽觞。"

　　石崇那么多的财富究竟从何而来？据传石崇有"巨富痣"，但这纯属无稽之谈。实际上，石崇敛财的手段是无所不用其极。除了利用权势巧取豪夺，经商致富之外，石崇在其担任荆州刺史期间，竟公然抢劫掠夺过往行商的资财。崇本传曰："崇颖悟有才气，而任侠无行检。在荆州，劫远使商客，致富不赀。"[1]从史书记载石崇"任侠无行检"句中可以看出，他的"任侠"并非是朱家[2]一类行侠仗义之侠，而是郭解[3]一类横行不法之侠。石崇是以官员

---

①　《晋书》卷33《石苞传附石崇传》。
②　朱家乃秦汉之际的游侠，鲁人，以任侠知名，曾藏匿豪士及亡命之人。项羽败亡后，季布被刘邦通缉，朱家通过夏侯婴向刘邦进言，季布遂得赦免。从此朱家以行侠仗义、救人之急而闻名于关东。
③　郭解是汉武帝时期的游侠，为人精明强悍，残忍狠毒，杀人无数，常替朋友报仇，藏匿亡命徒，犯法抢劫，私铸钱币，盗挖坟墓，无所不为。后为汉武帝所诛，夷灭三族。

的身份公开拦路抢劫行商,其所作所为与盗匪何异?可见他的卑劣与厚颜无耻,以及所聚敛的都是不义不法之财。

鲁褒《钱神论》曾云:"官无中人,不如归田。"故石崇也是千方百计谄谀取容于朝中权贵。贾后当政时,朝中最有权势的是贾充嗣子贾谧与贾后母广城君郭槐,石崇遂"与潘岳谄事贾谧。谧与之亲善,号曰'二十四友'。广城君每出,崇降车路左,望尘而拜,其卑佞如此"。①

武帝死后,西晋的权贵之间进行了极其残酷的内讧互斗。石崇虽然依傍贾谧,但赵王司马伦发动政变后,尽诛贾后一党,"及贾谧诛,崇以党与免官",石崇就失去了政治上的靠山。石崇"有妓曰绿珠,美而艳,善吹笛。(司马伦心腹)孙秀使人求之"。石崇不肯献出绿珠,孙秀遂借机报复,诛杀石崇,并夷其三族。"初,崇家稻米饭在地,经宿皆化为螺,时人以为族灭之应。有司簿阅崇水碓三十余区,苍头八百余人,他珍宝货贿田宅称是。"②清人徐乾学赋《金谷》诗对西晋第一富豪石崇的一生作了评述:

> 河阳金谷涧,涧水尚潺湲。当年开宴处,台馆不复存。缅想石卫尉,声势何煇赫。海岱置邮符,荆扬来贾舶。苍头衣绮縠,侍婢遗朱舄。锦障烂如云,珊瑚碎不惜。造膝结贾谧,望尘拜广成。富贵可长保,讵知祸患婴。多财信为累,三叹涕泪横。至今歌舞地,萧飒鸺鹠鸣。吾闻伏波言,贵者可复贱。盈冲无定端,瞬息市朝变。钱币宁祸人,物聚理必散。寄言夸毗子,豪华非所羡。

诗中的"多财信为累""贵者可复贱""钱币宁祸人""豪华非所羡"

---

① 《晋书》卷33《石苞传附石崇传》。
② 《晋书》卷33《石苞传附石崇传》。

等句,可以补充《钱神论》的不足之处。由此可见,金钱并非万能,钱固可以通神,也可招祸,石崇的一生正是钱既能通神也能招祸的真实写照。

## 七、"奢侈之费,甚于天灾"

值得我们深思的是,石崇等人的奢靡无度并非仅是个别现象,而是整个西晋官僚阶层腐朽衰败的缩影。这就表明武帝时期虽然结束了汉末分裂局面,统一了三国,但并未给社会带来崭新的气像。钱穆曾指出:"一个贵族家庭,苟无良好教育,至多三四传,其子孙无不趋于愚昧庸弱。西汉王室,不断有来自民间的新精神。司马氏则在贵族氛围中已三四传,历数十年之久。懿、师、昭父子狐媚隐谋,积心篡夺。晋武帝坐享先业,同时亦深染遗毒。其时佐命功臣,一样从几个贵族官僚家庭中出身,并不曾呼吸到民间的新空气。故晋室自始只是一个腐败老朽的官僚集团,与特起民间的新政权不同。……其时论者皆以晋武封建,遂召八王之乱。不知魏室孤立,亦以早覆,根本病症不在此。"[①]钱氏揭橥西晋社会之弊端,可谓针砭时弊。可见,西晋王朝建立虽然不久,但其统治的基础——门阀士族已经腐朽。

实际上,西晋的覆灭早在武帝时期就露出了端倪。对此连西晋的开国元勋,日食万钱的何曾也看得十分清楚。何曾在参加武帝举办的朝宴后,对其子何遵说:"国家应天受禅,创业垂统。吾每宴见,未尝闻经国远图,惟说平生常事,非贻厥孙谋之兆也。及

---

① 钱穆:《国史大纲》第十三章《统一政府之回光返照》,商务印书馆1996年版,第229—231页。

身而已,后嗣其殆乎! 此子孙之忧也。汝等犹可获没。"①何曾又指着孙子们说:"此等必遇乱亡也"。何绥死后,面对天下大乱的局面,何嵩(嵩、绥兄弟皆为何曾之孙)哭着说:"我祖其大圣乎!"司马光为此评曰:"何曾讥武帝偷惰,取过目前,不为远虑;知天下将乱,子孙必与其忧,何其明也!"②在司马光看来,武帝这种只顾目前,"不为远虑"的"偷惰"心态,已为日后西晋王朝留下了很大的隐患。当何绥后来在八王之乱中被东海王司马越所杀。而何嵩的"我祖其大圣乎"之语,完全应验了其祖父何曾生前所预见的其孙日后"必遇乱亡也。"谁也未想到,何曾竟然一语成谶。

何曾虽然指出了武帝时代的社会问题,但他又有什么资格批评武帝没有"经国远图"。正如司马光指出:"然(何曾)身为僭侈,使子孙承流,卒以骄奢亡族,其明安在哉! 且身为宰相,知其君之过,不以告而私语于家,非忠臣也。"③其实包括何曾、石崇等人在内的官僚贵族、豪门巨富就是西晋王朝腐朽势力的代表,是当时社会的蠹虫。他们对西晋王朝的衰亡负有不可推卸的责任。正如《晋书·五行志中》所云:

> 武帝初,何曾薄太官御膳,自取私食,子劭又过之,而王恺又过劭。王恺、羊琇之俦,盛致声色,穷珍极丽。至元康中,夸恣成俗,转相高尚。石崇之侈,遂兼王、何,而俪人主矣。崇既诛死,天下寻亦沦丧。僭踰之咎也。

日本学者福原启郎对西晋官僚豪族的奢靡与斗富风潮也有其独特的看法。他认为:"首先,以吝啬或奢侈闻名的人物,大多是

---

① 《晋书》卷33《何曾传附何遵传》。
② 《资治通鉴》卷87晋怀帝"永嘉三年"条。
③ 《资治通鉴》卷87晋怀帝"永嘉三年"条。

在政界或权力斗争中的失败者,抑或是政界的旁观者、委身于权贵者等等,他们多数都遭遇了挫败。例如,任恺是晋武帝时代前半与贾充展开党争的人物。在政治斗争失败后,任恺沉溺于饮酒、娱乐,专注美食,以此消磨时光。而石崇,则如下文所述,他在元康年间阿谀奉承权贵贾谧,以此处世。也就是说,吝啬、奢侈的行为,是这些人物将'公'的层面所遭遇的失败在'私'的层面,亦即家居生活的层面发泄出来。其次,斗富的目的不单单是为了娱乐,还是获取'豪'这一名声的手段。在东汉时代的地方社会中,就有地方豪族显现'轻财好施'的任侠精神。他们不忍见同乡穷困,于是散财救济,行赈恤之事。其结果是这些豪族在乡里中获得豪气的名声。反之,在西晋时代,与乡里社会疏离的都城贵族们相互间的奢侈斗富,正是为了获得名声而目的化、卑鄙化、扭曲化的行为。虽然都是外散家财,但东汉豪族基于'公'的立场所进行的'散施',此时已转化为基于'私'的立场所进行的'散财'。"①

福原氏的看法自有其独到细致之处,不失为一家之言。但笔者对福原氏论述的部分内容则存疑。

其一,福原氏提出的"以吝啬或奢侈闻名的人物,大多是在政界或权力斗争中的失败者,抑或是政界的旁观者、委身于权贵者等等,他们多数都遭遇了挫败"的观点似较为绝对,且不够准确。吝啬或奢侈者中除任恺、石崇是权力斗争中的失败者外,其余皆非如此。例如何曾、劭父子及王戎仕途皆十分顺畅,最后位列台司;和峤历官至中书令,位在武帝宠臣中书监荀勖之上;王恺乃"世族国戚",终其一生,都在武帝与惠帝的庇护下。其所行所为常有不法

---

① [日]福原启郎:《晋武帝司马炎》第六章《惠帝上》,江苏人民出版社 2020 年版,第 141—142 页。

之事,虽屡为有司弹劾,但他却毫无忌惮,照样我行我素。"石崇与(王)恺将为鸩毒之事,司隶校尉傅祗劾之,有司皆论正重罪,诏特原之。由是众人金畏恺,故敢肆其意,所欲之事无所顾惮焉。"[1]司马望为宗室,乃司马师昭兄弟及武帝的心腹。西晋建立后,地位愈益尊贵,是宗室中的重臣,从未遭人弹劾与贬抑。王济虽在仕途上略有坎坷,但仍获武帝宠信,历官至太仆,死后追赠骠骑将军。可见上述者并非是权力斗争中的失败者,他们的奢靡并非是借酒浇愁,"消磨时光",而是本性使然。

其二,福原氏认为东汉与西晋的贵族之所以斗富,主要是为了博取"豪"的名声。区别是东汉的贵族"轻财好施",在公的立场上"散财",而西晋的贵族已转化为在"私"的立场上"散财"。东汉贵族与西晋贵族是否有"公"与"私"之别,这里姑且置而不论,但查阅有关史料,唯见西晋达官贵族聚敛财富及搜刮民脂民膏的记载,而从未见他们有"散财"和"轻财好施"的行为。

面对社会自上而下崇尚奢华的现象,有识之士无不忧心忡忡。大臣傅咸向朝廷上书时,愤怒地指出:

> 奢侈之费,甚于天灾!古者尧有茅茨,今之百姓竞丰其屋。古者臣无玉食,今之贾竖皆厌粱肉。古者后妃乃有殊饰,今之婢妾被服绫罗。古者大夫乃不徒行,今之贱隶乘轻驱肥。古者人稠地狭而有储蓄,由于节也;今者土广人稀而患不足,由于奢也。欲时之俭,当诘其奢;奢不见诘,转相高尚。[2]

孟子说:"上下交征利,而国危矣。"[3]其意是如果举国上下的人都在争利、逐利,国家就危险了。正是在金钱的驱动下,西晋社会问

---

① 《晋书》卷93《外戚·王恺传》。
② 《晋书》卷47《傅玄传附傅咸传》。
③ 《孟子·梁惠王章句上》。

题日趋严重,统治危机日益显现。

西晋朝廷奢靡之风如此盛行,武帝亦颇为忧虑,他曾经焚雉头裘,以青麻代青丝(前文已述),可见武帝提倡节俭寡欲,从自身做起的决心是很大的。但具有讽刺意义的是,就在咸宁四年(278)十一月武帝焚雉头裘以示范群臣的一个月后,太傅何曾薨。因其生前过于奢靡,在征辟了曾批评他的都官从事刘享后,又常以私憾而屡屡对刘享施加杖刑。故其死后,围绕其谥号问题,君臣之间便发生了争执。"咸宁四年十二月,丁未,朗陵公何曾卒。曾厚自奉养,过于人主。司隶校尉东莱刘毅数劾奏曾侈汰无度,帝以其重臣,不问。及卒,博士新兴秦秀议曰:'曾骄奢过度,名被九域。宰相大臣,人之表仪,若生极其情,死又无贬,王公贵人复何畏哉!谨按《谥法》,名与实爽曰缪,怙乱肆行曰丑,宜谥缪丑公。'帝策谥曰孝。"①何曾之奢"名被九域",博士秦秀建议其谥号为"缪丑",正是要对这种行为加以惩戒,同时也是对于武帝提倡节俭的一种响应。但是武帝此时却一改此前的崇尚节俭之态,对何曾曲加护佑,言行颇不能一致,可见武帝是因何曾为朝廷"重臣"才徇私枉法,容忍这种奢侈风气的。王恺生前豪奢过度,又与石崇斗富,在朝中屡遭众臣弹劾,声名狼藉,武帝再也无法庇护,故王恺死后获谥为"丑公"。

实际上武帝作为世族豪门公子,与石苞之子石崇、何曾之子何劭等原本是同代人,而何劭更是"少与武帝同年,有总角之好"。②他们的很多生活方式和价值观都是相同的,因此,虽然何劭骄奢过于其父,"一日之供以钱二万为限",但是依然"甚见亲待",③官运

---

① 《资治通鉴》卷 80 晋武帝"咸宁四年"条。
② 《晋书》卷 33《何曾传附何劭传》。
③ 《晋书》卷 33《何曾传附何劭传》。

亨通。这说明武帝对骄奢豪侈并无太多的憎恶,反而有些亲切感,至于其助王恺与石崇争豪斗富则显露出一种欣赏赞同的心态。总之,武帝虽然不断颁发节俭之诏并且自己也有意识地以身作则,但是在实践方面,他既不能约束自己,又不能约束臣下,以致令出不行,奢靡之风在西晋王朝愈演愈烈。

在奢靡竞富的社会风气下,除何曾为西晋国运不长哀叹外,还有其他大臣也预见到西晋的衰亡。如"仆射山涛退而告人曰:'自非圣人,外宁必有内忧,今释吴为外惧,岂非算乎。'"①当大臣们都在为伐吴战争的成败与否争论得不可开交之时,山涛就已经看到了伐吴之战胜利的必然性。他焦虑地并非是伐吴战争的成败,而是随之而来的"内忧",他所谓武帝"自非圣人",就是充分了解武帝这种固有的骄奢淫逸的心态,这种心态在有吴国这个"外惧"存在的情况下,武帝还多少受到些制约,但是一旦取得平吴战争的胜利,武帝志得意满的心态就会膨胀起来。事实也充分证明了山涛判断的正确。平吴战争胜利后,武帝认为"天下乂安,遂怠于政术,耽于游宴,宠爱后党,亲贵当权"。②作为有晋一代的开国帝王已被胜利冲昏了头脑,其进取心完全消失殆尽,纯粹是一个耽于享乐的昏庸之君。

索靖在武帝年间为尚书郎,与傅玄、张华等交厚。此人颇有远见,他预见到天下将要大乱,曾指着洛阳皇宫门前的铜骆驼,感叹道:"会见汝在荆棘中耳!"③其意是金碧辉煌的皇宫所在地将会出现荆棘丛生的景象,这就告之世人,帝都洛阳不久就要沦陷,西晋王朝即将灭亡。索靖的"荆棘铜驼",果真一言成谶,不久就应验

---

① 《资治通鉴》卷80晋武帝"咸宁五年"条。
② 《晋书》卷3《武帝纪》。
③ 《晋书》卷60《索靖传》。

于八王之乱与五胡入华之时。

## 八、"天下谓之互市"的社会风气

早在武帝时期,傅咸就指出西晋朝廷风气不正,贿赂公行,贪赃请谒现象已经显现。他说:"时朝廷宽弛,豪右放恣,交私请托,朝野溷淆。"①到惠帝即位后,此类状况更加严重,已变得不可收拾。《晋书·惠帝纪》讲到西晋的社会风气时这样说:"纲纪大坏,货赂公行,势位之家,以贵陵物,忠贤路绝,谗邪得志,更相荐举,天下谓之互市焉。"所谓"互市"就是交换。权与钱、权与人、权与色、权与所有的东西都可以交换。权钱交易,行贿受贿,道德无底线,游戏无规则,腐败使西晋到处乌烟瘴气。

西晋腐败之风的滥觞,首先就是吏治开始腐败。不少官员通过收取贿赂和非法占地等手段聚敛财富。当时涉及面广、影响较大的贪贿案有两个。

第一个是西晋咸宁初年鬲县②令袁毅行贿案。此案发生于西晋咸宁元年(275),涉及朝廷中许多王公大臣,受贿的人员之多,令人瞠目结舌。《晋书·郑袤传附郑默传》载:"是时鬲令袁毅坐交通货赂,大兴刑狱。在朝多见引逮。"甚至就连"竹林七贤"之一的山涛,都收了他的贿赂。史载:"初,陈郡袁毅尝为鬲令,贪浊而赂遗公卿,以求虚誉,亦遗(山)涛丝百斤,涛不欲异于时,受而藏于阁上。后毅事露,槛车送廷尉,凡所以赂,皆见推检。涛

<hr />

① 《晋书》卷47《傅咸传》。
② 秦置鬲县(今德州市德城区),属济北郡,西汉属平原郡。北魏析平原郡、清河郡地置安德郡,鬲县属之。北齐天保七年(556)鬲县废。

乃取丝付吏,积年尘埃,印封如初。"①虽然山涛最终没有动过赃物,但是他"不欲异于时"的心态和行为,也足以说明他对此事也很纠结,他十分清楚,如果坚持不贪墨受贿,就是不合社会风气的"异于时"。

在如此风气下,恐怕诸多清廉之士,也未能免俗。比如平吴功臣杜预曾提出"六年黜陟法",主张整顿吏治,建立严明的赏罚制度。杜预为人刚正不阿,可谓一身正气。然而他在任荆州都督时,也是"数饷遗洛中贵要",即多次送礼给京城中的权贵。为何杜预要向朝廷权贵行贿呢?有人问其故,杜预解释道:"吾但恐为害,不求益也。"②杜预表示,他这样做不是企图通过行贿得到什么好处,仅是希望权贵不要加害于他。可见当时朝廷上下贿赂公行,已经是一种司空见惯的社会风气了。

面对大批朝臣受贿的状况,晋武帝又如何处理呢?结果他采取大事化小,小事化了的方式,尽量将此事淡化,并将范围缩小到仅惩处个别官员。史载:"中书监荀勖先为中子求(华)廙女,廙不许,为恨,因密启帝,以袁毅货赇者多,不可尽罪,宜责最所亲者一人,因指廙当之。"③为何荀勖要将华廙作为此案的替罪羊呢?原来中书监荀勖曾为其子求娶华廙女,华廙未许,致使荀勖怀恨在心。后来,华廙因父死服丧,按旧例丧讫复任,他却因推托迟延而忤旨。恰在这时,鬲县令袁毅贿赂案发。过去华廙曾托袁毅把他父亲华表生前的三个佃客录名代奴,而袁毅的供词中却声称送给华廙三个奴仆。于是,荀勖抓住这两件事大做文章。秘密上奏武

---

① 《晋书》卷43《山涛传》。

② 《晋书》卷34《杜预传》。

③ 《晋书》卷44《华表传附华廙传》。

帝,要求将华廙免职削爵。理由有二:其一,华廙服丧时有违忤之咎;其二,受袁毅贿赂者人数众多,不可尽罪,应责罚与袁毅最亲密者一人,由于华廙与袁毅同为卢毓之婿(连襟),所以华廙就成了与袁毅关系最亲密者。

　　荀勖是武帝的心腹,武帝向来对其言听计从,于是武帝就借此案将华廙的官职免去。但接下来又发生了华廙父华表的爵位(观阳县伯)应由谁来继承的争议。大鸿胪何遵说华廙已免为庶人,就不应再袭封父爵,请以华表世孙华混袭封。但有司却奏称:"廙所坐除名削爵,一时之制。廙为世子,著在名簿,不听袭嗣,此为刑罚再加。诸侯犯法,八议平处者,褒功重爵也。嫡统非犯终身弃罪,废之为重,依律应听袭封。"武帝下诏曰:"诸侯薨,子逾年即位,此古制也。应即位而废之,爵命皆去矣,何为罪罚再加?且吾之责廙,以肃贪秽,本不论常法也。诸贤不能将明此意,乃更诡易礼律,不顾宪度,君命废之,而群下复之,此为上下正相反也。"①武帝所说的"肃贪秽,不论常法",也不过是他避重就轻的托辞而已。但是华廙爵位终究被革除。

　　令人惊讶的是,到了太康初年,华廙又重新袭封观阳县伯,并拜城门校尉,迁左卫将军,官至中书监。晋惠帝即位,加侍中、光禄大夫、尚书令,进为公爵,开府仪同三司。华廙最终富贵至极,几乎位极人臣。由此可见,袁毅行贿案的最终结果是没有几个人受到惩处。

　　朝中权贵何遵、何劭兄弟也因接受袁毅贿赂而被廷臣弹劾。但由于何曾父子历来得到武帝的宠信,故武帝公然为何氏兄弟开脱罪状。"咸宁初,有司奏劭及兄遵等受故鬲令袁毅货,虽经赦

---

① 《晋书》卷44《华表传附华廙传》。

宥,宜皆禁止。事下廷尉。诏曰:'太保(指何曾)与(袁)毅有累世之交,(何)遵等所取差薄,一皆置之。'迁侍中尚书。"①武帝不仅不惩处何邵,反而为何氏兄弟辩解:何劭受贿是因其父何曾与袁毅有累世之交,何劭受贿很少,故不用追究。结果何劭不但未受惩处,反而迁升官职。正因为有武帝的撑腰,故何劭敢于有恃无恐。

第二个是西晋初年李憙弹劾大臣山涛等侵占官稻田案。泰始三年(267),司隶校尉李憙揭发原立进县令刘友、前尚书山涛、中山王司马睦、故尚书仆射武陔霸占官府稻田,请求免去山涛、司马睦等官职;武陔已死,请追贬其谥号。李憙所弹劾的山涛、司马睦,一个是武帝的亲信大臣,一个是武帝的宗室兄弟,武帝不忍将他俩治罪,于是发布诏书:"法者,天下取正,不避亲贵,然后行耳,吾岂将枉纵其间哉!然案此事皆是(刘)友所作,侵剥百姓,以缪惑朝士。奸吏乃敢作此,其考竟友以惩邪佞。(山)涛等不贰其过者,皆勿有所问。《易》称'王臣蹇蹇,匪躬之故'。今憙亢志在公,当官而行,可谓'邦之司直'者矣。"②

对这样公然侵占国家土地,直接危害王朝经济利益的行为,武帝只惩罚了地位最低的县令刘友,对地位高的大臣和宗室,武帝竟下诏"皆勿有所问"。从中不难看出,晋武帝诿过于小官刘友,有意为权贵开脱罪责,只是惩小而纵大。对此,司马光在《资治通鉴》中评论:

> 政之大本,在于刑赏,刑赏不明,政何以成!晋武帝赦山涛而褒李憙,其于刑赏两失之。使憙所言为是,则涛不可赦;所言为非,则憙不足褒。褒之使言,言而不用,怨结于下,威玩

---

① 《晋书》卷33《何曾传附何劭传》。
② 《晋书》卷41《李憙传》。

于上,将安用之!且四臣同罪,刘友伏诛而涛等不问,避贵施贱,可谓政乎!①

众所周知,施政的根本在于刑与赏,刑赏不分明,吏治怎能澄清。如果李熹所言是正确的,那么山涛就不可以赦免;如果所言为非,李熹就不值得褒奖。司马炎赦山涛而褒李熹,在刑与赏两方面都丧失了。

其实,上述案例于晋武帝时期并非孤例。避贵施贱,惩小纵大,刑赏不明,几乎是他在惩治贪腐问题上的习惯性做法。晋武帝要求百官廉洁,但朝廷并无有效的廉政措施。大臣"胡威尝谏时政之宽",武帝却说:"尚书郎以下,吾无所假借。"胡威说:"臣之所陈,岂在丞郎令史,正谓如臣等辈,始可以肃化明法耳。"②胡威时任前将军,豫州刺史,尚书、奉车都尉,是三品之职,而尚书郎仅是六品之秩的低级官员。武帝毫不讳言自己只准备对六品以下的官员犯法给予惩罚,六品以上就得"假借",也就是眼开眼闭而已。

对于位高权重的官员犯法,武帝纵容包庇,千方百计为其开脱。综观史籍,就会发现此类事例屡见不鲜。

司马伦(司马懿第九子)为人贪婪,曾指使散骑将刘缉买通宫中工匠盗窃御裘。案发后,廷尉杜友依法将刘缉处死,司马伦也应与刘缉同罪。有司认为司马伦爵高位尊,又是皇帝近亲,不可治罪。对此,谏议大夫刘毅驳斥说:"王法赏罚,不阿贵贱,然后可以齐礼制而明典刑也。伦知裘非常,蔽不语吏,与缉同罪。当以亲贵议减,不得阙而不论。宜自于一时法中,如友所正。"③晋武帝虽然赞同刘毅的驳正,但仍以司马伦为皇室近亲,特地下诏赦免。

---

① 《资治通鉴》卷79晋武帝"泰始三年"条。
② 《晋书》卷90《良吏·胡威传》。
③ 《晋书》卷59《赵王伦传》。

中护军、散骑常侍羊琇，与晋武帝有旧恩，掌管禁军、参与机密十多年，恃宠骄侈。"选用多以得意者居先，不尽铨次之理。将士有冒官位者，为其致节，不惜躯命，然放恣犯法，每为有司所贷。"①司隶校尉刘毅劾奏，应将其治罪处死。晋武帝随即指派齐王司马攸出面，为羊琇求情。都官从事程卫迅速驰入护军营，拿羊琇的下属拷问，查清其犯罪事实，向刘毅报告。②晋武帝迫不得已，只好免去羊琇官职。不久以后，又让他官复原职。

侍中王戎出身于琅邪大族，为当时名士，南郡太守刘肇以五十端细布行贿王戎，被司隶校尉纠察弹劾。王戎听到风声，赶快退还赃物。晋武帝庇护王戎，没有将他治罪，引起朝士们的非议。于是晋武帝对朝中大臣们说："（王）戎之为行，岂怀私苟得，正当不欲为异耳！"③所谓的"不欲为异"就是行贿受贿乃是官场的潜规则，王戎受贿不过是随大流而已。作为皇帝竟然默许官场贿赂的潜规则，令人匪夷所思。尽管晋武帝如此袒护王戎，但王戎从此为清议所鄙，名声大损。

实际上，武帝作为开国之君，也想励精图治，提倡节俭风气，并且确实采取了很多措施（前文已述）。武帝对于打击贪污受贿，澄清吏治在国家治理中的重要意义是很清楚的，但是他的"取过目前，不为远虑"的心态又使他不能革除时弊，从而采取了"避亲就疏、避贵施贱"的惩贪方式，以不触动世家大族的利益为准则，但结果却是有法不依，执法不严，违法不究，达官显贵对朝廷刑律置

① 《晋书》卷93《外戚·羊琇传》

② 《晋书》卷45《刘毅传附程卫传》云："程卫字长玄，广平曲周人也，少立操行，强正方严。刘毅闻其名，辟为都官从事。毅奏中护军羊琇犯宪应死。武帝与琇有旧，乃遣齐王攸喻毅，毅许之。卫正色以为不可，径自驰车入护军营，收琇属吏，考问阴私，先奏琇所犯狼藉，然后言于毅。"

③ 《晋书》卷43《王戎传》。

若罔闻。官员们上下沆瀣一气,互相包庇,从而导致世风日下,贪墨日盛。司马光指出:"(武帝)创业之初,而政本不立,将以垂统后世,不亦难乎!"①

虽然西晋灭亡的原因是多方面的,完全归咎于武帝一人也有失公允,但是他的这种"刑赏不明",只顾维护世家豪门利益,有规不循,惩贪不力,鲜克有终所造成的"怨结于下,威玩于上",确实对于西晋王朝的短祚而亡负有不可推卸的责任。

## 九、清谈虚浮之风的兴起

西晋社会上还弥漫着一股清谈虚浮之风。清谈又称"谈玄""玄言",它专门讨论一些抽象的哲理问题,如有与无、才与性、名教与自然等。清谈与清议也有一定的关联,东汉后期清议十分盛行,冈崎文夫认为:"所谓清议,是为维持社会,家族道德而形成的舆论形式,它主要是为了树立家族道德的形式,但有时也广泛涉及社会道德的形式。"②陈寅恪说:"清谈的兴起,大抵由于东汉末年党锢诸名士遭到政治暴力的摧残与压迫,一变其具体评议朝廷人物任用的当否,即所谓清议,而为抽象玄理的讨论。启自郭泰,成于阮籍。他们都是避祸远嫌,消极不与其时政治当局合作的人物。"③然而,郭泰仅是一个开端,魏晋之际清谈渐趋盛行。自曹魏正始中王弼、何晏倡"贵无"之说,数十年间,尚玄放达蔚为风俗。如琅邪大族王衍,被誉为玄谈领袖。他从黄门侍郎、中领军历任至

① 《资治通鉴》卷79晋武帝"泰始三年"条。
② [日]冈崎文夫:《魏晋南北朝史通论》,第46页。
③ 万绳楠整理:《陈寅恪魏晋南北朝史讲演录》第三篇《清谈误国》,贵州人民出版社2007年版,第40页。

司徒,位高权重,却手执玉柄麈尾,"口不论世事,唯雅咏玄虚而已"。① 和他一起善于谈玄的还有乐广。《晋书·乐广传》云:"广与王衍俱宅心事外,名重于时。故天下言风流者,谓王、乐为称首焉。"所谓"宅心事外",就是指王衍、乐广为官心思皆在政事之外,每天乐此不疲的就是清谈。

问题的严重性在于王衍、乐广为宦"宅心事外"并非是个别现象,而是当时的普遍状况。正如清人赵翼所云:"后进莫不竞为浮诞,遂成风俗。"②西晋高门世族终日谈论玄远、饮酒放纵,不去处理和解决实际问题,这种风气必然会给国家带来不良的后果。

陈寅恪曾著文分析如何来理解"清谈误国"。他说:"如果是林泉隐逸清谈玄理,则纵使无益于国计民生,也不致误国。清谈误国,正因在朝廷执政即负有最大责任的达官,崇尚虚无,口谈玄远,不屑综理世务之故。"③

魏晋时期的清谈之风,始于魏正始年间。何晏、王弼、夏侯玄等正始名士,是清谈的祖师和倡导者。他们的虚无主义世界观,代表了当时上层士族们空玄的精神状态,适应了门阀贵族穷奢极欲的享乐要求。加上正始名士地位高、名声大,如《世说新语·文学第四》云:"何晏为吏部尚书,有位望,时谈客盈座,王弼未弱冠往见之。"遂使清谈之风在上层社会中迅速蔓延开来。

清谈之风之所以始于正始、嘉平年间,同司马氏代魏时期,诛杀不与司马氏集团合作的名士有很大关联。在司马氏亡魏建晋的过程中,司马氏手段残忍,对于异己者残酷镇压,致使许多士人惨

---

① 《晋书》卷43《王戎传附王衍传》。
② (清)赵翼:《廿二史札记》卷8"六朝清谈之习"条。
③ 万绳楠整理:《陈寅恪魏晋南北朝史讲演录》第三篇《清谈误国》,第50—51页。

遭杀戮,所以在士人中引起了极大的惊慌与恐惧。原先他们以为参与政治,可以"治国平天下",到头来却陷入了残酷的权力之争。《晋书·阮籍传》说:"魏晋之际,天下多故,名士少有全者。"士人不断被杀的惨痛教训,人口大量死亡的悲惨状况,使他们逐渐清醒起来,他们意识到,人世间最珍贵的是生命,最舒心的生活是"贵适宜"。他们逐渐认识到"自我",产生了与所谓"政治"的疏离感,他们追求属于自己的生活,张扬个性,珍爱自我,行为举止标新立异,形成了内涵丰富的"魏晋风度"。

由于东汉与魏晋之际的政治生态与环境发生了急剧的变化,故东汉与魏晋士人的表现也有了很大的差异。东汉士大夫高尚气节,崇尚名节。特别像东汉党锢之祸中的李膺、陈蕃,曹操谋臣中的荀彧、崔琰等人确实是以社稷之臣自命,胸怀廓世兴邦的大志。他们不畏强暴,视死如归的精神可歌可泣,垂范后世。但魏晋之际的士人因担忧政治舞台的险恶,生命的无常和脆弱,他们就开始转向崇尚清淡,对现实政治避而远之。在利益和死亡面前,士人集团开始分化瓦解。以竹林七贤为例,王戎、山涛开始隐退,但日后却不失时机地加入了司马氏集团。向秀则步他们后尘,但他入仕仅仅是为了生存。《晋书·向秀传》说:"(向秀)雅好老庄之学……后为散骑侍郎,转黄门侍郎,散骑常侍,在朝不任职,容迹而已,卒于位。"可见他仅是挂个做官的虚位。同样避世的还有阮咸、刘伶。他们似乎看透了人生,既不肯勇敢地参与政治,又不投靠司马氏,而是崇尚老庄玄学,放达任性,终日我行我素,玩世不恭。七贤之中,只有嵇康、阮籍敢于站在司马氏的对立面。嵇康性格刚烈,厌恶司马氏篡权的行径,他拒绝司马氏的拉拢,作《与山巨源绝交书》,以斥责山涛为名,实则表示与司马氏绝交。嵇康傲岸不群、不畏权贵的不合作态度终于激怒了司马昭,遂捏造罪名将嵇康处死。而性格软弱的阮籍,在司马氏的高压逼迫下,最终怀才不遇,抑郁而亡。

魏晋之际,"竹林七贤"成了这个时期文人的代表。文人名士从虚无缥缈的神仙境界中去寻找精神寄托,用清谈、饮酒、佯狂等形式来排遣胸中的苦闷。从某种意义上来看,高平陵之变后整个社会的士风为之一变,成了魏晋之际士风与文风的转折点。

将家族利益置于国家利益之上,这是魏晋世家大族的常态,也是这些家族出身的人处世的基本原则。如果说汉魏禅代之际还有荀彧、孔融这类人的纠结和反对。魏晋禅代之际,这种人就少了许多。加上司马氏果于杀戮,世家大族的一些名门公子就开始学会了消极避世,以清谈玄学自高,以建立事功为俗陋。

以清谈著称的"正始玄风"发展到晋代,其风更炽。西晋后期,王衍进一步把"祖述老庄"的清谈之学大力提倡,并愈益"玄虚"化。他终日清谈,"常自比子贡,兼声名藉甚,倾动当世。妙善玄言,唯谈老庄为事。每捉玉柄麈尾,与手同色"。[1] 于是,后进之士,莫不景慕仿效,清谈遂成为一大风尚。两晋南北朝之时,好清谈者,有文人学士,也有王公贵戚,有文武官员,也有风流天子,甚至连名门望族的妇女也卷了进去,可见其风之炽。

## 十、"不意昭阳殿,化作单于宫"

魏晋时期的这种清谈之风,危害极大,清谈家立言玄妙不务实。他们忽视现实,从冥冥的空想中去寻求慰藉。因此,凡著书立说,皆尚老庄,贵无轻有,重自然而轻名教,蔑礼法而崇放达;讲哲

---

理是大谈虚无、玄而又玄;写文章是无病呻吟、言之无物。清谈那些"天地万物皆以无为本","天地以自然运,圣人以自然用","玄冥""独化"的空道理。他们以颂扬无为主义的《老子》、宣扬神秘主义的《周易》和不争辩是非的《庄子》,作为其立论的根据,并在这一基础上加以发挥,建立起以无为本的魏晋玄学思想体系。这种思想体系对当时思想界的影响巨大,以致造成"虚无之言,日以广衍,众家扇起,各列其说,上及造化,下被万事,莫不贵无"①的局面,形成了一股长达几百年的魏晋"玄风"热。在它的影响之下,士族阶层中形成了一种居其位,不谋其政的浮夸之风。

裴頠是晋初佐命大臣裴秀之子,政治上属正统的名教派,他虽然在玄学理论上造诣很高,但"深患时俗放荡,不尊儒术"。由于"何晏、阮籍素有高名于世,口谈浮虚,不遵礼法,尸禄耽宠,仕不事事;至王衍之徒,声誉太盛,位高势重,不以物务自婴,遂相放效,风教陵迟",②故裴頠对此极为不满,遂著《崇有论》,坚决反对王弼和何晏的"贵无论"。裴頠对贵无论进行了严厉的批判。他说:

> 遂薄综世之务,贱功烈之用,高浮游之业,埤经实之贤。人情所殉,笃夫名利。于是文者衍其辞,讷者赞其旨,染其众也。是以立言藉于虚无,谓之玄妙;处官不亲所司,谓之雅远;奉身散其廉操,谓之旷达。故砥砺之风,弥以陵迟。③

裴頠认为若不重视"综世之务",就必然导致整个社会盛行清谈之风,背离社会现实,误国误政。

魏晋时期,清谈之风几乎蔓延到整个官场,大部分上层官员都"尸禄耽宠,仕不事事"。《梁书·何敬容传》中载有姚察的一

---

① 《晋书》卷35《裴秀传附裴頠传》。
② 《晋书》卷35《裴秀传附裴頠传》。
③ 《晋书》卷35《裴秀传附裴頠传》。

段论述：

> 魏正始及晋之中朝，时俗尚于玄虚，贵为放诞，尚书丞郎以上，簿领文案，不复经怀，皆成于令史，逮乎江左（指东晋），此道弥扇。

尚书丞郎以上的官员，都是朝廷的要员，是协助皇帝处理政务或主管中央政权某一部门的高级官员。这些人身负如此重任，然而却都是些"簿领文案，不复经怀，皆成于令史"的尸位素餐之徒。魏晋之时，令史①是郎以下掌文书的官员，大概相当于现在的秘书。主官不理政，一切事务都由小吏秘书来办，岂有不出乱子的道理！《陈书·后主纪》史臣指出：

> 自魏正始、晋中朝以来，贵臣虽有识治者，皆以文学相处，罕关庶务，朝章大典，方参议焉，文案簿领，咸委小吏，浸以成俗，迄至于陈，后主因循，未遑改革。

可见，从魏的正始年间起，一直到南朝最后一个皇帝陈后主止，三百多年里，各朝各代的大臣中，就连所谓的治世能臣都不关心庶务，把他们应管的事都推给下边的人去办。赵翼曰："其时高门大族，门户已成，令、仆、三司，可安流平进，不屑竭智尽心，以邀恩宠；且风流相尚，罕以物务关怀，人主遂不能藉以集事，于是不得不用寒人。"②所谓"寒人"皆非士族出身，仅担任品秩低下的中书

---

① 案，（汉）卫宏《汉官旧仪》云："更令吏曰令史，丞吏曰丞史，尉吏曰尉史。"令史本为秦汉时对属吏的通称，各级机构皆有。汉丞相府及以后三公府的属吏中有令史，在诸曹的掾史之下，秩百石。尚书的属吏也有令史，秩二百石，御史中丞的属官兰台令史，秩六百石，系中级官员，较特殊。令史身份低下，为士人所不屑。东汉梁冀恨名儒刘常，遂召补令史以辱之。尚书台的机构扩大后，各曹属员都有令史及官秩更低的书令史，西晋在尚书令、仆射、左右丞之下，增设都令史八人，官秩二百石。
② （清）赵翼：《廿二史札记》卷8"南朝多以寒人掌机要"条。

通事舍人之类的官职。

　　魏晋以降，门阀士族处于绝对的统治地位。凡为朝廷重臣者，既是高门大族，又是清谈家，他们以"清官"自居，"罕以物务关怀"。将处理政事看成是庶务，是"浊官"们干的事，①故采取不屑一顾的态度。正所谓不事事则必败事，不理政则必失政，不经国则必误国，这在西晋社会体现得最为充分。东晋名士谢鲲渡江后，与毕卓、王尼、阮放、羊曼、桓彝、阮孚、胡毋辅之并称"江左八达"。他们经常披头散发，赤身露体，在室中酣饮不止。当时贵族子弟都认为谢鲲等人豪放豁达，仰慕不已。卞壶却非常反感，抨击道："悖礼伤教，罪莫斯甚！中朝（指西晋）倾覆，实由于此。"②正如王夫之所说："晋之败，败于上下纵弛，名黄、老而实惟贪冒淫逸之是崇。王衍、谢鲲固无辞其责矣。"③陈朝吏部尚书姚察曾非常感慨地说："身居端右，未尝省牒，风流相尚，其流遂远。是使朝经废于上，职事隳于下。小人道长，抑此之由。呜呼！伤风败俗，曾莫之悟。永嘉不竞，戎马生郊，宜其然矣。"④他认为正是由于崇尚玄虚的清谈之风的盛行，才会出现永嘉之乱，以致烽火四起，五胡入主中原的局面。

　　正所谓世间有识者之所见略同，东晋桓温也认为西晋覆灭与王衍等人喜清谈、尚浮虚有极大的关系。《世说新语·轻诋第二

---

① 这里的"清官"并非是为官公正廉明，"浊官"也并非是贪墨庸碌之辈。这里的"清"可以理解为清闲，"浊"则可以理解为工作繁忙。在两晋南北朝的门阀制度下，清官只能由士族担任，寒人则只能做浊官。九品中正制当时有上品和下品之分，而"清官"和"浊官"便对应的是上品和下品，所谓的"上品无寒门，下品无士族"也包含了清浊之分。

② 《晋书》卷70《卞壶传》。

③ （清）王夫之：《读通鉴论》卷13"成帝"之3。

④ 《梁书》卷37《何敬容传》。

十六》云:"桓公入洛,过淮泗,践北境,与诸僚属登平乘楼,眺瞩中原,慨然曰:'遂使神州陆沉,百年丘虚,王夷甫诸人不得不任其责!'"王夷甫即王衍。当王衍兵败被俘时,石勒问王衍西晋败亡的原因? 王衍狡辩,云西晋灭亡与自己无关,并劝石勒称帝。勒怒曰:"君名盖四海,身居重任,少壮登朝,至于白首,何得言不豫世事邪! 破坏天下,正是君罪。"王衍临刑前也后悔不已,大呼曰:"吾曹虽不如古人,向若不祖尚浮虚,戮力以匡天下,犹可不至今日!"①东晋经学家范宁痛恨玄风日盛,"浮虚相扇,儒雅日替,宁以为其源始于王弼、何晏,二人之罪深于桀纣,乃著论"批判玄学。文中写道:"王(弼)、何(晏)叨海内之浮誉,资膏粱之傲诞,画魑魅以为巧,扇无检以为俗。郑声之乱乐,利口之覆邦,信矣哉!"②从某种意义上来看,西晋王朝确实是亡在这些在其位不谋其政、食其禄不尽其职的清谈家手里。侯景之乱时,陶弘景作诗曰:

夷甫任散诞,平叔坐谈空,不意昭阳殿,化作单于宫。③

他指出江山易主、两晋及南朝之败亡,追根溯源,其责就在何(晏)平叔、王(衍)夷甫之流的清谈家身上。

魏晋南北朝世家大族的清谈家们,大都是一些享乐至上的官僚权贵。他们在生活上追求的是恣意挥霍,纵情享乐,不受约束的放荡,美其名曰"旷达"。④ 这种"旷达",是清谈家们所要达到的最高目标。而清谈,从某种意义上来说,也就是他们为了掩饰享乐,填补由于过分的物质享受而造成的精神上的空虚。因此,立言

---

① 《晋书》卷43《王戎传附王衍传》。
② 《晋书》卷75《范宁传》。
③ 《梁书》卷56《侯景传》。
④ 《晋书》卷35《裴秀传附裴頠传》:"处官不亲所司,谓之雅远;奉身散其廉操,谓之旷达。"

玄妙,处官雅远,奉身旷达,是三位一体、不可分割的。如何晏纵欲好色,贪财荒淫,"食五色散",行为极其乖张。王衍热衷名利,贪鄙无耻。而整个士族集团则不但崇清谈、尚雅远,而且比富斗阔,奢侈成风。立言玄妙不务实,处官雅远不事事,奉身放荡不检点,互相影响,互为因果,共同构成了魏晋南北朝清谈之风的表里。

总之,玄学在曹魏后期开始风靡,达到了一个士人向往的鼎盛状态,一直到南北朝,它仍然有很大的影响。北朝也有不少善于清谈的皇帝。南朝的皇帝更是醉心于此,尤其是萧梁的皇帝,都是非常善于清谈的。唐太宗作为统一的唐王朝的创业之君,很想对于晋朝的治乱兴亡进行一番探索,以作为借鉴,因此他为《晋书》写了四篇论,这四篇论重要的主题之一就是"玄学祸国论"。当时的价值取向是倾向于否定玄学,到这个时候清谈就结束了。

## 十一、清谈之风何以盛行

清谈之风为何能在魏晋的官场中相沿成习,经久不衰呢? 这是因为清谈之风的流行不仅与门阀士族的特质相关,也和当时官制多弊、考课不力有直接关联,我们可从三个方面进行检讨。

其一,府多官众,机构庞冗,设其位无其政,有其职无其责,是清谈之风能够在官场中存在的一个重要条件。

魏晋以来,统治者广置官署,多设官吏,从中央到地方,其数量都大大超过了秦汉时期。以晋武帝时期为例,朝廷的宰辅大臣,除同东汉一样,设有太尉、司徒、司空"三公"外,又加设太宰、太傅、太保"三师",而且汉时大司马、大将军(二大)与太尉只能选设一职,不能并设三职。晋武帝却三职并设。这样就造成"八公并置"(三公、三师、二大)。"八公"都设立自己庞大的府署。此外还有

骠骑、车骑、卫将军,及伏波、抚军、都护、镇军、中军、四征、四镇、龙
骧、典军、上军、辅国等将军与左右光禄、光禄三大夫,凡开府者皆
为位从公(即开府仪同三司),每府都要设立府署官吏。西晋官僚
机构之庞大、重叠可谓史无前例。另外,朝廷还设有九卿、三省等
重要机构,而且晋朝中央大权皆由尚书省与中书省总揽。这样一
来,八公、九卿及其府署就都没有多少政务可管了。中央是这样,
地方亦复如此,州郡县行政区官员众多,傅咸指出:

> 旧都督有四,今并监军,乃盈于十。夏禹敷土,分为九州,
> 今之刺史,几向一倍。户口比汉十分之一,而置郡县更多。空
> 校牙门,无益宿卫,而虚立军府,动有百数。五等诸侯,复坐置
> 官属。①

为此,傅咸建议"当今之急,先并官省事,静事息役,上下用心,惟
农是务"。又有人提议"省州郡县半吏,以赴农功"。② 由此可知,
当时起码有一半官吏是多余的。机构庞杂,官吏众多,既给民众带
来沉重的负担,又为官场中的清谈创造了条件,这在中高级官员中
表现得尤为明显。葛洪说:"三台九列,坐而论道;州牧郡守,操纲
举领。其官益大,其事愈优,烦剧所钟,其唯百里。"③他指出官越
大,事越闲,官越小,事越烦。大官是空谈其道,中官是抓纲领,只
有小官才干具体事。所谓官多政烦,烦的是老百姓和小官吏,上面
则是官多必闲。由于闲,于是就"坐而论道","仕不事事",只务虚
不务实了。

　　另外,由于机构重叠,必然造成职责不明,从而无法检查政务
情况,追究过失责任,清谈之官也就更无忌惮了。刘颂在给武帝的

---

①　《晋书》卷47《傅玄传附傅咸传》。
②　《晋书》卷39《荀勖传》。
③　(晋)葛洪:《抱朴子·外篇》卷48《百里篇》。

上疏中说:

> 秦汉已来,九列执事,丞相都总。今尚书制断,诸卿奉成,
> 于古制为重,事所不须,然今未能省并。可出众事付外寺,使
> 得专之,尚书为其都统,若丞相之为。……岁终台阁课功校簿
> 而已。此为九卿造创事始,断而行之,尚书书主,赏罚绳之,其
> 势必愈考成司非而已。于今亲掌者动受成于上,上之所失,不
> 得复以罪下,岁终事功不建,不知所责也。①

他认为尚书和九卿之间,如果不能省并九卿,就应该明确其职责,
否则九卿必然渎其职而又无法加其罪。由于尚书专断,而九卿和
尚书台机构又重叠,以致九卿的职责很含糊,太仆一类的官员都是
闲职。此种情况,各类机构都存在。官员无所事事,就有时间清
谈;无一定职责,不怕追究责任,就可以放心清谈。

其二,选拔官员重门第,重资格,不重德才,是清谈之风在官场
盛行的又一重要原因。

自司马懿设立大中正以来,整个九品中正制度的枢纽就从地
方转到中央手里了。由中正官将各地士人按门第分为九等,然后
由吏部尚书统一选用。中正品第人物,必须进行三个程序:一家
世,二行状,三定品。《太平御览》卷214引《晋阳秋》:"陈群为吏
部尚书,制九格登用,皆由于中正。考之簿世,然后授任。"这就表
明魏时已重家世,而且越到后来,朝廷越看重家世,因为这项指标
对世家大族有利。由于以门第取人,而不以德才取人,因此所选之
官,多用非其人,或才非所用。正如刘毅所指出:

> 凡官不同事,人不同能,得其能则成,失其能则败。今品
> 不状才能之所宜,而以九等为例。以品取人,或非才能之所

---

① 《晋书》卷46《刘颂传》。

长,以状取人,则为本品之所限。若状得其实,犹品状相妨,系
絷选举,使不得精于才宜。①

尚门第而轻人才,抑功实而隆虚名,是九品官人法的最大弊端。根
据这一选举之法,只要是世家出身,不论如何无德无能,也照样是
"平流进取,坐至公卿",而非世族出身,即便是才华横溢,也无法
获得重用。其结果就是"上品无寒门,下品无士族"。而那些高门
世宦子弟,骄奢淫逸,唯凭清谈以成虚名。因此,士族做官的越多,
清谈家就越多,官场中的清谈之风也就愈烈。

对于世家大族之外和同为世家而品第相仿者则按资格。以资
格用人,是当时士族阶层调节其内部矛盾,防止在选拔官吏中走私
和奔竞的一种方法,然而,这种方法不但软弱无力,而且又带来了
另一弊病:贤愚不辨,泾渭不分,这就与清谈之风有联系了。司马
昭主政时期,廷尉正刘寔在《崇让论》中批评说:

> 能否混杂,优劣不分,士无索定之价,官职有缺,主选之吏
> 不知所用,但案官次而举之。同才之人先用者,非势家之子,
> 则必为有势者之所念也。非能独贤,因其先用之资,而复迁之
> 无已。迁之无已,不胜其任之病发矣。观在官之人,政绩无
> 闻,自非势家之子,率多因资次而进也。②

按照他的说法,这种不实行论功行赏,唯才是举,只讲论资排辈的
方法,必然造成用人不当。使不称职的人照样做官、升迁,从而给
那些只知清谈,不知治政者打开了仕途通达的大门。当然,清谈家
中也并非没有治国理政之才,但他们却不愿亲理政务,这与重门
第、重资格,不重实干是大有关系的。

---

① 《晋书》卷45《刘毅传》。
② 《晋书》卷41《刘寔传》。

其三,渎职误政,多见容恕,这也是造成清谈之士有恃无恐,清谈之风益炽的一个重要因素。

对于为官不理事、玩忽职守者,如果要认真追究、从严惩处的话,清谈者必然会有所顾忌,清谈之风也就会有所收敛。但两晋时期,却往往对此不予追究,致使清谈不理事务者,肆无忌惮,毫无后顾之忧。如《晋书·阮籍传附阮孚传》载:

> (阮孚)避乱渡江,元帝以为安东参军。蓬发饮酒,不以王务婴心。时帝既用申韩以救世,而孚之徒未能弃也,虽然,不以事任处之,转丞相从事中郎。终日酣纵,恒为有司所按,帝每优容之。

仗着其父阮咸(竹林七贤之一)在士林中的声誉,阮孚终日酣饮,醉生梦死,什么事都不干,而且还经常触犯法律,但晋元帝却因其是名士,又出身于名门,故不予追究,仍然加以优容。

由于清谈家知名于时,在士大夫中享有很高的声望,故尽管其不理具体政务,朝廷仍授之以高官,委之以重任,养之以厚禄。如此一来,名士与高官就合为一体。如何晏官至吏部尚书、侍中,赐爵列侯;王衍官至司徒、太尉,都是权倾一时、炙手可热的人物。就连不问时事,终日畅饮的阮孚最后也居然被拜为镇南将军,广州刺史,假节,成为专制一方的封疆大吏。

在这种政治生态下,西晋统治集团内部的风气异常败坏,上下均“薄综世之务,贱功烈之用,高浮游之业,卑经实之贤”。并以“口谈浮虚,不遵礼法,尸禄耽宠,仕不事事”[①]为荣,而鄙视那些明于政务,勤于职事的实干之士,“望白署空,是称清贵,恪勤匪懈,

---

① 《晋书》卷 35《裴秀传附裴𬱟传》。

终滞鄙俗"①是魏晋时代官场的真实写照,如何晏、夏侯玄、王弼、王衍之流,都是当时众所仰慕的人物。

面对这种清谈之风,一些有志有识之士大声疾呼,从各个方面对其批判,提出改革的建议,其中也不乏真知灼见。如裴𬱟的《崇有论》,就对虚无主义的玄学作了有力的驳斥;范宁不但撰《罪王何论》,痛斥王弼、何晏清谈之罪,而且还针对官吏选法之弊,提出了"验其乡党,考其业尚,试其能否,然后升进"②的严明考课建议。然而晋朝的门阀士族势力强大,绝非轻易能够撼动。故《崇有论》的批判如石投深潭,丝毫不能对主政当权者有所触动;而严明加强考课制度更做不到,所以官员考课竟徒具形式,往往只是走过场而已,致使清谈误国的现象愈演愈烈。

陈寅恪说:"清谈误国是西晋灭亡的原因之一。那时候的西晋官场是,一面侈谈名教与自然'将无同',一面穷极奢侈享受,名士与高官合为一体,而变乱就在这种风气中孕育。此风不到西晋最后灭亡,不能终止。"③

东晋史学家干宝在其所撰的《晋纪·总论》中对西晋王朝兴亡原因作了探讨,他运用比较的方法,首先将西晋衰亡时期与兴起时期加以对比,又将晋朝与周朝对比,说明周朝为何国祚长久,西晋为何快速灭亡。干宝说理颇为中肯,兹不妨将其中有关论述西晋政治与社会风气败坏之状况录之如下:

> 加之以朝寡纯德之人,乡乏不贰之老,风俗淫僻,耻尚失所。学者以老庄为宗而黜《六经》,谈者以虚荡为辨而贱名

---

① 《梁书》卷37《何敬容传》。
② 《晋书》卷75《范宁传》。
③ 万绳楠整理:《陈寅恪魏晋南北朝史讲演录》第三篇《清谈误国》,第52页。

检,行身者以放浊为通而狭节信;进仕者以苟得为贵而鄙居正,当官者以望空为高而笑勤恪。是以刘颂屡言治道,傅咸每纠邪正,皆谓之俗吏;其倚杖虚旷,依阿无心者皆名重海内。若夫文王日旰不暇食,仲山甫夙夜匪懈者,盖共嗤黜以为灰尘矣。由是毁誉乱于善恶之实,情慝奔于货欲之塗。选者为人择官,官者为身择利,而执钧当轴之士,身兼官以十数。大极其尊,小录其要,而世族贵戚之子弟,陵迈超越,不拘资次。悠悠风尘,皆奔竞之士,列官千百,无让贤之举。

子真著《崇让》而莫之省,子雅制九班而不得用。其妇女,庄栉织纴皆取成于婢仆,未尝知女工丝枲之业,中馈酒食之事也。先时而婚,任情而动,故皆不耻淫泆之过,不拘妒忌之恶,父兄不之罪也,天下莫之非也。又况责之闻四教于古,修贞顺于今,以辅佐君子者哉!礼法形政于此大坏,如水斯积而决其堤防,如火斯畜而离其薪燎也。国之将亡,本必先颠,其此之谓乎!

故观阮籍之行,而觉礼教崩弛之所由也。察庾纯、贾充之争,而见师尹之多僻;考平吴之功,而知将帅之不让;思郭钦之谋,而悟戎狄之有衅;览傅玄、刘毅之言,而得百官之邪;核傅咸之奏,《钱神》之论,而睹宠赂之彰。民风国势如此,虽以中庸之才,守文之主治之,辛有必见之于祭祀,季札必得之于声乐,范燮必为之请死,贾谊必为之痛哭,又况我惠帝以放荡之德临之哉!①

从干宝之论可以看出西晋立国伊始,官场就已腐败。西晋的选官制度使门阀士族、贵戚子弟做官得到了保证。他们做官之后,对钱

---

① 《晋书》卷5《孝愍帝纪》史臣引干宝言。

财的追求是欲壑难填,即干宝所说的"情愿奔于货欲之途"。而清谈也不过是为了猎取"名士"的美名,他们感兴趣的只有"孔方兄"。弥漫于整个社会上的,是贪鄙、淫僻之风。在这种风气中,如果有谁要讲治道,要纠邪正,便都被讥为"俗吏"。而武帝的继承者惠帝又是个智商低下的昏庸之君,惠帝即位后的西晋,吏治大坏,危机四伏,故西晋衰败,八王之乱就不可避免了。

综合上述,我们可以看到西晋衰亡也不尽然是武帝立储、选太子妃之过以及他放逐齐王攸之失。实际上,自西晋立国之后,就潜伏存在着吏治腐败、朋党之争与奢靡成风、清谈误国等各种社会问题。到了晋武帝平吴统一天下之后,由这些社会问题而导致的内部矛盾与统治危机虽然暂时被掩盖,但由于武帝晚年在施政上所犯的一系列的失误(我们将在下章中再展开讨论),使得原有的矛盾与危机逐渐激化。武帝死后,政局完全失控,这些社会问题就来了个全面总爆发,终于变得不可收拾。因此我们在剖析西晋灭亡原因时,就必须从各个侧面来考察检讨西晋政治体制以及其政治生态环境的阙失,唯有如此才可以较为全面地了解为何武帝死后不久,西晋统治就轰然崩塌,一朝覆灭的原因。

# 第十二章 "委寄失才":晋武帝的 临终托孤

唐太宗将晋朝"海内版荡,宗庙播迁"的原因归之为晋武帝
"建立非所,委寄失才"。① 所谓"建立非所",即立惠帝失当,而
"委寄失才",即托杨骏辅政失策。关于立惠帝问题,笔者前文已
作申论,此处不再赘言。本章将对武帝晚年"委寄失才",即托孤
措施的失败展开讨论。

由于太子不慧、驽钝,而武帝又坚持不废太子,这就给武帝如
何处理安排身后之事带来了极大的困扰。武帝十分担心,若无得
力的辅政大臣,太子一旦登基,必将无法掌控朝政,君临天下。故
如何选择辅政大臣,就成了武帝晚年不得不煞费苦心、郑重考虑的
一件大事。然而,武帝择选何人为辅政之臣竟成了他的一个最大
的难题。虽然武帝一朝并不乏可用之才,但在他的心目中,其择选
的范畴却极为有限。为何会出现这一状况呢? 我们不妨对武帝一
朝的用人政策作一简略回顾。

## 一、循汉代故事:辅政大臣须是后父

武帝登基之初,并未形成由自己藩邸旧臣组成的行政班底,

① 《晋书》卷 3《武帝纪》制曰。

而只能依赖其父司马昭时期的老臣何曾、王祥、石苞、贾充、裴秀、王沈、荀顗、荀勖等人。以后随着武帝皇位的逐渐巩固，皇权的进一步加强，武帝在平吴的过程中拔擢了羊祜、杜预、张华、卫瓘等人，从而又组成了自己新的决策班子。然而，魏晋时代人的寿算普遍不高，至武帝咸宁至太康年间，无论是其父留下来的老班子核心成员，还是武帝自己组成的新班子核心成员，都纷纷物故或重病缠身，存世的老臣已屈指可数也。太康四年（283），因齐王攸之藩事件，导致西晋朝廷舆情哗然，举朝分裂。支持齐王攸留京辅政的朝臣人数众多，形成了强大的抗旨风潮。武帝对此事极为恼怒，对反对齐王攸之国的朝臣进行了毫不留情地猛烈打击。晋武帝不计利害，不计后果贬斥支持齐王攸的朝臣，逼死齐王攸，从表面上看，他似乎取得了最终的胜利，但是却导致了西晋朝廷的分裂，而且还给晋武帝的用人政策带来了巨大的变化。

此时的晋武帝以朝臣在齐王攸事件中如何选边站队作为其用人的标准，凡坚决反对齐王攸之藩以及在此次事件中政治态度暧昧者，都难以得到武帝的信任，甚至成为其贬斥的对象。咸宁二年（276），武帝病重期间，参医药的是贾充、齐王攸和荀勖，这三人组成了西晋朝廷的临时权力中心。但贾充已于太康三年（282）病故，翌年，齐王攸也暴病身亡。原来深得武帝眷宠的荀勖，也逐渐失去武帝的信任，以至被夺去"凤凰池"，由中书监改任尚书令。武帝晚年最有资格任辅政大臣的是张华和卫瓘。但早在太康三年正月，主张将国之后事托付给齐王攸的张华就被武帝外放为幽州都督。卫瓘也因主张更易太子，与武帝的宗旨发生抵牾，而失去信任。

史载："及帝疾笃，未有顾命，佐命功臣，皆已没矣。朝臣惶

596

惑,计无所从。"①可见,武帝晚年,朝中已难觅才能卓越、资望兼具的佐命功臣。在股肱之臣皆殁的情况下,武帝才把选择辅政大臣的目光投向外戚。虽然武帝重用外戚遭到时人的诟病及后世的指责。但帝王以外戚辅政,司空见惯,有着悠久的历史传统。

外戚亦称"外家""戚畹",是指帝王的母族、妻族。外戚虽属异姓,但却通过帝王与后妃的婚姻关系,与皇室紧密联系在一起,是皇帝所信赖和依靠的主要力量之一。司马迁曾指出:"自古受命帝王及继体守文之君,非独内德茂也,盖亦有外戚之助也。"《索引》云:"谓非独君德于茂盛,而亦有贤后妃、外戚之亲以助教化。"②秦汉以降,君主皆十分重视外戚的作用。史称:

> 帝王之临御区宇,贤戚并用,莫不有外亲之助焉。故后之父母,列于三恪。异姓伯叔,纪于春秋。筑外馆者异其礼章,襃元舅者垂于雅什。母妻有党,所以叙于人伦;姻娅相谓,于以垂於古训。而况席九五之势,当司牧之重,内既本乎敦叙,外亦资其左右。③

虽然,秦汉以降不断出现外戚专权乱政的局面,但两汉帝王以外戚辅政却是不绝于史。赵翼在《廿二史札记》中专列"汉外戚辅政""两汉外戚之祸"条,列举了"西汉自吕后王诸吕,使(吕)产、(吕)禄掌兵"④以来的外戚专权史。

殷鉴汉代外戚专权乱政的历史教训。魏文帝曹丕于黄初三年(222)下诏,明确规定:"夫妇人与政,乱之本也。自今之后,群臣不得奏事太后,后族之家不得当辅政之任,又不得横受茅土之爵。

---

① 《晋书》卷40《杨骏传》。
② 《史记》卷49《外戚世家》。
③ 《册府元龟》卷300《外戚部总叙》。
④ (清)赵翼:《廿二史札记》卷7"汉外戚辅政"条。

以此诏传后世,若有背违,天下共诛之。"①曹魏对外戚干政十分警觉,故史书云:"魏后妃之家,虽云富贵,未有若衰汉乘非其据,宰割朝政者。鉴往易轨,于斯为美。"②可惜的是,曹丕虽在制度上杜绝了外戚封侯和专权,避免了外戚乱政,但并未能延长曹魏的国祚。当司马懿发动高平陵之变时,魏朝恰恰缺少了宗室与外戚这二股力量,才使司马懿能够轻而易举地击败曹爽。之后司马师废曹芳、司马昭弑曹髦,均未遇到曹魏宗室与外戚势力强有力的抗衡与阻击。缺少曹魏宗室与外戚力量的制约,应是司马代魏能够成功的重要原因。

从西晋立国之后所创建的很多制度来看,其在很多方面都汲取了曹魏因弱化宗室与外戚的屏藩作用而导致国祚短促的教训。曹魏禁锢宗室,司马氏则实施宗室封王封国制度,又使诸王出镇为都督,赋予军政实权。曹魏规定"后族之家不得当辅政之任",不准外戚干政。西晋反其道而行之,恢复两汉以外戚辅政的历史传统,将外戚作为一种重要的政治力量引入西晋政权之中,应该也在情理之中。故武帝重用杨氏家族时,虽然遭到朝中清议势力的反对,但并未掀起大的风波,朝中台司宰辅一级的重臣并无异议,宗室中元老汝南王司马亮等人也不反对。可见,晋武帝重用杨氏家族也并非一定是他在施政上的重大失误。

但问题是武帝重用的是杨氏家族中才具、品质最为低劣的杨骏,这才导致李世民在制书中指责武帝"委寄失才",并斥骂"杨骏豺狼,苞祸心以专辅"。太康二年(281),武悼皇"后父杨骏及弟

① 《三国志》卷2《文帝纪》。
② 《三国志》卷5《后妃传》评曰。

珧、济始用事,交通请谒,势倾内外,时人谓之三杨,旧臣多被疏退"。<sup>①</sup>在"杨氏三公"中,杨济颇有才干。史载:"(杨)济有才艺,尝从武帝校猎北芒下,与侍中王济俱著布袴褶,骑马执角弓在辇前。猛兽突出,帝命王济射之,应弦而倒。须臾复一出,(杨)济受诏又射杀之,六军大叫称快。帝重兵官,多授贵戚清望,济以武艺号为称职。与兄珧深虑盛满,乃与诸甥李斌等共切谏。骏斥出王佑为河东太守,建立皇储,皆济谋也。"<sup>②</sup>可见他智勇兼备,也懂得谦退保身之道,并非单纯凭藉外戚身份而致富贵。

武帝伐吴时,"以太尉贾充为大都督,行冠军将军杨济为副,总统诸军"。<sup>③</sup>杨济作为伐吴战役的副帅,南屯襄阳,协助贾充节制诸路兵马。当贾充屡屡上书,反对伐吴时,杨济并未因贾充势大而随声附和,可见他也是平吴功臣之一。

杨珧之才虽不及杨济,但也是"素有名称,得幸于武帝,时望在骏前"。<sup>④</sup>而且他还参与了太康三年放逐齐王攸的政治谋划,是武帝最为信任的大臣之一。

为何武帝在选择辅政大臣时弃资历、声望、才能皆超过杨骏的济、珧兄弟不用,而偏偏选择被尚书褚䂮、郭奕斥之为"小器"的杨骏呢?史书并未作专门诠释,故有的学者困惑不解,感叹"可惜的是我们目前找不到足够的史料来解释为何杨骏能在晚年跃居于杨珧、杨济之上,受托孤之命"。<sup>⑤</sup>其实,只要我们仔细辨析杨骏本传

① 《资治通鉴》卷 81 晋武帝"太康二年"条。
② 《晋书》卷 40《杨骏传附杨珧传》。
③ 《晋书》卷 3《武帝纪》。
④ 《晋书》卷 40《杨骏传附杨珧传》。
⑤ 仇鹿鸣:《魏晋之际的政治权力与家族网络》,上海古籍出版社 2012 年版,第 271 页。

中的"骏少以王官为高陆令,骁骑、镇军二府司马。后以后父超居重位,自镇军将军迁车骑将军,封临晋侯"之语,就能洞察出杨骏能后来居上,官职超越珧、济兄弟的端倪。实际上,武帝在择选辅政大臣时,根本就不考虑此人的资望与德才,武帝的标准就是二个字"后父",即辅政大臣必须是皇后之父。

众所周知,皇帝拥有众多的后妃嫔嫱,因此,与帝王有姻亲关系的外戚也不计其数。但后宫中唯有皇后的地位最为尊贵,"皇后之尊与帝齐体,供奉天地,祗承宗庙,母临天下"。① "天子之与后,如日之与月,阴之与阳。"②因此在众多的外戚之中也只有皇后之父才享有崇高的地位。而嫔妃之父与后父相比,地位几乎不能以道里计。如胡奋与杨骏之女均适武帝,但奋女胡芳为武帝嫔,而骏女杨芷为武帝后。史载:"时杨骏以后父骄傲自得,(胡)奋谓骏曰:'卿恃女更益豪邪?'骏曰:'卿女不在天家乎?'奋曰:'我女与卿女作婢耳,何能损益!'"③可见胡芳与杨芷的地位有云泥之别。

有汉以来,以外戚辅政的多为皇后父兄,而且"后父"又是外戚辅政中的第一人选,只有在皇后之父去世之后,才轮得到以皇后兄弟身份辅政,而作为皇后叔父的杨珧、杨济是根本挤不进辅政班子的外戚,所以武帝最终以杨骏任辅政大臣并不奇怪,仅是因循汉代故事而已。


## 二、临晋侯与车骑将军考

实际上,武帝瞩目杨骏并非心血来潮,一时冲动,他早就有意

---

① (宋)徐天麟:《东汉会要》卷1《帝系上》,上海古籍出版社2006年版。
② 《晋书》卷31《后妃传上》序。
③ 《晋书》卷57《胡奋传》。

对其拔擢了。咸宁二年(276),随着武帝续弦,将杨芷立为继后,杨骏也以后父的身份站到了西晋政治舞台的中央,地位开始上升。司马炎决心在西晋政局中引入外戚的力量,以加强自己的皇权。杨骏起初官职卑微,仅担任高陆县令,后为骁骑、镇军二府司马。但在太康初年,便迅速从镇军将军迁为车骑将军,封临晋侯。

关于外戚是否封侯,在历史上多有反复。西汉刘邦在消灭异姓王之后,曾与大臣刑白马而盟:"非刘氏不王,若有亡功非上所置而侯者,天下共诛之。"①按此规定,外戚除非立有军功,否则不能封侯。然而刘邦甫卒,白马之盟就被破坏,吕后临朝称制,遍封诸吕为王。之后,两汉外戚封侯者多矣,几成惯例。直到曹丕称帝,才重申了汉初所制定的外戚不得封侯的故事,即上文所引的"后族之家不得当辅政之任,又不得横受茅土之爵"。但曹丕制定的这项规则,在明帝时就遭到破坏。明帝母侄甄象初为虎贲中郎将,后迁伏波将军,封安城乡侯。甄象死后"子畅嗣,又封畅弟温、韡、艳皆为列侯"。② 明帝甚至还封愚蠢低能的毛嘉为侯。史载,明帝封后父"毛嘉博平乡侯,迁光禄大夫,嘉本典虞车工,卒暴富贵,明帝令朝臣会其家饮宴,其容止举动甚蚩騃,语辄自谓'侯身',时人以为笑"。③

由此可见,外戚封侯已是相沿已久的成规,不是一二个帝王下诏即能令行禁止的。但是武帝封杨骏为临晋侯却引起了朝臣们的普遍不满。"识者议之曰:'夫封建诸侯,所以藩屏王室也,后妃,所以供粢盛,弘内教也。后父始封而以临晋为侯,兆于乱矣。"④从

---

① 《汉书》卷18《外戚恩泽侯表》。
② 《三国志》卷5《后妃传·文昭甄皇后传》。
③ 《三国志》卷5《后妃传·明悼毛皇后传》。
④ 《晋书》卷40《杨骏传》。

中可以看出,杨骏封侯一事争议的焦点是"临晋"之词的使用。临晋作为地名早已有之。① 在西晋之前的历史上,曾有二人被封为临晋侯。其一,东汉光和元年(178),杨震之子杨赐担任司徒,光和五年(182),迁太尉,封临晋侯。其二,曹操与尹夫人之子曹矩,早薨,无子。建安二十二年(217),曹操以樊侯曹均之子曹敏为曹矩之后,封临晋侯。

"临"字始见于西周金文,②其古字像一人俯首下视一堆物品之形。本义表示从上往下俯视。又引申为王侯居高临下对下层民众的统治。对于汉魏王朝而言,临晋侯仅是依地名而封侯,并无临驾于汉魏政权之上之意。但司马氏以"晋"作为国号,以临晋侯封杨骏,难道要他临驾于晋朝之上,抑或统治晋朝吗? 当然,司马炎绝无此意。晋武帝以临晋侯封杨骏,有可能是他尊崇弘农杨氏世家大族的门第,并期望杨骏慎身励志,光大祖业。但无论如何,对于晋室而言,"临晋"二字颇多忌讳,故王隐《晋书》曰:"时人窃言,封侯称临晋,后必专国。"③

司马炎封杨骏为临晋侯还不足以表明他对杨骏的重用,更为关键的是杨骏"自镇军将军迁车骑将军"。车骑将军最早见于《史记·灌婴列传》的记载:"(灌婴)以御史大夫受诏将郎中骑兵东属相国韩信,击破齐军于历下,所将卒虏车骑将军华毋伤及将吏四十六人。"车骑将军作为固定官职是在汉文帝时期。《史记·文帝本纪》载,孝文元年(前179)十月"壬子,遣车骑将军薄昭迎皇太后

---

① 古临晋约在今山西省运城市临猗县临晋镇。春秋时戎族沿洛河进入此地建立大荔戎国。秦厉公二十六年(前451)秦伐大荔,设临晋县。汉武帝时属左冯翊,晋武帝时更名为大荔县。

② 李学勤主编:《字源》,天津古籍出版社 2013 年版。

③ 《北堂书钞》卷 48 引王隐《晋书》,学苑出版社 2015 年版。

于代"。西汉时期,车骑将军金印紫绶,位比三公,典京师兵卫,掌宫卫、征伐、出使宣诏、荐举官吏等。汉武帝时主要以功臣与亲信担任此职,此后主要以外戚担任。汉昭帝即位,大将军霍光秉政,领尚书事,金日磾任车骑将军。此时大将军、骠骑、车骑将军均可冠大司马之号。汉宣帝之后的车骑将军多以外戚任之,史高、许延寿、许嘉、王音、王舜、王接等汉室外戚都担任过此职。赵翼曾曰:"大司马兼将军一官遂永为外戚辅政之职。"①而外戚辅政最初所担任的大都是车骑将军,以后若有军功,又可晋为大将军。东汉将军分为重号与杂号。唯有大将军、骠骑将军、车骑将军、卫将军及前后左右将军称为重号将军,余则为杂号将军。大将军位在三公上,骠骑、车骑、卫将军位比三公。前后左右将军,位比九卿。

车骑将军之所以地位显赫,是因为其开府仪同三司,能够开府治事。大臣能否开府,关系到其是否有辟召用人之权,以形成个人的幕府甚至执政地位。②《晋书·职官志》云:"开府仪同三司,汉官也。殇帝延平元年,邓骘为车骑将军,仪同三司,仪同之名,始自此也。及魏黄权以车骑将军开府仪同三司,开府之名,起于此也。""大司马、大将军、太尉、骠骑、车骑、卫将军、诸大将军,开府位从公者为武官公,皆著武冠,平上黑帻。"

汉末,车骑将军是朝廷重臣,可以主持及处理朝廷日常事务。

---

① (清)赵翼:《廿二史札记》卷3"汉外戚辅政"条。
② 张欣在《汉魏开府制度考》一文中指出:"开府者取得与三公相近似地位,在政局中枢中处于重要地位,而非仅实施一般将军之职责。开府之制,使一般将军这类非常设机构制度化、常态化,此或即开府之意义所在。开府之制在初期是执政地位与辟除掾史并重,开府者为握有实权者,并非虚号,亦非如后世所理解的开府即为辟召。魏蜀吴三国开府各具特色,但在开府者具有执政地位上并无不同。"《人文杂志》2017年第12期。

例如曹操挟天子,建立许昌朝廷后,以汉献帝名义,封自己为大将军,而以袁绍为太尉,但此事却触怒了袁绍,绍坚决不受太尉之职。《三国志·魏书·武帝纪》记载:"(献帝)以太祖为大将军,封武平侯……以袁绍为太尉。绍耻班在公下,不肯受。公乃固辞,以大将军让绍。天子拜公司空,行车骑将军。"曹操虽仅任行车骑将军,但却组成了自己的霸府,朝廷的一切重大事务皆由霸府决定,完全架空了许昌朝廷。①

西晋王朝建立后,虽然将原来的三公制度扩大为八公制度,但八公皆是朝中元老,基本上都不理朝政,故朝中最重要的官职是车骑将军。西晋朝的第一任车骑将军,即是晋武帝最为倚重的心腹之臣贾充。史载,武帝"受禅,充以建明大命,转车骑将军,散骑常侍,尚书仆射,更封鲁郡公"。② 后来"吴夏口督、前将军孙秀帅众来奔,拜骠骑将军,开府仪同三司,封会稽公"。③ 为了平吴统一天下的政治需要,武帝不得不笼络吴宗室孙秀,封其为骠骑将军,位在车骑将军贾充之上。但不久,武帝就颇有悔意,遂决定将车骑将军置于骠骑将军之上,"帝以充旧臣,欲改班,使车骑居骠骑之右,充固让,见听"。④ 由于贾充顾全大局,故骠骑将军仍在车骑将军之上。吴国灭亡之后,孙秀等人已失去利用价值,武帝随即将其贬官降职。"初,朝廷尊宠孙秀、孙楷,欲以招来吴人。及吴亡,降秀为伏波将军,楷为度辽将军。"⑤此时,骠骑将军一职空缺,故车骑

---

① 魏明帝时,能够开府者仅四人。《三国志》卷 22《陈群传》:"明帝即位,进封(陈群)颍阴侯,增邑五百,并前千三百户,与征东大将军曹休、中军大将军曹真、抚军大将军司马宣王并开府。"
② 《晋书》卷 40《贾充传》。
③ 《晋书》卷 3《武帝纪》。
④ 《晋书》卷 40《贾充传》。
⑤ 《资治通鉴》卷 81 晋武帝"太康元年三月"条。

将军贾充仍是武帝身边最为倚重的辅臣。

　　杨骏任车骑将军的时间大约是在太康二年,①此时贾充已迁任太尉,且年事已高,身体状况堪忧(贾充卒于太康三年)。所以武帝任杨骏为车骑将军之意颇明,即以杨骏为贾充后任,在贾充辞世之后,担任辅政之臣的重任。其时,杨骏弟杨珧、杨济也在武帝"宠爱后党"的政治格局下官居要职,杨珧历任尚书令、卫将军;杨济历任镇南、征北将军,太子太傅。作为司马炎皇权辅助力量的外戚,杨氏兄弟加官晋爵,一时权势煊赫,炙手可热。史称"帝自太康以后,天下无事,不复留心万机,惟耽酒色,始宠后党,请谒公行。而骏及珧、济势倾天下,时人有'三杨'之号"。②

　　对于武帝重用杨氏家族,特别是重用杨骏,朝臣中颇有非议,甚至反对。如山涛"中立于朝,晚值后党专权,不欲任杨氏,多有讽谏,帝虽悟而不能改"。③山涛只是笼统地反对武帝重用杨氏家族,还未将矛头直接指向杨骏,但尚书褚䂮、郭奕则说杨骏心胸狭隘,不能将治理国家的重任托付给他。史载:"时帝委任杨骏,(郭)奕表骏小器,不可任以社稷。帝不听。"④郭奕在朝中颇负盛名。他是魏晋名臣,谒者仆射郭镇之子,而郭镇是曹魏名将郭淮之弟。⑤郭奕少有盛名,以知人之鉴得到山涛赞叹。曹魏时期,任野王县令,交好羊祜。咸熙末,出任相国司马昭主簿。晋武帝即位,授东宫中庶子,教导太子司马衷。迁太子右卫率、骁骑将军,封平

①　《资治通鉴》卷81晋武帝"太康二年三月"条:"后父杨骏及弟珧、济始用事,交通请谒,势倾内外,时人谓之三杨,旧臣多被疏退。"
②　《晋书》卷40《杨骏传》。
③　《晋书》卷43《山涛传》。
④　《晋书》卷45《郭奕传》。
⑤　《三国志》卷26《郭淮传》注引《晋诸公赞》:"(郭)淮弟郭镇,字季南,谒者仆射。镇子奕,字泰业。山涛启事称奕高简有雅量,历位雍州刺史、尚书。"

陵县男。咸宁初,任鹰扬将军、雍州刺史。太康年间,入朝为尚书。

其实,武帝将外戚力量引入朝廷核心层并非是他的权宜之策,其目的是强干弱枝,进一步巩固皇权。武帝晚年设计的权力架构的核心主要由两股力量组成:一是宗室诸王,二是外戚。杨骏虽为外戚,但在武帝的心目中可能比宗室力量更为可靠。自武帝即位以来,他时刻面临齐王攸可能夺嫡的威胁,早已成了惊弓之鸟,故武帝对宗室势力颇为忌惮。虽然使用外戚也有弊端,但与宗室相比,外戚基本上不可能对皇权构成直接的威胁,所谓"二害相较取其轻",故武帝更倾向于任用外戚。由此可知,武帝任用杨骏是其筹划已久的考虑,也是其晚年的重大政治举措,绝非是几个朝臣的反对就能改变其决心,所以山涛、郭奕等人的上书丝毫起不了作用。

值得我们注意的是,武帝之所以重用杨骏可能还有一个不可忽视的因素,即杨骏"孤公无子"。中古社会,有无子嗣关系重大。以西晋皇统而论,司马师本是西晋帝室之嫡系大宗,但正是因为司马师无子,晋朝帝系也就不得不转入司马昭一脉之中。既然杨骏后继无人,其不轨之心基本上就可以排除。可见杨骏"孤公无子"也是武帝重用他的原因之一。

## 三、宗室力量的加强与宗师制度的建立

晋武帝晚年多病,咸宁二年(276),因罹患疫病,险遭不测。后虽经御医精心医治调养,得以逐步康复,但终究导致御体亏损。平吴之后,武帝又因贪恋女色,羊车巡幸,纵欲过度,故其身体每况愈下。关于武帝的身体状况,史料记载极少。但从《武帝纪》中得知,太康十年(289)十一月丙辰,"帝疾瘳,赐王公以下帛有差,含

606

章殿鞠室火"。① 从这条史料中,我们获得有关武帝身体的重要信息,即在此时武帝又大病一场,且险些龙驭上宾,否则他就不会"赐王公以下帛有差"。关于"含章殿鞠室火"之事,武帝本纪记载极简,仅一语带过。但我们可以从《五行志》中得到补充:

> (太康)十年四月癸丑,崇贤殿灾,十一月庚辰,含章鞠室、修成堂前庑、景坊东屋、辉章殿南阁火。时有上书曰:"汉王氏五侯兄弟迭任,今杨氏三公,并在大位,故天变屡见,窃为陛下忧之。"由是杨珧求退。是时帝纳冯紞之间,废张华之功,听杨骏之谮,离卫瓘之宠,此逐功臣之罚也。②

《五行志》未言明上书者之人,但《杨珧传》云上书者是右军督赵休。③ 汉武帝之后,以董仲舒为代表的天人感应的阴阳五行说成为官方哲学,其笼罩、统治、弥漫在全部意识形态领域。魏晋时期,阴阳五行及谶纬学更为盛行。《五行志》所起的功能,就是以诸多天人感应之事警示王朝的最高统治者。

太康十年西晋内廷诸多宫室先后发生火灾,分明是天象示警。右军督赵休趁"天变屡见"之机,上书弹劾"杨氏三公",甚至将"杨氏三公"与西汉"王莽五公"相比。王莽篡汉的历史教训实在太深刻,所以天象示警和赵休的上书不可能不给武帝带来震撼。赵休对杨氏三公权势过大的指责,也引起了武帝的警觉以及对自己用人政策上的反思。武帝似乎意识到了杨氏外戚势力的坐大,必须在一定程度上对其抑制。在杨氏三公中,杨珧素有谦退之意,屡次上表要求逊位,武帝原本一直犹豫不决,但在赵休上书之后,武帝

---

① 《晋书》卷3《武帝纪》。
② 《晋书》卷27《五行志上》。
③ 《晋书》卷40《杨骏传附杨珧传》:"右军督赵休上书陈:'王莽五公,兄弟相代,今杨氏三公,并在大位,而天变屡见,臣窃为陛下忧之。'"

立即"听之,赐钱百万,绢五千匹。"①让其荣退。于是朝廷中的"杨氏三公"变成了"杨氏二公"。

为了不使外戚势力过于膨胀,武帝在太康十年末,作出一个重要决定,即再次加强宗室诸王力量,以制约外戚。

> 甲申,以汝南王亮为大司马、大都督、假黄钺。改封南阳王柬为秦王,始平王玮为楚王,濮阳王允为淮南王,并假节之国,各统方州军事。立皇子乂为长沙王,颖为成都王,晏为吴王,炽为豫章王,演为代王,皇孙遹为广陵王。立濮阳王子迪为汉王,始平王子仪为毗陵王,汝南王次子羕为西阳公。徙扶风王畅为顺阳王,畅弟歆为新野公,琅邪王觐弟澹为东武公,繇为东安公,漼为广陵公,卷为东莞公。改诸王国相为内史。②

武帝再次大规模地册封宗室,特别是册封皇子为王,其目的就是让宗室藩王与外戚势力相互制衡,以避免一方势力过于强大。

在武帝加强宗室力量的同时,最引人注目的是武帝在众多宗室诸王中,特别器重汝南王司马亮。武帝"以亮为侍中、大司马、假黄钺、大都督、督豫州诸军事,加轩悬之乐,六佾之舞"。这是西晋历史上宗室诸王中所获得的最高官职,可谓是位极人臣。之前,即使武帝胞弟,在朝中最负盛名的齐王攸都未同时一身兼大司马、大都督之职,更未赋予"假黄钺"之权。武帝为何如此器重司马亮?司马亮又有何功业?我们不妨对他的前半生作一简述。

司马亮,字子翼,司马懿第四子,为伏夫人所生。据其本传所云:"少清警有才用。"但实际上他才具平庸,徒有虚名。例如魏甘

---

① 《晋书》卷40《杨骏传附杨珧传》。
② 《晋书》卷3《武帝纪》。

露二年（257），诸葛诞发动第三次淮南之叛，司马昭亲率大军前往征讨，司马亮也一同前往。此次战役，魏军诸将皆建功勋，最终击斩诸葛诞，唯独司马亮失利。事后，追究其战败责任，"免官"，但不久，就"拜左将军，加散骑常侍、假节，出监豫州诸军事。五等建，改封祁阳伯，转镇西将军"。① 泰始元年（265），晋武帝受禅登基，建立西晋政权，封亮为扶风郡王，食邑万户，置骑司马，增参军掾属，持节，都督关中雍凉诸军事。成为专镇一方的都督。

泰始六年（270），秦州刺史胡烈为鲜卑秃发树机能所杀，这是晋初在西北边疆遭遇到的重大挫折。胡烈死后，树机能军队士气大振，率部一举攻克高平。此时总督雍凉军事的是扶风王司马亮，亮命部将刘旂征讨树机能，刘旂闻胡烈兵败，畏敌不敢与树机能交锋。身为都督的司马亮因救援不力，遂被贬为平西将军。有司认为"刘旂当斩"，司马亮与军司曹同请求免去刘旂的死罪。晋武帝下诏曰："高平困急，计城中及旂足以相拔，就不能径至，尚当深进。今奔突有投，而坐视覆败，故加旂大戮。今若罪不在旂，当有所在。"有司遂"奏免亮官，削爵土。诏惟免官。顷之，拜抚军将军"。② 抚军将军曾经是宣帝司马懿与武帝自己任过的官职，地位仅次于骠骑、车骑、卫将军。武帝拜司马亮为抚军将军颇有深意。不久，吴将步阐来降，武帝命司马亮假节，都督诸军前往接纳，因纳降之功，迁侍中。

此处有一个问题值得我们探究，即为何司马亮屡犯过失，但晋武帝总是不予深究，稍加薄惩之后，不仅迅速复职，还不断迁升。笔者揣测，极有可能与伏太妃有关。司马懿与伏氏育有四子：汝南

---

① 《晋书》卷 59《汝南王亮传》。
② 《晋书》卷 59《汝南王亮传》。

王司马亮、琅邪王司马伷、清惠亭侯司马京（西晋建立前去世）、扶风王司马骏。伏氏在司马懿妻妾中地位仅次于宣穆张皇后，武帝即位后封太妃，而司马懿另二个妾仅封夫人。伏太妃享有仅次于皇后的礼遇。司马炎对伏太妃特别尊崇，曾把扶风郡池阳的四千一百户封给她。史载，"咸宁初，以扶风池阳四千一百户为太妃伏氏汤沐邑，置家令丞仆，后改食南郡枝江。太妃尝有小疾，祓于洛水，亮兄弟三人侍从，并持节鼓吹，震耀洛滨。武帝登陵云台望见，曰：'伏妃可谓富贵矣。'"①伏太妃偶患小恙，在洛水祭祀祓除。司马亮兄弟三人陪侍，持节鼓吹，显赫于洛水之滨。晋武帝登上陵云台观看这个场面，并称羡地说："伏妃可以说是富贵了。"可见他与伏太妃一家感情之深。

伏太妃有可能是伏湛之后。伏湛字惠公，琅邪郡东武县（今山东诸城）人，西汉经学家伏胜（伏生）之后。东汉光武帝时，伏湛任大司徒，封阳都侯，故伏氏也是世家大族。琅邪王司马伷封地与伏湛家同郡；司马骏任扶风王封地也是伏氏郡望。

因伏太妃之故，故晋武帝对司马亮优容备至。咸宁三年，司马亮"进号卫将军，加侍中。时宗室殷盛，无相统摄，乃以亮为宗师，本官如故，使训导观察，有不遵礼法，小者正以义方，大者随事闻奏。"②《晋书·武帝纪》亦云："今以卫将军、扶风王亮为宗师，所当施行，皆谘之于宗师也。"此二条史料有三处值得关注，其一是司马亮"进号卫将军"，卫将军是重号将军，可以开府治事，当年司马师在即将辅政前曾任其职；其二是以司马亮为宗师；其三，宗师权力甚大，凡宗室中人"所当施行，皆谘之于宗师也"。

---

① 《晋书》卷59《汝南王亮传》。
② 《晋书》卷59《汝南王亮传》。

宗师一职颇为特殊,其起源于西汉平帝时期。《通典》将其并入九卿之一的"宗正卿"条目中,①认为宗师一职属于宗正卿。但周一良认为宗师职能并不等同于九卿之中的宗正。他说:"此职不见《晋书·职官志》,盖宗室中所设置,不关国家政府。职官志另有宗正,统皇族宗人图牒。"②福原启郎亦持相同看法。他说:"与九卿之一,负责管理的宗正不同,宗师并非官职,可以将之理解为宗室司马氏一族的长老。宗师在司马氏内部具有'私'的地位,由于司马氏身为皇室,故同时也带有'公'的色彩。"③可见,宗师与宗正不同,其不属于国家政府系统的职官。宗师一职始建于西汉末王莽摄政当权时,平帝五年(5)春下诏:

> 盖闻帝王以德抚民,其次亲亲以相及也。昔尧睦九族,舜惇叙之。朕以皇帝幼年,且统国政,惟宗室子皆太祖高皇帝子孙及兄弟吴顷、楚元之后,汉元至今,十有余万人,虽有王侯之属,莫能相纠,或陷入刑罪,教训不至之咎也。传不云乎?"君子笃于亲,则民兴于仁"。其为宗室,自太上皇以来族亲,各以世氏,郡国置宗师以纠之,致教训焉。二千石选有德义者以为宗师。考察不从教令有冤失职者,宗师得因邮亭书言宗伯,请以闻。常以岁正月赐宗师帛各十匹。④

王莽摄政时期,担任过宗师一职者仅有南阳人李通,⑤其后东汉光武帝以王莽乱政而废除此职,三国时期亦不复设宗师。西汉平帝时期的宗师仅为地方郡国所置,而并非是中央官员,任宗师者也并

---

① (唐)杜佑:《通典》卷25《职官七》。
② 周一良:《魏晋南北朝史札记》,第330页。
③ [日]福原启郎:《晋武帝司马炎》,江苏人民出版社2020年版,第151—152页。
④ 《汉书》卷12《平帝纪》。
⑤ 《后汉书》卷15《李通传》云,李通"身长九尺,容貌绝异,为人严毅,居家如官廷。初事刘歆,好星历谶记,为王莽宗卿师"。

非一定要具有皇族身份,这和两晋南北朝时期的宗师是完全不同的。宗师作为宗族首领,设置于中央始于西晋武帝时。晋武帝设置的宗师与汉制最大的区别是宗师人选均来自于宗室,而且都是宗王与朝廷重臣。首任宗师扶风王亮时任卫将军,为二品。其后的梁王彤先领太宰一职,再代高密王泰为宗师。① 太宰是一品之职,可见西晋宗师不仅由宗室元老担任,而且在官职品秩上也远高于西汉。

王莽设立宗师,其主要职能是针对地方上的刘氏子弟,进行监督、教育、约束以及指导。宗室子弟若有过失,宗师自己不能擅自处罚,而要上报中央,再由九卿之一的宗正卿负责处理。晋室宗师的职能与西汉不尽相同,他主要协助皇帝训导宗室子弟,对其进行教育和处理,并维护皇族内部的人伦秩序,长幼之道。至于如何教育和处理,可以从晋武帝给司马亮"训导观察,有不遵礼法,小者正以义方,大者随事闻奏"②的诏书中看出,这是一种较为模糊的职权,即宗室子弟如有过错,大事需要上报皇帝,而小事即由宗师自己来处理。

晋武帝为何要置宗师一职呢? 从《晋书·职官志》或可看出原因。《职官志》曰:"宗正,统皇族宗人图牒。"可见宗正只能管理皇族图籍表册,而无管理宗室子弟的职权。为何宗正不能管理宗室子弟? 关键的原因是晋廷中担任宗正的不一定是皇族。《通典·宗正卿》中"晋兼以庶姓"引用《山公启事》云:"羊祜忠笃宽厚,然不长理剧,宗正卿缺,不审可转作否。"③羊祜资兼文武,但不善于处理繁重的事务,晋武帝虽然信任羊祜,但对他另有重用,故

---

① 《晋书》卷38《梁王彤传》:"诏以彤为太宰,领司徒,又代高密王泰为宗师。"

② 《晋书》卷59《汝南王亮传》。

③ (唐)杜佑:《通典》卷25《职官七》。

任命侍中中书监朱整为宗正卿。与宗正卿不同的是宗师就必须在皇族内部产生,而且一般还要授予与皇帝血缘最为亲近之人。福原启郎认为:"从宗师的设置背景中,也能够窥见当时司马氏的宗室,尤其是宗室子弟精神废弛。"他列举了司马望、司马睦、司马伦、司马颖等人聚敛财富、十分吝啬、不求学问,饱受舆论的非难。"晋武帝决定设置宗师,大概也是对此事态颇有危机感。"①

　　宗师制度与九品中正制也有关联。特别是在世家大族长期把持朝政的情况下,就需要宗师来对宗室人员进行监督约束,从教育宗室子弟遵守礼法,协调宗室成员的关系,到荐举人才,让他们在中正品第之后出仕为宦,宗师在一定程度上保障了宗室在九品中正制度下可以获得高品的机遇。宗室子弟的出仕就可以更好地拱卫皇室,宗师在其中发挥了重大的作用。

　　另外,我们还必须注意到,宗师虽然与宗正不同,不是朝廷正式官职,但按照传统的宗法制度,所有的宗族成员,包括族长(天子)在内,都得服从于宗室领袖——宗师的训导。所以司马亮担任宗师确实具有非同寻常的意义。

　　司马亮担任宗师是在咸宁三年(277),其时司马懿诸子在世者尚多,以嫡庶而论,司马亮是庶出,而平原王司马干是张皇后所生,是嫡子。以年齿而论,司马亮亦非最长。以才干而言,司马亮在诸兄弟中才干亦较平庸。但为何晋武帝选择在上述三方面都不占优势的司马亮为宗师呢?笔者以为晋武帝之所以选司马亮为宗师,必然是经过他的深思熟虑。极有可能司马亮才智平庸才正是武帝看中他的原因。在司马氏宗族中,齐王攸的声望最高,才能也最为突出,故朝臣中大部分人都希望以齐王攸取代智商驽钝的太

---

　　① 〔日〕福原启郎:《晋武帝司马炎》,第152页。

子司马衷,或以齐王攸辅政。故齐王攸夺嫡之事就成为武帝即位之后最大的内忧。基于齐王攸的教训,武帝绝不希望选一个才能卓绝的强势宗室亲王来当宗师,以免自己日后难以驾驭。武帝选宗师的标准是此人既是宗族中的耆老,有一定的威望,但又资质平庸,毫无政治野心,是自己容易驾驭之人。从司马亮以往的功业来看,完全符合武帝心目中的"标准",故武帝将西晋首任宗师的荣耀加之于司马亮身上。

## 四、武帝临终托孤与杨骏篡改遗诏

武帝在以司马亮为宗师的同时,很有可能已经考虑日后以司马亮为辅政大臣,辅佐太子继位,并制衡杨骏。从历史上看,凡幼主继位,为避免出现权臣,老皇帝至少要安排二个以上的辅政大臣。如汉武帝临终前以霍光为大将军、金日磾为车骑将军、上官桀为左将军、桑弘羊为御史大夫,共同辅佐少主。刘备白帝城托孤,也是安排诸葛亮与李严共同辅佐后主。魏明帝曹叡最初安排的辅政班子共有五人,经孙资、刘放的劝阻,才改为以曹爽、司马懿二人辅佐曹芳。

虽然晋武帝"始宠后党",在太康晚年已确定以杨骏辅政。但他作为统一天下的开国之君,毕竟还是富有一定的政治经验,深谙平衡各方政治势力是皇权能够有效统治的驭人之术,故绝不会让外戚势力坐大,让杨骏一人独揽大权。因此以宗室参与辅政,以制衡外戚也必然早在他的计划之中。而在晋武帝的心目之中,宗室之中最为可靠之人就是汝南王司马亮。

平心而论,晋武帝设计的权力布局也并非全无道理,问题是武帝万万未料到杨骏野心勃勃,篡改诏书,将司马亮逐出中枢,欲一人独揽大权,这才给贾后与楚王玮发动政变的机会。对于拱卫皇室而言,宗室与外戚既可以相互制约,也可以相互倚恃,不给第三方以可乘之机。相比杨骏而言,其弟杨济的头脑似乎要清醒得多。史载:

> 初,(杨)骏忌大司马汝南王亮,催使之藩。(杨)济与(李)斌数谏止之,骏遂疏济。济谓傅咸曰:"若家兄征大司马入,退身避之,门户可得免耳。不尔,行当赤族。"咸曰:"但征还,共崇至公,便立太平,无为避也。夫人臣不可有专,岂独外戚! 今宗室疏,因外戚之亲以得安,外戚危,倚宗室之重以为援,所谓唇齿相依,计之善者。"济益惧而问石崇曰:"人心云何?"崇曰:"贤兄执政,疏外宗室,宜与四海共之。"济曰:"见兄,可及此。"崇见骏,及焉,骏不纳。①

从杨济与傅咸的对话中,可以看到,傅咸对武帝死后的政治形势的判断相当准确。在他看来,西晋宗室势力极为强大,杨骏在朝中孤立无援,如排斥司马亮,单独执政具有相当大的危险性。所以司马亮并非是杨骏的政敌,杨骏应该与他合作,二人应是唇齿相依的关系。若疏远宗室则外戚殆危,杨骏只有倚仗宗室司马亮之援,才能与贾后等人抗衡。杨济与骏甥李斌看到形势险恶,数次苦谏杨骏,并请傅咸与石崇劝说杨骏,但杨骏执迷不悟。可见,杨骏权势欲之强烈。但其志大才疏,愚蠢无比,最终如其弟杨济所言"门户不得免",而惨遭"赤族"之祸。

晋武帝以宗室、外戚二股势力夹辅皇室的政治布局虽无大错,但问题是他看人不准,用人失察,完全低估了杨骏的政治野心。杨骏虽是"小器"之才,但却有极强的权力欲。他并不满足晋武帝确

---

定的由他与司马亮共同辅佐惠帝的安排,而冀图由他一人独揽朝政大权。太熙元年(290)夏四月辛丑,司马炎再一次病危,弥留之际,还来不及安排托孤事宜。已经独掌大权的杨骏此时利用侍疾于武帝身傍的机会,在"朝臣惶惑,计无所从"之时,"尽斥群公,亲侍左右,因辄改易公卿,树其心腹"。① 司马炎临终之前,曾经下诏"以亮为侍中、大司马、假黄钺、大都督,督豫州诸军事,出镇许昌……未发,帝大渐,诏留亮委以后事"。② 原先晋武帝准备外放司马亮出镇许昌,但在他病危之时,已改变主意,决定让司马亮留在朝中,委以后事。此事在《晋书·武帝纪》中记载得更为翔实,兹不妨录之如下:

> 爰至末年,知惠帝弗克负荷,然恃皇孙聪睿,故无废立之心。复虑非贾后所生,终致危败,遂与腹心共图后事。说者纷然,久而不定,竟用王佑之谋,遣太子母弟秦王柬都督关中,楚王玮、淮南王允并镇守要害,以强帝室。又恐杨氏之逼,复以佑为北军中候,以典禁兵。既而寝疾弥留,至于大渐,佐命元勋,皆已先没,群臣惶惑,计无所从。会帝小差,有诏以汝南王亮辅政,又欲令朝士之有名望年少者数人佐之,杨骏秘而不宣。

由于"惠帝弗克负荷",故武帝晚年忧心忡忡,虽然"恃皇孙聪睿",但毕竟司马遹并非贾后所生。所以武帝决定进一步加强宗室的力量。于是他"用王佑之谋,遣太子母弟秦王柬都督关中,楚王玮、淮南王允并镇守要害,以强帝室"。另外,他可能已经察觉到外戚"杨氏之逼",即杨骏权力过大,所以必须加强禁军的力量。于是

---

① 《晋书》卷40《杨骏传》。
② 《晋书》卷59《汝南王亮传》。

命王佑为北军中候,以典禁兵。在武帝病情稍有好转之时,他又作出了一个极其重要的决定,即下"诏以汝南王亮辅政"。为了加强司马亮的权力,武帝"又欲令朝士之有名望年少者数人佐之"。如果我们再与亮本传中的"帝大渐,诏留亮委以后事"的这句话联系起来看,武帝的遗诏就更为清晰,即明确以司马亮为顾命大臣,将惠帝托付于他。遗诏中"委以后事"四字极为重要,从中可以获悉,武帝可能已经剥夺了杨骏的辅政之权,即使杨骏也参与辅政,但也是以司马亮为首辅、杨骏为次辅。犹如魏明帝托孤时,也是以宗室曹爽为首辅,司马懿为次辅。①

对杨骏而言,武帝的这个决定,犹如晴天霹雳,彻底粉碎了他独揽朝政的美梦。所以杨骏要利用自己侍疾于武帝身边,诏书还未及公布时,"秘而不宣",进而进行篡改。骏本传及《资治通鉴》均记载了此事,因《通鉴》较为翔实,故录之如下:

> 帝疾笃,未有顾命,勋旧之臣多已物故,侍中、车骑将军杨骏独侍疾禁中。大臣皆不得在左右,骏因辄以私意改易要近,树其心腹,会帝小间,见其新所用者,正色谓骏曰:"何得便尔!"时汝南王亮尚未发,乃令中书作诏,以亮与骏同辅政,又欲择朝士有闻望者数人佐之。骏从中书借诏观之,得便藏去,中书监华廙恐惧,自往索之,终不与。会帝复迷乱,皇后奏以骏辅政,帝颔之。夏四月辛丑,皇后召华廙及中书令何劭,口宣帝旨作诏,以骏为太尉、太子太傅、都督中外诸军事、侍中、

---

① 据《三国志》卷9《曹真传附曹爽传》载:"(明)帝寝疾,乃引爽入卧内,拜大将军,假节钺,都督中外诸军事,录尚书事,与太尉司马懿并受遗诏辅少主。"陈寿在此虽未明言二人之主次,但从曹爽之职看,他实际上是魏明帝任命的首辅,总揽军政大权,而司马懿仅以太尉的虚衔为次辅。魏明帝这样安排,其目的在于巩固曹魏政权,以防司马懿势力进一步坐大。

录尚书事。诏成,后对廙、劢以呈帝,帝视而无言。廙,歆之
孙;劢,曾之子也。遂趣汝南王亮赴镇。帝寻小间,问:"汝南
王来未?"左右言未至,帝遂困笃,己酉,崩于含章殿。①

咸宁二年(276),司马炎罹患疫病时,侍于武帝身旁,参医药的有
贾充、荀勖、齐王司马攸三人。而太康末年朝廷之中的"勋旧之臣
多已物故",结果导致只有杨骏一人"侍疾禁中。大臣皆不得在左
右"。这就给杨骏篡改武帝遗诏带来了极大的便利。杨骏还将武
帝身边原来的近侍全部更换,"以私意改易要近,树其心腹"。武
帝病情稍有好转后,见身边都是"新所用者",于是叱责杨骏:"何
得便尔!"

之前,武帝虽然下达了让司马亮出镇许昌的诏书,但司马亮还
未出发,于是,他命中书监华廙作诏,"以亮与骏同辅政"。杨骏得
知后,急忙跑到华廙那里,"从中书借诏观之"。因畏惧杨骏的权
势,华廙迫不得已,只得将诏书给了杨骏。杨骏趁机将武帝的诏书
扣留下来,不再归还。华廙十分"恐惧",亲自前往"索之"。但杨
骏"终不与",华廙也无可奈何。

关于杨骏如何篡改诏书之事。《通鉴》曰:"会帝复迷乱,皇后
奏以骏辅政,帝颔之。"《晋书·武帝纪》则云:"帝复寻至迷乱,杨
后辄为诏以骏辅政。"骏本传曰:"上疾遂笃,后乃奏帝以骏辅政,
帝颔之。"三处所载虽稍有差异,但都是云杨骏趁武帝病重神志不
清,精神昏迷错乱之机,让其女杨后面奏武帝,召中书将司马亮与
杨骏共同辅政的遗诏改为由杨骏一人辅政。由于杨骏父女就在武
帝的病榻前,故他们早就预谋在先,将篡改遗诏的时机把握得十分
精确,其时机不早不晚,就是趁武帝"迷乱"之际。由此可见,司马

---

① 《资治通鉴》卷82晋武帝"太熙元年三月"条。

炎临终前已经失去了对局势的掌控,杨骏已经控制了内朝,甚至已经能够矫诏为自己扫除政治障碍。

至于杨骏父女是如何事先策划这场宫廷密谋? 史书虽无交代,但我们可以从《资治通鉴》胡注中找出端倪。胡三省在篡改诏书一事中云:"坤之六三曰含章,可贞坤以含弘为德后道也,含章殿必在皇后宫中,春秋书公薨于小寝即安也。"[1]胡注告诉我们,皇后所居的坤宁宫的建筑群包括了含章殿,而《晋书·武帝纪》云:"己酉,帝崩于含章殿。"可见武帝临终前就住在含章殿。而杨骏又侍疾于武帝病床前,武帝病重时,杨皇后也必然亲侍汤药,不离左右,因此对杨骏父女而言,二人共同密谋策划,把握时机完全是易如反掌。

为了遮人耳目,堵住群臣的悠悠众口,杨骏父女决定让武帝正式下诏,以杨骏为顾命大臣,辅佐幼主。此事《通鉴》虽有记载,但骏本传更为翔实:

> 便召中书监华廙、令何劭,口宣帝旨使作遗诏,曰:"昔伊(尹)、(吕)望作佐,勋垂不朽;周(公)、霍(光)拜命,名冠往代。侍中、车骑将军、行太子太保,领前将军杨骏,经德履喆,鉴识明远,毗翼二宫,忠肃茂著,宜正位上台,拟迹阿衡。其以骏为太尉、太子太傅、假节、都督中外诸军事,侍中、录尚书、领前将军如故。置参军六人、步兵三千人、骑千人,移止前卫将军珧故府。若止宿殿中宜有翼卫,其差左右卫三部司马各二十人、殿中都尉司马十人给骏,令得持兵仗出入。"[2]

诏书写毕后,杨后将华廙、何劭撰写的诏书拿与武帝御览,"帝亲视

① 《资治通鉴》卷82晋武帝"太熙元年三月"条胡注。
② 《晋书》卷40《杨骏传》。

而无言"。"视而无言"有二种可能,其一,武帝此时神智不清,意识模糊,只能由杨后摆布。其二,武帝此时已在大渐弥留之际,故口不能言。但接下来,武帝在临终前又出现了生理上的回光返照:"帝寻小间,问汝南王来未,意欲见之,有所付托。"①可见,此前的诏书是杨后、杨骏篡改后逼着武帝同意的,完全是他病危时被逼无奈的违心之举。他内心始终牵念的是司马亮,并"意欲见之,有所付托",就说明他想召见司马亮,当面嘱托后事。如果此事能够成功,就能翻盘,粉碎杨骏父女的阴谋。然而,杨后早就预料到武帝会有此举,她频频催促司马亮按诏令出发前往许昌,不准他与武帝见面。司马亮也害怕进宫后为杨骏所暗算,所以也不敢贸然入宫。当武帝望眼欲穿地等待司马亮时,"左右答言未至,帝遂困笃"。②武帝此时大限已至,因未见到司马亮,含恨而亡。

太熙元年夏四月己酉(公元 290 年 5 月 16 日),司马炎病逝,终年五十五岁,谥号武皇帝,庙号世祖,安葬于峻阳陵。③ 作为一部人物传记,一般皆以传主生命终止之时,作为书的结尾,为这个时代的故事划上句号。但是由于晋武帝生前"建立非所,委寄失才",导致八王之乱与五胡入华接踵而至,因此以晋武帝去世作为本书的收尾似不太恰当。晋武帝虽然故去,但历史并未翻开新的一页。其临终安排,含悲托孤终成泡影,一生功业化为灰烬,可谓逝者死不瞑目也。有感于此,笔者将以贾后发动政变,诛灭杨骏一

① 《晋书》卷 3《武帝纪》。
② 《晋书》卷 3《武帝纪》。
③ 峻阳陵位于今河南省偃师南蔡庄北山坡上,背倚海拔约 253 米的鏊子山,面临伊洛平原,兀立如屏。地理形势蔚为壮观。考古工作队勘探后发现此地有大墓凡 23 座。东部一座古墓规模最大,可能是峻阳陵。峻阳陵墓道前宽后窄,长 36 米,宽 10.05 米;墓室长 5.5 米,宽 3 米,高 2 米。陵墓坐北朝南,地表没有封土,也没有任何陵园痕迹。

事作为全书杀青。其理由乃是《晋书·武帝纪》中所云："杨骏豺狼，苞祸心以专辅"；"中朝之乱，实始于斯矣"。

## 五、贾南风发动宫廷政变

　　杨骏虽然篡改了晋武帝的遗诏，由其一人辅政，独揽朝政。但其内心却十分恐慌。晋武帝驾崩，杨骏作为辅政大臣，居住太极殿。此时晋武帝的梓宫将要入殡，必须将梓宫从含章殿移入太极殿。移动梓宫时，六宫妃嫔都出来与晋武帝的灵柩辞别，而杨骏不仅不下殿，反而以虎贲百人自卫。《晋书·杨骏传》说他"不恭之迹，自此而始"。其实倒并非是杨骏对先帝"不恭"，而是他篡改遗诏后，作贼心虚，内心忐忑不安，惧怕有人要谋害于他，故加强了自身的护卫。

　　晋武帝死后，司马亮畏惧杨骏，先是推托有病不敢临丧，只是在大司马门外行哭祭礼。后移往城外居住，并上表请求待过了晋武帝的葬礼再去许昌。司马亮拖延出镇许昌，成了杨骏的"心病"。"或告（司马）亮欲举兵讨（杨）骏，骏大惧"，于是他禀告太后，让晋惠帝手写诏书给石鉴和张劭，命他们率领修陵士卒去征讨司马亮。张劭是杨骏之甥，他催促石鉴马上出发。石鉴却断定司马亮胆怯，不敢举兵，故他建议张劭，暂且按兵不动，静观其变。司马亮获悉杨骏要讨伐自己，十分恐慌，遂求计于廷尉何勖，何勖说："今朝廷皆归心于公，公何不讨人而惧为人所讨！"[1]又有人劝司马亮率兵入宫废除杨骏，"亮不能用，夜驰赴许昌，故得免"。[2] 由此

---

① 《晋书》卷 59《汝南王亮传》。
② 《晋书》卷 59《汝南王亮传》。

621

可见,被晋武帝"委以后事"的司马亮是个怯懦无能之辈,完全有负于晋武帝对他的重托。

"惠帝即位,进杨骏为太傅、大都督、假黄钺,录朝政,百官总己。"①由于司马亮的退让,杨骏一时间权侔人主,显贵无比。杨骏虽然位极人臣,但他"自知素无美望,惧不能辑和远近",难服众臣之心。为此杨骏采取了一系列的措施来巩固自己的执政地位。他以外甥段广为散骑常侍,安插在晋惠帝身边作近侍,掌管机密。在此基础上,杨骏又定下规矩:"凡有诏命,帝省讫,入呈太后,然后乃出"。② 以至于朝中有德望的大臣如张华、王戎、裴楷、和峤等人均不得参与朝政。③ 杨骏又以杨太后与段广来控制惠帝与朝廷的联系与诏命的传递,挟天子以令众臣。为了独断朝政,杨骏作出了自以为最严密的布置,但是这种同时排斥宗室和功臣,甚至一切与皇室关系密切的世家大族的做法,让杨氏成为西晋朝堂上的孤家寡人。"于是公室怨望,天下愤然矣。"杨骏知道皇后贾南风性情凶悍,难于制服,故甚为忌惮,遂"多树亲党,皆领禁兵"。④ 他以亲信张劭为中护军,刘豫为左军将军,试图控制中央禁军。

为了笼络人心,杨骏又效仿魏明帝即位时的先例,"大开封赏,欲以悦众"。左军将军傅祗听闻此事,表示反对。史载:"及帝崩,梓宫在殡,而太傅杨骏辅政,欲悦众心,议普进封爵。祗与骏书曰:'未有帝王始崩,臣下论功者也。'骏不从。"⑤散骑常侍石崇亦

① 《晋书》卷40《杨骏传》。
② 《晋书》卷40《杨骏传》。
③ 《晋书》卷36《张华传》:"惠帝即位以(张)华为太子少傅,与王戎、裴楷、和峤俱以德望为杨骏所忌,皆不与朝政。"
④ 《晋书》卷40《杨骏传》。
⑤ 《晋书》卷47《傅玄传附傅祗传》。

谏曰:"而今恩泽之封,优于灭吴之功,上天眷佑,实在大晋,卜世之数,未知其纪。今之开制,当垂于后。若尊卑无差,有爵必进,数世之后,莫非公侯。……窃谓泰始之初,及平吴论功,制度名牒,皆悉具存。纵不能远遵古典,尚当依准旧事。"①但杨骏一意孤行,对反对者的意见,一概不听。

对外戚与宗室之间的关系,杨骏身边的亲信是看得十分清楚的。例如冯翊太守孙楚素与杨骏交厚,他对杨骏提出忠告:"公以外戚,居伊霍之重,握大权,辅弱主。当仰思古人至公至诚谦顺之道。于周则周召为宰,在汉则朱虚、东牟,未有庶姓专朝,而克终庆祚者也。今宗室亲重,藩王方壮,而公不与共参万机,内怀猜忌,外树私昵,祸至无日矣。"②孙楚引据历史典故,一番话说得在情在理,但巨大的权力使人利令智昏,野心欲极强的杨骏根本听不进去。

虽然杨骏排斥宗室,但由于其掌控了朝廷的中枢,所以单凭宗室的力量还是难以撼动他的执政地位。正如俗语所云:堡垒是最容易从内部攻破的,所以最后将杨骏置于死地的正是内廷中的贾南风。贾南风为人不仅凶悍狠毒,而且又阴险狡黠,颇有政治手腕。史书云其"妒忌多权诈,太子畏而惑之"。③ 早在她为太子妃时,就将愚鲁的太子牢牢地掌控在她手中。只是武帝在位时,她还不敢干预朝政。"惠帝即位,立为皇后",贾南风认为时机已到,遂欲从内廷走向朝廷,成为西晋朝的统治者。但阻拦其干政的正是杨太后与杨骏。《晋书·杨骏传》云:"贾后欲预政事,而惮骏未得逞其所欲,又不肯以妇道事皇太后。"贾南风

---

① 《晋书》卷33《石苞传附石崇传》。
② 《晋书》卷40《杨骏传》。
③ 《晋书》卷31《惠贾皇后传》。

不肯以妇道侍奉杨太后而意欲干政,但被杨太后与杨骏压制,因此她对杨氏父女恨之入骨,必欲除之。但是仅靠贾南风一人行动绝不可能成功,需要有人协助。善于观察形势的贾后很快就捕捉到时机。

凡发动宫廷政变者,控制禁军是最为关键的要素。虽然杨骏将亲信张劭、刘豫等人安插于禁军之中,但作用有限,并未能有效地控制禁军。北军中候王佑、右军将军裴頠、后军将军荀悝、左卫将军司马越皆与杨骏不睦。卫将军、领北军中候、楚王司马玮更是杨骏的政敌。再加之杨骏为人傲慢无礼,不把禁军中下层将领放在眼里。所以禁军将领深恨杨骏。史载:"殿中中郎孟观、李肇,素不为骏所礼,阴构骏将图社稷。"①《晋书》中李肇无传,但有《孟观传》:"孟观,字叔时,渤海东光人也。少好读书,解天文。惠帝即位,稍迁殿中中郎。贾后悖妇姑之礼,阴欲诛杨骏而废太后,因骏专权,数言之于帝,又使人讽观。会楚王司马玮将讨骏,观受贾后旨宣诏,颇加诬其事。及骏诛,以观为黄门侍郎,特给亲信四十人。迁积弩将军,封上谷郡公。"②可见孟观是这场宫廷政变中的重要人物。

贾后深居宫中,与禁军将领孟观、李肇等人联络颇为不便。但贾后身边有一心腹宦官董猛。"黄门董猛,始自(惠)帝之为太子即为寺人监,在东宫给事于贾后。后密通消息于猛,谋废太后。猛乃与李肇、孟观潜相结托。"③贾后利用宦官董猛与孟观、李肇等人联络,互相勾通、传递信息于宫廷内外,打破了杨骏原来所规定的"凡有诏命,帝省讫,入呈太后,然后乃出"的格局。因此当孟观、

---

① 《晋书》卷40《杨骏传》。
② 《晋书》卷60《孟观传》。
③ 《晋书》卷40《杨骏传》。

624

李肇等人对杨骏表示不满时,贾后能够及时获得消息,并很快与他们组成反杨联盟。

贾后深知宗室对杨骏十分痛恨,遂利用宗室与外戚的矛盾,密令李肇联络大司马、汝南王司马亮,让他率军讨伐杨骏。司马亮素无政治野心,加之为人懦弱,不敢允诺。他对李肇说:"杨骏之凶暴,死亡无日,不足忧也。"[1]贾后见司马亮不从,遂又命李肇联络楚王司马玮,"玮少年果锐,多立威刑,朝廷忌之"。[2] 他赞同贾后的计划,于是上表请求入朝。杨骏素来对司马玮的勇猛骁锐十分忌惮,早就想把他召回朝中,以防许昌有变,故司马玮愿意入朝,正中杨骏下怀,遂同意了他的请求。

永平元年(291)二月,镇南将军楚王玮、镇东将军淮南王允、东安公司马繇来朝,皆与贾后互通声气,同时将政变的时间也确定下来。三月辛卯(八日)夜,孟观、李肇上奏晋惠帝,请求惠帝颁下诏书,令洛阳城内外戒严,并派使者奉诏解除杨骏一切职务,以侯就第。东安公司马繇原负责守云龙门,此时率领殿中卫士四百人讨伐杨骏。楚王司马玮则率军屯驻于司马门,[3]以为司马繇后援。

面对如此严重的局势,杨骏之甥段广意欲挽回危局,他跪在惠帝面前说:"杨骏受恩先帝,竭心辅政。且孤公无子,岂有反理?愿陛下审之。"[4]然而惠帝不作回答。对段广的求情,惠帝之所以无动于衷,倒并非是他的智商问题。实际上,惠帝本人对杨骏也很不满。武帝死后,杨骏不仅矫诏将司马亮逐出中枢,甚至借惠帝居

<hr>

[1] 《晋书》卷40《杨骏传》。
[2] 《晋书》卷59《楚王玮传》。
[3] 有关"司马门"的重要性可参见朱子彦:《司马懿传》第十三章《高平陵之变》二"攻占洛阳武库与司马门"。
[4] 《晋书》卷40《杨骏传》。

丧之际,不让惠帝亲政。为此傅咸曾反复劝说杨骏,尽快还政于惠帝,[①]但杨骏就是不听,惠帝当然十分恼怒。由此可见,贾后、司马玮等人发动的兵变得到了惠帝的支持,所以杨骏已是四面楚歌。

当时杨骏住在昔日曹魏大将军曹爽的旧宅,在武库以南,听闻宫中有变,急忙召集众官商议对策。太傅主簿朱振向杨骏献计:"今内有变,其趣可知,必是阉竖为贾后设谋,不利于公。宜烧云龙门以示威,索造事者首,开万春门,引东宫及外营兵,公自拥翼皇太子,入宫取奸人。殿内震惧,必斩送之,可以免难。"但杨骏为人素来胆怯,犹豫再三后说:"魏明帝造此大功,奈何烧之!"[②]侍中傅祗预料杨骏必然失败,为免受株连,遂觅脱身之策。他请求杨骏,让他与尚书武茂一起进云龙门,以观察探听宫中虚实。傅祗又对群臣说:"宫中不宜空",随即起身揖拜而去,群僚见此,都纷纷离开太傅府。

左军将军刘豫是杨骏安插在禁军中的亲信,此时他陈兵于万春门,正准备营救杨骏,碰到右军将军裴頠,他问裴頠,太傅在何处?裴頠诓骗他:"向于西掖门遇公(杨骏)乘素车,从二人西出矣。"所谓杨骏"乘素车",即是指杨骏已被收擒,故你不必前去营救。刘豫不知是计,因此感到绝望,遂又问裴頠:"吾何之?"裴頠

<hr />

① 傅咸对杨骏说:"事与世变,礼随时宜,谅闇之不行尚矣。由世道弥薄,权不可假,故虽斩焉在疚,而躬览万机也。逮至汉文,以天下体大,服重难久,遂制既葬而除。世祖武皇帝虽大孝烝烝,亦从时释服,制心丧三年,至于万机之事,则有不遑。今圣上欲委政于公,谅闇自居,此虽谦让之心,而天下未以为善。天下未以为善者,以亿兆颙颙,戴仰宸极,听于冢宰,惧天光有蔽。人心既已若此,而明公处之固未为易也。窃谓山陵之事既毕,明公当思隆替之宜。周公圣人,犹不免谤。以此推之,周公之任既未易而处,况圣上春秋非成王之年乎!"《晋书》47《傅玄传附傅咸传》。
② 《晋书》卷40《杨骏传》。

答道:"宜至廷尉。"①于是刘豫便从其言,将所率之军交付给裴頠后,去廷尉处投案自首。

由于杨骏的府邸有重兵戍守,司马繇率殿中兵久攻不克后,遂放火焚烧,又令弓弩手上阁楼向杨骏府邸射箭,"杨骏兵皆不得出"。随后,司马繇所率的殿中诸军冲入太傅府,杨骏慌不择路,逃往马厩,被军士以戟刺杀。孟观等人奉贾后密令,诛杀杨骏的亲戚党羽,于是"骏弟卫将军杨珧、太子太保杨济,中护军张劭,散骑常侍段广、杨邈、左将军刘预(豫),河南尹李斌,中书令蒋俊,东夷校尉文淑(鸯),尚书武茂,皆夷三族。"②被杀者达数千人。杨珧临刑,大呼冤枉,"云:'事在石函,可问张华。'"群臣纷纷为之求情,希望能依钟毓故事,③免其死罪。但"贾氏族党待诸杨如雠,促行刑者遂斩之。时人莫不嗟叹焉。"④贾后又令李肇烧毁杨骏家中的书信文件,"不欲令武帝(与杨骏)顾命诏书闻于四海也"。⑤

贾后发动的这场宫廷政变之所以能够成功,绝非偶然,这是因为她事先作了精心的安排和周密的部署。贾后不仅与宗室司马玮及禁军将领孟观、李肇等密切合作,取得了他们的大力支持,而且还在后宫中物色亲信,培植自己的势力。例如武帝充华赵粲本是武元皇后杨艳的表妹,以后又成为武悼皇后杨芷的心腹。但经过贾南风的蓄意拉拢,她就背弃旧主,转而投靠贾氏。广城君郭槐临终前曾再三叮咛其女贾南风:"赵粲及(贾)午必乱汝事,我死后,

---

① 《晋书》卷35《裴秀传附裴頠传》。
② 《晋书》卷5《惠帝纪》。案,东夷校尉文俶(即文鸯)与司马繇的外祖父诸葛诞有杀父之仇,司马繇惧文鸯为舅家之患,故构陷其为杨骏一党,夷灭三族。事见《晋书》卷38《东安王繇传》。
③ 有关"钟毓故事"可参见本书第八章之"弘农杨氏出了两个皇后"中的注释。
④ 《晋书》卷40《杨骏传附杨珧传》。
⑤ 《晋书》卷40《杨骏传》。

勿复听入,深忆吾言。"但是贾后对其母之言置若罔闻,"后不能遵之,遂专制天下,威服内外。更与粲、午专为奸谋,诬害太子,众恶彰著"。① 可见赵粲在惠帝即位之前就已背叛杨芷,同贾南风沆瀣一气。在贾后发动政变,诛灭杨氏之时,赵粲已成为贾后的帮凶,控制后宫的重要助手。

贾后的乳母徐义也是她在内廷中的得力助手。1953 年,在洛阳市西郊发掘了一座墓葬,出土墓志一方。② 根据墓志的记载,我们可以大致了解徐氏的生平。徐氏家境贫困,幼年失怙,孤身流亡到司州河内地区,适太原人徐某,生子徐烈。魏甘露三年(258),徐义入贾充家作乳母,哺乳贾充长女贾南风、次女贾午。泰始六年(270)正月,贾南风拜皇太子妃,徐义跟随入东宫,晋惠帝即位又随之入后宫,先后封中才人、良人。

永平元年(291)贾后发动政变,杨骏被困太傅府,杨太后不甘束手待毙,遂将贾南风骗至己处,将其作为人质,扣押在太后宫中。徐义见情势危急,遂设计营救贾后,最后使贾南风脱离险境,转危为安。事变之后,七十岁的徐义被加封为晋惠帝的"美人"。此事《晋书》只字不提,但墓志却有记载:

> 永平元年三月九日,故逆臣太傅杨骏委以内授,举兵图危社稷。杨太后呼贾皇后在侧,视望□侯,阴为不轨。于是宫人实怀汤火,惧不免豺狼之口,倾覆之祸,在于斯须,美人设作虚辞,皇后得弃离远恶,骏服罪诛。圣上嘉感功勋,元康元年拜

---

① 《晋书》卷 31《惠贾皇后传》。
② 全称《晋贾皇后乳母美人徐氏之铭》,西晋元康九年(299)二月刻。墓志呈碑形,圭首方趺,高 93 厘米、宽 52 厘米。正面刻文 22 行,行 33 字,志阴刻文 16 行,满行 23 字,隶书,完整无缺。志文记载,徐美人名徐义,"美人"为妇官封号。此墓石刻文排列整齐,字形端正规整,似为魏碑体之先驱。徐美人墓志于 1953 年 10 月由洛阳考古工作队发掘出土,现存于河南博物院。

为美人,赏绢千匹,赐御者廿人。①

因徐美人对贾皇后有救命之恩,故其子徐烈也得到封赏,由"军谋掾"升为"太子千人督"。可见,徐氏在这场政变中起到不可或缺的作用,否则贾后发动的这场政变是否能够"完胜",还很难说。

杨骏被诛后,朝政已落入贾后之手,贾南风忌惮宗室权重,遂利用司马玮和司马亮之间的矛盾,将宗室中威望颇高的司马亮和重臣卫瓘杀害。接着她又诬陷楚王玮矫诏,诛杀了司马玮。"八王之乱"由此爆发。晋武帝司马炎晚年的苦心孤诣,临终前的托孤寄命,从其驾崩到杨骏、司马亮、司马玮等人被诛杀,不足一年便全都付诸东流。

史家悉知,西晋亡于八王之乱,但八王之乱与贾南风关系极为密切。《晋书·后妃传下》史臣说:

> 惠皇禀质,天纵其嚣,识暗鸣蛙,智昏文蛤。(贾)南风肆狡,扇祸稽天。初践椒宫,逞枭心于长乐;方观梓树,颁鸩羽于离明。褒后灭周,方之盖小,妺妃倾夏,曾何足喻。中原陷于鸣镝,其兆彰于此焉。……赞曰:南风炽虐,国丧身倾。

虽然《晋书·后妃传》以"女祸论"②的观点评述西晋的灭亡,并不

---

① 洛阳文物工作队:《洛阳出土历代墓志缉绳》,中国社会科学出版社1991年版,第5页。

② 《尚书·牧誓》记载周武王伐商,在牧野誓师时言及商纣王罪状,曰:"古人有言曰:'牝鸡无晨。牝鸡之晨,唯家之索。'今商王受,惟妇人言是用。"学者多据此认为"女祸"思想产生于西周初期,但《牧誓》成书年代为战国时期,其对周初史实的记载难免存在时代的局限,因而在武王灭商时,周人是否已有限制妇人干政的思想,还有待商榷。"女祸"观念大致产生于西周末期。此时王室衰微,犬戎入侵,周人把西周灭亡归之于周幽王黜申后而宠褒姒,《诗经·小雅·正月》曰:"赫赫宗周,褒姒灭之。"对后世有深远影响的"女祸论"开始出现。

可取,但贾后掌权所造成的社会动乱却是事实。而且贾后乱政和三代时的妹喜、褒姒完全不同。妹喜和褒姒仅是夏桀、周幽王的宠妃,夏、周王朝的衰亡和她们并无关系。贾后却是西晋惠帝时期皇权的实际操纵者,她对西晋的八王之乱以及稍后五胡十六国局面的形成负有最大的责任。

## 六、留下"兴勃亡忽"的历史警示

笔者以贾后发动诛灭杨骏的宫廷政变作为全书的收尾,颇感心情抑郁与凝重,这是因为紧接着历史将进入"八王之乱"与"五胡入华"的动乱时代。但正如人们所熟知,历史的前进不可能永远是道路坦荡,一片光明,历史总是螺旋式地在曲折中前行,曲折中发展。楼劲认为:"魏晋南北朝是一个在历史上最色彩斑斓的、最具多样性的时代。这一历史舞台上有很多的民族,不同的民族有很多不同的文化,思想和文化碰撞得很激烈。"①所以只有经过魏晋南北朝时期的大动荡、大分裂、大变革以及民族大融合,才能开创唐代贞观之治、开元盛世的局面。晋武帝奋三世之余烈,扫平六合,统一天下后,"曾未数年,纲纪大乱,海内版荡,宗庙播迁",②政权迅速走向崩溃,确实令人扼腕痛惜。所谓"前事不忘,后事之师",虽然西晋短祚而亡,但晋武帝留给后人有关国家治乱兴衰与"兴勃亡忽"的历史警示既十分典型,也颇为丰富,很值得我们去反思、去总结。

如何评价晋武帝一生的功过是非?读者在读完本书后,自然

---

① 楼劲:《魏晋南北朝的历史周期与学术增长点》,澎湃新闻,2017年6月15日。

② 《晋书》卷3《武帝纪》制曰。

会有自己的看法或结论,已无需笔者再赘言饶舌。这里我们将中国历史上杰出帝王、著名史学家、文学家、诗人对晋武帝的评述摘录一部分,以供读者参考。

唐太宗李世民制曰:

武皇承基,诞膺天命,握图御宇,敷化导民,以佚代劳,以治易乱。绝缣纶之贡,去雕琢之饰,制奢俗以变俭约,止浇风而反淳朴。雅好直言,留心采擢,刘毅、裴楷以质直见容,嵇绍、许奇虽仇雠不弃。仁以御物,宽而得众,宏略大度,有帝王之量焉。于是民和俗静,家给人足,聿修武用,思启封疆。决神算于深衷,断雄图于议表。马隆西伐,王濬南征,师不延时,獯虏削迹,兵无血刃,扬越为墟。通上代之不通,服前王之未服。祯祥显应,风教肃清,天人之功成矣,霸王之业大矣。虽登封之礼,让而不为,骄泰之心,因斯以起。见土地之广,谓万叶而无虞;亲天下之安,谓千年而永治。不知处广以思狭,则广可长广;居治而忘危,则治无常治。加之建立非所,委寄失才,志欲就于升平,行先迎于祸乱。是犹将适越者指沙漠以遵途,欲登山者涉舟航而觅路,所趣逾远,所尚转难,南北倍殊,高下相反,求其至也,不亦难乎!况以新集易动之基,而无久安难拔之虑,故贾充凶竖,怀奸志以拥权;杨骏豺狼,苞祸心以专辅。及乎宫车晚出,谅闇未周,藩翰变亲以成疏,连兵竞灭其本;栋梁回忠而起伪,拥众各举其威。

曾未数年,纲纪大乱,海内版荡,宗庙播迁。帝道王猷,反居文身之俗;神州赤县,翻成被发之乡。弃所大以资人,掩其小而自托,为天下笑,其故何哉?良由失慎于前,所以贻患于后。且知子者贤父,知臣者明君;子不肖则家亡,臣不忠则国

631

乱;国乱不可以安也,家亡不可以全也。是以君子防其始,圣人闲其端。而世祖惑荀勖之奸谋,迷王浑之伪策,心屡移于众口,事不定于己图。元海当除而不除,卒令扰乱区夏;惠帝可废而不废,终使倾覆洪基。夫全一人者德之轻,拯天下者功之重,弃一子者忍之小,安社稷者孝之大;况乎资三世而成业,延二孽以丧之,所谓取轻德而舍重功,畏小忍而忘大孝。圣贤之道,岂若斯乎!虽则善始于初,而乖令终于末,所以殷勤史策,不能无慷慨焉。①

西晋文学家陆云曰:

　　世祖武皇帝临朝拱默,训世以俭,即位二十有六载,宫室台榭无所新营,屡发明诏,厚戒丰奢。②

东晋史学家习凿齿曰:

　　至于武皇,遂并强吴,混一宇宙,乂清四海,同轨二汉。除三国之大害,静汉末之交争,开九域之蒙晦,定千载之盛功者,皆司马氏也。③

东晋史学家干宝曰:

　　至于世祖,遂享皇极,仁以厚下,俭以足用,和而不弛,宽而能断,掩唐虞之旧域,班正朔于八荒,于时有天下无穷人之谚,虽太平未洽,亦足以明民乐其生矣。武皇既崩,山陵未干而变难继起。宗子无维城之助,师尹无具瞻之贵,朝为伊、周,夕成桀、跖;国政迭移于乱人,禁兵外散于四方,方岳无钧石之镇,关门无结草之固。戎羯称制,二帝失尊,何哉?树立失权,

①　《晋书》卷3《武帝纪》制曰。
②　《晋书》卷54《陆云传》。
③　《晋书》卷82《习凿齿传》。

托付非才,四维不张,而苟且之政多也。①

南朝诗人谢灵运曰:

> 世祖受命,祯祥屡臻,苛慝不作,万国欣戴。远至迩安,德足以彰,天启其运,民乐其功矣。反古之道,当以美事为先。今五等罔刑,井田王制,凡诸礼律,未能定正,而采择嫔媛,不拘华门者。昔武王伐纣,归倾宫之女,不以助纣为虐。而世祖平皓,纳吴妓五千,是同皓之弊。妇人之封,六国乱政。如追赠外曾祖母,违古之道。凡此非事,并见前书,诚有点于徽猷,史氏所不敢蔽也。②

唐初文学家虞世南曰:

> 晋武帝平一天下,谁曰不然,至于创业垂统,其道则阙矣。夫帝王者,必立德立功,可大可久,经之以仁义,纬之以文武,深根固蒂,贻厥子孙,一言一行,以为轨范,垂之万代,为不可易。武帝平吴之后,怠于政事,蔽惑邪佞,留心内宠,用冯紞之谗言,拒和峤之正谏,智士永叹,有识寒心。以此国风,传之庸子,遂使坟土未干,四海鼎沸,衣冠殄灭,县宇星分,何曾之言,于是信矣。其去明主,不亦远乎?③

北宋史学家司马光曰:

> 至于晋武独以天性矫而行之,可谓不世之贤君。④

> 帝宇量弘厚,明达好谋,容纳直言,未尝失色于人。⑤

北宋文学家苏辙曰:

---

① 《资治通鉴》卷89晋愍帝"建兴四年冬十一月"条。
② 《太平御览》卷96。
③ (清)陆心源:《唐文拾遗》卷13。
④ 《资治通鉴》卷79晋武帝"泰始二年八月"条。
⑤ 《资治通鉴》卷82晋武帝"太熙元年四月"条。

武帝之为人,好善而不择人,苟安而无远虑,虽贤人满朝,而贾充、荀勖之流以为腹心,使吴尚在,相持而不敢肆,虽为贤君可也。吴亡之后,荒于女色,蔽于庸子,疏贤臣,近小人,去武备,崇藩国,所以兆亡国之祸者,不可胜数,此则灭吴之所从致也。①

**晚清文史学家李慈铭曰:**

晋武帝纯孝性成,三代以下不多得。②

---

① (宋)苏辙:《栾城集》卷50,上海古籍出版社1987年版。
② (清)李慈铭:《越缦堂读书记》,中华书局1996年版。

# 跋

按照惯例,作为学术专著一类的书,既要有序言,也要有简短的跋。但笔者不打算对传主司马炎作出主观评价,故省却了序言。如此一来,本来无需多费笔墨的跋倒不能走程序化了,而必须多聒噪絮叨几句。

首先谈一下本书写作的缘起,其实早在我写《司马懿传》的同时,心中就已酝酿写《晋武帝传》。为何有此想法呢?因为我觉得,这二人的传记是不可分割的,写了一人,而不写另一人,就不完整,就是断尾巴蜻蜓。从大历史的视野来考量,司马懿与司马炎二人的传记当然不仅仅是司马氏家族一脉相承的祖孙血缘关系那么简单,他们开创的功业,是魏晋历史发展进程中极为重要的篇章。他们既是三国历史的终结者,同时又是晋王朝历史的开创者。从某种意义上看,他们二人的历史至少涉及后半部三国史与大半部西晋史。所以无论后人对他们的是非功过如何评价,他们与魏晋史的密切关系终究是不可否认的。

众所周知,魏晋之际的历史进程,波澜壮阔而又气象万千,它深刻影响了此后数世纪的政治制度传统与社会文化面貌,故而历来受到海内外史家的关注。唐长孺、何兹全、王仲荦都曾指出魏晋与秦汉时代之间的巨大差异。以内藤湖南为代表的日本京都学派将该时期视为中国社会由"古代"转向"中世"的关键节点。魏晋时期思想和文化的激烈碰撞,各民族大迁徙、大融合,因此造就了中华民族色彩斑斓、多元一体的文化特征。虽则魏晋南北朝战火绵延数百年，但只有经过这一时期的大动荡、大分裂、大变革以及民族大融合，才能开启后来的盛唐文明。由此可见，魏晋南北朝是我国中世纪历史上极其重要的历史阶段，在此数百年期间，胡汉各族人民共同创造了光辉灿烂的中华文明。关于这一问题，中外史学家唐长孺、何兹全、周一良、王仲荦、田余庆、楼劲、川胜义雄、谷川道雄等都有充分而精辟的论述。

撰写历史人物传记，对相关的学术史作简略的回顾也是很有必要的。司马懿、司马炎虽为西晋王朝开创者，但学界对他们的研究并不十分充分。以司马懿为题材的历史小说出了不少，但其中的情节大部分都是虚构，与真实历史相去甚远。而作为史学专著及史话一类通俗读本的《司马懿传》也颇不多见。[①] 更令人诧异的是迄今为止还未看到《晋武帝传》问世。二年前，见到日本学者福原启郎撰写的《晋武帝司马炎》，不由心中暗自窃喜，以为这是第一本有关司马炎的学术专著。然而打开此书一看，却颇为失望。原来书名与内容并不相符。该书前半部分以司马懿、司马师、司马昭、司马炎三代四人的活动为中心，叙述了汉末群雄割据、三国鼎立、司马代魏、西晋统一等事件，后半部分以贾后专权、八王之乱、永嘉之乱、西晋灭亡等事件为线索，叙述了西晋王朝逐渐崩溃的过程。可见，此书的内容叙述仅是汉晋之际的简史，诚如作者所言："就标题而言，本书应当是司马炎的个人传记。但由于学力有限及相关资料的缺乏，最终我还是放弃了只撰司马炎个人传记的想法，而代之以司马炎为基点，上溯其祖、父两代，下延其子、孙两代，

---

① 目前已出版的有关司马懿的史学著作有柳春藩：《正说司马懿》，中国青年出版社 2004 年版；方北辰：《司马懿：谁结束了三国？》，北京大学出版社 2013 年版；朱子彦：《司马懿传》，人民出版社 2020 年版。

以河内司马氏五代人的事迹为主轴。通过我个人的视角来描述魏晋时代的相关历史。因此,本书的标题与内容不完全一致,有些名不副实。"①

从史料的角度来看,记载有晋一代历史,特别是晋武帝生平的资料还是不足的。在唐朝以前,有所谓"十八家晋史"传世,而实际上则多达二十余家。唐初,除沈约、郑忠、庾铣三家晋书已亡佚外,其余都还存在。但由于要维护唐代房玄龄等人奉敕修撰的《晋书》的权威,就不允许将这些私撰的《晋书》作为注引参杂其中。以后随着朝代更迭的历史变迁,存世的私修晋书大都散佚。现今人们尚能见到的,仅有王隐《晋书》、臧容绪《晋书》、干宝《晋纪》及汤球《汉晋春秋辑本》《九家旧晋书辑本》《众家编年体晋史》等,而这类史书也大都残缺不全。虽然残存的这些文献资料吉光片羽,弥足珍贵,但毕竟缺乏完整性,无法对唐代官修的《晋书》进行全方位的补充与相互校订。文献资料的欠缺与不足,是制约笔者进一步深化研究晋武帝及其时代的主要瓶颈。②

毫无疑问,虽然还有《三国志》《资治通鉴》《世说新语》《华阳国志》及《太平御览》《文苑英华》《册府元龟》等类书的补充,但研

---

① ［日］福原启郎著:《晋武帝司马炎》,陆帅译,海外中国研究丛书,江苏人民出版社 2020 年版,第 1 页。陈志远认为:此书"考察了西晋王朝统一、灭亡过程中的内在动因,揭示了西晋王朝的特征及其在中国古代史中的位置。全书的叙事线索受到京都学派'豪族共同体'学说的强烈影响,始终以公权、私权的对立和摇摆来阐释魏晋两朝的兴衰。其观点可商榷之处不少,但不失为个性鲜明的历史通俗读本。"参见《2020 年度魏晋南北朝史研究综述》,原载于《中国魏晋南北朝史学会会刊(第三卷)》,广西师范大学出版社 2022 年版。

② 史家悉知,有关秦汉魏晋南北朝的历史记载历来较为单薄,写帝王传往往觉得所使用的史料数量有限,有捉襟见肘之感。但随着历史的发展,到了明清时期,记载明清王朝帝王的史料就犹如汗牛充栋。仅仅实录、起居注、长编、会典、奏折、朱批谕旨、邸钞、疏钞一类的史料就多得令人望而生畏,很难遍览穷尽。

究晋武帝司马炎最主要、最核心的史料当然是《晋书·武帝纪》。史家悉知，《三国志》著者陈寿虽有良史之称，但他取材精审，文辞简约，对关键人物的记载明显不足。然而与寿志相比，《晋书》更为简约，同样是中华书局出版的点校本《晋书》与《三国志》，其中《晋书·武帝纪》的篇幅只有33页，而记载曹操史事的《三国志·武帝纪》有55页，《三国志·文帝纪》也有34页（案，裴注的字比原文小很多），可见对曹丕的记载也多于司马炎。当然，寿志能够著称于世，乃得益于裴松之的注，正是由于裴注的补充，与《晋书》相比，《三国志》的史料还是比较丰盈的。

如何写《晋武帝传》？虽则史无定式，历史人物的写法可以多样化，但我以为，如果单写司马炎个人的生平经历与其如何治理朝政，不仅文献资料不足，而且容易使人感到枯燥乏味。史家为何要写帝王传，写帝王传的历史意义在哪里？这是因为帝王非同一般的历史人物。从廿四史中的帝王本纪的体例来看，帝王的生平事迹不仅仅是其个人的历史，帝王本纪与历史进程与时代发展的轨迹有着紧密的联系，甚至可以说帝王就是那个时代和制度的象征，这是太史公所确立的史家撰史的不二法则。帝王传记的魅力在于，以个案分析的方法，从微观研究着手，反映出宏观的视野。正因如此，帝王传记的内容就应该包括家国天下，包括那个时代的社会体制、思想文化甚至民风习俗及社会风貌。

虽然司马懿、司马炎都是西晋王朝的开创者，但两人所建立的功业还是有所区别的。司马懿晚年，虽然通过发动高平陵之变，诛灭曹爽一党，夺取了曹魏的军政大权，但其最高官职仅是曹魏的太傅。只是其孙司马炎亡魏建晋之后，司马懿才被晋武帝尊谥为高祖宣皇帝，可见他终其身都是魏臣，并非是真正的皇帝，因此西晋的国家构建和政权确立后建立的各项制度都与司马懿关系不大。

史家往往评论司马炎坐享先人遗产与祖宗给他打下的基业，似乎是晋朝的守成之主，但实质上他才是真正意义上的晋朝开国之君，有晋一代的政治、经济、律法制度都是在晋武帝时代制定的。为此笔者在本书中专列"晋武开国：其命维新"一章。在中国历史上，大凡开国之君都能除旧布新，创开国之新政，"周虽旧邦，其命维新"。① 旧邦能式明王度，正本清源，新邦更应如此。晋武帝自然也不例外。武帝开国伊始，就与朝中大臣一起创立晋朝的政治体制。虽然史家对有晋一代评价不高，但其所创建和实施的各项政治与经济制度却不容忽视，其既继承了汉魏时期的各项制度，但也根据时代的变化予以增损因革、除旧布新，其中不少制度为南北朝所奉行，甚至深刻地影响了隋唐以降直至明清的政治体制。

自东汉后期以来，匈奴、乌桓、鲜卑、羯、氐、羌等民族不断向内地迁徙，到西晋时期，长城内外、大河上下，各少数民族已同汉民族交错杂居，共同生活。胡族的内徙既加速了各民族的大融合，但也进一步激化了民族矛盾。汉胡文化的主旋律表现为各民族的融合与冲突，但最后导致西晋王朝在五胡入华的浪潮中灰飞烟灭。虽然西晋的灭亡有着错综复杂的原因，但不可否认，西晋统治者的民族观以及其施行的民族政策，对西晋历史的进程起到了十分重要的作用。面对自先秦以来从未有过的极其复杂的民族问题，晋武帝是如何处理的？ 他的民族政策以及西晋统治阶级的民族观对西晋的历史走向又起到了多大的影响？ 恐怕这些问题都是无法绕开与回避的，故笔者在书中辟专章论述。

除上述内容之外，笔者撰写的《晋武帝传》中还涉及西晋国家

---

① 《诗经·大雅·文王》。

政府组织、经济及律法制度,社会阶层及社会思潮等种种问题。兹举其荦荦大端:八公制度、占田制与户调式、兴修水利与设立常平仓、罢州郡兵、分封宗室诸王、三省制度、泰始律令、门阀制度、九品官人法、太康盛世与这一时期取得的科技与文化成就,以及魏晋时期玄学思想的兴起,豪门世家的奢侈、吝啬与斗富,清谈虚浮之风的盛行,等等。

毫无疑问,20世纪以来,海内外学界在魏晋之际历史研究领域不断耕耘,积累蔚为丰硕。但必须指出与注意的是,在以论文发表为主要写作方式的现代学术体系下,宏观而连续的史实叙述与微观且细致的深度描摹,往往很难两全。对于上述这些问题,学者往往就某一专题钩沉发覆,作精细化的史料开掘,进行精深细致的研究,除非是粗线条地叙述整个魏晋南北朝史的专著,上述内容很难在一本书中进行全面的论述,使之融为一体。

实际上,撰写《晋武帝传》,不仅是写其个人的历史,同时也是在写一部西晋史,虽然本书缺少了西晋惠、怀、愍三帝时期的内容,那至少也算半部西晋史吧!西晋一朝国祚仅51年(265—316)。晋武帝在位达26年(265—290),占西晋朝国祚的一半。何况有晋一代的政治与经济等各项制度都是在武帝时期奠定的,惠、怀、愍三帝时期的主要历史内容是贾后乱政、八王之乱与五胡入华等事件的爆发,与西晋的政治体制已关系不大。迄今为止,学界仅有对魏晋南北朝通史研究的学术专著,而并无学者将晋史从魏晋南北朝史中分割出来,如同宋史、元史、明史、清史那样,进行断代史的晋史研究。所以,这就为笔者撰写《晋武帝传》带来了一定的困难。

好在,虽则学界并无直接研究西晋史与晋武帝的学术成果,但与之相关的论著及文献资料并不少见。20世纪以来，海内外学界在魏晋的国家与社会等各个问题的研究上不断深入，论证缜密，著述宏富。不少学者发覆阐幽，锐意创新，贡献甚巨。无论在魏晋的政治制度、经济、军事、宗教、思想文化、民族关系、中外关系、文献与译著、史籍与史料整理、简牍研究，以及考古发现等各个领域，都出现了大量的研究成果。这些学术成果为我们的后续研究形成丰厚的积累，为我们研究晋武帝以及魏晋之际整个时代提供了新的思考维度。

笔者在梳理学术史的前提下，对前贤与新锐学者的研究成果尽量吸收。就史料而言，表现为对传世文献与出土资料的综合利用。从学术史的层面来看，无论是陈寅恪、唐长孺、周一良、吕思勉、冈崎文夫、川胜义雄等名家经典，还是叶适、王夫之、赵翼、卢弼等传统史论，抑或福原启郎、宋杰、仇鹿鸣、柳春新等新近研究，书中均有所吸收，将之穿插于各章行文之间。

另外，书中还用较大的篇幅撰写了西晋的灭吴之战，西晋灭吴历来是三国军事研究史上较为薄弱之处。汉末三国群雄逐鹿，干戈不止，军事题材理应在魏晋史的研究中占有一定比重，但学者关注度过分集中于争夺荆州、三大战役（官渡、赤壁、夷陵之战），以及诸葛亮的北伐。吴晋争夺交州、西陵之战、晋平吴等都是事关三国统一的重大战争，但涉猎者寥若晨星。小说《三国演义》共有一百二十回，但仅用了一回的篇幅就叙述了西晋灭吴、三分归一统的历史，这就给人造成了晋灭吴统一天下犹如下山摘桃、易如反掌的感觉。实际上，西晋灭吴并不容易，因为无论从西晋的内部条件，还是外部环境来看，都面临着诸多问题。面对这些困难，晋武帝经过十几年的精心筹备，在解决了内部矛盾和克服外部阻力之后，才挥师伐吴。所以平吴之战看似过程十分简单，晋军"兵不血刃，扬越为墟",①从出师到灭吴仅用了三个月的时间。但如果不是晋武帝在伐吴之前的精心谋划,周密部署,长期准备,岂能一举荡平孙吴,结束东汉末年以来华夏分裂近百年的局面!

诚如读史者所知,西晋灭亡同晋惠帝有极大的关系。但问题在于为何晋武帝明知惠帝愚笨、智商低下,还要立他为嗣而不改易他子为储君呢?晋惠帝司马衷真的是白痴吗?对惠帝在天下发生灾荒说:"何不食肉糜?"如何解读?

人们阅读帝王传记,往往对帝王的后宫生活颇有兴趣,帝王的后宫是由皇后、嫔妃、女官、宫女、宦官等人组成的,既等级森严,又充满着各种波谲云诡、勾心斗角的宫廷斗争。晋武帝的宫闱生活如何?他为何宠幸武元与武悼二位杨皇后?他有多少嫔妃?"羊车望幸"究竟是怎么回事?他为何要重用外戚杨骏?笔者对这些问题都有自己的看法,并于书中展开了较为翔实的叙述与检讨,至于分析是否合理与到位,还是让读者来评判吧。

总之,虽然本书是一本严肃的学术专著,但专业史学也可以做到雅俗共赏,既面对学者同人,也对话普通大众。笔者力争本书在学术性与可读性之间,取得较好的平衡。

在我撰书的过程中,家中突遇变故。2020年底,天降横祸,我的夫人姚莒华不幸罹患最为凶险的肝门胆管癌。入院手术后,虽百般医治,仍然无效,至2021年11月癌细胞已转移至腹膜后。我在照料她的同时,仍然坚持撰写本书的最后一章,于2022年3月11日将全部书稿交送至出版社。然而,怎能想到,就在书稿完成后,她的病情竟然迅速恶化,在历经病痛的种种折磨后,至3月26日夜仙逝。我与她相濡以沫近四十年,一朝永别,她的音容笑貌虽

---

① 《晋书》卷3《武帝纪》制曰。

然犹在眼前,但从此魂牵梦萦,天人永隔,怎不痛彻心扉。在我写《晋武帝传》时,读到了西晋太康时期著名文学家潘岳撰写的《悼亡诗》。① 在吾妻病故之后,因极度悲恸,我一度曾有意效仿潘岳,写悼亡诗怀念之。但终因才拙智浅,而不敢邯郸学步、东施效颦。我想,吾妻在生前不仅全力尽职于自己的医师岗位,而且承揽了全部家务,使我得以全身心地投入写作,可以说,我的全部论著都凝聚着她的心血。如果没有她的全力支持,《司马懿传》与《晋武帝传》是不可能顺利完成的。所以在《晋武帝传》即将付梓问世之时,我在此以翰墨的形式于第一时间将此书奉献给在天国中的爱人,藉以表达我对她的无限哀思与永久的怀念。

朱子彦
2022 年 10 月 24 日写于病榻上

---

① 在西晋太康文学史上,潘岳与陆机齐名,称之为"潘江陆海"。潘岳是西晋初年著名的文学家。他的《悼亡诗》是中国文学史上悼亡题材的开先河之作,成为千古传诵的名篇。潘岳的《悼亡诗》是为悼念去世的妻子杨氏而作,共有三首,表现了诗人对亡妻的无限哀思与一往深情。自潘岳之后,"悼亡"两字不再是悼念死者的泛称,而成了悼念亡妻的特指。

责任编辑：刘　畅

**图书在版编目（CIP）数据**

晋武帝传/朱子彦 著. —北京：人民出版社，2023.3（2025.3 重印）
（中国历代帝王传记）
ISBN 978－7－01－025048－9

Ⅰ.①晋…　Ⅱ.①朱…　Ⅲ.①司马炎（236-290）-传记
　Ⅳ.①K827＝37

中国版本图书馆 CIP 数据核字（2022）第 165471 号

**晋武帝传**

JINWUDI ZHUAN

朱子彦　著

人民出版社 出版发行
（100706　北京市东城区隆福寺街 99 号）

北京新华印刷有限公司印刷　新华书店经销

2023 年 3 月第 1 版　2025 年 3 月北京第 2 次印刷
开本：850 毫米×1168 毫米 1/32　字数：475 千字　印张：20.375　插页：1

ISBN 978－7－01－025048－9　　定价：79.00 元

邮购地址 100706　北京市东城区隆福寺街 99 号
人民东方图书销售中心　电话（010）65250042　65289539